Alfred von Tirpitz

Politische Dokumente: Der Aufbau der deutschen Weltmacht

Alfred von Tirpitz

Politische Dokumente: Der Aufbau der deutschen Weltmacht

ISBN/EAN: 9783954273331
Erscheinungsjahr: 2013
Erscheinungsort: Bremen, Deutschland

© *maritimepress in Europäischer Hochschulverlag GmbH & Co. KG, Fahrenheitstr. 1, 28359 Bremen. Alle Rechte beim Verlag und bei den jeweiligen Lizenzgebern.*

www.maritimepress.de | office@maritimepress.de

Bei diesem Titel handelt es sich um den Nachdruck eines historischen, lange vergriffenen Buches. Da elektronische Druckvorlagen für diese Titel nicht existieren, musste auf alte Vorlagen zurückgegriffen werden. Hieraus zwangsläufig resultierende Qualitätsverluste bitten wir zu entschuldigen.

Politische Dokumente

von

A. von Tirpitz

*

Der Aufbau
der deutschen Weltmacht

J. G. Cotta'sche Buchhandlung Nachfolger
Stuttgart und Berlin 1924

Der Aufbau
der deutschen Weltmacht

von

A. von Tirpitz

J. G. Cotta'sche Buchhandlung Nachfolger
Stuttgart und Berlin 1924

Meine „Erinnerungen" sind im Winter 1918/19 geschrieben unter dem furchtbaren Eindruck der Revolution, als gewisse Kreise unseres Volkes im Augenblick der Waffenstillstandsverhandlungen den deutschen Staatsorganismus zu Fall brachten und damit den völligen Niederbruch herbeiführten. Ich wollte unseren Nachkommen den alten Grundsatz wieder vor Augen halten, daß ein großes Volk nur durch Macht gesichert werden kann. So lange die Erde von Menschen bewohnt ist, hat im Leben der Völker Macht vor Recht gestanden. Ich glaubte ferner meinen von Taten=durst und Vaterlandsliebe erfüllten Kameraden ein Ehrendenkmal setzen zu sollen. Meine Aufgabe schien erfüllt.

Das Bloßstellen der jüngsten Vergangenheit durch Aktenveröffent=lichungen hielt ich so lange für verfrüht, als nicht gleichzeitig unsere Feinde damit hervortraten. Auf ihre Gesinnung wirkten wir zunächst nicht ein, während andererseits die Erfahrung des ungeheuren Lügenfeldzuges vorlag, der von Westen her während des Krieges, wie nach ihm, über unseren Staat Schlammwellen ergoß. Es lag daher die Annahme nahe, unsere Feinde würden das ihnen bei den Aktenveröffentlichungen nicht Genehme totschweigen oder fälschen, dagegen gelegentliche Blößen ausschlachten. Ob übrigens selbst amtliche Veröffentlichungen bei einer parlamentarischen Re=gierungsweise nicht parteitaktisch eingestellt werden, lasse ich hier unerörtert. Inzwischen sind Aktenveröffentlichungen zu einer Zeiterscheinung geworden. Wenn ich von Rußland absehe, sind besonders in Deutschland Veröffent=lichungen aller Art hervorgetreten. Leider sind sie nur teilweise von dem Gesichtspunkt ausgegangen, die Geschichtsschreibung nicht einzig und allein der Legendenbildung des Siegers zu überlassen. Die Revolutionsmänner und manche, die ihnen nahe stehen, versuchten auch ihre Handlungen zu rechtfertigen, indem sie dem alten Staat und seinen Vertretern die Schuld am Ausbruch des furchtbaren Weltkrieges zuschoben. Sie und eine Reihe unserer Mitbürger glaubten zugleich durch die Beschuldigung des alten Staates das Wohlwollen unserer Feinde zu gewinnen. Diese hatten

im Kriege ſtets verſichert, der Kampf ginge nicht gegen das gutmütige
deutſche Volk, ſondern nur gegen Preußen, gegen den Militarismus und
gegen die angeblich beſtehende Junkerherrſchaft. Eine vielleicht einzig in
Deutſchland blühende Geiſtesverfaſſung erkannte nicht die Abſicht unſerer
Feinde, durch ſolches Verfahren nur die Spaltung unſeres Volkes herbei=
zuführen, begriff nicht, daß ihr Stoß in Wirklichkeit gegen das Kraftzentrum
des Reiches ging, wie es durch unſere hiſtoriſche Entwicklung und durch
Bismarck in der Vereinigung der deutſchen Stämme nach außen geſchaffen
worden war. Auch nachdem im Verſailler Diktat die Stoßrichtung der Kriegs=
propaganda von unſeren Feinden planmäßig geändert worden war und
nunmehr das deutſche Volk als ſolches des Verbrechens am Kriege, der
Grauſamkeit beſchuldigt, als Paria unter den Völkern der Verachtung preis=
gegeben worden war, änderte ſich die falſche Einſtellung der Revolutions=
inhaber nicht, ſondern äußerte ſich in der Unterſchrift des Verſailler Diktats
und darauffolgend in einer würdeloſen und ausſichtsloſen Erfüllungspolitik.
Der Kampf aber, welcher von allen Deutſchen, denen das Geſamtintereſſe
über dem der Klaſſen und Parteien ſtand, in den letzten Jahren gegen die
Schuldlüge geführt wurde, machte es den Revolutionsmännern ſchließlich
ſchon um der Wahlen willen nicht mehr möglich, ihren bisherigen Stand=
punkt innezuhalten. Sie waren gezwungen, ihn zu verwäſſern oder ihn
möglichſt vergeſſen zu machen.

So hat ſich doch mehr und mehr die Erkenntnis durchgeſetzt, daß es ſich
bei dem Kampf um die Schuldlüge, das heißt beim geſchichtlichen Ver=
ſtändnis der jüngſten Vergangenheit, nicht um Parteifragen handelt, nicht
um Verfaſſungsſtreit, um Monarchie oder um Republik, ſondern um die
Zukunftsſtellung des Deutſchtums ſchlechtweg, nicht um Klaſſenintereſſen,
ſondern um ſolche der Geſamtheit unſeres Volkes und unſerer Kultur. In
Wirklichkeit ſchließen dieſe Geſamtintereſſen im Gegenſatz zur Auf=
faſſung der Führer unſerer Radikaldemokratie meines Erachtens auch das
Intereſſe jedes Einzelnen in ſich, mit Ausnahme freilich derjenigen, die
von der Zwieſpältigkeit unſeres Volkes leben. Wehe auch über uns, wenn
der konfeſſionelle Hader wieder die brennende Notwendigkeit unſerer Ein=
heit überwuchert! Halten wir feſt am Wort Friedrich des Großen: „Jeder
ſoll nach ſeiner Faſſon ſelig werden." Gegenſeitige Toleranz iſt hierfür er=
forderlich, wenn wir nicht unſeren Feinden und den Feinden des Chriſten=
tums in die Hände arbeiten wollen.

So charakteriſiert ſich in meinen Augen die heutige Lage. Noch iſt genug
übriggeblieben von der Lüge unſerer inneren und äußeren Feinde, als
habe ein Übermaß von Machtpolitik und nicht vielmehr gerade ein

Mangel an Machtsinn und Weltverständnis unsere geachtete und ge=
sicherte Stellung unter den Völkern zerstört. Mangel an Machtsinn und an
Würde hält uns auch jetzt in den Tiefen des Daseins darnieder und wird
es immer tun, so lange das deutsche Volk nicht seine Betörung durch die
Novembermänner vollkommen abschüttelt.

Um meinem Volk zu helfen, so weit meine Arbeitskräfte noch reichen,
weiß ich keinen andern Weg als den der Wahrheit. Ich lege deshalb unsere
Marinepolitik nach meinen Papieren der Mit= und Nachwelt dar. Ihre
Geschichte fällt im wesentlichen zusammen mit dem, was man die Aera
der deutschen Weltpolitik genannt hat. Gewiß ruhte diese zur einen
Hälfte auf unserer festländischen Stellung und unserer Armee. Daneben aber
hatten sich mit elementarer Gewalt die überseeischen Interessen und Riva=
litäten ausgebildet, und so ist geschichtlich die Schaffung einer deutschen
Macht zur See ein besonderes Problem des Zeitalters geworden. Wenn
die Erhaltung des Friedens — das Ziel unserer europäischen wie unserer
Weltpolitik — von drei Faktoren abhing, von der Ausschöpfung unserer
Volks= und Wehrkraft zu Lande, von einer vorsichtigen und auf die Er=
weiterung unserer Bündnisse und Freundschaften bedachten Diplomatie und
schließlich von Seemachtsbildung, so wird die Geschichte dereinst dem Teil
unserer Weltpolitik, welcher die Marinepolitik umschließt, Konsequenz
und Methode zubilligen. Daß die volle Entfaltung der Landmacht nicht
mit der gleichen Zielbewußtheit durchgesetzt worden ist, war die Folge bureau=
kratischer Ängstlichkeit auf finanziellem Gebiet. Ich selbst habe über mein
eigenes Ressort hinausblickend getan, was in meinen Kräften stand, um den
Ausbau des Heeres zu fördern. Der damalige Wohlstand unsres Volkes hätte
bedeutend gesteigerte Ausgaben auch für die Landmacht spielend getragen.
Was endlich die Leistung der nachbismarckschen Außenpolitik angeht, so
erblicke ich, abgesehen von den allgemeinen Mängeln ihrer bald fanfaren=
blasenden, bald in Ängstlichkeit ersterbenden Methode, den Grundfehler in
der Verkennung und Vernachlässigung unsres Verhältnisses zu Rußland.

Mit Absicht habe ich auch meine Gegner so ausgiebig zu Wort kommen
lassen, wie es die Akten und der Umfang des Buches nur irgend zuließen.
Ob die Akten für oder gegen mich zeugen, ist für mich keine Frage persön=
licher Empfindlichkeit. Die Veröffentlichungen werden aber, dessen bin ich
sicher, das Bild der Verleumdung beseitigen, das gehässige Parteisucht in
unbewußtem Dienst des äußeren Feindes gezeichnet hat.

Um der historischen Wahrheit willen durfte ich bei diesen Veröffent=
lichungen auch die Handlungen noch lebender Persönlichkeiten
nicht beiseite lassen, denn in meinem Alter weiß ich nicht, ob ich Ausge=

laſſenes noch einmal werde ergänzen können. Aus dieſem Grunde ſind auch
Randbemerkungen Seiner Majeſtät des Kaiſers nicht unterdrückt worden.
Da die flüchtigen, nicht die Bedeutung einer Entſcheidung beanſpruchenden
Stimmungsäußerungen bereits vielfach tendenziös verwendet worden ſind,
könnte ich durch Weglaſſung leicht den Eindruck erzeugen, als ſollten Dinge
verborgen werden. Übrigens wird man finden, daß das Urteil des Kaiſers
in vielen, und wenn man ſein Temperament entſprechend berückſichtigt, in
den meiſten Fällen, ein richtigeres war als das des letzten verantwortlichen
Staatsleiters. Mein Gegenſatz zu des letzteren Denkweiſe war dem Kaiſer
verſtändlich, und infolgedeſſen wurde unſere Machtbildung wenigſtens zur
See nicht weſentlich durchbrochen. Daß wir die vorhandene Macht ohne jedes
Bedenken hätten anwenden müſſen, nachdem wir gegen unſeren Wunſch
und Willen zu einem Exiſtenzkampf gezwungen worden waren, beabſich=
tige ich demnächſt in einem zweiten Bande darzulegen. Nach dem verlorenen
Krieg anerkenne ich die vollzogenen Tatſachen und verſchließe mich nicht
der Notwendigkeit, andere Wege, auch England gegenüber, einzuſchlagen,
als ich ſie vor und während der Kriegszeit für richtig hielt.

Deutſchland ſtand um die Wende des Jahrhunderts vor der Aufgabe, den
Schritt vom Europäismus zum Univerſalismus zu tun. Es hat dieſen Über=
gang nicht gefunden. Unſer Volk hat ſich zur Erhebung als Weltvolk nicht
geeignet oder nicht gereift gezeigt. Die Kraft an ſich war dazu vorhanden,
wie ſein gewaltiger, im Rahmen des Bismarckſchen Staatsſyſtems durch vier
Jahre fortgeſetzter Widerſtand gegen eine ungeheure Übermacht bewieſen
hat. Der Weg zur Höhe war ihm gewieſen, während es ſich ſchließlich von
ſchlechten Inſtinkten in die Tiefe reißen ließ. Möge es dem kommenden
Geſchlecht gelingen, Deutſchland aus dieſer Tiefe wieder zu erheben.

St. Blaſien, im September 1924.

A. v. Tirpitz

Nach Zusammenstellung der nachfolgenden Dokumente
ist es mir ein Bedürfnis, den alten Kameraden zu danken,
die mich bei der Prüfung der Vorgänge unterstützt haben.
Ein besonderer Dank gebührt dem Professor an der Bonner
Universität, Herrn Dr. Fritz Kern, welcher vornehmlich
die Sichtung und Wahl aus dem Wust der in meinem Besitz
befindlichen Papiere vorgenommen und mir auch sonst in
verständnisvollster und unermüdlichster Weise von Beginn
der Arbeit an zur Seite gestanden hat.

A. v. Tirpitz.

Inhaltsverzeichnis

Erklärung der Drucktypen

Um dem Leser eine leichte und sichere Unterscheidung der Original=
dokumente von dem erklärenden Rahmentext zu ermöglichen, ist für jede
der verschiedenen Textschichten des Werkes eine besondere Schriftart ver=
wendet und zwar

Breitkopf=Fraktur für die Originaldokumente. Unter diesen sind wiederum

durch größeren Druck solche herausgehoben, die für die durchlaufenden
Grundgedanken des Werkes als die wichtigsten erscheinen.

Offenbacher Schwabacher für den erklärenden Rahmentext von 1924.

Offenbacher Kursiv für die Anmerkungen des Verfassers von 1924.

Antiqua-Kursiv für die Randbemerkungen des Kaisers.

Breitkopf=Kleindruck für die Übersetzungen fremdsprachlicher Texte (in den Anmerkungen)
und für die Originalanmerkungen des Verfassers aus der Zeit der betreffenden Dokumente.

Die Sperrungen im Text sind im allgemeinen vom Verfasser vor=
genommen.

I.

Die erste Flottenkrisis (1905/06).

Nur schwer kann sich die heutige Menschheit in jene Zeit zurückdenken, in welcher England die aufsteigende Weltwirtschaft Deutschlands als Bedrohung der eigenen empfand. Zerbrochen liegt die deutsche Macht und mit ihr das europäische Gleichgewicht, und mit ihr schwand auch der Traum des Völkerfriedens.

Bei der Denkweise des englischen Volkes, wie sie um die Jahrhundertwende herrschte, glaubte ich nicht an die Fata Morgana einer gutwilligen Verständigung, durch welche Joseph Chamberlain vielleicht sich selbst, jedenfalls manche Deutsche in uferlose Träume gelockt hat. Den deutschen Notwendigkeiten würde ein nach englischen Herrschaftswünschen geschlossener Vertrag niemals entsprochen haben. Hierfür wäre Ebenbürtigkeit Vorbedingung gewesen.

Bismarck hatte diese Ebenbürtigkeit gegenüber England noch ausschließlich mit politischen Mitteln in einer Zeit bewahren können, in welcher England durch europäische Interessen sich zum Bismarckschen Dreibund in der Art eines stillen Partners hingezogen fühlte. Trotzdem hatte Großbritannien nur widerwillig die kolonialen Erwerbungen Deutschlands geduldet. Die englischen Staatsmänner trauten uns in ihrem Dünkel kaum die Fähigkeit zu, die rechte Verwendung für Kolonien zu finden, und betrachteten diese letzten Endes als Sparbüchsen für künftige eigene Ausnützung; sie glaubten wohl auch im Bedarfsfalle sie uns jederzeit wieder wegnehmen zu können, und zwar noch leichter als den Franzosen. Für die Zwischenzeit aber gewannen sie mit unserem von der Gnade des seegewaltigen Englands abhängigen Überseebesitz ein bequemes Druckmittel gegenüber Deutschland. Das entsprach der englischen Auffassung, wie sie seit Jahrhunderten gegenüber dem Kolonialerwerb anderer europäischer Völker bestanden hatte. Es gibt eine Anekdote von einem britischen Admiral, der, in eine Bucht einlaufend, die er nie gesehen hatte, den Finger in die Flut taucht und prüfend zum Munde führt: „Salzwasser, also englisches Gebiet!" Etwas vom Geiste

dieser Anekdote lebt in jedem selbstbewußten Engländer, besonders auch
draußen in den außereuropäischen Erdteilen.

Die von Deutschland in den achtziger Jahren des vorigen Jahrhunderts
in friedlicher Weise erworbenen Kolonien schnitten von den noch freien
Strichen der Erde so wenig ab, daß der englischen Expansion genug übrig=
blieb, mehr als sie brauchen konnte. Die Engländer hätten sich auch sagen
können, ihr Kampf gegen die riesigen Massen farbiger Völkerschaften werde
einmal kommen; dann hätte der Gedanke vielleicht Fuß gefaßt, daß ein
Partner gerade wie Deutschland für England erwünscht sein könnte. Als
ich nach dem russisch=japanischen Krieg mit Lord Selborne über die durch
den Kriegsausbruch eingetretene Isoliertheit unseres Kiautschougebietes ein
längeres Gespräch hatte und im Verlauf desselben zu dem Ausspruch kam:
„If we get a return ticket from Kiautschou, you will get another one
some time later on," antwortete Lord Selborne: „But we have our
fleet." Er bedachte wohl nicht, daß mit dem naturgemäßen Weiterschreiten
der wirtschaftlichen Entwicklung von der Küste in das Hinterland die eng=
lische Flottenmacht nicht mehr ausreichen würde.

Alle derartigen Gedanken fanden in England keinerlei Eingang; viel=
mehr riefen unsere doch recht bescheidenen und mit großer Rücksicht vor=
genommenen kolonialen Erwerbungen deutlich nervöse Aufmerksamkeit in
England hervor. Der „Punch" brachte im Jahr 1884 ein Bild, das den deut=
schen Adler über Palmenwäldern kreisend zeigte, aus denen beunruhigte
Negergestalten Seite an Seite mit dem britischen Löwen mißtrauisch nach
dem schwebenden Raubvogel aufblickten. Dieses Bild versinnbildlichte sehr
gut die Stimmung der Leitartikel, Reden und Gedichte, mit denen das all=
besitzende Old England die bescheidene Befriedigung unserer kolonialen
Bedürfnisse begleitete.

Dabei war Bismarck bei seinen Kolonialerwerbungen zustatten gekommen,
daß unsere wirtschaftlichen Gegensätze zu England bis in die neunziger
Jahre gering waren. Erst seitdem entwickelte sich in allmählicher Nach=
wirkung der Bismarckschen Zollgesetzgebung von 1879 machtvoll der Zu=
stand, daß wir als industrielles Ausfuhrland gerade auf den Gebieten
mit den Engländern in lebhaftesten Wettbewerb traten, die sie und die
ganze übrige Welt bis dahin während des 19. Jahrhunderts als englische
Domäne angesehen hatten. Ich will hier nicht untersuchen, wie weit wir —
etwa durch Ablenkung unserer Volksenergie auf die Urbarmachung des
Restes unserer heimischen Ödländereien und Nordseewatten — diese Ent=
wicklung zur Industriegröße hätten verlangsamen können. Im ganzen ist
es doch eine Überklugheit von Schreibtischdenkern, wenn uns heute gelehrt

wird, wir hätten den Gegensatz zu England durch freiwillige Selbstver=
krüppelung unseres Auftriebs in Gewerbefleiß, Handel und Schiffahrt ab=
schwächen sollen. Bismarck hat solchen Leuten gegenüber wohl Recht ge=
habt, wenn er zu Anfang des Jahres 1898, als der englische Handelsneid
auch seinem schon alternden Auge ganz deutlich geworden war, einem
klugen Engländer auf die Frage, was man wohl zur Besserung der deutsch=
englischen Beziehungen tun könne, die sarkastische Antwort gab: er be=
daure, daß die deutsch=englischen Beziehungen nicht besser seien, wisse aber
leider kein Mittel zu ihrer Verbesserung anzugeben, da das einzige denkbare
Mittel, die Abstoppung des deutschen Gewerbefleißes, doch wohl nicht an=
wendbar sei.

Wollten und konnten wir Männer der nachbismarckschen Zeit diesen Weg,
den England wünschte, nicht gehen, dann gab es zur endgültigen Verbesserung
der Beziehungen nur einen andern, der freilich nicht im Bunde mit England
zu beschreiten war, der aber auch keineswegs zum Kriege mit England hat
führen müssen: Das war der Weg der eigenen Machtbildung zur See,
daß heißt Machtbildung dort, wo allein England nach Lage der damaligen
Technik fremde Macht fühlen und fremde Interessen zu achten gezwungen
werden konnte.

Wir haben diesen Weg beschritten, nachdem wir uns Mitte der neun=
ziger Jahre von der Unablenkbarkeit des deutsch=englischen Wettbewerbs
überzeugt hatten. Ich zweifle nicht, daß ein Mann mit so großem Wirklich=
keitssinn wie Bismarck, wenn er in die neue Zeit mit voller Kraft hinein=
gelebt hätte, die Gefahr, welche die wirtschaftliche Rivalität mit England
schuf, in sein politisches System aufgenommen hätte. Der Bedeutung der
realen Macht entsprechend würde er gehandelt haben.

Die Hauptursache für die außerordentliche Schnelligkeit, mit der sich
unsere wirtschaftliche Entwicklung seit Ende des 19. Jahrhunderts vollzog,
hing mit unserer geographischen Lage zusammen. In der Mitte des Erdteils,
mit sechs tief einschneidenden Strömen, ist Deutschland der naturgegebene
Stapel= und Verteilungsplatz der von Übersee kommenden Güter in Europa,
während England sein bisheriges Handelsmonopol lediglich durch die aus der
Insellage entwickelte Macht, nicht durch geographische Geeignetheit erworben
hatte. Die Bedingungen für die industrielle Erzeugung selbst waren und sind
wohl in England, wo Kohle, Eisen und Häfen so dicht beisammenliegen, noch
günstiger als bei uns, so daß England, wenn es sich etwas anstrengte, niemals
zu fürchten brauchte, durch uns ganz überflügelt zu werden. Insoweit aber
Wissenschaft, Organisation und Fleiß auch im industriellen Erzeugungsprozeß
eine mitentscheidende Rolle zu spielen begannen, mußte das Schwergewicht

1*

der guten Eigenschaften des deutschen Volkes zum Ausgleich dienen. Dieser
Ausgleich wirkte so stark, daß seit Mitte der neunziger Jahre die Wissenden
in England sich immer mehr darauf eingestellt hatten, diesem sich frieblich
emporreckenden Brudervolk auf dem Festland neue Schranken und Hemm=
nisse politischer Art von außen her zu bereiten. Unsere günstige Aussicht
war nur, daß die politische Gesamtkonstellation Europas den Engländern
keine unmittelbaren Handhaben bot, uns zurückzuwerfen. Diese Aussicht
mußten wir erwägen und danach handeln.

Im überseeischen Engländertum war in den neunziger Jahren dieses Be=
dürfnis, die Politik gegen Deutschland zu konzentrieren, schon allge=
meiner empfunden als bei den Massen der heimenglischen Bevölkerung.
Da nun die Engländer ein ausgeprägteres Gefühl der Verpflichtung haben,
für die Gesamtinteressen ihrer Rasse einzutreten, als unser in kleinstaatlicher
Enge erzogenes minder glückliches Volk es bis heute ausgebildet hat, so mußte
man damals überall in der Welt den bewußten Kampfwillen gegen alles
Deutsche wahrnehmen, wenn man die Augen offen behielt. Der richtige
Heimdeutsche, bieder, treu und brav, sah das nicht, und wenn es doch einer
sah, dann hoffte er gern, man könne einen so gewaltigen Gegensatz von
heute auf morgen beseitigen oder unschädlich machen.

Die Gefahr, der wir durch England entgegengingen, konnte aber nicht
beseitigt, sondern nur aufgewogen werden, und zwar durch Macht, zu
welcher eine entsprechende Politik natürlich hinzutreten mußte. Jedes
andere Palliativ konnte wohl auf kurze Zeit wirken, bei ungünstiger Kon=
junktur aber mußte es versagen. Der Mangel an Macht mußte zudem den
Gegner reizen, unter zeitweiliger Zurückstellung anderer Interessen und
Gegensätze eine für Deutschland ungünstige Gesamtkonjunktur absichtlich
herbeizuführen.

Nachdem der Franzose inzwischen seiner altgeschichtlichen Aufgabe, den
Deutschen politisch zu erziehen, wieder einmal in voller Kraft nachstrebte,
wird mancher Deutsche zu der Erkenntnis gekommen sein, daß nichts anderes
als eigene Macht einem großen Volke die Möglichkeit zu leben verbürgen
kann. Sollte diese bittere Erkenntnis nicht auch den Rückblick auf den deutsch=
englischen Gegensatz aufklären? Damals, als wir noch so groß waren, daß
die überalterte Gier Frankreichs nach dem deutschen Rhein uns nur als
Phantom der Vergangenheit erschien, während der neue Gegensatz zu der
Weltwirtschaftmacht Englands im Vordergrund unseres politischen Lebens
stand, brauchte es nicht auf einen Kampf auf Leben und Tod hinauszu=
laufen; denn der Gegensatz war in erster Linie wirtschaftlich, die Gegner
dachten nüchtern und bei einem Riesenkrieg mußten beide einbüßen. Wirt=

schaftliche Rivalen pflegen, wenn sie erst beiderseits merken, daß sie den andern nicht unterkriegen können, sich zu einem Trust zusammenzuschließen, wie erbittert auch vorher ihr Ringen gewesen sein mag. Aber damit ein Trust entstehen kann, müssen eben beide Teile einigermaßen gleich an Macht dastehen; sonst sucht die ältere und stärkere Firma die neuaufstrebende rechtzeitig zu erwürgen. Das war das Kennzeichen des deutsch=englischen Gegensatzes.

Diese damals bei Beginn des Flottenbaues gehegte Überzeugung würde sich mir durch die Erfahrungen der Folgezeit nur dann eingeschränkt haben, wenn ich glauben müßte, daß der Ausbruch des Weltkrieges im Juli 1914 unvermeidlich gewesen ist. Das ist aber nicht der Fall gewesen. Den Umständen, die ich in meinen „Erinnerungen" hierfür dargelegt habe, sind in den seit Niederschrift meines ersten Buches verflossenen fünf Jahren viele weitere durch die Veröffentlichungen aus Archiven usw. zur Seite getreten. Gewiß hatte England durch sein Ententensystem eine hochgefährliche Lage in Europa erzeugt, und die Ermunterung der panslawistischen und revanchelüsternen Instinkte durch den „friedliebenden" Eduard VII. und Sir Edward Grey müßte sich eigentlich heute auch dem denkenden Angelsachsen als das größte Verbrechen darstellen, das seine Rasse an der Entwicklung der Menschheit zu besseren und höheren Zuständen begangen hat. Aber trotzdem waren diese serbisch=österreichisch=russischen Händel, an denen sich der Weltbrand entzündet hat, bei geschickter Führung der deutschen auswärtigen Politik noch einzudämmen; der tiefste Grund dafür, weshalb den Berliner Staatsmännern des Juli 1914 die von ihnen so eifrig angestrebte Erhaltung des Friedens zwischen den Großmächten nicht gelungen ist, war eben ihr mangelhaftes Verständnis der eigenen deutschen Macht und der Natur des deutsch=englischen Gegensatzes.

Diesen Zusammenhang habe ich in meinen „Erinnerungen" schon dargestellt, und wenn es heute meine Aufgabe ist, die Züge der deutschen Macht= und Weltpolitik schärfer zu zeichnen und dokumentarisch zu belegen, so kann ich auf die Frage des Kriegsausbruchs hier nur soweit eingehen, als aus der Tatsache dieses Kriegsausbruchs noch heute häufig die verkehrtesten Rückschlüsse für die Beurteilung unserer Vorkriegspolitik gezogen werden. Solange ich lebe, werde ich es zu dem Wenigen, was ich meinem Volke noch leisten kann, zählen müssen, immer und immer wieder davor zu warnen, aus dem Kriegsausbruch die geschichtlich gänzlich falsche Folgerung zu ziehen, als sei es von uns sündhaft oder töricht gewesen, Macht gegen England zu bilden. Wir sind ja so tief zurückgeworfen, daß Lagen, wie sie um 1900 bestanden, für uns kaum wiederkehren dürften. Aber die Ohnmachtpolitiker, die Machtbildung verurteilen, sind heute wie damals

das fressende Gift unserer Entwicklung und unseres nationalen Zusammen=
schlusses. Keine Lage eines Volkes ist so traurig und so gedrückt, daß sie
nicht durch die Lehren der Ohnmachtpolitiker noch schlechter werden könnte.
Keine Lage aber auch ist so verzweifelt, daß sie nicht durch den harten und
ernsten Entschluß, Macht zu bilden, verbessert werden könnte. Macht=
bildung aber kann auf hundert verschiedenen Wegen erfolgen; zu ihr ge=
hört auch die Erkenntnis der wahren Gesetze des Völkerlebens, Verbreitung
dieser wahren Erkenntnis in allen Volksschichten und Bekämpfung der ent=
nervenden Irrlehren der Ohnmachtpolitiker.

Um die Jahrhundertwende war die Machtbildung, auf die es vor allem
anderen ankam, die Beseitigung unseres völlig ungeschützten und hilflosen Zu=
standes dem großen Rivalen England gegenüber. Der Kaiser hatte dies voll
erkannt. Das bleibt in meinen Augen sein unzweifelhaftes Verdienst; daran
kann auch der Ausgang des Weltkrieges, der von anderen Umständen bedingt
ist, nichts ändern. Die Unterlassung des Flottenbaues hätte nicht Englands
Neigung, deutschfeindliche Koalitionen zu unterstützen, sondern nur seine Be=
denken gegen die Entfesselung eines Krieges verringert. Englands Friedens=
liebe und seine Achtung vor unseren Interessen ist im selben Maße wie unser
Flottenbau, gewissermaßen als Funktion der Fertigstellung unseres Flotten=
programms gewachsen; das haben gerade die letzten Jahre vor dem Krieg,
das hat noch der Juli 1914 bewiesen. Wenn man jetzt dem Flottenbau oder
dessen Urhebern die Schuld an unserer Katastrophe zuschreibt, so teilen
Kaiser Wilhelm und diejenigen, die seinen Flottengedanken verwirklichten,
ihr Schicksal mit Größeren: denn auch Bismarcks Lebenswerk wird heute
von ganz klugen Menschen für falsch erklärt, wie man vielfach nach 1806
Friedrich den Großen für den Zusammenbruch des preußischen Staates
verantwortlich gemacht hat. Denn die Deutschen neigen weniger dazu, eine
Leistung zu erkennen, anzuerkennen und in statu nascendi zu unterstützen,
als vielmehr dazu, eine Stelle zu suchen, wo die Kritik einen Haken ein=
schlagen kann.

Unsere taktische Arbeit in der Marine war — weil auch in unserer kleinen
Seemacht Verständnis für das Wesen der See lebte — schon in den neunziger
Jahren nicht auf Küstenverteidigung, sondern auf eine zukünftige Hochsee=
flotte gerichtet gewesen. Als ich dem Kaiser zu Weihnachten 1895 auf
seinen Befehl einen Entwurf für die Entwicklung unserer Flotte vorlegte,
stimmte er ihm zu, und ebenso war er im Juni 1897 einverstanden, als ich
vor Übernahme des Staatssekretariats auf Grund meiner Auslands=
erfahrungen den konkreten Vorschlag machte, uns als Ziel den Bau einer
Flotte zu setzen, die zwischen Helgoland und der englischen Küste etwas be=

deuten ſollte. Das führte zu den Flottengeſetzen, die in Übereinſtimmung mit den Reichskanzlern Hohenlohe und Bülow eingebracht wurden und auch die volle Zuſtimmung des ausgezeichneten und ſehr englandfreund= lichen Staatsſekretärs des Auswärtigen Amtes, Richthofen, fanden.

Wir waren uns beim Einbringen des Flottengeſetzes von 1900 voll= kommen darüber klar, daß durch ſie zunächſt die politiſche Spannung ver= größert werden würde. Wir ſtanden vor der Frage: Sollten wir um Deutſchlands Zukunft willen eine gewiſſe Gefahrenzone — liegend zwiſchen Beginn und Dollendung des Flottenbaus — in Kauf nehmen oder aber eine große Zukunft Deutſchlands preisgeben, um näherliegende poli= tiſche Bequemlichkeiten einzutauſchen. Klar war, daß techniſch der Flotten= bau ſo ſehr wie möglich beſchleunigt werden ſollte, um die Gefahrenzone abzukürzen. Tatſächlich iſt niemals eine große Flotte raſcher und zugleich ſolider geſchaffen worden. Aber das Tempo durfte doch auch nicht überſtürzt werden, aus techniſchen Gründen nicht, weil die Leiſtungsfähigkeit und die Ausbildung des Perſonals eine Überhaſtung nicht vertrugen, und auch aus außenpolitiſchen Gründen nicht, um die Kriſis nicht zu ſehr zu verſchärfen. Der Bau einer Flotte iſt im allgemeinen das Werk eines Menſchenalters. War Deutſchland um 1900 reif dafür, eine ſo große und weitausſehende Unternehmung zu wagen, oder ſollte es lieber darauf und damit auf den pſychologiſchen Augenblick, zu ſelbſtändiger Weltgeltung und politiſcher Freiheit aufzuſtehen, verzichten? Der große Kulturfaktor der See war ſeit der Zeit der Hanſa bei uns verkümmert geblieben und das Menſchenalter ſeit Gründung des Reiches wohl eine zu kurze Spanne Zeit geweſen, um ihn zu voller Entwicklung zu bringen. Dieſer Mangel an Verſtändnis für See und Seegewalt kommt auch bei unſerer deutſchen Geſchichtſchreibung zutage und gibt der Denkweiſe vieler unſerer Hiſtoriker bis zum heutigen Tag ſein Gepräge. Wohl gab es einzelne Deutſche von Gneiſenau über Liſt, Richthofen, Ratzel und Alexander v. Peez bis zu der jüngſten Gene= ration, welche die Bedeutung der See voll erfaßt hatten; unſerm Volk als ganzem aber ſtand ſie noch zu fern.

Die politiſche Geſamtlage war um die Jahrhundertwende ſo günſtig für unſer Beginnen, wie ſie es kaum ſpäter jemals ſein konnte. England ſtand allein. In Frankreich war die Niederlage von Faſchoda noch nicht verſchmerzt. Rußland hatte ſich im fernen Oſten ſtark feſtgelegt. Der Buren= krieg verſetzte England in eine recht peinliche Lage; ſeine allgemeinen aſia= tiſchen Intereſſen waren bedroht. Das gewaltige durch Bismarck geſchaffene Anſehen des Deutſchen Reiches war noch nicht gebrochen. So unternahmen wir es, eine Seemacht zu ſchaffen. Hiermit geſchah aber ein Schritt, der, einmal getan, ohne einen vielleicht langfamen, aber ficheren Niedergang Deutfchlands nicht mehr rückgängig gemacht werden konnte, ein Gefichts= punkt, den Bethmann und feine Freunde fpäter nicht immer fcharf im Auge behalten haben, als die Spannung mit England zunächft ftärker hervortrat. Natürlich aber nußten die Engländer unferen Flottenbau aus, um die all= gemeine Aufmerkfamkeit mehr von den eigentlichen und tieferen Gründen des Gegenfaßes, dem älteren wirtfchaftlichen und politifchen Mißbehagen, abzulenken.

Wie klein erfcheinen doch die Leute, die heute, nach dem Weltkrieg, Deutfchlands Verfuch, zu einem Weltvolk aufzufteigen, für falfch erklären. Fühlen fie nicht die innere Verpflichtung, die ein fo ftarkes Volk mit fo reichen Gaben zu diefem Ziel hinführen mußte, wenn es nicht zu einem Phäakenvolk herabfinken wollte? Freilich hat fchon ein in feinem Fach her= vorragender Gelehrter wie Virchow in Bismarcks Anfängen Preußen den Großmachtkißel austreiben wollen. Wer konnte im Jahre 1897 wiffen, daß 17 Jahre fpäter ein unglückfeliger Staatsmann alle deutfchen Trümpfe aus der Hand geben würde? Es ift heute faft Mode geworden, den gewiffen= haften Ernft Bethmanns dem „Leichtfinn" feines Amtsvorgängers gegen= überzuftellen. Aber ich muß aus einer doch immerhin verhältnismäßigen Nähe des Beurteilerftandpunktes meiner Überzeugung Ausdruck geben, daß dem Fürften Bülow das Unglück vom Juli 1914 nach menfchlichem Ermeffen nicht begegnet wäre, wenn ihn der Reichstag nicht 1909 geftürzt, fondern 1914 noch im Amte gefehen hätte. Wenn dem aber fo ift, wird man die „Ära Bülow", deren Ergebniffe der Juli 1914 erft gefährdet hat, bei aller berechtigten Kritik vorfichtiger beurteilen.

Die beiden nachfolgenden Kapitel geben einen Aktenniederfchlag von der Rückwirkung der deutfch=englifchen Spannung auf unfer Verfahren und unfere internen Überlegungen beim Flottenbau. Zuerft (1905/06) zeigt die politifche Leitung einen gewiffen Drang zur Befchleunigung unferer Rüftung, nachher (1908/09) zu ihrer Verlangfamung.

Um meinen Widerftand gegen die auch von einem Teil der damaligen öffentlichen Meinung ftürmifch verlangte Befchleunigung der Flotten= entwicklung verftändlich zu machen, muß ich auf einige Punkte des Flotten= gefeßes eingehen. Die allgemeinen Motive, die hier obwalteten, find be= reits in meinen „Erinnerungen" zum Ausdruck gebracht. Es ift dabei zu bemerken, daß die Befonderheit des Flottengefeßes als Lex imperfecta und die dadurch bedingte Art des Vorgehens der Marineverwaltung felbft innerhalb der Marine häufig auf Mißverftehen geftoßen ift. Der Reichstag hatte bei der Bewilligung des Gefeßes im Jahre 1900 nur ungern auf einen erheblichen Teil seiner für ihn in der jährlichen Etatsbewilligung liegenden Macht der Reichsregierung gegenüber verzichtet. Über die Bauart der Schiffe, über ihre Größe und über die durch sie entstehenden Kosten war im Gesetz nichts enthalten. Wir hatten nun, um die zunächst entstehenden Kosten nicht zu hoch ansetzen zu müssen und um doch nach vollendeter Ausführung des Gesetzes die für uns erforderliche Schiffszahl für die Flotte zu erreichen, eine größere Zahl von zum Teil veralteten Schiffen als vorhandenen Bestand aufgeführt, die dann, sobald ihre gesetzliche Lebensdauer erreicht war, durch neue, zeitgemäße Schiffe zu ersetzen waren. Diese alten Schiffe waren in den Jahren vor dem Gesetz in unregelmäßigen Zeitperioden gebaut worden und ihr fälliger Ersatz hätte daher ebenfalls unregelmäßig ausfallen müssen. Dieser Umstand widersprach dem Bedürfnis eines möglichst gleichmäßigen Bautempos und davon abhängig einer ungefähr gleichmäßigen Inanspruchnahme aller in Betracht kommenden Industrien. Die Zahl der im Gesetz für die Flotte vorgesehenen Schiffe ergab im Durchschnitt die jährliche Inbaunahme von rund drei Schiffen. Ein solcher Zuwachs entsprach zugleich dem erreichbaren Zuwachs an Personal. Am vorteilhaftesten für uns wäre nun gewesen, wenn wir ein Gesetz hätten einbringen können, welches einfach ein solches Bautempo festgelegt hätte, das wäre aber bei der deutschen Denkungsart völlig unerreichbar gewesen. Es gab für uns keinen anderen Weg als die Organisation der Flotte in den Vordergrund zu stellen und damit das System selbst zur gesetzlichen Festlegung zu bringen. Das war auch notwendig, weil die Ansichten bei der Reichsleitung über das System durch vorübergehende Einflüsse wechseln konnten. Unter diesen Umständen ist besonders im Auge zu behalten, daß sich wohl bis zu einem gewissen Grade Armeen aus dem Boden stampfen lassen, sobald die Unterlage hierzu einigermaßen vorhanden ist, daß aber, um eine Seemacht zu schaffen, Jahrzehnte erforderlich sind, weil das Material eine unmittelbar entscheidende Rolle spielt, denn ohne Schiffe gibt es keine Seemacht. Jedes Schiff stellt auch eine Art von Mikrokosmos dar, an dem fast das gesamte Gebiet der Technik und Industrie teilnimmt. Hieraus wird vielleicht schon verständlich, weshalb wir vor allen Dingen Konsequenz brauchten. Dazu kam noch, daß wir mit Rücksicht auf die rasch aufsteigende Gefahr so schnell wie möglich die Seemacht schaffen mußten. Tatsächlich ist dieses Ziel erreicht und eine starke Seemacht innerhalb eines Zeitraumes begründet worden, wie es in der verflossenen Geschichte unter sehr viel einfacheren Verhältnissen noch niemals geschehen war.

Der Reichstag hatte nun bei der Bewilligung des Gesetzes sechs große Kreuzer gestrichen, deren Inbaunahme im Jahre 1906 hätte beginnen sollen.

Die Marineverwaltung hatte im Reichstag sofort erklärt, sie würde diese
sechs Kreuzer alsdann von neuem anfordern. So stand die Angelegenheit, als
die Vorbereitungen für diese Nachforderungen im Jahre 1905 getroffen
wurden.

Die politische Lage hatte sich inzwischen zu unseren Ungunsten
erheblich geändert. Die Entente zwischen England und Frankreich war
1903/04 zustande gekommen. Der Burenkrieg war beendet, Rußland durch
Japan zurückgeworfen, vor allem war die englische Admiralität inzwischen
zu der Erkenntnis gekommen, daß die deutsche Flottenvorlage von 1900
nicht wie alle ihre Vorgänger auf dem Papier stehen bleiben, sondern sich
tatsächlich in Eisen und Stahl umsetzen würde. Drohende Auslassungen im
Amte befindlicher Männer wie des Zivillords der Admiralität Lee, des
Ersten Seelords Admiral Fisher usw., wurden rücksichtslos ohne jeden
weiteren Anlaß öffentlich gegen Deutschland ausgesprochen. Die englische
Flotte wurde unter Zurückstellung des Auslandsdienstes in der Nordsee
konzentriert, um einen politischen Druck auf Deutschland auszuüben.
Unsere eigene Flotte war noch nicht in der Verfassung, daß sie bei einem
Kriege England erhebliche Schwierigkeiten bereiten konnte. Es handelte
sich tatsächlich um einen besonders kritischen Zeitpunkt unserer Gefahrzone.
Kaiser und Kanzler waren durch die englischen Drohungen stark beeinflußt.
Auch die öffentliche Meinung in Deutschland sah die Gefahr und machte sich
Luft in heftigem Drängen auf Beschleunigung unserer Flottenentwicklung.
Ich war von vornherein Gegner derselben, weil sie aus sachlichen bzw.
marinetechnischen Gründen zu einer ungesunden und für unser Gesamt=
vorgehen falschen Richtung führen mußte. Dazu kam, daß wir durch solche
Beschleunigung für die kritische Periode eine wirklich ins Gewicht fallende
Verstärkung unserer Flotte nicht erreichen konnten, da diese frühestens
nach Verlauf von 4 Jahren, der Bauzeit der großen Schiffe entsprechend, an=
fangen konnte sich bemerkbar zu machen. Es trat noch folgendes hinzu.
Die unserer Flotte zukommende Stärke nach Anzahl und Art der Schiffe
war seinerzeit in der Hauptsache richtig getroffen. Diese auf organisato=
rischer und taktischer Grundlage geschaffene Zahl konnte daher nicht we=
sentlich vermehrt werden. Hätten wir das tun wollen, so wären wir in
Widerspruch mit der folgerechten Entwicklung der Flottengesetze und mit
allen Begründungen gekommen, die wir bei Einbringung des Flottengesetzes
gegeben hatten, und außerdem wären solche Vermehrungen im Hinblick
auf die wachsende Größe der Schiffe tatsächlich falsch gewesen.

Das einzige Mittel, den Bau zu beschleunigen, ohne wenigstens formell
das Flottengesetz völlig zu diskreditieren, wäre der schnellere Ersatz der

veralteten Schiffe gewesen, die als Bestand in dem Gesetz vorhanden waren und die in der Pressepropaganda, welche zu schnellerem Bauen drängte, als schwimmende Särge hingestellt wurden.

Hätten wir aber dieses Mittel angewandt, so wäre wenige Jahre später nach Lage der Ersatzbauten im Flottengesetz ein völliges Vakuum für den Schiffsneubau eingetreten. Dieses Vakuum auszufüllen, wäre aber ohne Zerstörung des Flottengesetzes unmöglich gewesen. Trotzdem hätten wir das alsdann tun müssen, denn wir konnten unsere Werften und Industrien durch Jahre hindurch nicht ohne Beschäftigung lassen, wenn wir sie nicht gründlich zurückwerfen oder sogar eingehen lassen wollten. Das waren an sich Gründe genug, die gegen eine starke Beschleunigung sprachen. Entscheidend war aber für meine Stellungnahme die größere Gefahr eines Krieges, in die wir bei der damaligen Aufregung in England durch ein demonstratives Mehrbauen geraten mußten, ohne daß wir von der Verstärkung in dieser Zeit selbst schon Nutzen verspüren konnten. Es schien mir auch nicht zweckmäßig, den Drohungen der Engländer gegenüber Furcht zu zeigen, was durch eine solche überhastete Beschleunigung in Erscheinung treten mußte. Maßlose Angriffe gegen mich und meine Schwerfälligkeit prasselten damals auf mich herab.

Schon am 10. Januar 1904 schreibt Generalfeldmarschall Graf Waldersee in sein Tagebuch (III, 227f.): „In ähnlicher Lage wie Einem befindet sich der Marineminister, der auch mit seinen Nerven so ziemlich fertig ist. Der Kaiser verfolgt unentwegt sein Ziel der Vergrößerung der Marine, ohne dies aber zu erkennen zu geben, was auch wohl klug ist, da der Umfang seiner Pläne Schrecken erregen würde. Bülow operiert darin ganz geschickt, daß er dem Kaiser zuredet und ihm auch verspricht, seine Forderungen durchzubringen."

Handelten wir dagegen genau entsprechend unseren Begründungen des Flottengesetzes von 1900 und forderten 1906 die damals gestrichenen sechs Kreuzer nach, so blieben wir konsequent und sicherten das für uns erwünschte Tempo von drei großen Schiffen für eine Reihe von Jahren. Jede als Herausforderung zu deutende Flottenverstärkung gegen England fiel fort und die Entwicklung der Marine vollzog sich in einem Zeitmaß, wie es unserer damaligen organisatorischen und technischen Verdauungskraft entsprach.

Weiteres kam hinzu. Auf Betreiben Sir John Fishers war man 1905 in England zum Bau von Dreadnoughts übergegangen. Das bedeutete rund gerechnet eine Verdoppelung der Größe der Schiffe. Unsere bisherigen Schiffe waren in Breite und Tiefe an die Dimensionen des Nordostseekanals und der damaligen Hafeneinfahrt von Wilhelmshaven gebunden. Sir John Fisher, dessen Blick wie hypnotisiert nur auf unsere Flotte gerichtet war, glaubte durch den Übergang zum Dreadnoughtbau unsere Flottenentwick= lung praktisch zum Stehen bringen zu können, denn unsere kleineren Schiffe mit wenig schweren Geschützen wurden durch den Dreadnoughtbau mili= tärisch entwertet. Wir hatten den Schritt Fishers 1905 nicht mitgemacht, weil wir auf jeden Fall auch den Schein eines Wettrüstens vermeiden wollten. Sir John Fisher übersah aber, daß er mit seinem Vorgehen alle Flotten der Welt und darunter auch uns schließlich nötigte, ebenfalls zu Schiffen von den Größenverhältnissen der Dreadnoughts überzugehen. Er zwang gerade uns zu erheblich vermehrten Anstrengungen, denn nicht nur bedeutete die verdoppelte Größe der Schiffe direkt eine erhebliche Preis= steigerung und auch eine Vermehrung des Personals, sondern sie zwang uns zu einem Neubau des Nordostseekanals und der Einfahrt von Wilhelms= haven. Diese Umstände brachten eine natürliche Erschwerung jeder son= stigen Forderung für den Etat von 1906, weil die großen und sehr kost= spieligen Wasserbauten lediglich eine Folge der Vergrößerung der Schiffe waren. Auf der glatten Bewilligung des Übergangs zum Dreadnought lag also der Schwerpunkt. Nun war im Gesetz weder über die Größe noch die Kosten der Schiffe etwas bestimmt; eine gewisse Gefahr lag vor, daß der Reichstag an dieser Stelle einhaken könnte, um uns zu zwingen, das ihm unbequeme Gesetz fallen zu lassen und wegen der entstehenden Kosten zu jährlicher Etatsforderung zurückzugehen. Was das bedeutete, das hatte die Marine in den Zickzackkursen und in dem bei jährlicher Bewilligung unver= meidlichen politischen Tauschhandel der achtziger und neunziger Jahre er= fahren. Die Absicht, eine brauchbare, politisch ins Gewicht fallende Flotte zu schaffen, wäre, wie unsere Verhältnisse nun einmal lagen, damit aus= sichtslos geworden. Die Vorlage 1906, so wie wir sie eingebracht, ging glatt durch, für Erweiterung des Nordostseekanals stimmten sogar die Sozialdemokraten. Zu diesem Erfolg hat nicht nur die durch Englands Rücksichtslosigkeiten wach gewordene Stimmung in Deutschland beige= tragen, sondern auch die unbeirrte Konsequenz, mit der wir in dieser poli= tischen Gefahrperiode verfuhren. Das sind etwa die Gesichtspunkte, unter denen die nachfolgenden Dokumente im Abschnitt I zu verstehen sind.

Im April 1904 schloß England die Entente Cordiale mit Frankreich ab und bewirkte damit die nachhaltigste Verschiebung des europäischen Gleich= gewichts und die größte Verstärkung der allgemeinen Kriegsgefahr seit Jahr= zehnten. In überraschender Weise wurde auch dem arglosesten Teil des deutschen Publikums die gefährliche Feindschaft Englands klar, als im Otto=

ber 1904 die ruſſiſche Oſtſeeflotte engliſche Fiſcherboote, die ſie für japaniſche
Torpedoboote hielt, beſchoß und daraufhin in England jäh eine heftige Kriegs=
ſtimmung, jedoch nicht gegen Rußland, wie man denken ſollte, ſondern gegen
das völlig unbeteiligte Deutſchland emporflammte. Nach dieſem Zwiſchen=
fall von Hull begannen öffentlich und privat an mich Wünſche heranzutreten,
ich ſolle es möglich machen, raſcher über die Zeit unſrer militäriſchen Un=
fertigkeit zur See hinwegzukommen. So begreiflich derartige Wünſche waren,
ſo unerfüllbar erſchienen ſie mir aus den oben dargelegten Gründen. In
den Rahmen des Flottengeſetzes paßte nur die von mir ſchon im Jahr 1900
für 1906 angekündigte Nachforderung von ſechs großen Kreuzern. Aus den
Wünſchen, die nach Hull an mich herantraten, zog ich immerhin die Folge=
rung, zunächſt Überlegungen innerhalb meiner Behörde darüber anzuſtellen,
ob der auf das Reichsmarineamt ausgeübte Druck zu Schneller= oder Mehr=
bauen etwas Richtiges enthielte. Mitten in dieſen noch nicht abgeſchloſſenen
Überlegungen wurde ich zu einer amtlichen Äußerung veranlaßt.

Am 21. Dezember 1904 fand eine Sitzung beim Reichskanzler ſtatt, an
der außer mir teilnahmen der Staatsſekretär des Äußeren Freiherr von
Richthofen, unſer Londoner Botſchafter Graf Metternich und die Chefs des
Generalſtabes und Admiralſtabes. Meine Aufzeichnungen lauten:

Metternich führte aus, planmäßige Abſicht in England, auf uns loszu=
gehen, beſtehe bei allen maßgebenden Leuten nicht, wohl aber würde ſolch
Zwiſchenfall à la Hull dazu führen. Zu einem ſolchen Falle rechne er auch eine
ſtärkere Flottennovelle. Er bat um nähere Angaben darüber. Ich wich derſelben
aus, ſagte aber, es beſtünde für mich kein Zweifel, daß wir mit der Flotte nicht
ſtehenbleiben könnten. Wir müßten vorwärts. Form ſo harmlos wie möglich.
Metternich meinte, Begründung des II. Flottengeſetzes hätte die Engländer ſo
erregt, weil dort ausgeſprochen ſei, wir wollten England der Suprematie
auf der See berauben. Ich bewies, daß dies gänzliche Entſtellung der Begrün=
dung ſei und ſchickte Metternich am nächſten Tage das II. Flottengeſetz[1] nebſt
Begründung. Ich wies nach, daß die Form des damaligen Vorgehens beim
I. und II. Flottengeſetz die einzige geweſen ſei, die das Geſetz hätte durchbringen
können.

Reichskanzler erwähnte, Seine Majeſtät hätte ihm mitgeteilt, daß die
Küſtenverteidigungen Kiel und Hamburg ſo mangelhaft ſeien, daß die engliſche
Flotte dort einfach hereinfahren könnte. Ob man nicht darauf die nächſte Ma=

---

1) *Das kannte unſer Botſchafter in England nicht einmal, als er bereits über unſere
Flotte verhandelte.*

rineforderung richten könnte? Ich erwiderte, daß dieſe Verteidigungsforde=
rungen nebenher liefen, Bagatelle ſeien, daß es auf Schiffsforderungen allein
ankomme.

Metternich und Richthofen ſchlugen einfache Jahresetatforderung, keine
Geſetzesvorlage vor. Ich erwiderte, ohne Geſetzesänderung wäre die Sache
leider unmöglich. Wir müßten ſie machen.

Am 3. Februar 1905 hielt der Zivillord der Admiralität Lee jene Rede,
in der er erklärte, die britiſche Flotte werde gegebenenfalls den erſten
Schlag zu führen wiſſen, noch ehe man auf der anderen Seite der Nordſee
Zeit gehabt hätte, die Kriegserklärung in der Zeitung zu leſen. Am folgen=
den Tage war der engliſche Botſchafter Sir Frank Lascelles bei mir zu Tiſch
geladen. Kurz bevor er kam, erhielt ich das folgende Handſchreiben Seiner
Majeſtät:

Lieber Maeſtro.   Berlin, 4. Februar 1905.

Sie werden die geradezu verblüffende Rede des Zivillords of Admiralty mit
der offenen Kriegsdrohung gegen uns wohl eben im Wolff geleſen haben. Ich
habe eben Lascelles hier gehabt und habe ihm in einer nicht mißzuverſtehenden
Weiſe klar gemacht, daß dieſer racheſchnaubende Korſar morgen von ſeiner
Regierung desavouiert und offiziell rektifiziert werden müſſe. Sonſt würde in
unſerer Preſſe ein ſolcher Sturm losgehen, wie er nur durch das ſchleunige Ein=
bringen eines koloſſalen Neubautenprogrammes, welches uns durch „public
opinion" aufgenötigt werden werde, abgewendet werden könne. Er iſt total
zerſchmettert und verzweifelt und hat ſofort telegraphiert. Er will mit Ihnen
noch über die Sache ſprechen! Machen Sie das niederträchtigſte „Geſichte",
deſſen Sie fähig ſind, wenn er kommt, und laſſen Sie ihn ordentlich zappeln
und Angſt kriegen.   Ihr Wilhelm I. R.

Telegraphiſche Antwort, ab 4. Februar 1905, 8¹⁵ Uhr abends.

An des Kaiſers Majeſtät!

Euerer Majeſtät gnädiges Schreiben ſoeben erhalten. Ich werde dem bei mir
zu Tiſch befindlichen Lord Lascelles gegenüber mich den Anweiſungen Euerer
Majeſtät entſprechend verhalten.   von Tirpitz, Staatsſekretär.

Es war begreiflich, daß eine engliſche Herausforderung wie die Lee'ſche
Rede, die unſere ſeemilitäriſche Ohnmacht uns ſo fühlbar zum Bewußtſein
brachte, Wünſche laut werden ließ, uns raſcher, als bisher geplant, über

diesen Zustand der Ohnmacht hinwegzutragen. So schrieb mir u. a. der spätere Kabinettschef von Müller, damals Flügeladjutant:

Berlin, 8. Februar 1905.

Die Brandrede des Mr. Lee gab Seiner Majestät dem Kaiser und König Veranlassung, sich mir gegenüber dem Sinne nach dahin zu äußern, daß diejenigen recht hätten, welche aus den fortgesetzten englischen Drohungen die Notwendigkeit entnehmen, unsere maritimen Rüstungen zu beschleunigen, und daß diejenigen auf die Zukunft des deutschen Volkes verzichteten, welche aus Angst vor England von jedem schnelleren Vorgehen in unserer Flottenentwicklung absehen wollten.

Ich brauche nicht zu sagen, daß das auch meine Ansicht ist.

Was nun den einzuschlagenden Weg zur schnelleren Schaffung einer starken Flotte anbelangt, so habe ich mit Kapitän von Heeringen darüber gesprochen, und wir haben uns sehr bald in der Überzeugung getroffen, daß es nicht richtig wäre, ein drittes Doppelgeschwader jetzt schon zu fordern, sondern daß man durch Beschleunigung der Ersatzbauten vorwärts gehen müsse, so wie das Eure Exzellenz auch schon geplant haben.

Dieser Weg kann die Engländer kaum aufregen. Tut er es doch und treten noch besondere politische Konstellationen ein, welche die englische Kriegslust zu entfachen imstande wären — was dann? Ich finde, über diese Frage müssen wir uns im klaren sein, noch ehe sie an uns gestellt wird, denn die Art, wie wir sie zu beantworten gesonnen sind, ist bestimmend auch für unser augenblickliches Handeln. Und die Antwort muß für uns lauten: Dann der Weltkrieg, der unsere Heere nach Indien führt und nach Ägypten.

Es wäre gut, wenn die Engländer diesen Entschluß von uns, — zu dem ich vorläufig noch trotz aller Friedensbuselei das deutsche Volk für fähig halte, — kennen würden. Vielleicht zögen sie es dann vor, auf dem Wege des friedlichen Wettbewerbes mit uns zu bleiben und uns die Flotte nicht zu verübeln, die wir brauchen, um uns gegen politische Vergewaltigung unseres Handels zu schützen.

Die Frage der technischen Entwicklung der Flotte ist ganz sekundärer Art. Daß der Schwerpunkt für uns im Linienschiff und im Torpedoboot liegt, ist klar. Ebenso klar ist, daß, wo natürliche Beschränkungen nicht vorliegen, das ganz große Linienschiff als Zukunftstyp gewählt werden muß, ja, daß man gut tut, da mit einer gewissen Voreilung gegen die neuesten Typen der Gegner zu arbeiten. Aber für uns liegen eben natürliche Beschränkungen vor, der Nord-Ostseekanal. Nun könnte man sagen, die Konzentration der Kraft in einem 17 000 oder 18 000 Tonnen-Schiff ist so wertvoll, daß man besser auf die Kanalfrage verzichtet als auf den großen Typ. Aber so hoch schätze ich den Wert des großen Schiffes nicht ein. Ich ziehe die strategische Konzentrationsmöglichkeit durch den Kanal der taktischen Konzentration in dem großen Typ vor, und erst wenn die innerpolitische Möglichkeit gegeben ist, den Kanal umzubauen, würde ich auf den großen Typ gehen.

Bis dahin also müßte das möglichst große Linienschiff, das eben noch durch den Kanal gehen kann, gebaut werden. [1]

Herausforderungen von einer so plumpen Anmaßlichkeit, wie die offizielle Überfallsdrohung des Zivillords, konnten, ja mußten die Geister er-

---

1) *Wir waren bereits mit den seit 1901 gebauten Schiffen an der für den damaligen Kanal möglichen Größengrenze angelangt.*

regen. Selbst weiche Persönlichkeiten wie der nachmals so einflußreiche Herr von Müller verloren ihre pazifistische Grundstimmung, und wie es gerade bei schwachen Naturen leicht geschieht, schlugen sie in das andere Extrem über[1]. Phantastereien, wie der Landkrieg nach Indien, konnten mich freilich nicht darüber trösten, daß die Flotte im Jahr 1905 einen Krieg mit der englischen noch nicht zu führen imstande war. Aber mehr und mehr hatte sich mir die Erkenntnis gebildet, daß alle Wünsche, die Flotte noch schneller als vorgesehen zu vermehren, abgewiesen werden mußten. Was Müller verlangte, der damit in das Ressort des Reichsmarineamts sich einzumischen begann und an den sich schon andere herandrängten, weil er das Ohr des Kaisers hatte, kam in Wirklichkeit auf das Viererbautempo hinaus. Dafür gab es dann später Lücken, oder man mußte das Vierertempo beibehalten, was bei der Tendenz zum Größenwachstum der Schiffe voraussichtlich undurchführbar war. Und mit alledem hätte man nur Konkurrenzbauerei gegen England eröffnet und die Kriegsgefahr erhöht. Ganz abweichend also von allen diesen Wünschen bildete sich der Entschluß des Reichsmarineamts, die Schiffsneubauten nicht zeitlich „vorzuziehen".

Über die Entstehung der Flottennovelle von 1905/06 habe ich am 22. Februar 1905 folgende persönliche Aufzeichnungen niedergeschrieben:

Auf meine Anordnung war von Kapitän Capelle und Dähnhardt im Lauf der Jahre 1903 und 1904 eine Reihe möglicher Novellen ausgearbeitet. Einfaches Geschwader, Doppelgeschwader, Vorziehen von Ersatzbauten usw.

Nach eingehender Durchsprechung und Überlegung war ich mit den genannten Herren Herbst 1904 zu der Ansicht gekommen, daß weder ein einfaches noch ein Doppelgeschwader aus politischen und finanziellen Rücksichten möglich sei. Selbst wenn der Reichskanzler zugestimmt hätte, würde ich die Verantwortung nicht haben tragen können, denn nach der allgemeinen politischen Lage hätte das Einbringen mit hoher Wahrscheinlichkeit zum Konflikt mit England geführt. Dies bestätigte auch Graf Metternich und Kapitän Coerper.[2]

Finanziell kamen zurzeit unerschwingliche Summen heraus. Gerade die Agitation des Flottenvereins hätte parlamentarisch eine solche Vorlage auch unmöglich ge-

---

1) Einer Mitteilung des Admirals Cägert zufolge hat in jenen Jahren auch z. B. der später durch Pazifismus bekannt gewordene General Graf Montgelas damals die Bagdadbahn für eine strategische Bahn gegen Indien oder auch Rußland angesehen. Derartige, den nüchternen Boden der Wirklichkeit verlassende Dilettantenäußerungen haben der deutschen Politik schwer geschadet, das Schlagwort Berlin-Bagdad des Alldeutschenbekämpfers P. Rohrbach die beste Propagandawaffe gegen Deutschland geliefert. Mund halten und Schiffe bauen, weder in der Art Alexanders des Großen noch in der Berta Suttners zu träumen, das schien manchem Deutschen so schwer zu fallen.
2) Damaliger Marineattaché in London.

macht. Die nächsten fünf Jahre, also die Hauptgefahrjahre für uns, würden durch die Vorlage nicht gebessert, ja selbst für die nächsten zehn Jahre könnte der Unterschied gegenüber einem Vorziehen der Ersatzbauten nicht wesentlich besser werden.

Noch ein anderer rein technischer Gesichtspunkt machte eine solche Vorlage nicht richtig. Die Schiffe sind an Größe in der letzten Zeit außerordentlich gewachsen. Wir folgen jetzt schon bis zur Grenze des Nord-Ostseekanals. Wenn wir in den nächsten Jahren weiter gezwungen werden sollten, darüber hinaus die Schiffe zu vergrößern, so wird die jetzt gesetzmäßige Zahl von 38 Linienschiffen recht groß. Drei Doppelgeschwader unmöglich. Wir hätten zurückgehen müssen von Amts wegen.

Im Dezember und Januar war ich immer mehr zu der Überzeugung gekommen, daß der beste Weg war, nicht die Ersatzbauten vorzuziehen, sondern auf die 1900 abgelehnte Forderung einfach zurückzukommen. Der Unterschied war im Jahre 1913 doch nur der, daß die Flotte in dem einen Fall bestand aus 36 Linienschiffen und 7 großen Kreuzern, in dem andern Fall aus 32 Linienschiffen und 11 großen Kreuzern. Dafür hätte in den Kauf genommen werden müssen:

a) Eine gewisse Erschütterung des Flottengesetzes; b) große Parlamentserschwerung; c) die höchste Wahrscheinlichkeit, daß der Reichstag beim Vorziehen nach Analogie von 1900 zunächst die Auslandsschiffe gestrichen hätte und sich die Bewilligung 1911 vorbehalten hätte; d) die Aussicht für eine weitere Novelle 1912 also sehr viel schlechter werden mußte.

Die „Parlamentserschwerung" wäre dadurch eingetreten, daß ich von dem im Jahr 1900 verkündeten Plan hätte abweichen müssen. Der Reichstag hätte auch diesmal wie 1900 die Kreuzer (Auslandsschiffe) wieder gestrichen, denn sie wären dann doch erst 1911 fällig geworden, und wozu sollte sich der Reichstag so lange vorher binden? Die Aussicht für eine weitere Novelle 1911/12 wäre schlechter geworden, denn aus dem Zurückstellen der Kreuzerforderung hätte der Reichstag die Ansicht geschöpft, daß diese durch so viele Jahre vernachlässigte Spezialität weniger wichtig sei. Und doch ist mir im Krieg selbst unser Bestand an großen Kreuzern militärisch wichtiger gewesen, als die entsprechende Anzahl von Linienschiffen, die wir statt dessen bei dem Vorschlag Müllers u. a. erhalten hätten.

Meine hauptsächlichen Mitarbeiter waren Kapitän von Trotha von der Zentralabteilung des Reichsmarineamts, damals meine rechte Hand, zuletzt (bis 1921) Chef der Admiralität, Kapitän Capelle, der (1916) mein Amtsnachfolger geworden ist, damals Chef der Etatsabteilung, und Kapitän Dähnhardt, ebenfalls von der Etatsabteilung.

Am 10. Februar, nachmittags 6.30 Uhr, war ich mit dem Schatzsekretär beim Reichskanzler. Dieser sagte, er würde jeder Summe zustimmen. Der Schatzsekretär erschrak nicht über die Summe usw. Als ich ausführte, daß ich Seine Majestät zunächst nur fragen wolle, ob ich in der Budgetkommission für ein Dreiertempo eintreten könne und dabei die beiden Möglichkeiten angab, sagte

Graf Bülow: Er würde für beides sein, aus politischen Gründen wäre die
Kreuzerforderung angenehm.

Auf dem Rückwege sagte ich zu Stengel[1]: Ich würde versuchen, bei Seiner
Majestät die Kreuzerforderung durchzubringen. Er müsse sich dann aber
auf 15 Millionen gefaßt machen. Stengel gab, wenn auch mit einigem Knur-
ren, zu.

11. Februar. Dem Kaiser vorgetragen Vorzüge der Forderung von 1900.
Sechs große Kreuzer, schwer abzuschlagen; Vorgänge, Lücke nicht groß. Gefahr, daß Kreuzer ebenso wie 1900 zurückgesetzt würden, vermieden.

Seine Majestät sofort: Ich ziehe dieses vor. Ich will keine politisch gefährliche
Vorlage mit Spitze gegen England. Front wünscht Panzerkreuzer. Keine
Unterbrechung des Kreuzerbaues.

Ich war überrascht, daß Seine Majestät so rasch und so bestimmt darauf einging. Besorgnis vor England doch so groß! Dazu vielleicht Kreuzervorliebe.
Falls Seine Majestät darauf bestanden hätte, würde ich Vorziehen von Linienschiffen mit Dreiertempo bei Vortrag nicht abgelehnt haben. Nach meinen Erfahrungen in der Budgetkommission und den Schwierigkeiten, die ich jetzt
übersehe, würde ich Dreiertempo mit Vorziehen nicht mehr übernehmen. Absehen davon, daß ich jetzt politisch auf Programm 1900 engagiert wäre.

Nach dem Immediatvortrag meldete ich dem Reichskanzler am 11. Februar:

Eurer Exzellenz beehre ich mich unter Bezugnahme auf die gestrige Besprechung
gehorsamst zu melden, daß Seine Majestät der Kaiser im Immediatvortrag
befohlen und schriftlich zum Ausdruck gebracht haben, dem Entwurf einer Novelle für 1906 lediglich die Mehrforderung von sechs großen Auslandskreuzern und sieben Torpedobootsdivisionen zugrunde zu
legen.

Bei dieser Sachlage halte ich es für ratsam, von einer formellen Erklärung
in der Budgetkommission zurzeit abzusehen, und daher kommt eine Benachrichtigung des Bundesrats nicht mehr in Frage. Ich würde mich darauf beschränken,
auf direkte Anfrage erforderlichenfalls in der Budgetkommission in loser
Form einige allgemeine Aufklärungen über die Novelle zu geben. Dagegen halte
ich es für notwendig, bei den beabsichtigten neuen Steuervorlagen von vornherein einen Mehrbetrag für die Marine von 15 Millionen Mark jährliche
Steigerung für die nächsten fünf Jahre vorzusehen und dies auch in der Begründung zum Ausdruck zu bringen. Anderenfalls würde nach Einbringung der

---

1) *Reichsschatzsekretär.*

Novelle die Deckungsfrage sofort von neuem wieder die größten Schwierig=
keiten machen und die geplante Vermehrung der Flotte über Gebühr aufbauschen.

Ich ließ mich in der Verfolgung des klar erkannten Zieles nicht beirren
durch den lauten Werbefeldzug des Flottenvereins, der die Vorlage des
Reichsmarineamtes für durchaus unzulänglich hielt. Am 6. Oktober 1905
teilte mir z. B. der Flügeladjutant von Müller mit, General Keim (der
Vorsitzende des Flottenvereins) dränge unter Hinweis auf die Volksstim=
mung zu großer Flottenvermehrung. Viele Volksteile wollten sogar „durch=
aus den Boden des Flottengesetzes verlassen und verlangten die sofortige
Inangriffnahme von mindestens einer Division erstklassiger Linienschiffe".
Müller selbst fand den Gedanken „höchst bestechend, daß wir jetzt mit einem
kühnen Sprung über Jahre langsamer Flottenentwicklung hinwegsetzen
könnten". Man wünschte also ein Vierertempo, wohl in der Hoffnung, es
dauernd beibehalten zu können.

Bezeichnend für die Stimmung weiter Kreise damals ist ein längerer
Brief, den mir Graf Reventlow am 22. Oktober 1905 schrieb und den ich
im Auszug wiedergebe:

Angesichts der nahenden Verhandlungen der Novelle halte ich es für möglich, daß
Euerer Exzellenz es von Interesse sein könnte, welche Eindrücke ich von der Stimmung
verschiedener Kreise im Laufe der letzten Monate erhalten habe. Es begründet sich dies
nicht in einer Überschätzung meiner persönlichen Einsicht und Urteilsfähigkeit, sondern
in der Tatsache, daß meine journalistische Tätigkeit mich mit sehr verschiedenen Rich=
tungen in Berührung bringt; speziell auch in Gestalt von Zuschriften, Besuchen usw.

Die augenblickliche Leitung des deutschen Flottenvereins möchte sehr gerne eine per=
sönlich gegen Euere Exzellenz gerichtete Politik treiben und wird ohne Zweifel jede Ge=
legenheit benutzen, welche ihr dazu günstig erscheint ... Gerade die augenblickliche publi=
zistische Tätigkeit des Vereins ist durchaus nicht im Sinne der jetzt zu erreichenden Ziele.

Nicht zum wenigsten den angedeuteten Gründen ist es zuzuschreiben, daß die auf dem
Gebiet der inneren Politik — speziell auch des Flottengesetzes selbst — vorhandenen
Schwierigkeiten zu gering eingeschätzt oder überhaupt ignoriert werden. Die Schwierig=
keit, sich auf diesem Gebiet zu orientieren — und hiervon sind flottenfreundliche Ab=
geordnete nicht auszunehmen — läßt überraschend weite Kreise der fanatischen „Auf=
klärung" des Flottenvereins vielfach beipflichten.

Es ergibt sich, wohl hauptsächlich aus diesen Ursachen, die mir sehr oft zu Ohren
gekommene Auffassung, die Marineleitung lasse die zur Erreichung großer Ziele er=
forderliche Energie vermissen und zeige nicht Verständnis für die großen nationalen
Gesichtspunkte, oder ignoriere sie aus inneren Gründen. Im Anschluß daran darf ich
auf die planmäßig schon seit geraumer Zeit gegen das unverstandene Flottengesetz ge=
richtete Agitation hinweisen, welche nicht ohne Wirkung geblieben ist.

Ich weiß, daß in flottenfreundlichen, dem Flottenverein fernstehenden Kreisen diese
Zweifel den durchdringenden Wunsch haben entstehen lassen nach ausführlicher Dar=

2*

legung militärischer Gesichtspunkte, auch im Hinblick auf die politische Lage, dazu in technischer Hinsicht...

.... Bei dem außerordentlichen Interesse für maritime Dinge und ganz besonders in Anbetracht der politischen Lage w o l l e n alle urteilen und verlangen, wenn auch nicht ausgesprochenermaßen, nach einer Stütze....

... Unter diesen Voraussetzungen glaube ich, mit der Behauptung nicht zuviel zu sagen, daß Euere Exzellenz um so mehr einen und zwar einen außerordentlich starken Rückhalt an der öffentlichen Meinung haben werden, je mehr Euere Exzellenz persön= lich aufs Spiel zu setzen scheinen.

Die Stimmung scheint mir, besonders nach den letzten Ereignissen derart, daß eine Beschleunigung der Ersatzbauten beinahe allgemein erwartet wird.

Obgleich ich, wie ich glaube, die Schwierigkeiten nicht zu gering schätze, ist meine innere Überzeugung, daß Euere Exzellenz um so kräftiger und allgemeiner von der Öffentlichkeit werden unterstützt werden, je mehr — wenn ich mich des Ausdrucks be= dienen darf — ganze Arbeit gemacht wird.

Ich bin Euerer Exzellenz in Verehrung ergebener   Graf E. Reventlow.

Meine Antwort lautete:

Mein lieber Graf Reventlow!   B e r l i n , 24. Oktober 1905.

Ihre Ausführungen vom 22. d. M. haben mich in hohem Maße interessiert, und ich danke Ihnen sehr für die darin gegebenen wertvollen Mitteilungen.

In warmer Erinnerung an die gemeinschaftlich verlebte Seefahrt verbleibe ich Ihr ergebenster   von Tirpitz.

Über den weiteren Verlauf der Krisis gebe ich zunächst Aufzeichnungen wieder über eine Unterredung vom 6. Februar 1906, worin ich dem Marine= kabinettschef Freiherrn von Senden einen Rückblick auf die Vorgänge des Jahres 1905 geben mußte.[1] Ich führte dabei aus:

Im vorigen Jahre, am 11. Februar 1905, wären Seiner Majestät zwei Vorschläge unterbreitet worden und S e i n e M a j e s t ä t hätte damals, ehe noch Zeit gewesen wäre, den schärferen oder schwächeren zur Ausführung näher zu begründen, den schwächeren genommen. Der damalige Eindruck war so, als ob dies auf Grund einer Besprechung mit dem Reichskanzler erfolgt wäre. Am Abend vorher, 10. Februar, hatte ich beim Reichskanzler eine Besprechung in Gegenwart von Exzellenz von Richthofen und des Reichsschatzsekretärs von Stengel gehabt, bei welcher der Reichskanzler und die Herren vom Auswärtigen Amt entschieden sich für die Kreuzervorlage, so wie sie später einge= bracht ist, aussprachen. Auf Grund dieser Vorgänge erfolgte dann die bekannte Er= klärung in der Budgetkommission, mit Zustimmung des Kaisers und auf Anfrage aus der Kommission.[2] In Baden=Baden, am 19. September 1905, habe ich dann, ehe ich zum Vortrag nach Rominten fuhr, die Zustimmung des R e i c h s k a n z l e r s für die näher ausgearbeitete Novelle nochmals eingeholt. Hierbei kam zur Sprache, ob wir durch ir= gendeine Forderung unsere militärische Schwäche schon für die nächsten Jahre beseitigen

1) Vgl. unten S. 25.
2) Ankündigung der Kreuzervorlage.

könnten, ähnlich wie es eine Armeevermehrung tun würde. Das verneinte ich mit Rücksicht auf die Dauer der Schiffbauzeiten. In den nächsten vier Jahren, die der Reichskanzler als besondere Gefahrzone bezeichnete, würden wir durch keinerlei Vorlage etwas gewinnen können. Der Reichskanzler äußerte sich darauf in dem Sinne, daß er wohl geneigt wäre, ein Risiko zu laufen, wenn wir durch eine Forderung unmittelbar in den nächsten Jahren bezüglich der Beseitigung unserer militärischen Schwäche etwas erreichen könnten; so wie die Verhältnisse aber lägen, würde es nicht richtig sein. Im übrigen aber betonte er nochmals, daß er ganz meiner Marinepolitik folgen würde. [1]

Darauf bin ich nach Rominten gefahren, um die Zustimmung Seiner Majestät einzuholen (Vortrag am 4. Oktober 1905).

Ein oder wenige Tage, ehe der Entwurf in den Bundesrat ging, am 25. Oktober 1905, ist Herr von Richthofen im Auftrage des Reichskanzlers an mich herangetreten, um mir einen Gedanken desselben zur Erwägung zu geben: ob wir nicht eine große nationale Frage daraus machen sollten? Ich habe darauf Richthofen auf die Seite der äußeren Politik zunächst hingewiesen, welche sie in erster Linie zu entscheiden hätten, und ich habe ihm dann die Möglichkeiten, eine solche Frage aufzurollen, parlamentarisch-technisch auseinandergesetzt. Richthofen war entschieden der Ansicht, daß ein solches Vorgehen falsch sei. Ich war der gleichen Meinung, betonte aber, daß ich hiermit keine Ablehnung eines solchen Vorgehens aussprechen wollte. Ich habe darauf, am Tage der Enthüllung des Moltke-Denkmals, den 26. Oktober 1905, nochmals Richthofen betont, daß ich mit meinen Ausführungen keine Ablehnung hätte aussprechen wollen, sondern die Sache zunächst nur objektiv erklären wollte; ferner habe ich ihn darauf aufmerksam gemacht, daß die Vorlage dem Reichskanzler zur Unterschrift vorläge. Richthofen sagte, daß er mich vollständig richtig verstanden hätte, daß es keine Ablehnung gewesen wäre und daß der Reichskanzler mich noch sprechen wolle in dieser Angelegenheit. Um so erstaunter war ich daher, als ich die Vorlage am 27. unterschrieben zurückbekam. —

Zur Erklärung dieser Vorgänge muß ich Folgendes bemerken. Der Reichskanzler wünschte augenscheinlich, das Odium der Ablehnung der größeren Flottenforderungen auf mich schieben zu können, wohl mit Rücksicht auf seine Beziehungen zum Kaiser. Ich konnte den Kanzler aber nicht von der Notwendigkeit befreien, daß er selbst entschiede. War er der Meinung, daß die außenpolitische Lage uns das Einbringen der viel größeren Vorlage gestattete, dann konnte ich als Ressortvertreter eine solche Stärkung meines Ressorts doch nicht ablehnen. Ich durfte und mußte wohl versuchen, den Kanzler zu überzeugen, daß das beabsichtigte Vorwärtsdrängen falsch sei. Blieb er aber trotzdem dabei, dann war es seine Sache, dann konnte ich ihm nicht die Möglichkeit geben, mit meiner Ablehnung zum Kaiser zu gehen. Als der Kanzler merkte, daß ich mir die Ablehnung nicht zuschieben ließ, unterschrieb er die kleinere Kreuzer-Vorlage.

---

[1] Ich habe bei dieser Unterredung die Sachlage objektiv dargestellt, dem Kanzler auch erklärt, daß ich den Gedanken für politisch falsch hielte, die Entscheidung der Frage als einer in erster Linie politischen aber ihm überlassen.

Es folgen nunmehr Tagesaufzeichnungen Kapitän von Trothas nach meinem Diktat.

7. November. Prinz Salm und Admiral Thomsen, Vorstand des Flotten=vereins, am 6. vom Reichskanzler empfangen und an den Staatssekretär des Reichsmarineamtes verwiesen, werden von Admiral von Tirpitz angenommen.

Prinz Salm führt aus: Vorstand des Flottenvereins durch Kapitän Capelle über Umfang der Novelle unterrichtet; Vorlage könne große Stimmung im Volk nicht be=friedigen; schneller Ersatz aller älteren Schiffe müsse von ihnen gefordert werden. Stimmung dürfe nicht ungenutzt verstreichen, bis zum Frühjahr vielleicht nicht zu hal=ten. Reichskanzler habe sie an den Staatssekretär des Reichsmarineamts verwiesen und gesagt: Der Staatssekretär habe von ihm ganz freie Hand, Sorge wegen England käme nicht in Frage (Dementi im Reichsanzeiger); er habe noch aus Baden=Baden den Staatssekretär wissen lassen, daß er auch weiter gehen würde, dieser habe aber tech=nische Bedenken.

Der Staatssekretär faßt seine Ausführungen dahin zusammen: Er könne zu dem, was — nach den Worten des Prinzen — der Reichskanzler zu ihnen gesagt habe, keiner=lei Stellung nehmen; könne ihnen auch keinen Rat geben, sondern lediglich seine per=sönliche Ansicht als Offizier äußern. Wenn die Stimmung so groß wäre, wie der Flottenverein annehme, so müsse sie sich doch im Reichstag zu einer Resolution ver=dichten lassen. Es sei im übrigen selbstverständlich, daß eine solche Frage, wie die Herren anregten, nicht von dem Staatssekretär allein entschieden werden könne.

Prinz Salm und Thomsen halten ihre Ansicht aufrecht, wollen den Reichstagsweg versuchen. Thomsen besonders betont die Notwendigkeit für die Regierung, in solchen Fragen selbst vorzugehen. Das Volk erwarte von Seiner Majestät eine viel größere Vorlage; deren Ausbleiben bedeute eine direkte Gefahr für den Boden der Monarchie.

Der Staatssekretär führt nun in großen Zügen aus, daß Forderungen, welche die Herren wünschten, nur denkbar wären als sofortiges Auflegen eines Doppelgeschwaders in vier Jahren. Hieraus entstehe äußere und innere Gefahr, Sturz der Finanzreform, außerdem Flottengesetz selbst gefährdet. Es werden auch noch die Schwierigkeiten ge=streift, die Krupp schon jetzt zu überwinden hatte, um den sehr gesteigerten Bedarf an großen Kanonen und Panzern liefern zu können.

Prinz Salm und Thomsen lassen sich nicht überzeugen und scheiden mit dem Ausdruck des Bedauerns, daß sie die Regierungsvorlage bei ihrem Erscheinen bekämpfen müßten.

8. November. Admiral von Müller (diensttuender Flügeladjutant) hat an den Staatssekretär einen Brief geschrieben über ein Gespräch mit dem General Keim (Vor=stand des Flottenvereins) betr. die Notwendigkeit, weiter mit der Flottennovelle zu gehen. — Nach Empfang des Königs von Spanien bespricht der Staatssekretär mit Müller die Lage und glaubt ihn von der Richtigkeit der Novellenbemessung überzeugt zu haben.

Schreiben an den Reichskanzler über den Empfang Prinz Salm=Thomsen. Nie=derschrift über die Motive zur Flottennovelle und die Schwierigkeiten, welche aus einem Weitergehen entstehen können.

10. November. Kapitän von Heeringen durch den Staatssekretär über Ad=miral von Müller eingehend orientiert, soll mit diesem sprechen. Flottenverein strebt eine Audienz bei Seiner Majestät an. Der Reichskanzler hat seine Absicht,

den Prinzen Salm zu bremsen, nicht mehr ausführen können, derselbe war bereits wieder aus Berlin abgereist.

Staatsminister Exzellenz von Richthofen bei dem Staatssekretär: Der Reichskanzler habe dem Flottenverein nichts gesagt, was bedeuten könne, daß er weiter gehen wolle; der einmal gefaßte Entschluß müsse auch durchgehalten werden; er habe die Herren lediglich an den Staatssekretär verwiesen. Darauf der Staatssekretär: Nach der Ausführung des Prinzen Salm habe er das Gefühl haben müssen, daß er mit dem Reichskanzler nicht ganz stimmig sei. Vielleicht hätte er Salm und Thomsen etwas viel gesagt, aber nach ihrer Einführung wäre das schwer zu vermeiden gewesen; und dann habe er Thomsen verständiger eingeschätzt.

Richthofen stellte darauf ausdrücklich fest, daß der Reichskanzler voll mit dem Staatssekretär einverstanden sei.

11. November. Kapitän von Heerlngen hat bei Admiral von Müller nun ein gewisses Verständnis gefunden: Flottengesetz müsse gehalten werden, aber schneller Ersatz bis mindestens inkl. Kaiserklasse wäre unbedingt nötig. Die Lücke sei zu schließen durch Verkürzung der Lebensdauer auf 20 Jahre. — Helfferich verlange, daß Marine als Sturmbock diene zum Umstürzen der unbrauchbaren Finanzreform. — Auf Müller soll gewirkt werden, daß er und das Offizierkorps die alten Schiffe nicht unnütz schlecht machen.

Mit der Bemerkung Helfferichs, der damals dem Auswärtigen Amt als Wirtschaftssachverständiger angehörte, trat ein von nun an häufig wiederholter Gesichtspunkt an mich heran: die Marine sollte Forderungen stellen, die der Reichstag nicht annähme, so daß er aufgelöst würde und die Neuwahlen im Zeichen der Marine stattfinden könnten. Das Schlechtmachen der älteren Schiffe ging über das vernünftige Maß hinaus. Gewiß war unser älterer Schiffsbestand mangelhaft; aber diesen Mängeln ließ sich doch nur im Lauf mancher Jahre abhelfen. Inzwischen war es sicher weder außenpolitisch noch für den Geist der Flotte nützlich, die Schiffe zu geräuschvoll zu diskreditieren. Das Übermaß der Sachkritik bildete den Anfang zu jenem Nörgeln, das später im Weltkrieg so unberechtigt und verhängnisvoll das Zurückhalten der Schlachtflotte unterstützt hat. Wenn Herr von Müller meinte, die beim Schnellerbauen entstehende spätere Baulücke könnte durch Verkürzen der Lebensdauer der Schiffe gestopft werden, so war das natürlich ein Irrtum; lediglich durch Vermehrung der Schiffszahl ließ sich diese Lücke füllen. Wenn man gegenüber solchen durchgängerhaften Einflüssen nicht steten Kurs gehalten hätte, so wäre die Flottenentwicklung wieder in ein Chaos gemündet.

14. November. Erste Lesung im Bundesrat.

15. November. Niederſchrift des Staatsſekretärs über die Entwicklung der Flottengeſetze und die Motive für die jetzige Novelle.

Kapitän Capelle und Dähnhardt haben mit Menges über eine Flugſchrift von Raſ= ſow verhandelt.[1] Die Flugſchrift geht auf das Vierertempo los. Der Flotten= verein will ſich der Sache bemächtigen und in einer Präſidialſitzung am 2. Dezember ihre Maſſenverbreitung evtl. unter Verſtärkung der Forderungen unternehmen. Das Manuſkript wird vom Reichsmarineamt an Raſſow zurückgeſchickt. Der Staatsſekretär will ſich ganz von der Sache fernhalten. Kapitän von Heeringen ſoll noch einmal mit Admiral von Müller ſprechen, er könne vom Staatsſekretär nur Material bekommen, wenn er es (Keim gegenüber) diskret verwerte.

15. November. Zweite Leſung im Bundesrat.

Staatsminiſterialſitzung: Exzellenz von Tirpitz übergibt dem Reichskanzler ſeine Ausarbeitung vom Vormittag.

16. November. Die Ausarbeitung erfährt noch einige Zuſätze. Das Exemplar des Reichskanzlers wird umgetauſcht.

17. November. Fahrt nach Kiel zur Rekrutenvereidigung. Veröffentlichung der Marinevorlage.

Abends: Der Staatsſekretär beim Prinzen Heinrich. Unterrichtung über ſeine Stellung zum Reichskanzler und zum Flottenverein.

Das Urteil des Prinzen Heinrich wirkte ſtark auf die flottenfreundlichen Kreiſe. Ich habe deshalb verſucht, ihn für meinen Standpunkt zu gewinnen. Der Prinz trat für mich ein und ſtieß dabei mit dem Kaiſer, ſeinem Bruder, zuſammen.

Während der folgenden Zeit ſind Verſuche im Gang, aus dem Zentrum heraus die Verkürzung der Lebensdauer der Linienſchiffe auf 20 Jahre hervor= zuholen.

3. Februar 1906 Immediatvortrag des Staatsſekretärs. Seine Maje= ſtät meinte, die Volksſtimmung zugunſten der Flotte ſei nicht genug ausge= nutzt. Vorziehen. Lebensdauer abkürzen auf 18 Jahre. Höhere Forderungen. (Es ſcheint der Wunſch zu treiben, den Reichstag unter dem Zeichen der Flotten= vorlage aufzulöſen.) Seine Majeſtät außerdem über neuen defenſiven Kriegs= plan des Admiralſtabes gegen England geſprochen. Der Staatsſekretär unter dem Eindruck der Ausführungen Seiner Majeſtät zur Novelle hierauf wenig eingegangen, außerdem zurückhaltend in Rückſicht auf ſeinen Gegenſatz zu Ad= miral Büchſel in dieſen Fragen und auf den Zuſammenſtoß Seiner Majeſtät mit dem Prinzen Heinrich über dies Thema.

Einige Tage vorher war der Staatsſekretär auf einem parlamentariſchen Abend beim Finanzminiſter von Rheinbaben verſchiedentlich von Konſervativen und ſchroffen Vertretern des Bundes der Landwirte auf die Unzulänglichkeit der Novelle an= geſprochen worden.

---

1) *Menges und Raſſow Perſönlichkeiten des Flottenvereins.*

Ferner Erscheinen der Flugblätter des Flottenvereins.

Zusammentreffen dieser Vorfälle und Abstriche von zirka 100 Millionen Mark Steuern scheint darauf hinzuweisen, daß bei wahrscheinlicher Reichstagsauflösung Flottenparole geschaffen werden soll.

Am 6. Februar 1906 übergab mir der Marinekabinettschef Admiral Freiherr von Senden nachfolgendes Memorandum:

Bei der gestrigen Besprechung Seiner Majestät mit dem Reichskanzler kam auch das Mißverhältnis unserer Flotte zu der jetzt mobilisierten gewaltigen Streitmacht Englands zur Sprache. Als der Reichskanzler fragte, ob wohl irgend etwas geschehen könne, um den Ausbau unserer Flotte zu beschleunigen, erwiderten Seine Majestät, daß es wohl angängig sei — innerhalb des Rahmens des Flottengesetzes — die Lebensdauer der Linienschiffe um sechs bis sieben Jahre herabzusetzen. Am besten sei es — wenn es gelingen sollte — dies auf Initiativantrag hin zu erreichen. Dann würden schon jetzt die Brandenburg-Klasse — erste Rate 1889 — oder die Siegfried-Klasse — erste Raten 1887 und 1889 — zum Ersatz heranstehen und erste Raten angefordert werden können. Etwa 1907 könnten diese Neubauten ablaufen und Anfang 1909 wohl Probefahrten machen. Der Reichskanzler trat der Ansicht Seiner Majestät bei, er erachtete die Abkürzung der Lebensdauer der Linienschiffe gleichfalls für sehr erfreulich, wenn man sie erhalten könne, und sie störe das Flottengesetz gar nicht. Der Reichskanzler wies dann noch darauf hin, daß er seinerzeit nach den Delcasséschen Enthüllungen dem Marinestaatssekretär gesagt habe, dieser solle seine Forderungen so hoch stellen, wie er wolle, der Reichskanzler garantiere ihre Annahme, da das Land unter dem Eindruck der Ereignisse stehe.[1] Der Admiral habe darauf erklärt, daß das Flottengesetz das wichtigste sei, außerdem könne man mehr technisch nicht unterbringen noch leisten. Der Reichskanzler sei auch heute noch bereit, falls es sich ermöglichen lasse, sich für den Antrag betreffend die Abkürzung der Lebensdauer der Linienschiffe einzusetzen und mitzuwirken, einen solchen aus dem Hause herauszuholen.

Der Sinn dieser Ausführungen war, daß der Kaiser, der 1905 unter dem Eindruck der drohenden Kriegsgefahr gestanden hatte, nun zu Beginn des Jahres 1906 diese Gefahr vorübergezogen sah, und darum war er ein anderer geworden. Dem Kabinettschef gab ich einen gedrängten Überblick über die Entwicklung der Krise im vorigen Jahr.[2]

Ich habe dann dem Admiral von Senden noch die Technik des Gesetzes und der Vorlage erklärt. Es käme bei dem Vorgehen, wie Seine Majestät es bezeichnet, nichts heraus. Außerdem sei ich an sich der Ansicht, daß das jetzige Tempo das richtige sei und ein vermehrtes Tempo mit unserer Verdauungsfähigkeit nicht zusammenstimme.

---

1) Der 1905 gestürzte Delcassé hatte das englische Angebot von 100 000 Mann zu landender englischer Truppen enthüllt.
2) Vgl. oben S. 20.

Die Niederschrift des Kapitäns von Trotha fährt dann fort:

Admiral von Senden ist darauf bei Seiner Majestät gewesen und am 6. Fe=
bruar 1906 abends wieder mit Admiral von Tirpitz zusammengekommen.

Bei dem Vortrag des Admiral von Senden hat Seine Majestät zustimmend
genickt: 1. bei der Schilderung der Situation im vorigen Jahr; 2. bei der Si=
tuation in Baden=Baden und Rominten; 3. als Admiral von Senden, wohl aus
Versehen, ihm das Konsilium beim Reichskanzler[1] vorgetragen hat, welches
äußere, politische Gefahr der Sache betonte.

Seine Majestät sieht die Gefahr für die nächsten fünf Jahre als beseitigt an;
ist der Ansicht, daß die Situation in höherem Maße benutzt werde; daß die Dif=
ferenz zwischen mir und dem Reichskanzler im wesentlichen darin bestände, daß
der Reichskanzler erstens dem Kaiser die Erhaltung des Flottengesetzes garan=
tiere und zweitens an eine Resolution im Reichstage zugunsten der Abkürzung
der Lebensdauer glaubte, während ich dies bezweifelte.

7. Februar. Rücksprache mit Kapitän Capelle, Dähnhardt, Vollerthun, Trotha über
weiteres Vorgehen.

Der Staatssekretär sagt sich für den nächsten Tag beim Reichskanzler an. Die
Staatsbürgerzeitung bringt die Nachricht, daß die Marineverwaltung in der Kommis=
sion Abkürzung der Lebensdauer der Linienschiffe fordern würde.

8. Februar. Der Staatssekretär beim Reichskanzler. Derselbe sagt, daß
hier Mißverständnisse vorliegen müßten; er hielte eine Resolution aus dem
Reichstag für schnelleren Ausbau der Flotte gleichfalls für nicht möglich.

10. Februar.[2] Vortrag vor Seiner Majestät im Stadtschloß zu Pots=
dam. Auf meine Meldung, daß ich mich, dem Befehl Seiner Majestät gemäß,
mit dem Reichskanzler benommen hätte und daß der Reichskanzler auch der An=
sicht sei, daß eine Resolution in dem Sinne Seiner Majestät keine Aussicht hätte,
erwiderte Seine Majestät ganz schroff: daß der Reichskanzler ihm gestern (Frei=
tag) das Gegenteil gesagt hätte. Ich erwiderte, daß, wenn der Kanzler wirklich
imstande wäre, eine solche Resolution zu bewirken, es ja nur sehr erfreulich
sein würde; ich hielt es aber nicht für wahrscheinlich. —

General von Plessen und Admiral von Senden waren der Ansicht, daß die
Differenz einer Aufklärung bedürfe, Admiral von Senden hat auch in diesem
Sinne mit dem Reichskanzler am Sonntag (11. Februar) gesprochen.
Bei dieser Rücksprache war der Kanzler sogleich auf die Frage gekommen, er
hätte mir in Baden=Baden schon angeboten, ich möchte fordern, was ich wollte,
ich hätte aber aus technischen Gründen abgelehnt.[3]

---

1) Vom 21. Dezember 1904, oben S. 13 f.
2) Eigene Aufzeichnung.
3) Das heißt, ich hatte gesagt, wir könnten für die nächsten vier Jahre keine größere
militärische Sicherheit gewinnen.

11. Februar. Kapitän von Trotha zu Admiral von Müller. Diesem die Situation erklärt. Der Staatssekretär habe nach dem Vortrag vom 10. angenommen, daß für ihn nichts zu tun sei; er müsse abwarten, was der Reichskanzler wolle. Admiral von Müller dem zugestimmt. Er hat Seine Majestät nicht gesprochen, kann aber nicht glauben, daß Admiral von Sendens Bemerkung ernst. Er will mit Admiral von Senden sprechen, dessen Bemerkung zunächst aufklären.

Nachmittags: Admiral von Senden beim Staatssekretär: Situation zwischen Staatssekretär und Reichskanzler. Seiner Majestät gegenüber müsse aufgeklärt werden, da auch bei Seiner Majestät in bezug auf den Staatssekretär etwas sitzen geblieben sei. Reichskanzler, bei dem Admiral von Senden gewesen, ist zum gemeinsamen Vortrag vor Seiner Majestät bereit.

12. Februar. Besprechung des Staatssekretärs mit Capelle und Trotha: Der Staatssekretär muß jetzt Klarheit schaffen. Anmeldung beim Reichskanzler. Erklärung aufgesetzt, welche bei gemeinsamem Vortrag Seiner Majestät vorzulegen sei. Der Staatssekretär wird noch vormittags vom Reichskanzler empfangen; persönliche Aufzeichnungen darüber lauten:

Ich bin Montag, den 12. Februar, zum Kanzler hingegangen und habe ihm die anliegende vorbereitete Erklärung vorgelegt und ihm gesagt: so hätte sich die Sache verhalten; ob er gewillt sei, den Herren (von Plessen und von Senden) und Seiner Majestät im Sinne der Aufzeichnung vorzutragen bzw. die Sache auseinanderzusetzen. Der Reichskanzler stimmte zu und bat Exzellenz von Plessen und von Senden, um 3 Uhr nachmittags zu ihm zu kommen.

Es wurde dann der Punkt besprochen, wie tatsächlich dem Reichstage gegenüber zu verfahren sei, und der Reichskanzler kam zu der Ansicht, Seiner Majestät den Versuch, eine stärkere Resolution im Sinne Seiner Majestät zu machen, nicht zu empfehlen, weil ein Erfolg unwahrscheinlich sei und nur zu einer Erschütterung des Vertrauens in die Marineverwaltung und Reichsregierung führen würde.

Ich habe dann dem Kanzler gesagt, ich hätte von Admiral von Senden gehört, daß er der Ansicht sei (bzw. daß Admiral von Senden ihn etwa so verstanden haben könnte), als ob es nur in meiner Ablehnung beruht hätte, wenn wir nicht eine größere Marinevorlage gebracht hätten. Ich möchte unter diesem Gesichtspunkte darauf hinweisen, daß, wenn eine ähnliche Auffassung in Gegenwart Seiner Majestät zur Erörterung käme, dies zu einer peinlichen Diskussion die Veranlassung geben könne, da ich diesen Standpunkt nicht akzeptieren könnte. Ich möchte mir daher erlauben, daß ich die Genesis der Novelle ihm kurz in Erinnerung bringen dürfe. Vornweg bemerkte ich gleich, daß ich jetzt wie damals der Ansicht sei, daß wir richtig verfahren sind und daß wir mit der Novelle das unter den Umständen Erreichbare in zweckmäßiger Weise durchsetzten; hätten wir eine Auflösungspolitik treiben wollen, so hätten wir natürlich anders verfahren müssen. Meiner Überzeugung nach wäre es aber weder im Interesse Seiner Majestät noch dem des Kanzlers, wenn die Ansicht erzeugt würde, daß sie unser tatsächliches Vorgehen jetzt als verfehlt auffassen. Es wäre weder im jetzigen noch im zukünftigen Interesse; die große politische Verantwortung könne ihm doch niemand nehmen.

Die als Anlage beigefügte vorbereitete Erklärung lautete:

Es handelt sich bei der Frage der Verkürzung der Lebensdauer der Linienschiffe, welche Seine Majestät in Anregung gebracht haben, um zwei ganz verschiedene Sachen, die politisch zu ganz verschiedenen Konsequenzen führen müssen.

Der Unterschied besteht darin, daß im ersteren Fall nur gegen Ende der Periode 1906/17 mehr Schiffe auf Stapel gelegt werden und daß infolgedessen keine neue Steuervorlage nötig ist. Diesen Weg hätte ich vielleicht für angängig gehalten und glaube mich darin in Übereinstimmung mit dem Reichskanzler zu befinden.

Die zweite Möglichkeit, die Eure Majestät offenbar im Auge haben, besteht darin, daß in den e r s t e n fünf Jahren jährlich mehr als drei Schiffe auf Stapel gelegt werden. Dies würde eine neue Steuervorlage bedingen.

Daß sich im Reichstag für eine Resolution des letzteren Inhalts eine Majorität findet, halten der Reichskanzler und ich für ausgeschlossen, und das habe ich Euerer Majestät gemeldet.

Um 3 Uhr nachmittags hat dann der Reichskanzler dem General von Plessen und Admiral von Senden die Erklärung vorgelesen.

Beide Herren waren, nachdem sie vom Reichskanzler herauskamen, erstaunt über diese Erledigung. Ich bat sie, doch morgen — wo die Erklärung Seiner Majestät vorgetragen werden sollte — zugegen zu sein, was sie aber für schwierig hielten. Der Kaiser würde das nicht wünschen, da es Seiner Majestät sehr unangenehm sein würde.

13. Februar. Dienstag. Heute hat der R e i c h s k a n z l e r nach Erledigung des Kronrates die Erklärung Seiner Majestät einfach vorgelesen, sein ausdrückliches Einverständnis mit meinem Standpunkt ausgesprochen und dem Kaiser gesagt, daß wir zwar bereit wären, mit den Spitzen der Parteien zu verhandeln, daß sich das aber nicht empfehle, da Ablehnung nach den Steuerverhandlungen wahrscheinlich sei und dadurch das Ansehen der Marineverwaltung und der Reichsregierung geschädigt würde; es wäre deshalb richtiger, davon abzusehen.

Seine Majestät nahm darauf die Erklärung, las sie nochmals durch und sagte am Schluß in erregtem Tone: „Also die Schiffe bekomme ich nicht, das Weitere wird sich finden!" Dem folgte eine nicht ganz verständliche Bemerkung mehr gegen mich gewendet: „Wenn wir nachher keine Schiffe haben ...?"

... Als ich nachher den Reichskanzler fragte, was der Kaiser damit wohl gemeint hätte, sagte er nur: „Mehr konnte ich ja für Sie nicht tun."

Die durch die Verlesung der Erklärung vor Seiner Majestät dem Kaiser geschaffene Lage beleuchtet der folgende an mich gerichtete Brief des Flügeladjutanten von Müller:

Euerer Exzellenz   Sonderzug nach Kiel, 15. Februar.

melde ich gehorsamst, daß ich heute von Admiral von Senden auf die bewußte Angelegenheit angeredet wurde. Ich sagte, ich habe gestern mit Euerer

Exzellenz gesprochen, Euere Exzellenz seien durchaus unbefriedigt von der Art der Erledigung und behielten sich weitere Entschließungen vor. Wenn Euere Exzellenz jetzt nicht gleich das Amt niederlegten, so geschehe das nur in dem Bewußtsein, daß durch einen solchen Schritt der Staat, die Marine und nicht zum wenigsten das Ansehen Seiner Majestät auf das Empfindlichste geschädigt werden würden; aber es bedeute der Entschluß, noch die Reichstagskampagne über zu bleiben, einen harten Kampf zwischen gekränkter persönlicher Würde und dem Bewußtsein einer großen Pflicht dem Staate gegenüber. Ich sei mir noch nicht sicher, wie dieser Kampf ausgehen würde . . .

Admiral von Senden war erschrocken bei dem von mir ausgesprochenen Gedanken, Euere Exzellenz könnten extreme und sofortige Konsequenzen aus dem Vorfall ziehen. Auch nach seiner Ansicht liegen die Personalverhältnisse so, daß ein Ersatz Euerer Exzellenz auf Jahre hinaus zu den größten Verlegenheiten führen würde.

In der Niederschrift des Kapitäns von Trotha[1] ist der weitere Verlauf der Ereignisse wie folgt zusammengefaßt:

24. Februar. Besprechung mit Kapitän Capelle, Dähnhardt, von Trotha über: War Vorgehen mit der Novelle richtig . . .?

3. März. Immediatvortrag über: Letzte Durcharbeitung des Linienschiffs. Seine Majestät kühl.

Nach dem Vortrag General von Plessen: Seine Majestät sei in der Zwischenzeit gelegentlich nochmals auf den Fall mit dem Reichskanzler zu sprechen gekommen. Hierbei Admiral von Senden: Staatssekretär habe also doch Recht gehabt; darauf habe Seine Majestät erwidert: „Recht mag er gehabt haben, aber er hat einmal so und einmal anders geredet." Admiral von Senden ist beim Reichskanzler gewesen, um ihn — da er beteiligt sei, — zu fragen, ob der Reichskanzler den Rücktritt des Staatssekretärs wünsche. Darauf der Kanzler: „Das würde er dem Kaiser nie empfehlen können: großes organisatorisches Talent des Staatssekretärs usw."

Von Senden sagt im Laufe des Gesprächs:

„Daß der Staatssekretär, wenn überhaupt je, in dieser Frage sicher völlig das Recht auf seiner Seite hätte. Er könne bestätigen, daß Seine Majestät selbst die Vorlage gewählt und sie als die seinige bezeichnet hätte. Er hätte Kreuzer haben wollen, jetzt wolle er davon los." Staatssekretär: Er habe von vornherein die Vorlage für die richtige gehalten, aber sich auch bereit erklärt, eine andere zu vertreten. Hätte der Reichskanzler von vornherein Auflösungspolitik betreiben wollen, so hätte man natürlich anders handeln müssen. Auflösung jetzt von den Konservativen

---

1) *Siehe S. 22, 26.*

unter Flottenparole betrieben; Reichskanzler in seinem Rückhalt sonst unsicher, ihnen verschrieben. Darauf Kabinettschef: „So suchen eben beide nach einem Sünden= bock." Admiral von Senden sagt im übrigen: Seine Majestät fände übrigens, daß der Staatssekretär zu sehr in den Vordergrund träte (wahrscheinlich in bezug auf einen Reventlow=Artikel).

6. März. Beginn der Kommmissionsverhandlungen über Flottennovelle und Marineetat.

26.—29. März. Marinenovelle und Etat in zweiter Lesung.

28. März. Novelle angenommen.

29. März. Nach Annahme der Novelle und des Etats gratuliert der R e i c h s = k a n z l e r dem Staatssekretär im Reichstag wegen der glänzenden Vertretung der Marine und glatten Durchbringung der Marineforderungen; er habe noch einmal mit Seiner Majestät über den bewußten Fall gesprochen; derselbe sei ganz befriedigt und entschlossen, vorläufig für die nächsten Jahre von Neu= forderungen abzusehen.

30. März. Meldung an Seine Majestät über Annahme von Novelle und Etat in zweiter Lesung. Eintreffen des Zeitungsausschnitts mit Randbemerkung Sei= ner Majestät.

Randbemerkung des Kaisers zu einer Notiz der „Neuen Politischen Korrespondenz" vom 16. III. Nr. 21.

Aus flottenfreundlichen, parlamentarischen Kreisen schreibt man der „Neuen Poli= tischen Correspondenz": Die Reichsmarineverwaltung ist bei den mehr oder minder un= berufenen Ratgebern, die in der Presse mit ausschweifenden Flottenplänen Lärm machen, augenscheinlich arg in Ungnade gefallen, weil sie sich durch diese Pressetreibereien nicht beirren ließ, sondern den ihr vorgezeichneten Weg ohne Schwanken fortsetzte und mit ihren Vorschlägen sich streng innerhalb des auf Grund sachkundiger Erwägung fest= gestellten Rahmens hielt. Jetzt aber scheint die Tatsache, daß der Reichstag zwar ge= neigt scheint, der Flottenvorlage zuzustimmen, aber nicht im entferntesten daran denkt, sich in die Bahnen einer abenteuerlichen Flottenpolitik drängen zu lassen, jene unver= antwortlichen Berater der gesetzgebenden Körperschaften auch arg gegen den Reichstag verstimmt haben. Denn man gefällt sich jetzt in der Unterstellung, daß die Reichs= marineverwaltung die Abgeordneten täusche. Diese Behauptung richtet ihre Spitze ja nicht bloß gegen die Marineverwaltung, sondern mit gleicher Schärfe gegen die Ab= geordneten, denen nachgesagt wird, daß sie sich von jener verführen lassen. Diese Un= terstellung ist für diejenigen Abgeordneten, welche im Reichstage in Flottensachen in den verschiedenen Parteien die führende Rolle spielen, geradezu beleidigend. Denn diesen Männern steht nicht nur im allgemeinen eine lange praktische Erfahrung und Sach= kunde in parlamentarischen Angelegenheiten, sondern infolge ihres gründlichen Stu= diums eine zur richtigen Beurteilung mehr als ausreichende besondere Sachkenntnis in Marinefragen zur Seite. Es ist also geradezu vermessen, wenn von Stellen, deren Kenntnis auf dem Gebiet des Flottenwesens doch nur sehr oberflächlicher Art ist, der Versuch unternommen wird, die Tätigkeit solcher, ihrer Verantwortlichkeit vollbewuß=

ter Männer dadurch zu diskreditieren, daß man sie als Düpen des Reichsmarineamts hinstellt. Solche Antreibereien verdienen daher die nachdrücklichste Zurückweisung. Und zwar um so mehr, als manche jener Schriftsteller, die mit Vorliebe in der Presse als Autorität in Flottensachen sich aufspielen, in den Kreisen wirklicher Sachkenner nichts weniger denn als solche angesehen werden.

Flausen! Man hat nicht genug seinerzeit gefordert und fühlt nun, daß die Leute, die darauf hinweisen, recht haben! Hinc illae lacrymae.

3. April. Parlamentarisches Diner.

4. April. Abschied eingereicht. (Seit dem 30. zurückgehalten in Rücksicht auf das parlamentarische Diner.)

5. April. Auf gnädige Kabinettsorder Antwortschreiben des Staatssekretärs, in dem jedenfalls kürzerer Urlaub erbeten wird, durch Kapitän von Trotha an Admiral von Müller überbracht.

Nachmittags: Admiral Hollmann spricht vor: Er würde nicht so gehandelt haben, da Seine Majestät sich sehr ärgern müsse.

6. April. Kürzerer Urlaub von Seiner Majestät genehmigt.

9. April. Admiral von Senden verabschiedet sich bei dem Staatssekretär.

Entwurf eines nicht abgegangenen Schreibens des Staatssekretärs des Reichs= marineamts an den Chef des Marinekabinetts (4. April 1906).

Verschiedene Vorkommnisse und eine Reihe Bemerkungen Seiner Majestät hatten mir bereits die Erwägung nahegelegt, jetzt meinen Abschied aus dem Allerhöchsten Dienst zu erbitten. Durch die Bemerkung Seiner Majestät unter die von der „Neuen politischen Correspondenz" entnommene Notiz aus flottenfreundlichen parlamentari= schen Kreisen vom 16. März d. J., die Ihnen ja bekannt und durch die Bureaus ge= gangen ist, bin ich vor den sofortigen Entschluß gestellt worden. Als selbstverständlich werden auch Sie ohne weiteres ansehen, daß ich dieser Notiz vollständig fern stehe.

Da ich zu einem großen parlamentarischen Diner bereits Einladungen erlassen hatte und die Absage zu diesem Diner zu einem politischen Eklat hätte führen müssen, den ich in jeder Beziehung zu vermeiden ich mich verpflichtet gefühlt habe, so habe ich die Er= ledigung dieses Diners abgewartet und erst heute am Tage darauf mein Abschiedsgesuch Seiner Majestät unterbreitet.

Erster nicht abgesandter Entwurf eines Abschiedsgesuchs des Staatssekretärs des Reichsmarineamts (4. April).

Eure Majestät bitte ich alleruntertänigst mir in Rücksicht auf meine Gesundheit den Abschied allergnädigst bewilligen zu wollen.

Eure Majestät haben mir eine Zuschrift zugehen lassen, welche ausdrückt, daß die Leute recht haben, welche darauf hinweisen, daß man mit dem vorliegenden Flotten= gesetz nicht genug gefordert habe. Ich habe hieraus ersehen, daß es mir mit der Arbeit, in die ich, vor allem im zurückliegenden Jahr, meine ganze Arbeitskraft eingesetzt habe und auf welcher ich in Verwaltung des mir anvertrauten Amtes für die kommenden Jahre weiterbauen wollte, um die von Eurer Majestät vorgesteckten Ziele in der Entwicklung unserer Marine zu erreichen, nicht gelungen ist, die Zufriedenheit Eurer Majestät zu erlangen.

Ohne diese Allerhöchste Zufriedenheit wird es mir aber nicht möglich sein, mit Energie mein verantwortliches Amt vorwärts zu treiben und meine nicht mehr voll gefestigte Gesundheit würde eine nutzbringende Arbeit unter solchem inneren Widerspruch nicht mehr zu leisten vermögen.

Aus der Tatsache, daß ich auf Grund einer kaiserlichen Randbemerkung den Abschied einreichte, könnte man vielleicht einen Widerspruch zu meiner Einschätzung dieser kaiserlichen Stimmungsäußerungen entnehmen[1]. Dies ist aber keineswegs der Fall, wenngleich ich zugebe, daß ich im Jahre 1906 mangels längerer Erfahrung auf diesem Gebiet derartige Vorkommnisse noch mehr nach der Auffassung des vorigen Jahrhunderts empfand als später. Doch handelte es sich bei der in Frage kommenden Bemerkung nicht allein um diese, sondern die Gesamtbehandlung, der ich in jener Zeit ausgesetzt war; auch glaubte ich nach Empfang der Bemerkung eine gewisse Rücksicht auf meine Behörde nehmen zu müssen. Gleichzeitig hoffte ich etwas auf den Kaiser einzuwirken, daß er die Neigung bei sich bekämpfe, derartige nicht ganz ausgereifte Gedanken in die Behörden hereinzuwerfen.

Um indes den Kaiser nicht mehr als nötig zu erregen, schickte ich obige Fassung nicht ab, sondern formulierte das Abschiedsgesuch wie folgt:

Berlin, 4. April 1906.

Eurer Majestät melde ich alleruntertänigst, daß meine Gesundheit so angegriffen ist, daß ich mich nicht mehr kräftig genug fühle, das Amt, welches Euere Majestät mir anvertraut haben, weiter zu führen. Ich halte es daher für meine Pflicht, Eure Majestät zu bitten, mir allergnädigst den Abschied bewilligen zu wollen.

Der Kaiser hat trotz der abgeschwächten Begründung meines Abschiedsgesuches es etwas übel genommen, daß ich ihn „auf eine Randbemerkung festlegte", was ja nicht seiner eigenen Meinung entsprach.

Handschreiben des Kaisers an den Staatssekretär des Reichsmarineamts.

Ihr Abschiedsgesuch, welches Sie Mir unter dem 4. d. M. vorgelegt haben, überrascht Mich um so mehr, als Ich in den letzten Wochen bei der Vertretung Ihres Res=

---

1) Vgl. das Vorwort zum vorliegenden Bande und meine „Erinnerungen", Kap. 13.

forts vor der Budgetkommiſſion und dem Reichstage wahrgenommen habe, daß Sie
durchaus auf Ihrem Poſten waren. Sie haben dabei das Ziel voll erreicht, welches
Ich Ihnen aufgegeben hatte. Sobald die Flottennovelle endgültig angenommen ſein
wird, tritt Meine Marine in ein neues, erweitertes Stadium der Entwicklung ein. Ich
lege den allergrößten Wert darauf, daß Sie dabei auch fernerhin an der Spitze der
Marineverwaltung tätig ſind. Ihre Dienſte ſind mir zu wertvoll, als daß Ich dieſelben miſſen könnte und Sie ſelbſt können ſich auch gerade jetzt der Pflicht gar nicht
entziehen, die Marineentwicklung durch die nächſten Jahre hindurchzuleiten, welche eine
kritiſche Zeit für die Schaffung einer wirklich ſtarken Flotte darſtellen, und für welche
Ihr Syſtem des ruhigen und geräuſchloſen Vorgehens Mir das richtige erſcheint. Jetzt
wo Ihre parlamentariſche Tätigkeit für dieſe Seſſion bald einen Abſchluß findet, werden
Sie ſich mehr ſchonen können und damit hoffentlich bald wieder zu Kräften gelangen,
die Ihnen die Fortführung Ihres ſchweren Amts ermöglichen. Indem Ich Mich dieſer
Erwartung voll hingebe und es ablehne, Ihrem Geſuch auf Verabſchiedung Folge zu
geben, ſpreche Ich Ihnen aus, daß Sie als Leiter der Marineentwicklung Mein vollſtes
Vertrauen beſitzen und daß es Mein Wunſch iſt, Sie möchten auch weiterhin mit feſter
Hand an der Spitze des Reichsmarineamts bleiben.

Berlin, 5. April 1906.   Wilhelm I. R.

Am 9. April 1906 vormittags hat der Chef des Marinekabinetts, Admiral
von Senden, ſich bei mir verabſchiedet. Hierbei iſt folgendes Geſpräch geführt worden, das Kapitän von Trotha nach meinen Angaben aufzeichnete:

Von Senden: Er hätte das Abſchiedsgeſuch des Staatsſekretärs (vom 4. April 1906)
von Seiner Majeſtät dem Kaiſer ohne weitere Bemerkung zugeſchickt erhalten. Darauf
ſei er zu Seiner Majeſtät gegangen und habe ihm geſagt, daß Seine Majeſtät ihm noch
neulich ſeine Zufriedenheit mit dem Staatsſekretär ausgedrückt hätte, und dem auch
durch beſondere Auszeichnung der Frau Admiral von Tirpitz Ausdruck gegeben hätte.
Er habe deshalb die (ſpäter von Seiner Majeſtät gezeichnete) Ordre an den Staatsſekretär vorbereitet und lege ſie vor.

Darauf habe der Kaiſer geſagt, er könne den Staatsſekretär nicht verſtehen; er
wiſſe, daß verſchiedene Differenzen und Schwierigkeiten zwiſchen ihm und dem Staatsſekretär vorgekommen ſeien, darauf habe er aber bei dem letzten Hoffeſt Frau von Tirpitz neben ſich geſetzt und ſie damit allen Fürſten vorgeſetzt; daß ihm der Staatsſekretär daraufhin das Abſchiedsgeſuch an den Kopf geworfen hätte, wäre für ihn nicht
zu verſtehen. Er hätte gedacht, der Staatsſekretär würde ihm vielleicht ſchreiben, daß
er wiſſe, daß Seine Majeſtät mit ihm in letzter Zeit in verſchiedenen Fällen nicht zufrieden und einverſtanden geweſen ſei, aber da der Kaiſer ſeine Frau neulich ſo außer-
gewöhnlich ausgezeichnet hätte, ſo hätte er von der Vorlage ſeines Abſchiedsgeſuches
Abſtand genommen.

Admiral von Senden teile dem Staatsſekretär dies mit als Rat, wie in Zukunft
ſolche Fragen beglichen werden könnten.

Der Kaiſer hätte geſagt, er ſchmiſſe den andern Miniſtern noch viel tollere Sachen
an den Kopf, was ſolle daraus werden, wenn jeder darauf ſeinen Abſchied einreichen
wolle.

Von Tirpitz: Er wisse wohl einzuschätzen, daß die seiner Frau erwiesene Gnade und Ehre weit über das hinausginge, was ihr zustünde. Er müsse das aber trennen von seinem Dienstverhältnis und seiner geschäftlichen Stellung und der eigenen Würde. Er selbst wäre sich von vornherein nicht darüber im Zweifel gewesen, daß er seinen Ab=schied einreichen müsse, aber auch wenn das nicht der Fall gewesen wäre, müsse Seine Majestät doch berücksichtigen, daß er, der Staatssekretär, dem ganzen Offizier= und Beamtenpersonal gegenüber, welches die Situation übersähe, in eine unmögliche Lage käme. Die bewußte Bemerkung Seiner Majestät beleuchte in dieser Art gewissermaßen die ganze Situation.

Nachdem ich am 1. Mai 1906 vom Urlaub aus St. Blasien zurückgekehrt war, hatte ich am 3. Mai ein Gespräch mit dem stellvertretenden Chef des Marinekabinetts, Admiral von Müller. Auf Grund meiner Mitteilungen verfaßte Trotha folgende Aufzeichnung über den Verlauf der Unter=redung:

Admiral von Tirpitz: Er würde es als eine Erlösung angesehen haben, wenn Seine Majestät sein Abschiedsgesuch angenommen hätte. Auf die Order hin werde er es zunächst versuchen, ob er weiter bleiben könne. Abgesehen von dem allgemeinen Ge=sundheitsstandpunkte hielte er die Art des Kaisers nicht aus. Der ständige Zweifel, ob Seine Majestät in den einzelnen Fragen durchhielte, lähmte seine Initiative. In den schiffbaulichen und ähnlichen Fragen würde der Staatssekretär derartig von Seiner Majestät beschäftigt, daß er seine Aufmerksamkeit mehr auf Abwenden und Bremsen als auf die Produktion im Amt richten könne. Daher — ganz abgesehen von dem akuten Grund, der zum Abschiedsgesuch den letzten Anstoß gab, — seine Zweifel, ob er bleiben könne; dazu käme, daß der Kaiser weiter in dem Glauben stände, die Situation sei verpaßt.

Admiral von Müller: Er hätte Seiner Majestät einen Vortrag gehalten und einen entsprechenden Bericht vorgelegt, darin sei nachgewiesen, daß der Flottenverein die Stimmung im Reichstage ganz falsch beurteilt hätte, namentlich in bezug auf die Mög=lichkeit eines Initiativantrages. Darauf habe Seine Majestät gesagt: Das mag sein, hätte man aber von vornherein den Start so gemacht, so wäre auch eine größere For=derung durchgegangen. Also wäre die Situation doch verpaßt. — Von Müller habe darauf Seine Majestät gebeten, den Bericht zu lesen; er habe darin ausgeführt, daß nicht anders zu unterrichten gewesen sei. — Er habe sich über die Frage eingehend von Kapitän Capelle unterrichten lassen. — Seine Majestät rechne darauf, daß innerhalb Jahresfrist eine neue große Novelle käme, welche schnelleren Ersatz der alten Schiffe und Abkürzung der Lebensdauer brächte, wodurch wir innerhalb Jahresfrist auf das Vierertempo kämen. Der Staatssekretär des Auswärtigen Amtes von Tschirschky würde Admiral von Tirpitz das Gleiche sagen können.

Admiral von Tirpitz: Er habe zu diesen Ausführungen an sich keine Stellung ge=nommen, sondern nur ausgeführt, daß Seine Majestät sich darüber klar sein müsse, daß die Konsequenz eines solchen Vorgehens im Verlassen der bisherigen Methode voraussichtlich den Verlust des Flottengesetzes zur Folge haben würde. — Admiral von Müller war über diese Konsequenz überrascht. —

Admiral von Müller: Das Abschiedsgesuch sei doch sehr notwendig gewesen als reinigendes Gewitter. Seine Majestät sei doch zu der Überzeugung gekommen, daß der Staatssekretär von Tirpitz nicht an seiner Stellung klebe. Dem Kaiser sei klar, daß er die Stellung des Staatssekretärs im Reichstag nicht entbehren könne und daß dies für die nächste Forderung ausgenützt werden müsse. — Der Reichskanzler habe sich übrigens mit seinen Redereien so festgelegt, daß er von einer neuen großen Forderung nicht zurückkönne.

Im übrigen habe der Kaiser bei Besprechung der Kreuzerfrage gesagt, der Kriegsminister von Einem täte stets, was der Kaiser auch nur befehle, während der Staatssekretär der Marine ihm immer Schwierigkeiten mache.

Über die Stellung des Kaisers zum Flottenverein sagte Admiral von Müller, daß Seine Majestät in engster Fühlung mit dem Prinzen Salm stünde. Der Flottenverein habe Seiner Majestät sein weiteres Programm zur Genehmigung vorgelegt. Seine Majestät habe dieselbe erteilen wollen. Admiral von Müller habe davon abgeraten. Auf die Frage des Kaisers „Warum?" habe er, Müller, ausgeführt, was für eine Situation entstehen müsse, wenn dies bekannt würde. Darauf sei schließlich entschieden worden, daß dem Verein zu antworten sei, er sei ein unabhängiger Verein und Seine Majestät müsse es daher ablehnen, zu dem Programm Stellung zu nehmen.

Die mehrfach angezogene Niederschrift des Kapitäns von Trotha[1] faßt die weiteren Ereignisse wie folgt zusammen:

5. Mai. Absage an den Flottenverein wegen Beteiligung des Reichsmarineamts an der Hauptversammlung in Hamburg.

9. Mai. Weitere Aussprache mit Admiral von Müller. Der Staatssekretär will mit dem Preisausschreiben Seiner Majestät nichts zu tun haben[2].

19. Mai. Annahme der Novelle in dritter Lesung. Staatssekretär meldet dies auf Zureden von v. Loebell telegraphisch Seiner Majestät.

20. Mai. Hauptversammlung des Flottenvereins in Hamburg; Rede des Prinzen Heinrich. Wechsel in der Leitung des Flottenvereins in Aussicht.[3] Antworttelegramm Seiner Majestät betr. Annahme der Novelle.

25. Mai. Kapitän von Trotha in Kiel, dem Prinzen Heinrich den Dank des Staatssekretärs auszudrücken. (Prinz hat letzten Sonnabend Seiner Majestät gesagt: „Wenn er mit dem Staatssekretär nicht auskommen könne, so möchte er ihn gehen lassen." Darauf Seine Majestät: „Davon könne keine Rede sein; er brauche ihn noch und sein organisatorisches Talent.")

26. Mai. Marineetat in dritter Lesung angenommen. Presse faßt Prinzenrede so auf, als ob der Staatssekretär bei Seiner Majestät durchgesetzt habe, daß der Prinz dem Flottenverein eins aufs Haupt geben sollte.

---

1) Siehe S. 22, 26, 29.
2) Seine Majestät hatte nach eigenen Ideen Preisausschreiben für einen großen Kreuzer vorgesehen.
3) Die heftigsten Rufer im Streit wurden durch andere Persönlichkeiten ersetzt.

27. Mai. Fehlender Orden und Danktelegramm werden (Direktor Mantler vom Wolffbüro) so besprochen, daß dies ein besonders geschickter Zug sei und das spätere Einbringen einer weiteren Novelle gewissermaßen vorbereite. Angeneh= mer Gegensatz zur Finanzreform.

28. Mai. Stapellauf „Schlesien" in Gegenwart Seiner Majestät.

9. Juni. Rücksprache mit Staatsminister Hentig, neuem geschäftsführenden Vor= sitzenden des Flottenvereins.

6.—11. Juli. Telegrammwechsel mit Reichskanzler über Pressetreibereien und Stel= lung des Staatssekretärs.

9. Juli. Admiral von Senden verabschiedet; er und Stubt Schwarzer Adlerorden.

16.—18. Juli. Etatsberatungen in St. Blasien.

21. Juli. Artikel in den alldeutschen Blättern; daran anknüpfend Verhandlungen mit dem Reichskanzler über Erwiderungen.

Zur Gesamtbeurteilung meines Vorgehens während dieser ersten Flotten= krisis gebe ich noch wieder, was ich am 28. Januar 1907 an den Prinzen Heinrich von Preußen schrieb:

Aus dem, was Seine Majestät mir gestern sagten, glaube ich entnehmen zu können, wie Seine Majestät sich doch überzeugt hat, daß wir im ganzen mit unserem Vorgehen das Richtige getroffen haben. England gegenüber dürfen wir das „race" in unserer Entwicklung nicht zum Ausdruck bringen, minde= stens jetzt nicht. Im übrigen ist unsere Lage infolge unseres Maßhaltens im vorigen Jahre so günstig geworden, wie es nur irgend in der Erreichbarkeit liegt. Das drückt sich im heutigen „gleichen" Bautempo am klarsten aus. Dem Reichstag gegenüber ist es mit Rücksicht auf die fortdauernde Tendenz der Größensteigerung der Schiffe mit ihren gar nicht zu übersehenden Mög= lichkeiten besonders wichtig, das jetzige Flottengesetz als Grundlage festzuhalten, und bis auf weiteres auf einmal nur soviel darauf heraufzupfropfen, als „ge= setzlich" durchzusetzen ist. Als point de vue bleibt eine solche Sicherung gegen Reichstagsmajoritäten, wie sie für die Armee durch Verfassung und Wehrgesetze tatsächlich vorhanden ist. Mich freut es ungemein, daß Seine Majestät diesen Gedanken akzeptiert zu haben scheint, denn es handelt sich ja um das größte Ruhmesblatt der bisherigen Regierung Seiner Majestät: eine Flotte „dau= ernd", also auch für Allerhöchstdero Nachfolger geschaffen zu haben...

Ähnlich urteilte Kapitän von Trotha, der mir am 18. März 1908 schrieb:

...Ich habe das Empfinden, als ob für Eure Exzellenz darin eine große Genugtuung sich schaffen wird, daß sehr bald die wahre Größe der Marine=

entwicklung immer mehr hervortreten und verstanden werden wird, wenn die Wirkungen der Gesetze erst hervortreten und mehr in die Augen springen. Schon jetzt, die Erörterungen in England, müssen meiner Ansicht nach den Leuten doch die Augen öffnen dafür, daß ein schnelleres Vorwärtsgehen doch kaum denkbar gewesen wäre, ohne den Bogen zu überspannen. Das Stetige und — wenn ich den Ausdruck gebrauchen darf — Folgerichtige in unserer Entwicklung ist doch das Größte an ihr und gibt die sicherste Gewähr für die Zukunft.

II.

Die zweite Flottenkrifis (1908/09).

Der Druck, den die verhüllten und unverhüllten englischen Drohungen auf uns ausgeübt hatten, lastete schwer nicht nur auf Kaiser und Kanzler, sondern auch auf der Marineverwaltung, um so mehr, als diese dem Drängen nach größerer Beschleunigung des Flottenbaues nicht nachgegeben hatte. Einen vollen Überblick über die gewaltigen Folgen, die der Übergang zum Dreadnought mit sich brachte, besaßen wir damals noch nicht. Wir mußten nicht, welche Schwierigkeiten den verschiedenen Werften aus der Vergrößerung der vorhandenen Hellinge erwachsen würden, oder in welchem Maße es Krupp gelingen würde, plötzlich die dreifache Zahl an schweren Geschützen herzustellen. Die vermehrten Panzerstärken machten Sorge, kurz, der Dreadnoughtbau wirkte auf sehr viele Industrien zurück. Vor allem waren wir im Zweifel über den Zeitpunkt der Fertigstellung des Nordostseekanals und der für so große Schiffe ausreichenden neuen Hafeneinfahrt in Wilhelmshaven; ohne diese wären aber die Schiffe von der Größe der Dreadnoughtklasse und damit unsere Flotte überhaupt im Falle eines Krieges in der Nordsee in einer schlimmen Lage gewesen.

Man wird verstehen können, daß neben allen sonstigen Nöten diese gewaltigen technischen Aufgaben — der Hafenbau von Helgoland trat noch hinzu — die Aufmerksamkeit des Reichsmarineamts in den beiden Jahren nach 1906 stark in Anspruch nahmen, und wir erst im Sommer 1907 die Sicherheit ihrer glatten Durchführung gewinnen konnten. Andere neue Fragen entwickelten sich. Für die ersten Schiffe des Flottengesetzes waren wir gezwungen gewesen, die vorhandenen Schiffspläne zu verwenden, um sofort nach erfolgter Bewilligung mit dem Bau der Schiffe beginnen zu können. Diese älteren Pläne standen nicht ganz auf der Höhe ihrer Zeit. Auch erschien die im Amt vorhandene Konstruktionsabteilung weder personell noch materiell der uns gestellten Aufgabe ganz gewachsen. Die bisher durch die Schleusengrößen und die damaligen Tiefenverhältnisse der Jade sehr erschwerte Dimensionierung der Schiffe nach der Breite, Tiefe und Länge zeigte sich nachteiliger, als in früheren Jahren angenommen war. Infolge dieser Umstände machte sich eine gewisse Minderwertigkeit eines erheblichen Teils unserer Dordreadnoughtschiffe im Vergleich zu den gleichzeitig im Ausland, namentlich in England, gebauten fühlbar. Konnten wir auch von den ersten Jahren dieses Jahrhunderts an bei unseren Schiffs= bauten einen Teil der konstruktiven Hemmungen beseitigen, so hatten wir doch erst freie Bahn durch den Entschluß, die Schleusen= und Hafenbauten zeitgemäß zu erweitern. Die inzwischen erfolgte Umbildung der Konstruk= tionsabteilung, die Fertigstellung der Schleppanstalten für Schiffsmodelle zur Erprobung der günstigsten Schiffsformen, die reichlichere Ausstattung von anderen Einrichtungen für schiffsbauliche Versuche und ähnliches ließ uns zusammen mit den Krisenerscheinungen des Jahres 1905 lebhafter die im Vergleich zu anderen Staaten stärkere Entwertung unserer bisherigen Schiffe empfinden. Andrerseits hatte der Druck, der uns veranlassen mußte, die gegenüber England bestehende Gefahrzone schnell zu überwinden, keineswegs nachgelassen.

Nun war bei Einbringung des Flottengesetzes die gesetzliche Lebens= dauer der Schiffe auf 25 Jahre festgesetzt worden. Die Marineverwaltung war dabei von der Absicht ausgegangen, daß diese Zeitspanne von der Fertigstellung eines Schiffes bis zur Fertigstellung eines Ersatzbaues sich berechnen solle, während der Reichstag mit der Erreichung der Alters= grenze eines Schiffes erst dessen Neubau beginnen lassen wollte. Da nun die Bauperiode rund vier Jahre betrug, so wären wir praktisch auf eine Lebensdauer von 29 Jahren gekommen; denn wir konnten die alten Schiffe nicht aus dem Dienst nehmen, ehe die Ersatzschiffe fertig waren. Ein so hohes Alter war aber bei der in progressivem Maße sich steigernden Technik unhaltbar, wie von allen Seestaaten schon erkannt worden war. Der Wunsch, das Alter der Schiffe auf das brauchbare Maß herunter zu setzen, war somit im Jahre 1907 sehr dringend geworden. Diese Umstände führten zu der Novelle von 1908, in welcher der schon bei Einbringung der Flottengesetze beabsichtigte Sinn der Lebensdauer wiederhergestellt werden sollte. Aus gesetztechnischen Gründen und zur Vermeidung von inneren Widersprüchen im Flottengesetz waren wir zum zeitweisen Ver= zicht auf unseren Plan, möglichst drei große Schiffe im Jahr zu bauen, gezwungen. Während vier Jahren sollten, statt der drei bewilligten, vier Schiffe gebaut werden, um dann im Jahre 1912 eine Zeitlang auf den Bau von zwei Schiffen herabzugehen. Die Verkürzung der Lebensdauer der Schiffe von 25 auf 20 Jahre vom Beginn der Bewilligung brachte das mit sich, wenn wir der Vorlage eine logische Begründung geben wollten; im

logischen Verfahren lag aber einer der wesentlichsten Gründe für unsere
parlamentarischen und sonstigen Erfolge. Wenn wir die Novelle durchsetzten,
so wurde die Erreichung unseres Endziels, nämlich die Schaffung einer
Risikoflotte, außerordentlich beschleunigt. Denn Lord Fisher hatte nicht be=
dacht, daß die gewaltige Übermacht der englischen Flotte, die damals
größtenteils aus Vordreadnoughtschiffen bestand, sich durch den von ihm
selbst veranlaßten Dreadnoughtsprung stark verringern mußte, da dieser die
älteren Schiffe entwertete. Seine Spekulation erwies sich demnach als falsch,
und die alte Überlegenheit Englands verminderte sich dadurch von Jahr
zu Jahr. Daß unsere eigenen Großkampfschiffe, nachdem wir konstruktiv
freie Bahn hatten, allen Dreadnoughts der Welt ebenbürtig wurden, dafür
konnten wir sorgen. Wir haben dieses Ziel tatsächlich nicht nur erreicht,
sondern übertroffen. Der praktische Beweis ist bei Skagerrak erbracht und
in den ausländischen Fachschriften jetzt auch allgemein anerkannt worden.

Auch vom politischen Standpunkt erschien unser weiteres Vorgehen
unbedenklich. Diejenigen Gruppen in England, welche in dem Krisenjahr
1905 zu einem kriegerischen Überfall auf Deutschland rieten, waren
nicht durchgedrungen, dagegen machten sich Annäherungsbestrebungen an
Rußland geltend. Politischer Instinkt mußte uns sagen, daß in England
der Gedanke, etwa mit Frankreich als einzigem Festlandsdegen uns anzu=
greifen, aufgegeben und die akute Krisengefahr vorübergegangen war.
Der Kaiser hatte das ganz richtig erkannt. Die Gefahr blieb selbstverständlich
latent bestehen, solange England seine Einkreisungspolitik systematisch fort=
setzte. Diese englische Politik gab zugleich den unumstößlichen Beweis, daß
in London die Absicht keineswegs aufgegeben war, das Aufsteigen Deutsch=
lands zu verhindern. Nur konnten England und Frankreich den russischen
Trumpf, der doch mindestens zum Schutze Frankreichs in einem Weltkrieg
nötig war, in einem Zeitpunkt nicht ausspielen, wo die „Relublierung"
des Zarenreichs nach dem verlorenen Krieg und den Revolutionswirren
von 1905 noch in den ersten Anfängen stand. Die bosnische Krisis des
Winters 1908/09 zeigte mit völliger Klarheit, daß Rußland — wie der Zar
und seine Minister es offen aussprachen — zurzeit einen Krieg nicht führen
konnte und wollte, wohl aber, durch Englands Deutschlandhetze in unver=
antwortlicher Weise in seinen panslawistischen Instinkten gereizt, die Zer=
trümmerung Österreich=Ungarns für einen späteren Zeitpunkt in Aussicht
nahm.

Hierin lag in Wirklichkeit der Schlüsselpunkt unserer Lage. Konnten wir
die bestehende Gefahr durch Preisgabe oder durch Verminderung
unserer Flotte verringern?

Der Wegfall unserer Flotte hätte nur den Engländern die Erreichung ihres Zieles erleichtert und unsere Stellung in der Welt entscheidend herab= gesetzt; es wäre der freiwillige Anfang unseres Abbaues gewesen, der die Kriegsinstinkte und den Angriffsmut der Franzosen und Russen höchlich gesteigert, die Engländer aber von jeder Hemmung befreit und ihnen die größte Versuchung zum leichtfertigen großen Kriege geboten hätte. Ver= mehrte sich dagegen unsere Flottenrüstung in demselben Maße wie die russische Landrüstung — wobei natürlich bei der fast unbegrenzten Fülle unserer noch nicht ausgeschöpften Menschen= und Geldreserven auch die deutsche Rüstung zu Land unbeschadet der Flottenrüstung ergänzt werden konnte und mußte —, dann blieben voraussichtlich die Gesamtbedenken der Entente gegen Überführung der Eintreisungspolitik in einen Krieg in der= selben Stärke erhalten, wie 1906. Wenn etwa den Russen der Kamm schwoll mit dem Wiedererstarken ihrer Armee, so steigerten sich dafür die Gründe der Engländer, ihre Ententegenossen zurückzuhalten, im selben Maße, als sich unsere Flotte durch wachsende Größe und innere Reife zu einem wirk= lichen Machtfaktor gegen England entwickelte.

Den Gefahren unserer Lage ließ sich somit nicht durch irgendwelche Ab= rüstung unsererseits begegnen, sondern nur durch stete weitere Macht= bildung und durch eine Politik, welche Reizungen und Kriegsanlässe zu vermeiden wußte. Wenn wir eine solche geschickte und behutsame äußere Politik führten — auf ihre notwendige Ergänzung durch Bündnispolitik (Japan) gehe ich an dieser Stelle nicht ein —, war es für die Entente auch nach Vollendung der russischen Rüstungen nur äußerst schwer möglich, das englische Volk von der Notwendigkeit eines Schwertganges mit Deutsch= land zu überzeugen, bei welchem England seine altgewohnte und von uns niemals aggressiv bedrohte Seeherrschaft aufs Spiel setzte. Ohne England aber konnte der Zweibund an einen Krieg gegen uns nicht mehr denken. Führten wir dagegen unser Flottenprogramm nicht mit der im Flotten= gesetz festgelegten Energie durch, fiel also die Vollendung unserer nun auch für England ein Risiko bildenden Flotte nicht mehr zeitlich mit der möglichen Vollendung der russischen Rüstungen zusammen, dann war der künftige Weltkrieg wohl unvermeidlich und nur eine Frage der Zeit. Dieser Ge= dankengang müßte für den heutigen Deutschen, der die Wirkung der Ent= waffnung und der Ohnmachtspolitik so furchtbar erlebt hat, zwingend sein.

Im Jahre 1908 waren die Sirenenklänge, die aus England herüber= drangen, nicht sehr verführerisch, da in ihnen nur der britische Wunsch ausgedrückt war, unsere Rüstungen während der Zeit der russischen Un= fertigkeit zu bremsen, wobei uns aber nicht die geringste Aussicht gegeben

wurde, daß nach der Wiedererstarkung Rußlands etwa Frieden und nicht
Krieg die Losung sein werde. Da war uns der Weg vorgezeichnet, uns so
stark wie möglich zu machen und jeden Argwohn, als ob unsere eigenen
Rüstungen aggressive Bedeutung haben könnten, durch unsere allgemeine
politische Haltung zu schwächen. Fanfaren waren zu vermeiden. Verleum=
dungen konnten wir freilich niemals ganz wegräumen. Gegen solche Ver=
leumdung, wenn sie den Rivalen paßt, gibt es überhaupt kein Mittel,
selbst das Experimentum Crucis der völligen Selbstentwaffnung schützt
nicht gegen Verdächtigung, führt aber leicht zum eigenen Tode, wie es uns
heute vor Augen steht. Der Deutsche, wie die Entente ihn haben will, soll
es im innersten Winkel seiner Seele wie ein Unrecht empfinden, einmal
nach Macht gestrebt zu haben. Daß ihn aber nicht ein Übermaß von Macht=
streben, sondern ein Mangel an Machtsinn in den Untergang geschleudert
hat, das werden sicher einmal unsere Kinder und Enkel begreifen; ob die
politische Verblendung eines großen Teiles der lebenden Generation noch
abstellbar ist, wird ja die nächste Zukunft zeigen.

Als im Jahr 1908 in England der Ansturm einsetzte, um durch Ein=
wirkung auf die Psyche unserer Staatsmänner unsere Flottenentwicklung
zu hemmen, da setzte dem unser damaliger Botschafter in London, Graf
Wolff=Metternich, anfänglich noch klare Erkenntnis gegenüber; er sagte
am 16. Juli 1908 den englischen Herren, sie sollten erst ihre aggressive
Politik ändern, dann ließe sich über die Flotte reden.

Im Lauf der Zeit geriet Wolff=Metternich unter dem Einfluß seiner
englischen Umwelt, unter dem er besonders gesellschaftlich stand, mehr
und mehr in die Stimmung, unsere Flotte als eigentliche oder sogar als
einzige Ursache der Spannung zwischen England und Deutschland anzu=
sehen. Er meinte: ob richtig oder nicht, die Engländer sähen nun einmal in
der deutschen Flotte eine Gefahr, und darum müßten wir sie aufgeben,
sonst käme der Präventivkrieg; wenn wir aber dem Wunsche Englands
nachgäben, so würden wir die englische Freundschaft gewinnen. In dem=
selben Geiste gab Metternich am 19. Oktober 1918 dem damaligen Kriegs=
kabinett sein Gutachten über die Aufgabe des U=Bootskrieges ab, ehe wir
den Frieden fest in der Hand hatten[1].

---

1) *Die Note Wilsons vom 14. Oktober 1918 verlangte zunächst völlige Aufgabe des
U=Bootkrieges, ohne Waffenstillstand für die Armee zu gewähren. Heeres= und
Marineleitung erklärten diesen Entschluß für unmöglich. Im Kriegskabinett fand
am Vormittag des 19. Oktober diese Auffassung völlige Zustimmung; Payer, Gröber,
Erzberger und Prinz Max waren auch entschiedene derselben Ansicht; nur Solf und
Scheidemann, letzterer in demagogisch gewandter Replik, sprachen für Annahme des
Wilsonschen Vorschlags. Nachmittags am selben Tage in zweiter Sitzung war die
Lage im Kriegskabinett durchaus verändert. Solf hatte sich die früheren Botschafter*

Wenn die Engländer einen Präventivkrieg wirklich hätten führen wollen, so hätte er bald nach 1908 kommen müssen. Das geschah aber tatsächlich nicht. Die Gefahr eines Krieges mit England blieb natürlich immer vor= handen. Man braucht in dieser Beziehung nur die Auslassungen der eng= lischen Staatsmänner vor und nach dem Kriege zu lesen, um den Eindruck beurteilen zu können, den unsre steigende wirtschaftliche Entwicklung bei ihnen auslöste. Aus diesem Grunde mußte ein diplomatischer Fehltritt, wie der vom Juli 1914, uns stets in die gefährlichste Lage bringen. Ein solches Straucheln war aber an sich nicht nötig. Metternich sah nicht, daß mit dem Abbau der deutschen Flotte, zu dem er 1908 und 1909 unaufhörlich drängte, Deutschland dauernd von der Weltbühne abtrat, denn die Gelegenheit, Deutschland ebenbürtig neben England hinzustellen, konnte mit Rücksicht auf die lange Zeit, welche der Aufbau einer Flotte erfordert, nicht wieder= kommen, nachdem sie einmal unter günstigsten Umständen verpaßt worden war. Diese Ebenbürtigkeit war aber für uns Bedingung geworden, wenn das Wort Clémenceaus von den vingt millions de trop nicht im Frieden schon Wirklichkeit werden sollte. Das Lebenswerk Bismarcks mußte zu einer Episode herabsinken, es konnte nicht erhalten bleiben, wenn wir es nicht den veränderten Weltverhältnissen anzupassen den Mut und das Geschick hatten. Wenn in England die Parole ausgegeben wurde: Deutschland ist der Feind, so mußte unsere Politik mit Vorsicht, aber mit Entschlossenheit ebenfalls gegen England konzentriert werden.

In solchem politischen Vorgehen lag neben der Schaffung eigener Macht das einzige Mittel, um mit England zu einer wirklichen Verständigung zu kommen, wie dies die Zeit von Ende 1912 bis Juli 1914 in schon sicht= baren Umrissen gezeigt hat.

Durch eine vier Jahre lang dauernde Erhöhung der Baurate von drei

Graf Metternich und Graf Bernstorff und die Gesandten von Brockdorff=Rantzau und Rosen zur Hilfe geholt. Als erster sprach der greise Graf Metternich und führte — nach dem Bericht des Augenzeugen Admiral von Levetzow — mit mahnend erhobenem Finger aus: er habe schon immer warnend seine Stimme gegen den scharfen U=Boot= krieg erhoben, denn dieser sei durchaus illoyal(!) und werde niemals(!) als recht= mäßiges Kriegsmittel von unsern Feinden anerkannt werden. Nur wenn der U=Boot= krieg von vornherein als Morgengabe(!), ohne dafür Gegenleistung vom Feinde zu fordern, geopfert werde, könnten und würden wir auf Vertrauen(!) bei unsern Gegnern stoßen und mit ihrem wohlwollenden(!) Entgegenkommen für Friedensverhandlungen rechnen können. Mit diesen Ausführungen hatte Graf Metternich einen vollen Erfolg. Während seine Mentalität in der Krise von 1908/09 auf genügenden Widerstand zu Hause stieß, fand sie in der viel schwereren Lebenskrisis von 1918 bei den ahnungs= losen Politikern des Erzberger=Scheidemann=Kabinetts willfährige Aufnahme, und so hat dieser ehemalige kaiserliche Botschafter die furchtbare Groteske unserer Selbst= entwaffnung aus „Hoffnung auf feindliches Wohlwollen" eröffnen helfen. Diese Sinnes= art muß man sich vergegenwärtigen, um sein Verhalten bei der zweiten Flottenkrisis zu verstehen.

auf vier Schiffe wurde die angestrebte Stärke unserer Flotte nach Schiffszahl
und Organisation nicht geändert. Da es den Engländern ziemlich gleich
sein konnte, wie wir die Bauten verteilten, so war durch diese Maßregel
wohl ein größeres Geschrei, aber keine eigentliche Gefahr von England aus
zu erwarten. Denn wenn den Engländern die deutsche Flotte als unbe=
queme Belastung erschien, lag diese nicht in den Einzelheiten, sondern in der
durch das Gesetz festgelegten Stärke. Alle Anstrengungen, die von seiten
Englands gemacht wurden — wenn ich von akuten budgetären Gründen
Lloyd Georges in bestimmten Jahren absehe —, gingen, bis zu Haldanes
Besuch 1912 eingeschlossen, nicht gegen Einzelheiten, wie gewisse „Be=
schleunigungen" der Bauten usw., sondern gegen das Flottengesetz selbst.
Während unsere verschiedenen Marineattachés in London in diesen Jahren,
ebenso wie die Marineverwaltung in Berlin, dieses Ziel der Engländer stets
klar erkannt hatten, war das bei unserer Diplomatie und in unserem Aus=
wärtigen Amt nicht in gleichem Maße der Fall; daher die Versuche, durch
kleine gelegentliche Abstriche die unbequeme Stimmung in England
zu verbessern. An eine wirkliche Preisgabe des Flottengesetzes hat, abge=
sehen von Metternich, während der Krise, welche die folgenden Blätter
erschließen, noch niemand in Deutschland gedacht. Erst die Wirkung der
Ära Bethmann auf unser Volk und der damit im Zusammenhang stehende
verlorene Krieg ließen dann die Stimmung gänzlichen und endgültigen
Machtverzichts reifen, eine Stimmung, die nichts gerettet, aber mehr als
nötig uns hat verlieren lassen.

Merkwürdig ist mir immer das große Vertrauen geblieben, welches viele
unserer Diplomaten und später die Reichsleitung selbst den Ausführungen
der englischen Staatsmänner stets entgegenbrachten, während doch
deren Endziel, Deutschlands Entwicklung niederzudrücken, klar zutage lag.
Die durch Generationen erzeugte Staatskunst der — trotz Lloyd George
und Ramsay Macdonald — im politischen Leben Englands tonangebenden
Aristokratie hatte eine Art von höflicher und bestechender Form angenommen,
der wir nicht völlig gewachsen waren. In der scheinbaren Offenherzigkeit,
welche die englischen Politiker dem Gegenpartner entgegenbrachten, war
ihre Doppelzüngigkeit schwer zu erkennen. Ihre Äußerungen klangen
durchaus aufrichtig, ließen aber meistens eine andere Auslegung zu. Man
erinnere sich an Sir Edward Greys feierliche Versicherung vom 11. Juni 1914
im Parlament:

Asquith habe 1913 auf Anfragen erwidert, daß, wenn zwischen den Mäch=
ten Europas ein Krieg ausbräche, keine geheimen Abkommen beständen,
welche die Regierung oder das Parlament beschränken oder behindern könnten

in ihrer Entschlußfreiheit, ob Großbritannien an dem Kriege teilnehmen solle oder nicht. Diese Erklärung gelte heute so gut wie vor einem Jahre. Weder seien solche Verhandlungen abgeschlossen worden noch in der Schwebe, welche die Erklärung Asquiths weniger zutreffend machen könnten, noch sei, soweit er beurteilen könne, wahrscheinlich, daß solche Verhandlungen aufgenommen würden. Wenn aber irgendein Abkommen geschlossen werden sollte, welches es nötig machte, Asquiths Erklärung zurückzuziehen oder einzuschränken, so müßte es seiner (Greys) Meinung nach dem Parlament vorgelegt werden, und das würde, wie er vermute, auch geschehen.

Trotzdem waren Abmachungen vorhanden, die in der Praxis ganz anders wirkten. Diese Art der englischen Staatsmänner macht es auch so schwierig, ihre Unwahrheiten sozusagen nach deutscher Art juristisch nachzuweisen. Um ein Beispiel zu nennen:

Winston Churchill, der mich in seinem Buch als kurzsichtigen („purblind") Preußen bezeichnet, sucht die Torheit meiner Flottenpolitik zwei Jahre vor dem Kriege zu beweisen. Er sagt, sie hätte gerade die Wirkung gehabt, die französische und englische Flotte in gemeinsamer Verteidigung gegen Deutschland zu vereinigen, Flotten, die bis dahin Rivalen gewesen seien. In der ihm und vielen englischen Staatsmännern eigenen vagen Art (a certain vagueness) läßt er die Tatsache zurücktreten, daß die Vereinigung der beiden Staaten und damit auch naturgemäß der beiden Flotten schon 1904 tatsächlich stattgefunden und die Generalstäbe Kriegsabmachungen gegen Deutschland schon 1906 vorgenommen hatten. Die Koalition war seit Jahren abgeschlossen! Die von Churchill 1912 mit Frankreich abgehaltene Besprechung über die gegenseitige Flottendislokation war für den Kriegsfall völlig gleichgültig; sie konnte bei der steten Bereitschaft jedes im Dienst befindlichen Schiffes in 3—4 Tagen beliebig geändert werden; soviel Zeit war immer vorhanden. Churchill aber macht aus der Dislokation der Schiffe, die er ins Werk setzte, ein ungeheuer wichtiges Ereignis: „Tirpitz habe die englisch-französische Koalition gegen Deutschland selbst zusammengeschmiedet!" Oberflächliche Leser, welche zudem die maritim-militärische Bedeutungslosigkeit so geringer Dislokationsfragen nicht übersehen, lassen sich durch solche schriftstellerischen Kunststückchen vielleicht täuschen und erkennen nicht, daß Churchill die Dinge geradezu auf den Kopf stellt. Ein Beispiel der eigenartigen „Vagueness" britischer Staatsmänner bietet Churchill auch, wo er seine am 9. Februar 1912 — dem Tag von Haldanes Besuch im Berliner Schloß! — in Glasgow gehaltene berüchtigte Rede von der deutschen „Luxusflotte" als Antwort auf die „drohende" Thronrede des Kaifers darstellt. Diese Thronrede war aber, wie jedermann aus ihrem Text leicht erkennen muß, keineswegs ausfällig, geschweige denn eine „Drohung", wie Churchill fabelt. Dieser Politiker gilt ja auch wohl in seinem Heimatland als ein wenig erratisch; da aber sein Buch ins Deutsche über= setzt und von demselben Verlag herausgegeben ist, der meine eigenen „Erinnerungen" brachte, so kann es bei Deutschen Verwirrung über die Vorkriegsgeschichte stiften, und das könnte auch wohl ein Zweck dabei ge= wesen sein. Auch die Bücher von Lord Haldane und Asquith zeigen die charakteristische „Vagueness", die kaum das Zeichen eines klaren Gewissens ist[1].

Vielleicht wird die englische Verhandlungsart jener Jahre den Deutschen klarer geworden sein, nachdem sie erlebt haben, mit welchen ungeheuerlichen Zwecklügen während des Krieges die Welt von der moralischen Verworfen= heit der Deutschen überzeugt worden ist, um alle Völker der Erde auf die Schlachtbank zu treiben. Die Vergiftung der öffentlichen Meinung in großem Stil durch Verleumdung des augenblicklichen Gegners ist bei der regierenden englischen Schicht althergebrachte Methode. Sie hat sich wohl entwickelt durch die ständige Notwendigkeit, auf die Stimmung der Massen Rücksicht zu nehmen. Es gelang damit bis heute, in England bei dem nicht selbständig denkenden Volk die Überzeugung aufrecht zu erhalten, daß England stets im Recht und am Weltkrieg so unschuldig gewesen ist wie ein Kind. Der äußere Anschein strenger Moral ist in England ein Faktor von hoher poli= tischer Bedeutung. Damit vergleiche man die Selbstbezichtigung vieler Deutschen in ihrer Wirkung, die sich nicht nur auf die Vergangenheit bezieht, sondern auch die Zukunft nachteilig trifft. Schädigen wir uns nicht noch heute, wenn unsere Demokraten demütig und nicht einmal den Tatsachen entsprechend behaupten: „Unsere Rüstung zur See, unsere Flotte ist schuld am Krieg"? Streichen solche Worte die Engländer nicht schmunzelnd ein? Ihre Propagandisten wiederholen sie, während ihre Staatsmänner selber es besser wissen! —

Die Überlegungen, welche im Herbst 1907 im Reichsmarineamt über unser weiteres Vorgehen stattfanden, nahmen eine akute Bedeutung an, als wir durch Vertrauensmänner des Zentrums und der Nationalliberalen

---

1) Vgl. hierfür auch die Kritik von „Foreign Affairs", Januar 1924, an dem As= quithschen Buch, und in wohltuendem Gegensatz zu diesen heuchlerischen Büchern die nach Ehrlichkeit strebende Darstellung des ehemaligen englischen Ministers Lord Loreburn: „How the war came" (London 1919).

Partei benachrichtigt wurden, daß die Mehrheit des Reichstages eine Flottenvorlage im Jahre 1908 erwartete. Wieweit bei diesem Schritt, der von der üblichen Reichstagsauffassung Wehrfragen gegenüber stark abwich, innerpolitische Gesichtspunkte mitsprachen, vermag ich nicht mehr zu über= sehen. Sicherlich aber wirkten die englischen Drohungen von 1905 jetzt im Reichstag noch nach. Die ganze mit der Flottenentwicklung zusammen= hängende Materie war auch so eingehend im Haushaltsausschuß und mit den Parteiführern besprochen worden, daß die Herren wohl imstande ge= wesen sind, sich ein eigenes Urteil zu bilden. Bei ihnen hatte sich auch die Überzeugung gebildet, daß die Marineverwaltung sachgemäß und folge= richtig vorging, so daß über das Ziel hinausgehende Schritte von ihr nicht zu gewärtigen waren. Nach Maßgabe der vorher gegebenen politischen und technischen Erwägungen wäre es unverantwortlich gewesen, wenn die Marineverwaltung diese günstigen Umstände und Anerbietungen nicht am Schopf ergriffen und eine Vorlage eingebracht hätte, welche, ohne vom alten Ziel abzubiegen, uns sehr viel schneller an es heranbringen mußte. Der Sprung, den wir infolgedessen zum Etat 1908 machten, gelang. Die Vorlage wurde mit sehr großer Mehrheit im Reichstag angenommen: auch die Fortschrittspartei trat dafür ein, der Reichstag, eingeschlossen die Sozial= demokraten, verzichtete bei der zweiten Lesung ostentativ sogar auf eine Debatte.

Wie zu erwarten war, vermehrte sich zunächst das Poltern gegen unsere Flotte in England. Da aber unser Übergang zum Dreadnoughtbau nach englischem Vorbild 1906 trotz seiner in Wirklichkeit sehr viel größeren sach= lichen Bedeutung von der führenden Seemacht hingenommen worden war, ohne zu extremen Schritten Veranlassung zu geben, so war nicht anzu= nehmen, daß diese neue sich völlig im Rahmen des Flottengesetzes haltende Vorlage mehr als ein bloßes Poltern bewirken würde. Somit lag daher nach Ansicht der Marineverwaltung kein Grund vor, die Unannehmlichkeit einer zeitweilig verstärkten Erregung in England zu scheuen, wenn sie unvermeidlich den großen Zeitgewinn begleitete, den uns die Marine= vorlage brachte. Vor ihrer Einbringung hatte diese Vorlage selbstverständlich die volle Zustimmung des Kanzlers und des Bundesrats gefunden. Die Engländer wußten zudem und wurden von uns besonders darauf hinge= wiesen, daß nach Verlauf von vier Jahren, also im Jahre 1912, nach dem Gesetz die Baurate von vier Schiffen sich wieder verringern müßte. Die Frage, ob wir auf einen sogenannten Wettbau mit England lossteuerten, mußte sich für sie entscheiden, wenn wir alsdann eine Vorlage einbrachten, welche die Baurate von vier Schiffen aufrecht erhielt. Anerkannt muß werden, daß für das liberale Kabinett mit Cloyd George als Schatzkanzler unsere Vorlage aus augenblicklichen Budgetgründen unbequem war. Wenn Cloyd George aber wirklich wollte, hätte er das leicht vermeiden können. Er brauchte nur seiner eigenen Meinung über das zweckmäßige Stärke= verhältnis der beiden Flotten von 2:3 Geltung in England zu verschaffen. Auf solcher oder ähnlicher Grundlage waren wir jederzeit bereit, uns zu einigen. [1]

Ich übergehe bei dieser ganzen Darlegung den Gesichtspunkt, wie unge= heuerlich an sich vor dem Kriege das Verlangen eines Staates einer anderen Nation gegenüber wirkte, daß sie ihre Rüstungen nach seinen Wünschen einrichte. Man stelle sich vor, Deutschland hätte an Frankreich oder Rußland herausfordernd ein ähnliches Verlangen hinsichtlich der Armeen stellen wollen. Aber England glaubte aus Hochmut und politischer Gewohnheit stets ein besonderes Recht in der Welt beanspruchen zu können. Nun sagten die Engländer (und unsere Bethmänner sprechen es ihnen natürlich nach), der Vergleich paßt nicht, denn von der See hängt England ab. Dabei wußten die englischen Sachverständigen und sprachen es mehrfach offen aus, daß Deutschland ebenfalls von der See abhing und an derselben Achillesferse gefaßt werden könnte. Die Deutschen, welche die Bedeutung der See nur unzulänglich fühlten, schätzten gleichzeitig vielfach die Macht im Völkerleben geringer ein, als das Recht, das sie nach dem Beispiel privater Rechtsbeziehungen auch für das Völkerleben konstruieren möchten. Ich weiß, daß auch noch nach den furchtbaren Erfahrungen seit 1918 viele Deutsche sich von ihrer schönen utopischen Weltanschauung nicht losreißen können, und will von den grundsätzlichen Ohnmachtpolitikern und solchen, die mich überhaupt nicht verstehen können, wie etwa die „Frankfurter Zeitung", schweigen. Je höher nun aber damals unsere wirtschaftliche Ent= wicklung stieg, desto stärker wurde unsere Abhängigkeit von der See. Dazu kam, daß die geographische Lage unserer Zugänge zum Ozean unsere Blockierung durch eine stärkere Seemacht erleichterte, während die Blockade Irlands und Großbritanniens große Schwierigkeiten bietet. Deutschland war zu Lande verloren, wenn es von den französisch=russischen Armeen er= drückt wurde. Aber selbst in dem wahrscheinlicheren Fall, daß es sich dieser Armeen zunächst siegreich erwehren würde, konnte es noch von der See her vernichtet werden.

Der Standpunkt Englands betreffend die See war mithin nur dann annehmbar, wenn man das britische Weltmonopol in vollem Umfang und

---

1) Nach dem Kriege haben sich die Engländer auf der Washingtoner Konferenz sogar zu einem Verhältnis 1:1 mit der Flotte der Vereinigten Staaten bereit finden müssen.

mit allen Folgerungen anerkannte. Das müſſen wir nach unſerer Nieder=
lage und Selbſtvernichtung jetzt tun. Das Bismarckſche Reich in ſeiner ge=
waltigen Kraft ſtand nicht unter ſolchem Zwang und durfte wegen ſeiner
Übervölkerung auf Weltwirtſchaft und damit auf Weltſtellung nicht verzichten.
Da Lord Fiſher der Dater des Dreadnoughtgedankens war und ſich ſeiner
rühmte, ſo konnte der unter Umſtänden vernichtende Methodenfehler, den
die britiſche Admiralität damit begangen hatte, nicht ſo ſchnell zur Er=
kenntnis, geſchweige denn zum Eingeſtändnis kommen. Zu verbergen war
er nicht, und es iſt möglich, daß unſere Dorlage von 1908 ſein Erkannt=
werden beſchleunigt hat. Um ſo ſtärker wurde nun auf unſern Botſchafter
eingedrungen, Deutſchland ſolle die Novelle von 1908 wieder ab=
ſchwächen. Wären wir nach Derlauf eines Jahres an den Reichstag und
das deutſche Volk mit dem Anſinnen herangetreten, das Geſetz zu ändern,
ſo hätten wir dieſe Derleugnung der ein Jahr vorher gegebenen Begrün=
dung nur mit dem Hinweis, daß dies Englands Wunſch ſei, einführen
können. Man ſtelle ſich einen ſolchen Zickzackkurs, einen ſolch beiſpielloſen
Schritt vor, wenn gleichzeitig England nicht daran dachte, die Einkreiſungs=
politik und Deutſchenhetze preiszugeben. Eine ſolche Abrüſtung hätte, ganz
abgeſehen von der gewaltigen Schwächung des deutſchen Anſehens, den
Weiterbeſtand des Flottengeſetzes in ſeinen Grundfeſten erſchüttert. Das
wußten die engliſchen Sachverſtändigen, und gerade darauf kam es
ihnen an.

Unſer Londoner Botſchafter wurde durch unſeren Marineattaché fach=
männiſch auf dem Laufenden gehalten. Auch ein damals in London unter
Graf Metternich tätiger Berufsdiplomat, Wilhelm von Stumm, ſcheint
ein Nachgeben gegenüber dem britiſchen Drängen ohne entſprechende eng=
liſche Gegenleiſtung mißbilligt zu haben. Wenigſtens ſchrieb er dem Reichs=
kanzler am 8. September 1908 aus London in einem Bericht, der auf den
Reichskanzler Eindruck gemacht zu haben ſcheint[1], folgendes:

„Gerade die engliſchen Beſorgniſſe vor der Entwicklung unſerer Flotte bin ich
geneigt, ſo paradox das klingen mag, als einen Umſtand anzuſehen, der das
Zuſtandekommen einer Verſtändigung ganz weſentlich zu erleichtern geeignet
iſt. Die geradezu paniſche Angſt, mit der ganz England das Anwachſen der deut=

---

1) Am 12. September 1908 empfiehlt Bülow ſeinem Preſſechef Hammann — vgl.
deſſen „Bilder aus der letzten Kaiſerzeit" S. 50 — angelegentlich den Stummſchen
Bericht und erwähnt den Gedanken an ein „Arrangement à trois" mit Frankreich und
England, das ihm Metternich vor einigen Tagen vorgeſchlagen habe. Der Kanzler
fügt, unter dem Eindruck von Metternichſchen Gedankengängen, bei: Für ein ſolches
Arrangement ließen ſich meines Erachtens die engliſchen Ängſte vor unſeren Flottenbauten ...
verwerten.

schen Streitkräfte zur See beobachtet, die schweren finanziellen Lasten, die ihm
der Grundsatz auferlegt, stets doppelt so stark gerüstet zu sein wie wir, die
großen Verlegenheiten, die ihm bezüglich seiner Weltstellung die Notwendigkeit
bereitet, beinahe seine gesamten Streitkräfte in der Nordsee zu immobilisieren —
alles das sind Momente, die mir zu erweisen scheinen, ein wie wertvolles Atout
wir in unserer Flottenpolitik England gegenüber in der Hand haben . . . Es
entzieht sich meiner Beurteilung, ob und in welcher Form es uns vielleicht einmal möglich sein würde, England von seinen Besorgnissen vor der Beeinträch-
tigung seiner Suprematie zur See durch Deutschland in überzeugender Weise
zu befreien. Sollte der Fall aber eintreten, so dürfte dies meines gehorsamsten
Dafürhaltens nicht geschehen ohne vollwertige Gegenleistung von englischer
Seite. Eine Vereinbarung, wie sie zurzeit hiesigen Politikern vorschwebt und die
sich lediglich auf die beiderseits zu beobachtende Flottenpolitik zu erstrecken
hätte, würde m. E. schon aus dem Grunde nicht in Frage kommen können, weil
sie der vorteilhaften Lage, in der wir uns England gegenüber befinden, nicht
genügend Rechnung tragen würde. Es würde vielmehr ein eventuelles Abkommen mit England auf eine möglichst breite Basis zu stellen sein, um auf
anderen Gebieten Kompensationen für die Preisgabe einer Vorzugstellung zu
erlangen, die wir gegenüber den englischen Flottennöten haben. Das russisch-
englische Abkommen über Zentralasien, das England von der säkularen Sorge
von einem russischen Einmarsch nach Indien, wenn auch nur temporär und auch
nur scheinbar, befreit hat, lehrt, wie gewinnbringend sich englische „Zwangs-
vorstellungen" ausnutzen lassen.

Im Interesse des Zustandekommens einer Verständigung mit England in
absehbarer Zeit wollen mir in Gemäßheit der vorstehenden Erwägungen auch die
Stimmen nicht opportun erscheinen, die sich in Deutschland neuerdings in der
Öffentlichkeit für ein Rüstungsabkommen mit England erwärmt haben. Je
einmütiger die öffentliche Meinung in Deutschland hinter der Auffassung steht,
wie sie bezüglich der Erhaltung und Gestaltung der deutschen Wehrkräfte in
der Straßburger Rede Seiner Majestät des Kaisers zum Ausdruck gekommen
ist, um so stärker wird die Stellung sein, in der wir uns gegebenenfalls England gegenüber befinden würden. Wenn inzwischen durch eine tüchtige englische Flottenvorlage dem englischen Steuerzahler noch zum Bewußtsein gebracht worden ist, wie kostspielig die gegenwärtigen Beziehungen Englands zu
Deutschland sind, so wird er für die Vorteile einer Annäherung der englischen
Politik an Deutschland um so größeres Verständnis haben . . ."

Der Stummsche Bericht schließt mit dem Rat, unseren Bogen gegen England weder zu überspannen, noch zu entspannen. Man darf wohl sagen,

daß diese Linie in unserer Flottenpolitik durch die Krisen von 1905/06, 1908/09 und 1911/12 durchgeführt worden ist und daß sie, wie die wachsende Verständigungsneigung seit 1912 bezeugt, auch dem erwünschten Ziele 1914 nahe gekommen war.

Trotz diesen in der Londoner Botschaft selbst vertretenen Auffassungen, die den wirklichen Verhältnissen entsprachen, schickte der Botschafter un= aufhörlich Alarmrufe an den Reichskanzler über die von England drohende Gefahr eines Präventivkrieges. Es ist verständlich, wenn der Kanzler, dem die Verantwortung für die Politik des Reiches zufiel, von solchen Alarm= rufen beeinflußt wurde. Zwei Jahre vorher war das nicht der Fall gewesen; im Gegenteil, er war zu dieser Zeit aus eigener Initiative geneigt gewesen, unsere Rüstung zur See zu beschleunigen.

Auch andere Einflüsse ähnlicher Art wirkten auf Bülow damals ein. Ein in der Marine als Sonderling bekannter Admiral hatte 1908 in einer Broschüre und in Zeitungsartikeln gegen den Bau von — seiner Meinung nach wertlosen — Schlachtschiffen Stellung genommen, Ausführungen, die kein Fachmann in Deutschland oder anderswo ernst nahm und ernst nehmen konnte, die aber, da immerhin von einem Admiral herrührend, auf Laien einen gewissen Eindruck machen konnten, da hier scheinbar das Ei des Ko= lumbus für die Lösung der deutsch=englischen Spannung dargereicht wurde. Am 19. September 1908 schrieb der Reichskanzler an den Pressechef des Auswärtigen Amtes[1]:

„Ich bin auf diesem Gebiete natürlich vollkommen Laie, aber manche der Ausführungen (jenes Admirals) haben mich frappiert. Läßt sich unauffällig etwas für die Verbreitung tun? Es wäre doch wichtig, daß diese Gesichtspunkte in der Presse wenigstens zur Diskussion gestellt und nicht einfach totgeschwiegen würden. Wenn wir bei unseren Flottenrüstungen den Akzent mehr auf die De= fensive (Küstenbefestigung, Unterseeboote, Minen usw.) legen, so fällt der Hauptgrund für die Spannung mit England weg und vielleicht ist es auch für unsere eigene militärische Sicherheit wie für unsere Finanzen besser."

Die Bedenklichkeit von Pressebeeinflussung durch ein Reichsamt im Gegen= satz gegen ein anderes, zumal in Fragen, die nur ein Stab von Fachleuten beurteilen kann, habe ich in meinen „Erinnerungen" berührt. Die Möglich= keit, unsere militärische Sicherheit gegen England ohne starke Schlachtflotte zu gewinnen, lag so wenig vor, wie die Möglichkeit einer Freundschaft mit England durch einen seemilitärischen Verzicht, dem nicht zugleich auch wirt= schaftliche und bevölkerungspolitische Abdankung folgte. Die Absonderlich=

---

1) *Hammann*, a. a. O. S. 59 f.

leiten jenes Admirals sind nur, weil sie Laienaugen bestechen konnten, über=
haupt zu einer Tagesberühmtheit gelangt, die allerdings das Vertrauen zu
unserer Flotte erschüttern, den Einfluß Unberufener auf die Marinepolitik
anbahnen und damit auch das tragische Ende unserer Seekriegführung vor=
bereiten half.

Unter dem Eindruck der Metternichschen Berichte und verwandter Be=
strebungen entstand der nachfolgend mitgeteilte Briefwechsel, worin der
Kanzler mir zur Erwägung stellte, von dem Bau von vier Schiffen sofort
auf drei Schiffe herabzugehen. Seine Berater im Auswärtigen Amt haben
wohl nicht übersehen, daß ein solcher Schritt die Erreichung des mit den
Flottengesetzen gesteckten Zieles bedrohte und ein Zurückweichen vor Eng=
land uns nicht einmal, wie vorher ausgeführt, einen positiven Stimmungs=
umschwung drüben bringen konnte. Diese Anregungen standen natürlich im
diametralen Gegensatz zu denen, die ich zwei Jahre vorher erhielt. Damals
sollte dem Reichsmarineamt das Viererbautempo aufgenötigt werden in
einem Augenblick, als wir uns dem Reichstag gegenüber gerade auf eine
andere Vorlage festgelegt hatten. Jetzt dagegen sollte das Vierertempo, ge=
rade nachdem es von den gesetzgebenden Faktoren für vier Jahre angenommen
war, wieder preisgegeben werden. In beiden Fällen mußte aber ein Zickzack=
kurs vermieden werden; denn sonst konnte man ein Gesetz nicht durchführen,
dem jeder Schritt anzupassen war. Ich hielt jedesmal an dem soeben durch
die gesetzgebenden Faktoren Beschlossenen fest und hatte den Eindruck, daß
die Leute im Auswärtigen Amt das innen= wie außenpolitische Verhängnis=
volle einer aufsehenerregenden Unstetigkeit nicht genügend würdigten.

Der Botschafter hat dann auf eine Anfrage des Kanzlers den geringen
Nutzen eines solchen Herabgehens von vier auf drei Schiffe selbst zugeben
und in seinem Schreiben vom 29. Dezember 1908 auf das Gesetz selbst als
das Karnickel hinweisen müssen. Sobald Fürst Bülow diese Ausführung
unseres Botschafters erfuhr, ließ er, wie ich nicht anders erwartet hatte,
seinen Plan der zeitweiligen Reduzierung unserer Schiffsbauten fallen[1].

Ich lasse nunmehr die Einzelheiten dieser Krise in zeitlicher Reihenfolge
am Auge des Lesers vorbeiziehen.

---

1) Wenn Hammann a. a. O. die entscheidende Beendigung meines Briefwechsels mit
dem Reichskanzler fortläßt, so könnte dadurch vielleicht ohne Absicht seine Kennt=
nisse in kleinen Päckchen zum besten gebenden Verfassers der falsche Eindruck erweckt
werden, als sei Bethmanns englische Politik einfach der des Fürsten Bülow gefolgt.
Gegen eine solche Unterstellung müßte ich den Fürsten Bülow energisch in Schutz
nehmen.

Das Jahr 1907 verlief für mich in ruhiger Arbeit ohne besondere Zwischen=
fälle. In meinen Aufzeichnungen finde ich eine Niederschrift vom 10. Ja=
nuar, die eines gewissen Reizes nicht entbehrt. Der Erste Seelord Fisher
hat ja inzwischen in seinen „Erinnerungen" mit freimütigem Stolze ein=
gestanden, daß er in jenen Jahren geplant und im März 1908 der Regierung
vorgeschlagen habe, die Unfertigkeit der deutschen Flotte auszunützen, um
sie mitten im Frieden zu vernichten, „to copenhagen à la Nelson" — womit
er auf den 1807 ohne Kriegserklärung erfolgten englischen Überfall auf die
dänische Flotte vor Kopenhagen anspielte.[1]

„Gestern — am 9. Januar 1907 — besuchte mich der englische Marine=
attaché Commander Dumas, wie sich aus dem ganzen Inhalt des Gesprächs ergibt,
offenbar im Auftrage von Lord Fisher.

Nachdem er zunächst einen allgemeinen Dank für das Entgegenkommen zum Aus=
druck gebracht hatte, welches ihm im vergangenen Jahre geworden wäre, sprach er
aus, wie sehr Lord Fisher und die übrigen Lords der Admiralität die unpassende Kari=
katurzeichnung im ‚Punch' („Without prejudice") bedauerten.[2]

Er erklärte mir dann, daß er kein Diplomat sei und sich diplomatisch auszudrücken
nie gelernt hätte; ob ich ihm nicht erlauben wolle, ein paar Worte in offener Sprache
über die Beziehungen zwischen England und Deutschland auszusprechen. Er tue dies auf
seine persönliche Verantwortung, denn er habe keinen Auftrag dazu.

Immer, wenn er nach London gekommen wäre, sei ihm die Ansicht der Admiralität
entgegengetreten, daß Deutschland (oder Tirpitz) die Absicht habe, England zu über=
fallen, während er umgekehrt hier überall der Ansicht begegne, daß England und
speziell Lord Fisher einen Überfall auf Deutschland plane. Lord Fisher hätte
ihm aber versichert, daß er an etwas derartiges gar nicht dächte. Er habe natürlich für die
Sicherheit des Landes zu arbeiten. Das sei ja selbstverständlich. Dumas hätte sich nun
in seinem Kopfe den Gedanken zurechtgelegt, ob nicht das gegenseitige Mißverständnis
beseitigt oder wesentlich gemindert würde, wenn die Lords der Admiralität mit uns,
speziell Lord Fisher mit mir, eine Zusammenkunft hätten; die Kieler Woche zum
Beispiel würde eine ausgezeichnete Gelegenheit hierzu bieten.

Ich bin über das letztere Anerbieten, welches zweifelsohne einem Auftrage von Lord
Fisher entspricht, in meiner Antwort ganz hinweggegangen;[3] im übrigen habe ich er=
widert, daß ich mir schwer vorstellen könnte, wie die Experten der englischen Marine,
die Lords der Admiralität, ernsthaft denken könnten, daß Deutschland sich mit Über=
fallsabsichten trüge. Ich hätte eine zu hohe Meinung von der ausgezeichneten
Urteilskraft der englischen Lords, um ihnen das zutrauen zu können. Außerdem sprä=

1) Lord Fisher verwechselte die Seeschlacht von Kopenhagen, in der Nelson am 2. April
1801 als Unterbefehlshaber unter Admiral Parker die dänische Flotte besiegte, mit
dem berüchtigten Überfall und Bombardement von Kopenhagen, wodurch Admiral
Gambier am 2.—5. September 1807 die Auslieferung der neutralen dänischen Flotte
mitten im Frieden erzwang.
2) Hoffentlich war das Bedauern über eine gegen unsre Marine gerichtete Kari=
katur aufrichtiger als die Ableugnung des Überfallgedankens!
3) Bei dem politischen Charakter der Anregung gehörte sie in den Entscheidungs=
bereich des Reichskanzlers, in den ich nicht eingreifen durfte.

chen ja die nackten Zahlen zu sehr gegen eine solche Auffassung. Unser Budget betrüge noch nicht ein Drittel des englischen Budgets, und dem entsprechend wären auch die Seestreitkräfte Englands mehr als dreimal so groß als die unsrigen. Ich könnte mir von meinem Standpunkt aus auch gar keinen Zweck vorstellen, den wir bei einem solchen Vorgehen haben könnten. Man könne doch nicht glauben, daß wir Indien er= obern oder noch mehr Afrika besitzen wollten als wir schon hätten, kurz, es gäbe auf der ganzen Welt keine einzige Frage, die uns zu einem aggressiven Vorgehen gegen England veranlassen könne. Im übrigen hätten wir ja, und ich im speziellen, den Lords der Admiralität im vorigen Jahre den positiven Beweis geliefert, daß wir bei der Entwicklung unserer Flotte nicht daran dächten, in eine Konkurrenz mit England ein= treten zu wollen. Er (Dumas) würde ja selbst wissen, daß wir im vorigen Jahre leicht das Doppelte hätten fordern können von dem, was wir tatsächlich gefordert haben. Nach diesen Darlegungen schiene mir doch, wenn man dem einfachen Common Sense folgte, die Stellung Deutschlands England gegenüber eine völlig klare und einwandfreie. Daß es hier in Deutschland Leute gäbe, die umgekehrt eine Zeitlang geglaubt hätten, daß England Deutschland überfallen wolle, wäre ja eher zu verstehen, wenn man den un= widersprochenen Nachrichten Glauben schenkte, daß England ohne ein sichtbares Bedürf= nis zu einem Agreement mit Frankreich gekommen wäre, bei dem ja die Unterstützung durch die englische Armee eine Rolle spielen solle. Man sehe ja außerdem eine K o n = z e n t r a t i o n der englischen Streitmacht in der Nordsee in solch ungeheurer Masse, daß sie als bloße Verteidigungsmaßregel bei der Kleinheit unserer Kräfte doch einen merkwürdigen Eindruck auf den Unbefangenen machen müsse. Da Dumas als Seeoffi= zier zum Seeoffizier offen zu mir gesprochen hätte, so müßte er natürlich auch eine Antwort von mir als Seeoffizier erwarten. Auf irgendeine politische Bedeutung könnten natürlich meine Ansichten als Seeoffizier keinen Anspruch machen. Im übrigen könne ich mich ja nur freuen, wenn ich aus seinem Munde hörte, daß Lord Fisher und die übrigen Lords der Admiralität nicht an ein aggressives Vorgehen gegen Deutschland dächten, die in Deutschland darüber teilweise vorhandenen Ideen irrig wären.

Darauf erwiderte D u m a s: Daß eben Seine Majestät der Kaiser ihn im vorigen Sommer point-blank gefragt hätte, ob denn Lord Fisher darauf hinarbeite, Deutsch= land anzugreifen. Er hätte daraufhin sich verpflichtet gefühlt, über diese Bemerkung nach London zu berichten.

Auf m e i n e n Einwand, daß es noch nicht sicher wäre, daß Seine Majestät eine wirklich ernsthafte Frage dieser Richtung an ihn gestellt hätte, beharrte er bei der Richtigkeit seiner Auffassung.

Er ging dann über auf die Frage der H a a g e r F r i e d e n s k o n f e r e n z und indem er wieder hervorhob, daß ihm die diplomatische Ausdrucksweise nicht geläufig wäre, führte er aus, daß man ja auch in England in den urteilsfähigen Kreisen die Möglich= keit einer Abrüstung nicht als vorhanden betrachten könne. Trotzdem würde die eng= lische Regierung einen derartigen Abrüstungsantrag stellen. Das sei eben erklärlich aus der Art und Richtung Sir Campbell Bannermans, der nach seiner religiösen und philosophischen Denkungsweise sich verpflichtet fühlte, in diesem Sinne vorzugehen. Er (Dumas) würde dankbar sein zu hören, wie wir dieses Vorgehen Englands auf= nehmen würden.

Ich habe ihm etwa geantwortet, daß das, was er da mitgeteilt hätte, ja sehr in= teressant sei; die A b r ü s t u n g s f r a g e wäre ja auch etwas, was manche Geister be= schäftigte. Wie ein englisches Vorgehen in dem von Dumas angedeuteten Sinne in

Deutschland aufgenommen werden würde, könnte ich nicht wissen. Wie er ja selbst zugäbe, müsse das Vorbringen eines Abrüstungsvorschlages von England in dem Augenblick, wo es sich mit Frankreich und Japan verbündet und eine gewaltige Flotte in der Nordsee konzentriert hätte, in fremden Staaten einen sonderbaren Eindruck (queer impression) machen.

Dumas antwortete darauf, er könne das wohl verstehen, durch seine Mitteilung wollte er jedoch verhindern, daß der Eindruck hervorgerufen würde, daß ein derartiger Vorschlag von Herrn Campbell Bannerman nicht ehrlich gemeint sei; daß überhaupt dieser Vorschlag von England gemacht werden würde, liege eben im Charakter Sir Campbell Bannermans.

Am 16. Januar 1907 drückte mir der Reichskanzler brieflich seine Zustimmung zu meinen Ausführungen dem Herrn Dumas gegenüber aus und meinte in diesem Schreiben unter anderem:

„Ich würde es für dringend erwünscht halten, wenn Eure Exzellenz gelegentlich eine Aussprache mit den britischen Lords der Admiralität, besonders mit Admiral Fisher haben könnten. Die Seestreitkräfte eines jeden Landes dürfen und müssen dem Umfang seiner See- und Handelsinteressen entsprechen. Das Mißverhältnis zwischen beiden dürfte bei uns weit größer sein als bei irgendeinem andern Staat."

Die Begegnung zwischen Sir John Fisher und mir ist niemals zustande gekommen. Vielleicht wäre manches anders gegangen, wenn die Berührung zwischen den beiderseitigen Marinefachleuten enger gewesen wäre. Ich hätte an sich solche Aussprachen durchaus begrüßt, nach denen manche Entstellung, welche später das deutsch-englische Verhältnis vergiftete, nicht so leicht mehr hätte in Kurs gesetzt werden können. Die „blaue Kouleur" drüben konnte sich ja nicht wie Diplomaten und Zeitungsleser durch eingebildete Gefahren und „heimliche" Streitkräfte in Wirklichkeit täuschen lassen.[1] Die Gelegenheit zu einer solchen Zusammenkunft ging indes ungenützt vorüber, denn Haldane, der englische Kriegsminister, — der 1906 so herzlich aufgenommen im Berliner Kriegsministerium und Generalstab gearbeitet hatte, um für die Aufstellung des 1914 gegen uns angesetzten Heeres das deutsche Vorbild mit ausgezeichnetem Erfolg an Haupt und Gliedern zu studieren —, wünschte liebenswürdig seinen Informationskursus fortzusetzen. Da stand dann die Marine zurück, wie nachfolgend ersichtlich ist.

Der Reichskanzler an den Staatssekretär des Reichsmarineamts.

Verehrter Freund!   Norderney, 16. August 1907.

Seine Majestät der König Eduard hat in Wilhelmshöhe Seiner Majestät dem Kaiser den Wunsch ausgesprochen, daß Kriegsminister von Einem unsern

---

1) *Ob gerade Admiral Fisher nach seinem Charakter und seinen Tendenzen eine besonders geeignete Persönlichkeit für eine solche Unterredung gewesen wäre, lasse ich dahingestellt.*

Allergnädigſten Herrn auf ſeiner Reiſe nach England b e g l e i t e n möge. Dieſer Wunſch iſt auf den engliſchen Kriegsminiſter, Mr. Haldane, zurückzuführen, der während der vorjährigen Manöver ſeinen preußiſchen Kollegen kennen und ſchätzen gelernt hat und weiteren Gedankenaustauſch mit dieſem zu pflegen wünſcht.

Unter dieſen Umſtänden hat Seine Majeſtät den Gedanken aufgegeben, Sie nach England mitzunehmen, da die Mitnahme des Kriegs= und Marineminiſters falſch gedeutet werden könnte. Von ſeiner urſprünglichen Abſicht, Sie nach Eng= land mitzunehmen, hat Seine Majeſtät, wie ich ausdrücklich hinzufüge, weder zu König Eduard noch ſonſt irgend jemand geſprochen: dieſe Abſicht war üb= rigens dadurch mit hervorgerufen worden, daß Sir John Fiſher angeblich zu Seine Majeſtät kommandiert werden ſollte. Davon iſt inzwiſchen bereits Ab= ſtand genommen worden, wie Seine Majeſtät jetzt erfuhr.

Mit herzlichem Gruß in aufrichtiger Ergebenheit ſtets Ihr   Bülow.

Ich eröffne dieſen Brief noch einmal, um Ihnen für Ihre ſoeben erhaltenen Zeilen vom 14. d. M. beſtens zu danken. Was Sie über die bevorſtehende M a r i n e v o r l a g e ſagen[1], iſt mir von großem Intereſſe. Die von Ihnen be= folgte Methode erſcheint mir richtig, die hohe Wichtigkeit der Sache iſt mir durchaus klar. Iterum vale.

Mit den verſchiedenen M a r o k k o k r i ſ e n habe ich amtlich oder perſönlich nicht mehr zu tun gehabt, als aus folgendem Schreiben des Staatsſekretärs des Auswärtigen von Tſchirſchky hervorgeht:

Berlin, 21. September 1907.

Der Reichskanzler hat mich mit Erwägungen darüber beauftragt, ob und unter welchen Umſtänden wir in einem geeigneten Zeitpunkte zugunſten Frank= reichs unſere derzeitige Stellung in Marokko gegen ausreichende, uns von der genannten Macht zu gewährende K o m p e n ſ a t i o n e n aufgeben oder mobi= fizieren könnten.

Für den Fall, daß es überhaupt zur Erörterung der Frage der Kompenſationen mit Frankreich kommt, wird in erſter Linie an ſolche auf k o l o n i a l e m Ge= biete und namentlich im Anſchluß an unſere afrikaniſchen Kolonien zu denken ſein. Immerhin könnte ſich möglicherweiſe dabei auch eine Gelegenheit bieten, die früher von Eurer Exzellenz Reſſort mehrfach zur Erörterung gebrachte Frage der Erwerbung von S t ü t z p u n k t e n für Seiner Majeſtät Marine zu fördern.

---

1) Bezieht ſich auf die Marinenovelle 1908 (für vier Jahre Inbaugabe von vier Schiffen jährlich).

Aus dieſem Geſichtspunkt glaube ich nicht unterlaſſen zu ſollen, Euerer Ex=
zellenz hiermit Gelegenheit zur Stellungnahme zu der Sache vom Standpunkt
der Marineintereſſen zu geben.

Meine Antwort lautete:

Berlin, 16. Januar 1908.

Aus dem Schreiben habe ich nicht zu erſehen vermocht, wie hoch unſer Zurück=
gehen aus Marokko politiſch und wirtſchaftlich einzuſchätzen iſt. Ich kann deshalb
auch nicht beurteilen, wie wertvolle Kompenſationsobjekte gefordert werden
können und müſſen. Ich möchte jedoch glauben, daß ein völliges Aufgeben
unſerer Anſprüche ohne Schädigung unſeres politiſchen Anſehens nur gegen
recht wertvolle Kompenſationen möglich iſt. So ſehr ich auch der Anſicht bin,
daß wir zur Sicherung einer Weltmachtſtellung keine Gelegenheit vorübergehen
laſſen ſollen, gute Stützpunkte für die Seekriegführung zu erwerben, ſo
vermag ich doch im vorliegenden Falle unter Berückſichtigung aller Verhält=
niſſe keine im franzöſiſchen Beſitze befindlichen Plätze zu nennen, die für ſich
allein als hinreichende Kompenſation angeſehen werden können. Die Kompen=
ſation wird in der Hauptſache auf kolonialem Gebiete und zwar m. E. durch
Forderung eines großen Teiles von Franzöſiſch-Kongo zu ſuchen ſein. Daneben
würde vom Standpunkte der Marineintereſſen aus der Erwerb in erſter Linie
von Mogador mit genügendem Hinterlande, in zweiter Linie von Franzöſiſch-
Ozeanien, in dritter Linie von Franzöſiſch-Somali in Frage kommen.

Der Darſtellung der eigentlichen Flottenkriſis von 1908 ſchicke ich ein paar
Epiſoden vorauf, welche das wiederholte und immer mißglückende Ein=
ſetzen der Perſon Seiner Majeſtät für die Verbeſſerung der deutſch=
engliſchen Beziehungen veranſchaulichen.

Im März 1908 berichteten die „Times" über einen Brief des deutſchen
Kaiſers an Lord Tweedmouth, den Erſten Lord der Admiralität, worin
der Kaiſer — wie ſie behaupteten — den engliſchen Marineetat zugunſten
Deutſchlands zu beeinfluſſen ſuchte. Den heftigen Ausfällen der „Times"
ſchloſſen ſich die meiſten engliſchen Zeitungen mit einem Tadel darüber an,
daß ſich der Lord über derartige nationale Fragen in eine Privatkorreſpon=
denz eingelaſſen habe. Am 6. März erklärte Staatsſekretär Asquith im
Unterhauſe, der Briefwechſel ſei dem Kabinett nicht mitgeteilt worden und
nicht bekannt geweſen; aber ſchon vor Ankunft des Briefes habe das Ka=
binett über den Marinevoranſchlag des Jahres endgültig entſchieden gehabt.
Veröffentlicht wurde der Brief nicht, was eigentlich zu bedauern war, nach=
dem er einmal ſo viel Staub aufgewirbelt hatte.

Der Brief des Kaisers, der mir vor seiner Absendung gänzlich unbekannt geblieben war, lautete in der Abschrift, die ich nach dem Zwischenfall vom Marinekabinett bekam, folgendermaßen:

Berlin, 16. Februar 1908.

My dear Lord Tweedmouth!

May I intrude on your precious time and ask for a few moments attention to these lines I venture to submit to you.

I see by the daily papers and reviews that a battle royal is being fought about the needs of the Navy. I therefore venture to furnish you with some informations about the German Naval Programme, which it seems is being quoted by all parties to further their ends by trying to frighten the peacable taxpayers with it as a bogy.

During my last pleasant visit to your hospitable shore I tried to make your authorities understand what the drift of the German naval policy is. But I am afraid that my explanations have been either misunderstood or not believed, because I see the "German Danger" and the "German Challenge to British Naval Supremacy" constantly quoted in the different articles. The phrase, if not repudiated or corrected but flung broadcast over the country and daily dimmed into British ears, might in the end create most deplorable results. I therefore deem it advisable as Admiral of the Fleet to lay some facts before you to enable you to see clearly.

It is absolutely nonsensical and untrue that the German Naval Bill is to provide a Navy meant as a "Challenge to British Naval Supremacy". The German Fleet is built against nobody at all. It is solely built for Germany's needs in relation with that country's rapidly growing trade. The German Naval Bill was sanctioned by the Imperial Parliament and published 10 years ago and may be had at any large booksellers'. There is nothing surprising, secret or underhand in it, as every reader may study the whole course mapped out for the development of the German Navy with the greatest ease. The law is being adhered to and provides for about 30—40 ships of the line in 1912. The number of ships fixed by the Bill included the fleet then actually in commission notwithstanding its material being already far surpassed by the contemporary types of the foreign navies. The extraordinary rapidity with which improvements were introduced in the types of battleships, armaments and armour, made the fleet in commission obsolete before the building programme providing the additions to it was half finished. The obsolete fleet had to be struck of the list thus leaving a gap lowering the numbers of ships below the standard proscribed in the bill. This gap was stopped by using the finished ships to r e p l a c e the obsolete ones instead of being a d d e d to them as originally intended. Therefore instead of steadily increasing the standing fleet by regular additions it came to a wholesale rebuilding of the entire German Navy. Our programme in course of execution is practically only an e x c h a n g e of old material for new, but not an a d d i t i o n to the number of units originally laid down by the bill 10 years ago, which is being adhered to.

It seems to me that the main fault in the discussion going on in the papers is the permanent ventilating of the so called 2, 3 or more power standard, their only exemplifying on o n e power, which is invariably Germany. It is fair to suppose that each nation builds and commissions its navy according to its n e e d s and not only with regard to the programmes of other countries. Therefore it would be the simplest thing for England to say: I have a world-wide empire, the greatest trade of the world, and to protect them I must have so and so many battleships, cruisers etc. as are necessary to guarantee the supremacy of the sea to me and they shall accordingly be built and manned. That is the absolute right oft your country and nobody anywhere would loose a word about it. It be 60 or 90 or 100 battleships, that would make no difference and certainly no change in the German Naval Bill: May the numbers be as you think fit, everybody here would understand it, but people would be very thankful over here if at last Germany was left out of discussion. For it is very galling for the Germans to see their country continually held up as the sole danger and menace to Britain by the whole press of the different contending parties, considering that other countries are building too and there are even larger fleets than the German.

Doubtless when party passion runs high, there is often a lamentable lack of discrimination in the choice of weapons, but I really must strongly protest that the German Naval programme should be the only one for exclusive use or that such a portention should be forged as the ,,German Challenge to British Naval Supremacy of the Sea" If permanently used, mischief may be created at home and injured feeling engendering the wish for retaliation in the circles of the German Naval League as a Representative of the nation, which would influence public opinion and place the Government in a very disagreeable position by trying to force it to change its programme, through undue pressure difficult to ignore.

In the letter Lord Esher published a short time ago he wrote, that every German from the Emperor down to the last man wished for the

downfall of Sir John Fisher.[1] Now I am at loss to tell wether the super-
vision of the foundations and drains of the Royal Palaces are apt to
qualify somebody for the judgement of Naval affairs in general.[2] As
far as regards German affairs naval the phrase is a piece of unmitigated
balderdash and has created immense merriment in the circles of those
"who know" here. But I venture to think that such things ought not to be
written by people who are highly placed as they are liable to hurt public
feeling over here. Of course I need not assure you that nobody here
dreams of wishing to influence Britain in the choice of those to whom
she means to give the direction of her Navy or to disturb them in the
fulfilment of their noble task. It is expected that the choice will always
fall on the best and ablest and their deeds will be followed with interest
and admiration by their brother officers in the German Navy. It is therefore preposterous to infer that German authorities work for or against
persons in official positions in foreign countries, it is as ridiculous as
it is untrue. I hereby repudiate such a calumny. Besides, to my humble
notion this perpetual quoting of the "German Danger" is utterly un-
worthy of the great British nation with its world-wide empire and its
mighty Navy which is about five times the size of the German Navy.
There is something nearly ludicrous about it. The foreigners in other
countries might easily conclude that the Germans must be an exceptio-
nally strong lot as they seem to be able to strike horror into the hearts of
the British who are five times their superiors.

I hope Your Lordship will read these lines with kind consideration.
They are written by one who is an ardent admirer of your splendid Navy,
who wishes it all success and who hopes that its ensign will ever wave
on the same side as the German Navy's, by one who is proud to wear the
British Naval Uniform of an Admiral of the Fleet, which was conferred
on him by the late great Queen of blessed memory.

Once more: the German Naval Bill is not aimed at England and is not
a "Challenge to British supremacy of the Sea", which will remain un-
challenged for generations to come. Let us all remember the warning

---

1) Jm Gegenteil, die von Fiſher verfolgte Baupolitik konnte uns Deutſchen nur
erwünſcht ſein.
2) Anſpielung auf das Hofamt Lord Eſhers. Aber dieſer war zugleich mit Admiral
Fiſher und Sir George Clarke ſeit 1903 Vorſitzender eines Ausſchuſſes für Wehrfragen,
„the dauntless Three", und außerdem Vorſitzender der Imperial Maritime League. Eſher
war Fiſhers Sprachrohr und ſtärkſte Stütze; auch die angeführte Außerung ſollte wohl
Fiſhers Stellung beim König wie in der öffentlichen Meinung, wo er viel angegriffen
wurde, befeſtigen. Selbſtverſtändlich war Eſher auch ein Hauptverfechter des Two keels
to one-Grundſatzes.

Admiral Sir John Fisher gave to his hearers in November, when he so
cleverly cautioned them, not to get scared by using the admirable phrase:
If Eve had not always kept her eye on the apple, she would not have
eaten it and we should not now be bothered with clothes.

I remain
Yours truly
Wilhelm I. R.
Admiral of the Fleet.

Überſetzung.

Mein lieber Lord Tweedmouth!   Berlin, 16. Februar 1908.

Darf ich Ihre koſtbare Zeit in Anſpruch nehmen und um ein paar Augenblicke Auf=
merkſamkeit für dieſe Zeilen bitten, die ich Ihnen zu unterbreiten wage?

Ich erſehe aus den Tageszeitungen und Zeitſchriften, daß über die Bedürfniſſe der
Marine eine mächtige Schlacht ausgefochten wird. Ich wage es deshalb, Sie mit einigen
Nachrichten über den deutſchen Flottenbauplan zu verſehen, der anſcheinend von allen
Parteien ins Feld geführt wird, um ihren Zwecken zu dienen, indem ſie verſuchen, die
friedlichen Steuerzahler mit dieſem „Geſpenſt" zu ſchrecken.

Bei meinem letzten angenehmen Beſuch Ihres gaſtlichen Geſtades verſuchte ich, ihren
Behörden klar zu machen, worauf die deutſche Marinepolitik hinaus will. Aber ich
fürchte, daß meine Erklärungen entweder mißverſtanden oder nicht geglaubt worden
ſind, weil ich ſehe, wie die „Deutſche Gefahr" und die „Deutſche Herausforderung der
britiſchen Vorherrſchaft zur See" beſtändig in den verſchiedenen Aufſätzen angeführt
werden. Das Schlagwort könnte, wenn es nicht zurückgewieſen oder richtiggeſtellt,
ſondern weit und breit über das Land poſaunt wird und täglich in britiſchen Ohren
hallt, ſchließlich zu den bedauerlichſten Ergebniſſen führen. Ich halte es deswegen als
Großadmiral für rätlich, Ihnen einige Tatſachen vorzulegen, um Sie inſtand zu ſetzen,
klar zu ſehen.

Es iſt gänzlicher Unſinn und durchaus unwahr, daß das deutſche Flottengeſetz eine
Marine ſchaffen ſoll, die als eine „Herausforderung an die engliſche Vorherrſchaft zur
See" zu verſtehen iſt. Die deutſche Flotte wird durchaus gegen niemanden gebaut. Sie
wird lediglich gebaut für Deutſchlands Bedürfniſſe im Verhältnis zu dem raſch wachſen=
den Handel dieſes Landes. Das deutſche Flottengeſetz wurde vor zehn Jahren vom Reichs=
tag genehmigt und veröffentlicht und iſt bei jedem großen Buchhändler zu haben. Es
ſteht nichts Überraſchendes, Geheimes oder zwiſchen den Zeilen darin, da jeder Leſer
mühelos den ganzen Weg ſtudieren kann, der für die Entwicklung der deutſchen Marine
abgeſteckt iſt. An dem Geſetz wird feſtgehalten, es ſieht für 1912 etwa 30—40 Linien=
ſchiffe vor. Die vom Geſetz beſtimmte Schiffszahl umfaßte die damals tatſächlich in
Dienſt befindliche Flotte, obwohl ihr Material den gleichaltrigen Typen der fremden Ma=
rinen ſchon weit unterlegen war. Die außerordentliche Schnelligkeit, mit der Verbeſſe=
rungen bei den Linienſchiffstypen, bei Beſtückung und Panzer eingeführt wurden, brachte
die in Dienſt befindliche Flotte zum Veralten, bevor das Bauprogramm, das die Ver=
mehrung vorſah, halb beendet war. Die veraltete Flotte mußte aus der Liſte geſtrichen
werden, wodurch eine Lücke entſtand, welche die Zahl der Schiffe unter das im Geſetz
vorgeſchriebene Maß brachte. Dieſes Loch wurde dadurch geſtopft, daß die fertig ge=

worbenen Schiffe zum Ersatz der veralteten verwendet wurden, statt zur Vermehrung, wie ursprünglich beabsichtigt war. Statt also die vorhandene Flotte durch regelmäßige Vermehrungen stetig zu vergrößern, kam es zu einem vollständigen Neubau der gesamten deutschen Flotte. Unser in der Durchführung begriffenes Programm ist in Wirklichkeit nur ein Umtausch alten Materials in neues, nicht aber ein Zuwachs zu der Schiffszahl, die ursprünglich vor zehn Jahren durch das Gesetz festgesetzt wurde, an dem festgehalten wird.

Mir scheint, daß der Hauptfehler bei den in den Zeitungen angestellten Erörterungen in der andauernden Besprechung des sogenannten Zwei-, Drei- oder mehr Mächte-Maßstabes liegt und darin, daß als Beispiel immer nur eine einzige Macht genommen wird, die allemal Deutschland ist. Man muß gerechterweise annehmen, daß jede Nation ihre Flotte baut und in Dienst hält gemäß ihren Bedürfnissen, und nicht nur mit Rücksicht auf die Bauprogramme anderer Länder. Deshalb wäre es das Einfachste für England, zu sagen: Ich habe ein weltweites Reich, den größten Handel der Welt, und um sie zu schützen, muß ich so und so viel Linienschiffe, Kreuzer usw. haben, die nötig sind, um mir die Vorherrschaft zur See zu gewährleisten, und demgemäß werden sie gebaut und bemannt. Das ist das unbedingte Recht Ihres Landes, und niemand in der Welt würde auch nur ein Wort darüber verlieren. Seien es 60 oder 90 oder 100 Linienschiffe, das würde keinen Unterschied machen und gewiß keine Änderung in den deutschen Flottengesetz: Mag die Stärke sein, wie Sie es für richtig halten, jeder hier würde es verstehen; aber man würde hier sehr dankbar sein, wenn endlich Deutschland aus der Erörterung bliebe. Denn es ist für die Deutschen sehr ärgerlich zu sehen, daß ihr Land als die einzige Gefahr und Drohung für England von der gesamten Presse der verschiedenen miteinander ringenden Parteien hingestellt wird, angesichts dessen, daß andere Länder ebenfalls bauen und daß es sogar größere Flotten als die deutsche gibt.

Zweifellos herrscht, wenn die Wogen der Parteileidenschaft hochgehen, oft ein bedauerlicher Mangel an Unterscheidungsvermögen in der Wahl der Waffen, aber ich muß wirklich stark dagegen Verwahrung einlegen, daß das deutsche Flottenprogramm das einzige ist, dessen man sich ausschließlich bedient, oder daß etwas so Ungeheuerliches untergeschoben wird wie die „Deutsche Herausforderung der englischen Vorherrschaft zur See". Wenn man sich ständig dessen bedient, so kann damit hierzulande Unheil angerichtet und die Volksstimmung verletzt werden, woraus möglicherweise der Wunsch nach Wiedervergeltung in den Kreisen des deutschen Flottenvereins, als eines Vertreters der deutschen Nation, entspringt, der die öffentliche Meinung beeinflussen und die Regierung in eine sehr unangenehme Lage bringen würde, indem er sie durch einen ungebührlichen, aber schwer zu übergehenden Druck zu zwingen versuchen würde, ihr Bauprogramm zu ändern.

In dem Brief, den Lord Esher vor kurzem veröffentlicht hat, schrieb er, daß jeder Deutsche, vom Kaiser bis zum letzten Mann herab, den Sturz Sir John Fishers wünschte. Ich kann nun wirklich nicht sagen, ob die Aufsicht über die Grundmauern und Entwässerungsanlagen der Königlichen Paläste dazu geeignet ist, jemanden zur Beurteilung von Marineangelegenheiten im allgemeinen zu befähigen. So weit deutsche Marineangelegenheiten in Frage kommen, ist das Wort ein starkes Stück unverfälschter Großsprecherei und hat hier in den Kreisen der Wissenden ungeheure Heiterkeit erregt. Aber ich möchte meinen, daß Derartiges nicht von hochstehenden Leuten geschrieben werden dürfte, da es geeignet ist, die Volksstimmung hier zu verletzen. Selbstverständlich brauche

ich Ihnen nicht zu verfichern, daß niemand hier im Traume England in der Wahl der=
jenigen zu beeinfluffen wünfcht, denen es die Leitung feiner Marine anvertrauen will,
oder fie bei der Erfüllung ihrer hohen Aufgabe zu ftören trachtet. Es darf erwartet
werden, daß die Wahl ftets auf die Beften und Fähigften fallen wird; ihre Leiftungen
werden mit Intereffe und Bewunderung von ihren Kameraden in der deutfchen Marine
verfolgt werden. Es ift deshalb albern zu folgern, daß deutfche Behörden für oder wider
Perfonen in amtlichen Stellungen im Auslande arbeiten, es ift fo lächerlich, wie es
unwahr ift. Ich weife hierdurch eine folche Verleumdung zurück. Überdies ift meiner be=
fcheidenen Meinung nach diefe ewige Anführung der „Deutfchen Gefahr" durchaus un=
würdig der großen britifchen Nation mit ihrem Weltreich und ihrer mächtigen Marine,
die etwa fünfmal fo groß ift wie die deutfche Marine. Es liegt etwas faft Drolliges
darin. Die Bewohner anderer Länder könnten leicht den Schluß ziehen, daß die Deutfchen
ausnehmend ftarke Kerle fein müffen, da fie anfcheinend imftande find, den Engländern,
die ihnen fünfmal überlegen find, Angft und Schrecken einzujagen.

Ich hoffe, Eure Lordfchaft werden diefe Zeilen mit freundlicher Überlegung lefen.
Sie find von jemandem gefchrieben, der ein warmer Bewunderer Ihrer herrlichen Ma=
rine ift, der ihr jeden Erfolg wünfcht und der hofft, daß ihre Flagge ftets auf derfelben
Seite wie die der deutfchen Marine weht, von einem, der ftolz ift, die britifche Marine=
uniform eines Großadmirals zu tragen, die ihm durch die verftorbene große Königin
gefegneten Angedenkens verliehen worden ift.

Noch einmal: Das deutfche Flottengefetz zielt nicht auf England ab und ift keine
„Herausforderung an die englifche Vorherrfchaft zur See", die noch auf Generationen
hinaus unangreifbar bleiben wird. Wir wollen doch alle an die Warnung denken, die
Admiral Sir John Fifher im November feinen Zuhörern erteilte, als er fie fo hübfch
davor warnte, fich bange machen zu laffen, indem er die wundervolle Wendung ge=
brauchte: Hätte nicht Eva immer ihr Auge auf den Apfel geworfen, fo würde fie ihn
nicht gegeffen haben, und wir brauchten uns jetzt nicht mit Kleidern zu plagen.

Ich verbleibe aufrichtig der Ihre

Wilhelm I. R
Großadmiral.

Die nachftehende Antwort Lord Tweedmouths gewinnt erhöhtes Inter=
effe durch die von Asquith am 7. März 1908 bekanntgegebene Tatfache, daß
Tweedmouth fie in Übereinftimmung mit Sir Edward Grey verfaßt hat.

Sir,   Feb. 20. 1908.

I have the honour to acknowledge the receipt of your Imperial Majesty's
gracious letter, the tone of which so clearly demonstrates the kindly feelings
you hold towards my country and your heartfelt desire to maintain most
friendly relations with its Ruler and his people.

I will if your Majesty pleases not enter into any detailed explanation in
reply to the points which are raised in your Majesty's letter, as I find a memorandum has already, before your Majesty's letter reached me, been sent
from the Foreign Office to Sir Frank Lascelles, with the intention that it
should be handed to Prince Bülow for your Majesty's information.

I beg to enclose for your Majesty a proof of the paper I have prepared as

my statement to be issued next week to Parliament, with the detailed estimates of the year April 1. 1908 to March 31. 1909.

Your Majesty will I hope agree that in it there appears no complaint with
regard to the naval programmes of any foreign nation. I only state what our
own necessities are and I would respectfully submit there is nothing in the
substance or manner of the statement made by me, to instigate comments to
the Press of a kind unfriendly to Germany, comments which His Majesty the
King's Government would always regret, though as Your Majesty is already
aware, the Press in Great Britain does not admit any official control, especially on the subject of the Navy.

I have the honour to be Your Imperial Majesty's most humble obedient
servant   Tweedmouth.

Übersetzung.

Euere Majestät,   20. Februar 1908.

Ich habe die Ehre, den Empfang des gnädigen Briefes Euerer Kaiserlichen Majestät
zu bestätigen, dessen Ton so deutlich die freundlichen Gefühle beweist, die Sie für mein
Land hegen, und Ihren herzlichen Wunsch, die freundlichsten Beziehungen zu seinem
Herrscher und seinem Volk zu unterhalten.

Ich will mich, wenn Eure Majestät geruhen, in keine ins einzelne gehende Erklärung
einlassen zur Beantwortung der Punkte, die in Euerer Majestät Brief berührt sind, da
ich erfahre, daß eine Denkschrift schon, bevor Euerer Majestät Brief mich erreichte, vom
Auswärtigen Amt an Sir Frank Lascelles gesandt worden ist, in der Absicht, daß sie
dem Fürsten Bülow zur Unterrichtung Euerer Majestät behändigt werde.

Ich bitte, für Eure Majestät einen Probedruck der Schrift beifügen zu dürfen, die ich
als meine nächste Woche an das Parlament auszugebende Erklärung ausgearbeitet
habe, mit dem Haushaltplan für das Jahr vom 1. April 1908 bis 31. März 1909.

Euere Majestät werden mir hoffentlich zustimmen, daß darin keine Klage über die
Flottenbauprogramme irgendeiner fremden Nation vorkommt. Ich erkläre darin nur,
was für Bedürfnisse wir haben, und ich möchte untertänigst darlegen, daß in der von
mir verfaßten Erklärung weder sachlich noch in der Form etwas ist, was der Presse An-
reiz zu Bemerkungen unfreundlicher Art gegen Deutschland geben könnte, Bemerkungen,
die Seiner Majestät des Königs Regierung stets bedauern würde, obwohl, wie Euere
Majestät schon wissen, die Presse in Großbritannien keinerlei amtliche Aufsicht zu-
läßt, besonders nicht in betreff der Marine.

Ich habe die Ehre zu sein

Euerer Majestät untertänigster gehorsamer Diener
Tweedmouth.

Der Kaiser, der das Englische wie seine zweite Muttersprache beherrschte
und sich unter Engländern leicht zu Hause fühlte, erlebte bei seinen Bemühungen, in persönlichem Umgang mit britischen „Kameraden" die Nebel
der „Mißverständnisse" zu zerstreuen, auch sonst in jener Zeit bezeichnende
Erfahrungen. Einen merkwürdigen Vorfall berichtet nachstehende Mitteilung des Marinekabinetts an den Reichskanzler. Diese Mitteilung über
den Kapitän Kerr ist Entwurf geblieben, da der auf den englischen Text

folgende Teil des Schreibens gestrichen und durch den geänderten, für mich bestimmten Text ersetzt worden ist.

Entwurf einer Mitteilung des Marinekabinetts an den Reichskanzler.

Korfu, 21. April 1908.

Seine Majestät der Kaiser und König haben hier das englische Linienschiff Impla= cable durch mehrfachen Besuch an Bord und Einladung der Offiziere nach dem Achil= leion besonders ausgezeichnet. Der Seiner Majestät von früher her bekannte Kom= mandant des Implacable Kapitän McKerr war offensichtlich bemüht, im Urteil Seiner Majestät gut abzuschneiden, und zu dem Zweck gab er Seiner Majestät auch eine Samm= lung von Vorträgen über englische Seekriegsgeschichte, welche er seiner Besatzung ge= halten hatte.

Kapitän Kerr hatte dabei vergessen, daß in einem dieser Vorträge folgendes steht: On another occasion Nelson states, that the whole code of conduct for a naval officer was summed in three articles

1. to obey orders
2. to honour the king
3. to hate the Frenchman as you would the devil.

This injunction, which was very right and proper at that time, would now have to be corrected and instead of Frenchman read some other nation, it is unnecessary (mit Bleistift korrigiert unwise) to specify which.*

Es ist natürlich nicht zweifelhaft, auf welche Nation das geht, und so ist hier ein Beweis dafür geliefert, daß in der englischen Marine der Kampf gegen uns als Da= seinszweck proklamiert wird.

Daß es gerade Kapitän Kerr ist, durch den die politische Gegnerschaft der englischen Marine uns bekannt bzw. bestätigt wird, ist um so interessanter, als Kapitän Kerr unzweifelhaft ein persönlicher Verehrer unseres Kaisers ist und er auch sonst in freund= schaftlichen Beziehungen zu deutschen Seeoffizieren steht. Er ist lange Jahre als Erster Offizier und später als Flaggkapitän mit dem Prinzen Louis Battenberg zu= sammen gewesen und ist dank dessen auch mit Seiner Königlichen Hoheit dem Prinzen Heinrich von Preußen näher bekannt worden.

Um ihn zu verstehen, muß man annehmen, daß er in uns politische Gegner sieht, die man wie den Teufel zu hassen verpflichtet ist, die man aber sonst als nette Menschen schätzt und achtet. Jedenfalls tut man aber wohl gut, wenn man mit der durch Kapitän Kerr vertretenen Stimmung in der Marine rechnet. Seine Majestät der Kaiser und König haben den Kapitän Kerr seine Unvorsichtigkeit in keiner Weise entgelten lassen, wollen jedoch, daß Eure Durchlaucht, sowie der Staatssekretär des Reichsmarineamts und der Chef des Admiralstabes von dem Vorfall Kenntnis erhalten.

---

*) Bei einer anderen Gelegenheit sagt Nelson, daß die ganze Verhaltungsvorschrift für einen Seeoffizier sich in drei Artikel zusammenfassen läßt:
1. Gehorche den Befehlen!
2. Ehre den König!
3. Hasse den Franzosen wie den Teufel!
Diese Vorschrift, die zu ihrer Zeit sehr richtig und angebracht war, würde nun zu ändern und statt des Franzosen würde eine andere Nation zu setzen sein, es ist unnötig (... unklug) näher zu sagen, welche.

Auf Allerhöchſten Befehl beehre ich mich demgemäß Eurer Durchlaucht Vorſtehen=
des ganz ergebenſt zu unterbreiten.

Auf allerhöchsten Befehl geändert :

*Es liegt nahe anzunehmen, daß unter „some other nation" die deutsche gemeint ist. Kapitän Kerr
hat das auch, nachdem ihm seine Unvorsichtigkeit klar geworden ist, empfunden, denn er hat
dem Konteradmiral von Ingenohl gegenüber die Besorgnis ausgesprochen, daß eine solche Auffassung bei Seiner Majestät Platz greifen könnte. Sie ist auch tatsächlich eingetreten, aber nachdem
Kapitän Kerr Gelegenheit gehabt hatte, mit Seiner Majestät über die zu beanstandende Stelle in
seinem Vortrage zu sprechen, ist Seine Majestät davon überzeugt, daß in dem schon 1903 verfaßten Vortrage auf die Russen hat hingewiesen werden sollen, als auf die Nation, die nunmehr
wie der Teufel zu hassen sei.*

*Seine Majestät wollen aber, daß auf alle Fälle der Marineattaché in London und Eure Exzellenz
von dem Vorkommnisse in Kenntnis gesetzt werden. Dem Chef des Admiralstabes habe ich Abschrift dieses Schreibens übersandt.*   *v. Müller*

Der britiſche Ruſſenhaß war doch nicht mehr glaubhaft, ſeit im Jahr 1907
die britiſch=ruſſiſche Entente gegen Deutſchland geſchloſſen war! Privatim
ſchrieb mir der Kabinettschef von Müller am 23. April aus Korfu:

.... Es ſcheint danach die Hetze gegen uns auch in der engliſchen Marine ſtark be=
trieben zu werden. Der Kaiſer hat ſich von dem betreffenden engliſchen Komman=
danten Kapitän Kerr überzeugen laſſen, daß die Ruſſen mit derjenigen Nation ge=
meint ſind, die man jetzt nach dem Nelſonſchen Rezept haſſen müſſe wie den Teufel,
aber ich vermag dieſe Behauptung nicht zu glauben. Als die Franzoſen als Erbfeinde
ausſchieden, ſind eben wir an die Stelle getreten.

Engliſche Seeoffiziere boten ſich noch mehrfach dem Kaiſer an, die Beſſe=
rung der deutſch=engliſchen Beziehungen zu unterſtützen.

Kabinettschef von Müller überſandte mir in Berlin am 5. September 1908
zwei Briefe engliſcher Seeoffiziere an Seine Majeſtät und ſchlug vor, daß
der Kabinettschef an Admiral Montague antworte:

Seine Majeſtät habe ſich über ſeinen Brief gefreut und billige ſeine zur Erwägung
geſtellten publiziſtiſchen Bemühungen im Intereſſe der guten Beziehungen zwiſchen den
beiden Völkern. Natürlich müſſe die perſönliche Beziehung des Admirals zu Seiner
Majeſtät aus dem Spiele bleiben, auch empfehle es ſich, daß der engliſche Admiral einen
beſonderen Anlaß, etwa engliſchen Hetzartikel, abwarte, bevor er ſelbſt ſchriebe.

Die ſchwerſte perſönliche Enttäuſchung bei ſeinen Unterhaltungen mit
Engländern ſollte dem Kaiſer aber im Spätherbſt des Jahres 1908 wider=
fahren. In meiner Aufzeichnung über den Immediatvortrag vom 28. Sep=
tember 1908 in Rominten finde ich folgende Bemerkungen bezüglich des
Daily=Telegraph=Interviews, das im November desſelben Jahres ſo
viel Staub aufwirbelte, und deſſen Entwurf der Kaiſer auf jener Ausfahrt
mir in die Hand gab:

Ich blieb im Wagen zurück, während der Kaiser zum Pürschen ging. Der Kaiser gab mir den Brief eines englischen Generals.[1] Es war schon sehr dunkel, schlecht zu lesen, so daß ich nur einen allgemeinen Begriff von dem Briefe hatte. Als der Kaiser zurückkam, fuhren wir zurück. Ich sagte dem Kaiser, ich glaubte nicht, daß, wenn der Brief veröffentlicht würde, geheim bleiben würde, daß Seine Majestät der Urheber des Briefes sei. Ich habe denselben Abend dem anwesenden Vertreter des Auswärtigen Amtes Rücker=Jenisch gesagt, daß ich keinen Auftrag hätte, nicht berechtigt wäre, ihm das zu sagen, jedoch ihn dar= auf aufmerksam machte, daß ein solcher Brief da wäre, der — soweit ich übersehen könnte — recht bedenklich wäre.

Nächsten Tag bin ich auf den Brief nicht zurückgekommen, weil ich die Sache als erledigt ansah und langes Gespräch über Metternich=Situation hatte. Nach der Unterredung mußte ich bald abreisen, zuvor noch mit Eulenburg[2] und Müller[3] gesprochen, ein solcher Brief wäre da, ich hätte mit Rücker=Jenisch ge= sprochen, ob ich noch etwas machen sollte. Beide meinten, ich könnte darin nichts weiter tun.

Rücker=Jenisch hat Brief an Bülow geschrieben im Auftrage des Kaisers. Bülow sollte ihn korrevidieren, nicht dem Auswärtigen Amt geben, und ihm sagen, ob es opportun wäre, ihn zu veröffentlichen. Wie mir Fürst Bülow nachher erzählt hat, hat er den Brief ans Auswärtige Amt geschickt, ihn als gleichgültigen Zeitungsartikel selbst nicht gelesen. Im Auswärtigen Amt wären nur Stemrich und Klehmet gewesen. Klehmet hätte die Sache auf historische Richtigkeit geprüft, einige Änderungen in rot eingetragen;[4] der Brief wäre via Bülow—Rücker=Jenisch zurückgegangen und das Verhängnis habe seinen Lauf genommen.

Die zweite Flottenkrisis selbst begann am 20. Juni 1908 mit einem Vor= trag Ballins bei Seiner Majestät auf „Hohenzollern" über eine vertrau= liche Unterredung, die er mit Sir Ernest Cassel, dem aus Deutschland stam= menden englischen Geschäftsmann und Privatbankier Edwards VII. gehabt hatte. Ballin berichtete:

---

1) *Stuart Wortley, im Jahre vorher Gastfreund des Kaisers; er hatte private Äußerungen des Kaisers zu einem „Interview" zusammengestellt, von dessen Veröffent= lichung er sich eine Förderung des kaiserlichen Strebens nach verbesserten deutsch=eng= lischen Beziehungen versprach. Den Entwurf sandte er unmittelbar an den Kaiser, der ihn in Rominten erhielt und zur Veröffentlichung geeignet fand.*
2) *Graf August zu Eulenburg, Minister des königlichen Hauses.*
3) *Dem Kabinettschef.*
4) *Im Reichsmarineamt wäre die Geschäftsbehandlung kaum so überspezialisiert gewesen.*

5*

Sir Ernest Cassel möchte dazu beitragen, eine gefährliche Entwicklung der bestehenden Rivalitäten zu verhüten. Der König sei aufs tiefste davon durchdrungen, daß der rasche Ausbau der deutschen Flotte die englische Stellung zur See bedrohe.

Man wisse in englischen Fachkreisen sehr genau, daß die Verstärkung der deutschen Flotte erheblich größer sei, als es nach den amtlichen Darstellungen im deutschen Reichstage scheine.[1]

Dem Könige flößten die Vorzüge des deutschen Systems der Bemannung und sein tiefer Respekt vor der Tüchtigkeit der deutschen Seeoffiziere die Besorgnis ein, daß die deutsche Überlegenheit im Menschenmaterial die englische Überlegenheit der Schiffszahl aufwiegen könne.

Als Cassel antwortete, daß eines Tages England im Einverständnis mit Frankreich und Rußland an Deutschland die Frage richten könne, wann es in der Verstärkung seiner Rüstung zur See Halt zu machen gedenke, erwiderte Ballin: Da biete sich Sir E. Cassel in seiner Vertrauensstellung zum König Gelegenheit, diesem und der Sache des Friedens einen großen Dienst zu erweisen, indem er keine Zweifel darüber aufkommen lasse, daß eine solche Anfrage der Krieg sei. Deutschland werde sich einem solchen Versuch zu einem Faschoda mit aller Macht widersetzen.

Im weiteren Verlauf der Unterredung äußerte Cassel, der gegenwärtige Zustand der Reichsfinanzen — über den er sich genau unterrichtet zeigte — würde es Deutschland sehr schwer machen, einen Krieg zu beginnen.

Im August 1908 unternahmen es zwei hohe englische Beamte, unmittelbar auf den deutschen Kaiser einzuwirken. Über sein Gespräch mit dem englischen Botschafter Sir Frank Lascelles am 10. August 1908 schrieb der Kaiser:

„Ich ließ einflechten, um weiteren englischen Wünschen vorzubeugen, daß Vergleiche (arrangements) über Flottenbauten oder deren Tempo ausgeschlossen seien, da kein Volk es sich gefallen lassen würde, einem fremden Lande Einflußnahme auf seine Rüstung zu gestatten."

Nur wenig später trug der Unterstaatssekretär im Foreign Office Sir Charles Hardinge in Cronberg an den Kaiser die Wünsche Englands heran, während sich der gleichfalls anwesende König Eduard VII. zurückhielt.

---

1) *Als ob hierzu bei unseren klaren Etatsverhältnissen, die der englischen Admiralität genau bekannt waren, irgend eine Möglichkeit vorgelegen hätte! Es handelt sich hier lediglich um einen englischen Trick.*

Der Kaiser an den Reichskanzler.

12./13. August 1908.

Nach Tisch redete mich Sir Charles Harbinge auf unsere militärischen Einrichtungen an und ging nach kurzer Besprechung der Armee auf die Flottenfrage über. Er sprach von grave apprehension, von der alle Kreise Englands über unsern Flottenbau erfüllt seien.

Auf meine erstaunte Frage warum, da er gesetzlich begrenzt und das Gesetz seit elf Jahren publiziert sei, erwiderte er: Da sie stets zu Hause konzentriert sei.

Ich erwiderte, wir brauchten unsere Flotte zum Schutz des rapiden Wachsens des Handels.

Er: Sie bleibt aber immer in Kiel oder Wilhelmshaven oder Nordsee.

Ich: Da wir keine Kolonien und keine Kohlenstationen haben, ist das unsere Basis, uns fehlt ein Gibraltar oder Malta.

Er: Von ihrer Basis aus ist kein Handel zu schützen. Warum fahren Sie nicht mehr umher?

Ich: Weil Londoner Botschaft und auswärtige Behörden der Ansicht waren, daß, je weniger die Briten unsere Flotte zu sehen kriegen, um so besser; ein Erscheinen derselben im Kanal würde Mißvergnügen hervorrufen.

Er: Sie wollen wohl einen faulen Scherz machen?

Ich: Es ist mein bitterer Ernst; meine Mannschaften haben genug darunter gelitten, ihre Dienstzeit nur in nordischen Gewässern zu verbringen.

Er: Das ist ja ganz unglaublich, in England hat man das ganz anders ausgelegt.

Ich: In diesem Sommer habe ich meine Flotte ins Ausland geschickt während Ihrer großen Manöver in der Nordsee, ein untrügliches Zeichen meiner Friedfertigkeit und meines Vertrauens zu England.

Er: Das war ausgezeichnet, hat sehr gut gewirkt; schicken Sie Ihre Schiffe nur oft weg, dann werden unsere Leute wesentlich ruhiger werden. Immerhin wäre es wünschenswerter, unsere Besorgnis wegen des Flottenbaus zu zerstreuen, da Sie in wenigen Jahren unsere Stärke erreicht haben werden(!).

Ich: Das ist absoluter Unsinn, außerdem haben Sie den Dreadnoughtbau angefangen und der Welt überraschend aufgezwungen, alle Staaten bauen sie.

Er: Es war ein schwerer Fehler von uns.

Ich: Beim Stapellauf des Dreadnought hat Ihre Presse das Schiff als sicherstes Vernichtungsinstrument für die deutsche Flotte bezeichnet.

Er: Das war ein noch viel größerer Fehler. Aber der Dreadnoughtbau nimmt bei Ihnen so rasche Fortschritte, daß Sie in wenigen Jahren, sagen wir 1912 uns an Stärke gleich und sogar überlegen sein werden.

Ich: Das ist ja absoluter Blödsinn. Wer hat Ihnen denn den Unsinn aufgebunden?

Er: Das ist gar kein Unsinn, sondern authentisches Material von der englischen Admiralität.

Ich: Es bleibt Unsinn, auch wenn Ihre Admiralität es Ihnen mitteilt, und zugleich ein Beweis, wie wenig englische Staatsmänner und das englische Volk von maritimen Dingen verstehen und über ihre eigene Stärke orientiert sind, um sich so etwas einbilden zu können. Sie haben ja, ohne daß Sie es wissen, den Two Power Standard längst überschritten und sind im Three Power Standard bereits angelangt.

Er: Das ist ganz unmöglich. Unsere Admiralität sagt, sie könne kaum den Two

Power Standard aufrechterhalten[1] eben wegen des deutschen Flottenbaus, der bedroh=
licher Natur sei.

Ich: Ihre Admiralität muß das besser wissen und amüsiert sich damit, Sie und
Ihre Landsleute mit Gespenstern zu bluffen. Ich kann Ihnen beweisen, daß ich recht
habe, aus dem Nauticus.

Er: Sie können kein authentischeres Material haben, als was mir die Admiralität ge=
geben hat.

Ich: Ihr Material ist falsch, ich bin Admiral auch der englischen Flotte, welche ich
genau kenne, und verstehe das besser wie Sie, der ein Zivilist ist und davon nichts ver=
steht.

Ich ließ den Nauticus herunterholen und zeigte Sir Charles die Eurer Durch=
laucht bekannten Tabellen mit den Schiffbaukurven. (Sprachloses Erstaunen malte
sich auf seinen Gesichtszügen, während Sir Frank Lascelles, der uns von ferne be=
obachtete und mit dem ich tags zuvor auf Grund des einen ihm überreichten Exem=
plars des Nauticus ein ähnliches Gespräch gehabt hatte, sich vor Lachen gar nicht zu
lassen wußte. Sir Frank ist von Nauticus begeistert und hat dessen Anschauungen
rite akzeptiert.)

Nach langem Schweigen fragte Sir Charles: Wer ist eigentlich dieser Nauticus,
ich habe bisher noch nie etwas von ihm gehört?

Ich: Es ist eine Reihe von Herren, bedeutende Kapazitäten aus allen Berufen und
Ständen, denen authentisches Material zur Verfügung steht.

Er: Solche Herren können keinen Anspruch darauf machen, besseren Bescheid zu
wissen wie die Admiralität. Diese Tabelle ist ganz willkürlich, und ich lege ihr nicht
den mindesten Wert bei. Dabei klappte er das Buch zu: Ich werde es sofort der Ad=
miralität zeigen.

Ich: Sie können mir keinen größeren Gefallen tun.

Er: Dieser Konkurrenzbauerei muß ein Ende gemacht werden; es muß ein Arrange=
ment getroffen werden, wonach das Bautempo verlangsamt wird. Denn unsere Re=
gierung muß sonst im nächsten Jahre ein großes Programm für Neubauten einbringen,
für die bei dem Mangel an Mitteln neue Steuern ausgeschrieben werden müßten. Das
wird sehr unpopulär sein, das Volk wird murren und es kann vielleicht der Regierung
den Hals kosten.

Ich: Wenn Sie die Tabellen des Nauticus, statt sie für Phantasie zu halten, als
richtig akzeptierten, dann würden Sie daraus ersehen, daß ein solches Extrabaupro=
gramm zur Erhaltung Ihres Vorsprunges völlig überflüssig ist. Konkurrenzbau
treiben wir nicht, unser Tempo ist gesetzlich festgelegt, die Anzahl der Schiffe desgleichen
und Ihnen bekannt. Sie treiben Konkurrenzbau, und zwar eine Konkurrenz, die nur
einseitig englisch ist und von Ihrer Admiralität erfunden ist.

Er: Can't you put a stop to your building? Or build less ships? *

Ich: Das Maß der maritimen Rüstung Deutschlands richtet sich nach seinen Inter=

---

1) *Diese Ansicht wäre zutreffend gewesen, wenn wir nach 1912 hätten fortfahren
wollen, jährlich vier große Schiffe zu bauen. Das hätten wir gerade mit Rücksicht auf
die Erhaltung des Flottengesetzes nicht tun können, und da wir es seit 1912 (ent=
sprechend dem Flottengesetz) unterließen, fiel dieser Grund der Spannung zwischen
Deutschland und England von 1912 an fort, wie sich das auch in der politischen Stimmung in den letzten Jahren vor dem Kriege äußerte.*

* *Können Sie nicht Ihrem Bauen Einhalt tun? Oder weniger Schiffe bauen?*

essen und Bündnissen, ist ein defensives und bestimmt nicht gegen eine Nation, am wenigsten gegen England gerichtet. Sie ist keine Drohung für Sie, die Sie augenblicklich alle miteinander an Gespensterfurcht leiden.

Er: Aber ein Arrangement müßte doch getroffen werden, um den Bau einzuschränken. You must stop or build slower.*

Ich: Then we shall fight, for it is a question of national honour and dignity.** Und dabei sah ich ihm fest und scharf in die Augen.

Sir Charles bekam einen feuerroten Kopf, machte mir einen Diener, bat mich um Entschuldigung für seine Worte und ersuchte mich ausdrücklich, dieselben als versehentlich im Privatgespräch gemachte Bemerkungen zu betrachten, welche ich vergeben und vergessen möchte. Das Gespräch war von ihm in ziemlich gereiztem und fast diktatorischem Ton geführt worden. Ich zweifele keinen Augenblick, daß er Instruktion und Marschorder von Fisher hatte.

Abends nahm ich das Gespräch mit ihm wieder auf, wobei er ein ganz anderer Mann war, liebenswürdig, vergnügt, seine Erzählungen mit Anekdoten würzend. Er konstatierte mit Befriedigung die Veränderungen in der Türkei, wodurch thank Goodness die makedonischen Reformen wohl überflüssig geworden seien. Ihm sei ein Stein vom Herzen gefallen. Er freue sich, daß seine Regierung und unsere betreffs der Aufschließung des Balkans von allen Seiten völlig einer Meinung seien. Es sei das Praktischste, daß die Bahnen nicht an einzelne Großmächte, sondern an unpolitische Aktiengesellschaften vergeben würden. Er hob im Laufe des Gespräches überall die Punkte hervor, wo auf der Welt deutsche und englische Politik zusammengehen könnten. Als ich nach Tisch mit Erlaubnis des Königs ihm den Roten-Adler-Orden I. Klasse verlieh, war er windelweich. Er erwähnte, sein Großvater sei als Ordonnanzoffizier, vom Stab Wellingtons detachiert, bei Blücher abkommandiert gewesen und habe in dessen Nähe bei Ligny seinen Arm verloren, wofür er von Friedrich Wilhelm III. auch mit dem Roten-Adler-Orden ausgezeichnet worden sei. Der Orden werde in seinem Hause als ein Heiligtum bewahrt.

Die offene Aussprache mit mir, in der ich ihm scharf die Zähne gezeigt hatte, hat ihre Wirkung nicht verfehlt. Mit Engländern muß man immer so verkehren. Es ist ganz klar, daß Ballins Aktion bei Cassel ihre Wirkung gehabt hat und daß letzterer mit Erfolg den König von der Behandlung der Materie abgehalten hatte. Fisher ist vor der Abreise Seiner Majestät nach Deutschland in Privataudienz empfangen worden. Er wird gewiß Hardinge instruiert haben.

Beim Scheiden wies ich Sir Charles nochmals auf meine Guildhall-Rede hin: sie sei ein Programm, im Namen meiner Regierung und meines ganzen Volkes gesprochen. Daran möge er und seine Regierung sich halten. Wenn der Kaiser spricht, macht er keine Phrasen: He speaks what he means. Er erwiderte: We have an absolute confidence in Your Majesty.***

Seine Majestät kündigte den Besuch der Majestäten für nächstes Jahr in Berlin an. Zeit vorbehalten. Er werde Kaiser Franz Joseph von mir grüßen.[1] Von Aehren-

---

*) Sie müssen einhalten oder langsamer bauen.
**) Dann werden wir kämpfen, denn es ist eine Frage der nationalen Ehre und Würde.
***) Er sagt, was er meint. — Wir haben unbedingtes Vertrauen zu Eurer Majestät.
[1] Bekannt ist, daß Eduard VII. den alten Kaiser Franz Joseph von dem Bündnis mit Deutschland abzusprengen versucht hat.

thal[1] halte er nicht viel: He is a poor man and not very capable.* Wir schieden in Freundschaft und Wärme unter dem Bedauern des Königs, nicht haben länger bleiben zu können, da es ihm so sehr gut bei uns gefallen habe.

Ich besprach nach der Abreise des Königs mit L a s c e l l e s meine Konversation mit Harbinge. Er war entrüstet über seinen Landsmann und rief aus: Das kommt davon, daß man mir im Foreign Office nie glauben will, was ich ihnen über Deutschland berichte. Der Harbinge ist in den Fragen der Flottenentwicklung ebenso verrückt und schlecht informiert wie die übrigen Schreier unter seinen Landsleuten. Er sei froh, konstatieren zu können, daß der König mit den besten Eindrücken abgereist sei. Die Gesamtsituation zwischen unsern beiden Ländern hätte sich doch wesentlich verbessert und der größte Teil der ernst und vernünftig denkenden Engländer denke gerade so wie er, vor allem die ganze City, die englischen Handels=, Industrie= und Arbeiterkreise. They wou'dn't hear of war, and I am perfectly convinced the two countries will never meet in war.**

Gewinnt man schon aus manchem bisher Mitgeteilten den Eindruck eines konzentrischen englischen Sturmlaufes gegen das Flottengesetz, so wurde doch der Hauptvorstoß durch die Vermittlung des deutschen B o t s c h a f t e r s in London geführt. Seine Berichte dienten hauptsächlich dazu, den Kanzler wankend zu stimmen; sie gaben ein anschauliches Bild der englischen Bemühungen. Ich lasse zunächst zwei aus der großen Anzahl seiner Berichte folgen.

Der deutsche Botschafter in London an den Reichskanzler.

London, 16. Juli 1908.

S i r   E d w a r d   G r e y hatte mich vorgestern in seinem Hause mit Herrn L l o y d G e o r g e zum Frühstück eingeladen. Das Gespräch wandte sich bald der auswärtigen Politik zu. Der jetzige Schatzkanzler hat sich in kurzer Zeit aus einem ultraradikalen wallisischen Advokaten zu einer führenden und geachteten Persönlichkeit in seiner Partei und im Ministerium herangebildet. Da er imperialistisch denkt, so steht er auch bei den Unionisten in Ansehen. Als oppositioneller Abgeordneter erlaubte er sich, wenn ich mich recht erinnere, vor einigen Jahren hin und wieder einen im Jingoton gehaltenen Seitenhieb auf Deutschland. Als verantwortlicher Minister fand ich in ihm eine versöhnliche Stimmung.

Er stimmte mir darin bei, als ich die A n f r a g e   i m   P a r l a m e n t   b e t r e f f e n d S p i o n a g e berührte, daß hier jetzt leider jeder Unsinn, sobald es sich um Deutschland handle, geglaubt werde.

Als ich bemerkte, es sei zu bedauern, daß die englische Politik für die französische Freundschaft die deutsche Feindschaft eintauschen zu wollen scheine, und daß die E n t e n t e =

---

1) *Österreichisch-ungarischer Außenminister.*
*) Er ist ein armer Mann und nicht sehr fähig.
**) Sie wollen nichts vom Kriege wissen, und ich bin durchaus überzeugt, daß sich die beiden Länder nie im Kriege messen werden.

politik die Beunruhigung in Europa hervorgerufen habe, führte Sir Edward Grey ungefähr folgendes aus: England sei im Laufe der letzten Dezennien mehrmals nahezu in kriegerische Verwicklungen mit Frankreich und Rußland geraten. Ohne einen Vergleich würde es wahrscheinlich schon zum Kriege gekommen sein. Beide Vergleiche seien ohne jede Spitze gegen Deutschland abgeschlossen worden. Es bestehe nur eine Entente mit Frankreich. Mit Rußland „noch" keine.[1] Dagegen habe Deutschland den Dreibund. Es sei unverständlich, wie man da von einer Politik der Isolierung Deutschlands sprechen könne.

Lloyd George warf ein, es sei wohl die diplomatische Unterstützung Frankreichs durch England, die in Deutschland verstimme. Sir Edward Grey erwiderte, so weit es sich um Marokko handele, sei England hierzu verpflichtet.

Ich bemerkte, Frankreich sei in absolut gesicherter Lage, so lange es den status quo in Europa anerkenne. Allein werde es an ihm nicht rütteln. Gestützt auf England aber möge der Revanchegedanke eines Tages wieder aufleben. Avis au lecteur: Der Artikel des „Temps", der England eine starke Armee empfehle, um bündnisfähig zu werden.

Als Lloyd George die Ansicht ausdrückte, er glaube nicht an kriegerische Absichten in Frankreich, obwohl sich die Franzosen noch nicht dazu entschließen könnten, die Vergangenheit anzuerkennen, erwiderte ich, daß ich auch nicht an derartige Absichten bei den Franzosen glaubte. Auch hätte ich nicht das Geringste dagegen zu erinnern, daß England Streitfragen mit anderen Nationen hinwegräumte. Dagegen sorgten in der Publizistik die Freunde und Verteidiger der englischen auswärtigen Politik dafür, die Überzeugung zu verbreiten, daß es sich bei ihr nicht nur um den Ausgleich von Streitigkeiten, sondern zugleich um die Schaffung eines Bollwerks gegen die deutsche Macht handele. Dieses Vorgehen verfolge keine friedliche Tendenz und könne auch nicht als solche in Deutschland aufgefaßt werden, müsse dort vielmehr und überhaupt in Europa Beunruhigung hervorrufen.

Sir Edward Grey bemerkte hierauf, das Unerfreuliche der Situation liege darin, daß wir uns gegenseitig feindliche Absichten zuschöben. In Deutschland glaube man an einen eventuellen englischen Angriff, hier dagegen, daß die deutsche Flotte gebaut werde, um Englands Stellung zu bedrohen.

Beide Minister waren der Ansicht, daß die Situation zwischen England und Deutschland sich um die Flottenfrage drehe. Die Auslagen für die englische Flotte würden infolge des deutschen Flottenprogramms und des beschleunigten Flottenbaues dermaßen in die Höhe gehen und das Gefühl von der deutschen Gefahr würde damit dermaßen an Intensität zunehmen, daß die Beziehungen zwischen den Ländern sich nicht bessern könnten, solange sie sich in der Flottenkonkurrenz gegenseitig in die Höhe schraubten. Jeder Engländer würde seinen letzten Pfennig daransetzen, um sich die Überlegenheit zur See zu wahren, von welcher nicht nur die Weltstellung Englands, sondern auch seine Existenz als unabhängiger Staat abhänge. Die ruinösen Ausgaben, zu denen die Flottenkonkurrenz triebe, könnten vertrauensvolle Beziehungen zwischen beiden Nationen nicht aufkommen lassen. Wer auch nur einigermaßen England kenne, wisse, daß hier nicht die Absicht bestehe, Deutschland mit der englischen Flotte zu bedrohen oder gar Deutschland anzugreifen.[2] Eine Landung sei schon in Anbetracht der englischen

1) *Unzutreffend, sie war bereits im Gange.*
2) *Entblößung der ganzen Welt von englischen Schiffen und deren Konzentration in der Nordsee zu einer Zeit, als die deutsche Flotte noch nicht ein Drittel, diejenige Frankreichs aber die Hälfte der Stärke der englischen Flotte besaß.*

Armeeverhältnisse gänzlich ausgeschlossen. Fürst Bismarck habe, wie Lloyd George scherzend bemerkte, als bei irgendeiner Gelegenheit von einer englischen Landung auf deutschem Boden die Rede gewesen sei, gesagt, er werde in dem Falle es der Polizei überlassen, das englische Landungskorps festzunehmen. Ebenso lägen die Dinge auch heute noch, wenn es sich um die Bedrohung Deutschlands durch England handele. Für England dagegen sei eine mächtige deutsche Flotte mit einer noch mächtigeren Armee im Hintergrund eine reale Gefahr.

Ich erwiderte, an der German invasion leide nur die englische Einbildungskraft. In Deutschland denke kein vernünftiger Mensch daran. Die Flottenbauten seien leider ver= teuert worden durch die Erfindung des „Dreadnought", wodurch England seinen im= mensen Vorsprung verloren hätte und andere seefahrende Nationen zu demselben großen Schiffstypus und damit relativ zu denselben hohen Ausgaben gezwungen würden. Aber, à qui la faute? Im Unterhause sei dieser Tage sogar von der Einführung eines neuen, noch größeren Schiffstypus, einer schwimmenden Festung, gesprochen worden. Solange die englische Versicherungspolitik Beunruhigung in Deutschland erzeugen müsse, hielte ich eine Einschränkung der Rüstungen zur See für ausgeschlossen. Zuerst müsse Sir Ed= ward Grey eine p o l i t i s c h e D é t e n t e zwischen beiden Ländern herbeiführen und durch seine Politik in Zentraleuropa den Glauben wiederherstellen, daß seine Ententen nicht eines Tages gegen uns mißbraucht werden könnten, dann erst sei der Boden für eine etwaige Besprechung der Einschränkung von Seerüstungen geebnet. Vorher nicht. L l o y d G e o r g e , der an der Flottendiskussion lebhaften Anteil nahm, entgegnete, eine Ver= langsamung des Tempos in unserm Flottenbau würde zur sofortigen Beruhigung der Gemüter mehr beitragen, als irgendeine politische Aktion dies vermöge.[1] Wir würden hier das weitgehendste Entgegenkommen zur Schaffung einer gemeinsamen Basis für die b e i d e r s e i t i g e E i n s c h r ä n k u n g d e s F l o t t e n b a u e s finden. Die Einfüh= rung des Dreadnoughttyps sei ein großer Fehler von englischer Seite gewesen. Die Regierung würde hier jede mögliche Garantie geben, daß kein neuer Typus eingeführt werden solle, wenn wir zu einer Verständigung gelangen könnten. Er habe sehr be= dauert, daß seinerzeit der Briefwechsel zwischen Seiner Majestät dem Kaiser und Lord Tweedmouth nicht veröffentlicht worden sei. Es würden daraus dem Publikum die freundschaftlichen Gefühle Seiner Majestät des Kaisers für England klar geworden sein, und er würde in dem Briefe Seiner Majestät auch eine Handhabe erblickt haben, um in vertrauliche Besprechungen mit uns über die Flottenausgaben einzutreten. Wenn er damals schon die Verantwortung für die Staatsfinanzen gehabt hätte, so würde er auch im Ministerrate auf die Veröffentlichung des Briefwechsels gedrungen haben. Eine Haager Konferenz sei nicht der geeignete Weg, um zu einer Einschränkung der Ausgaben für die Flotte zu gelangen. Wenn es, wie er dringend hoffe, je dazu kommen solle, so dürfte dies auch nicht auf amtlichem Wege, etwa durch einen Notenwechsel, versucht werden. Nichtamtliche, vertrauliche Besprechungen, die gar nicht in die Öffentlichkeit dringen dürften, würden, wenn eine Verständigung zwischen England und uns auf diesem Gebiete überhaupt möglich sei, eher zum gewünschten Ziele führen.

S i r E d w a r d G r e y stimmte seinem Kollegen bei, außer in dem Punkte, wo dieser die Opportunität der Veröffentlichung des Briefwechsels befürwortet hatte.

Ich gab Lloyd George darin recht, daß weder eine Haager Konferenz, noch weniger

---

1) *Und in dieser Hoffnung haben wir 1912 das Bautempo von 4 auf 2 Schiffe herab= gesetzt. Zwei Jahre darauf hatten wir den Krieg. Im übrigen spricht hier Lloyd George.*

eine amtliche Anregung durch eine Note der englischen an die deutsche Regierung die
Frage der Verminderung der Flottenausgaben lösen werde, bezeichnete ein amtliches
Vorgehen in dieser Richtung sogar als unter Umständen sehr bedenklich und schwer=
wiegend und gefährlich, ließ mich im übrigen aber nicht von dem sicheren Boden ab=
bringen, den ich durch meine Forderung einnahm: zuerst eine Politik der Beruhigung,
dann können wir von der Flotte reden.

Ich habe auch in der Wiedergabe dieser Unterredung vieles ausgelassen und der
Kürze halber nur das Wesentliche angeführt. Das Nebensächliche trägt aber zur richti=
gen Färbung des ganzen Bildes bei. Ich gestatte mir daher, um keine Mißdeutungen
zuzulassen, noch die nachfolgende, ergänzende S c h l u ß b e m e r k u n g hinzuzufügen.

Euerer Durchlaucht ist es bekannt, daß die englische Regierung seit langem den
Wunsch hegt, über die Flottenausgaben mit uns zu einem Abkommen zu gelangen.
Vor und während der zweiten Haager Konferenz wurde ein verfehlter Anlauf in
dieser Richtung unternommen. Wenn ich richtig unterrichtet bin, so ist bei uns auch
schon die Befürchtung hervorgetreten, die englische Regierung möchte, allein oder mit
anderen, an uns den förmlichen Antrag richten, unser Flottenprogramm einzuschränken,
und daß hieraus eine sofortige Kriegsgefahr entstehen würde. Nach meiner Überzeugung
liegt es der hiesigen Regierung vollkommen fern, uns durch eine Art von Ultimatum
vor die Frage des Nachgebens oder des Krieges zu stellen. Sie hat keineswegs die Ab=
sicht, an uns eine drohende Frage zu richten. Sie wünscht vielmehr, späteren kriege=
rischen Möglichkeiten durch einen Vergleich beizeiten vorzubeugen. Wenn ich jemandem
einen Wunsch abschlage, so brauche ich mich deshalb noch nicht gleich mit ihm zu rau=
fen. Diese Erwägung tritt erst dann ein, wenn ich sehe, daß der andere Miene macht,
seinen Wunsch von mir zu erzwingen.

Ich habe den beiden Ministern gegenüber die Erfüllung ihres Wunsches von einer
Bedingung abhängig gemacht, deren Auslegung in unserer Hand liegt. Ich würde die
Möglichkeiten der Zukunft eingeengt und die Lage unnötig verschärft haben, hätte ich
ihnen zu verstehen gegeben, daß wir niemals und unter keinen Umständen bereit sein
werden, über die Flottenausgaben uns zu verständigen.[1] Der Preis, den ich dafür ge=
nannt habe, wird uns von Sir Edward Grey wohl sobald nicht gezahlt werden.[2]

Der deutsche Botschafter in London an den Reichskanzler.

London, 1. August 1908.

Das in der letzten Zeit beunruhigendste Symptom für die deutsch=englischen Bezie=
hungen bildet die R e d e L o r d C r o m e r s im Oberhause, worin er seine Landsleute
vor der kommenden Gefahr warnt und die Wahrscheinlichkeit eines Krieges voraussagt.
Niemand bezweifelt, daß die Warnung sich auf Deutschland bezog. Die Rede hat nicht
nur im Auslande, sondern auch hier einen tiefen Eindruck gemacht. So lange derartige
Warnungen von Zeitungen und Extremisten ausgingen, konnten sie bis zu einem ge=
wissen Grade unbeachtet bleiben. Etwas anderes ist es, wenn Leute von der Bedeutung
und dem Ansehen Lord Cromers sie öffentlich aussprechen. L o r d L a n s d o w n e

---

1) *Das ist stets auch mein Standpunkt und derjenige der Marineverwaltung gewesen.*
2) *Wenn Sir Edward Grey diesen Preis nicht zahlen, d. h. durch seine Politik den
Glauben an Englands friedliche Absichten wiederherstellen wollte, sondern die auf dem
europäischen Kontinent vorhandene politische Spannung nur von neuem verschärfte,
dann konnte er auch nicht erwarten, daß wir unser Flottengesetz opferten.*

ſtimmte in derſelben Sitzung des Oberhauſes den Worten Lord Cromers bei, Auſten
Chamberlain wiederholte ſie im Unterhauſe, und der frühere Staatsſekretär für
Irland, Wyndham, drückte ſich in öffentlicher Verſammlung ähnlich aus. Dieſer
Herr beſprach noch vor zwei Jahren mit mir die Mittel, um zu einem Ausgleich mit
Deutſchland zu gelangen, und befürwortete das Aufgeben des engliſchen Widerſtandes
gegen die Bagdadbahn. So ſehr iſt die Stimmung umgeſchlagen. Es ſieht faſt ſo aus, als
ob die Führer der unioniſtiſchen Partei beſchloſſen hätten, die Nation auf den unver=
meidlich ſcheinenden kommenden Kampf vorzubereiten. Manches mag hierbei auf die
Rechnung von Parteizwecken zu ſetzen ſein, da die Unioniſten große ſtaatliche Aus=
gaben für die Altersverſorgung zu vermeiden wünſchen und von der liberalen Regie=
rung noch weitere Einſchränkungen in Heer und Marine befürchten, ſo daß die War=
nung, das Geld für den Krieg zu ſparen und in den Rüſtungen zu Waſſer und zu
Lande fortzuſchreiten, ihnen genehm kommt und damit zugleich auch die Diskreditierung
des liberalen Regimes, welches die Landesverteidigung außer acht laſſe.

Lord Cromer gehört aber nicht zu dem Schlage von Leuten, die aus Parteirück=
ſichten ernſte internationale Fragen aufrollen. Was er ſagt, meint er. Daher ſind ſeine
Worte von um ſo tieferer Bedeutung und von um ſo ſtärkerer Wirkung geweſen.

Auch Lord Roſebery, bei dem ich den letzten Sonntag auf dem Lande verbrachte,
iſt dieſer Anſicht. Er konnte ſich nicht erklären, was den ruhigen und überlegten Lord
Cromer zu dem Alarmrufe im Oberhauſe getrieben hat. Er war geneigt anzunehmen,
daß dieſem beſondere Vorgänge und Tatſachen bekannt ſeien, die er, Lord Roſebery,
ignoriere. Er ſehe nicht hinter die Kuliſſen der auswärtigen Politik und ſtehe abſeits
von beiden Parteien, da er weder ein „ſocialiſt" noch ein „protectioniſt" ſei.

Ich erklärte ihm, daß zwiſchen Deutſchland und England nichts vorgefallen ſei, was
zur Verſchärfung der Lage Anlaß biete. Hinter den Kuliſſen ſpiele ſich nichts ab, was
ihm nicht aus der Zeitungslektüre bekannt ſei. Es müſſe daher ein anderes Motiv für
Lord Cromer vorgelegen haben. Ich könne mir die Sache nicht anders erklären, als
daß er, wie ſo viele andere, früher deutſchfreundliche Engländer, von der allgemeinen
Verhetzung angeſteckt worden ſei.

Lord Roſebery, mit dem ich lange und eingehende Beſprechungen über die poli=
tiſche Lage hatte, iſt der einzige unter den bedeutenden Staatsmännern Englands, der die
Entwicklung der engliſchen Politik und das Abkommen mit Frankreich ſcharf verurteilt.
Er beſpöttelt die Weisheit einer Politik, die ſich durch Freundſchaft mit anderen gegen
ein Land von 60 Millionen Einwohnern mit dem ſtärkſten Heere zu ſchützen ſucht, an=
ſtatt Freundſchaft mit dem Starken ſelbſt zu ſchließen. Er ſieht klar die Gefahr, die
darin liegt, daß Deutſchland dieſer Politik eines Tages überdrüſſig werden kann, um
ſie mit Gewalt zu brechen. In der marokkaniſchen Frage, wo es die Ironie des Schick=
ſals wolle, daß wir Vorkämpfer der engliſchen Intereſſen gegen die engliſche Politik[1]
ſeien, hätten wir jederzeit die Handhabe, das Syſtem dieſer Politik mit Gewalt zu
durchbrechen.

Meine Aufgabe hier ſei eine ſchwere. Sie beſtehe in up hill work.* Ich ſolle mich
aber nicht entmutigen laſſen und auch fortfahren, wenn ſich die Gelegenheit biete,
Reden zu halten, die, wie er mir verſichern könne, ſtets eine gute und beſchwichtigende

---

1) *Obwohl dieſe Politik gegen die engliſchen Intereſſen ging, machte ſie Sir E. Grey,*
weil ſie Deutſchland Schwierigkeiten ſchuf.
*) Im „Schwimmen gegen den Strom".

Wirkung gehabt hätten. Unser Verhältnis zu England drehe sich, wie ich wisse, um die Flottenfrage. Obwohl er nun nicht glaube, wie so viele andere hierzulande, daß wir beabsichtigten England anzugreifen, da das Objekt zu einem Kriege zwischen uns fehle, so sei doch nicht zu verkennen, daß eine ernste Lage für England durch unsere Rüstungen zur See geschaffen werde. Die Stimmung in England beruhe auf der Furcht vor uns. Angriffsabsichten beständen hier nicht.

In der vor einigen Tagen im Unterhause stattgehabten Debatte über die auswärtige Politik ergriff auch Sir Charles Dilke das Wort. Dieser radikale Staatsmann gilt als Autorität auf diesem Gebiete. Er war von jeher Franzosenfreund. Um so bemerkenswerter ist es, daß er warnend zur Mäßigung mahnte und gewissermaßen als Verteidiger Deutschlands auftrat. Er gebrauchte dieselben Argumente, die ich hier in der letzten Zeit in politischen Gesprächen angewandt habe. Die von vielen Seiten hier beliebte deutschenfeindliche Auslegung der Ententenpolitik habe eine gespannte Lage geschaffen und müsse in Deutschland verstimmen. Leider ist die Rede Sir Charles Dilkes in den parlamentarischen Zeitungsberichten nicht genau und nicht vollständig wiedergegeben worden.[1] Er hat sich, wie ich höre, noch weitgehender und ernster über die gefährliche Provokation Deutschlands durch die Haltung Englands ausgesprochen, als dies aus den Zeitungen zu ersehen ist.

Die Äußerungen Sir Charles Dilkes veranlaßten dann den Auswärtigen Minister zur Erwiderung in derselben Debatte, worüber ich anderweitig berichtet habe. Am nächsten Tage hatte ich eine längere Besprechung mit Sir Edward Grey, der, entgegen seiner Gewohnheit, sehr bald auf die deutsch-englischen Beziehungen und auf unsere Flottenpolitik zu sprechen kam. Er suchte zu erklären, weshalb gerade die deutsche Flotte hier beunruhigen müsse. Wir seien das einzige Volk in Europa, das, noch dazu in der Nähe der englischen Küste, eine große, starke, einheitliche, moderne Flotte baue, die daher auch allein eine Gefahr für England werden könne. Die anderen Kriegsflotten in Europa besäßen überhaupt keine Dreadnoughts.[2] Amerika werde hier, wie er mir schon früher gesagt habe, gar nicht in Betracht gezogen. Amerika liege weit ab, und ein Konflikt zwischen England und den Vereinigten Staaten sei undenkbar geworden.

In meiner Antwort wies ich darauf hin, was ich ihm schon früher gesagt habe, daß wir die Dreadnoughts nicht erfunden hätten, wir aber gezwungen seien, dem englischen Beispiel zu folgen. Wir bauten natürlich das Beste und Neueste. Jede Flotte bilde für eine andere Flotte eine potentielle Gefahr, ebenso wie jedes Heer für ein anderes Heer. Ich hielte es aber für willkürlich, die deutsche Flotte herauszugreifen und sie als einzige mögliche Gefahr für England hinzustellen. Auch ich glaubte keineswegs an einen Konflikt zwischen England und den Vereinigten Staaten, obwohl vor nicht mehr als 15 Jahren diese Möglichkeit noch stark in beiden Ländern erwogen worden sei. Die Amerikaner bauten eine stärkere Flotte als wir, und obwohl ich überzeugt sei, daß sie nicht gegen England gebaut werde, so liege theoretisch zum mindesten dieselbe Möglichkeit einer Gefahr für England vor, wie bei unserer Flotte, denn die Amerikaner könnten England die Lebensmittelzufuhr abschneiden und ihnen Kanada und Westindien abnehmen, was wir nicht könnten. Der Unterschied liege nur darin, daß den Engländern seit Jahr und

---

1) Diese Fortlassung ist bezeichnend.
2) Deutschland 1908 ebenfalls nicht, aber alle größeren Staaten hatten Dreadnoughts im Bau, ebenso wie wir.

Tag in der Presse die deutsche Gefahr vorgemalt worden sei, so daß sie jetzt daran glaubten. Hätten die englischen Staatsmänner die halbe Mühe auf freundschaftliche deutsch=englische Beziehungen verwandt,[1] die sie für ihre Ententen mit anderen Nationen eingesetzt hätten, so wäre hier jetzt weder von der deutschen Gefahr noch von der deut= schen Flotte die Rede.

Sir Edward Grey, in dem ich einen ehrlichen und einen friedlichen Gegner, aber einen Gegner erblicke, überging diese Kritik und begnügte sich mit der Bemerkung, daß ihm die hiesige Presse seit einiger Zeit weniger aggressiv gegen Deutschland zu sein scheine.

Ich bestätigte die Richtigkeit dieser Wahrnehmung, führte sie aber nicht auf eine freundschaftlichere Gesinnung gegen Deutschland, sondern auf das Bewußtsein zurück, daß sie nun das Werk der Verhetzung gründlich durchgeführt habe und sie nicht mehr befürchte, daß ein Umschwung zu Gunsten Deutschlands eintreten könne, und auch be= sonders darauf, daß ihr vor ihrem eigenen Werke etwas ängstlich werde und sie an= fange, die Lage mit Besorgnis zu betrachten.

Der Minister antwortete, daß hier die gleiche Beurteilung mit Bezug auf unseren Flottenverein stattfinde, der auch ruhiger zu werden scheine, nachdem er die öffentliche Meinung gründlich gegen England aufgewiegelt habe.[2]

Am selben Tage hatte ich eine lange Unterredung mit dem Schatzkanzler, Lloyd George, in dem ich einen wichtigen Mitarbeiter gewonnen habe. Abends hielt er vor dem Friedenskongreß die vielfach besprochene Rede, zu der ich ihm manche Motive an= gegeben habe. Allerdings nicht dasjenige der Rüstungseinschränkungen zur See, was ihn am meisten beschäftigt.

Auch er war, wie die ganze politische Welt hier, von der Rede Lord Cromers im= pressioniert, jedoch ohne sie gutzuheißen. Er erwartet von ihr vielmehr insofern eine günstige Reaktion, als sie geeignet sei, die politischen Kreise darauf hinzuweisen, daß die Lage zu ernst werde, um noch länger mit Krieg und Kriegsgefahr zu spielen, und daß es an der Zeit sei, auf Mittel zu sinnen, um die Spannung zu mildern.

Ich setzte ihm auseinander, weshalb die seit sechs Jahren von England befolgte Politik zu dem jetzigen unerquicklichen Zustand habe führen müssen. Früher auf Seiten des Dreibundes, jetzt auf Seiten der Gegner Deutschlands. Marokko als Zankapfel zwischen Deutschland und Frankreich geworfen. Frankreich in der Revancheidee gefördert durch die Hoffnung auf englische Hilfe. Die Ententepolitik als Bollwerk gegen angeb= liche deutsche Expansion und Aggressivität. Spionenriecherei und Invasionsfurcht. Ver= zerrung deutscher Absichten in der Publizistik, Verunglimpfung der Motive der deutschen Politik und keine Gegenaktion. Durch die Vergiftung der öffentlichen Meinung ohne Gegenwirkung trieben wir willenlos dem gefährlichen Zustande zu, wo am Horizont das Kriegsgespenst auftauche, das nach Lloyd Georges und nach meiner Überzeugung sowohl die beiden Regierungen wie die beiden Völker zu bannen wünschten.

Der Minister zeigte für alles dies Verständnis, sieht aber, wie jeder seiner Lands= leute, in der Flottenfrage den Mittelpunkt der deutsch=englischen Beziehungen, um den sich alles dreht und aus dem alle Nebenerscheinungen resultieren.

Er entwarf zunächst ein Bild (das mich beeindrucken sollte) über die Lage, die ent=

---

1) *Das taten sie nicht, weil die Flotte nicht die primäre Ursache der Spannung zwischen England und Deutschland war, sondern die Folge dieser Spannung.*
2) *Das ist richtig, aber die Engländer waren vorangegangen.*

stehen würde, wenn die beiderseitigen Rüstungen zur See im selben Tempo fortschritten. England habe das Geld und werde jeden Nerv anspannen, um die Vorherrschaft auf dem Meere zu behalten. Mit dem Wettlauf[1] im Flottenbau werde unvermeid= lich die Spannung zunehmen und damit zugleich die Gefahr eines Zusammenstoßes wachsen. Am Ende der erdrückenden Rüstungen würde der Abstand zwischen beiden Flotten immer noch groß[2] und wir unserem Ziele nicht näher sein. Dabei spielten wir hier zwei Richtungen in die Hände, die er bekämpfe und deren Hochkommen auch nicht in unserem Interesse liege. Bei den zunehmenden Ausgaben für die Kriegsmarine im Wettlauf zwischen Deutschland und England würden neue Finanzquellen zu erschließen sein und aller Blicke würden sich auf die Schutzzollpartei richten, die neue Einnahmen auf Kosten des Auslandes und ohne fernere Belastung der Engländer verspreche. Wenn bei den nächsten Wahlen das Marinebudget mit Ausgaben für Neubauten als Siche= rungsmaßregel gegen das deutsche Programm schwer belastet sei, so würden die tariff reformers come in with a rush.[*]

Ferner je mehr sich die deutsche Flotte der englischen an Stärke näherte, um so mehr werde hier der Gedanke an Kraft gewinnen, daß Englands Sicherheit nicht mehr allein von seiner Flotte abhänge, sondern daß es auch seine Landmacht entwickeln müsse. Um eine wirklich starke Armee zu haben, gebe es nur ein Mittel: die allgemeine Wehrpflicht. Mit dem raschen Wachsen der deutschen Flotte rückte die Möglichkeit einer Invasion[3] näher — obwohl er keineswegs an die Absicht dazu glaubt — und die Engländer würden dann geradezu auf die Einführung der allgemeinen Wehrpflicht hingedrängt werden. Die Militärpartei und eine große Anzahl von Konservativen wünschten dieselbe jetzt schon sehnlichst herbei. Mit dem Näherrücken der deutschen Ge= fahr würden aber auch die breiten Massen des Volkes, die bis jetzt von Wehrpflicht noch nichts wissen wollten, rasch dafür gewonnen werden. Beachtenswert seien auch die Versuche in der französischen Presse, England zur Einführung der allgemeinen Wehr= pflicht und dann zu einem Bündnis mit Frankreich zu bewegen.[4] Derartige Tendenzen würden sofort schwinden, wenn wir zu einer Einigung über unsere beiderseitigen Flotten= programme gelangen könnten.

Ich erwiderte, Deutschland verfüge reichlich über die Mittel, neben der Armee eine achtunggebietende Flotte zu schaffen. Die Steuerkraft des Landes sei noch nicht an= nähernd erschöpft. Gewisse Steuerquellen, die in England schon längst bis zur äußersten

---

1) *Unaufhörlich die unwahre Behauptung des Flottenwettbaus.*

2) *Die auch von unserer Diplomatie ausgespielte Behauptung ist nicht richtig. 1905 war unsere Flotte für England quantité négligeable, 1914 ein sehr gefährlicher Gegner.*

3) *Schon zu Napoleons I. Zeiten war ohne den Besitz absoluter und dauernder See= herrschaft die damals inszenierte Landung von Boulogne aus über den Kanal ein falscher maritim=militärischer Gedanke. Napoleon hatte ihn innerlich schon aufgeben müssen. als ihm das Glück aus der Verlegenheit half und er sich mit seiner Boulogner Armee auf das törichte, durch England aufgehetzte Österreich stürzen konnte. Die moderne technische Entwicklung hätte eine solche Invasion im 20. Jahrhundert nur noch schwieriger ge= macht. Für Deutschland mit seiner geographischen Lage und seinem geringen Fracht= raum wäre sie selbst bei stark überlegener Flotte völlig unmöglich gewesen. Über diese Unmöglichkeit waren sich die englischen Sachverständigen völlig im klaren. Trotz= dem benutzten sie die vermeintliche Landungsgefahr dauernd als Gespenst, um die Massen aufzuhetzen, und Lloyd George scheute sich nicht, sie dem deutschen Botschafter vorzusetzen.*

4) *Als ob das nicht de facto schon vorhanden gewesen wäre!*

*) Die Schutzzöllner im Sturm an die Regierung kommen.

Grenze ausgenützt würden, wie zum Beispiel Bier, Tabak und die Erbschaftssteuer seien bei uns noch gar nicht angebohrt. Wir würden schon Mittel und Wege finden, um unser Budget im Gleichgewicht zu erhalten. Wenn die Bürde auch schwer sei, so sei sie doch im Hinblick auf die internationale Lage geboten. Es erfordere mindestens zehn Jahre angestrengter Tätigkeit, um ein Volk in Waffen, ein Heer nach kontinentalem Muster zu schaffen. Wenn wir sähen, daß England zur allgemeinen Wehrpflicht überginge mit dem Blick auf Deutschland und um die Bündnisfähigkeit für Frankreich zu erlangen, so glaubte ich nicht, daß wir diesen Prozeß ruhig abwarten würden, bis er zu Ende geführt sei.[1]

Die allgemeine Wehrpflicht, welche der englischen Nation höchst unsympathisch ist, mag ihr in einem Moment der Panik aufgezwungen werden können. Ob sie sich dann aber auch gefallen lassen wird, daß sie in allen ihren Konsequenzen voll ausgeführt wird, möchte ich vorläufig noch bezweifeln. Prinzipielle Zustimmung und tatsächliche Ausführung ist nicht dasselbe. Eine beschränkte Wehrpflicht ist hier schon eher möglich. Es unterliegt keinem Zweifel, daß die Fürsprecher der allgemeinen Wehrpflicht zahlreicher geworden sind, offener auftreten und auf geringeren Widerspruch stoßen als früher. Jeder Zwang ist den Engländern zuwider. Daher wird auch weniger von compulsory service, dem Militärzwang, gesprochen, einem Begriff, gegen den das Freiheitsgefühl des Engländers sich aufbäumt, sondern von universal service, oder, wie Lord Roberts es noch unschuldiger ausdrückt, von universal training. Allgemeine militärische Erziehung läßt sich aber ohne Zwang nicht erreichen, welche Erfahrung Herr Haldane augenblicklich mit seiner Territorialarmee macht.[2]

Die Schutzzollbewegung wird dagegen auch nach meiner Überzeugung mächtig wachsen, wenn für neue Schiffe neue Steuern notwendig werden. Anstatt wie bei der Wehrpflicht die eigene Haut zu Markte zu tragen, läßt der Engländer beim Schutzzoll das Ausland bluten, was eine weniger schmerzhafte Prozedur ist.

Lloyd George kam nun auf seinen Lieblingsgedanken, die Verlangsamung im Tempo des Flottenbaues, zurück und redete auf mich ein, die Zeit zu benutzen, solange die friedfertige liberale Regierung am Ruder sei. Er schätzt diese Zeit auf drei bis vier Jahre. Die gegen die Regierung ausfallenden Nachwahlen würden die Regierungsmajorität nur um so fester zusammenschließen. Es sei ihm vollkommen klar, daß wir eine achtunggebietende Flotte haben müßten. Auch sehe er vollkommen ein, daß uns das augenblickliche Verhältnis zwischen der deutschen und englischen Flotte nicht passe und daß wir der englischen Flotte näher kommen wollten. Hiergegen sei nichts einzuwenden, da die deutschen überseeischen Interessen dermaßen zugenommen hätten, daß wir eine starke Flotte brauchten, um sie zu schützen. Den Two Power Standard fasse die jetzige englische Regierung so auf, daß die englische Flotte zwei beliebigen fremden Flotten gewachsen sein müsse, nicht aber so, daß sie der stärksten fremden Flotte doppelt gewachsen sein müsse. Also: der deutschen Flotte plus einer anderen, nicht aber: zweimal der deutschen Flotte. Er denke sich, daß das Verhältnis zwischen

---

1) Es wäre besser gewesen, der Botschafter hätte die Behauptungen Lloyd Georges sachlich ad absurdum geführt, als daß er gegen das bereits de facto vorhandene Bündnis mit Frankreich und die allgemeine Wehrpflicht in England fast drohend sprach.
2) Der Botschafter übersah, daß ein Krieg mit England, wenn wir nicht zu Wasser entscheidend siegten, ein langer Krieg werden mußte. Für einen solchen waren aber seine Argumente hinfällig. Das wußten die Engländer.

der deutschen und englischen Flotte etwa so fixiert werden solle, wie 2 : 3.[1] Entspre=
chend der größeren vitalen Bedeutung, die die Flotte für England als für Deutschland
habe, müsse die englische Flotte immer ein gutes Stück stärker sein als die unsrige,
so daß sie imstande sei, das Gefühl der Sicherheit einzuflößen, welches England von
ihr beanspruche, zugleich mächtig genug, keine mutwilligen Angriffsgelüste bei uns
aufkommen zu lassen. Die deutsche Flotte dagegen müsse so stark sein, daß sie zum
Schutze unserer überseeischen Interessen genüge und zugleich auch der englischen Flotte,
trotz deren notwendiger Superiorität, das Gefühl gebe, daß es doch immerhin riskant
sei, mit uns anzubinden. Durch das Verhältnis von 2 : 3 scheine ihm ein gerechtes
Gleichgewicht zur See zwischen uns hergestellt zu werden. Er könne sich hierbei zwar
nicht auf die Autorität der englischen Regierung berufen, sondern nur seine persönliche
Ansicht äußern, er wisse aber, daß wir das größte Entgegenkommen bei dem liberalen
Kabinett finden würden, wenn wir geneigt wären, die Verlangsamung des Tempos im
Flottenbau zu besprechen. Wenn wir auch nur übereinkämen, auf beiden Seiten jähr=
lich einen Dreadnought weniger zu bauen, so würde schon das eine vollständige Um=
wälzung der Stimmung in England uns gegenüber bewirken.

Als ich hieran Zweifel äußerte, wies der Minister auf die Wandelbarkeit der öffent=
lichen Meinung in England hin. Dieselbe lebe in Furcht, Mißtrauen und Aufregung.
Wenn sie aus einem allen erkennbaren Zeichen schließen könne, daß sie sich in unseren
angeblichen Absichten getäuscht habe, so werde sie bald ebenso überschwänglich für uns
wie jetzt gegen uns sein.

Ich erwiderte, daß wir zunächst ein Zeichen guten Willens der englischen Politik
sehen müßten, ehe wir den von ihm angeregten Fragen nähertreten könnten. Ohne einen
vorherigen Beweis der Freundschaft Englands würde auch das deutsche Volk es nicht
zulassen, daß wir Englands wegen unser von der öffentlichen Meinung gutgeheißenes
Flottenprogramm wieder änderten. Es sei am unrichtigen Ende anfangen, den Wagen
vor die Pferde spannen, wollten wir über Flottenprogramme sprechen, ehe die Atmo=
sphäre der Unruhe und des gegenseitigen Mißtrauens geklärt werde.

Der Minister meinte, daß gerade dies am sichersten durch eine freundschaftliche
Vereinbarung auf dem Gebiete des Flottenbaues erreicht werden würde. Übrigens ver=
sprach er mir, seinen Einfluß im Sinne einer deutschfreundlichen Politik einzusetzen.
Ein Teil seiner Äußerungen mag auf Budgetsorgen zurückzuführen sein.[2] Es unterliegt
aber wohl keinem Zweifel, daß auch er in der Flottenfrage das einzig gravierende Mo=
ment in dem Verhältnis beider Länder erblickt.

Zur Vervollständigung des Bildes möchte ich noch hinzufügen, daß Haldane in
seiner gestrigen Rede darauf hinwies, daß England jeder möglichen Kombination von
Mächten zur See gewachsen sein müsse, was mit der mir von seinem Kollegen ge=
gebenen Definition des Two Power Standard nicht im Einklange steht. Da aber die
liberale Regierung in dem Geruche steht, die Landesverteidigung aus Sparsamkeits=

---

1) *Würde von mir, als die englischen Staatsmänner im Winter 1912/13 sich ernst=*
haft zu dieser Relation verstanden, im Reichstag sogar im Verhältnis von 10 : 16
akzeptiert und dabei die kanadische Marine, die doch England voll zur Verfügung
stand, nicht einmal eingerechnet (vgl. unten S. 380 f.).

2) *Für Lloyd George als Minister der Finanzen zu diesem Zeitpunkt vielleicht der*
größte Teil. Lloyd George stand auch im liberalen Kabinett stark links und wollte das
Geld für soziale Zwecke verwenden. Deshalb drängte er den Botschafter. Sobald England
uns das Verhältnis der Flottenstärken 2 : 3 angeboten hätte, wäre sein Ziel erreicht
worden.

rückfichten lau zu betreiben, fo laffen fich feine großen Worte wohl aus dem minifte=
riellen Wunfche erklären,[1] jenen Vorwurf als unberechtigt zurückzuweifen. Weitere
„retrenchements" in Heer und Flotte würden der Regierung bei der vorhandenen deut=
fchen Furcht vorausfichtlich fehr bald das Leben koften.

Asquith hielt nun geftern vor dem Friedenskongreß eine Rede, in der er die En=
tenten pries und Bündniffe verwarf, womit er, wenn ich ihn richtig interpretiere, in
Deutfchland hat dahin beruhigen wollen, daß die englifchen Ententen fich nicht zu Bünd=
niffen auswachfen würden.

Lord Rofebery fagte mir unter anderem: „Es ift ein Glück, daß die Ententen
noch nicht als notwendig gegen Sie gerichtet anzufehen find. Sollte Deutfchland die
Überzeugung gewinnen, daß durch die englifche Politik der Kreis um Deutfchland enger
gezogen wird, fo wird die Lage hoffnungslos (the situation would become past hope).
Es ift lächerlich, Deutfchland gegenüber eine Politik zu betreiben, als ob es fich um
ein Land wie Serbien handele."

Bezeichnend für die Arbeitsweise Lloyd Georges ist der Bericht des Kor=
vettenkapitäns Boy=Ed vom 25. Auguft 1908 über ein Gespräch zwischen
Lloyd George und Auguft Stein, dem bekannten Berliner Vertreter der
„Frankfurter Zeitung".

Lloyd George hatte gelegentlich feines Berliner Aufenthalts Auguft Stein
(Frankfurter Zeitung) zu einem Frühftück in fein Hotel gebeten und ihn in Gegen=
wart feiner beiden Begleiter — von denen der eine Mr. Spender, ein Bruder des Chef=
redakteurs der „Weftminfter Gazette" ift — über allerlei deutfche Angelegenheiten aus=
gefragt. Der Hauptinhalt und der eigentliche Anlaß zu der Unterhaltung war die
Flottenfrage:

1. Da Lloyd George außer englifch nicht ein Wort einer anderen Sprache fpricht oder
verfteht und auch Stein das Englifche für eine fo delikate Unterhaltung nicht genügend
beherrfchte, mußte Georges Begleiter, Mr. Henry, den Dolmetfcher für die von feiten
Lloyd Georges faft ftets in pofitiver Frageform geführte Unterhaltung abgeben.

2. Lloyd George hatte gelegentlich feines Befuches in Frankfurt die Redaktion der
„Frankfurter Zeitung" aufgefucht, weil ihm der Artikel diefes Blattes vom 13. Auguft
bekannt geworden war und er die Überzeugung hatte, daß fich mit Hilfe diefer
Zeitung wohl in der Flottenfrage etwas machen ließe. Der Frankfurter
Sommerchefredakteur verwies Lloyd George in der Unterhaltung an Stein, „der Füh=
lung mit den Berliner maßgebenden Kreifen habe".

3. Da Lloyd George in Frankfurt auch den Wunfch ausgefprochen hatte, den Reichs=
kanzler wegen der Flottenfrage zu fprechen, wurde diefer von Stein entfprechend orien=
tiert. Fürft Bülow erfuchte darauf telegraphifch, Lloyd George von dem beabfichtigten
Befuch abzubringen. Das gefchah dann erfolgreich durch Stein mit dem Hinweis auf die
abgelegene Lage Norderneys, die ein Auffuchen „im Paffieren" ausfchlöffe und einen
Befuch beim Reichskanzler zu einem in der ganzen Welt, befonders aber in England
beachteten Ereignis machen würde; außerdem betonte Stein noch die ftarke Befchäfti=
gung des Reichskanzlers mit der Finanzvorlage.

---

1) Haldane hat auch 1912 an dem abfoluten *Two Power Standard* auf das beftimmtefte
feftgehalten.

Für das Weſen und den Charakter der Politik iſt bezeichnend, daß die „Frank=
furter Zeitung" in einer ihrer letzten Nummern durch ein Berliner Telegramm
erklärt, daß Lloyd George Schritte zu einer Zuſammenkunft mit dem Fürſten Bülow
nicht getan habe.

4. Lloyd George hat Stein gefragt, ob es nicht für uns möglich wäre, das Bau=
tempo der nächſten vier Jahre, für die wir eine ſo große Anzahl jährlich auf Stapel
zu legender Schiffe vorgeſehen hätten, herabzuſetzen.

Stein erklärte, es ſei unſerer Regierung, die eben eine beſchleunigte Herſtellung des
geſetzmäßigen Beſtandes der Flotte durchgeſetzt habe, ſchlechterdings unmöglich, beim
Reichstag eine Herabſetzung des Bautempos zu beantragen. Sie würde nur Hohn und
Spott ernten und man würde ihr ein derartiges Vorgehen als Feigheit und unwürdig
des Deutſchen Reiches auslegen (was Lloyd George einzuſehen ſchien). Es ſtellte ſich bei
dieſer Gelegenheit heraus, daß Lloyd George gar nicht wußte, daß wir ein Flotten=
geſetz haben (wörtlich nach Stein; von Stein ebenſo wie das ſonſtige Ergebnis der
Unterhaltung dem Reichskanzler in beſonderem Bericht gemeldet). Lloyd George gab
aber der Hoffnung Ausdruck, daß er bei der engliſchen Botſchaft oder in London das
„law" vorfinden werde, während Stein Veranlaſſung nahm, den engliſchen Herren das
Studium des „Nauticus" zu empfehlen (worüber im Preſſebureau des Auswärtigen
Amtes großes Vergnügen herrſcht).

5. Lloyd George meinte dann, vielleicht könne aber unſere Regierung gewiſſer=
maßen unter der Hand die Schiffe langſamer bauen.

Auch das erklärte Stein für unmöglich und wies zur Begründung auf das Etats=
weſen und darauf hin, daß der Schiffbau ſich doch vor aller Welt vollziehe und ſich in
ſeinem Fortſchritt von jedermann kontrollieren laſſe.

6. Lloyd George äußerte darauf, uns müßte doch ſchon der großen finanziellen
Schwierigkeiten wegen eine Minderung des Bautempos willkommen ſein.

Stein antwortete, wir ſeien reich genug, hätten nur ſchlechte Steuergeſetze.

7. Lloyd George fragte ſchließlich, was denn im Jahre 1912 würde; ob dann
nicht wieder mehr gefordert werden würde.

Das erklärte Stein für unwahrſcheinlich und ließ ſich in Beantwortung einer be=
züglichen Äußerung Lloyd Georges über die angebliche Unberechenbarkeit Seiner Maje=
ſtät über das Zielbewußtſein und die klaren Programme des Reichskanzlers und Euer
Exzellenz aus; man würde nicht plötzlich und ins Blaue hinein ohne Rückſicht auf die
Finanzen uſw. mit einer neuen großen Vorlage kommen. Bei dieſer Gelegenheit habe
ich von Stein wiederholen gehört, was Euer Exzellenz bereits unter dem 20. Auguſt
gemeldet war, daß nämlich unſere Regierung zur Stützung der liberalen Regierung
Englands in ihrer überaus ſchwierigen augenblicklichen Situation dem engliſchen Wunſch
nach einer Auseinanderſetzung über die Ziele des gegenſeitigen Flottenbaues nach Mög=
lichkeit entgegenkommen will. Der beigelegte offiziöſe Artikel des „Peſter Lloyd" gibt
die Gedankengänge, wie ſie die Wilhelmſtraße unſerer Preſſe zu dieſem Zwecke einflößt,
ungefähr wieder. Der Aufſatz iſt von Direktor Mantler von Wolffs Bureau geſchrieben.

(Meine gleichzeitige Randnotiz zu dem Bericht.)

Die Engländer erreichen durch ihre planmäßige Agitation: „Deutſche Flotte iſt das Karnickel",
daß unſere Flottenentwicklung gehemmt wird, während ſie engliſcherſeits Flottenvermehrung vor=
nehmen. Stein („Frankfurter Zeitung") überſieht ganz hinſichtlich der finanziellen Bedeutung, daß
die Armee, trotzdem ſie ſchon rieſengroß war, in den letzten vier Jahren ca. das „Doppelte" an
Steigerung der Ausgaben vorgenommen hat wie die Marine. Die ganze Bewegung iſt ſehr

ungünstig für uns; selbst wenn wir nur unser jetziges Programm durchführen. Ich verstehe auch nicht, wie der „Pester Lloyd" den englischen Standpunkt für verständig halten kann, daß die Frage, ob wir tatsächlich ⅓ oder ½ so stark sind wie England, für die englische Auffassung der Sache irrelevant sei.

Nachrichten, die ich erhielt, ließen es als möglich erscheinen, daß der Kanz=
ler bei seinem bevorstehenden Zusammentreffen mit dem Kaiser in Swine=
münde dem Kaiser Verkürzungen im Flottenbau vorschlagen werde, um den
Metternichschen Warnungen zu willfahren. Schon am 17. Juli schrieb ich aus
Gastein an den Kabinettschef von Müller:

Ich schrieb Ihnen in meinem Briefe aus St. Blasien, daß starke Anzeichen vorhanden sind, für ein Herabgehen der Stimmung für die Flotte. Zu diesen rechne ich auch die Auffassungen, die Graf Metternich vertritt und die vielfach verbreitet sind und ver= breitet werden. Graf Metternich schreibt keinen politischen Bericht über das Verhältnis Deutschlands zu England, der nicht andeutet: wir sollten aufhören mit Flottenentwick= lung, sonst nimmt das England übel. Es sei der einzige Grund der Spannung. Er spricht es nicht direkt aus, daß wir die Entwicklung der Flotte stoppen sollen, aber es ist die notwendige Schlußfolgerung in seinen Berichten. Charakteristisch für seine Methode ist sein letzter Bericht vom 30. Juni d. J. über seine Unterredung mit Sir Charles Har= dinge.

Es ist ein großes Kapitel, über welches sich unendlich viel sagen ließe; das läßt sich aber besser mündlich machen. Ich möchte nur ohne nähere Begründung die drei wesent= lichsten Punkte bezeichnen, welche die Ansicht Graf Metternichs unrichtig erscheinen lassen.

1. Es ist nicht richtig, daß nur die Entwicklung unserer Flotte die antideutschen Stimmungen hervorrufe. Es ist ebenso die geschäftliche Konkurrenz und entspricht der geschichtlichen Politik Englands.

2. Wer garantiert uns, besonders wenn die imperialistischen Partei ans Ruder kommt, ein wohlwollendes oder auch nur ein faires Verhalten Englands? Sir Charles Hardinge und seine Freunde können das doch nicht.

3. Ein Aufhören in der Flottenentwicklung bedeutet für uns ein Abtreten von der Weltbühne.

Ungünstig für uns — ich lasse dahingestellt ob vermeidbar — ist die politische Iso= lierung. Für eine solche Situation werden wir nie eine ausreichende Flotte schaffen kön= nen. Vermeidbar aber ist die Fanfare, die vielfach in der Presse, von Keim und seinen Leuten,[1] geblasen wird. . . .

In seiner Antwort (vor Skagerrak, 28. Juli) meinte der Kabinettschef:

Der Bericht Metternichs habe bei Seiner Majestät keinen Schaden angerichtet, ande= rerseits habe er aber auch nicht Metternich geschadet, der beim Kaiser nach wie vor für einen klugen Mann galte. Das hindere nicht, daß Seine Majestät seine Allerhöchste Mißachtung vor allen Diplomaten auch auf Metternich ausdehne. Er könne klug sein, erhebe sich deshalb doch nicht über das Niveau der Angstmeier, als welche alle Diplo=

─────────────

1) Flottenverein.

maten bei Seiner Majestät gelten. Jedenfalls habe niemand Erfolg beim Kaiser, der mit dem Rate komme, dem Auslande zu Gefallen die Flottenentwicklung zu verlangsamen. Am 11. August werde Eduard VII. in Homburg mit Seiner Majestät zusammentreffen und dann wieder voraussichtlich im Winter in Berlin. Von politischem Erfolg des Besuches Eduards VII. in Reval könne nicht die Rede sein, eher vom Gegenteil. [1]

Der Kabinettschef von Müller schrieb mir weiterhin aus Swinemünde am 31. August 1908:

Der Metternichsche Bericht vom 16. Juli, worin er ein Frühstücksgespräch mit den Ministern Grey und Lloyd George behandele, [2] sei erst vor wenigen Tagen in die Hände des Kaisers gelangt. Dieser ärgerte sich darüber, daß Metternich es als nicht ausgeschlossen hingestellt hatte, eine Verlangsamung des Flottenbautempos zu erörtern, wenn erst einmal die englische Politik sonst freundlicher geworden sein würde. Der Kaiser habe dann den Fall mit Müller sehr ausführlich und offen besprochen und habe sich dabei zu einer sehr festen Stellung im Sinne der völligen Undiskutierbarkeit einer verlangsamten Flottenentwicklung durchgerungen, bereit mit dem Kanzler zu brechen, wenn er das nicht akzeptiere. Der Kaiser habe Müller beauftragt, den Kanzler hierauf vorzubereiten. Der Kanzler, der Metternichs Haltung gebilligt hatte, unterhielt sich wohl zwei Stunden mit Müller über den Fall, als dieser aber nicht nachgab, entschloß Bülow sich zu der Erklärung, daß Metternich zu entgegenkommend gewesen wäre, und daß er ihm entsprechende Direktiven geben würde. Dann fand — gestern abend — eine beide Seiten befriedigende Aussprache mit dem Kaiser statt. [3]

Dem Schreiber sei es aber bei der Rolle, die er zu spielen hatte, nicht wohl zumute gewesen. Es handele sich hier um eine über kurz oder lang brennend werdende Frage „Krieg oder Frieden". Nun sei es nicht allzu schwer zu sagen: „lieber ein Weltkrieg als ein bemütigender Frieden," aber wie sieht dieser Weltkrieg aus, welche großen Ziele wird er haben, geht er durch Frankreich nach England oder spielt er sich im Orient ab? Haben wir die moralischen Kräfte unter unseren nun einmal leitenden Persönlichkeiten, solche napoleonischen Aufgaben auch nur ins Auge zu fassen, geschweige denn durchzuführen? Es ist eine schwere Verantwortung, die in diesen Fragen liegt. . . .

Nachdem der Kaiser in Swinemünde eine Änderung unserer Flottenpolitik abgelehnt hatte, fand ein Zusammentreffen des Kaisers und des Kanzlers mit Graf Wolff-Metternich in Norderney statt. Dort erhielt der Botschafter die Instruktion, keine Diskussion über eine Änderung des Flottengesetzes zu führen und andererseits den Engländern zu sagen, daß wir nicht beabsichtigten, eine Novelle über das Flottengesetz hinaus einzubringen.

Am 28. September 1908 hatte ich den gewohnten Herbst-Immediatvortrag in Rominten. Auf einem längeren Spaziergang am 29. entwickelte

1) *Das war ein Irrtum, die Entente mit Rußland war schon im Gange.*
2) *Siehe oben S. 72 f.*
3) *Der Reichskanzler blieb bis zum 1. September in Swinemünde.*

ich dem Kaiſer den Gedanken[1], daß ich es nicht für richtig hielte, daß die Diskuſſion über den Schiffbau ſchroff abgelehnt würde[2]; mit der Ableh= nung nähmen wir Odium auf uns. Ich verſuchte, Seiner Majeſtät klarzu= legen, daß wir Derhandlungen über eine gegenſeitige Rüſtungsbeſchrän= kung nicht a limine ablehnen ſollten. Andrerſeits aber war ich der Anſicht, daß wir den Engländern gegenüber niemals ohne Gegenleiſtung die Drohung aus der Hand geben dürften[3], eine Flottenvermehrung eintreten zu laſſen. Darüber entſpann ſich eine lange Debatte mit dem Kaiſer, die ich nachher Fürſt Bülow mündlich mitgeteilt habe.

Weitere Berichte des Grafen Metternich an den Reichskanzler

London, 17. November 1908.

Graf Benckendorff,[4] der mit ſeinem Großfürſten, dem Bruder des Zaren, vo= rige Woche in Sandringham war, beſuchte mich heute und erzählte mir ganz privatim und vertraulich einiges über ſeine Eindrücke. Dem König ſei das „Daily Telegraph"= Interview zwar höchſt unerwünſcht geweſen, die Debatten im Reichstage hätten ihn aber ernſt geſtimmt, das monarchiſche Gefühl habe ſich in ihm geregt und er habe geäußert, daß die Angriffe zu weit gingen.

Der König ſei hocherfreut und befriedigt über die glückliche Löſung des Zwiſchenfalls von Caſablanca.

Das Verhältnis zwiſchen unſerem Allergnädigſten Herrn und dem Zaren ſei ſeit Reval auch nicht mehr beſonders. Obſchon Graf Oſten=Sacken die Unterhaltung Seiner Majeſtät des Kaiſers mit ihm in Wiesbaden nur ſehr abgeſchwächt wiedergegeben habe, ſo ſei der Zar darüber doch ſehr verſtimmt, da es ihm gänzlich fern gelegen habe, mit England gegen uns Politik zu machen.[5] Weder in Reval, wo die Engländer ſich weit beſorgter um Perſien als um den Orient gezeigt hätten, noch hier durch Iswolſky ſei im geringſten antideutſche Politik getrieben worden. König Eduard ſei ſogar einer der erſten geweſen, die darauf aufmerkſam gemacht hätten, daß Deutſchland über die Bal= kanverhandlungen ins Vertrauen gezogen werden müſſe, damit ſelbſt der Schein einer antideutſchen Politik vermieden werde. Die Betonung unſererſeits des „eiſernen Rin= ges", der um Deutſchland gezogen werden ſolle, gebe erſt der engliſch=ruſſiſchen Verſtän= digung den Anſchein antideutſcher Richtung.

Iswolſky habe in Berlin eine ziemlich kühle Aufnahme gefunden, ſo meinte Graf Benckendorff. Ich erwiderte, dies ſtimme keineswegs mit meinen Nachrichten überein. Selbſtverſtändlich könnten wir aber ſerbiſche Aſpirationen nicht unterſtützen. Hierauf habe auch Iswolſky nicht ernſtlich gezählt, antwortete der Botſchafter. Die proſerbiſche Agitation in Rußland beunruhigte ihn augenſcheinlich. Die ruſſiſch=panſlawiſtiſche Idee iſt ihm ſchon deshalb unſympathiſch, weil er ſich keiner Täuſchung darüber hingibt, daß es mit ihrem Erſtarken ihm, dem Deutſchen, wohl mit zuerſt an den Kragen gehen

---

1) *Nach meiner gleichzeitigen Aufzeichnung.*
2) *Wie es der Kaiſer Hardinge gegenüber in Cronberg getan hatte.*
3) *Wie dies bei einem Dorgehen im Sinne Metternichs geſchehen wäre.*
4) *Ruſſiſcher Botſchafter in London.*
5) *Dann kannte der Zar nicht die Beſtrebungen ſeiner Miniſter, die im Jahre 1907 offenbar wurden.*

würde. Auch der Zerfall mit Österreich, und infolgedessen bis zu einem gewissen Grade mit uns, ist ihm nicht erwünscht. Die Freundschaft mit England liegt ihm aber näher. Ich sagte ihm unter anderem, auf politische Dankbarkeit dürfe man bekanntlich nicht zählen. Sonst würden wir enttäuscht sein müssen über die Haltung Rußlands, dem wir während des letzten Krieges bis zur äußersten Grenze der Neutralität die Stange gehalten hätten. In keinem Lande werde ohne alle Veranlassung so auf uns geschimpft, wie in Rußland, wobei seinem hiesigen Preßfreunde (Wesselitzky) die Palme gebühre. Alle Vereinbarungen und Abmachungen der letzten Zeit würden hauptsächlich unter dem Gesichtspunkte beleuchtet, daß sie dazu dienten, die Macht Deutschlands zu lähmen. Wir könnten es ertragen. Ob dies aber auch für Rußland nützlich sei, erscheine mir fraglich.

Über Lord Roseberys ernste Befürchtungen, daß das Interview in der Nordamerikanischen Revue doch noch das Tageslicht erblicken könne, habe ich Ihnen schon berichtet. — Die hiesige „Morning Post" besitzt ein Exemplar.

Er summierte Englands Haltung richtig dahin:

Die turkophile Politik wird von der Zustimmung der ganzen Nation getragen. Die Freude an der jungen Türkei ist tief aufrichtig und allgemein. Zudem im Interesse Englands begründet, schon allein im Hinblick auf die mohammedanischen Untertanen.

Die Annäherung an Rußland liegt nur an der Oberfläche; ist lediglich von der Politik künstlich erzeugt und hat keine Wurzeln im Volke. [1] Ein geringer Anlaß mag sie auseinandertreiben, die öffentliche Meinung Englands sich dagegenstellen und die Regierung zwingen, von ihrer russophilen Haltung abzulassen.

Die Verblendung für Frankreich sei dagegen allgemein, in allen Schichten der Bevölkerung eingewurzelt und geeignet, die englische Politik zu den gefährlichsten Konsequenzen zu treiben.

Hätte der Zwischenfall von Casablanca, der mit Englands Interessen gar nichts zu tun habe, zum Kriege zwischen Frankreich und Deutschland geführt, so sei gar nicht abzusehen gewesen, wohin die hiesige, für Frankreich blind eingenommene öffentliche Meinung die Regierung getrieben hätte. Werde England in einen deutsch-französischen Krieg hineingezogen, so könne es noch dazu kommen, daß England, um Frieden zu schließen, einen Teil der von uns den Franzosen auferlegten Kriegsschuld übernehmen müsse.

Sir Edward Grey sei ein tüchtiger Minister. Er leide aber an dem Fehler, daß er alles vom französischen Standpunkt betrachte.

Ich hatte gestern und vorgestern auf dem Lande Gelegenheit, sehr eingehende Gespräche mit dem Nachfolger von Tweedmouth, dem Ersten Lord der Admiralität McKenna, führen zu können. Ich berührte auch das Thema, daß die Hoffnung auf englische Unterstützung unter Umständen eine aggressive Stimmung in Frankreich ermutigen könne. Der Minister führte zum Beweise des Gegenteils Sir John Fisher als klassischen Zeugen an. Dieser habe ihm, was mir gerade von diesem Admiral wohl unerwartet komme, die Ansicht ausgesprochen, daß die Franzosen im Falle eines Krieges mit uns die englische Hilfe, die ihnen zu Lande nichts nützen könne, nicht nur nicht wünschten, sondern sogar fürchteten. Denn, wenn sie geschlagen würden, so würden sie außer ihrer eigenen Kriegsentschädigung auch noch die für die Vernichtung des deutschen Seehandels durch England an uns zu zahlen haben.

---

1) An der Oberfläche lag die Annäherung des Foreign Office an Rußland nicht, wohl aber hatte sie keine Wurzeln geschlagen im russischen Volke. Hier hätten wir deshalb anfassen müssen.

Sir John Fisher scheint demnach, wenn auch nicht zu den gleichen, so doch zu ähn=
lichen Schlußfolgerungen wie Lord Rosebery zu gelangen.[1]

McKenna, der die deutschen Rüstungen zur See in Übereinstimmung mit allen
seinen Landsleuten als eine ernste Gefahr für England betrachtet, erklärte mir, daß
trotzdem ein englischer Angriffskrieg auf Deutschland niemals unternommen werden
würde.

Ihre und die Erklärung sämtlicher Parteien im Reichstage, daß in Deutschland keine
feindlichen Gefühle gegen England beständen, haben für den Augenblick hier unstreitig
eine beruhigende Wirkung ausgeübt.

Es unterliegt bei mir aber keinem Zweifel, daß eine dauernde innere Heilung der
Beziehungen zwischen beiden Völkern infolge unseres Flottenprogramms vorläufig aus=
geschlossen ist. Die Spannung wird vielmehr zunehmen. Hierüber besteht
in England nur eine Meinung. Auch bei denen, die eine Annäherung wünschen würden.

London, 24. November 1908.

Auf eine Anfrage im Unterhause antwortete gestern Asquith, daß seiner
Ansicht nach unter den bestehenden Bedingungen die von ihm kürzlich akzeptierte De=
finition des Two Power Standard als ein Übergewicht von zehn Prozent über die
vereinigten Hauptschiffe der beiden nächststärksten Mächte identisch sei mit dem von ihm
in diesem Jahre früher dargelegten Standpunkt, wonach der aufrecht zu erhaltende
Standard ein solcher sein müsse, daß durch ihn vollständige Herrschaft zur See gegen
jede annehmbare Kombination von Mächten erzielt würde. Die Flottenpolitik der Re=
gierung bestehe und habe bestanden in Aufrechterhaltung dieses Standards. Auf eine
weitere Anfrage, ob Asquith mit den Worten „die zwei nächststärksten Mächte"
die beiden nächststärksten Mächte meine, einerlei, welche sie seien und wo immer sie sich
befänden, antwortete der Minister, er glaube, daß dies unter den bestehenden Bedin=
gungen und allen voraussehbaren Umständen zutreffe.

Auf die Frage, ob der Minister irgendeine mögliche Kombination im Auge habe,
antwortete er ausweichend, die entscheidende Erwägung sei die Aufrechterhaltung der
Superiorität zur See. Hierzu biete der Two Power Standard eine brauchbare Formel.

Die Westminster Gazette bemerkte an leitender Stelle, der Two Power Stan=
dard müsse auch von geographischen und strategischen Gesichtspunkten beherrscht werden.
So sei es sinnlos, mit der amerikanischen Flotte, die jenseits des Atlantischen Ozeans sei,
ebenso zu rechnen, wie mit Flotten anderer Mächte, die in den Heimatsgewässern ope=
rierten.

London, 25. November 1908.

Im Oberhause fand gestern eine Verhandlung über die Flottenfrage statt.

Lord Granard, der für die Regierung das Wort ergriff, erklärte, der Two
Power Standard würde aufrecht erhalten werden, wie er stets, ganz gleich, welche
Partei am Ruder gewesen, aufrecht erhalten worden sei. Er lehnte es aber ab zu er=
klären, was die Regierung nun zu tun beabsichtige. Die Regierung stehe auf dem Stand=
punkt, daß Englands ganze Sicherheit von seiner Flotte abhänge, und es würde einer
Regierung schlecht bekommen, wenn sie die Vorherrschaft Englands gefährde. Was Eng=
lands Stellung im Verhältnis zu anderen Ländern anbetreffe, so müßte es am Ende

---

1) *Eine Beurteilung Fishers, die von unseren Marineattachés nicht geteilt wurde
und auch den Handlungen und Reden Admiral Fishers niemals entsprochen hat.*

des Jahres 1911 acht Dreadnoughts und vier Invincibles beſitzen. Die Deutſchen wür=
den 13 haben.[1] Dabei ſei von dem Programm, welches die Regierung dieſes Jahr auf=
zuſtellen beabſichtige, abgeſehen. Der Redner ſchloß ſeine Ausführungen, indem er ſagte,
er glaube ſeine Rede nicht beſſer enden zu können, als wenn er die Worte Sir Edward
Greys wiederhole, daß man zwiſchen Sicherheit und Gefahr zu wählen habe und daß es
kein Mittelding gebe.

London, 26. November 1908.

Ich traf kürzlich mit dem Erſten Lord der Admiralität McKenna auf dem
Lande zuſammen, wobei ſich mehrfach die Gelegenheit zu einer freien und unverbind=
lichen Meinungsäußerung zwiſchen uns ergab.

Die Definition von dem, was unter Two Power Standard verſtanden werden
ſoll, hat in jüngſter Zeit mehrfach zu parlamentariſchen Erörterungen geführt, worüber
ich von Fall zu Fall zu berichten mich beehrt habe. Die Konſervativen wünſchen,
daß dieſer Begriff im weiteſten Sinne ausgelegt wird, um einen möglichſt hohen Effek=
tivbeſtand der Flotte zu erzielen, während die Liberalen ihn einzuſchränken ver=
ſuchten. Dieſe Verſuche fallen mit der Zeit indeſſen immer ſchwächer aus. Sie ſehen,
daß Einſchränkungen und Erſparniſſe in der Flottenrüſtung vom Lande nicht gebilligt
werden würden, ſie fühlen, daß ein Sturm der Entrüſtung losbrechen würde, wenn die
Gegenpartei mit dem Anſchein der Begründung den Vorwurf erhöbe, daß die Sicher=
ſtellung der engliſchen Vorherrſchaft zur See gefährdet werde, und ſie fügen ſich in das
Unabänderliche. Als ich McKenna ſprach, war an den Premierminiſter im Unter=
hauſe gerade die Anfrage gerichtet worden, ob die Regierung den Two Power
Standard dahin auslege, daß die engliſche Flotte den beiden nächſtſtärkſten Flotten in der
Zahl an Hauptſchiffen (Capital Ships) gewachſen ſein und ſogar ein Übergewicht von
zehn Prozent haben müſſe. Mr. Asquith bejahte dieſe Anfrage. McKenna erklärte
mir gegenüber, daß jene Anfrage Unklarheiten enthalte, ebenſo wie der Begriff des
Two Power Standard überhaupt. Zunächſt wiſſe man nicht, was unter „Capital
Ships“ zu verſtehen ſei. „Dreadnoughts“ und „Invincibles“, alſo die neuen Linien=
ſchiffe und großen Panzerkreuzer, ſeien jedenfalls nicht allein „Capital Ships“. Frühere
Klaſſen von Linienſchiffen müßten auch dazu gerechnet werden und würden von gewiſſen
Admiralen ebenſo hoch eingeſchätzt wie der neueſte Schiffstyp. Sodann könnte der Two
Power Standard nur für defenſive Zwecke gelten.[2] Auch teilt der Miniſter die Auffaſ=
ſung Sir Edward Greys, daß in den Berechnungen für den Two Power Standard
Nordamerika ausgeſchloſſen bleibt. Eine Flotte, die erſt 3000 Meilen über den Ozean
müſſe und mit erſchöpftem Kohlenvorrat ohne Stützpunkt in die Nähe der engliſchen
Küſte gelange, dürfe nicht unter demſelben Geſichtspunkt betrachten werden wie euro=
päiſche Flotten mit eigenen Häfen in relativer Nähe der engliſchen Küſte.

Die Anſtrengungen der ſüdamerikaniſchen Staaten, insbeſondere Braſi=
liens, ſich moderne Kriegsflotten zu ſchaffen, führt der Miniſter hauptſächlich auf den
Wunſch dieſer Länder zurück, eine größere politiſche Selbſtändigkeit gegenüber der nord=
amerikaniſchen Union zu gewinnen. Das Gerücht, worauf ich ihn hinwies, daß die hier
für ſüdamerikaniſche Rechnung im Bau befindlichen Dreadnoughts eventuell von der

---

1) *Maßlos gelogen. Deutſchland hatte 1911 in Wirklichkeit 4 Dreadnoughts und
1 Invincible.*

2) *Dieſe Behauptung iſt recht naiv. Eine zweifache Überlegenheit ſoll nur für defenſive Zwecke gelten. Aber unſere mehr als doppelte Unterlegenheit wird als Bedrohung
hingeſtellt.*

englifchen Regierung erworben werden follten, beftritt er entfchieden. Es beftehe hier nicht die geringfte Abficht, eines oder mehrere diefer Schiffe für die englifche Flotte zu erwerben. [1]

Vorwiegend intereffierte den Erften Lord der Admiralität indeffen der deutfche Flottenbau. Damit er fich frei äußern könne, verlangte er von mir das Verfprechen, daß ich feine Anfichten lediglich als im Privatgefpräch gefallen betrachten wolle. Ich fchicke voraus, daß ich den Minifter darauf hingewiefen hatte, wie unbegreiflich die hiefige Furcht vor der deutfchen Flotte erfcheine, wenn die beiderfeitigen Stärkever-hältniffe jetzt und nach Ausbau der deutfchen Flotte objektiv gemeffen würden. Hier werde in der Regel die Sache fo dargeftellt, als ob die deutfche Flotte in dem Umfange, wie fie das Gefetz vorgefehen habe und in Zukunft vorhanden fein werde, jetzt fchon auf dem Waffer fchwimme, während die englifche Flotte für die nächften zehn Jahre als ftagnant betrachtet werde, alfo keinen Zuwachs erhalte, die unfrige dagegen unaufhalt-fam in ihrer Entwicklung fortfchreite.

Hierauf erwiderte der Erfte Lord der Admiralität, die allgemeinen Befürch-tungen feien begründet durch den Umfang, den wir unferer Flotte zu geben beabfich-tigten, durch die Tüchtigkeit, die ihr zugefchrieben werde, durch die Nähe, in der fie fich von der englifchen Küfte befinde, und insbefondere durch die Schnelligkeit, mit der fie ausgebaut werde. Dazu trete, daß nach feinen Nachrichten wir fchon jetzt in der Lage feien, in gegebener gleicher Zeit eine größere Anzahl von Dreadnoughts zu bauen als England. Wir befäßen eine größere Anzahl von Hellingen für den größten Schifftyp als England, könnten eine größere Anzahl von gepanzerten Gefchütztürmen nebft Unterbau herftellen und rafcher Panzerplatten liefern, als England, kurzum, die Bedingungen zum Bau der größten Kriegsfchiffe lägen fchon jetzt günftiger bei uns als hier. Zudem fei keine Gewähr dafür geboten, daß wir nach einigen Jahren unfer Flot-tenprogramm nicht vermehrten. Wenn wir auch jetzt diefe Abficht nicht hätten, fo könnten nach einigen Jahren die Umftände uns doch dazu treiben. Unfer mächtiger Flottenverein agitiere fchon jetzt für eine größere Flotte, und feine Forderungen feien bisher dem Regierungsprogramm in der Regel vorausgegangen. [2] Auch würde unfere Schiffsbauinduftrie uns notwendig dahin drängen, im felben Maße weiter zu bauen. Täten wir das nicht, fo würden unfere Werften ruiniert fein. Er kenne aus Erfahrung die Schwierigkeiten, die daraus entftänden, wenn die Admiralität den Werften in gewiffen Zeitabfchnitten weniger zu verdienen gebe als vorher. In England hielten fich die Werften in Zeiten, wo die Admiralität geringere Anforderungen an fie ftellte, dadurch aufrecht, daß fie bedeutende auswärtige Beftellungen an Kriegsfchiffen erhielten. Unferen Werften fehle aber diefe auswärtige Kundfchaft, und fie hingen in ihrer Exiftenz von den dauernden Aufträgen der deutfchen Admiralität ab. Es werde fich indeffen wohl bald zeigen, ob wir eine Ausdehnung unferes Flottenprogramms beab-fichtigten. Ein ficheres Symptom hierfür würde die Vermehrung des Perfonal-beftandes unferer Flotte fein. Die alten Schiffe, welche durch neue erfetzt würden, brauchten, obwohl fie bei weitem kleiner feien, doch die gleiche Befatzungsftärke. ... [3]

---

1) *Die Bauten Neutraler in England waren aber ftets dem englifchen Zugriff aus-gefetzt, wie fich fpäter im Kriege gezeigt hat.*
2) *Einfach gelogen. Im übrigen lag eine technifche Möglichkeit, mehr als bisher zu bauen, natürlich vor. Dagegen war aber das Gefetz doch ein ftarker Riegel.*
3) *Falfch.*

London, 26. November 1908.

Fragen der Landesverteidigung nehmen in letzter Zeit in wachsendem Maße die allge=
meine Aufmerksamkeit hier in Anspruch. Bisher war es vorzugsweise die Sorge um
die Aufrechterhaltung der Vormachtstellung Englands zur See, welche zutage trat. Da=
neben wagte sich der Wunsch nach einer starken Armee nur schüchtern hervor. Mit der
Rede des alten Feldmarschalls Lord Roberts ist die Maske gefallen, und der
Kampf um die allgemeine Wehrpflicht in ein neues Stadium getreten. Der
Feldmarschall, schon längst ein Anhänger derselben, wird von einem Konsortium ge=
trieben und in den Vordergrund geschoben. Seine Autorität soll den an und für sich
hier nicht beliebten Plan der allgemeinen Wehrpflicht decken. Unter denen, die hinter
ihm stehen, befinden sich unter anderen Lord Lovat und der frühere Oberst A'Court=
Repington. Sie gehören der National Service League an, deren Ziel auf die
Schaffung eines starken Heeres nach kontinentalem Muster gerichtet ist. Dieser Liga
sollen in der letzten Zeit zahlreiche neue Mitglieder zuströmen. Die deutsche Gefahr muß
dazu herhalten, um dem Gedanken der allgemeinen Wehrpflicht Eingang zu verschaffen.
Lord Roberts ist, wie ich mit der Bitte um Geheimhaltung hinzufüge, von maßgeben=
der Regierungsseite vor seiner jüngsten Rede im Oberhause dringend ersucht worden,
nicht auf Deutschland zu exemplifizieren. Er hat sich nach diesem Wunsche indessen
nicht gerichtet, wohl in der richtigen Überzeugung, daß ohne die Hereinziehung Deutsch=
lands seine Warnungen unbeachtet geblieben sein würden.

In hiesigen politischen Kreisen erkennt man zwar, daß Lord Roberts die deutsche In=
vasionsgefahr seinen entsetzten Landsleuten vorhält, um sie für seinen Lieblingsplan zu
gewinnen. Einen besonders nachhaltigen Eindruck wird seine Rede daher wohl kaum
haben. Schank= und Schulgesetz, die augenblicklich im Parlament heftig debattiert wer=
den, fesseln den geschulten Politiker weit mehr als die allgemeine Wehrpflicht. Trotz=
dem haben Lord Roberts' Worte dazu beigetragen, das allgemeine Gefühl der Beun=
ruhigung momentan wieder zu steigern. Vor einem Jahre wäre die Rede des alten
Feldmarschalls noch kaum möglich gewesen. Sie würde als eine so starke Übertreibung
empfunden worden sein, daß sie ihren Eindruck verfehlt hätte. Heute wird sie ernster
genommen, zum wenigsten nicht verlacht, und die Übertreibung wird nicht bemerkt.

Die Propaganda für Verstärkung der englischen Flotte, für die eventuelle Vermeh=
rung des Heeres, die Zunahme der Schutzzollbewegung, neue Steuern zur
Deckung des Marinebudgets herangezogen werden müssen, das wachsende Gefühl der
Beunruhigung vor der deutschen Gefahr und damit die stetige Zurückdrängung eines
Ausgleichs zwischen Deutschland und England sind im großen und ganzen auf dieselbe
Ursache zurückzuführen.

Ich bezweifle, daß ein unparteiischer Beobachter, wenn er auch nur einige Monate in
England zugebracht haben sollte, anderer Meinung sein kann, als daß der Kardinal=
punkt unserer Beziehungen zu England in dem Wachsen unserer Flotte liegt.
Es mag dies nicht erfreulich für uns zu hören sein, ich sehe aber keinen Nutzen darin,
die Wahrheit zu verschleiern, und halte dies auch nicht mit meiner Pflicht vereinbar.

London, 27. November 1908.

Es ist nicht die wirtschaftliche Entwicklung Deutschlands, welche unser Verhältnis zu
England von Jahr zu Jahr verschlechtert, sondern es ist die rasche Zunahme unserer

Flotte.[1] In England lebende Deutsche sind sich darüber ebenso klar wie der Engländer selbst. Die englischen Schiffbauinteressenten tragen an der Spannung zwischen England und uns keine Schuld. Lediglich unser rasches Tempo zwingt die hiesige Regierung widerwillig zu neuen großen Ausgaben für Schiffszwecke. McKenna hat nicht gesagt, daß die hiesige Admiralität Schiffe bauen müsse, um die Werften am Leben zu halten. Dagegen hat er dies mit Recht oder mit Unrecht von den unserigen behauptet, weil wir keine fremde Kundschaft für Kriegsschiffe hätten, wenn der eigene Bedarf zeitweise gedeckt sei, — die Engländer aber wohl. Unsere Auslegung des Two Power Standard mag richtig sein, nur wird sie, und darauf kommt es allein an, von der englischen Regierung nicht geteilt. Wir werden bald sehen, ob das englische Flottenprogramm für 1909 und die damit verbundenen Kosten die Spannung mildern werden. Nach meiner, von allen mir bekannten politisch denkenden Engländern geteilten Ansicht wird das Gegenteil eintreten. Es mag unerwünscht sein, wenn allmählich in Deutschland der wahre Grund der zunehmenden Verstimmung in England durchsickert. Es hilft aber nichts, sich hinter falschen Trugschlüssen zu verstecken. Das Erwachen könnte dann um so bedenklicher sein.

Es ist nicht zu bestreiten, daß zurzeit dieser Metternichschen Berichte die Deutschenhetze in vollem Gange war. Die große Unzufriedenheit und Erregung der englischen öffentlichen Meinung konnte im Sinne des Stummschen Berichtes (oben S. 49 f.) sehr wohl als ein Beweis dafür angesehen werden, daß wir mit unsrer Flottenpolitik auf dem richtigen Wege waren. Stand doch ein Umsetzen der bekanntlich schon längst vorhandenen feindseligen Gesinnung in kriegerische Handlung gerade damals nicht zu befürchten. Aber der Deutsche ist in politischer Hinsicht z. T. eigenartig organisiert und verfällt leicht den zweifelhaften oder nicht mehr zweifelhaften Elementen in unserem Volkskörper. Im Jahr 1924 hat z. B. die „Frankfurter Zeitung" ihren Schweizer Berichterstatter beauftragt, alle ausländischen Pressestimmen zu sammeln, welche gegen das Wiederaufleben einer nationalen und machtpolitischen Gesinnung im deutschen Volk Stimmung machen könnten. Die Giftträger in der deutschen öffentlichen Meinung

---

1) *Ballin freilich urteilt anders! Er schreibt in einem für den Kaiser 1910 bestimmten Bericht u. a.: „Von der Entwicklung von Handel und Verkehr hängt m. A. nach hier alles ab (nämlich Stimmung gegen Deutschland) . . . Der Deutschenhaß ist so schlimm, daß man mit seinen ältesten Freunden kaum noch zusammenkommen kann." Nach einer leichten Besserung der Stimmung kommt er doch zu dem Schluß: „Ich gestehe, daß ich in bezug auf England die Dinge recht pessimistisch ansehe. Die Engländer können wirklich mit uns nicht mehr mit, und wenn sie nicht heute noch die größere Macht des Kapitals hätten, so wären sie infolge ihrer gesättigten und konservativen Lebensgewohnheiten bald für uns auf dem Weltmarkt eine quantité négligeable". Das sagt Ballin, der Geschäftsmann, über die Ursachen der Stimmung in der City von London gegen uns. Er fühlt offenbar sehr stark, daß er mit seinen Schiffahrtslinien den Engländern, wie er sagt, einen Schützengraben nach dem andern erobert. Unser Botschafter sieht dieses Primäre in unserem Verhältnis zu England nicht.*

haben zu allen Zeiten mit Erfolg die Methode angewendet, das deutsche
Volk durch ausländische Ungnade vor sich selber bange zu machen.
Appell an die Feigheit findet in deutschen Herzen keinen Widerhall, soweit
der Deutsche als Krieger im Felde steht; als Zeitungsleser oder als Diplomat
aber ist der Deutsche der Furcht vor ausländischem Stirnrunzeln zugänglicher.

In Nachwirkung der Metternichschen Berichte gipfelte nun die Flotten=
krisis in einem Briefwechsel zwischen dem Reichskanzler und mir, den ich
— zunächst bis zur Jahreswende 1908/09 — hiernach wiedergebe.

Meine Stellungnahme zu dem Bericht des Grafen Metternich vom 17. November 1908[1].

Seiner Durchlaucht dem Reichskanzler der Brief vom Botschafter Metter=
nich mit der Meldung zurückgereicht, daß ich die immer wiederkehrende An=
sicht des genannten Herrn, lediglich die Entwicklung der deutschen Flotte sei
die Ursache der Spannung, nicht für richtig halte. Abgesehen davon, daß die
Spannung ihre natürliche Begründung in der rapiden V e r m e h r u n g d e r
E i n w o h n e r und damit zusammenhängend in der w i r t s c h a f t l i c h e n Ent=
w i c k l u n g des Reiches findet, sind die Übertreibungen in England lediglich auf
die Agitation der gerade in England sehr zahlreichen I n t e r e s s e n t e n für
eine große Flottenvermehrung zurückzuführen. Man will keinen Krieg mit
Deutschland, sondern man will möglichst viel Schiffe bauen. Um das zu er=
reichen, gibt es aber kein besseres Mittel in England (Sir John Fisher ist
außerdem skrupellos), als die Leidenschaften der Masse mit all dem törichten
Geschwätz von einer Bedrohung Englands durch Deutschland aufzustacheln.
Ein klassischer Beweis für diese meine Ansicht scheint mir in den eigenen Aus=
führungen des englischen Marineministers M c K e n n a zu liegen, die derselbe
unserem Botschafter gegenüber gemacht hat (nach einer brieflichen Mitteilung
des Marineattachés). McKenna behauptete, Deutschland besitze heute bereits
mehr große Schiffbaufirmen, die Dreadnoughts bauen könnten, wie England.
Da diese deutschen Firmen zum großen Teil von dem deutschen Kriegsschiffbau
lebten und fremde Bestellungen gering wären, so müßte man annehmen, daß
nach Ausbau unseres Flottengesetzes unsere Flottenvermehrung schon allein aus
dem Grunde nicht aufhören könne, um diese im Staatsinteresse geschaffene
Industrie nicht brotlos zu machen. — Die Admiralty habe diese Erfahrung
im eigenen Lande gemacht, wo eine große Schiffbauindustrie seit langem auf
Beschäftigung warte. Ehe man diese zugrunde gehen lassen könne, müsse der
Staat für Arbeit sorgen.

---

1) *Oben S. 86 f.*

Das Gleiche gelte für Panzer und Kanonen liefernde Firmen, in denen Deutschland auch bereits überlegen sei. —

Wenn ferner der englische Two Power Standard überhaupt einen Sinn hat (und nicht nur Agitationswert), kann England Amerika nicht unbe= rücksichtigt lassen. Dann aber besitzen Amerika und Frankreich die beiden nächst= starken Marinen und dann ist es für die erforderliche Stärke der englischen Marine ganz gleichgültig, wie stark die deutsche Flotte ist.

Ich möchte glauben, daß ein englisches Flottenprogramm von etwa fünf Dreadnoughts für 1909 die Spannung erheblich mildern wird. Die Flotten= interessenten haben ihren Willen, die Konservativen haben die Liberalen zu großen Flottenausgaben gezwungen und, sobald die erheblichen Kosten der neuen Schiffe den Steuerzahlern zum Bewußtsein kommen, wird auch dieser Umstand, wenn nicht die Agitation, so doch mindestens deren Einfluß auf die öffentliche Meinung in für uns vorteilhaftem Sinne beeinflussen…

Mit einem weiteren Schreiben brachte ich dem Kanzler einen der bekannten Saturday Review=Artikel in die Erinnerung, welche lange vor unsrem Flotten= bau das Germaniam esse delendam aus Handelsneid gepredigt hatten.

Euer Durchlaucht   Berlin, 25. November 1908.

erlaube ich mir einen Auszug aus einem Artikel der Saturday Review vom 11. September 1897 zu übersenden, weil er m. E. einen sehr guten Beweis dafür liefert, daß nicht unser Flottenprogramm, sondern die gegebene handelspolitische Situation ähnlich wie seinerzeit bei Holland den letzten Grund für die englisch= deutsche Spannung bildet. Ich möchte glauben, daß Euer Durchlaucht und ich das gleiche historische Interesse daran haben, der Legendenbildung, welche zu meinem Be= dauern der Botschafter Graf Metternich bei jeder Gelegenheit fördert, entgegenzutreten, als ob lediglich die Verstärkung der deutschen Flotte die Ursache für die Verschärfung der politischen Beziehung zu England wäre. Militärisch ist das schon deshalb ein Unsinn, weil die englische Flotte heute nicht zweimal, sondern mindestens dreimal so stark ist wie unsere. Unsere Flottenvermehrung muß für die Drahtzieher in England lediglich den Deckmantel hergeben, unter dem die Konservativen ihre politischen Interessen den Liberalen gegenüber fördern und alle Interessenten an einer starken Flottenvermehrung die Massen mobil machen.

Der Reichskanzler an den Staatssekretär des Reichsmarineamts.

Berlin, 30. November 1908.

Euerer Exzellenz spreche ich meinen verbindlichsten Dank für die Zuschrift vom 25. d. M. aus und lasse den derselben beigefügten Artikel der Saturday Review vom 11. September 1897 hier wieder zurückerfolgen. Ich habe den Inhalt dieses Artikels zur Kenntnis des kaiserlichen Botschafters in London gebracht. Schon vorher hatte ich am 19. d. M. im Reichstage wörtlich gesagt: „Und ist es denn so unnatürlich, daß unsere aus dem Wachstum der Bevölkerung und unserer produktiven Kräfte hervorgegangene wirtschaftliche Expansion die einst freundlicheren Gefühle des englischen Volkes, wenigstens bei einem Teil des englischen Volkes, allmählich in Mißtrauen verwandelte oder doch mit einer gewissen Besorgnis erfüllt hat." (S. 5541 des stenographischen Berichts.)

Ich habe mit diesen Worten öffentlich eine Auffassung über den Grund des deutsch-englischen Gegensatzes ausgesprochen, die der Ansicht Euerer Exzellenz entgegenkommt. Meine diesbezüglichen Ausführungen haben aber sofort nicht nur bei der antideutschen „Times", sondern selbst bei der liberalen und nicht deutschfeindlichen „Westminster Gazette" lebhaften Widerspruch hervorgerufen. Ich lege die betreffenden Artikel hier bei.

Inzwischen haben im englischen Oberhaus die Verhandlungen über den bekannten Antrag des Lord Roberts [1] stattgefunden. Mag vielleicht auch Lord Roberts selbst seine Besorgnis vor einer deutschen Invasion übertrieben haben, so hat doch die Abstimmung bewiesen, daß ein großer Teil der englischen Lords ihm auf einem Gebiete — der allgemeinen Wehrpflicht — folgte, das in England sehr unpopulär ist. Die allgemeine Wehrpflicht gilt dem „freien" Engländer als eine der entwürdigenden Institutionen des Kontinents. Sie wird durch ihre Kosten neue Steuern verursachen. Sie wird auch dadurch in der unangenehmsten Weise in die englischen Sitten und Gewohnheiten eingreifen, daß sie die Freizügigkeit der Militärpflichtigen einschränkt, die in England sehr häufig schon in jungen Jahren nach den Kolonien gehen wollen. Wenn die Lords mit großer Majorität einer so unpopulären Maßregel zugestimmt haben, kann man sich dem Gedanken nicht verschließen, daß ein großer Teil derselben ernste Gefahren für ihr Vaterland befürchtet. [2]

Es wird von allen Personen, die in letzter Zeit in England waren, bestätigt, daß tatsächlich, so unberechtigt es an sich und für sich sein mag, dort große Furcht vor einem Angriff der deutschen Flotte herrscht. [3] Im Jahre 1897 war ein Artikel, wie der der „Saturday Review" eine Ausnahme, eine solche Abnormität, daß ihrer noch heute nach 11 Jahren gedacht wird.

---

1) Für Einführung der allgemeinen Wehrpflicht.
2) Ernste Gefahren für England konnten doch nur auf der See entstehen und hätten durch die englische Armee nicht abgewehrt werden können. Übrigens hielten die Vertreter der allgemeinen Wehrpflicht in England schon damals diese als Erziehungsmittel der Massen für dringend erforderlich, solange Deutschland sie besäße. Diese Begründung hätte in England freilich nicht gezogen, und so führte man nur die „deutsche Gefahr" ins Feld, die eben für alles herhalten mußte. Gerade die heimische Schwierigkeit, die Massen nicht in die Schule der allgemeinen Wehrpflicht nehmen zu können, war für England der wesentlichste Grund, diese uns in Versailles zu nehmen.
3) Weil also durch maßlose Agitation den Massen diese Furcht eingetrichtert war, sollten wir die für uns erforderliche Rüstung aufgeben. Man sieht, mit welchem Geschick die Drahtzieher in England arbeiteten!

Dagegen können wir uns leider der Tatsache nicht verschließen, daß gehässige
Artikel gegen Deutschland in allen englischen Blättern, konservativen wie li=
beralen und radikalen, jetzt an der Tagesordnung sind. Wenn sich auch diploma=
tisch geschulte Minister vorsichtiger ausdrücken, so sind Alarmrufe gegen die
deutsche Gefahr in neuerer Zeit nicht einmal, sondern wiederholt von Ministern,
Parlamentariern und Offizieren laut und öffentlich ausgedrückt worden. Dies=
bezügliche Beiträge liefern zwei Berichte und ein Privatbrief des Botschafters
in London vom 26. und 27. d. M., die ich hier in Abschrift anschließe.

Ein beredtes Zeugnis in dieser Richtung sind auch die fortwährenden An=
fragen und Verhandlungen im Parlament über die Flotte, den Two
Power Standard usw. Zwei darauf bezügliche Berichte des Grafen Metter=
nich vom 24. und 25. d. M. füge ich hier abschriftlich bei. Ich lege Euerer Ex=
zellenz des weiteren hierneben zur gefl. Einsicht einen viel beachteten Artikel
des „Standard" bei, eines durchaus ernsthaften Organs, in welchem der
Gedanke des Präventivkrieges energisch vertreten wird. Die Furcht
vor unserer Flotte und den mit unserem Flottenbau von uns verfolgten Plänen
besteht in England. Sie ist unberechtigt, aber sie ist eine Tatsache, mit
der wir rechnen müssen. Auch der vom „Standard" klar ausgesprochene Ge=
danke des Präventivkrieges, d. h. eines englischen Angriffes auf Deutschland,
ehe es zu spät ist, ist nicht neu, er ist schon wiederholt in der englischen Presse
aufgetreten. Es ist mit hoher Wahrscheinlichkeit anzunehmen, daß dieser Ge=
danke sich allmählich des englischen Volkes ebenso bemächtigen wird, wie sich
dort allmählich das Mißtrauen gegen unsere Absichten beim Ausbau unserer
Flotte festgesetzt hat. Bei der Zähigkeit, mit der erfahrungsgemäß die Engländer
an einem derartigen Gedanken, wenn er bei ihnen Gemeingut geworden ist, fest=
halten, muß ich als verantwortlicher Staatsmann mir die ernste Frage vorlegen,
wie wir uns einer solchen Eventualität gegenüber zu verhalten haben. Ich ge=
statte mir deshalb, an Euere Exzellenz, dem die fachmännische Verantwortung
zufällt von dem Momente an, wo es zu einem kriegerischen Zusammenstoß
kommen sollte, die Frage zu richten, ob Deutschland und das deutsche Volk
einem englischen Angriff mit Ruhe und Vertrauen entgegensehen können.

Bei Beantwortung dieses Schreibens mußte ich daran zurückdenken, daß
ich zwei Jahre früher gedrängt worden war, die Flotte schneller zu ver=
mehren. Sollte das Reichsmarineamt jetzt, das Flottengesetz verletzend, die
Schiffe langsamer bauen, als der Reichstag sie bewilligt hatte?

Der Staatssekretär des Reichsmarineamts an den Reichskanzler.

Berlin, 17. Dezember 1908.

Euer Durchlaucht richten die Frage an mich, „dem die fachmännische Verant=
wortung zufiele von dem Moment an, wo es zu einem kriegerischen Zusammen=
stoß kommen sollte", ob Deutschland und das deutsche Volk einem englischen
Angriff mit Ruhe und Vertrauen entgegensehen können.

Bei der großen Überlegenheit der englischen Flotte muß ich diese F r a g e v e r =
n e i n e n. Meine fachmännische Verantwortung dürfte aber nicht erst mit dem
Moment beginnen, „wo es zu einem kriegerischen Zusammenstoß kommt"; ich
habe es vielmehr vom ersten Tage meiner Amtsführung an für meine Pflicht
gehalten, die Kriegsmarine für einen kriegerischen Zusammenstoß mit England so
stark als möglich zu machen oder richtiger gesagt, durch Schaffung einer möglichst
starken Schlachtflotte E n g l a n d v o n e i n e m A n g r i f f a b z u h a l t e n. Letz=
teres ist der im zweiten Flottengesetz klar ausgesprochene Zweck unserer ganzen
Flottenpolitik. Durch E r h a l t u n g d e s F r i e d e n s sollen Handel und Küsten
geschützt und unsere Weltposition gesichert werden. Den F r i e d e n z u e r h a l t e n
vermag nur eine starke Schlachtflotte; der Galstersche „Kleinkrieg" ist dazu nicht
imstande, ganz abgesehen davon, daß der Gedanke auch militärisch unrichtig ist.

Daß bei dieser Flottenpolitik zeitlich eine Gefahrzone durchlaufen werden
mußte, war von vornherein einleuchtend.

Der B o t s c h a f t e r i n E n g l a n d zieht aus der zurzeit noch stark gefährde=
ten militärischen Situation — wenn auch etwas verschleiert — die Folgerung,
daß wir unser Flottenbautempo einschränken müssen, ich ziehe daraus die Fol=
gerung, daß wir dasselbe so, wie es zurzeit gesetzlich festgelegt ist, mit eiserner
Energie durchführen müssen.

Das Motiv, welches den Botschafter zu seiner Ansicht bringt, ist die Tatsache,
daß wir einem Kriege militärisch nicht gewachsen sind. Das Motiv, welches mich
leitet, ist die Ansicht, daß die mögliche Einschränkung unseres Flottenbaues
unter die gesetzlichen Bestimmungen des Flottengesetzes hinaus an der poli=
tischen Situation selbst dann noch nichts ändern würde, wenn diese Einschrän=
kung den Charakter einer Demütigung vor England annähme. Ich teile durch=
aus die Ansicht Euerer Durchlaucht, daß unsere Lage in dem Moment noch
kritischer würde, wo wir unsere bisher geplanten Rüstungen einschränken.

Was im übrigen die K r i e g s g e f a h r anbetrifft, so haben wir derselben vom
ersten Flottengesetz an ins Auge gesehen. Sie ist durch den fortschreitenden Aus=
bau unserer Flotte nicht größer, sondern kleiner geworden. Als Beweis
führe ich an, daß sich große Kreise des englischen Volkes bereits heute vor un=
serer Flotte fürchten.

7 Tirpitz, Dokumente.*

In wenigen Jahren wird unsere Flotte so stark sein, daß ein Angriff auf dieselbe auch für England ein großes militärisches Risiko bedeutet. Damit ist der Zweck der Flottenpolitik des letzten Jahrzehnts erreicht.

Von einer Kriegsgefahr wohl zu unterscheiden ist die feindselige Stimmung gegen uns in England. Mit einer solchen werden wir leider vielleicht andauernd zu rechnen haben, nicht der Flotte wegen, sondern infolge der Konkurrenz zweier großer Kulturnationen auf allen Gebieten. Der übersandte Artikel der „Saturday Review" war m. E. keine vorübergehende Eintagsfliege, sondern der Vorläufer einer großen politischen Entwickelung, in der wir jetzt alle mitten drin stehen. Diese politische Entwicklung — nicht an dem Maßstab von heute zu morgen gemessen, sondern an dem Maßstabe des nächsten Jahrhunderts — fordert mit geschichtlicher Notwendigkeit die Schaffung einer unserer Weltstellung entsprechenden Flotte.

Habe ich vorstehend die wichtigsten Differenzpunkte zwischen den Anschauungen des Botschafters und meinen eigenen dargelegt, so begegnen wir uns andererseits in der Ansicht, daß eine Fortsetzung des jetzigen hohen Bautempos von vier Schiffen pro Jahr im Jahr 1912 aus politischen Gründen nicht ratsam ist.

Das jetzige Flottengesetz legt für die einzelnen Jahre von 1909—1917 folgende Neubauten von großen Schiffen fest:

1909	1910	1911		1912	1913	1914	1915	1916	1917
4	4	4		2	2	2	2	2	2

Zu beachten ist das Heruntergehen des jährlichen Bautempos im Jahre 1912 auf die Hälfte des bisherigen, von vier auf zwei große Schiffe.

Führen wir dies durch, was militärisch wohl angängig, politisch und finanziell voraussichtlich geboten sein wird, so wird diese Tatsache m. E. ein großes Moment der Beruhigung der öffentlichen Meinung in England bilden.

Auf die Ansicht des Botschafters, daß die Erregung in England lediglich durch die „Deutsche Gefahr" entstanden ist, möchte ich nicht näher eingehen. Ich gebe zu, daß dieser Gedanke mit vielem Geschick den Massen suggeriert worden ist, halte aber nach wie vor daran fest, daß die Drahtzieher dieser Bewegung von anderen Motiven geleitet werden.

Dieselben wissen sehr wohl, daß die „Deutsche Gefahr" nur eine Fiktion ist, aber ein äußerst zugkräftiges Schlagwort zur Erreichung von allerlei anderen Zwecken.

Ich lege einen interessanten Artikel aus der Kreuzzeitung über den Two Power Standard bei. Legt England, wie Mr. Asquith im Parlament ausdrücklich bestätigt hat, „die zwei nächststärksten Seemächte, einerlei welche und einerlei wo sie gelegen sind" zugrunde, kommt es um das „weitabgelegene Amerika" und das engbefreundete Frankreich nicht herum. Will es durchaus Deutschland in den Standard hin-

einnehmen, hat es für die zweite Macht die Wahl zwischen dem „weitabgelegenen Ame=
rika" und dem engbefreundeten Frankreich. In allen Fällen aber hat England den Two
Power Standard heute weit überschritten.

Aus den Berichten unseres Botschafters in London möchte ich nur noch einen Punkt
herausgreifen, der mir von Bedeutung zu sein scheint.

In seinem Bericht vom 26. November Nr. 1136 teilt der Botschafter folgende
Äußerung des Ersten Lords der Admiralität Mc Kenna mit:

„Es werde sich wohl bald zeigen, ob wir (Deutschland) eine Ausdehnung unseres
Flottenprogramms beabsichtigten. Ein sicheres Symptom hierfür würde die Vermehrung
des Personalbestandes unserer Flotte sein. Die alten Schiffe, welche durch neue
ersetzt würden, brauchten, obwohl sie bei weitem kleiner seien, doch die gleiche Besat=
zungsstärke."

Diese Ansicht von McKenna ist irrtümlich und sollte nicht unwiderlegt bleiben.

Tatsächlich findet in den nächsten Jahren noch eine dauernde Personalvermehrung
bei uns statt. Es hat dies seinen Grund darin, daß der gesamte Personalbedarf für die
gesetzlich festgelegte Flotte für das Jahr 1920 ermittelt und die sich daraus ergebende
Vermehrung auf die einzelnen Jahre bis 1920 gleichmäßig verteilt worden ist.

Auch die Ansicht McKennas, daß die neuen Ersatzschiffe (Dreadnoughts und In=
vincibles) keine größere Besatzung hätten als die alten Schiffe, ist durchaus unzutreffend.

Bis 1917 gelangen zum Ersatz:
Fünf Schiffe der „Sachsen"=Klasse mit je 395 Mann Besatzung,
acht Schiffe der „Siegfried"=Klasse mit je 283 Mann Besatzung,
vier Schiffe der „Brandenburg"=Klasse mit je 545 Mann Besatzung,
vier Schiffe der „Kaiser"=Klasse mit je 625 Mann Besatzung.

Die neuen Ersatzschiffe haben dagegen eine Besatzung von mindestens 800 Mann.

Dazu kommt, daß das Personal für die älteren Schiffe zum größten Teil noch nicht
einmal vorhanden war.

**Privatbrief des Sir Charles Hardinge vom 14. Dezember 1908 an einen
in Berlin wohnenden Engländer, der einen Artikel schreiben soll.**

I am obliged to you for your letter of the 13th. I am glad to hear that
you propose to write an article on the lines of what I said to you at Cronberg. I think it may do good. I am not at all certain that events of the last
fortnight may not tend towards the desired result, i. e. a discussion on a
possible restriction of naval construction and the relinquishment of a scheme
of which the Emperor is the chief support.

Since the interview at Cronberg you may have noticed that public opinion
has cristallised in this country and the cabinet has absolutely decided on a
considerably enlarged programme. The olive branch held out at Cronberg
was rejected and this is the result.[1] Under present circumstances no Government could retain its position in this country and do otherwise. — There is

---

1) Der „Ölzweig" Hardinges bestand darin, daß er dem Kaiser in Cronberg einfach
sagte: „Stop building" und das ohne irgendeine Gegenleistung. Dabei kannte Hardinge
weder das Flottengesetz noch die große Unterlegenheit unserer Seemacht.

no desire for such a policy, but it is the policy of stern necessity. The principal point to emphasize is that although we cannot a g a i n approach the Emperor or G o v e r n m e n t on the subject of naval armaments without expo-
sing ourselves to an undesirable rebuff, the door to such a discussion is n o t
c l o s e d, and that it would be welcomed in a v e r y f r i e n d l y s p i r i t, if
the slightest indication of the desire for such a discussion were given.

Till this wretched naval rivalry ceases, which must in the long run impo-
verish both countries, it is almost useless to talk of good relations between
the two countries. The German naval programme is the crux of the whole
situation. Until this question is solved, the unrest now prevalent on Europe
is bound to continue.

I wish you success in your article.

Please regard this as strictly confidential.

Übersetzung.

Ich bin Ihnen sehr verbunden für Ihren Brief vom 13. Ich freue mich zu hören,
daß Sie einen Aufsatz schreiben wollen in der Richtung. dessen, was ich Ihnen in Cron=
berg sagte. Ich denke, er wird vielleicht Gutes wirken. Ich bin durchaus nicht sicher,
daß die Ereignisse der letzten 14 Tage nicht auf das gewünschte Ergebnis hinauslaufen,
d. h. auf eine Erörterung über eine mögliche Einschränkung des Flottenbaus und das
Aufgeben eines Plans, dessen Hauptstütze der Kaiser ist.

Seit der Unterredung in Cronberg haben Sie vielleicht bemerkt, daß die öffentliche
Meinung in England fest geworden ist und das Kabinett sich unbedingt für ein beträcht=
lich erweitertes Bauprogramm entschieden hat. Der in Cronberg dargebotene Ölzweig
ist zurückgewiesen worden, und das ist nun das Ergebnis. Unter den gegenwärtigen Um=
ständen könnte sich in England keine Regierung am Ruder halten, wenn sie anders
handelte. — Erwünscht ist solche Politik nicht, aber es ist die Politik strenger Notwen=
digkeit. Der zu betonende Hauptpunkt ist der, daß — wenn wir auch nicht wiederum
an den Kaiser oder die Regierung herantreten können betreffs der Flottenrüstungen,
ohne uns einer unerwünschten Zurückweisung auszusetzen — die Tür zu einer solchen
Erörterung nicht zugeschlagen ist und daß sie in sehr freundlichem Geiste willkommen
geheißen werden würde, wenn das geringste Anzeichen des Wunsches nach einer solchen
Erörterung gegeben würde.

Bis dieses elende Wettrüsten zur See aufhört, das auf die Dauer beide Länder arm
machen muß, ist es fast zwecklos, von guten Beziehungen zwischen den beiden Ländern zu
sprechen. Das deutsche Flottenprogramm ist der leidige Kernpunkt der ganzen Lage. Bis
diese Frage gelöst ist, muß die jetzt in Europa herrschende Unruhe andauern.

Ich wünsche Ihnen Erfolg bei Ihrem Aufsatz.

Bitte behandeln Sie dies als streng vertraulich.

Der Reichskanzler an den Staatssekretär des Reichsmarineamts.

Berlin, 25. Dezember 1908.

In dem gefälligen Schreiben vom 17. d. M. haben Euere Exzellenz die Frage, ob
Deutschland und das deutsche Volk einen englischen Angriff zurzeit mit Ruhe und Ver=
trauen entgegensehen könne, verneint. Andererseits bezeichnen Euere Exzellenz als das

geeignetste Mittel, um England von einem Angriff auf uns abzuhalten, die Schaffung einer starken Schlachtflotte. Euere Exzellenz enthalten sich aber einer Meinungs=
äußerung darüber, ob angesichts der von Ihnen selbst hervorgehobenen derzeitigen großen Überlegenheit der englischen Flotte über unsere Streitkräfte zur See — eine Überlegenheit, die überdies das englische Volk auch für die Zukunft unter allen Um=
ständen aufrechtzuerhalten entschlossen scheint[1] — es unseren Schlachtschiffen im Falle eines Krieges mit England überhaupt möglich sein würde, entscheidend in die Aktion zu treten.[2] Ist aber die Befürchtung gerechtfertigt, daß unsere Flotte in ihrer gegenwärtigen Stärke von den übermächtigen englischen Seestreitkräften b l o c k i e r t in unseren H ä f e n z u r ü c k g e h a l t e n werden würde, müssen wir mit der Wahrscheinlichkeit rechnen, in einem Seekrieg mit England vorläufig auf die D e f e n s i v e angewiesen zu sein, so entsteht die Frage, ob es sich nicht empfiehlt, der Verbesserung unserer K ü s t e n b e f e s t i g u n g e n und der Vergrößerung unseres Bestandes an S e e m i n e n und der Schaffung einer starken U n t e r s e e b o o t s f l o t t e unsere Aufmerksamkeit zu=
zuwenden, anstatt uns ausschließlich auf die Vermehrung von Schlachtschiffen zu kon=
zentrieren, die, solange wir uns in einem Zustande ausgesprochener militärischer In=
feriorität[3] England gegenüber befinden, möglicherweise eine Verwendung finden, dem Feinde keinen Schaden zufügen und einen günstigen Ausgang des Krieges nicht herbei=
führen würden. Es liegt mir fern, auf diesem Gebiete ein sachkundiges Urteil für mich in Anspruch zu nehmen. Ich will nur einer Erwägung Ausdruck geben, die sich auch dem Laien aufdrängt und die mir neuerdings oft entgegengetreten ist.

Wenn das Interesse, das wir in erster Linie an einem wirksamen Schutze unserer Küsten haben, den Gedanken an eine Verstärkung der vorstehend bezeichneten Verteidi=
gungsmittel nahezulegen scheint, so glaube ich andererseits, daß Erwägungen politischer Natur darauf hinweisen, der Frage näherzutreten, ob nicht eine V e r l a n g s a m u n g in der Durchführung des jetzigen Flottenprogramms in ernste Erwägung zu ziehen wäre. Es kann nach den hier vorliegenden Nachrichten keinem Zweifel unterliegen, daß die in England uns gegenüber herrschende, von Euerer Exzellenz selbst als feindselig bezeichnete Stimmung zu ernsten Besorgnissen Anlaß gibt. Ob diese Stimmung ausschließlich eine Folge unserer maritimen Rüstungen ist oder ob sie das natürliche Ergebnis der Kon=
kurrenz zweier großer Kulturnationen darstellt, wie Euere Exzellenz dies annehmen, scheint mir dabei eine Frage von sekundärer Bedeutung. Entscheidend ist jedenfalls der Umstand, daß unsere Flotte, wie das die Ausführungen Euerer Exzellenz bestätigen, erst in einigen Jahren so stark sein wird, daß ein Angriff auf sie auch für England ein großes Risiko bedeuten würde. Es ergibt sich hiernach für uns die Pflicht, jede Hand=
habe zu ergreifen, die sich uns bietet, um unter Wahrung unserer Würde die englische Nervosität zu verringern und es uns zu ermöglichen, ungefährdet über die Jahre hin=
wegzukommen,[4] in denen unsere Rüstung noch nicht vollendet ist.

1) *Wenn der Two Power Standard als Grundsatz angenommen wurde, war damit die politische Bedeutung unserer Flotte beseitigt. Jedoch konnte dieses Verhältnis auf die Dauer von England unserm Flottengesetz gegenüber nicht aufrechterhalten werden, wohl aber das Verhältnis 2 : 3 oder 10 : 16, das wir und England schließlich an=
nahmen.*

2) *Über diese Frage vgl. den zweiten Band des vorliegenden Werkes.*

3) *Wenn wir dem Drängen der Engländer jetzt wichen, konnten wir auch späterhin aus dem Zustand der Bedeutungslosigkeit nicht herauskommen.*

4) *Wie sollten wir denn jemals über die Gefahrzone hinwegkommen, wenn wir jetzt nachgaben?*

Von maßgebenden, englischen Stellen ist wiederholt angedeutet worden, daß eine Verlangsamung des Tempos in der Durchführung unseres gegenwärtigen Flotten= programms sehr wesentlich zur Beruhigung in England beitragen würde. Inwieweit ein Eingehen auf die englischen Wünsche in dieser Hinsicht von dauernden Wirkungen auf die Gestaltung unseres politischen Verhältnisses zu England begleitet sein würde, kann einstweilen unerörtert bleiben. Für die Übergangsperiode, in der wir uns be= finden, ist es jedenfalls für uns von der größten Bedeutung zu verhindern, daß der Ge= danke eines gegen Deutschland zu führenden Präventivkrieges bei der Mehrheit des englischen Volkes festen Fuß faßt und ein englischer Angriff auf unsere Flotte er= folgt. Entsteht der Krieg bessenungeachtet, so dürfte bei der großen Überlegenheit der englischen Flotte der Umstand, daß wir infolge der Verlangsamung unseres Bautempos mit ein oder zwei Schlachtschiffen weniger in den Kampf eintreten, auf den zu befürch= tenden Ausgang dieses Kampfes von entscheidendem Einfluß nicht sein.

Unser Flottengesetz sieht für die Jahre 1909, 1910 und 1911 den Neubau von je vier, für die Jahre 1912 bis 1917 von je zwei großen Schiffen vor. Zu Ende 1911 würden wir im Besitz von 13 solcher Schiffe sein, und diesem Augenblick sieht man in England mit besonderer Sorge entgegen, da nach den bisherigen englischen Flottenanschlägen die englische Flotte in dem gleichen Zeitpunkt nur im Besitz von zwölf entsprechenden Fahrzeugen[1] sein würde. Wenn auch angenommen werden darf, daß die englische Marineverwaltung unter dem Druck der öffentlichen Meinung es nicht versäumen wird, den Vorsprung bezeiten wieder einzuholen, den wir nach englischer Darstellung vorläufig vor ihnen voraus haben würden, so möchte ich doch auf Grund der vorstehen= den Erwägungen an Euere Exzellenz die Frage richten, ob militärisch=technische Gründe zwingender Natur dagegen sprechen würden, in den nächsten drei Jahren unser Bau= tempo in der Weise zu verlangsamen, daß wir statt je vier nur je drei große Schiffe bauen, und das Versäumte dann in den Jahren 1912, 1913 und 1914 nach= holen. Wir würden dann von 1909 bis 1914 je drei, von 1915 bis 1917 je zwei große Schiffe auf Stapel legen und damit, ohne Schwächung des Gesamtergebnisses, unseren Gegnern in England ein sehr wirksames Agitationsmittel entwinden.

Schließlich glaube ich auch noch darauf hinweisen zu dürfen, daß in letzter Zeit wie= derholt Bedenken finanzieller und technischer Natur darüber zum Ausdruck gekommen sind, ob es ratsam ist, den Bau einer so großen Zahl von großen Schiffen auf einmal vorzunehmen, wie dies die jetzigen gesetzlichen Bestimmungen vorsehen. Um so günstiger erscheinen daher die Aussichten, auch die Zustimmung der deutschen Volksvertretung zu der in Anregung gebrachten Verlangsamung unseres Flottenbautempos zu erlangen, zumal wenn gleichzeitig die weiter oben gekennzeichneten Maßnahmen für Verteidigung unserer Küsten erhöhte Berücksichtigung finden würden.

(Meine gleichzeitige Randnotiz:)

Hier hat ein Knowing man mitgearbeitet. Das können wir nur unter Gesetzänderung. Lassen wir dies als eine bloße Etatsmöglichkeit zu, so wird das Flottengesetz zu einem Stück Papier.

Wenn wir ein Schiff absetzen ließen, würde man uns nicht das Geld geben, um die anderen Maßnahmen für die Verteidigung unserer Küsten zu treffen.

Die Dinge spitzen sich zu.

---

1) *Diese Behauptung wurde von den englischen Drahtziehern hartnäckig gegen uns benutzt, obwohl ihre Experten genau wußten, daß sie falsch war.*

Der Reichskanzler an den Botschafter in London.

Berlin, 25. Dezember 1908.

Ihren Bericht vom 26. v. M. über die Unterredung, die Sie mit McKenna hatten, habe ich seinerzeit vertraulich zur Kenntnis des Admirals von Tirpitz gebracht. Der Erste Lord der Admiralität hatte damals u. a. zu Ihnen geäußert, die Vermehrung des Personalbestandes unserer Flotte werde ein sicheres Symptom dafür abgeben, ob wir eine Ausdehnung unseres gegenwärtigen Flottenprogramms beabsichtigten. Diese Ansicht erklärt Admiral von Tirpitz für völlig unzutreffend. Ich glaube aber darauf verzichten zu können, Ihnen die Argumente und Daten mitzuteilen, auf die sich der Admiral mir gegenüber zur Widerlegung der Auffassung des McKenna berufen hat, da ich aus dem inzwischen hier eingegangenen Bericht des dortigen Marineattachés ersehe, daß Admiral von Tirpitz bereits Veranlassung genommen hat, durch Vermittlung des Kapitäns Widenmann dem englischen Marineminister die nötigen Aufklärungen zukommen zu lassen. Dagegen möchte ich nicht verfehlen, Ihnen einen Artikel aus der „Kreuzzeitung“ vom 14. d. M. zu übersenden, auf den auch der Staatssekretär des Reichsmarineamts aufmerksam gemacht hat und der sich mit der Frage des Two Power Standard beschäftigt. Vielleicht haben Sie Gelegenheit, McKenna und andere maßgebende Persönlichkeiten auf die optimistischen Ansichten hinzuweisen, die eine so hervorragende Autorität auf maritimem Gebiet wie Sir William White bezüglich der Überlegenheit der englischen Flotte gegenüber allen denkbaren Kombinationen der anderen Seemächte hegt. Die Kritik, die der englische Marinefachmann an der von der englischen Regierung befolgten Flottenpolitik übt, zeigt überdies, daß es doch auch in England nicht an Persönlichkeiten fehlt, die Einsicht genug besitzen, um zuzugeben, daß zum großen Teil durch eigenes Verschulden die englische Regierung jetzt gezwungen ist, zu erheblichen Mehrausgaben für Flottenrüstungen zu schreiten, wenn sie nicht auf die Durchführung des Prinzips des Zweimächtestandard verzichten will.

Im übrigen ist Ihnen ja bekannt, daß ich weit davon entfernt bin, mich der Tatsache verschließen zu wollen, die Sie bei jeder sich bietenden Gelegenheit wieder betonen, daß der geplante Ausbau unserer Flotte und insbesondere das Tempo dieses Ausbaues in England einen Zustand der Beunruhigung hervorgerufen hat, der Gefahren in sich birgt und ernste Beachtung von unserer Seite verdient.

An und für sich würde vielleicht unser Flottengesetz, das für die Jahre 1909, 1910 und 1911 den Neubau von je vier großen Schiffen vorsieht, während für die Jahre 1912 bis 1917 das Bautempo auf je zwei große Schiffe heruntergeht, die Möglichkeit bieten, ohne Verringerung des Gesamtsollbestandes unserer Flotte den englischen Wünschen zunächst dadurch Rechnung zu tragen, daß wir in den Jahren 1909 bis 1911 statt je vier nur je drei Schiffe bauen und das Versäumte dann in den Jahren 1912 bis 1914 nachholen. Ich stehe im Begriff, Admiral von Tirpitz zu einer Äußerung über die Durchführbarkeit dieses Gedankens von marinetechnischen Gesichtspunkten aufzufordern. Gleichzeitig aber muß ich Wert darauf legen, Ihre Ansicht darüber zu hören, welche Wirkungen in England Sie sich von einer Maßnahme versprechen, deren Verwirklichung nur nach Überwindung der erheblichen Schwierigkeiten zu erreichen sein wird.

Daß die vorstehend angedeutete Verlangsamung unseres Bautempos der gegenwärtigen liberalen Regierung im Hinblick auf ihre Finanznöte sehr willkommen sein würde, ist wohl zweifellos. Die Frage, auf die es m. E. aber hauptsächlich ankommt,[1] ist die, ob ein solcher Verzicht auf die strikte Durchführung unseres gesetzlich festgelegten Flottenprogramms einen nachhaltigen Eindruck auch außerhalb der Kreise der extremen liberalen Pazifisten in England hervorrufen würde. Ich denke an den im= perialistischen Flügel der Liberalen, insbesondere aber an die unionistische Partei mit ihren chauvinistischen Elementen.

Auf Grund der hier vorliegenden Nachrichten, u. a. auch der Äußerungen, die Sir Edgar Speyer bei seiner jüngsten Anwesenheit in Berlin getan hat, nehme ich an, daß wir, wenn auch nicht mit der Wahrscheinlichkeit, so doch mit der Möglichkeit rechnen müssen, daß im kommenden Frühjahr die Regierungsgewalt in England auf die Kon= servativen übergeht. Ich würde die in Rede stehenden Maßnahmen daher nur unter der Voraussetzung in ernstere Erwägung ziehen können, daß ihr auch von unionistischer Seite eine Aufnahme sicher ist, die eine Gewähr dafür bietet, daß unsere Nachgiebigkeit uns nicht lediglich platonische Freundschaftsbeteuerungen von englischer Seite einträgt.

Dazu kommt, daß angesichts der in neuerer Zeit von englischer Seite geflissentlich betonten Kontinuität der auswärtigen Politik die liberale Partei, auch wenn sie vor= läufig am Ruder bleibt, politische Verbindlichkeiten uns gegenüber wohl nur im Ein= vernehmen mit den Führern der Opposition eingehen würde.

Ich glaube aber, daß Sie mir darin zustimmen werden, daß wir unsere ausschließlich durch unser Schutzbedürfnis bestimmte und auf der bestehenden politischen Konstellation basierende bisherige Flottenpolitik nur dann verlassen dürfen, wenn sich uns gleich= zeitig die bestimmte Aussicht eröffnet, dagegen die Gewißheit einzutauschen, daß wir im Falle kriegerischer Komplikationen England nicht auf der Seite unserer Gegner finden werden.[2] Ein einseitiges Entgegenkommen gegen die englischen Wünsche unsererseits, ohne entsprechende Gegenleistungen von englischer Seite würde sich schon aus der Er= wägung heraus verbieten, daß wir den Anschein vermeiden müssen, unter englischem Druck gehandelt zu haben.

Das Jahr 1909, welches später bedauerlicherweise die Ersetzung Bülows durch Bethmann Hollweg als Reichskanzler bringen sollte, zeitigte zunächst die Fortsetzung meines Briefwechsels mit Bülow. So ziemlich alle die Gesichtspunkte, welche nach dem Zusammenbruch für und gegen unseren Flottenbau ins Feld geführt wurden, sind schon damals zwischen den ver= antwortlichen Persönlichkeiten in diskreter Form erörtert worden.

Der Staatssekretär des Reichsmarineamts an den Reichskanzler.

Berlin, 4. Januar 1909.

Den Empfang Euer Durchlaucht geneigten Schreibens vom 25. Dezem= ber 1908 habe ich die Ehre gehorsamst zu bestätigen.

Euer Durchlaucht empfehlen in demselben, daß wir unter Wahrung unserer

---

1) *Hierin lag die Entscheidung. Diese Art der Verlangsamung bewirkte in England nichts und war für uns demütigend, daher gefährlich.*
2) *In diesem Falle war auch ich stets bereit, nachzugeben.*

Würde jede Handhabe ergreifen sollten, um die englische Nervosität uns gegen=
über zu verringern, und sehen als geeignetes Mittel dazu eine Herabsetzung
unseres durch die beiden letzten Flottennovellen (von 1906 und 1908) festge=
legten jährlichen Bautempos an großen Schiffen von vier auf drei in den näch=
sten Jahren an.

Ich habe hiergegen das schwere Bedenken, daß ein solches Vorgehen im
In= und Auslande als ein Zurückweichen vor den Drohungen Englands ange=
sehen werden wird und daß keinerlei Beschönigung diesen Eindruck wird be=
seitigen können.

Wenn auch die englischen Minister persönlich geneigt sein würden, mit lie=
benswürdigen Worten darüber hinwegzugehen, so sind zu viele Interessenten
in England vorhanden, welche unserem Nachgeben den Charakter einer De =
mütigung beilegen werden. Ich möchte sogar meinen, daß die liberale Partei
selbst in England nur dann Nutzen von der Verminderung unseres Bautempos
hat, wenn diese als eine Demütigung erscheint. In diesem Sinne wird unser
Vorgehen in England rücksichtslos dargestellt werden. Nun wird, wie Euer
Durchlaucht in dem geneigten Schreiben zum Ausdruck bringen, durch diese
Änderung des Bautempos die Schaffung einer starken deutschen Flotte an sich
nicht aufgegeben, sondern ihre Bereitstellung nur um einige Jahre verzögert.
In dem künftigen Vorhandensein dieser Flotte aber sehen die Engländer den
eigentlichen Stein des Anstoßes; denn die bloße Existenz einer starken deut=
schen Flotte muß England in Zukunft zwingen, auf Deutschland mehr Rücksicht
zu nehmen als bisher. Alle Flotteninteressenten in England, welche den augen=
blicklichen „Navy Scare" arrangiert haben, alle Imperialisten und die ganze
konservative Partei werden also weiter hetzen und, da sie den Erfolg der Dro=
hungen gesehen haben, werden sie zu weiteren Demütigungen Deutschlands
schreiten. Die Gefahr eines Krieges mit England wird dadurch größer werden
und nicht kleiner. Auch darüber kann m. E. kein Zweifel sein, daß, wenn das
augenblickliche stürmische Verlangen nach Sparsamkeit um jeden Preis in
Deutschland wieder aufgehört hat, die Verringerung des Bautempos in ihrer
wahren Bedeutung auch bei uns voll erkannt werden und eine starke Reaktion
unseres Volkes gegen ein solches Zurückweichen vor den englischen Drohungen
erzeugen wird. Auch hierdurch kann die Gefahr eines Zusammenstoßes mit Eng=
land nur vergrößert werden.

Ich bin, wie ich Euerer Durchlaucht meldete, nicht der Ansicht, daß die Gefahr
eines englischen Präventivkrieges zurzeit größer ist als bisher. Die eng=
lische Flottenpropaganda wird zunächst heruntergehen, wenn die konservative
Partei und die Flotteninteressenten ihren Zweck erreicht, nämlich die liberale
Regierung gezwungen haben, gegen deren Wunsch eine große Flottenforderung

dem Parlamente vorzulegen. Wollte England wirklich Krieg führen, so würde man doch erst die Schiffe vom Etat 1909, welche die englische Übermacht wiederherstellen sollen, fertig bauen wollen. Wenn man einen Präventivkrieg vorbereitet, so legt man sein Geld für andere militärische Maßnahmen an als für Schlachtschiffe, die drei Jahre Bauzeit haben. Das sogenannte kritische Jahr 1911 ist in der englischen Auffassung nicht dadurch entstanden, daß wir in demselben bereits eine zu große Zahl „Dreadnoughts" besitzen (neun solcher Schiffe — nicht 13, wie Euer Durchlaucht annehmen und wie Lord Granard behauptet hat —), sondern dadurch, daß die leider im vorigen Jahre bei der letzten Novelle in den Reichstag getragene Flottenpropaganda in England die Annahme gerechtfertigt erscheinen ließ, wir würden in dem genannten Jahre eine weitere Flottenvermehrung vornehmen. Auf diese Flottenvermehrung haben wir verzichtet und damit ein außerordentliches Entgegenkommen gegen England gezeigt. Graf Metternich hat schon vor der Erklärung Euer Durchlaucht im Reichstage mit diesem Entgegenkommen operiert. Auf demselben fußend, hätte er m. E. positive Gegenleistungen fordern können. Hierauf ist jedoch verzichtet worden. Mr. McKenna hat befriedigt davon Kenntnis genommen und ist nach kurzer Zeit mit weiteren Forderungen gekommen. Dieser Vorgang beweist, wie bedenklich es ist, auf die schiefe Ebene des Nachgebens zu geraten. Daß unsere Lage England gegenüber eine sehr ernste ist, habe ich nie verkannt und stets unverhohlen schriftlich und mündlich Euer Durchlaucht gegenüber seit zwölf Jahren zum Ausdruck gebracht. Ich bin aber der Ansicht, daß die geringere Kriegsgefahr für uns „im Durchhalten" besteht und daß ein Nachgeben trotz der damit verbundenen Demütigung Deutschlands die Gefahr nur erhöht.

Eine Verringerung des Bautempos, wie Euer Durchlaucht sie anregen, könnte nicht im Etatswege erfolgen, da die Ersatzbauten gesetzlich festgelegt sind. Es ist also eine Novelle zum Flottengesetz nötig, welche von den Verbündeten Regierungen genehmigt und von Euer Durchlaucht im Namen des Kaisers dem Reichstage vorgelegt werden müßte.

Ich resümiere mich dahin, daß ein Herabgehen des Bautempos von vier auf drei große Schiffe pro Jahr im In- und Auslande als eine Demütigung Deutschlands ausgelegt und empfunden werden würde, eine Demütigung, die nach meiner Ansicht nicht nötig ist, da keine Kriegsgefahr droht, oder, wenn sich dies als ein Irrtum erweisen sollte, nutzlos ist, weil lediglich die Verschiebung von drei Ersatzbauten von 1909/11 auf 1912/14 den etwa in England gefaßten Entschluß zu einem Präventivkrieg nicht wieder rückgängig machen würde. Bei dieser meiner Auffassung der gegebenen Situation werden Euer Durchlaucht mir zustimmen, daß ich die Vertretung der neuen Novelle zum Flottengesetz im Reichstag nicht übernehmen kann, ganz abgesehen davon, daß derselbe Staatssekretär nicht im Jahre 1909 das Gegenteil von dem vertreten kann, was er im Jahre 1908 mit Aufbietung aller seiner Autorität verfochten hat und was vom jetzigen Reichstage mit überwältigender Majorität angenommen worden ist. Es würde das politisch zu ganz unhaltbaren Situationen führen.

Wenn die Ansicht Euer Durchlaucht von der politischen Notwendigkeit der Verringerung des Bautempos, die ich zum ersten Male aus Euer Durchlaucht geneigtem Schreiben vom 25. Dezember 1908 entnommen habe und nach Euer Durchlaucht bisherigen Äußerungen, namentlich Euer Durchlaucht Erklärung im Reichstage bei der ersten Lesung des Etats, nicht voraussetzen konnte, durch= geführt werden soll, so muß ich Euer Durchlaucht bitten, Seiner Majestät dem Kaiser die Bitte um meinen Abschied in Gnaden geneigtest vortragen zu wollen. Ich nehme davon Abstand, dies unmittelbar bei Seiner Majestät zu tun, einmal weil es sich hierbei um eine politische Frage handelt, und zweitens weil Euer Durchlaucht wünschen werden, Seiner Majestät die Angelegenheit per= sönlich vorzutragen, ohne daß Allerhöchstderselbe durch mein Abschiedsgesuch, dem ich doch eine Motivierung beigeben müßte, vorbereitet ist.

Da in Euer Durchlaucht geneigtem Schreiben vom 25. Dezember 1908 auch Zweifel durchklingen, ob unser Vorgehen in „militärisch=technischer" Beziehung das richtige ist, so bitte ich, einige Worte hierüber hinzufügen zu dürfen. Euer Durchlaucht stellen zur Erwägung, ob es sich nicht empfiehlt, der Verbesserung unserer Küstenbefestigungen und der Verstärkung unserer Unter= wasserverteidigung unsere Aufmerksamkeit zuzuwenden, anstatt uns ausschließ= lich auf die Vermehrung von Schlachtschiffen zu konzentrieren.

Was den lokalen Schutz unserer Küsten anbetrifft, so sind in den letzten Jahren hierfür Aufwendungen gemacht worden in einer Höhe wie nie zuvor. Man könnte ge= wiß noch Verbesserungen hinzufügen; unsere Küstenbefestigungen sind aber schon in ihrem jetzigen Zustand nach meiner Ansicht dem englischen Angriff gewachsen. Eine wei= tere Forderung von 62 Millionen Mark ist in der ersten Rate vom Reichstag bereits be= willigt, sie wird in erster Reihe für den allein brennenden Ausbau von Helgoland auf= gewendet werden.

Die jährlichen Beschaffungen von Torpedobooten sind durch die Novelle 1906 grundsätzlich verdoppelt, die Größe und Leistung der Boote erheblich gesteigert worden. Es hat keinen Zweck, das Personal schneller zu beschaffen, als es dem Anwachsen des Materials entspricht.

Unterseeboote werden so viel gebaut, als Petroleummotoren dieser Art in Deutschland beschafft werden können. Zwei Unterseeboote sind fertig, zehn Boote im Bau. 10 Millionen Mark sind für 1909 und von 1910 an jährlich 15 Millionen Mark für Unterseeboote vorgesehen und im Prinzip vom Reichstage bewilligt. Kein Staat hat vor dem Jahre 1907 ein für die Nordsee geeignetes Unterseeboot besessen. Wir sind für den Krieg mit England in kurzer Zeit in dieser Beziehung auf der Höhe. Diese Aussicht würde nur dann einen Stoß bekommen, wenn das Vorgehen des Staatssekre=

tärs des Reichsschatzamts, dem Reichstag am festgelegten Geldbedarf der Marine für die nächsten fünf Jahre Abstriche in Höhe von 50 Millionen Mark und mehr in Aussicht zu stellen, perfekt würde. Ich habe mich bisher indessen der Hoffnung hingegeben, daß bei der gefährlichen Lage unseres Staates ein Ausweg aus dieser Schwierigkeit seitens des Staatssekretärs des Reichsschatzamts noch gefunden werden würde.

Die Waffen des Kleinkrieges, welche keinen Teil des Flottengesetzes bilden und daher äußerlich weniger in die Erscheinung treten, sind also teils vorhanden, teils in stärkster Beschaffung begriffen. Ihr Stand in unserer Wehrmacht ist relativ höher als der Stand der Schlachtflotte. Beide z u s a m m e n bilden un= sere Wehrmacht zur See. Kleinkrieg ohne Schlachtflotte ist undenkbar; ebenso= wenig aber hat für unsere Verhältnisse die Schlachtflotte ohne Kleinkrieg Chancen. Euer Durchlaucht wollen aus dem Vorstehenden entnehmen, daß ein einseitiges „Konzentrieren unserer A u f m e r k s a m k e i t" auf die Vermehrung der Schlachtflotte unserem tatsächlichen Vorgehen durchaus nicht entspricht.

Die von Euer Durchlaucht ausgesprochene Befürchtung, daß unsere Flotte von den übermächtigen englischen Seestreitkräften durch enge B l o c k a d e in unseren Häfen alsbald eingeschlossen wird, ist nicht gerechtfertigt. Wie wir mit großer Sicherheit wissen und wie es einer vernünftigen Handhabung des modernen Seekrieges entspricht, bleibt das Gros der englischen Flotte hinter der Doggerbank in der Nähe von England, und nur leichte Kräfte mit soutiens sind als Blockadelinie vorgeschoben. Ohne deutsche Schlachtflotte würden unsere Torpedo= und Unterseeboote an ihre Angriffsobjekte, nämlich an die großen Schiffe des Feindes, überhaupt nicht herankommen können, denn nur eine Schlachtflotte kann ihnen den Weg zum feindlichen Gros freimachen. Mit an= deren Worten: ohne eine ausreichende deutsche Schlachtflotte kostet der Krieg England so gut wie nichts und bedeutet kein R i s i k o für England. Das Rück= grat unserer ganzen Flottenpolitik ist aber von Anfang an die Schaffung eines solchen Risikos in militärischer und damit vor allem auch in politischer Bezieh= ung anderen Staaten gegenüber gewesen. Die Begründung zum Flottengesetz von 1900 sagt darüber: „Deutschland muß eine so starke Schlachtflotte be= sitzen, daß ein Krieg auch für den seemächtigsten Gegner mit derartigen Ge= fahren verbunden ist, daß seine eigene Machtstellung in Frage gestellt wird." Mit jedem neuen Schiff, das unserer Schlachtflotte zuwächst, wird sie nicht nur allein, sondern mit ihr auch unser verhältnismäßig hoch entwickeltes Torpedobootswesen stärker in die Wagschale fallen, wird von Jahr zu Jahr das Risiko eines Angriffs gegen uns für England größer werden. Damit wird der Zweck des Flottengesetzes, uns den Frieden zu sichern, mehr und mehr er= reicht.

Wir könnten unser Torpedobootswesen und unsere Unterseeboote verdoppeln und verdreifachen, wir könnten unsere ganze Küste mit Kanonen spicken, eine

Friedenswirkung kann dieser Teil unserer Seemacht in keiner Weise erreichen. Ohne Schlachtflotte würden wir allen Unbilden seitens Englands wehrlos preisgegeben sein.

Die englische Admiralität und die englische Marine betrachtet unsere Flotte weder jetzt noch für absehbare Zeit als in der Aggressive gegen England. Jeder englische Seeoffizier würde sich lächerlich machen, wenn er etwas Ähnliches ernsthaft aussprächte. Trotzdem richtet sich die Verstimmung der englischen Admiralität gegen unsere Schlachtflotte, weil sie allein das Mittel bietet, den Defensivkrieg gegen England „aussichtsvoll" zu führen.

Daß eine unfertige Seemacht — und das ist die unsrige — überall Lücken aufweist, wenn sie heute in Gegensatz zur englischen Flotte gebracht wird, ist selbstverständlich. Oberflächliche Kritiker können sich daher mit leichter Mühe auf solche Lücken werfen und Eindruck auf Laien machen. Darüber möchte ich kein Wort verlieren. Der schärfste Kritiker aber, den wir haben, England nämlich, hat klar erkannt, daß unsere Seemachtentwicklung unter sorgfältiger Abwägung des zahlenmäßigen Verhältnisses der verschiedenen Mittel des Seekrieges zueinander so rationell erfolgt, wie es England bisher noch nicht gesehen hat. Es hat sich nicht vermeiden lassen, daß die Verstimmung der Engländer gerade durch diese rationelle Entwicklung noch vermehrt worden ist.

Von einer neuen Vorlage, welche die von Euer Durchlaucht angeregten verstärkten Maßnahmen für die Verteidigung unserer Küsten betrifft, ist ein wirklicher Nutzen daher nicht zu erwarten, da das Wesentliche in voller Ausführung begriffen ist. Wollte man eine Vorlage einbringen, die — gegen Verringerung des Bautempos um ein Schiff — wirklichen Nutzen für eine akute Kriegsgefahr, also für einen Krieg im Jahre 1909 oder 1910, zu bringen imstande wäre, so würde dies nur durch Forderung erheblich vermehrter Indienststellungen und Mannschaftsvermehrungen geschehen können. Es kann aber nicht zweifelhaft sein, daß eine solche Maßnahme als eine direktere Kriegsdrohung aufgefaßt werden würde, als wenn wir an dem wohlerwogenen Plan der Entwicklung unserer Flotte festhalten.

Der deutsche Botschafter in London an den Reichskanzler.

London, 4. Januar 1909.

Sir Edward Grey kam heute mir gegenüber auf das beiderseitige Schiffbauprogramm zu sprechen. Er führte wiederum aus, daß das hiesige Programm sich lediglich nach dem unsrigen richten werde und müsse. Bei Beurteilung des englischen Two Power Standard komme nur Deutschland plus einer europäischen Macht in Frage. Da außer Deutschland niemand in Europa eine nennenswerte Flotte baue, so könne es sich vom englischen Standpunkte aus auch nur um uns handeln. Da ferner unsere Schlachtflotte aus Dreadnoughts bestehen solle, so komme für England auch wieder nur das deutsche Dreadnoughtprogramm in Betracht.

Auf meine Bemerkung, der Premierminister habe den Two Power Standard dahin definiert, daß die englische Flotte den beiden nächststärksten Flotten, wo immer sie seien, überlegen sein müsse, erwiderte Sir Edward Grey, der Premierminister habe bei dem Two Power Standard nur die Defensive im Sinne gehabt. Da England mit dem Two Power Standard nur die Defensive bezwecke,[1] so würden die amerikanische und die japanische Flotte hier von der Admiralität ganz anders bewertet als eine europäische. Eine Dreadnoughtflotte, die von Amerika oder gar von Japan komme, habe nach der Ansicht der hiesigen Admiralität nicht mehr annähernd denselben Gefechtswert in den englischen Gewässern als eine Flotte, die von den Küsten der Nordsee herüberkomme.

Unter Berücksichtigung dieser Gesichtspunkte werde die hiesige Regierung Anfang März dieses Jahres bedeutende Forderungen für das Marinebudget stellen.

Wie bekannt, sei die englische Regierung bereit gewesen, auf der Haager Konferenz die Einschränkung der Rüstungen zur Sprache zu bringen, hätte dies aber unterlassen, weil wir keine Bereitwilligkeit gezeigt hätten, darauf einzugehen.[2] Auch seitdem habe sie keinen Zweifel darüber gelassen, daß sie stets bereit sei, sich über das beiderseitige jährliche Marinebudget im voraus mit uns ins Einvernehmen zu setzen. Ebenso sei die englische Regierung stets bereit, eine entsprechende Minderung am eigenen Schiffsbauprogramm vorzunehmen, falls auf unserer Seite sich hierfür Geneigtheit zeigen solle. Er bemerke das lediglich zur Erklärung für das bevorstehende englische Marinebudget.

Bei normaler Baugeschwindigkeit („at normal rate") würden wir nach Berechnung der englischen Admiralität im Februar 1912 dreizehn Dreadnoughts vollendet haben — wenn er den Ausdruck Dreadnought gebrauche, so geschehe es der Kürze halber, um damit den neuen großen Schiffstyp im allgemeinen zu bezeichnen.

Nach hiesiger Information sei das Material für vier Dreadnoughts, welche jetzt bei uns im Baue seien, schon sechs Monate im voraus an den betreffenden Baustellen bereit gestellt worden, ehe mit dem Bewilligungstermin der tatsächliche Bau begonnen habe. Wenn ebenso bei den nächsten vier Dreadnoughts verfahren werde, so würden wir im Februar 1912 siebzehn Dreadnoughts vollendet haben.

Falls wir, abgesehen von finanziellen Rücksichten, unsere Schiffsbaukapazität voll ausnützten, so würden wir im April 1912 einundzwanzig Dreadnoughts vollendet haben.[3]

Nach diesen Möglichkeiten des deutschen Schiffsbaues würde das englische Programm im März bemessen werden. Die Kriegsschiffsbaukapazität der anderen europäischen Staaten käme neben der deutschen kaum in Betracht.

Ich erwiderte dem Minister, unser Schiffsbauprogramm für das nächste und für die kommenden Jahre liege gesetzlich fest. Eine plötzliche Ausnützung unserer gesamten Schiffsbaukräfte zur Steigerung des gesetzlich vorgesehenen Tempos im Bau sei

---

1) *Eine rührende Harmlosigkeit, dem deutschen Botschafter den Two Power Standard als defensiv zu bezeichnen und gleichzeitig unsere halb so große Flotte als eine Bedrohung Englands hinzustellen.*

2) *Obwohl dieses Angebot auf der Haager Konferenz von den Engländern selbst als utopische Idee Campbell-Bannermans hingestellt wurde und von den matter-of-fact-Engländern niemals ausgeführt worden wäre, wäre es von uns doch politisch richtiger gewesen, auf diesen Vorschlag einzugehen. Als echte Deutsche nannten wir aber das englische Kind beim rechten Namen und setzten uns den urteilslosen Massen gegenüber ins moralische Unrecht.*

3) *Diese groteske Aufrechnung ist bezeichnend für den Mangel an Sachkenntnis und die daraus sich ergebende Hilflosigkeit, die Grey bei unserm Botschafter voraussetzen zu können glaubte. Woher hätten wir 1912 eingetrimmte Besatzungen für 21 Dreadnoughts nehmen sollen? Vgl. meinen Brief vom 20. Januar, unten S. 116 und Metternichs Bericht vom 23. März, unten S. 136 ff.*

daher ausgeschlossen. Im übrigen könne ich ihm nur wiederholen, daß unser Flotten=
bauprogramm sich nicht nach dem englischen richte und auch nicht als Konkurrent für
die englische Flotte gedacht sei. Wir brauchten eine Flotte von bestimmtem, bekanntem,
gesetzlich normiertem Umfange zum Schutze unseres Handels und unserer Küsten.[1]
Welche Flotte England bauen wolle, sei nicht unsere Sache. Falls die englische Regie=
rung glaube, nicht nur nach unserem tatsächlichen Programm, sondern sogar nach den
deutschen Baumöglichkeiten ihr eigenes Programm bemessen und sich dadurch in neue
Kosten stürzen zu müssen, so überließen wir auch das ihrem Ermessen.

Sir Edward Grey formulierte am 4. Januar die ihm von der englischen
Admiralität zugegangene Information in Gegenwart des Grafen Metter=
nich in der folgenden Notiz:

At normal rate:

13 Dreadnoughts completed by February 1912.

If materials collected in advance for next four to be laid down as it
is understood has been done in the case of four vessels already 17 Dreadnoughts completed by February 1912.

Full shipbuilding capacity apart from financial restrictions 21 Dreadnoughts by April 1912. [*]

Metternich besprach diese Angaben Greys mit dem Marineattaché,
der ihm auseinandersetzte, daß das Material für unsere beiden ersten 1906
bewilligten Dreadnoughts allerdings mehrere Monate vor Inangriffnahme
des Baues[2] bereitgelegt worden sei, aber nur deshalb, weil nach erfolgter
Bewilligung durch den Reichstag die Schiffspläne noch nicht fertiggestellt
gewesen seien, so daß mit dem wirklichen Bau erst einige Monate später
begonnen werden konnte.

Graf Metternich hat diese Angaben Widenmanns Sir Edward Grey
gegenüber gelegentlich verwertet.

---

1) *Es ist nicht mehr Harmlosigkeit zu nennen, wenn Sir Edward Grey die Stärke
der deutschen Flotte für 1912 auf 21 Dreadnoughts bei einer solchen Diskussion glaubt
beziffern zu können. Es zeigt vielmehr, was er glaubte dem deutschen Botschafter gegenüber sich erlauben zu können. Weil das so war, dürfte m. E. der Botschafter sich nicht
gewissermaßen hinter Küste und Handel verstecken, sondern mußte auf die Einkreisungspolitik und die englischen Drohungen hinweisen. Die Begründung zum Flottengesetz
hatte das bereits, wenn auch in milder Form, getan. Die zu weiche Antwort, die von
Grey als Verlegenheit Metternichs und als ein Bedauern des Botschafters über unseren
Flottenbau empfunden werden mußte, konnte nur schädlich wirken.*

2) *D. h. vor der Stapellegung. Die bisherigen, für kleinere Schiffe hergerichteten
Stapel mußten erst vergrößert werden.*

*) Beim normalen Bautempo: 13 Dreadnoughts fertig Februar 1912. Falls im voraus
Baumaterial für die nächsten vier auf Stapel zu legenden angesammelt wird, wie es dem Ver=
nehmen nach schon bei vier Fahrzeugen geschehen ist: 17 Dreadnoughts fertig Februar 1912.
Volle Schiffbaufähigkeit ohne Rücksicht auf finanzielle Beschränkungen: 21 Dreadnoughts
April 1912.

Der Reichskanzler an den Staatsfekretär des Reichsmarineamts.

Berlin, 11. Januar 1909.

Nachdem Euere Exzellenz in dem gefälligen Schreiben vom 17. v. M. die von mir gestellte Frage, ob das deutsche Volk einem englischen Angriff mit Ruhe und Vertrauen entgegensehen könne, verneint hatten, ersehe ich aus Ihrem Schreiben vom 4. d. M., daß nach Ihrem fachmännischen Urteil unsere Küsten=befestigungen schon jetzt einem englischen Angriff gewachsen sind. Wenn auch die Gefahr des englischen Angriffs hauptsächlich in dem Unterbinden unseres Handels durch die Blockierung unserer Küsten, unter Wegnahme unserer Handelsschiffe und in der dadurch hervorgerufenen Schädigung unseres Ver=kehrs und Erwerbslebens im allgemeinen besteht, so erfüllt es mich doch mit Befriedigung und einem Gefühle größerer Sicherheit, daß wir bezüglich un=serer Küstenbefestigungen gegen einen englischen Angriff geschützt sind. Es ist gleichfalls erfreulich, daß Euere Exzellenz der Ansicht sind, daß auch das sonst zur Verteidigung unserer Küsten Erforderliche in voller Ausführung begriffen ist, soweit es nicht bereits besteht. Aufgefallen ist mir als Laien bei den bezüg=lichen Ausführungen, daß kein Staat vor 1907 ein für die Nordsee geeignetes Unterseeboot besessen haben soll, während doch England im Mai 1908 43, Frankreich gar 49 Stück fertig hatte. In dieser Hinsicht dürften daher wohl die Ansichten der Fachmänner dieser Marinen von denen der unsrigen abweichen, denn man würde sich in jenen Ländern kaum dazu verstanden haben, so viele Unterseeboote zu bauen, wenn man sie nicht für brauchbar erachtet hätte. [1]

Von einem Sparen à outrance, von dem Euere Exzellenz eine ungünstige Einwirkung auf unsere Marine befürchten, kann m. E. im Hinblick darauf keine Rede sein, daß das Reichsschatzamt sich mit einer Erhöhung des gesamten Marinectats um über 60 Millionen Mark gegen den jetzigen Etat einverstanden erklärt hat. Wenn auch noch Abstriche durch den Reichstag vorgenommen werden können, so hat sich das Reichsschatzamt doch nicht von einer Sparsamkeit um jeden Preis leiten lassen.

Euere Exzellenz meinen, daß eine Herabsetzung unseres gesetzlich fest=gelegten jährlichen Bautempos von großen Schiffen von vier auf drei in den nächsten Jahren im In= und Auslande als ein Zurückweichen vor englischen Drohungen und als eine Demütigung Deutschlands aufgefaßt werden würde. Ich möchte hier zunächst feststellen, daß englische Drohungen nie vor=gelegen haben. Auch aus den Worten des Sir Charles Harbinge in Friedrichshof

---

1) *Tatsache ist, daß keines dieser früheren U-Boote im Weltkrieg zur Verwendung gekommen ist, weil sie technisch unzureichend waren, was unsere Schreier nach U-Booten nicht beurteilen konnten. Der Schreier gilt aber leider in Deutschland vielfach mehr als der Experte.*

entnehme ich keine Drohung. Was in Zeitungen und von unverantwortlichen Leuten geredet wird, sind nicht Drohungen. Besorgnis — nach unserer Ansicht allerdings ganz unbegründete und lächerliche Besorgnis — und Furcht sind es, welche den Engländern ein Anwachsen unserer Flotte unerwünscht erscheinen lassen. Diese Besorgnisse gepaart mit dem Wunsche, womöglich Geld für Flotten= bauten zu sparen, haben die englische Regierung veranlaßt, uns gelegentlich der Zweiten Haager Konferenz und gelegentlich der letzten Begegnung Seiner Maje= stät des Kaisers mit König Eduard sowie auch sonst zu verstehen zu geben, daß man sich in England gern mit uns über Flottenbauten verständigen würde. Von Drohungen auf englischer Seite ist nicht die Rede gewesen. Die Engländer sind weit eher in der Rolle von Bittenden an uns herangetreten.

Mit größter Bestimmtheit muß ich die Ansicht zurückweisen, als ob ich mit meiner an Euere Exzellenz gestellten Anfrage vom 25. v. M. eine Demüti= gung Deutschlands ins Auge gefaßt hätte. Ich habe in diesem Schreiben her= vorgehoben, daß wir „unter Wahrung unserer Würde" bestrebt sein müßten, die englische Nervosität zu verringern. Es ist mir nie in den Sinn gekommen, irgend etwas tun oder anregen zu wollen, was mit unserer nationalen Würde unvereinbar sein könnte.[1] Das würde in vollem Widerspruch stehen nicht nur mit meiner Denk= und Empfindungsweise, sondern auch mit der Haltung, die ich als Leiter unserer auswärtigen Politik seit bald zwölf Jahren stets, in allen Fällen und in allen Lagen eingenommen habe.

Euere Exzellenz werden mit mir übereinstimmen, daß die Erregung gegen uns in England im Laufe der letzten Jahre erheblich zugenommen hat. Mit dieser zuneh= menden Erregung hat sich die Gefahr eines Zusammenstoßes zwischen uns und Groß= britannien vergrößert, ohne daß angenommen zu werden braucht, daß die englische Re= gierung auf einen Konflikt mit Deutschland hinarbeitet; eine Annahme, die ich für irrig halte. Wie sich die uns feindliche Stimmung entwickelt hat, darüber verbreitet sich nochmals eingehend der Kaiserliche Botschafter in dem in Abschrift anliegenden Bericht vom 1. d. M. Wenn es mir auch, wie ich bereits in meinem Schreiben vom 25. v. M. bemerkte, von sekundärer Bedeutung zu sein scheint, ob die sich gegen uns in England geltend machende feindselige Stimmung ausschließlich eine Folge unserer maritimen Rüstungen ist, oder ob sie der natürlichen Konkurrenz der beiden großen Kulturstaaten entspringt, wie Euere Exzellenz annehmen, eins ist unzweifelhaft, daß immer weitere Kreise in England, nicht nur die unverständigen Massen, sondern auch einsichtige Leute in dem Anwachsen unserer Seemacht eine ernste Gefahr für Großbritannien und seine Macht erblicken. Gegen die Idee, daß kommerzielle Eifersucht den deutsch=englischen Gegensatz hervorgerufen oder vermehrt habe, ist, wie Ihnen bekannt, nach meiner Reichstagsrede vom 19. November v. J. sowohl von liberaler wie von konservativer

---

1) Das hat Fürst Bülow auch sicher nicht getan, noch würde er es jemals geduldet haben. Hier liegt ein Mißverständnis meines Schreibens vom 4. Januar vor, worin ich nur gesagt hatte, ein auf Drängen Englands erfolgtes Herabgehen vom Vierer= zum Dreiertempo werde als Demütigung Deutschlands namentlich im Ausland aus= gelegt und empfunden werden.

Seite in England lebhaft protestiert worden. Die Ansicht, daß kommerzielle Interessen nichts mit dem deutsch-englischen Gegensatz zu tun haben, wird in dem anliegenden Artikel der „Morning Post" vom 6. d. M. vertreten, der sich mit den kürzlich veröffentlichten Ausführungen des Admirals von Ahlefeldt beschäftigt. Auch aus diesem Artikel klingt die Furcht vor unserer Flotte heraus. Daß diese Furcht besteht, ist klar. Darüber kommen wir nicht weg, und damit haben wir als mit einem gegebenen Faktor zu rechnen. Die wachsende Furcht vor unserer Flotte stellt, da sie Hand in Hand geht mit der Zunahme einer feindseligen Stimmung gegen uns, bei der allgemeinen politischen Lage eine drohende Gefahr für uns dar. Ich hoffe mit Euerer Exzellenz, daß zurzeit die Gefahr eines englischen Präventivkrieges gegen uns nicht größer ist als bisher, da die maßgebenden Kreise Großbritanniens einen solchen Krieg nicht wollen, und die Idee der Notwendigkeit eines Präventivkrieges zwar hin und wieder erörtert, aber noch nicht in die englischen Massen eingedrungen ist. Auch Graf Metternich teilt diese Ansicht. Immerhin muß mit der Möglichkeit, ja mit der Wahrscheinlichkeit gerechnet werden, daß bei weiterem Anwachsen der Furcht vor unserer Seemacht die Idee des Präventivkrieges weiteren Anklang findet und die Lage verschärft.

Unter diesen Umständen mußte ich als der für unsere äußere Politik verantwortliche Reichskanzler mir die Frage vorlegen, wie es mit unserer Rüstung für den Fall eines englischen Angriffs steht, und was wir, falls die Rüstung nicht hinreichend stark ist, tun müssen, um sie zu verstärken bzw. einem Konflikt vorzubeugen, jedenfalls so lange als keine Aussicht vorhanden ist, einen solchen Konflikt siegreich zu bestehen. Aus diesen Erwägungen heraus sind meine Anfragen vom 30. November und 25. Dezember v. J. an Euere Exzellenz ergangen, um von dem fachmännischen Berater der Krone in Marinesachen Auskunft über diese Fragen zu erhalten. Auch Fürst Bismarck hat sich in den Zeiten von drohender Kriegsgefahr, wie vor 1870, an die militärischen Autoritäten gewandt, um zu erfahren, wie die Aussichten des Krieges im Falle eines Zusammenstoßes lägen.

Gleichzeitig mit meinem Schreiben vom 25. v. M. an Euere Exzellenz habe ich den in Abschrift beigefügten Brief gleichen Datums an Graf Metternich gerichtet, um seine Ansicht darüber zu hören, ob und eventuell welchen Eindruck in England die Durchführung des von mir Ihrer technischen Beurteilung unterbreiteten Vorschlags haben würde, in den Jahren 1909 bis 1911 drei, statt vier große Schiffe zu bauen. Die Antwort des Kaiserlichen Botschafters wollen Sie aus dem gleichfalls in Abschrift angeschlossenen Briefe Metternichs vom 29. v. M. ersehen. Der Kaiserliche Botschafter ist der Meinung, daß eine solche Neuverteilung unserer Schiffsbauten in den nächsten sechs Jahren nicht viel Eindruck in England machen würde und daß die Engländer kaum geneigt sein dürften, für diese Abänderung unseres Flottenprogramms viel zu bieten. [1]

Im Hinblick hierauf und auf die von Euerer Exzellenz mit dem ganzen Gewicht Ihrer Kompetenz und Autorität gegen den von mir erwogenen Schritt geäußerten Bedenken, daß ein solches Vorgehen für die Flotte verderblich und für unsere Sicherheit schädlich sein würde, will ich, falls nicht etwaige neue Ge-

---

1) *Dieser Punkt war für die Entscheidung der Frage ausschlaggebend und von der Marineverwaltung nie anders beurteilt worden. Metternichs eigentlicher Wunsch, auf dessen Erfüllung er drängte, war eine Verkrüppelung des Flottengesetzes bis zu seiner politischen Bedeutungslosigkeit. Wir sollten dafür von England — darauf lief es hinaus — durch schöne Worte belohnt werden.*

sichtspunkte auftauchen sollten, davon Abstand nehmen, den Gedanken einer Abänderung unseres Flottenprogrammes zurzeit weiter zu verfolgen. Ich möchte aber nicht unterlassen, darauf hinzuweisen, daß ich nicht daran zweifle, daß der Reichstag ohne größere Schwierigkeiten dafür zu gewinnen sein würde, einen Teil des für Schlachtschiffe ausgeworfenen Geldes für Torpedo= boote, Unterseeboote, Minen= und Küstenbefestigungen auszu= geben. Man könnte geltend machen, daß die Erfahrungen mit den Dreadnoughts verhältnismäßig gering wären; es könne daher der Fall eintreten, daß sie be= reits veraltet wären, wenn sie fertig gestellt sein würden. Nachdem man mit 18 000 Tonnen begonnen hätte, wären jetzt schon Dreadnoughts von 25 000 Tonnen im Bau. Wer bürge dafür, daß nicht bald Schiffe von 30 000 Tonnen und mehr in anderen Ländern auf den Stapel gelegt würden, und dann müßten wir mit. Wir wollten noch warten, um technische Zweifel zu beheben, neue Er= findungen zu verwerten, kurz, um sicher zu gehen. Ich zweifle nicht daran, daß der Reichstag solchen und ähnlichen Argumenten zugänglich wäre, und daß dann auch das deutsche Volk in seiner großen Mehrheit einverstanden sein würde.

Im Hinblick auf den in der zweiten Februarwoche bevorstehenden Besuch König Eduards in Berlin möchte ich jedoch noch eine Frage an Euere Ex= zellenz richten. Es ist ja an und für sich nicht wahrscheinlich, daß der König oder Sir Charles Harbinge, der den britischen Herrscher vermutlich begleiten wird, nach den Erfahrungen des letzten Sommers die Rede wieder auf eine Vermin= derung der beiderseitigen Flottenbauten bringen wird. Ausgeschlossen erscheint mir eine solche Möglichkeit jedoch nicht nach dem Gespräch Metternichs mit Sir Edward Grey, über das in dem in Abschrift anliegenden Bericht aus London Näheres enthalten ist. Man scheint nach den Äußerungen Greys jetzt in England sogar anzunehmen, daß wir durch besondere Abmachungen mit den Werften viel schneller bauen, als bisher angenommen worden war, und daß wir im Februar 1912 schon 17 Dreadnoughts vollendet haben würden. (Euere Exzellenz sagen, daß wir Ende 1911 neun solcher Schiffe fertig haben werden, während man in England immer angenommen hat, daß wir dann 13 Dread= noughts vollendet haben würden.) Vielleicht treibt diese Ansicht die Engländer doch zu einem neuen Versuch, eine Verständigung mit uns zu erreichen. Sind Euere Exzellenz, so frage ich, falls ein solcher Versuch von englischer Seite gemacht werden sollte, — wir müssen m. E. die Frage nicht anschneiden — der Ansicht, daß wir nochmals, wie im vorigen Sommer, a limine ablehnen sollen, den Engländern irgendein Entgegenkommen zu erweisen?

Zum Schluß darf ich bemerken, daß unser jetziger Briefwechsel nicht nur im Interesse unserer äußeren Politik, sondern auch, um Schwierigkeiten und Trei= bereien im Inneren zu vermeiden, absolut geheim bleiben muß.

8*

Der Staatsfekretär des Reichsmarineamts an den Reichskanzler.

Berlin, 20. Januar 1909.

Was die von Euer Durchlaucht gestellte Frage anbetrifft, ob wir eine erneute Anregung seitens Englands — gelegentlich des Besuchs des Königs Eduard oder auf andere Weise, — in eine vertragliche Verminderung der beiderseitigen Flottenbauten einzutreten, a limine abweisen sollen, so bin ich durchaus der Ansicht Euer Durchlaucht, daß wir das nicht tun dürfen, schon allein aus dem Grunde nicht, um das Odium einer solchen Abweisung von uns abzuhalten. Ich habe mich auch Ende September vorigen Jahres bemüht, Seiner Majestät dem Kaiser diesen Standpunkt klarzulegen.

Wenn wir uns entschließen, in solche Verhandlungen einzutreten, müßte m. E. aber Vorsorge getroffen werden, daß wir bei einem derartigen Abkommen nicht einfach die Gebenden sind, sondern auch etwas zu unseren Gunsten dabei herauskommt. Von diesem Standpunkt aus habe ich es sehr bedauert, daß wir bei der außerordentlich entgegenkommenden Zusage, im Jahre 1912 keine neue Novelle zu bringen, seitens Englands keine Gegenleistung, ja kaum einen Dank erzielt haben.

Bei neu einzuleitenden Verhandlungen müßte m. E. zunächst nachdrücklich der Standpunkt vertreten werden, daß auf Grund der vorliegenden unumstößlichen Tatsachen und des gegenseitigen Stärkeverhältnisses Deutschland allein der bedrohte Teil ist, nicht aber England.

Zu einem Angriffskrieg gehört nach alter Seekriegsregel mindestens eine Überlegenheit von 33 % während wir nach dem jetzigen Flottengesetz die künftige Stärke unserer Flotte auf ein so geringes Maß limitiert haben, daß ein Angriffskrieg oder Angriffsgelüste unsererseits gegen England von vornherein ausgeschlossen sind. Die Tatsache, daß England uns gegenüber einen Zweimächte-Standard als Basis genommen, außerdem unter Vernachlässigung sehr wichtiger Auslandsstationen eine dreifach überlegene Flotte in den europäischen Gewässern angehäuft hat und speziell die Nordseehäfen und Rosyth ausbaut, berechtigen uns zu der Behauptung, daß Deutschland allein der Bedrohte ist.

Englischerseits wird man ja versuchen, die Bedeutung dieser Tatsachen abzuleugnen. Wir müßten gelegentlich derartiger Verhandlungen unsererseits aber nachdrücklich auf dieser Ansicht bestehen bleiben. Wir könnten m. E. bei solchen Verhandlungen auch ohne Bedenken direkt hinzufügen, daß diese Bedrohung die Veranlassung zur jetzigen Entwicklung unserer Flotte gewesen wäre. Ich darf Euer Durchlaucht bei dieser Gelegenheit vielleicht daran erinnern, daß das zweite Flottengesetz direkt aus der Behandlung heraus geboren worden ist, welche wir durch England gelegentlich der Samoawirren erfuhren.

Wir würden alsdann weiter den englischen Herren gegenüber die Stellung einnehmen können, daß wir grundsätzlich nicht abgeneigt wären, diese Unterlegenheit unserer Flotte auf eine längere Zeit, vielleicht zunächst auf zehn Jahre

feſtzulegen, wenn anderſeits die Marinepolitik Englands den Beweis für uns er=
brächte, daß ein Angriffskrieg gegen uns nicht geplant ſei und aus den militäri=
ſchen Vorbereitungen nicht ohne weiteres gefolgert werden müßte. Ich würde
glauben, daß man ein ſolches Abkommen etwa in folgende einfache F o r m e l
bringen könnte:

„Deutſchland verpflichtet ſich — zunächſt auf zehn Jahre — jährlich nicht
mehr als drei Capital Ships in Bau zu nehmen, wenn England die Verpflich=
tung eingeht, jährlich nicht mehr als vier Capital Ships in Bau zu nehmen oder
anzukaufen. Unter Capital Ships ſollen Schiffe verſtanden ſein, die größer ſind
als unſere letzte Klaſſe von Linienſchiffen vor der „Dreadnought"=Periode, alſo
Schiffe über 13 000 Tonnen. Für den übrigen Teil der Flotte würde ein Ab=
kommen nicht getroffen."

Dieſe Abmachung garantiert England immer noch eine Überlegenheit von
$33^1/_3$ % an modernen Schiffen, ganz abgeſehen von der großen Übermacht an
Linienſchiffen und Panzerkreuzern, die vor der „Dreadnought"=Periode gebaut
ſind. Da man in England an der Grenze der finanziellen Leiſtungsfähigkeit an=
gekommen iſt, ſo wird es wenigſtens in der liberalen Partei Perſonen in pro=
minenter Stellung geben, die einem ſolchen Abkommen nicht abgeneigt ſein
würden.

Was ſchließlich die Äußerung S i r E d w a r d G r e y s über die Fertigſtellung unſerer
„Dreadnoughts" anbetrifft, ſo habe ich Euer Durchlaucht bereits gemeldet, daß wir
früheſtens im H e r b ſ t 1911 neun dieſer Schiffe fertig haben würden und früheſtens
im Herbſt 1912 dreizehn. Alle die übertriebenen Angaben, die Sir Edward Grey oder
McKenna dem Grafen Metternich gegenüber gemacht haben, ſind denſelben in
tendenziöſer Weiſe von S i r J o h n F i ſ h e r imputiert worden und haben leider eine
nachdrückliche Zurückweiſung vom Grafen Metternich nicht erfahren. Der Marineattaché
iſt von mir in bezug auf die Unrichtigkeit der engliſchen Angaben verſtändigt worden.

Der Reichskanzler an den Staatsſekretär des Reichsmarineamts.

B e r l i n , 29. Januar 1909.

Aus Euerer Exzellenz Ausführungen vom 20. d. M. habe ich erſehen, daß
auch Sie der Anſicht ſind, wir dürften eine etwaige erneute Anregung Englands,
in eine vertragliche Verminderung der beiderſeitigen Flottenbauten einzutreten,
nicht a limine abweiſen. Euere Exzellenz ſind in dieſem Sinne bereits bei Seiner
Majeſtät dem Kaiſer tätig geweſen. Mit Euerer Exzellenz ſtimme ich ganz darin
überein, daß wir nicht die allein Gebenden ſein dürfen, ſondern daß auch Eng=
land ſich zu Leiſtungen zu unſeren Gunſten verſtehen muß. Für ein leoniniſches
Geſchäft bin ich nicht zu haben.

Ich bin, wie ich bereits in meinem Schreiben vom 11. d. M. betont habe, der
Anſicht, daß wir den Engländern gegenüber nicht die Initiative ergreifen ſollten.

Die augenblicklich ruhigere Beurteilung der Flottenfrage in der englischen Presse
bestärkt mich in dieser meiner Auffassung. Vielleicht fangen aber die Engländer
davon an, sei es während des Königsbesuchs, sei es bei anderer Gelegenheit.
Es ist möglich, daß die Anfang März zu erwartende neue englische Flottenvorlage, die erhebliche Neubauten und daher erhebliche Mehrkosten mit sich bringen
wird, den Engländern den Anlaß bietet, erneut an uns heranzutreten. Nach
Euerer Exzellenz Ausführungen nehme ich an, daß ich auf Ihre Zustimmung
rechnen kann, wenn wir dann antworten: Wir seien grundsätzlich nicht abgeneigt,
die Unterlegenheit unserer Flotte auf längere Zeit festzulegen, wenn England zu
bestimmten Gegenleistungen bereit sei. Wir können aber m. E. diese G e g e n -
l e i s t u n g e n nicht lediglich auf dem Gebiete der englischen Marinepolitik suchen.
Auf den von Euerer Exzellenz formierten Vorschlag, daß bei uns die nächsten
zehn Jahre nicht mehr als drei, in England nicht mehr als vier Capital Ships
gebaut werden sollen, wird sich die britische Regierung nicht einlassen. Auf diese
Weise würden die Engländer nicht einmal nach außen hin den Anschein erwecken
können, den Two Power Standard aufrecht zu erhalten,[1] der zu einem nationalen Schlagwort geworden ist. Schon aus diesem Grunde wird ein solcher
Vorschlag von England abgelehnt werden. Das englische Volk würde durch ein
solches Abkommen nicht von der Furcht vor uns erlöst werden; die englische Regierung könnte darauf nicht eingehen. Beide würden dann lieber weiter bauen.
Nach unseren Nachrichten ist England keineswegs am Ende seiner Leistungsfähigkeit angekommen. England besitzt ohne Frage reichere finanzielle und wirtschaftliche Hilfsquellen als wir. Kommen die Konservativen ans Ruder und
gelingt es ihnen, den Schutzzoll durchzuführen, so würden schon dadurch neue
und erhebliche Einnahmequellen dem Lande erschlossen werden.

England wird, wenn wir unser Flottenprogramm einschränken, auch seinerseits weniger bauen. Das geht aus dem Bericht des Grafen Metternich vom
4. d. M.[2] hervor. Was wir aber von England als Gegenleistung verlangen soll-
ten, ist eine uns f r e u n d l i c h e O r i e n t i e r u n g i n d e r ä u ß e r e n P o l i t i k.
Ist England hierzu bereit, so werden sich von selbst die jetzt hervortretenden
Gegensätze mindern; die Furcht vor uns wird allmählich aufhören und dann
wird England vielleicht auch von dem Two Power Standard wieder abgehen,
der jetzt die Bewohner der britischen Inseln fasziniert. Wir müssen eine solche
Änderung der allgemeinen englischen Politik auch aus dem Grunde erstreben,
weil wir jetzt auf Schritt und Tritt England gegen uns haben, was unsere
Politik in sehr hohem Grade hemmt und erschwert.

Schneiden die Engländer die Frage wieder an, so müssen wir m. E. er-

---

1) *Das konnten sie auch nicht bei dem Vorschlag Lloyd Georges: 2 : 3.*
2) *Aber nicht aus den Berichten des Marineattachés.*

widern: Wir seien im Prinzip nicht abgeneigt, uns mit England über den Um=
fang unserer beiderseitigen maritimen Rüstungen zu verständigen, sofern Eng=
land bereit sei, sich auf eine uns freundliche Politik festzulegen, die uns insbe=
sondere im Falle sonstiger kriegerischer Verwickelungen nach englischer Seite hin
sicherstellen würde. Nimmt die englische Regierung dieses Prinzip an, so würden
wir einen Vorschlag über das Bautempo und den Umfang der Flotten machen
können, der aber, wenn er zu einer Verständigung führen soll, etwas anders
lauten müßte, wie Euerer Exzellenz jetziger Vorschlag.[1]

In Ihrem Schreiben vom 20. d. M. ist am Schluß die Ansicht ausgesprochen, daß
Graf Metternich die Behauptung Greys und McKennas über den Umfang unserer
Flottenbauten nicht genügend zurückgewiesen habe.

Ich glaube, daß der Kaiserliche Botschafter in der Hinsicht nichts versäumt hat, denn
er hat die Behauptungen der englischen Minister nachdrücklich bestritten. Aber ich werde
ihn anweisen, solchen Angaben erneut entgegenzutreten und auch immer wieder zu be=
tonen, daß die übermächtige englische Flotte und ihre Konzentrierung eine weit größere
Bedrohung für uns darstellt als unser Flottenbau für England.

Indem ich bemerke, daß ich hiermit die Sache einstweilen für a b g e s c h l o s s e n
betrachte, möchte ich noch kurz wiederholen, welche Gründe mich zur Einleitung
unseres jetzigen Schriftwechsels bewogen haben. Seit einer Reihe von Jahren
sehen wir uns der Tatsache gegenüber, daß England uns überall in der Welt
entgegentritt und uns an allen Punkten Schwierigkeiten bereitet. Das ist um so
unerwünschter, als bei unserem westlichen Nachbar die Revanche=Ideen nicht
endgültig geschwunden sind und andererseits in Rußland panslawistische Strö=
mungen fortbestehen. Als Grund der deutschfeindlichen Politik und Stimmung in
England wird von den Vertretern unserer Diplomatie im Auslande — nicht nur
von Graf Metternich — sowie von fast allen Kennern englischer Verhältnisse
speziell aus Handels= und Industriekreisen stets das Anwachsen unserer Flotten=
rüstungen bezeichnet. Daß diese wachsende deutschfeindliche Gesinnung in Eng=
land eine Gefahr für Deutschland darstellt, ist klar. Als verantwortlicher Leiter
unserer Politik mußte ich mir die Frage vorlegen, ob Deutschland einem zur
Möglichkeit gewordenen englischen Angriffe mit Ruhe und Sicherheit entgegen=
sehen könne. Nachdem Euere Exzellenz diese Frage verneint hatten, mußte ich
mir die weitere Frage vorlegen, wie wir operieren sollen, um über die Gefahr=
zone hinwegzukommen, die wir zu durchschreiten haben, um zur See so stark
zu sein, daß England bei einem Angriffe auf uns ein Risiko läuft, das in keinem

---

1) *Richtig, aber in die Verhandlungen einzutreten mit unserem Minimal=Vorschlag
hielt ich solchen gerissenen Geschäftsleuten wie den Engländern gegenüber nicht für
richtig. Diese haben sich 1913 auch zu dem Verhältnis 10 : 16 bequemt. Auch dem Aus=
wärtigen Amt gegenüber konnte ich zunächst kein weitergehendes Angebot durchblicken
lassen, weil das bei seiner ganzen Denkweise sich sofort zu den äußersten Konzessionen
herbeigelassen hätte.*

Verhältnis zu dem voraussichtlichen Resultat steht. Dies führte dann zu dem von Euerer Exzellenz im Prinzip gutgeheißenen Ergebnis, daß wir uns einem erneuten englischen Antrag auf Verständigung über Flottenbauten gegenüber nicht a limine ablehnend verhalten wollen.

Natürlich bleibt das Haupterfordernis für uns eine ruhige, feste, stetige und möglichst geschickte auswärtige Politik[1] ohne Schwäche und Ängstlichkeit, aber auch ohne Rodomontaden und Provokationen. In dieser Hinsicht möchte ich meinen, daß wir dahin wirken müssen, einerseits, daß die Verhandlungen über unsern Marineetat, denen man in England sehr aufmerksam folgen wird, glatt und ohne Kleinmütigkeit verlaufen, andererseits aber, daß keine forcierte Flottenagitation einsetzt, die auf die krankhaft überreizten englischen Nerven gerade jetzt sehr übel wirken würde. Ich bin sicher, daß Euere Exzellenz meine Bemühungen nach diesen Richtungen hin unterstützen werden.

Sollte der Besuch des Königs neue Momente zur Beurteilung der Sachlage ergeben, so behalte ich mir vor, auf die Frage zurückzukommen.

Der Staatssekretär des Reichsmarineamts an den Reichskanzler.

Berlin, 4. Februar 1909.

Aus Euerer Durchlaucht geneigtem Schreiben vom 29. Januar b. J. glaube ich schließen zu müssen, daß die Ausführungen in meinem Schreiben vom 20. Januar wohl nicht ganz klar gewesen sind, und ich halte mich bei der außerordentlichen Wichtigkeit der vorliegenden Frage doch für verpflichtet, meinen militärischen Standpunkt Euerer Durchlaucht noch einmal zu präzisieren.

Euer Durchlaucht führen in dem geneigten Schreiben vom 29. Januar aus:

„Daß wir jetzt auf Schritt und Tritt England gegen uns haben, was unsere Politik in sehr hohem Grade hemmt und erschwert"

und an anderer Stelle desselben Schreibens:

„Daß England uns überall in der Welt entgegentritt und uns an allen Punkten Schwierigkeiten bereitet. —"

„Daß die wachsende deutschfeindliche Gesinnung in England eine Gefahr für Deutschland darstellt."

Bei dieser Situation, verbunden mit der Konzentrierung einer stark überlegenen englischen Flotte gegen unsere Küste, muß ich es als Staatssekretär der Marine für unsere Pflicht erklären, mit allen Kräften zu rüsten.

Von diesem Rüsten können wir meiner Ansicht nach in beschränktem Maße nur dann Abstand nehmen, wenn wir durch vertragliche Verpflichtungen Eng-

---

1) *Das war ein Haupterfordernis, ist aber leider nicht immer innegehalten worden; vor allem im Juli 1914 sind diplomatische Fehler gemacht worden.*

lands bezüglich einer Einschränkung seiner eigenen Rüstungen wenigstens einiger=
maßen die m i l i t ä r i s c h e Sicherheit gegen einen englischen Angriff erhalten.
In der jeßigen schwierigen Situation möchte ich es für ausgeschlossen
erachten, daß wir England eine Verminderung unserer militärischen Rü=
stungen gegen p o l i t i s c h e Konzessionen seinerseits zusichern. Eine derartige
politische Konzession könnte von vielen Seiten leicht nur als vorgeschoben ange=
sehen werden.

Aber auch abgesehen von diesem schweren grundsäßlichen Bedenken dürfte
nach meiner unmaßgeblichen Meinung die Zusicherung Englands, im Falle
„sonstiger kriegerischer-Verwicklungen" neutral zu bleiben, keinen erheblichen
politischen Wert besißen. Denn erklärt England uns den Krieg, — was die Zu=
sicherung nicht ausschließt, — und Frankreich und Rußland schließen sich dem
kriegführenden England an, so wird die englische Zusicherung gegenstandslos,
während sich unsere inzwischen eingetretene Rüstungseinschränkung als von sehr
realer Bedeutung erweisen würde.

Dagegen dürfte m. E. eine militärische Vereinbarung über eine b e i d e r =
s e i t i g e Einschränkung der-Rüstungen eine für uns günstigere Orientierung
der englischen Politik von selbst im Gefolge haben.

Die Euerer Durchlaucht vorgeschlagene Formel einer militärischen Verein=
barung ist m. E. für England durchaus annehmbar. Die Engländer werden das
zunächst zwar nicht zugeben, im Laufe etwaiger Verhandlungen aber doch viel=
leicht darauf eingehen, weil sie einen Two Power + 10 % = Standard nach
meiner festen Überzeugung auf die Dauer nicht durchhalten können.

Zum Schluß möchte ich noch einmal wiederholen, daß ich von dem Wert einer
auch für uns annehmbaren m i l i t ä r i s c h e n Verständigung mit England durch=
drungen bin.

So lange wir noch eine solche für möglich und erreichbar halten — und das
halte ich für meine Person —, sollten wir uns eifrig bemühen, die Trümpfe in
unserer Hand zu sammeln und nicht vorzeitig zu verausgaben. Ich würde es
daher für äußerst wünschenswert halten, wenn Euer Durchlaucht, wie am
Schluß des geneigten Schreibens angedeutet wird, die Führer der Parteien
dahin verständigten, daß die deutschen Interessen geschädigt werden, wenn im
Reichstage allzusehr auf eine Einschränkung unserer Rüstungen gedrängt und
darüber zu viel geredet wird.

Meines Erachtens liegt es in unserem Interesse, daß die Engländer den Ein=
druck behalten, wir könnten vom Reichstage mehr für die Flotte erhalten, als
zurzeit gefordert wird.

Daß ich in demselben Sinne wirken und jede forcierte Flottenagitation nach
Möglichkeit zu verhindern suchen werde, bedarf keiner Versicherung.

Im Februar 1909 fand der vielreifende Eduard VII. zum erstenmal den Weg auch nach Berlin. Dieser Besuch gab Anlaß auch zu zwei Flottenunter=
haltungen.

Aufzeichnung des Reichskanzlers über die mit Lord Crewe geführte Unterredung vom 11. Februar 1909.

Im Laufe der Unterredung kam Lord Crewe proprio motu auch auf die Flot=
tenfrage zu sprechen. Er hob hierbei hervor, daß England natürlich nicht daran denke, uns hinsichtlich unserer Flottenbauten irgendwelche Vorschriften zu machen. Da aber Bestand und Zukunft des englischen Reiches abhingen von seiner Stärke zur See,[1] müsse England das für seine Sicherheit Notwendige auch seinerseits tun.

Ich erwiderte, daß wir nie daran gedacht hätten, das England übelzunehmen. Eng=
land möge aber auch hinter unseren Schiffsbauten nicht finstere oder perfide Pläne suchen, die uns fern lägen. Daß ein verständiges Volk, wie das englische, an deutsche Invasionsabsichten glauben könne, sei uns unbegreiflich. Lord Crewe erwiderte: Nicht die gegenwärtige englische Regierung, aber ein großer Teil des englischen Volkes sei darüber beunruhigt, daß wir vorzugsweise Schlachtschiffe bauten. Wir motivierten unsere Flottenrüstungen mit der Notwendigkeit, unseren Handel zu schützen; das könn=
ten doch Kreuzer besser.[2] Ich erwiderte: Niemand bei uns denke daran eine Flotte zu bauen, die stärker wäre als die englische. Unsere geographische Lage, die uns die Not=
wendigkeit auferlege, eine solche große Armee zu halten, sowie das Maß unserer finanziellen und wirtschaftlichen Kräfte ließen es völlig ausgeschlossen erscheinen, daß wir im Schiffsbau England überflügeln oder ihm auch nur nahe kommen würden. Unser Schwergewicht werde immer in der Armee liegen. Das deutsche Volk wolle und müsse aber auch zur See so stark sein, daß keine andere Macht es auf dem Meere ein=
fach überrennen könne. Es sei ein Irrtum der Engländer zu glauben, daß wir die Flotte gegen England bauten. Es gäbe auch andere Länder, gegen die wir zur See verteidi=
gungsfähig sein müßten.

Lord Crewe, der die ganze Unterredung im allerfreundlichsten Tone führte, fand diesen Standpunkt ganz begreiflich. Beiläufig meinte er, England werde doch wohl früher oder später zur allgemeinen Wehrpflicht übergehen.

Ich entgegnete ihm, daß, wenn dieser Fall eintreten sollte, ich eine solche Wendung als eine glückliche auch für uns betrachten würde, denn die allgemeine Wehrpflicht mache die Völker friedlich.

Aufzeichnung des Kaisers vom 12. Februar 1909 über die mit dem König von England geführte Unterredung bezügl. der Flottenbauten.

Seine Majestät König Eduard sagte mir:

"I hope people will grow sensible about the naval questions and take a quieter view. We are in a position different from other countries; being an island we must have a fleet larger than all the other ones. But we

---

1) Traf vice versa auch für Deutschland zu.
2) Ohne Stützpunkte doch nicht!

don't dream of attacking anybody, only we must make sure that our shores are quite safe from danger."

Ich: "It is perfectly natural that England should have a Navy according to her interests and to be able to safeguard them and her shores. The same thing is with us. We have laid down a naval bill embodying scheme for the development of a Navy adequate to our interests. This implies no aggressive against any power, certainly not against England."

Er: "Oh, quite so, quite so, I perfectly understand, it is your absolute right; I don't for one moment believe, you are designing anything against us."

Ich: "This bill was published 11 years ago and is known to every naval authority all over the world; it will be adhered to and exactly carried out, without any restriction."

Er: "Of course that is quite right as it is a bill voted by the people and their Parliament, I know that cannot be changed."

Ich: "It is a mistake on the part of some jingoes in England, that we are making a 'building race' with you, that is nonsense, we only follow the bill."

Er: "Oh, I know, that this is a quite absurd notion; the situation is quite clear to me, and I am in no way alarmed; that is all talk und will pass over."

Übersetzung.

König Eduard: „Ich hoffe, die Leute werden verständiger werden in bezug auf die Marinefragen und zu einer ruhigen Auffassung kommen. Wir sind in einer Lage, die verschieden ist von anderen Ländern; als Insel müssen wir eine größere Flotte haben als alle anderen. Aber wir denken nicht im Traume daran, jemanden anzugreifen, nur müssen wir uns vergewissern, daß unsere Küsten ganz sicher vor Gefahr sind."

Ich: „Es ist durchaus natürlich, daß England eine Marine entsprechend seinen Interessen habe, die imstande ist, sie und seine Küsten zu sichern. Ebenso ist es mit uns. Wir haben ein Flottengesetz geschaffen, das einen Plan für die Entwicklung einer unserer Interessen angemessenen Marine verkörpert. Darin liegt keine Aggressive gegen irgendeine andere Macht, sicherlich nicht gegen England."

Er: „O, ganz recht, ganz recht, ich verstehe durchaus, es ist euer unbedingtes Recht; ich glaube nicht einen Augenblick, daß ihr etwas gegen uns im Schilde führt."

Ich: „Dieses Gesetz wurde vor elf Jahren veröffentlicht und ist jedem Marinekenner in der ganzen Welt bekannt; daran wird festgehalten und das wird genau durchgeführt werden, ohne irgendwelche Einschränkungen."

Er: „Selbstverständlich, das ist ganz recht, da es ein Gesetz ist, das vom Volk und seinem Parlament angenommen ist, ich weiß, das kann nicht geändert werden."

Ich: „Es ist ein Irrtum auf seiten einiger Heißsporne in England, daß wir ein „Wettbauen" mit euch anstellen, das ist Unsinn, wir folgen nur dem Gesetz."

Er: „O, ich weiß, das ist eine ganz blöde Auffassung; die Lage ist mir ganz klar, und ich bin in keiner Weise beunruhigt; das ist alles Gerede und wird vorübergehen."

Meine Papiere enthalten folgenden Auszug eines Briefes des Reichs=
kanzlers vom 19. Februar 1909:

„Die Unterredung Seiner Majestät mit König Eduard hat in mir die Über=
zeugung bestärkt, daß es für den Augenblick das Beste ist, nicht die Flotten=
frage mit England zu erörtern." . . . „dahin gewirkt, daß unser Marineetat ohne
Abstriche, ohne Beanstandung und möglichst ohne Diskussion bewilligt werde" . . .
„sehr erwünscht, daß von seiten des Flottenvereins jetzt keine Agitation für eine
weitere Flottenvermehrung in Szene gesetzt wird." . . . „unbedingt nötig, daß
unsere Presse das in Kürze zu erwartende neue englische Flottenprogramm mög=
lichst wenig erörtert und nur die Tatsachen registriert."

Es folgen nun einige Korrespondenzen, welche sich auf den Trick Admiral
Fishers in der Behauptung beziehen, wir beschleunigten den Bau un=
serer Flotte heimlich. Über ein so eigenartiges Vorgehen des Ersten
Seelords in London ist meinerseits nichts zu sagen, so charakteristisch es war,
jedes Mittel zu benutzen, um gegen das „hinterhältige" Deutschland zu
hetzen. Die englische Admiralität ebenso wie die englischen Marineattachés
in Berlin wußten ganz genau, daß zu einem heimlichen Bau oder nur Be= .
schleunigung des Schiffsbaues Geld erforderlich war und daß das Geld bei
unseren klaren und beschränkten Etatsverhältnissen im Jahreshaushalt sich
nicht hätte verschleiern lassen. Im übrigen vollzog sich der Bau unserer
großen Schiffe auf den Werften vor aller Welt. Hervorzuheben bleibt, daß
sowohl der Erste Lord der Admiralität als auch Asquith durch Jahre hin=
durch sich dieses Arguments öffentlich bedient haben[1], obwohl wir durch den
Botschafter, durch den Marineattaché in London und im deutschen Reichs=
tag durch Kanzler und Staatssekretär der Marine energisch gegen diese Un=
terstellung protestiert hatten. Als das Falsche seiner Behauptung Sir John
Fisher doch unbequem wurde, äußerte er zu unserem Marineattaché Kapitän
zur See Widenmann halb entschuldigend, er hätte eben eine Navy Scare[2]
gebraucht, um seine Etatsforderungen durchzubringen. Das war die Be=
handlung, die England damals glaubte Deutschland bieten zu können! Der
Nachfolger McKennas, Winston Churchill, hat dann in einer Rede am
9. November 1911 die unwahren Behauptungen seines Amtsvorgängers
öffentlich zurückgenommen[3]. Den Anstoß zu dieser loyalen Handlung hat

---

1) Vgl. die als Anhang 2 abgedruckte Zusammenstellung.
2) Eine „Flottenpanik".
3) Dem Wahlspruch Fishers „tell a lie and stick to it" (bring eine Lüge vor und steh'
zu ihr) stand eben auch die englische Unbefangenheit gegenüber, frühere Behauptungen
abzuschütteln, nachdem sie ihren Dienst getan haben.

aber wohl der vornehm denkende Sir John Jellicoe gegeben, der ein Jahr zu=
vor in der Kieler Woche seinen alten Waffengefährten von der Seymour=
expedition, Admiral von Usedom, besuchte. Bei einem Gespräch sagte ihm
dieser, es wäre ja verständlich, wenn den Engländern der Aufstieg unserer
Flotte nicht angenehm sei; es entspräche aber nicht dem alten guten Ver=
hältnis der beiderseitigen Offizierkorps, wenn derartige unehrliche Mittel
zur Aufhetzung der Stimmung gegen uns benützt würden, wie Sir John
Fisher und der Erste Lord der Admiralität, McKenna, sie angewendet
hätten. Jellicoe stimmte dieser Auffassung durchaus zu und erwiderte, er
würde dafür sorgen, daß derartiges seitens der Admiralität nicht wieder
passierte.

Bericht des Botschafters in London (mit den Randbemerkungen des Kaisers).

London, 3. März 1909.

Der Besuch König Eduards in Berlin hat nach außenhin eine beruhigende Wirkung
gehabt. Die Schärfen und Gegensätze in der öffentlichen Diskussion zwischen beiden
Ländern sind bis auf weiteres gemildert worden. Bei der englischen Regierung besteht
unstreitig der Wunsch, daß die Détente anhalten möge.

An dem tatsächlichen Verhältnis der beiden Länder zueinander hat der Besuch da=
gegen kaum etwas geändert. Die freundschaftlichen Wünsche und Gefühle, welche der
Königsbesuch gezeitigt hat, halten die politische Belastungsprobe nicht aus. England
steht nach wie vor auf der Seite Frankreichs [a] und Rußlands und tritt, gewollt oder
nicht, zu uns in Gegensatz, sobald wir uns von der Politik der Tripleentente, wie jetzt in
Serbien, abzweigen. Die Beunruhigung, die sich seiner auf Grund unserer Flotten=
politik bemächtigt hat, die Furcht vor uns, [b] halten es einmütig an der Seite derer
fest, auf die England sich im Notfalle zu stützen hofft, oder von denen es zum mindesten
erwartet, daß sie nicht gegen England Partei ergreifen. [c]

Seit einigen Wochen wird auf der Bühne ein Stück aufgeführt „An Englishman's
Home", welches den Invasionsgedanken darstellt. Jede Anspielung auf Deutsch=
land ist darin sorgfältig vermieden. Jeder wußte aber sofort, worauf es hinauslief. Das
Stück, an und für sich ziemlich töricht, hatte eine ungeahnte Wirkung und ist geradezu
zu einem politischen Ereignis geworden. Es berührte eine Saite im allgemeinen Emp=
finden, die sofortigen und enthusiastischen Widerhall fand.

Es wird hauptsächlich seiner Wirkung zugeschrieben, daß sich in der vergangenen
Woche in London allein 12 000 Personen für die Territorialarmee angemeldet haben.
Das Stück heißt im Volksmund wie im der Gesellschaft jetzt allgemein: „What every
German knows".[1] Diese Bezeichnung ist nachgebildet von einem anderen Theaterstück,
welches den Namen trägt: „What every woman knows" ...

a) *Das ist in Punkto Serbiens nicht der Fall, da Gallien und Rußland auseinandergehen.*
b) *Olle Kamellen.*
c) *Ferid Paschas Bericht über London und Paris lautet anders.*

---

1) *Bei uns war die Fähigkeit der englischen Propaganda, uns zu verleumden, vor
dem Kriege ziemlich unverstanden.*

Die Spionenfurcht des vergangenen Sommers, fortdauernde Besprechungen in der Presse, Anfragen im Parlament über den Stand der Befestigungen und die Verteidigungsfähigkeit zu Wasser und zu Lande, haben alle den gemeinsamen Ursprung in der wachsenden Beunruhigung aus Anlaß der angeblichen deutschen Gefahr, die in der Zunahme unserer Flotte erblickt wird.[a]

In den letzten Tagen fanden wiederholt Anfragen im Unterhause statt über die rechtliche Stellung der wehrpflichtigen Deutschen in Großbritannien beim Ausbruch eines Krieges und was mit ihnen zu geschehen habe, ob sie abgeschoben oder interniert werden sollten.

Diese sind Indizien, die auch den Fernerstehenden zeigen, wohin der Strom der öffentlichen Meinung geht. Für jemand, der, wie ich, mitten im hiesigen Getriebe steht und Beziehungen nach allen Seiten unterhält, kann kein Zweifel darüber bestehen, daß hier die Überzeugung mehr und mehr um sich greift,[b] Deutschland beabsichtige, den Engländern die Suprematie zur See mit der Zeit streitig zu machen.

Die englische Regierung hat sich, wie ich dies schriftlich und mündlich hervorzuheben mich beehrt habe, mit unserem Flottengesetz und dem daraus resultierenden Bauprogramm als mit einem gegebenem Faktor, an dem nichts zu ändern sei, abgefunden.[c]

Sie hat das Bestreben, eine öffentliche Diskussion über den Stand der beiderseitigen Flotten, soweit und solange wie möglich zu vermeiden. Sir Edward Grey hat mir aber, wie Euerer Durchlaucht bekannt ist, offen erklärt, daß die Regierung bei der Erörterung des kommenden Marineetats zur Begründung der bedeutenden Mehrforderungen für Neubauten gezwungen sein werde, das deutsche Schiffsbauprogramm in die Erörterung hineinzuziehen, da sich die hiesigen Schiffsbauten nach den unsrigen zu richten hätten. Eine Flotte von 33 Dreadnoughts, — er nannte nicht die richtige Zahl von 38 — wie wir sie zu bauen beabsichtigen, stelle die gewaltigste Flotte dar, die die Welt je gesehen habe.

Soweit es sich nun um den programmäßigen Ausbau unserer Flotte handelt, müssen wir die daraus sich ergebenden hiesigen Stimmungen und Befürchtungen ebenfalls als etwas Gegebenes mit in den Kauf nehmen. Hieran läßt sich nichts ändern. Der programmäßige Ausbau steht fest, und die hiesige Regierung versucht sich mit dieser Tatsache abzufinden.[d] Es tritt nun aber ein Novum hinzu, welches von der größten Tragweite ist, und worauf ich Euerer Durchlaucht ganz besondere Aufmerksamkeit zu richten mir gestatte. . . .[1]

Seit meiner Rückkehr aus Berlin finde ich folgende Situation vor:

Es hat in den leitenden politischen Kreisen, die Regierung einbegriffen, eine tiefgehende Beunruhigung um sich gegriffen über die angebliche deutsche Absicht, das Bautempo zu beschleunigen und die Capital Ships in kürzerer Frist zu bauen,

a) *McKenna von Fisher gedeichselt, hat den Metternich wieder mal gründlich gegen seine eigene Flotte geladen.*

b) *Tollhausidee, Pathologischer Zustand.*

c) *Dies ist die Hauptsache.*

d) *Eben so muß es sein.*

e) *Der Herr hat bei Fisher ein Kolleg gehabt.*

1) Folgt umständlicher Hinweis auf Metternichs Bericht vom 4. Januar und die Greysche Notiz (oben S. 111), wozu der Kaiser die Bemerkung e macht.

als nach außen hin zugestanden wird. Dieser Glaube basiert auf den von der hiesigen Admiralität erhaltenen und der Regierung mitgeteilten Nachrichten, deren Kern in der erwähnten englischen Notiz[1] enthalten ist. Diese Nachrichten sind jedenfalls auch im Defence committee, zu dem unter anderen Balfour gehört, erörtert worden, sie sind in die politischen Kreise und selbst bis in die journalistischen hinein durchgesickert, wie aus den beiden beigefügten Zeitungsausschnitten, aus Andeutungen der „T i m e s" vom 26. und des „O b s e r v e r" vom 28. v. M. hervorgeht. In der breiten Öffentlich= keit sind diese neuen Befürchtungen noch nicht besprochen worden. Es unterliegt aber kaum einem Zweifel, daß dieselben bei der bevorstehenden Debatte über den Marine= etat durch Anfragen von der Regierung herausgelockt werden, und es unterliegt bei mir ebenfalls keinem Zweifel, daß dann eine Bewegung losbricht, die alle guten Wir= kungen des Berliner Besuchs hinwegfegen und die beiderseitigen Beziehungen schwer schädigen wird, wenn nicht vorher jenen Befürchtungen der Boden entzogen wird.

Es gehört eine genaue Kenntnis der hiesigen Verhältnisse und Personen dazu, um zu erfahren, was sich in den leitenden Kreisen vorbereitet und was sie jeweils am stärk= sten beeinflußt. Diese Vorgänge vollziehen sich im stillen. Wenn sie reif sind, folgt die öffentliche Meinung ihren Führern sofort. Auch der Annäherung an Frankreich ging eine solche Zeit der stillen Vorbereitung voraus. In diesem Augenblick vollzieht sich etwas Ähnliches. Die maßgebenden Kreise stehen unter dem Eindruck, daß wir im Ge= heimen von unserem Schiffsbauprogramm abweichen und ein rascheres Tempo an= schlagen, als das öffentlich bekannt gegebene. Es liegt auf der Hand, daß die Annahme, wenn sie nicht rechtzeitig entkräftet wird, einen entscheidenden Einfluß auf das Verhält= nis zu Deutschland haben muß.

Inwieweit Admiral Fisher im guten Glauben handelt,[a] wenn er, sich auf seine In= formationen stützend, seine Kollegen und andere leitende Persönlichkeiten davon zu überzeugen sucht, daß wir über das Programm hinaus ein beschleunigtes Bautempo angeschlagen haben, vermag ich nicht zu beurteilen.[b] Seine Stellung soll in der letzten Zeit erschüttert sein, der Thronfolger ist gegen ihn und seine German Scare mag ihn wieder im Sattel befestigen. Sodann braucht er Deutschland, um unwillige Minister von der Notwendigkeit seiner Forderungen für die Marine zu überzeugen.

Für uns kommt es indessen nicht darauf an, einen persönlichen Kampf gegen den Ersten Seelord der englischen Admiralität zu führen, insbesondere nicht in unserer Presse, was ihm sofort hier neue Sympathien erwerben würde, sondern darauf, daß wir seine Ausstreuungen unschädlich machen.[2]

Ich gestatte mir vorauszuschicken, daß es sich in dem vorliegenden Falle nicht um den gesetzlich normierten, programmäßigen Ausbau unserer Flotte handelt — die Bestre= bungen nach Verlangsamung unseres Bautempos sind für den Augenblick in den Hinter= grund getreten — sondern daß es sich lediglich darum handelt, an den maßgebenden Stellen die Befürchtungen zu zerstreuen, die aus dem Glauben an unser beschleunigtes Bautempo entstanden sind.[c]

a) *Das hat er uns gegenüber noch niemals getan!*
b) *Er hat gelogen!*
c) *Wenn das vorüber ist, erfindet Fisher was Neues und die Minister und Metternich glauben es wieder.*

---

1) *Siehe S. 111 unter dem 4. Januar 1909.*
2) *Deshalb hätte Metternich gegen solche Lügengebilde sofort energisch protestieren müssen.*

Wenn ich von Euerer Durchlaucht ermächtigt werde, hier auf das Nachdrücklichste darauf hinzuweisen, daß von unserer Seite keine Beschleunigung des Bautempos über das öffentlich bekannte Bauprogramm hinaus vorliegt noch beabsichtigt ist, so werde ich die Befürchtungen, die sich hier ergeben haben, zerstreuen können.

Es wäre für mich von Wert, die Auffassung des Staatssekretärs des Reichsmarineamts über die englische Notiz kennen zu lernen, so daß ich zur Widerlegung dieser Notiz von der berufensten Stelle in den Stand gesetzt werde.

Der Premierminister wird am nächsten Mittwoch den 10. d. M. bei mir zum Lunch sein. Wenn ich bis dahin von Euerer Durchlaucht ein Telegramm erhalten könnte, so würde dies von besonderem Werte für mich sein. Es kommt für mich darauf an, nochmals authentisch erklären zu können, daß keine Beschleunigung unseres Schiffbaues vorliegt, und daß wir im Herbst 1912 dreizehn Dreadnoughts und nicht im Februar desselben Jahres 17 oder eventuell im April sogar 21 Dreadnoughts fertiggestellt haben werden. a

a) *Armer Metternich. Die Flotte kann er nun mal weder verstehen noch vertragen.*

Der Staatssekretär des Reichsmarineamts an den Kaiser.

Berlin, 8. März 1909.

Euer Kaiserlichen und Königlichen Majestät melde ich auf den wieder beigefügten Bericht des Botschafters in London vom 3. März 1909 alleruntertänigst das Folgende:

Die Ansicht des Botschafters, daß in den leitenden politischen Kreisen, die Regierung einbegriffen, eine tiefgehende Beunruhigung um sich gegriffen hat über die angebliche deutsche Absicht, das Bautempo zu beschleunigen und die Capital Ships in kürzerer Frist zu bauen, als nach außen zugestanden wird, scheint mir zu weitgehend. Wohl ist es den konservativen Drahtziehern und Flotteninteressenten gelungen, in der öffentlichen Meinung eine Flottenpanik zu erzeugen, in leitenden Regierungskreisen aber ist man meiner Meinung nach nicht im unklaren, daß die seitens der Admiralty mit großem Geschick heimlich verbreitete Idee von einer Beschleunigung unseres Bautempos unrichtig, wohl aber ein sehr geeignetes und deshalb willkommenes Mittel ist, um das liberale Kabinett durch eine erhebliche Steigerung des Marineetats vor dem konservativen Ansturm zu retten und bei der eigenen liberalen und radikalen Gefolgschaft die Aufwendung erheblicher Geldmittel für Rüstungszwecke zu rechtfertigen.

Daß einzelne Minister öffentlich hiergegen ankämpfen, ist wohl durch ihre frühere politische Stellungnahme bedingt und dürfte an der Gesamtpolitik des Kabinetts wenig ändern.

Für das englische Kabinett handelt es sich m. E. nicht um eine Frage der äußeren Politik (England—Deutschland), sondern um eine Frage der in neren Politik (Konservative—Liberale). Infolgedeffen fürchte ich, daß eine Richtigstellung der falschen Ideen über unser Bautempo eine Änderung des eng= lischen Marineetats nicht herbeiführen und die weitere Verbreitung der Ideen in der Öffentlichkeit nicht verhindern wird. Das liberale Kabinett wird auf diese famose Erfindung zur Rechtfertigung seiner großen Marineforderungen im Etat 1909 nicht verzichten wollen und können. Trotzdem befürworte ich zur Stärkung widerstrebender Elemente und mit Rücksicht auf die nicht vorherzu= sehende weitere Entwicklung der Frage, daß der Botschafter zunächst er= mächtigt wird, dem englischen Premierminister am 10. d. M. beim Lunch nochmals autoritativ mitzuteilen, daß im Februar 1912 keine 13 Dreadnoughts verwendungsbereit sein würden, sondern frühestens einschließlich der 1909 ge= forderten Schiffe Ende des Jahres 1912, sowie daß von keiner maßgebenden Stelle in Deutschland eine Beschleunigung des programmäßigen Schiffbau= tempos in Aussicht genommen sei. Falls im englischen Parlament oder in der englischen Presse gegenteilige Behauptungen aufgestellt würden, würde es sich voraussichtlich nicht vermeiden lassen, diese Irrtümer im deutschen Reichstag richtig zu stellen. Dagegen scheint es mir zu weit zu gehen, wie der Botschafter es wünscht, dem englischen Premierminister gewissermaßen amtlich eine Übersicht über Ausführung unseres Schiffbauprogramms bis zum Jahre 1920 zu über= geben. Dazu dürfte auch kaum eine Veranlassung vorliegen.[1]

Kapitän Widenmann ist über die Daten der Stapellegung bzw. Fertigstellung der Schiffe 1906—1909 genau orientiert und hat Befehl, den Botschafter Graf Metternich hierüber zu informieren.

Bericht des Grafen Metternich an den Reichskanzler (mit den Randbemerkungen des Kaisers).

London, 10. März 1909.

Sir Edward Grey sagte mir heute, daß der Marineetat voraussichtlich am näch= sten Dienstag im Unterhause zur Beratung gelangen werde. Der Minister machte dabei die folgenden Ausführungen:

Die Regierung werde bemüht sein, ihrerseits dabei alles zu vermeiden, was als eine Kontroverse gegen Deutschland aufgefaßt werden könne. Der Marineminister werde sich ungefähr in folgendem Sinne aussprechen, wobei zum Teil die Unterredungen Sir Edward Greys mit mir, ohne daß auf mich Bezug genommen werden würde, als Grundlage zu dienen hätten:

Die deutsche Flotte werde nach einem festgelegten Gesetz ausgebaut ohne Rücksicht auf England. Der Umfang, den wir unserer Flotte zu geben beabsichtigten, sei be= stimmt durch die Rücksicht auf den Schutz unseres Handels und unserer Küsten. Wir be= absichtigten nicht, über die gesetzlich festgelegte Größe unserer Flotte hinauszugehen. Die Anzahl der Schiffe, die England baue, werde unser Programm nicht beeinflussen. Wir

_____

1) *Dementsprechend instruierte der Reichskanzler am 9. März unseren Botschafter.*

hätten die Ausführung eines bestimmten Programmes uns vorgenommen unabhängig
davon, was England tue oder unterlasse. Wenn nun auch die hiesige Regierung keineswegs in dem Bau der deutschen Flotte
eine feindliche Absicht gegen England erblicke, so sei sie doch gezwungen, nach unserem
Schiffbauprogramm das ihrige zu bemessen.ᵃ Augenblicklich sei die Superiorität Eng=
lands zur See zwar gesichert, sie müsse aber darauf bedacht sein, daß es auch in Zu=
kunft so bleibe, und zwar müsse der englische Flottenbau notwendig nach der stärksten
fremden Flotte sich richten, die in Europa, also in der Nähe der englischen Küsten, erbaut
werde. Denn ebenso wie wir nicht so sehr die Heere in fremden Weltteilen,ᵇ sondern
diejenigen unserer Nachbarn als Maßstab für unsere eigene Armee in Betracht zu ziehen
hätten, so kämen für England, welches von seiner Flotte abhänge, wie wir von unserer
Armee, die Flotten seiner Nachbarn mehr in Betracht als diejenigen in außereuropäischen
Gewässern.ᶜ

Der Minister bemerkte ferner, daß die Regierung jedenfalls auf die im Parlament
zu stellende Frage gefaßt sein müsse, ob nicht der Versuch gemacht worden sei, sich
mit Deutschland über ein Flottenprogramm zu einigen. Hierauf werde die Regierung
zu antworten haben, daß zwar derartige Versuche nicht amtlicherᵈ Natur — denn
nur um solche könne es sich handeln — gemacht worden seien, wir aber auf dem
Standpunkt ständen, daß unser Flottenprogramm durch Gesetz geregelt und daher nicht
zu ändern sei.

Nachdem der Minister den Standpunkt der hiesigen Regierung, wie sie ihn parla=
mentarisch zu präzisieren haben werde, dargelegt hatte, erklärte ich ihm mit Bezug auf
seine mir früher gemachten Bemerkungen, daß ich ihm autoritativ und mit Be=
stimmtheit die Versicherung erteilen könne, daß an keiner maßgebenden Stelle bei uns
eine Beschleunigung des programmäßigen Schiffsbautempos in Aussicht genommen sei.
Wir würden programmäßig im Jahre 1912 dreizehn Dreadnoughts verwendungsbereit
haben, aber nicht, wie er irrtümlich angenommen habe, im Februar, sondern erst Ende 1912.

Der Minister bemerkte schließlich, nach hiesiger Erfahrung sei es äußerst schwierig,
die Bauzeit eines Schiffes von der Dreadnoughtklasse im voraus zu bestimmen. Für
den parlamentarischen Zweck der Feststellung der jährlichen Marineetats, die sich, wie
gesagt, nach den unserigen richten müßten, würde er es, womit er aber nur eine per=
sönliche Ansicht und keinen Vorschlag ausspreche, für geeignet halten, wenn von Zeit
zu Zeit ein Austausch über den jeweiligen Stand der Schiffsneubau=
ten stattfände,ᵉ wobei natürlich weder von der deutschen noch von der englischen
Seite Geheimnisse preiszugeben seien, die sich auf die Konstruktion und Armierung der
Schiffe oder dgl. Fragen bezögen. Der Austausch über den jeweiligen Fortschritt der
Neubautenᶠ könnte zum Beispiel durch die beiderseitigen Marineattachés in Berlin
und London erfolgen. ¹

a) *?*
b) *So blau! Dort gibt es keine!*
c) *Kindisch!*
d) *Nicht wahr.*
e) *Damit sie immer hübsch uns voraus sein können. Wie gütig!*
f) *Ich bin dagegen.*

---

1) Auf meinen Vortrag hin ist der Kaiser auf diesen englischen Wunsch nachher ein=
gegangen. Nachdem wir aber das getan hatten, lag den Engländern plötzlich nichts
mehr an dieser Information.

Der Minister wiederholte, daß er keinen Vorschlag mache, sondern daß er nur als persönliche Ansicht einen Wunsch ausdrücke, dessen Erfüllung er für nützlich halten würde.

Ich bin auf diesen Gedanken nicht eingegangen ᵃ und glaube auch kaum, daß der Minister aus eigenem Antriebe sobald darauf zurückkommen wird, obwohl mir bekannt ist, daß er damit einen schon lange sehnlichst gehegten Wunsch der hiesigen Regierung ausgesprochen hat.

a) *Ablehnen.*

Bericht des Botschafters in London (mit den Randbemerkungen des Kaisers)

London, 12. März 1909.

Ich hatte heute mit dem **Premierminister** eine längere Unterredung, worin er aus eigener Initiative sehr bald auf die Flottenfrage und den englischen **Marine-etat** überging, der heute oder morgen dem Unterhause vorgelegt werden würde. Er sprach sich ähnlich aus, wie Sir Edward Grey es mir gegenüber getan hatte, und führte etwa folgendes aus:

Wie ich wisse, sei er immer, öffentlich wie in Privatgesprächen mit mir und anderen, für gute deutsch-englische Beziehungen eingetreten. Er verfolge dieses Ziel nach wie vor. Er kenne unseren Standpunkt ᵇ in der Flottenfrage: Daß wir nicht in Konkurrenz mit oder gar gegen England bauten, sondern daß wir ein bestimmtes, gesetzlich festge-legtes Flottenprogramm verfolgten, an dem wir festzuhalten entschlossen wären. Fer-ner, daß wir die Flotte in dem von uns erwünschten Umfange bauten ganz unabhängig davon, ob England mehr oder weniger Schiffe auf Stapel lege. England sei nun leider nicht in der Lage, nach demselben Gesichtspunkte zu verfahren. Die Größe seiner Flotte müsse sich nach der seiner Nachbarn richten, damit es diejenige Stärke zur See beibe-halte, die für seine Existenz notwendig sei. ¹ Es werde daher unvermeidlich sein, daß in den kommenden Debatten über den Marineetat häufig der Stand der deutschen Flotte erwähnt werden müsse. Er hoffe, daß wir hierin nicht eine unfreundliche Absicht er-blicken würden, sondern einfach die arithmetische Notwendigkeit, daß jedes englische Flottenprogramm von dem seiner Nachbarn ᶜ abhänge, ob dies nun zufällig Deutsch-land oder ein anderes Land sei. Die entfernt gelegenen Länder, wie z. B. die Ver-einigten Staaten, kämen naturgemäß für England weniger in Betracht als die nahe seiner Küste gelegenen. ᵈ

Der Vorsprung Englands über andere Nationen in den älteren Klassen der Kriegs-schiffe sei bedeutend und Englands Superiorität zur See augenblicklich unbestreitbar. Mit der Einführung der **Dreadnoughts**, für die seine Regierung nicht verantwort-lich sei, entstehe indessen eine neue Lage. ᵉ Diese Klasse von Schiffen sei allen bisher dagewesenen weit überlegen und naturgemäß baue alle Welt, bis auf die südamerika-nischen Republiken hin, nun Dreadnoughts. Er bedauere die Einführung des Dread-noughttyps unter der vorigen Regierung. ᶠ Er betrachte jeden neuen Dreadnought als ein Übel, wodurch die Finanzkraft des Landes geschädigt und von nützlicher Verwendung

b) *Also!*
c) *Das sind vor allem die Gallier und auch Amerikaner! Von denen wird niemals gesprochen!*
d) *Frankreich.*
e) *Ist er endlich dahinter gekommen!*
f) *So!*

---

1) *Genau wie in Deutschland auch.*

abgezogen werde. Hieran lasse sich nun leider nichts mehr ändern, da England seine
Superiorität in Dreadnoughts anderen Ländern gegenüber aufrecht erhalten müsse. Für
das kommende Finanzjahr beabsichtige die Regierung sich die Mittel für den tatsächlichen
Bau von vier Dreadnoughts bewilligen zu lassen und ferner die Befugnis zum Bau
von vier weiteren Dreadnoughts einzuholen, falls sich der Bau derselben im Laufe des
Jahres als erforderlich herausholen sollte. England habe vier Schiffe der großen
Klasse fertig (zwei Dreadnoughts und zwei Invincibles) und acht solcher Schiffe im
Bau, also bisher bewilligt zwölf. Dazu kämen die für das Jahr 1909/10 bestimmt zu
beginnenden Dreadnoughts, so daß England im Jahre 1912 über 16 Schiffe der großen
Klasse verfügen werde. Deutschland habe neun im Bau und für das Jahr 1909/10
vier bewilligt, so daß wir im Jahre 1912 über 13 dieser Schiffe verfügen würden, und
zwar, soweit die hiesigen Nachrichten gingen, im April 1912." (Also nicht, wie Sir
Edward Grey mir sagte, im Februar 1912.)

Nach Nachrichten, die der hiesigen Admiralität zugegangen seien, befänden sich von
unseren für das Finanzjahr 1909/10 vorgesehenen vier Dreadnoughts drei dieser Schiffe
schon tatsächlich seit mehreren Monaten im Bau,[b] und zwar sei nicht nur das Material
vorbereitet, sondern von Schichau auch schon der Kiel zu einem Dreadnought für
1909/10 niedergelegt. Wenn mit der Vorbereitung für den Bau und mit der Inangriffnahme des Baues von Schiffen, die vom 1. April ab bewilligt seien, schon eine
Anzahl von Monaten früher begonnen werde, so sei es klar, daß dieselben auch eine
Anzahl von Monaten früher fertiggestellt werden könnten. Es liege ihm fern und er
habe nicht die geringste Berechtigung, dies in tadelndem Sinne zu sagen. Es sei lediglich
unsere Sache, das Tempo unseres Flottenbaues zu bestimmen, und niemand in England habe an maßgebender Stelle die Berechtigung, uns hieraus einen Vorwurf zu
machen. Nur sei es aus den schon angeführten Gründen für die englische Regierung
notwendig, bei der jährlichen Aufstellung ihres Marinebudgets den jeweiligen Fortschritt unseres[c] Flottenprogramms, soweit er hier bekannt werde, in Betracht zu ziehen.
Die hiesige Regierung würde nur dann von ihrer Vollmacht zum Bau der vier be-
dingungsweise vom Parlament zu verlangenden Dreadnoughts Gebrauch machen, wenn
sich im Hinblick auf den Fortschritt im Flottenbau der benachbarten Nationen[d] im Laufe
des Jahres die Notwendigkeit hierzu herausstellen sollte.

Ich erwiderte dem Premierminister, daß Euere Durchlaucht mir auf meine Anfrage
mitgeteilt hätten, daß an keiner maßgebenden Stelle in Deutschland eine Beschleunigung des programmäßigen Schiffbautempos in Aussicht genommen sei und daß wir
frühestens Ende 1912 dreizehn Dreadnoughts verwendungsbereit haben würden.

Asquith kam sodann auf den Plan zu sprechen, dessen auch Sir E. Grey mir gegenüber letzthin Erwähnung getan hat. Es liege über dem Fortschritt der beiderseitigen
Flottenbauten notwendig solange ein gewisses Dunkel, als nicht von beiden Seiten die
Erlaubnis erteilt werde, von Zeit zu Zeit den Stand der Flottenbauten durch
die Marineattachés feststellen zu lassen.[e] Solange dies nicht geschehe, sei die
hiesige Admiralität von sonstigen mehr oder weniger zuverlässigen Nachrichten abhängig,[f] die ihr zugebracht würden. Für unseren Flottenbau sei es nun, wie ich ihm

a) *Falsch! Die Engländer sind die einzigen, denen er glaubt.*
b) *Blech!*
c) *Nur?*
d) *Wir!*
e) *Unverschämtheit, total verrückt!*
f) *Die reinen Unschuldsengel!*

gefagt hätte, irrelevant, was hier gebaut werde. Für die Aufftellung des englifchen Marinebudgets könne es nun leider nicht gleichgültig fein, was wir bauten, und obwohl nun, wie ich ihm ferner mitgeteilt hätte, keine endgültige Befchleunigung unferes Bau= programms beabfichtigt fei, fo falle doch immerhin für das hiefige Programm die Nach= richt ins Gewicht, daß drei von unferen für das Finanzjahr 1909/10 vorgefehenen vier Dreadnoughts fchon feit mehreren Monaten in Angriff genommen feien,ᵃ da da= durch potentiell die Möglichkeit einer früheren Vollendung beftehe. Um von folchen Nachrichten unabhängig zu fein, würde er fofort bereit fein, unferm Marineattaché den Zutritt zu allen englifchen Dockyards zu geftatten,ᵇ um den Fortfchritt im Bau der Schiffe feftzuftellen, wenn wir geneigt wären, die entfprechende Erlaubnis dem eng= lifchen Marineattaché in Berlin zu gewähren.ᶜ Die Kenntnis von dem, was geheim zu bleiben habe, würde dem betreffenden Marineattaché natürlich vorzuenthalten fein. Was ihm, dem Premierminifter, dagegen wünfchenswert erfcheine, fei, daß der Fortfchritt in der Konftruktion der Schiffe von Zeit zu Zeit feftgeftellt werden könne.ᵈ Er fei überzeugt, daß, wenn Klarheit hierüber gefchafft werden könne, die unvermeidliche, alljährlich wiederkehrende parlamentarifche Diskuffion über den jeweiligen Stand der beiderfeitigen Flottenbauten mit größerer Ruheᵉ geführt werden würde, und daß dadurch die von ihm gewünfchte Entente mit Deutfchland erreicht werden könne.

Ich erwiderte dem Premierminifter, der feine Bemerkungen als eine „informal sug- gestion" bezeichnete, daß es doch wohl kaum angängig fei, dem deutfchen und eng- lifchen Marineattaché eine folche Ausnahmeftellung zu gewähren, da dann auch die Marineattachés der anderen Länder ein ähnliches Verlangen ftellen würden. Außerdem hätten wir, wie er richtig bemerkt habe, nicht das gleiche Intereffe an dem Fortfchritt der englifchen Kriegsfchiffbauten, wie hier an dem unfrigen genommen zu werden fcheine. Schließlich fei durch meine Verficherung, daß unfererfeits keine Befchleunigung des Bautempos beabfichtigt fei, die Möglichkeit des Gegenteils ausgefchloffen.

Euerer Durchlaucht Ermeffen darf ich es überlaffen, mich anzuweifen, ob und was ich dem Premierminifter auf feine Anfrage fernerhin erwidern foll.ᶠ Auch darf ich es dem höheren Ermeffen überlaffen, ob ich die der hiefigen Admiralität zugegangenen Nachrichten etwa als unrichtig bezeichnen foll, was eine entfchieden beruhigende Wir- kung haben würde. Für uns kommt es darauf an, daß wir unfere Flotte in Ruhe aus= bauen können. Dem Premierminifter fchwebte wohl der Gedanke vor, daß, wenn auch das Endrefultat nach meiner Verficherung 13 Dreadnoughts im Jahre 1912 fein folle, in der Zwifchenzeit von unferm programmäßigen Bautempo doch erheblich abgewichen feinᵍ möge, wodurch fich plötzlich, wenn auch nur vorübergehend, ein anderes Stärken= verhältnis zwifchen den beiderfeitigen Dreadnoughtflotten ergeben könne, als nach un= ferem veröffentlichten Bauplan anzunehmen fei.

Gleichzeitig geftatte ich mir, den meinem ferneren Berichte J Nr. 840 vom heutigen Tage beigefügten Bericht des Marineattachés einzureichen.

Ich bin der Anficht, daß nicht innerpolitifche Gründe für die Geftaltung des hiefigen Marinebudgets maßgebend find, fondern vielmehr die Rückficht auf unferen Flotten=

a) *Bereits am 10. März telegraphisch abgeleugnet!*
b) *Danke! Brauchen wir nicht.*
c) *Nein!*
d) *Ganz bestimmt nicht.*
e) *!*
f) *Nichts!*
g) *!*

bau. Auch ist, nach dem zu urteilen, was mir der Minister des Äußern und der Premierminister sagen, zu erwarten, daß gerade der Hinweis auf die deutsche Flotte eine wichtige Rolle in den parlamentarischen Debatten spielen wird,[a] trotzdem es in der Absicht der Regierung liegt, die Verhandlungen in ruhigen Grenzen zu halten.[b]

a) *Ist mir nach obigem, nach meinen Mitteilungen vom 10. März ganz egal!*
b) *Fisher lügt der Regierung trotz aller unserer Meldungen des Gegenteils die Hucke voll und will, um unsern Typ zu erkunden, den Zutritt des englischen Attachés auf die Werften haben. Das geschieht ganz bestimmt nicht.*

Telegramm des Botschafters in London an das Auswärtige Amt.

London, 16. März 1909.

Wäre dankbar für telegraphische Weisung, ob ich ermächtigt bin, die Nachrichten der hiesigen Admiralität, daß wir Schiffe des 1909/10=Etats durch Materialanhäufungen und Kielstreckung in einzelnen Werften in Vorbereitung haben, für falsch zu erklären.[a] Die Marineetatsberatungen beginnen heute im Unterhaus.[b]

a) *Auf sowas lasse ich mich nicht ein!*
b) *Ich glaube, daß es das Beste wäre, wenn Metternich endlich den Mund hielte. Er ist unverbesserlich!*

Der Staatssekretär des Reichsmarineamts an den Reichskanzler.

Berlin, 17. März 1909.

Tatbestand: Zwei Schiffe des Etats 1909 sind zur Erzielung billigerer Preise und zur Verhinderung einer in Aussicht stehenden Trustbildung für den Fall der Bewilligung durch den Reichstag zwei Privatwerften kontraktlich zugesichert.[1] Die beiden andern Schiffe des Etats 1909 werden erst im Herbst 1909 zur Submission ausgeschrieben werden. —

Euer Durchlaucht darf ich gehorsamst anheimstellen unter Bezugnahme auf die Randbemerkungen Seiner Majestät des Kaisers, was von vorstehendem Tatbestande dem Botschafter mitzuteilen ist. Von meinem Standpunkt aus würde ich keine Bedenken tragen, dem Botschafter den vollen Tatbestand zu drahten.

Der deutsche Botschafter in London an das Auswärtige Amt.

London, 17. März 1909.

Ich habe Sir E. Grey mein Befremden ausgesprochen, daß trotz meiner ihm und dem Premierminister abgegebenen Erklärung McKenna und Asquith in der gestrigen Marinedebatte die Beschleunigung des deutschen Schiffbaues zur Begründung des englischen Etats angeführt haben. Beide Minister hätten von 13 deutschen Dreadnoughts für 1911 gesprochen, anstatt die richtige Jahreszahl 1912 anzugeben. Asquith habe zwar mitgeteilt, daß die deutsche Regierung keine Beschleunigung des Bautempos beabsichtige, die fernere wichtige Angabe aber unterdrückt, daß frühestens Ende 1912 nicht mehr als 13 deutsche Dreadnoughts verwendungsbereit sein würden. Ich müsse dagegen Einspruch erheben, daß unrichtige und von mir amtlich widerlegte Angaben über den deutschen Schiffbau von Ministern im Parlament gemacht würden.

---

1) *Vgl. unten S. 139 und S. 143.*

Sir E. Grey erwiderte, McKenna habe ihm, von meiner Erklärung in Kenntnis ge=
setzt, gestern mitgeteilt, daß nach bestimmter, der hiesigen Admiralität zugegangener
Nachricht von den vier deutschen Dreadnoughts für 1909/10 für zwei dieser Schiffe
seit Monaten das Material gesammelt und die Armierung hergestellt würde, während
für ein drittes Schiff der Kiel schon niedergelegt sei, so daß wir 1911 über 13 Dread=
noughts verfügen würden. Die Admiralität könne sich den Widerspruch zwischen meiner
Mitteilung und ihren sicheren Nachrichten nur dadurch erklären, daß meine Mitteilung
sich lediglich auf Dreadnoughts und nicht auf die großen Panzerkreuzer, die Invincible=
Klasse, beziehe, während die hiesige Admiralität der Kürze halber in der parlamenta=
rischen Debatte mit dem Namen Dreadnought beide Klassen bezeichne. In Anbetracht
dieses Zweifels habe der Premierminister, so bemerkte Sir E. Grey, auch nicht den Teil
meiner Mitteilung im Parlament verwerten können, der nicht mehr als zwölf Dread=
noughts für Ende 1912 in Aussicht stellt.

Ich verhehlte dem Minister nicht meine persönliche Ansicht, daß es sich bei der Ad=
miralität weniger um einen Zweifel als um die absichtliche Irreleitung der Minister
und des Parlaments handle, damit der Marineetat auf Grund der deutschen Scare
durchgehe.

Sir E. Grey sagte, er selbst sei kein Fachmann, ebensowenig wie ich. Er könne sich
darauf verlassen, was die Admiralität ihm sage. Um sonst unausbleibliche Mißver=
ständnisse in dieser Hinsicht für Großbritannien zu vermeiden, halte er daher für den
einzig sicheren Weg, daß die beiderseitigen Marineattachés ermächtigt würden,
sich über den Fortschritt im Schiffbau zu informieren.

Ich erwiderte, hierüber könne ich keine Ansicht äußern, da mir die Auffassung meiner
Regierung nicht bekannt sei. Die ihm abgegebene Erklärung meiner Regierung sei aber
ebenso sicher, wie es die Meldungen der Marineattachés sein würden.

Der Minister legte besonderen Wert darauf, von mir bestätigt zu erhalten, daß in
unseren für Frühjahr 1912 vorgesehenen 13 Dreadnoughts unsere Panzerkreuzer (In=
vincibles) einbegriffen seien.....

Das Reichsmarineamt an den Marineattaché in London.

Berlin, 18. März 1909.

... Melden Sie Botschafter, daß die zwei kontraktlich zugesicherten Schiffe[1] vom
Zeitpunkt der Bewilligung an je 36 Monate Bauzeit haben und demnach frühestens
April 1912 zu Probefahrten bereitgestellt werden sollen. Eintritt dieser Schiffe in aktive
Schlachtflotte daher nicht vor Oktober 1912.

Eine Bemerkung, die ich im Reichstagsausschuß machte, wonach kein eng=
lischer Abrüstungsvorschlag gemacht worden sei, gab Grey Veranlassung
Metternich zu sagen, England sei bereit, die beiderseitigen Flottenausgaben
einzuschränken, und habe eine formelle Anfrage nur unterlassen, weil eine
ablehnende Antwort unsererseits befürchtet werde. Daraufhin beabsichtigte
Bülow im Reichstag eine Erklärung abzugeben, die, wie ich ihm am 20. und
21. März schrieb, mir eine zu schroffe und grundsätzliche Ablehnung jedes

---

1) Vgl. oben S. 134 und unten S. 139.

wirklichen Verſtändigungsverſuches zu enthalten ſchien; bei dem bisherigen
Feſthalten der Engländer an ihrem Two Power + 10 °/₀ Standard ſei aller=
dings eine Verſtändigung nicht möglich. Auf meine beiden Briefe hin ließ
der Kanzler ſodann den Staatsſekretär v. Schoen am 23. März im Haushalts=
ausſchuß eine Erklärung abgeben, die auf meine Anregung nicht einging,
die Engländer zu einer Verſtändigung unter Preisgabe des Two Po=
wer Standard zu ermuntern. Die deutſche Erklärung beſtätigte vielmehr
nur in der höflichſten Form die Unmöglichkeit eines Abkommens. Vielleicht
hätte man anders vorgehen können. Inzwiſchen fuhr London mit ſeinen
Einwirkungen fort.

**Bericht des Botſchafters Grafen Metternich an den Reichskanzler
(mit den Randbemerkungen des Kaiſers).**

London, 23. März 1909.

Ob vier oder acht Dreadnoughts gebaut werden ſollen, iſt, wenigſtens vorläufig noch,
eine Parteifrage. Die Befürchtungen, welche ſich hier an den Ausbau der deutſchen
Flotte knüpfen, bilden aber keine Parteifrage. Sie waren es weder vor Beginn der
jetzigen Parlamentsdebatten, noch werden ſie nach Beendigung derſelben verſchwinden.
Sie bilden für ganz England eine nationale Frage, und zwar die größte, welche Eng=
land kennt. Auf die Übertreibungen der letzten Tage wird zwar wieder eine Reaktion
folgen und die beiderſeitigen Machtverhältniſſe zur See dürften dann wieder nüchterner
beurteilt werden. Die Geiſter, welche der Premierminiſter in ſeiner erſten Rede ge=
rufen hat, ſucht er, wie ſeine geſtrige Rede zeigt, wieder zu beſchwören. Wieweit es ihm
gelingen wird, muß abgewartet werden.

Aus den Geſprächen, die ich mit dem Premierminiſter, dem auswärtigen Mini=
ſter, Admiral Fiſher, Lord Knollys, Mr. Spender von der Weſtminſter Gazette und ande=
ren in den letzten Tagen gehabt habe, auch aus den Parlamentsverhand=
lungen, wenn man das Tatſächliche herausſchält, ergibt ſich folgendes Bild. Man
weiß, oder glaubt zu wiſſen, daß durch die Ausdehnung der Kruppwerke ᵃ die deutſche
Produktionsfähigkeit für Herſtellung von Panzerplatten und Schiffsgeſchützen nebſt
Unterbau der engliſchen zum mindeſten gleichgekommen iſt. Man weiß, oder man
glaubt zu wiſſen, daß auf den deutſchen Werften ebenſo viele Dreadnoughts gebaut
werden können, wie auf den engliſchen. Man erkennt daraus mit Schrecken, daß wir im
Kriegsſchiffbau die Konkurrenz mit England, und zwar im gleichen Tempo, aufnehmen
können.[1]

Der Engländer hält es für eine Lebens=, nicht für eine Parteifrage, daß er auch in
den neuen großen Schiffen einen bedeutenden Vorſprung vor Deutſchland behält. Worin
der ſichere Vorſprung beſtehen ſoll, iſt dagegen hinwiederum Parteifrage.

a) *Unſinn!*

---

1) *Dieſe Annahme traf nicht zu, aber ſelbſt wenn unſere Werften die Leiſtungsfähigkeit der engliſchen beſeſſen hätten, konnten bloße induſtrielle Möglichkeiten doch
nicht als Beweis dafür verwendet werden, daß wir ſie über das Flottengeſetz hinaus
ausnützen würden.*

Bis zum November vorigen Jahres glaubte die engliſche Regierung einen einiger=
maßen ſicheren Maßſtab in unſerem Flottengeſetz zu beſitzen, um danach ihr eigenes
jährliches Schiffsbaubedürfnis regeln zu können. Am 4. Januar d. J. gab mir
Sir E. Grey die drei ſphynxartigen Rätſel auf, welche ſich auf die außerprogramm=
mäßige Beſchleunigung unſeres Schiffbaues ᵃ bezogen. Er kam dann ſpäter mehrmals
darauf zurück. Inzwiſchen berichtete ich, daß ſich hier in der Stille ein Komplott voll=
ziehe, gegründet auf die Befürchtung der Beſchleunigung unſeres Bautempos. Zwei
Monate ſpäter, nachdem Sir E. Grey die erſten Nachrichten gegeben hatte, erhielt ich
dann Anfang dieſes Monats ᵇ die Ermächtigung hier zu erklären, daß eine Be=
ſchleunigung nicht in unſerer Abſicht liege und daß wir erſt Ende 1912 die 13 Dread=
noughts haben würden. Vor einer Woche ᶜ wurde ich dann ermächtigt, Sir E. Grey
mitzuteilen, daß zwei Schiffe unſeres Etats 1909/10 ſchon kontraktlich an Privatwerften
zugeſichert ſeien. Soviel hier bekannt, wurde das Geld zum Baue unter Bürgſchaft des
Reichsmarineamts durch die betreffenden Werften von unſeren Banken ſeinerzeit er=
hoben. Bis zum November v. Js. wurde hier angenommen, daß die Ausführung unſe=
res Programms von der vorherigen jährlichen Bewilligung des Reichstages abhänge. ¹
Dieſe Zuverſicht iſt nun geſchwunden.

Die hieſige Regierung beſitzt zwar unſere Zuſicherung, daß wir das Tempo nicht be=
ſchleunigen wollen und daß wir nicht mehr als 13 Dreadnoughts im Jahre 1912 ha=
ben werden, ſie ſagt aber, daß, wenn wir auch jetzt dieſe Abſicht haben, es doch unſer
gutes Recht bleibt, ſie in jedem Augenblick, ſollten wir es für wünſchenswert halten,
wieder zu ändern. Sie fühlt, daß ſie im Dunkeln tappt mit Bezug auf unſere Schiffs=
bauten, ᵈ und ſie ſagt ſich, daß ſie in dieſer wichtigen Frage nicht allein von den ände=
rungsfähigen guten Abſichten einer fremden Regierung abhängig ſein darf. Admiral
Fiſher z. B. behauptet, daß die etatsmäßigen Geldbewilligungen für die deutſche Marine
dazu ausreichten, um im Jahre 1912 ſiebzehn Dreadnoughts zu haben. ᵉ Der Pre=
mierminiſter und Sir E. Grey erklären mir, daß ſie ſelbſtverſtändlich unſeren
guten Glauben nicht in Zweifel zögen, daß ſie aber, um das Land und das Parlament
beruhigen zu können, ſich auf Tatſachen ᶠ ſtützen müßten.

Beide haben mir wiederholt und eindringlich den Wunſch ausgeſprochen, daß, um ein
klares und offenes Verhältnis über die beiderſeitigen Schiffsbauten herzuſtellen, unſere
beiderſeitigen Marineattachés ermächtigt werden möchten, den Fortſchritt im Baue
der großen Schiffe zu konſtatieren. ᵍ Sir E. Grey wird in den nächſten Tagen im
Unterhauſe eine Rede über die geſamte durch die jüngſten Debatten geſchaffene
Lage halten. Er ſagte mir, er verſpreche ſich eine ſofortige Beruhigung in England und
einen entſchiedenen Umſchwung zum Beſſeren in dem deutſch=engliſchen Verhältnis,

a) *Gelogen, hat nicht stattgefunden.*
b) *10. März.*
c) *Davon ist mir nichts bekannt. Ich habe die Ermächtigung nicht erteilt.*
d) *Absolut nicht!*
e) *„Blech!“*
f) *Flottengesetz und tatsächliche Bewilligungen.*
g) *Unter keinen Umständen. Das ist nur, um unseren Typ und seine Artillerie heraus-*
zubringen.

---

1) *Für die engliſche Admiralität, die unſere Etatsverhältniſſe genau kannte, war*
es ſelbſtverſtändlich, daß wir ohne ausdrückliche Bewilligung durch den Reichstag kein
Schiff bauen konnten.

wenn er darauf hinweisen könne, daß beiderseitig mit offenen Karten[a] der Schiffbau betrieben würde. Es komme nicht darauf an, Geheimnisse zu erforschen, sondern lediglich auf die Konstatierung der Tatsache, w i e v i e l e von den großen Schiffen i m B a u begriffen seien.[b] Die englische Nation sei tief beunruhigt. Er sehe für den Augenblick kein anderes Mittel, um ein normales Verhältnis wieder herzustellen und vertrauensvolle Beziehungen zwischen den beiden Nationen herbeizuführen. Jeder Engländer wisse, daß die Existenz seines Landes von der Seeherrschaft abhänge. Solange Ungewißheit[c] über die tatsächlichen Vorbereitungen zur See des mächtigen deutschen Nachbarn herrschte, würde England nicht mehr zur Ruhe kommen. Die wohlmeinendsten Bestrebungen der Staatsmänner würden hiergegen nicht aufkommen. Klarheit über das, was vorgeht, würde dagegen sofort Beruhigung schaffen. Wenn er in der Lage wäre, vor dem Parlamente zu sagen, die deutsche Regierung habe selbst die Hand dazu geboten, Klarheit zu schaffen und die Gerüchte über Beschleunigung im deutschen Schiffsbau[d] dadurch zu zerstreuen, daß dem englischen M a r i n e a t t a c h é Gelegenheit geboten worden sei, sich über die Anzahl der großen im Bau befindlichen Schiffe zu überzeugen, [e] so könne er versprechen, daß ein Umschwung[f] in der hiesigen öffentlichen Meinung eintreten werde. Es handele sich absolut nicht um eine Verringerung oder um eine Einschränkung des Schiffsbaues, sondern lediglich darum, objektiv festzustellen, was wir tatsächlich bauten.[g]

Niemand hat in England in auswärtigen Fragen einen solchen Einfluß auf seine Landsleute, wie Sir Edward Grey. Ihm wird aufs Wort geglaubt.

Euere Durchlaucht wissen aus meiner Berichterstattung, daß ich auf die Anregungen des Premierministers und Sir E. Greys bezüglich der Marineattachés nicht eingegangen bin, sie vielmehr abgewiesen habe.

Seitdem ich nun Euerer Durchlaucht Weisung in der Angelegenheit habe, werde ich die Anregung der englischen Minister mit der mir vorgeschriebenen Begründung definitiv ablehnen. Es ist dies gerade die Frage, welche die Minister augenblicklich intensiv beschäftigt[h] und sie kommen fast bei jedem Gespräche mit mir darauf zurück, so daß ich die mir zugegangene Weisung nicht unberührt lassen kann.

Falls technische Rücksichten für das Reichsmarineamt nicht entgegenständen, so würde die Bewilligung der Erlaubnis von weittragender politischer Wirkung gewesen sein. Ich sehe jetzt[i] keine Aussicht, daß über die Flottenfrage eine relative Ruhe eintreten wird. [k]

---

a) *Wir sind immer offen gewesen! Siehe Flottengesetz, nicht aber England.*
b) *Das kann man nicht, ohne die Geheimnisse sofort zu sehen. Schuld Fishers nicht unsere.*
c) *Die Rechnungen sind dieser Tage doch oft genug schon aufgestellt.*
d) *Sind allein durch die englischen Minister selbst aufgebracht.*
e) *Nein!!*
f) *?*
g) *Ist ja ganz unerhört.*
h) *Das ist ihnen von Fisher gesteckt, der nur unsere Typen herausbringen will, um dagegen zu bauen.*
i) *Wird es überhaupt nie.*
k) *„Nein!" Das geht ganz bestimmt nicht. Der Kerl darf nicht an unsere Neubauten, die bisher sogar unseren eigenen Offizieren z. B. der ganzen Flotte völlig unbekannt sind. Dann brauchte ich den Herrn ja bloß vor das Modell zu führen, was aus meinem Saal nicht hätte entfernt werden brauchen.* Wilhelm, I. R.

Der Staatssekretär des Reichsmarineamts an den Marineattaché in London.

Berlin, 25. März 1909.

1. Vergrößerung Krupp=Werke lediglich aus seiner Initiative, vermutlich aus geschäftlichen Gründen, keineswegs auf unsere Veranlassung erfolgt.

2. Zwei Schiffe vom Etat 1909 im vorigen Herbst zu sehr billigem Preise zuge= sichert, da bei Vergebung von vier Schiffen am 1. April 1909 auf einmal Gefahr be= stand, daß erhebliche Preissteigerung durch Trustbildung eintreten würde. Wenn zwei Schiffe des Etats 1909 schon vorher zugesichert, so war Reichsmarineamt bei späterer Vergebung der beiden anderen Schiffe in der Lage, kaiserliche Werften als Konkur= renten gegen Privatwerften auszuspielen. Mehr als zwei Schiffe können kaiserliche Werften keinesfalls übernehmen. Firmen würden also gezwungen, niedrige Preise zu machen. Wenn dies hier geheimgehalten worden ist, so hat das lediglich darin seinen Grund, daß die geschäftliche Behandlung dieser Angelegenheit durch Reichsmarineamt von den Firmen nicht übersehen werden sollte. Im übrigen sind die Schiffe nicht kon= traktlich vergeben, sondern nur zugesichert worden. Kontraktschluß erst nach Bewilli= gung des Etats. Lieferungsfrist vom 1. April ab noch 36 Monate. Kein Pfennig Geld ist verfügbar für die zugesicherten Schiffe vor 1. April, das muß jeder übersehen, der unsere parlamentarischen Verhältnisse kennt. Es ist geglückt, die zwei Schiffe so billiger zu vergeben. Das eine Schiff besonders aus dem Grunde, weil es sich um ein Schiff handelte genau derselben Konstruktion, wie Blohm & Voß schon eins im Bau hatte. Eine frühere Fertigstellung dieses Schiffes ist weder gefordert noch beabsichtigt und auch nicht angängig, da Kanonen und Panzer erst zum Normaltermin geliefert werden, welcher der dreijährigen Baufrist entspricht. Außerdem bekommen die Firmen das Geld auch nur in diesen Raten. Pläne der zwei anderen 1909=Schiffe noch gar nicht fertig, Ausschreibung frühestens Ende Juli, wahrscheinlich erst August mög= lich. Vergebung zwei bis drei Monate später.

Klarstellung im Deutschen Reichstag von mir vermieden, um nicht I. Lord der Admiralität einer Unwahrheit zu zeihen und in größte Verlegenheit zu bringen.

Wirklicher Geheimer Legationsrat Kriege an den Staatssekretär des Auswärtigen Amts (mit den Randbemerkungen des Kaisers).

Berlin, 26. März 1909.

Euerer Exzellenz habe ich am 22. d. M. mündlich Bericht erstattet über Mittei= lungen, die mir der kaiserliche Botschafter Graf Wolff=Metternich während meiner letzten Anwesenheit in London am 19. d. M. in der Flottenfrage gemacht hat, sowie über eine Unterredung, die ich am folgenden Tage in derselben Angelegenheit mit dem kaiserlichen Generalkonsul Johannes gehabt habe. Auftragsgemäß beehre ich mich, diesen Bericht nunmehr schriftlich vorzulegen.

Der Botschafter entwickelte mir gegenüber eingehend dieselben Gedanken, die er einige Tage später in seinem Berichte vom 23. d. M. dargelegt hat, und gab dabei dem Wunsche Ausdruck, daß ich seine Auffassung in Berlin zur Sprache bringen möchte. Seine Eindrücke über die gegenwärtige Lage faßte er dahin zusammen, daß wir auf einem neuen Wendepunkt unserer Beziehungen zu England ständen: bis jetzt

sei nur anzunehmen, daß England eine sich ihm ohne sein Zutun bietende Gelegen=
heit eines europäischen Krieges zum Losschlagen gegen uns benutzen werde; komme aber
die neuerdings von britischer Seite angeregte Verständigung nicht zustande, so werde
England voraussichtlich darauf ausgehen, seinerseits eine solche Gelegenheit sobald
angängig herbeizuführen. [a]

Der kaiserliche Generalkonsul schloß sich durchweg der Auffassung des Botschafters
an und machte dabei noch auf folgenden Punkt aufmerksam. Die Finanzlage Englands
sei keineswegs günstig, insbesondere wegen der vor kurzem eingeführten Altersver=
sorgung, die sehr erhebliche Kosten verursache. Die britische Regierung werde sich,
wenn sie nicht fortlaufend zuverlässige Nachrichten über den Stand unserer Flotten=
bauten erhalten könne, voraussichtlich durch die öffentliche Meinung gezwungen sehen,
ihre eigenen Rüstungen nach den ihr zugehenden weit übertriebenen Nachrichten über
unsere Rüstungen zu bemessen. Die dadurch entstehenden großen Ausgaben müßten
durch Anleihen gedeckt werden, die bei der Höhe der schon bestehenden Staatsschuld
nicht zu dem bisherigen Zinsfuße von $2^1/_2$ oder $2^3/_4$ Prozent untergebracht werden
könnten. Durch die Ausgabe höher verzinslicher Anleihen würde aber ein starker Kurs=
rückgang der bestehenden Schuld eintreten, die sich durchweg in England und zwar in
den breiten Schichten der besitzenden Bevölkerung befinde. Infolge der dadurch ein=
tretenden unmittelbaren und mittelbaren Verluste würden namentlich die Handel und
Gewerbe treibenden Klassen, die vorläufig noch friedliebend seien, schwer betroffen und
dem Gedanken zugänglich gemacht werden, durch einen Krieg mit uns die Gründe
der Beunruhigung ein für allemal zu beseitigen. [b] Auf diese Weise könnte sehr rasch
die bereits bestehende Kriegspartei das entscheidende Übergewicht im Lande gewinnen.

a) *Das erwarten wir schon lange.*
b) *Und sich selbst total zugrunde richten.*

Der Marineattaché in London, Korvettenkapitän Widenmann, an den Staats= sekretär des Reichsmarineamts.

London, 27. März 1909.

Heute hatte ich Gelegenheit mit Sir John Fisher über die deutsch=eng=
lische Flottenfrage zu sprechen.

Ich begegnete Sir John auf meinem Wege nach der Botschaft, er redete mich
an und wir gingen gemeinsam nach der Admiralty, wobei er, wie er das gern
tut, um freundlich zu erscheinen, bei mir unterhakte.

Er leitete das Gespräch damit ein, daß er mir sagte: Die Anklagen meiner
Feinde gehen jetzt schon so weit, daß sie sagen, ich stehe im Solde Ihres Kaisers,
der mich bezahlt, um die englische Marineorganisation zu verderben.

Ich: Dann bewundere ich Ihren Mut, mit mir so offen herzugehen, denn
wenn Ihre Feinde uns beide hier so zusammen sehen, dann ist das ja Wasser
auf ihre Mühle.

Sir John: Ich mache mir nichts aus dem Gerede. Aber ich bedauere, daß
in den letzten Tagen so viel falsches Zeug über unsere beiden Marinen geredet
worden ist. Sagen Sie mir mal ganz offen, ist es nicht möglich, daß Ihr Bot=

schafter in seinen Angaben an den Premierminister und Sir E. Grey ge=
wechselt hat?

Ich: Das ist meiner Ansicht nach ganz ausgeschlossen, da alle Zahlenangaben
mehr wie einmal schriftlich von Berlin an ihn gegeben sind. Der Botschafter hat
jedesmal seine Zahlen mit meinem amtlichen Material verglichen und mir
jedesmal, bevor er mit Ihrem Kabinett verhandelte, genau die Zahlen genannt,
die er an Sir E. Grey geben werde. Ein Irrtum auf deutscher Seite ist ganz
ausgeschlossen. Um so größer ist daher unser Erstaunen gewesen, daß diese amt=
licher Zahlen in 17 Schiffe im Jahre 1912 verdreht worden sind, da niemals
ein Zweifel darüber gelassen worden ist, daß wir frühestens im Herbst 1912
13 Dreadnoughts haben werden. Es wird in Deutschland allgemein bedauert
und es herrscht großes Erstaunen darüber, daß diesen Angaben einer befreunde=
ten Macht weniger Glauben geschenkt worden ist als irgendwelchen Privat=
nachrichten, deren Quelle ich allerdings nicht kenne, die ich aber als völlig falsch
bezeichnen muß.

Sir John: Die ganze Sache wäre vermieden worden, wenn unserem At=
taché in Berlin die Erlaubnis gegeben wäre, Einsicht in Ihre Werke zu nehmen.

Ich: Lediglich vom Standpunkte des Attachés bedauere ich diese Zurück=
haltung auch.

Sir John: Warum hat Ihre Regierung denn diesen Vorschlag von unserer Seite
abgelehnt?

Ich: Unter keinen Umständen aus Furcht, unsere Karten aufzudecken. Da aber den
offiziellen Erklärungen unserer Regierung, wie wir jetzt gesehen haben, in Flotten=
fragen kein Glauben geschenkt wird, so verspricht sich meine Regierung von dieser Art
von Kontrolle auch keinen Erfolg. Außerdem liegt uns gar nichts daran zu wissen,
was in Ihren Werften vor sich geht.

Sir John: So ist also scheinbar in Deutschland dieser von uns gutgemeinte Vor=
schlag als Beleidigung (insult) aufgefaßt worden?

Ich: Diesen Ausdruck habe ich nicht gebraucht, aber wenn Sie ihn annehmen wollen,
dann kann ich es nicht verwehren. — Aber setzen Sie sich in die Lage von zwei Ge=
schäftsleuten, die sich eine Erklärung abgegeben haben. Würden Sie es sich als der
eine der beiden gefallen lassen, daß der andere Ihnen einen Freund ins Haus schickt,
um zu kontrollieren, ob Ihre Worte auch wahr sind?

Sir John: Sie stehen also in dieser Frage auf einem höheren Standpunkte als
dem, bloß das Geheimnis Ihrer Schiffe zu wahren?

Ich: In diesem Falle ja, denn eine autoritative Erklärung einer befreundeten Re=
gierung an eine andere muß als bindend gelten.

Sir John: Ja, aber wir haben geglaubt, daß der von Ihrem Botschafter benutzte
Ausdruck „Dreadnoughts" nur Panzerschiffe, und nicht auch die Kreuzer
meine.

Ich: Das ist mir gänzlich unverständlich, da in den ganzen Verhandlungen ebenso
wie in Ihrem eigenen Parlament, immer nur von „Dreadnoughts" die Rede war, und
jeder Mensch wußte, daß die Panzerkreuzer darin mit einbegriffen waren. —

Außerdem, wenn unsere Invincibles mitgerechnet werden, kommen Sie nicht auf 17 Schiffe, sondern nur auf 13 plus 3, also 16 Schiffe.

Sir John: Sie haben aber doch Kreuzer „C", „J", „G", „H"!

Ich: Ja, aber „C" ist „Blücher", und das weiß jeder Seeoffizier, daß dieses Schiff nicht eine „Invincible", sondern eine „Shannon" ist, und wenn der „Blücher" auf unserer Seite mitgerechnet wird, dann muß die „Shannon"-Klasse auch mitgerechnet werden.

Sir John: Aber „Blücher" hat ja 28 cm S. K. und ist gleichwertig mit einem Panzerschiffe!

Ich: Es tut mir leid, wenn ich da zur Aufklärung ein Geheimnis verraten muß, aber „Blücher" hat nicht 28 cm, sondern nur 21 cm. Im übrigen ist er, selbst wenn er 28 cm hätte, nur 15 000 t groß, und wenn sie ihn mitrechnen, müssen Sie mindestens Ihre acht „King Edwards" auch mitrechnen, und dann ist der von McKenna angestellte Vergleich zwischen der Anzahl der englischen und deutschen Dreadnoughts erst recht falsch.

Sir John: Es ist wirklich sehr bedauerlich, daß über diese Zahlen das Mißverständnis in das Parlament gekommen ist.

Ich: Das ist auch außerordentlich bedauerlich, aber nicht unsere Schuld, sondern nur Schuld des englischen Mißtrauens, das den privaten Nachrichten mehr Glauben geschenkt hat wie den offiziellen Erklärungen Deutschlands.

Sir John: Es ist aber doch wunderbar, daß Balfour ähnliche Angaben hatte und sogar mit 25 Schiffen rechnet.

Ich: Balfour scheint mir kein sehr großer Rechenkünstler zu sein, wohl aber versteht er es, seinen Zuhörern im Parlament auf Grund einer geschickt formulierten Annahme eine Rechnung vorzumachen, daß man sie selbst glaubt, wenn man nicht aufpaßt.

Balfour hat zwei Fehler gemacht:

1. Er sagte: Deutschland hat 14 oder sogar 17 Hellinge für Dreadnoughts. Es will sein Flottengesetz beschleunigen, also nehme ich an, daß es mindestens acht Schiffe jährlich baut. Zu den bestehenden neun Dreadnoughts hinzugerechnet 1908/09 = 8 plus 1909/10 = 8 gibt Summe 1912 = 25.

Der Fehler ist der, daß es sich in der ganzen Frage nicht darum handelt, was gebaut werden könnte, sondern lediglich darum, was gebaut wird, und das sind einschließlich des zu bewilligenden 1909/10-Programms 13 Schiffe.

2. sagt Balfour: „Der Admiral von Tirpitz hat im Dezember 1907 erklärt, daß Deutschland ebenso schnell, wenn nicht schneller, baut wie England. Wir haben die Dreadnoughts in 27 Monaten gebaut, also baut Deutschland alle seine Schiffe auch in 27 Monaten, ist also möglicherweise, wenn es am 1. April 1910 nochmals acht Schiffe niederlegt, im Jahre 1912 um noch acht Schiffe weiter." —

Ich glaube nicht, daß das irgendein Seeoffizier ernst nehmen kann. Außerdem hat Admiral von Tirpitz, soweit ich mich erinnern kann, die Erklärung über unsere Bauzeit in dem Zusammenhange einer Reichstagsrede gegeben und die Anklagen wegen langsamer Bauzeit unserer Schiffe mit der Erklärung zurückgewiesen, „daß England im Durchschnitte der letzten Jahre 44 Monate Bauzeit habe, Frankreich 60 und die Vereinigten Staaten 61; wir dagegen nur 40; daraus gehe hervor, daß Deutschland nicht langsamer baue wie England."

Dieses ist ein deutliches Beispiel, wie man im Parlament Angaben verdrehen kann, wenn man einzelne Worte aus dem Zusammenhange einer Rede herausgreift. Sie können mir daher nicht übelnehmen, wenn ich der Logik des Mr. Balfour nicht folgen kann.

S i r J o h n : Sie können aber doch nicht leugnen, daß die vier Schiffe Ihres 1909/10-Programms schon in Auftrag gegeben sind und dadurch das Flottengesetz beschleunigt ist?

I c h : Erstens handelt es sich bei der angeblichen Beschleunigung nicht um vier, sondern nur um zwei Schiffe.

Diese sind im Herbst 1908 zwei Firmen unter Vorbehalt der nachträglichen Bewilligung durch den Reichstag in Aussicht gestellt worden, und die Materialbeschaffung ist von diesen Firmen auf ihr eigenes Risiko hin unternommen. Der Grund zu diesem Schritte ist kein militärischer, sondern ein rein geschäftlicher gewesen, um eine Ringbildung der Schiffbaufirmen zu verhüten und um eine günstige Preiskonjunktur zu schaffen. Außerdem werden diese beiden Schiffe vom 1. April 1909 ab noch 36 Monate Bauzeit haben und die Firmen das Geld in denselben Raten erhalten, wie wenn der Auftrag auf 1. April 1909 gegeben worden wäre. Vorher steht nicht ein Pfennig Geld für diese Schiffe zur Verfügung.

S i r J o h n : Das kann man bei Ihnen nicht ohne weiteres wissen, da sie mit Anleihen operieren.

I c h : Sie wollen also scheinbar damit sagen, daß die Firmen doch schon vor April 1909 Geld bekommen. Das ist nicht richtig, denn auf die Art der Geldbeschaffung kommt es hier gar nicht an, sondern lediglich auf den Zeitpunkt der im Etat geforderten Raten im Reichstage. Bevor nicht der Reichstag Geld für das Rechnungsjahr bewilligt hat, steht auch kein Geld zur Verfügung. Das weiß jeder Parlamentarier und jeder Mann, der mit Etatsfragen zu tun hat. Und da gerade die Engländer das parlamentarischste aller Völker sind, so ist es um so wunderbarer, daß dieser Grund hier in England vorgebracht wird. Geld kann nur ausgegeben werden, wenn es da ist, das heißt wenn die Volksvertretung es bewilligt hat.

S i r J o h n : Die ganze Angelegenheit bedaure ich wirklich sehr, da es nur eine innere Parteifrage ist. A s q u i t h mußte einen k l e i n e n „S c a r e " haben, um der Radikalen seiner eigenen Partei sicher zu sein,[1] und niemand vom Kabinett hat angenommen, daß die Opposition die Frage so sehr aufbauschen würde.

I c h : Dann ist es aber um so bedauerlicher, wenn falsche Privatnachrichten, die rechtzeitig auf das alleroffiziellste vom Vertreter einer befreundeten Macht widerlegt worden sind, von zwei Kabinettministern im Parlament benutzt werden konnten, um zu Parteizwecken zu dienen. Ich bin zwar kein Diplomat, aber ich kann mir nicht denken, daß dies geeignet ist, die Beziehungen zweier befreundeter Mächte zu verbessern.

S i r J o h n : Ich bin überzeugt, daß alles anders gekommen wäre, wenn Sie und ich die Frage untereinander verhandelt hätten, oder aber, wenn Graf Metternich seine Angaben an Sir Edward Grey brieflich wiederholt hätte.

---

1) *Es wurde also bewußt aus inneren Parteizwecken gelogen.*

Ich: Das glaube ich nicht, denn wie Sie selbst vorher gesagt haben, hat Asquith einen kleinen „Scare" haben wollen. In diesem Falle hätten also auch Erklärungen von mir an Sie direkt nichts genützt. Außerdem waren meiner Ansicht nach die Erklärungen des Botschafters an Sir E. Grey so klar, daß ein Mißverständnis gar nicht möglich war. Soviel ich weiß, ist es außerdem im diplomatischen Verkehr zweier befreundeter Völker nicht Sitte, eine mündliche Erklärung eines Botschafters an den Minister des Äußern durch eine Note zu bekräftigen.

Sir John: Am kommenden Montag wird ja nun Balfour das „Vote of Censure"* einbringen, und bei der Gelegenheit wird Sir Edward Grey die ganze Sache hoffentlich aufklären.

Ich: Das hoffe ich auch, obwohl es sehr spät ist. Mir persönlich tut es nur leid, daß bisher in unserem Reichstag keine Richtigstellung erfolgt ist. Aber wenn die Erklärung Sir Edward Greys nicht alle Zweifel lösen wird, so muß jeder Deutsche hoffen, daß der Reichskanzler bei der allerersten Gelegenheit die Klarstellung im Reichstage persönlich in die Hand nimmt, damit unsere Nation und die Außenwelt Einblick in dieses Mißverständnis erhält. Wenn eine Klarstellung nicht schon durch den Admiral von Tirpitz in der Budgetkommission erfolgt ist, so muß sich McKenna darüber klar sein, daß der Admiral von Tirpitz ihn dort nicht öffentlich hat einer Unwahrheit zeihen wollen. Diese Klarstellung ist also bisher lediglich aus Rücksicht darauf nicht erfolgt, um Ihre Regierung nicht in die größte Verlegenheit zu bringen.

Sir John: Die Regierung ist selbst erstaunt darüber, daß sie nun acht Schiffe bekommen wird. Wir hatten nur mit sechs gerechnet. Aber wir nehmen sie selbstverständlich alle, denn nochmal werden sich die Radikalen von Asquith nicht auf den Leim locken lassen und im nächsten Jahre werden sie überhaupt nichts bewilligen.

Ich: Rechnet die liberale Regierung denn bestimmt damit, 1910 noch im Amte zu sein?

Sir John: Ja, bis einschließlich 1911, vorher wollen die Konservativen gar nicht ans Ruder, da sie keine Leute haben. Der einzige Mann, den sie haben, ist Balfour und der will nicht Tarifreform.

Die Unterredung, die sich vor dem Eingang der Admiralty zum Erstaunen der zum Amte kommenden Seeoffiziere abspielte, war damit beendet.

In meinen „Erinnerungen" (Kap. 15, Abschnitt 2) habe ich dieses Gespräch nach Widenmanns Bericht kurz erwähnt. Darauf hat Admiral Fisher in

*) Vertrauensvotum.

feinen Memories (S. 29) erwidert: „Tell Tirpitz: you lie Sir, and you know it".* Wollte ich hierauf im gleichen Stil antworten, fo dürfte ich zu fehr ins Homerifche geraten, möchte indes immerhin gerne wiffen, woraus Lord Fisher das Recht ableitet, den von Widenmann unmittelbar nach dem Dor= fall aufgezeichneten Bericht 10 Jahre fpäter als lügenhaft zu bezeichnen? Ich habe ftets die Mitteilungen Widenmanns ebenfo gewiffenhaft und genau gefunden wie diejenigen Fishers von einer zuweilen grotesken Sub= jektivität. In feinen Dementis fremder Berichte kann ich Lord Fisher leider nicht fehr viel Gewicht beimeffen.[1]

Am 27. März regte der Reichskanzler beim Kaifer an, auf Sir E. Greys Dorfchlag der Befichtigung der beiderfeitigen Schiffsbauten durch die Marineattachés nunmehr — entgegen der früheren Weifung des Kaifers — doch einzugehen, da fich Sir E. Grey davon eine Beruhigung der tief er= regten öffentlichen Meinung Englands verfpreche. Ich felbft ftellte in einem Schreiben an den Reichskanzler vom 28. März meine rein technifchen Be= denken gegen die Attachébefichtigung zurück, die fich indes keinesfalls auf ein Ausfpionieren technifcher Einzelheiten erftrecken dürfe; bezüglich des poli= tifchen Bedenkens, den englifchen Miniftern die Gelegenheit zu einem „großen moralifchen Erfolg" zu geben, bemerkte ich:

Ich gebe aber zu, daß auch ich vom Standpunkt der englifchen Re= gierung aus ein befferes Mittel zur Beruhigung der durch die unwahren Behauptungen der englifchen Minifter erzeugten englifchen Nervofität nicht an= zugeben vermag.

Am 3. April hielt ich Seiner Majeftät Immediatvortrag, worüber ich mir folgende Aufzeichnung gemacht habe.

---

*) „Sagen Sie Tirpitz: Sie lügen, Herr, und Sie wiffen es."
1) Höchft kurios ift, was Admiral Fisher am 21. Februar 1908 „unter dem Siegel des Geheimniffes" an Lord Efher gefchrieben haben will und in feinen Memories S. 184 veröffentlicht. Danach foll ich einen gemeinfamen Berliner Privatfreund beauftragt haben, Fisher vertraulich zu einer beiderfeitigen Befchränkung im Größenwachs= tum der Dreadnoughts einzuladen; er, Fisher, habe darauf poftwendend am 20. Fe= bruar 1908 nach Berlin zurückgefchrieben: „Tell him I'll see him d—d first" („Sagen Sie Tirpitz, ich wolle ihn vorher verfl— fehen"). Dies feien buchftäblich feine Worte; er möchte gern wiffen, was der Kaifer fagen werde, wenn Tirpitz ihm diefen Brief zeige. Ich kann verraten, daß ich zwar niemals eine folche Anregung gab, da der Fisherfche Fehler uns ja einen unerwarteten gewaltigen Nutzen brachte, noch auch jemals einen Brief in diefer Sache bekam, wohl aber in jener Zeit dem Kaifer Vortrag darüber ge= halten habe, welch ungeheuren Vorteil uns Fisher durch feine Größenfteigerung ge= fchenkt hatte! Auch in England fehlte es nicht an folchen, die das begriffen. Um fie zum Schweigen zu bringen, waren wohl folche erfundenen Gefchichten nötig.

10 Tirpitz, Dokumente.*

Ich teilte Seiner Majestät den Inhalt des Schreibens an Reichskanzler vom 28. März mit und führte dann aus, daß m. E. eine Beleidigung keineswegs in der Absicht der englischen Regierung gelegen hätte; ich erläuterte die Gründe für den „Scare" in England.

Ich wäre der Ansicht, daß durch diese ganzen Vorgänge allerdings die politische Situation Deutschlands England gegenüber eine gefährliche geworden wäre und wäre weiter der Ansicht, daß wir hätten vermeiden müssen, unsererseits das Odium auf uns zu laden, als ob wir durch eine Ablehnung der Abrüstungen a limine die Friedensstörer wären.

Ich erinnerte Seine Majestät an die längeren Unterredungen über diesen Punkt, welche ich mit Allerhöchstdemselben in Rominten gehabt hätte im Herbst 1908. Die Engländer hätten einen außerordentlichen Fehler begangen, indem Sir Ch. Harbinge mit Übergehung der verantwortlichen Personen Seine Majestät zu einer einseitigen Abrüstung unsererseits aufgefordert hätte ...

Wie die englischen Minister später an unseren Botschafter in London mit der Frage der Abrüstung wieder gekommen wären, hätten wir diese Blöße benutzen müssen und ihnen direkt sagen müssen, daß sie es durch diese Unberücksichtigung unserer verantwortlichen Personen verschuldet hätten, wenn die Frage der Abrüstung zwischen uns so schwierig geworden wäre.

Bei neuen Verhandlungen über Abrüstung hätten wir folgendes erklären können:

1. Wir erkennten grundsätzlich die englische Seeüberlegenheit an.

2. Es wäre natürlich, daß wir im jetzigen Stadium ein schnelleres Bautempo haben müßten, als dem Gesamtverhältnis zwischen unserer fertigen Flotte und der englischen Flotte entsprechen würde, denn wir hätten erst seit 1900 überhaupt angefangen, uns eine Flotte zu schaffen.

3. hätten wir erklären können, daß wir auch für den jährlichen Zuwachs unserer Flotte, unter Bezugnahme auf den ad 2 erläuterten Gesichtspunkt, die Unterlegenheit unserer Flotte zum Ausdruck hätten bringen wollen, und hätten den Vorschlag machen können, daß wir auf eine längere Reihe von Jahren den Zuwachs unserer Flotte auf drei Schiffe pro Jahr begrenzen wollten, wenn die Engländer gewillt wären, ihr Bautempo auf vier große Schiffe zu beschränken. Es wäre m. E. nicht nützlich gewesen, von vornherein ein Versprechen abzugeben, daß wir im Jahre 1912 keine Novelle hätten einbringen wollen ...

(Seine Majestät konnten sich zunächst meiner Auffassung betreffs die Behandlung der gegenseitigen Abrüstungsfrage nicht anschließen, führten vielmehr aus, daß wir uns nach dieser Richtung hin nicht binden könnten, schon mit Rücksicht auf die Entwicklung der Flotten von Rußland und Frankreich.)

Ich würde kaum der Hoffnung gewesen sein, daß die Engländer auf diesen

Vorschlag direkt eingegangen wären, bei einer Ablehnung desselben englischerseits wäre aber das Odium auf England gefallen und nicht auf uns.

Nach dem Vortrag bei Seiner Majestät fuhr ich zum Reichskanzler.

Vorwürfe betr. Schuld an der schroffen Zurückweisung der Abrüstungsfrage und an der Erregung Seiner Majestät über den Vorgang betr. gegenseitige Kontrolle unserer Schiffbauten nachdrücklich zurückgewiesen; Ansicht über die Abrüstungsfrage in ähnlicher Weise, wie Seiner Majestät gegenüber, entwickelt; Kritik der Verhandlungen Metternichs.

Reichskanzler führte aus, daß Graf Metternich sich im Herbst v. J. die strikte Instruktion von Seiner Majestät hätte geben lassen:

1. daß wir ablehnen müßten, am Flottengesetz zu ändern, denn es wäre Gesetz;

2. daß er versprechen könne, daß wir im Jahre 1912 keine Novelle einbringen würden.

In der weiteren Unterredung wurde über die Gefahr eines Konfliktes mit England infolge des Baues einer großen Flotte, über die Politik Englands gegen unsere wirtschaftlichen Interessen usw. gesprochen.

Nach meinem Immediatvortrag schrieb der Kaiser an den Reichskanzler folgenden, in Inhalt und Form über den Vortrag hinausgehenden Brief:

Lieber Bülow!   3. April 1909.

Ich habe heute, ehe Tirpitz zu Ihnen ging, noch mündlich die ganze englische Flotten- und Dreadnoughtschweinerei mit ihm in Gegenwart von Müller und Plessen durchgesprochen, und ihn ermächtigt, im selben Sinne auch sich Ihnen gegenüber auszusprechen. Es ist dabei übereinstimmend konstatiert worden an der Hand der historischen Daten, daß tatsächlich Metternich einen Teil der Schuld trägt an dem Verfahren der Situation; indem er die kolossale persönliche Konzession, die ich ihm zu eventuellem Gebrauch zur Verfügung gestellt hatte — nämlich, daß 1912 keine Novelle kommen werde — ohne Grund von vornherein aus der Hand gegeben hat, ohne von England die geringste Gegenleistung zu erhalten als ungezählte Lügen, Verleumdungen, Verdächtigungen und Grobheiten. Dadurch ist das ganze schlecht und falsch „gemanaged" worden, und er und dadurch wir in die Ecke gedrückt worden. Weil:

1. Die Engländer, trotzdem sie der konstitutionelle Staat par excellence sind, den groben politischen Fehler begingen, in Cronberg unter Überspringen aller konstitutionellen Persönlichkeiten und Gepflogenheiten — also Sie, Schoen, Tirpitz usw. — direkt den Monarchen und obersten Kriegsherrn zu koramieren

10*

und zu stellen und zwar per Drohung und in Befehlston „you must stop
building". Das durfte nicht geschehen, da das kein „Angebot zu Verhand=
lungen" — wie jetzt im Parlament behauptet wurde — war, sondern ein
ganz einseitiges Verlangen von England an uns, das nur so beantwortet werden
konnte, wie es geschah. Dieses Verfahren mußte im Herbst, als man sich
Metternich mit allerhand Anfragen und Konversationen — unverbindlich —
näherte seitens Englands, der Botschafter mit aller Schärfe und allem Nach=
druck der Regierung in gröbster Form unter die Nase reiben und sie veranlassen,
erst mal für das unqualifizierbare Benehmen uns um Verzeihung zu bitten.
Erst nachdem das geschehen, konnte man verbindliche Vorschläge
von London entgegennehmen und darüber verhandeln.

2. Weil der Botschafter leider das obige Verfahren unterlassen hat, ist Cron=
berg, bzw. der Ton und die Haltung Englands von damals, bestehen
geblieben, und es hat Metternich und durch ihn uns stets in peremptorischer
Weise appasiert mit einem verkappten Verlangen, was wir erfüllen
sollten! Daher — wenn es auch unverbindlich geschah — die Situation
nie die einer Verhandlung über Vorschläge zwischen zwei gleichberechtigten
Mächten wurde, sondern stets hier als ein ziemlich hochmütiges Ersuchen
eines Stärkeren an einen von ihm nicht gleichgeachteten Schwächeren
wirken mußte. Daher auch die Ablehnung, da stets die eigene Ehre beinahe auf
dem Spiele stand.

3. Weil die englischen Ouvertüren wie gesagt — wenn auch in „unverbind=
licher Form" — stets nur in Form von Ersuchen und Aufforderungen, die
unsererseits sofort möglichst zu erfüllen seien, an uns gerichtet wurden, war aus
ihnen niemals die Absicht einer Verhandlung herauszulesen, die von Glei=
chem zu Gleichem geht, mit denselben Verbindlichkeiten für beide
Teile. Es war also weder in Cronberg — wo es „you must stop building"
hieß — oder später bei den Unterhaltungen im Herbst und Winter irgendwo
auch nur die leiseste Spur zu entdecken, daß die Engländer auch selbst Ab=
rüstung wirklich beabsichtigten, sondern es wurde uns stets nur klar ge=
macht, es läge im englischen Interesse, daß wir mit Rüsten aufhör=
ten! Damit sie wohlverstanden ihren Vorsprung mit möglichst wenig Geld und
Mühe aufrechterhalten könnten. Das war ein Standpunkt, auf den wir uns
vom militärischen wie nationalen Ehrenstandpunkt nicht einlassen konnten.

4. Weil die ganzen Machinationen Englands darauf hinauslaufen, daß es
sich von uns die absolute Anerkennung des Two Power Standard
erzwingen will und wir das ohne Kapitulation vor der Welt oder ohne Ver=
letzung unserer nationalen Ehre einfach nicht können noch wollen noch werden.
Es kann eine Überlegenheit zur See beanspruchen, soviel es will und danach

bauen, es kann das auch nach irgendwelchen Verhältniszahlen konstruieren, dagegen ist nichts zu sagen; aber den Two Power Standard, noch dazu
gegen uns allein angewendet, anzuerkennen, dazu bin ich vollkommen
außerstande, noch weniger denselben durch Abmachungen irgendwelcher Art für
die Ewigkeit zu verbriefen! Einen gewissen Vorsprung sollen sie
haben, den Two Power Standard niemals. Das sind die Worte
Admiral von Tirpitz' vor Zeugen ausgesprochen.

5. Aus obigem geht folglich hervor: daß bisher England keine ehrlichen Eröffnungen für Verhandlungen verbindlich als von Gleich zu Gleich
gemacht hat, sondern nur unverbindlich versucht hat, uns in die Ecken zu
drücken und am Bauen einseitig zu hindern. Daher konnte darauf nicht eingegangen werden. Ich bin aber nach Übereinkunft mit Admiral von Tirpitz vollkommen bereit und einverstanden, auf der von ihm skizzierten technischen Basis, wenn England uns ehrlich um Verhandlungen bittet,
mit England zu verhandeln, auf der Relation 3 : 4 in Linienschiffen; mit
Fallenlassen des Vorschlages vom Herbst, der Nichteinbringung einer Novelle 1912. Das kann anderweitig erledigt werden nach Tirpitz' Vorschlag.
Lassen Euere Durchlaucht sich also von Tirpitz eine Formel ausarbeiten, wo
Zahlen und Typen vorläufig beiseite gelassen sind, die in großen Zügen unsere
Vorschläge darstellt, die wir machen wollen, falls englische Regierung uns wieder
Gelegenheit — offizieller verbindlicher Natur — gibt, uns darüber
zu äußern. Natürlich muß sie ehrlich ihrerseits die Einstellung des übermäßigen
Baues uns vorschlagen und versprechen, also Verhandlungen in höf-
licher Form von Gleich und Gleich, nicht aber peremptorische Wünsche
einerseits. Dies ist der Inhalt des Vortrages von Tirpitz an mich, mit dem
ich einverstanden bin!   Wilhelm I. R.

Aus meiner Unterredung mit dem Kanzler nach dem Vortrag beim Kaiser
hatte ich den Vorwurf entnehmen müssen, daß ich den Kaiser bestimmt hätte,
eine Diskussion der englischen Anfrage bezüglich maritimer Abrüstung a
limine abzulehnen usw. Auf meine diesbezügliche Mitteilung an den Ge-
neraladjutanten des Kaisers, General von Plessen, der dem Vortrag bei-
gewohnt hatte, bestätigte mir dieser am 8. April

... daß Sie der scharfen Auffassung, wie solche von Seiner Majestät über
die von England vorgeschlagene Schiffsbaukontrolle ausgesprochen wurde, entgegengetreten sind, ja sogar mehrfach betont haben, daß der englische Vorschlag
— da er auf Gegenseitigkeit beruhe —, ganz ehrlich und unbedenklich gemeint
gewesen sei, — sich sogar Vorteile daraus für uns ergeben könnten —, auf
keinen Fall eine beleidigende Absicht darin gefunden werden dürfte! —

Am 14. April benutzte der Reichskanzler in Venedig die Gelegenheit zur Besprechung eines etwaigen deutsch-englischen Flottenabkommens mit dem Kaiser. Dorher hat er den Chef des Zivilkabinetts von Valentini, den Chef des Marinekabinetts von Müller und den Chef des Hauptquartiern von Plessen zu sich in seinen Gasthof und entwickelte ihnen seine Ansicht übes das Bedenkliche unserer Lage England gegenüber. Herr von Müller wahrte in diesem Gespräch meinen Standpunkt.

Der Staatssekretär des Reichsmarineamts an den Chef des Marinekabinetts.

Berlin, 6. Mai 1909.

... Eine unmittelbare Kriegsgefahr liegt m. E. nicht in größerem Maße vor als in den letzten acht Jahren. Damit fallen alle daraus für unser marinepolitisches Vorgehen gezogenen Konsequenzen. Unberechenbare politische Zwischenfälle sind natürlich möglich. Die englischen Massen sind nicht nur an sich friedfertig, sondern sogar in eine künstliche Panik versetzt, sie wollen also sicher keinen Krieg. Das zeigt auch die populäre Forderung von acht neuen Dread-noughts, wie Sie dem Reichskanzler gegenüber schon bemerkt haben. Die Fertig-stellung dieser Dreadnoughts dauert frontreif mindestens noch vier Jahre. Wäh-rend dieser Zeit wächst unsere Gesamtseekriegsleistung ganz außerordentlich. Wir werden dann haben, was uns jetzt fehlt, Reserven an Material, welche unsere Menschenreserven erst voll nutzbar machen.

Was diejenigen Engländer anbetrifft, welche dem Gedanken eines Präventivkrieges zugänglich sind, so will die Marine im ganzen ebensowenig den Krieg wie unsere eigene Marine oder Armee. Die Geschäftskreise in England wollen sicher noch weniger einen Krieg, weil ihr Geschäft darunter leidet. Das Argument Metternichs, welches der Reichskanzler übernommen zu haben scheint, daß die Friedenskosten für die Marine zu groß werden, ist unlogisch, denn im Kriegsfalle entstehen noch ganz andere Kosten, der Kurs der Wertpapiere würde unberechenbar heruntergehen. Von den Politikern in England glaubt ja Metternich selbst der Liberalen völlig sicher zu sein. Die Konser-vativen aber kämpfen zurzeit um die politische Macht in England selbst: besonders zu dem Zweck, um Schutzzölle einzuführen. Die jetzigen direkten Steuern passen ihnen nicht. Wird Krieg durch die liberale Regierung eingeleitet, so würde das Ziel der Kon-servativen mindestens hinausgeschoben. Gewinnen sie aber durch die Neuwahlen die politische Macht in England, so ist unwahrscheinlich, daß sie dieselbe durch einen politisch und militärisch gefährlichen Krieg wieder aufs Spiel setzen wollen und ihr eigentliches wirtschaftliches Ziel aufgeben werden.

... Metternich operiert für seine Meinung, unsere Flottenpolitik einzuschränken, mit der öffentlichen Meinung in England und dem Präventivkrieg. Er über-sieht dabei, daß ein Präventivkrieg niemals durch öffentliche Meinung er-zwungen wird. Nur einzelne Gewaltmenschen bekommen das fertig. Selbst ein Bismarck hat sich vor dem Präventivkrieg gescheut. 1870 hatte er zu wählen zwischen einer großen politischen und moralischen Niederlage und dem Krieg. Da lag die Sache anders. 1864—66—70 blieben die Engländer neutral troß aller Präventivgedanken. Der jahrelange Gegensaß zwischen England und Ruß= land hat nicht zum Kriege geführt. Ja wenn die Engländer andere Leute ins Feuer schicken können, dann ist es etwas anderes. Die Möglichkeit eines Präven= tivkrieges ist ein Schreckmittel und eine Fiktion unserer Diplomaten, um andere Leute, die ihnen widerstrebten, gefügig zu machen, sie sind auch wohl selbst ängstlich.

Jedenfalls halte ich für äußerst bedenklich, sich durch F u r c h t v o r e i n e m P r ä v e n t i v k r i e g in seinen notwendigen Handlungen beeinflussen zu lassen. Das Zeigen von Ängstlichkeit, wie m. E. das Verfahren von Metternich bei den Engländern ausgelegt worden ist, scheint mir direkt gefährlich, weil es uns auf die schiefe Bahn bis zur vollen Demütigung und damit zum Kriege bringt. Ins Gesicht sehen müssen wir der Tatsache, daß in England eine allgemeine große Verstimmung gegen Deutschland besteht und ferner, daß wir England auf längere Zeit international als Gegner haben werden. Es mag ferner zugegeben werden, daß unsere Flottenpolitik diese Situation sehr verschärft hat[1]. Dieselbe war aber nicht anders zu machen, als sie gemacht ist, wenn wir vorwärts woll= ten. Es steht nun in Frage, können wir durch Modifikation in der Flottenpolitik die politische Situation mildern? Wie ich schon unterm 17. April vom Gries aus schrieb, ist die Lage jeßt anders als im Herbst und Winter vorigen Jahres. Da= mals war m. E. ein Anerbieten des Verhältnisses 3 : 4 für den Zuwachs der nächsten Jahre an Dreadnoughts möglich. Jeßt liegt die Sache anders. Wir können höchstens noch zwei Schiffe verschieben. Das ist militärisch für England wertlos und würde nur Bedeutung haben, wenn es als ein „Zu=Kreuze=Kriechen" Deutschlands frisiert werden könnte. Ein Faschoda für uns halte ich aber für gefährlicher als den jeßigen Zustand. England hat bei der österreichisch=serbischen Frage versucht, Frankreich und Rußland vorwärts zu treiben. Charakteristischer= weise hat sich gerade Frankreich mit Deutschland vereinigt, um Öl auf die be= wegte See zu gießen. England „allein" hat jedenfalls in diesem Fall den Krieg nicht gewagt. Diese politische Kampagne, und wie mir verschiedentlich von Aus= ländern und Auslandsdeutschen gesagt worden ist, unser ruhiges unbeirrtes Vorwärtsgehen gerade in der Flottenfrage hat auf einmal unser Prestige wieder mächtig gehoben. Ein Zurückweichen jeßt in der Flottenfrage vor England würde alles Gewonnene zunichte machen. Ich kann für meinen Teil nicht verstehen,

---

1) *Diese unvermeidliche Verschärfung war nur zeitweilig und trug zugleich die Re=*
medur in sich. Während der wirtschaftliche Wettbewerb bei unserer fortschreitenden
Entwicklung immer fühlbarer wurde, mußte unsere seemilitärische Machtbildung nach
Durchschreiten der Gefahrzone England zu einer Verständigung auf der Grundlage
der Ebenbürtigkeit veranlassen. Nur durch den Flottenbau, nicht durch Kolonialgeschenke
und Verträge, konnte eine solche künftige Besserung der deutsch=englischen Beziehungen
erreicht werden.

wie von anderer Seite diesem Umstand nicht die gleiche Beachtung geschenkt wird. Das Gegebene erscheint um so mehr „Durchhalten", als die bemon= strative Bewilligung des Marineetats 1908 eine abermalige Festlegung sämt= licher politischer Parteien auf die Durchführung des jetzigen Flottengesetzes uns gebracht hat. Für Reichstag und Nation ist dadurch ein sehr starkes Engagement auf „Durchhalten" geschaffen. Nach zwei Jahren sinkt das Bautempo auf zwei große Schiffe. Soweit das hierdurch überhaupt möglich ist, entspannt sich die Lage. Noch mehr aber dadurch, daß wir in den nächsten Jahren rapide stärker werden. Andererseits bin ich der Ansicht, daß zurzeit auch nur eine Andeutung, daß wir den Verzicht auf eine Novelle zurückziehen, die Lage aufs äußerste kom= plizieren würde.

Seine Majestät haben m. E. vollkommen recht: unter den jetzigen Verhält= nissen müssen wir jedenfalls warten, bis die Engländer uns mit neuen Rüstungs= ideen kommen. Ich halte dies nicht für sehr wahrscheinlich. Sollte dies aber doch geschehen, so können wir nicht mit einer bestimmten Formel in die Verhand= lungen treten. Wir werden richtig handeln, zuvorkommend zu antworten, und uns erst heranfühlen müssen an die Absichten. Wir können den englischen Vor= schlägen entgegensehen, müssen aber den Two German Standard von vornherein als unmögliche Basis bezeichnen. Militärische Konzessionen unsererseits gegen militärische „Versprechungen" englischerseits sind ausgeschlossen. Soweit ich ein Urteil habe, ist der von Ihnen Herrn von Kiderlen bezeichnete Weg der rich= tige. Zuerst détente und dann entente auf politischem Gebiet, dann Rü= stungsabkommen. Nicht aber umgekehrt zuerst militärische Schwächung und dann vage Versprechungen für bessere Behandlung . . .

Die Stimmung für die Marine ist zweifellos ungünstiger bei uns ge= worden, auch im Reichstag. Wir werden das bei der Besoldungsvorlage zu fühlen be= kommen. Nur Glück und auch strikte Konsequenz hat uns über die Barre geholfen. Eine ganze Reihe von Faktoren arbeiten stark gegen die Marine. Ich möchte mir die näheren Ausführungen hierüber für mündliche Besprechung vorbehalten. Die Lage un= serer Marine bleibt trotz Reichstagsengagement gefährdet. Wenn sich ein Hannibal Fischer[1] in irgendeiner Form findet, so werden ihm starke Hilfen von allen Seiten werden. Darum um Himmelswillen keine Extrasprünge zurzeit, keine Extrawurst für die Marine (wie man im Reichstag sagt), steady Kurs und wenn es irgend erreicht werden kann für das Offizierkorps und insonderheit für die Immediatstellen Zusam= menstehen coûte que coûte. Zum Teufel mit den querelles allemandes de la ma= rine. Schon Galster, Persius, Wachenhusen trotz ihrer Kleinheit sind de trop. Wir können Seiner Majestät nur dankbar sein für sein Durchhalten. Es gibt genügend an= dere Kräfte, die an der Flottenentwicklung rütteln. Aufgabe der Marine ist das Gegen= teil. Das schließt nicht aus, daß wir — und der Staatssekretär in erster Reihe — alles tun und verfolgen, was angängig ist, die politische Lage zu entspannen, falls dadurch nur das Endziel nicht verrückt wird.

---

1) Hat im Jahre 1850 die damalige deutsche Marine versteigert.

Auszug aus einem Bericht des Marineattachés in London, Kapitän Widenmann.

London, 11. Mai 1909.

Die Ansicht, daß wir einem Kriege mit England mit Sicherheit entgegentreiben, teile ich nicht. Für noch unwahrscheinlicher halte ich die Ansicht, daß England einen Krieg mit uns vom Zaune zu brechen beabsichtigt. Jedenfalls ist diejetzige liberale Regierung unter normalen Verhältnissen nicht dafür zu haben. — Dagegen ist nicht zu leugnen, daß in weiten Kreisen Englands eine tiefgehende Angst vor unseren Rüstungen herrscht, hinter denen man die Absicht einer deutschen Invasion Englands wittern will. Diese Angst treibt die Nation zu den eigenen Rüstungen und wird von einer kleinen Gruppe von Interessenten, die man als „Kriegspartei" bezeichnen mag, mit allen Mitteln lebend erhalten. Darin besteht meiner Ansicht nach die Gefahr für uns, und wir müssen daher bemüht sein, soweit es in unseren Kräften liegt, zu verhindern, daß diese Interessentengruppe nicht durch unerwartete von unserer Seite provozierte politische Ereignisse das Übergewicht erhält und die Nation und die Regierung gegen deren bessere Überzeugung mit sich fortreißt.

Daß letzteres durch Brandreden vor öffentlichen „meetings" oder durch Agitation in der Presse erreicht werden kann, glaube ich nicht. Der großen und geldmächtigen Gruppe von Zeitungen und Journalen, die eine Rolle der nationalen Eiferer spielen wollen und dadurch der Kriegspartei zum Teil aus sehr selbstsüchtigen Interessen Vorschub leisten — Vickers[1] allein sollen für Inszenierung des Naval Scare tausende £ an Zeitungen gezahlt haben — wird von deutscher Seite zuviel Ehre angetan, wenn man die in ihnen wiedergegebenen Ansichten mit der öffentlichen Meinung des englischen Volkes identifizieren will. Diese Preßansichten spiegeln tatsächlich nicht die öffentliche Meinung Englands wider, sondern sind dazu bestimmt, auf letztere Einfluß zu gewinnen. Daß dieser Zweck bei urteilslosen Massen und auch bei fernstehenden Gebildeten hin und wieder erreicht wird — New-Zealand-Dreadnought — ist richtig, aber darum kein Gegenbeweis. Die Regierung von New-Zealand sieht jetzt selbst ein, wie sie sich durch die Scare-Telegramme hat übertölpeln lassen und zeigt bei den Vorbereitungen zur Beschickung der „Conference of imperial Defence" vorläufig absichtlich Zurückhaltung.

Die wirkliche öffentliche Meinung, soweit sie einen Machtfaktor bildet, wird vielmehr durch die Interessen der City gebildet und auch durch diese beherrscht. City ist dabei natürlich in dem weitesten Sinne des vom Handel und von dem damit verbundenen Gelderwerb lebenden Teiles der Nation zu verstehen. Das ist aber das Gros der Gebildeten der Nation. Diese wissen am besten, daß das ganze Sein Englands nur auf seinem Handel und seiner Industrie beruht. Die ungestörte Einfuhr der Lebensmittel für die Volksmassen einerseits und der Rohprodukte für die Industrie, mit deren Erzeugnissen die ersteren bezahlt werden, andererseits, bedeutet für England alles. Die City weiß aber, daß durch jeden Seekrieg diese Einfuhren nicht allein verteuert, sondern evtl. in Frage gestellt werden. Wenn daher die City die deutsche wirtschaftliche Konkurrenz auch als äußerst lästig empfindet, so ist sie doch geneigt, sich mit ihr als dem kleineren Übel auf friedlichem Wege abzufinden, um so mehr, als Deutschland im Frieden ein sehr starker Käufer ist. Dazu kommt, daß niemand die Kriegschancen, wohl aber das voraussehen kann, daß die übrigen Handels- und Industriekonkurrenten der Welt mit Freuden auf den Augenblick warten, in dem ihnen die an-

1) *Englische Rüstungsfirma.*

genehme Rolle des tertii gaudentis zufällt. Das ist ein Novum, das in den auf Grund von Handelsrivalität in früheren Jahrhunderten mit Spanien, Holland und Frankreich geführten Kriegen fehlte, das aber darum von der City nicht verkannt wird, die wohl weiß, daß heute ein für England siegreicher Seekrieg nicht mehr dasselbe wie vor 100 Jahren bedeutet. Der kaufmännische Instinkt sagt ihr, daß England nur im Frieden gedeihen, in jedem Seekrieg aber, dessen Waffengang noch so glorreich für Albions Waffen ausfallen mag, nur verlieren kann...

Je weniger Frankreich oder andere Ententemächte aber in der Lage oder gewillt sind, englische Söldnerdienste auf dem Kontinente zu leisten, um so mehr verblassen Englands Chancen, aus einem Seekrieg dauernde Vorteile gegen uns zu gewinnen. Dies werden auch die militärischen Mitglieder der Kriegspartei sich selbst und ihren weniger fachmännischen Parteigängern nach den jüngsten Erfahrungen in der Balkanfrage nicht verhehlen können, und darum ist der Einfluß der Kriegspartei von der Z u - v e r l ä s s i g k e i t d e r Ententemächte stark abhängig, für uns daher auch nicht dauernd von der gleichen akuten Gefahr.

Die einsichtigen, nüchtern denkenden Elemente der Nation, denen die Folgen des südafrikanischen Krieges wohl noch im Gedächtnis haften geblieben und die phantasiereich genug sind, um sich die Folgen eines Krieges mit Deutschland auszumalen, haben bewiesen, daß sie sich nicht von einem kleinen Kreise von Interessenten terrorisieren und in unabsehbares Kriegsunglück stoßen lassen wollen. Da aber diesmal sowohl die Opposition wie eine ganze Zahl Liberaler Material zur Brandstätte schleppten und das Feuer trotzdem in seinen Grenzen gehalten werden konnte, so ist damit nach meiner Ansicht bewiesen, daß die verständigen Elemente übermächtig sind, und daß die überwiegende Mehrheit des englischen Volkes keinen Krieg mit uns haben will.

Anderseits hat das Verhalten unserer Presse in dieser Angelegenheit und die unbeirrte Einmütigkeit des Reichstages der englischen Nation gezeigt, daß unser Programm fest und der Volkswille dahinter steht. N i c h t s i m p o n i e r t a b e r d e m E n g l ä n d e r m e h r w i e z i e l b e w u ß t e r W i l l e, v o l l e n d s w e n n d i e n ö t i g e M a c h t d a h i n t e r s t e h t, i h n d u r c h z u s e t z e n...

Ist das Jahr 1909 aber von englischer Seite nicht ausgenutzt worden und lassen sie auch noch 1910 ungenützt, dann ist zwar damit die Frage England—Deutschland noch nicht endgültig erledigt, aber sie wird eine für uns immer günstigere Form annehmen.[1]

Im Jahre 1911 kann die Frage noch einmal akut werden. Wenn nicht alles täuscht, scheinen die Liberalen bis zu diesem Zeitpunkt am Ruder bleiben zu sollen... wenigstens gewinnt die Ansicht immer mehr an Boden, daß das Lloyd Georgesche Budget mit einigen Abstrichen vom House of Commons angenommen werden, und daß das House of Lords sein Vetorecht gegen dasselbe nicht geltend machen wird, da es bei den daraus folgenden Neuwahlen als liberalen Wahlruf „Beseitigung des Oberhauses" und dadurch eine nochmalige liberale Majorität fürchtet. Bleiben aber die Liberalen noch weitere zwei Jahre am Ruder — ein Umstand, der hauptsächlich dadurch möglich ist, daß die Opposition keine Männer hat — so ist kaum zu erwarten, daß die äußere Politik Englands bis 1911 eine aggressive Form annehmen wird. Sollte aber im Jahre 1911 mit der dann wohl sicher zu erwartenden Rückkehr

---

1) *Die Erfahrungen in den Jahren 1912—1914 haben diese Ansicht vollauf bestätigt. Solche politischen Fehler, wie wir sie im Juli 1914 machten, durften wir freilich uns nicht erlauben.*

der Konservativen zur Regierung eine neue deutsche Flottennovelle zusammenfallen, die das Vierertempo zu etwas Dauerndem macht, dann glaube ich fürchten zu müssen, daß die Gefahr eines englischen Krieges äußerst drohend wird. Gehen wir dagegen 1912 mit den Schiffsbauten nicht weiter wie das Flottengesetz 1908, so muß in der Spannung gegen uns ein erheblicher Abfall eintreten, der noch dadurch gesteigert wird, daß die Entwicklung bis dahin gezeigt hat, daß die jetzige Aufregung auf gänzlich falschen Zahlen aufgebaut war...

Es bleibt also nach wie vor die Schwierigkeit bestehen, die Brücke bis zum Jahre 1911 zu bauen, aber diese Schwierigkeit hat seit dem März 1909 meiner Ansicht nach eher ab= wie zugenommen. Dadurch, daß die liberale Regierung selbst das Stärkeverhältnis gegen uns so ungünstig gemalt hat, hat sie uns die Chance in die Hand gespielt, bei möglicher Wiederaufnahme von Verhandlungen über das Verhältnis der gegenseitigen Flottenrüstungen eine Verhältniszahl aufzustellen, die vor dem 16. März nicht möglich gewesen wäre. Selbstverständlich darf die Anregung zu neuen Verhand= lungen nicht von unserer Seite ausgehen, sollte aber vor 1911 die Anregung nochmals von dieser Seite des Kanals kommen, so glaube ich, daß das Verhältnis von 3 : 4 zu erreichen ist, während eine konservative Regierung kaum dazu wird gebracht werden können.

Botschafter Graf Metternich rechtfertigt sich beim Reichskanzler wegen der gegen ihn erhobenen Vorwürfe.

Berlin, 2. Juni 1909.

In der geheimen Korrespondenz, betreffend die Flottenfrage, haben Euere Durchlaucht mir gestern u. a. auch ein an Höchstdieselben gerichtetes Aller= höchstes Schreiben vom 3. April d. J. zu meiner Kenntnis vorzulegen geruht.

Dasselbe enthält die Anklagen gegen mich:

1. Daß ich die dem englischen Minister abgegebene Versicherung, weder Seiner Majestät der Kaiser noch die Kaiserliche Regierung beabsichtigten über den durch Gesetz festgelegten und begrenztem Umfang unseres Flottenpro= gramms hinauszugehen, nicht genügend als Mittel zu Konzessionen eng= lischerseits verwertet hätte. Ich hätte für diese Konzession nichts gefordert und nichts erhalten. Dadurch sei unsere Position in der Flottenfrage England gegen= über verschlechtert worden, insbesondere auch mit Bezug auf eine evtl. im Jahre 1912 einzubringende Novelle zum Flottengesetz. Derselbe Gedanke findet sich in dem an Euere Durchlaucht gerichteten Schreiben des Staatssekretärs des Reichsmarineamts entwickelt, und es hat derselbe in diesem Sinne Seiner Ma= jestät dem Kaiser Vortrag gehalten. Demgegenüber gestatte ich mir festzustellen, daß ich bei meiner jetzigen Anwesenheit in Berlin, Ende Mai — Anfang Juni, zum ersten Male von einer evtl. Novelle zum Flottengesetz für das Jahr 1912 erfahre,[1] meine Besprechung mit dem englischen Minister aber bereits im ver= flossenen Winter stattfand.

---

1) Von einer solchen Absicht war damals nicht die Rede. Es erschien nur grundsätzlich falsch, solche Versprechungen ohne reale Gegenleistung zu geben.

Dies beruht auf dem mir Ende vorigen Sommers persönlich von Seiner Majestät dem Kaiser wie auch von Euerer Durchlaucht erteilten Auftrage, den englischen Ministern bei sich darbietender Gelegenheit zu erklären, daß weder Seine Majestät der Kaiser noch Seiner Majestät Regierung über den Umfang des gesetzlich festgelegten Flottenprogramms hinauszugehen beabsichtigten. Unserem Bedürfnis sei damit genügt, und unsere Finanzen erlaubten nicht mehr. Seine Majestät der Kaiser beauftragten mich, in seinem Namen diese Versicherung abzugeben. Irgendeine Konzession dabei zu erlangen, war gar nicht beabsichtigt. Sie sollte nur zur Beruhigung dienen. Ähnliche Erklärungen haben wir wiederholt abgegeben, so auch noch Euere Durchlaucht im verflossenen Winter im Reichstage. Auch Seine Majestät selbst, wenn ich recht unterrichtet bin, in seinem Briefe an Lord Tweedmouth.

2. Daß ich von der englischen Regierung nicht den Ausdruck der Entschuldigung erzwungen hätte für das unkonstitutionelle Verhalten Sir Charles Hardinges in seiner Unterredung mit Seiner Majestät dem Kaiser in Friedrichshof.[1]

Seine Majestät hat mir diese Unterredung Ende vorigen Sommers erzählt, ebenso, daß derselben einige Stunden später eine freundschaftliche Unterredung auf dem Sofa und die Allerhöchste Verleihung des Roten Adlerordens I. Kl. an der englischen Unterstaatssekretär folgte. Seine Majestät deuteten mir in keiner Weise an, daß ich Genugtuung von der englischen Regierung zu fordern habe für das in Friedrichshof Vorgefallene. Auch die amtlichen an mich ergangenen Weisungen enthalten nichts dergleichen. Euere Durchlaucht haben mir dagegen seinerzeit anheimgestellt, der englischen Regierung zu verstehen zu geben, daß es hier befremdet habe, daß Sir Charles Hardinge sich mit Umgehung der in Betracht kommenden amtlichen Persönlichkeiten direkt an Seine Majestät den Kaiser gewandt habe.

So weit und nicht weiter ging mein Auftrag, den ich seinerzeit bei der englischen Regierung ausgeführt habe. Ich überlasse es ganz Euerer Durchlaucht Ermessen, ob Hochdieselben diese Aufzeichnungen zur Allerhöchsten Kenntnis bringen wollen. Ich bin mir wohl bewußt, daß meine Haltung in der Flottenfrage, wobei ich pflichtgemäß wiederholt darauf hingewiesen habe, daß unser Verhältnis zu England hauptsächlich durch sie vergiftet wird, den Beifall Seiner Majestät nicht findet, und daß insbesondere auch der Staatssekretär des Reichsmarineamts meine Haltung bei Seiner Majestät angreift. Es ist natürlich für die Leitung unserer Marine nicht erfreulich zu hören, daß unser Bautempo und unser Verhältnis zu England in Wechselwirkung stehen, ich würde aber die Geschichte fälschen, wenn ich anders berichtete, als ich es tue, und ich kann meine

1) Cronberg.

Überzeugung felbft nicht für die Gunft meines Souveräns verkaufen. Auch ift
es mir zweifelhaft, ob Seiner Majeftät mit einer glatten und wohlgefälligen Be=
richterftattung gedient wäre, bis wir uns plötzlich vor einem Kriege mit England
fehen.

Protokoll des Chefs des Marinekabinetts, Vizeadmiral von Müller, über die
Sitzung beim Reichskanzler am 3. Juni 1909, $4\frac{1}{2}$—$8\frac{1}{4}$ Uhr. [1]

Zugegen: Reichskanzler, Botfchafter Graf Wolff=Metternich, Admiral von
Tirpitz, General von Moltke, Staatsfekretär von Schoen, Staatsfekretär von
Bethmann Hollweg, Vizeadmiral von Müller.

Reichskanzler fordert auf, ftreng geheim zu halten, daß überhaupt eine
Befprechung über ein Flottenrüftungsabkommen mit England ftattgefunden
hat. Lieft dann das kaiferliche Schreiben vom 3. April vor, in welchem über
Fehler des Grafen Metternich während des Flottenfcares in England im ver=
gangenen Winter und über die Vorbereitung eines „Agreements" für den Fall
einer erneuten Anregung nach diefer Richtung hin gefprochen wird. Dann Vor=
lefung eines fozufagen Rechtfertigungsfchreibens des Grafen Metternich vom
3. Juni 1909 (dem Sitzungstage), in welchem Graf Metternich fagt, er habe
nie den Auftrag gehabt, die Mitteilung, daß 1912 keine Flottennovelle kommen
werde, an Konzeffionen von englifcher Seite zu knüpfen, auch habe er keinen
Auftrag gehabt, eine Genugtuung zu fordern dafür, daß der englifche Minifter
Harbinge im Auguft in Cronberg direkt an Seine Majeftät die Forderung ge=
ftellt: „you must stop building".

Daran fchließt Reichskanzler eine längere Erörterung über englifche Gefahr,
für die neuerdings wieder Symptome. So ein Gefandtenbericht aus Athen, wo
der Kommandant der englifchen Königsyacht zu der griechifchen Kronprinzeffin
gefagt, er halte einen Krieg zwifchen England und Deutfchland für unvermeid=
lich, wenn wir in unferen Flottenrüftungen fortfahren.

Reichskanzler fagt, unfere politifche Lage fei im allgemeinen jetzt günftiger
als zu irgendeinem anderen Zeitpunkt in den letzten 20 Jahren, nur über der
Nordfee fchwebe eine fchwarze Wolke, diefe fei aber fehr gefährlich. Deshalb
müffen wir verfuchen mit England zu einer Verftändigung zu kommen und
zwar zu einer allgemeinen — nicht nur auf dem Gebiete des Flottenbaues. Es
gäbe da viele Gebiete, auf denen wir uns den Engländern freundlich zeigen
könnten, auf handelspolitifchem und kolonialem Gebiete, auch fei ein Neutrali=
tätsvertrag für gewiffe Fälle wohl erreichbar. Ohne Einfchränkung im Flotten=

---

1) Ein von Staatsfekretär Freiherrn von Schoen überfandtes Protokoll wurde von
mir nicht anerkannt, fondern mit Berichtigungen, die von Admiral von Müller be=
ftätigt wurden, zurückgefandt.

bautempo ginge es aber nicht ab. Natürlich dürfte die nationale Würde in
keiner Weise gefährdet werden.

In seinen Ausführungen lobte der Reichskanzler den Grafen Metternich als
einen pflichtbewußten Diplomaten, der seiner Überzeugung nach berichte, ob=
wohl er wisse, daß er dabei anstoße. Graf Metternich habe bei früherer Gelegen=
heit, als gerade auch seitens der Marine (Admiral Büchsel) ernste Kriegsgefahr
gesehen wurde, erklärt, in dem betreffenden Jahre (1906) sei kein Krieg zu
fürchten. Er habe damit eine große Verantwortung mutig übernommen. [1]

Graf Metternich führt in längerem Vortrage auf die Zeiten Lord Salis=
burys zurückgehend aus, daß die englische Flottennervosität durchaus nicht auf
kommerzielle Beklemmungen zurückzuführen sei, sondern erst angefangen habe,
als den Engländern der deutsche Flottenbau zum Bewußtsein gekommen. Das
deutsche Flottengespenst sei in alle Kreise des Volkes gedrungen, es sei aber am
bedenklichsten bei den Konservativen und bedeute, wenn diese in etwa zwei
Jahren an das Ruder kämen, eine sehr ernste Kriegsgefahr für uns. Darüber
sei mit politischen Konzessionen unsererseits an anderen Stellen nicht hinweg=
zukommen, das einzige Mittel, mit England gute Beziehungen zu erlangen, sei
eine Beschränkung in unserem Flottenbautempo.

Staatssekretär von Tirpitz: Nach seinen Erfahrungen im Auslande,
speziell in Ostasien, ist die englische Mißstimmung gegen Deutschland eine auf
wirtschaftlichen Gründen beruhende, die schon lange vorhanden, erst durch die
Krügerdepesche heftig ausgelöst und seitdem durch Sir John Fisher systematisch
genährt worden ist. Im übrigen sei er gar nicht dafür, daß jeder Versuch eng=
lischerseits, zu einer Verständigung im Flottenbautempo zu gelangen, von uns
ohne weiteres zurückgewiesen werde. Man müsse vielmehr das Odium ver=
meiden, als ob wir die Ablehnenden seien und er, der Staatssekretär, glaube,
daß im vorigen Herbst ein Agreement auf der Basis 3:4 möglich gewesen wäre.
Er bedaure lebhaft, daß der Graf Metternich die Zusicherung, daß 1912
keine Novelle beabsichtigt sei, ohne Gegenkonzessionen gegeben habe, aber er —
der Staatssekretär — sei bei der dem Grafen Metternich erteilten Instruktion
nicht gehört worden.

Er glaube, daß der Flottenscare in England überwunden sei und daß man
jedenfalls nicht von uns aus die Agreement=Frage wieder anschneiden solle, son=
dern abwarten solle, bis die Engländer damit kämen. Dann könne man ja

---

1) *In Wirklichkeit dürfte Graf Metternich 1904/06 die englische Kriegslust unter=
schätzt haben. Fürst Bülow selbst war damals anderer Ansicht; er hat sich zu mir in jener
Zeit auf Grund der ersten Marokkokrisis und des Ausgangs des russisch=japanischen
Krieges bei einem Gespräch in Kiel in recht besorgter Weise geäußert. Er hoffte damals
noch, größere Sicherheit durch eine Beschleunigung des Flottenbaus zu erreichen. Vgl.
oben S. 25.*

hören, was sie anbieten und danach sein Gegenangebot machen. Da in zwei Jahren unser Bautempo ohnedies von vier auf zwei „Capital Ships" sinke, so sei aber ein erneuter Agreement-Versuch der Engländer gar nicht zu erwarten.

Im übrigen würde es ihn interessieren zu hören, wie sich denn Graf Metternich das den Engländern anzubietende Zahlenverhältnis der Neubauten denke. Die in einem Bericht des Grafen Metternich gebrachte Idee, die Ausführung des Flottengesetzes um fünf Jahre zu verschieben und damit das Bautempo zu verlangsamen, sei jedenfalls unannehmbar, denn es bedeute in Anbetracht der Lebensdauer der Schiffe für uns 15 große Schiffe weniger.

Es folgt ein längerer Meinungsaustausch zwischen dem Staatssekretär von Tirpitz und dem Grafen Metternich über den Begriff Novelle 1912 usw., ohne daß eine Verständigung zwischen den beiden Herren erfolgt. Dabei wird auch gefragt, ob die Engländer denn überhaupt gesonnen wären, ihr Bautempo zu verlangsamen in einer bestimmten Proportion zu unserem, worauf Graf Metternich erwidert, Lloyd George habe ihm erklärt, daß das Verhältnis 2 : 3 akzeptierbar sei.

Ich (Müller) werde auf Anregung von Staatssekretär von Tirpitz durch den Reichskanzler über den Hergang des Immediatvortrages vom 3. April befragt und erkläre, daß in dem kaiserlichen Brief von diesem Tage ein Mißverständnis enthalten sei. Der Staatssekretär habe nicht eine Zurücknahme der Zusicherung der Nichteinbringung einer Novelle gefordert und das Verhältnis 3 : 4 nur als eine evtl. anzustrebende Maßzahl genannt.

Staatssekretär von Bethmann Hollweg: Es sei doch wohl festzustellen, daß eine Einigung mit England ernstlich anzustreben sei. Dieselbe könne aber nicht nur auf dem Gebiete des Flottenbaues erfolgen, sondern müßte auf auf dem Gebiete der Handelspolitik und der Kolonialpolitik erfolgen. Er verstehe den Staatssekretär des Reichsmarineamts so, daß eine Verlangsamung des Bautempos doch immerhin im Bereiche der Möglichkeit läge und da müsse nun festgestellt werden, bis zu welcher äußersten Konzession die Marineverwaltung denn gehen könne.

Ich (Müller) bemerkte, es sei doch wohl außer Frage, daß bei einer Verlangsamung unseres Bautempos auf einer Gegenleistung Englands in gleicher Münze bestanden werden müsse und wir nicht mit Gegenleistungen auf allgemein politischem Gebiete uns abfinden lassen könnten.

Diese Frage wurde entschieden bejaht, als eine Bedingung der Wahrung unserer nationalen Würde enthaltend.

Ich sagte ferner, das Maß unseres Zurückgehens im Flottenbautempo werde erst bestimmbar, wenn man aus dem Ton der englischen Vorschläge entnommen habe, ob auf ernstliches Entgegenkommen zu rechnen sei.

Graf Metternich sagte darauf, eine erneute Demarche von England sei überhaupt nicht zu erwarten, eine solche Demarche müsse jetzt von uns aus kommen, etwa in der Weise, daß er — Graf Metternich — einem der ihm gut bekannten englischen Politiker gelegentlich zu verstehen gibt, wir wären gar nicht grundsätzlich abgeneigt, uns in Verhandlungen über Beschränkung der Flottenrüstungen einzulassen; wie sie, die Engländer, sich eine solche Beschränkung denn dächten? Graf Metternich müsse aber vorher wissen, welches unsere Minimalforderungen seien.

Staatssekretär von Tirpitz remonstriert hiergegen. Er könne dem Botschafter nicht eine Formel geben, die dieser dann vielleicht mißverständlich benutzt. Dazu seien schon zu viel Mißverständnisse zwischen ihm und dem Botschafter eingetreten.

Staatssekretär von Bethmann Hollweg meint, es wäre vielleicht eine ganz günstige Position für den Botschafter, wenn er sich auf den Standpunkt stellen könne, die nähere Festsetzung der Verlangsamung im Bautempo — und nur darum könne es sich handeln, nicht um eine Änderung des Flottengesetzes — müsse die Marinebehörde in der Heimat angeben. Der Botschafter brauche nur zu wissen, daß nicht jede Verlangsamung des Bautempos von vornherein ausgeschlossen sei.

Diesem Standpunkt wird allgemein zugestimmt.

Chef des Generalstabes von Moltke sagt auf Aufforderung, sich zu äußern:

Seiner Ansicht nach müsse, da die Marine einen Krieg gegen England nicht mit Aussicht auf Erfolg führen könne, dieser Krieg eben vermieden werden. Ja, wenn wir noch Bundesgenossen gegen England fänden, aber das sei ja nach Ansicht des Reichskanzlers nicht zu erwarten. Er, der Chef des Generalstabes, sei geradezu in Verlegenheit darüber, was im Falle eines Krieges gegen England mit der Armee zu machen sei. Er müsse schon den Kaiser bitten, dann auch einen Krieg gegen Frankreich vom Zaune zu brechen! Er sehe auch gar nicht, wann sich diese unglückliche Lage einmal ändern könne, denn unsere Marine bliebe immer wesentlich schwächer als die englische.

Der Reichskanzler schließt sich dem an. Er habe dem Admiral von Tirpitz die Frage vorgelegt, wann wir denn einem Kriege gegen England mit Ruhe entgegensehen könnten. Er habe darauf keine positive Antwort erhalten.

Staatssekretär von Tirpitz: Die englische Gefahr werde von Jahr zu Jahr geringer. Sie sei jetzt schon wesentlich geringer als früher. Admiral Coerper z. B. war schon 1907 der Ansicht, daß wir über den Berg seien. In den nächsten zwei Jahren bessere sich unsere Lage ganz besonders und in fünf bis sechs Jahren

(1915 seien Helgoland und der neue Kaiser-Wilhelms-Kanal fertig) sei die Ge= fahr überhaupt vorüber.

Der Reichskanzler legt den Admiral von Tirpitz auf diese Zahlen fest. [1]

Bald nach dieser Sitzung fand die Amtszeit des Fürsten Bülow ein vor= zeitiges Ende aus parlamentarischen Gründen. Er selbst empfahl dem Kaiser den Staatssekretär von Bethmann Hollweg als seinen Nachfolger.

Der Staatssekretär des Reichsmarineamts an den verabschiedeten Reichskanzler Fürst von Bülow.

Euer Durchlaucht   St. Blasien, 20. Juli 1909.

erlaube ich mir für die gütigen Abschiedsworte vom 14. d. M. meinen war= men Dank auszusprechen. Die Zeit, welche das Reichsmarineamt unter Euer Durchlaucht Leitung für Kaiser und Reich arbeiten konnte, wird mir sowie den Offizieren und Beamten meines Ressorts in unvergeßlicher Erinnerung bleiben.

Ich habe lebhaft bedauert, Euer Durchlaucht nicht noch einmal eingehenden Vortrag halten zu können über die Art, wie m. E. der englischen Verstimmung gegen uns am besten entgegenzuarbeiten wäre. Ich glaube, Euer Durchlaucht würde daraus entnommen haben, daß die zutage getretene Verschiedenheit der Auffassung mehr in der Form des einzuschlagenden Verfahrens als in der Sache selbst ihre Ursache hatte. Wenn in nicht ferner Zeit, wie ich zuversichtlich hoffe, der Zweck unserer Flottenentwicklung erreicht sein und die politische Macht Deutschlands durch dieselbe erheblich gestärkt sein wird, so wird der Dank des deutschen Volkes für Euere Durchlaucht, der Sie in erster Reihe bei der Grün= dung dieser Flotte stehen, nicht ausbleiben und zu dem, was Euer Durchlaucht für Deutschland getan haben, einen weiteren Eck= und Markstein hinzufügen. Die „Ära Bülow" schließt die Entwicklung der deutschen Seeinteressen und die Erstarkung der deutschen Seemacht in sich ein.

Euer Durchlaucht wollen mein Fernbleiben von Berlin bei dem Abschluß Euer Durchlaucht Tätigkeit als Reichskanzler gütigst nicht als Mangel an Interesse und Verehrung für Euer Durchlaucht Person auffassen. Ich wußte nicht, wie lange sich die Entscheidungen hinziehen würden und da ich voraussichtlich den

---

1) *Nach den politischen Verhältnissen des Jahres 1909 war ein Krieg mit England überhaupt nicht mehr anders denkbar, als daß es sich gleichzeitig mit seinen beiden festländischen Ententegenossen zu einem solchen entschloß. Die ironische Bemerkung Moltkes zeigt besonders scharf, wie fern jedem verantwortlichen Mann in Deutschland der Gedanke lag, einen Krieg vom Zaune zu brechen, den man im Gegenteil zu ver= meiden entschlossen war. Solange unsre Marine so unfertig war wie 1909, hat dagegen England seine festländischen Freunde zu einer unnachgiebigen Haltung gedrängt, welche die Kriegsmöglichkeiten begünstigte. Diese Neigung Englands mußte nach meiner Er= wartung 1915 zurücktreten, wie sich das nachmals seit 1912 in steigendem Maße auch gezeigt hat.*

nächsten Winter in meinem Amte noch auszuhalten habe und bereits im August
bei den Kaifermanövern der Marine beteiligt bin, so mußte ich die verfügbaren
Wochen zu einer für mich durchaus notwendigen Kur ausnutzen.

Indem ich die Bitte ausspreche, daß Euer Durchlaucht mich in freundlicher
Erinnerung behalten wollen, verbleibe ich in besonderer Verehrung

Euer Durchlaucht

gehorsamster

von Tirpitz,

Admiral und Staatssekretär des R.-M.-A.

Die „Ära Bülow", die vergleichsweise beste Zeit der nachbismarckschen
Epoche, war zu Ende. Als Epilog mag dienen, was mir der Fürst am 11. Juni
1922 nach Beschäftigung mit seekriegsgeschichtlichen Veröffentlichungen in
einem längeren Briefe schrieb. Diese hätten ihm bestätigt, was er, ein Outsider,
im Sommer 1914 dunkel geahnt habe: 1. Seine Majestät der Kaiser, der sich
nicht entschließen kann, seine Lieblinge, die ihm ans Herz gewachsenen Kampfschiffe einzusetzen. 2. Der Beth- und Unglücksmann, in dem Wahn befangen,
daß, wenn wir nur die Engländer nicht „reizen", diese uns wieder gerührt in
ihre Arme schließen werden. Und das, nachdem wir mit der täppischen diplomatischen Behandlung der durch das Ultimatum an Serbien hervorgerufenen
Krisis für England eine Situation geschaffen hätten, die jedem zielbewußten
Staatsmann, und England habe zu allen Zeiten zielbewußte Führer gehabt,
den Speer in die Hand drücken mußte! Bethmann und Seine Majestät hätten
sich hinsichtlich der Seekriegsführung auf Grund der Formel geeinigt, daß
die Flotte bis zu den Friedensverhandlungen auf Eis gelegt werden müsse,
um dann in die Wagschale gelegt zu werden. Das Ende sei die Kieler
Emeute und Scapa Flow gewesen. Das sei der Ausgang, so sei „das Ende
einer der schönsten und leistungsfähigsten Flotten gekommen, welche die
Wellen je getragen haben, der Abschluß des 1897, vor einem Vierteljahr-
hundert, von uns mit festem Mut, klarem Blick und sicherer Hand begonnenen
Flottenbaues".

III.

Zwischen zwei Krisen (1909/1911).

Jn den Fortgang der Verhandlungen mit England fiel hemmend der Rücktritt des Fürsten Bülow. Während des Interregnums bis zur Ernennung Bethmann Hollwegs trat in Hamburg Ballin an den Kaiser heran mit dem Vorschlag, er wolle seine Beziehungen in England dafür einsetzen, daß ich mit den Lords der Admiralität zu einer direkten Verständigung über die Flottenfrage käme. Ballin wußte, daß ich kein wilder Mann war und an einer vernünftigen Verständigungspolitik gern mitarbeiten wollte. Der Kaiser machte mir von dem Vorschlag Ballins während der Kieler Woche im Juli 1909 Mitteilung. Ich erhob nur dagegen Bedenken, daß Ballin im amtlichen Auftrage handele, war aber sonst einverstanden.

Am 10. Juli hatte hierauf Herr Ballin eine Unterredung mit Sir Ernest Cassel im Brook=House in London. Er hatte mit Cassel schon vor einem Jahr über das deutsch=englische Verhältnis gesprochen und war erstaunt, ihn jetzt völlig verändert zu finden. Dieser war ganz in den Gedanken der Deutschenhetze befangen: England müsse seine Suprematie sicher stellen, dies sei aber durch ein einseitiges Abkommen mit Deutschland nicht mehr möglich. Es zeigte sich hier bei Cassel, der ja reines Sprachrohr der Engländer war (was Ballin vielleicht nicht ganz erkannt hat), dasselbe wie stets bei den Verständigungsverhandlungen: sobald man zu konkreten Fragen kam, zog sich England von einer Verständigung zurück. Als Grund führte Cassel an, daß inzwischen Frankreich (!) und namentlich Österreich=Ungarn ihre Flotten verstärkt hätten; namentlich das letztere sei ein Aktivposten für Deutschland. Dieses habe unter Wilhelm II. Industrie und Handelsschiffahrt in ungeahnter Weise entwickelt, England dagegen ungeheure Verluste erlitten. Sein Handel gehe zurück und es könne auf die Dauer seinen Freihandel nicht aufrechterhalten. Eine autoritative Persönlichkeit des englischen Wirtschaftslebens hat hiermit wieder einmal bestätigt, daß der innerste Grund des englischen Verhaltens in der Veränderung des deutsch=englischen Wirtschaftsverhältnisses zu suchen war. Doch wurde Sir Ernest Cassel entgegenkom=

mend, als Ballin den deutschen Entschluß betonte, die Flotte zu verstärken, wenn das Vorgehen Englands uns dazu zwänge. Diese Tonart hat England gegenüber stets besser gewirkt als Nachgeben und Angstzeigen. Ob Ballin (entgegen der Weisung, die ich ihm auf Befehl des Kaisers in Gegenwart von Admiral von Müller vor seiner Abreise auf „Prinz Adalbert" gegeben hatte) durchblicken ließ, daß er nicht als reiner Privatmann käme, habe ich nicht feststellen können; doch möchte ich annehmen, daß die Engländer unter dem Eindruck standen, Ballin spreche mit Wissen und Willen des Kaisers. Sicher ist, nach Ballins Bericht, daß Cassel seine ablehnende Haltung änderte und sich mit Ballin auf folgenden Vorschlag einigte: Einige verständige Männer, von beiden Seiten ernannt, sollten zu einer Besprechung über die angeregte Frage zusammenkommen. Dieses sollte absolut geheim bleiben mit der beiderseitigen Verpflichtung, daß es im Fall eines Erfolges bei einem solchen Vertrage keine Sieger und Besiegte geben dürfe. Mit dieser Abrede, die zwar nicht amtlich war, bei der man aber eine vorherige Ver= ständigung Cassels mit der Londoner Regierung annehmen konnte, reiste Ballin nach Deutschland zurück und erschien bei dem Kaiser mit den Worten: „Majestät, ich bringe die Freundschaft Englands".[1]

Zum Kanzler war inzwischen Herr von Bethmann Hollweg ernannt worden. Ich hätte die Ballinsche Anregung ressortmäßig aufgreifen können; das hielt ich jedoch nicht für richtig, und um auch nicht den leisesten Anschein der Illoyalität gegenüber der politischen Leitung zu erwecken, ersuchte ich das Marinekabinett, die Angelegenheit dem Kanzler mitzuteilen, und legte sie somit in dessen Hände. Auch der Kabinettschef äußerte zwar die Ansicht daß Ballin „sehr viel geschickter verfahren hat als Metternich", wünschte aber die „dauernde Ausschaltung des Auswärtigen Amtes und des Reichs= kanzlers" beseitigt zu sehen, doch sei ein Personalwechsel im Auswärtigen Amt und auf dem Botschafterposten unerläßlich.

Auf Bethmanns briefliche Bitte um eine Unterredung unterbrach ich meinen Kuraufenthalt in St. Blasien und reiste nach Berlin. Als ich dem

---

1) *Am 16. Juli übersandte mir Admiral von Müller die Ballinsche Aufzeichnung mit eigenen Notizen über die mündlichen Ausführungen bei seiner Audienz am 14. Juli. Cassel hatte, nach diesen mündlichen Ausführungen Ballins, eine Entschuldigung Har= dinges für sein Verhalten in Cronberg angeboten; Hardinge habe ganz gegen die Ab= sicht des Königs, allerdings mit Wissen Sir Edward Greys gehandelt. Als geeigneten Unterhändler bezeichnete Cassel den Marineattaché Widenmann, der bei Edward VII. gut angeschrieben sei, sowie Metternich. Die Ballinsche Aufzeichnung selbst ist abge= druckt bei B. Huldermann, Albert Ballin (1922, 216 ff.), wo indes seltsamerweise der Schlußsatz fehlt, in welchem Ballin sich sozusagen dem Kaiser empfiehlt mit der An= spielung: „Ich kann es deshalb wohl verstehen, daß ein kluger Monarch (Edward VII.) solchen Mann (Cassel) auch dann mit seinem Vertrauen beehrt, wenn nicht, wie in diesem Falle, noch private Interessen ins Gewicht fielen."*

Kanzler am 11. August meinen Standpunkt auseinandersetzte, der, wie früher für ein Verhandeln über die Verständigung war, zeigte sich Herr von Beth= mann sehr entzückt und atmete sichtlich erleichtert auf. Die von mir vorge= schlagene Lösung kam ihm offenbar überraschend. Ich schlug vor, die deut= schen Neubauten für 1910 von vier auf drei, für 1911 auf zwei Capital Ships herabzusetzen, wenn England sich verpflichte, 1910 nur vier und 1911 nur drei zu bauen, was für die Jahre 1910 bis 1914 ein Zuwachsverhältnis von 1 : 1,45 ergeben hätte. Bethmann fuhr am 12. sofort mit mir zusammen zum Kaiser nach Wilhelmshöhe, um die Sache in Fluß zu bringen. Der Kaiser willigte glatt ein. Der Kanzler ging auch zu Goschen, dem englischen Bot= schafter, der sich ebenfalls ganz begeistert über den Gedanken der Verständi= gung äußerte; doch unterließ es der Kanzler, ihm meinen konkreten Vor= schlag mitzuteilen. Ich dachte nun mit Bethmann zusammen in dieser Rich= tung arbeiten zu können, aber die Sache wurde dann vom Auswärtigen Amt in die Hand genommen, was ich ebenso wie Ballin für wenig zweck= dienlich hielt. Wohl auf den Einfluß des Auswärtigen Amtes wurde ich dann alsbald in Distanz gehalten. Der kleine Geist, der dort umging, konnte sich bei der Angelegenheit nichts anderes denken, als daß ich den Anlaß benutzen würde, eine neue Flottenvorlage zu machen. Von diesem Geist ließ sich Herr von Bethmann immer mehr gegen mich einnehmen. Geschäftlich führte dies in der vorliegenden Frage zu dem Bestreben, die angeregten Verhandlungen in die Wilhelmstraße zu verlegen bzw. durch Metternich in London zu führen. Ballin sah wie ich einen weniger „diplomatischen" Weg für praktischer an. Um diese Sackgasse zu vermeiden und meine eigenen Vorschläge für ein Ab= kommen (Agreement) zu formulieren, schrieb ich an den Kanzler nachstehen= den Brief:

Swinemünde, 1. September 1909.

Ich habe mir die Frage des Agreements mit England nochmals eingehend durch den Kopf gehen lassen und bin dabei zu der Ansicht gelangt, daß noch einige kleine Änderungen in der Fassung wünschenswert erscheinen . . .

Die neue Fassung des Agreements würde folgendermaßen lauten:

Vertrag über Capital Ships für die vier Jahre 1910—1913.

1. Jede Nation zieht von den Neubauten vier Capital Ships zurück . . .

2. Für eine vierjährige Vertragsperiode 1910—1913 verpflichtet sich: Eng= land nicht mehr als drei Capital Ships inkl. Colonial Ships, Deutsch= land nicht mehr als zwei Capital Ships jährlich durch den Etat anzu= fordern und zu stapeln.

Das Zuwachsverhältnis Deutschland zu England wird dadurch während der

Vertragsperiode gleich 1 : 1,5 oder gleich 2 : 3, für England also günstiger als vorher.

Sachlich ist auch diese neue Fassung für uns noch erträglich; sie ergibt aber ge=
schäftlich folgende Vorteile:

1. Auseinandersetzungen betreffend unser Flottengesetz werden unnötig. Die Agree=
mentsformel wird erheblich klarer und allgemein verständlicher; dies ist sowohl England
als auch unserer Nation gegenüber günstiger . . .

2. Ein Herunterhandeln von dieser Formel 2 : 3 ist für England außerordentlich
schwierig und kann kaum in eine brauchbare Formel gefaßt werden. Ein gewisses Ab=
lassen unsererseits könnte höchstens betreffs der Colonial Ships in Betracht kommen.[1]

Nach der neuen Fassung würde vom Jahre 1914 an für uns durch das
Flottengesetz von selbst wieder ein Bautempo von drei Capital Ships eintreten.
Da somit an dem Prinzip des Flottengesetzes und an dem von Ew. Exzellenz S. M.
gegenüber eingenommenen Standpunkte nichts geändert werden würde, habe
ich geglaubt, die Gelegenheit hier benutzen zu sollen, mit S. M. dem Kaiser
über diese neue Formel zu sprechen. S. M. hat hierbei sich mit diesem Vor=
schlage einverstanden erklärt, vorbehaltlich der Einwilligung Ew. Exzellenz.

Soweit ich die politische Gesamtlage beurteilen kann, wird das englische
liberale Kabinett große Neigung zeigen, den Vorschlag anzunehmen; denn eine
Reihe erheblicher Verlegenheiten für dasselbe würde dadurch beseitigt werden.
Andererseits ist es freilich wahrscheinlich, daß seitens des Ressorts der eng=
lischen Marine, vornehmlich seitens Sir John Fishers, auf Widerstand zu
rechnen ist.

Sollte das Agreement infolge dieser Gegnerschaft nicht zustande kommen, so
ist die Position für uns günstiger, da unser Entgegenkommen erheblich größer
ist, als bei der ersten Formel, und das Odium der Ablehnung durch England da=
durch klarer zutage tritt.

Unter diesen Umständen und im Hinblick auf die vergrößerte Wahrscheinlichkeit des
Zustandekommens eines Agreements mit England halte ich mich doch für verpflichtet,
Euerer Exzellenz noch die weitere Frage zur Erwägung zu stellen, ob es nicht richtig
ist, noch vor Beginn der Verhandlungen den Botschafter in London zu wechseln.
Unter dem Vorgänger Euerer Exzellenz und dem Vertreter seiner Politik in London ist
der von England lancierte Gedanke eines Flottenabkommens nicht zur Ausführung ge=
langt. Bei dem großen Entgegenkommen, welches Euere Exzellenz dem englischen Ka=
binett von vornherein gezeigt haben und mit obigem Agreementvorschlage durch die
Tat beweisen, halte ich es für ausgeschlossen, daß ein Mißverständnis durch die Ab=
berufung des deutschen Botschafters in London in einem für uns ungünstigen Sinne
eintreten könnte. Im Gegenteil würde m. E. das von Euerer Exzellenz vertretene Prin=

---

1) *Admiral Bachmann, der damalige Chef der Zentralabteilung des Reichsmarine=
amts, meinte hierzu, die Colonial Ships (von den Dominionen dem Mutterland zur
Verfügung gestellten Kriegsschiffe) wären als „Streichobjekt" mit hineinzunehmen.
Sie sind 1912 bei der Annahme der Churchillschen Formel von mir tatsächlich außer
Betracht gelassen worden.*

zip des Entgegenkommens durch den Wechſel des Botſchafters in klarer Weiſe für das Regime Euerer Exzellenz in Anrechnung kommen. Ein neuer Botſchafter würde unzwei=
felhaft als der beſondere Vertrauensmann Euerer Exzellenz angeſehen werden und würde aus den Verhandlungen, die in Berlin ſtattfinden werden, für ſeine künftigen Aufgaben einen weſentlich größeren Nutzen ziehen können, als ein Botſchafter, dem der Beigeſchmack der alten Ära — er mag wollen oder nicht — unzweifelhaft anhaften bleibt.

Auch wird auf dieſe Weiſe erſchwert, daß die engliſche Regierung an die bis=
herigen, ungünſtig verlaufenen Beſprechungen mit unſerem Botſchafter in London an=
knüpft, wozu zweifellos auch jetzt wieder Neigung beſtehen wird. Es wird ſomit durch den Wechſel des Botſchafters meiner Empfindung nach eine klarere Bahn geſchaffen, und es erſcheint für die Engländer ſchwieriger, frühere Mißverſtändniſſe zu unſeren Ungunſten auszunutzen.

Ich brauche Euerer Exzellenz wohl nicht zu verſichern, daß die perſönliche Seite der Frage für mich hierbei nicht im mindeſten eine Rolle ſpielt, ſondern daß ich mich lediglich bemüht habe, zu erwägen, was ſachlich das an ſich für uns vorteilhafteſte Verfahren iſt.

Außerdem empfahl ich zur ſelben Zeit Herrn von Bethmann auch, ſich in dieſer Frage nicht lediglich auf das Auswärtige Amt zu ſtützen, ſondern zu ſeiner perſönlichen Hilfe einen Vertrauensmann als Berater in die Reichs=
kanzlei zu nehmen. Ich ſchlug ihm als diplomatiſchen Aſſiſtenten der Reichs=
kanzlei den mit dem Kanzler verwandten Legationsrat Gerhard von Mutius von der Botſchaft in Paris vor. Ich mußte jedoch bald erkennen, daß ich eine Unvorſichtigkeit begangen hatte. Herr von Bethmann hat offenbar von meinen privaten Mitteilungen Gebrauch gemacht, und deren Inhalt wurde von den Herren des Auswärtigen Amtes als grober Eingriff in ihre Vorrechte betrachtet und erregte großen Ärger. Mir hatte jede Animoſität ferngelegen, ich hatte nur den Gedanken gehabt, Herrn von Bethmann zu unterſtützen und dem alleinigen Einfluß Metternichs, den ich für unglücklich hielt, etwas ent=
gegenzuſetzen. Eine Antwort auf meine Anregungen habe ich nicht erhalten. Metternich iſt noch Jahre lang im Amt gehalten worden, obwohl, wie ein kürzlich veröffentlichter Brief des damaligen Geheimrats (ſpäteren Staats=
ſekretärs) Zimmermann vom 25. Auguſt 1909 zeigt, ſchon damals, alſo vor meiner Anregung, der Erſatz Metternichs durch Marſchall im Auswär=
tigen Amt ſelbſt erwogen worden iſt. Am 4. Auguſt hatte mir der Kabinetts=
chef geſchrieben, der Kanzler fürchte, daß die Abberufung Metternichs in England mißdeutet werden könnte. Die Engländer kannten keine ſolchen Be=
denken. Sie hatten den langjährigen Botſchafter in Berlin, Sir Frank Las=
celles, abberufen, obwohl ſie damit den Eindruck erweckten, die von Las=
celles betriebene „Annäherung" der beiden Länder „entſpreche nicht den poli=

tischen Ansichten der englischen Regierung [1]. Lascelles' Nachfolger Goschen war
kein so ausgeprägter Charakter und ein bloßes Sprachrohr seiner Regierung.

Das Auswärtige Amt trat nun, ohne daß ich in dieser Sache überhaupt
noch gehört wurde, amtlich an die englische Regierung heran. Diese antwortete ungefähr in dem Sinne, daß sie augenblicklich wegen der bevorstehenden Wahlen auf unseren Vorschlag nicht eingehen könne; es wäre aber
vielleicht auch schon etwas gewonnen, wenn wir uns gegenseitig einen Offizier schickten, der den Stand der Bauten überwachte. Man sieht, wie
England der deutschen Bereitwilligkeit zu Agreementsverhandlungen aus-
wich und von Verhandlungen in dem Augenblick abrückte, wo sie ernst werden
sollten, wie es dagegen die Behauptung, wir bauten heimlich, weiter ausnützen wollte. Dabei lenkte Grey den Kanzler auf den Gedanken, daß eine
beiderseitige Bauverlangsamung, bei der das Flottengesetz erhalten bliebe,
jedenfalls eine ungenügende „Entlastung" bedeuten würde. So verlief die
Anregung, die Ballin eingeleitet hatte, im Sande.

Mein Eindruck von der Verhandlungsweise des neuen Kanzlers
verschlechterte sich, als ich wahrnehmen mußte, daß er es vermied, den Engländern einen einfachen und gegenständlichen Vorschlag zu machen. Statt
dessen lief er, vielleicht schon unter Kiderlens unheilvollem Einfluß, einer
allgemeinen politischen Verständigung nach, die kaum ein nebelhaftes Stadium überschritt. Um ihm in dieser Lage zu helfen, entschloß ich mich, dem
Kanzler schon in diesem Stadium die Formel 2 : 3 für das Flottenstärken-
verhältnis an die Hand zu geben, in folgendem Schreiben:

Berlin, 4. November 1909.

Wenn ich Euere Exzellenz recht verstanden habe, glauben Euere Exzellenz
bei eigener öffentlichen Meinung durch ein gleichzeitiges politisches Agreement
— Euere Exzellenz bezeichneten es als eine Art Neutralitätsabkommen
— ein Heruntergehen in unseren planmäßigen Schiffsbauten annehm-
barer machen zu können. Die öffentliche Meinung soll also zu der Auffassung
gebracht werden, daß bei der Bewertung der militärischen Konzessionen die politischen Vorteile mit in Rechnung gestellt werden müssen, mit anderen Worten:
politische Vorteile sollen gegen militärische Konzessionen eingetauscht
werden. Welche politischen Vorteile Euere Exzellenz hierbei im Auge haben, ist
mir nicht bekannt. Bezüglich meiner allgemeinen Stellung zu dieser Frage darf
ich mich auf mein Schreiben vom 4. Februar 1909 an den Fürsten von Bülow beziehen. [2]

---

1) *So deutet der belgische Gesandte in Berlin Lascelles' Abberufung (Belgische*
Aktenstücke Nr. 50 vom 18. Juli 1908).
2) *Oben S. 120 f.*

Ich halte es auch heute noch für ausgeschlossen, daß wir militärische Kon=
zessionen ohne eine ausreichende militärische Gegenleistung machen. Da
unser Bautempo für die nächsten Jahre gesetzlich festgelegt ist, das der Eng=
länder aber nicht, kann die militärische Gegenleistung Englands im Grunde ge=
nommen — abgesehen von der Form der Verhandlungen — nur in Vereinba=
rung einer festen Relation bezüglich der in einer vier= oder fünfjährigen
Vertragsperiode beiderseitig auf Stapel zu legenden Capital Ships bestehen.
Als solche Relationen kommen in Betracht:

$$4:3. \qquad 3:2. \qquad 2:1.$$

Das Verhältnis von 4:3 wird heute voraussichtlich für die Engländer nicht
mehr annehmbar sein. Das Verhältnis 2:1 (Two German Standard) ist für
uns unannehmbar, somit bleibt praktisch nur das Verhältnis 3:2 übrig.
Dies ergibt, wenn man nicht am Flottengesetz rütteln will, den Euerer Exzellenz
bekannten Bauplan:

Jahr	England	Deutschland
1910	4	3
1911	3	2
1912	3	2
1913	3	2
1914	3	2
	16	11

Für uns bedeutet dieser Bauplan ein Nachgeben von einem Schiffe im
Jahre 1910 und von zwei Schiffen im Jahre 1911. In England bleibt für die
Gesamtflotte — einschließlich der Prae=Dreadnoughts — bei diesem Bauplan
der Two Power Standard erhalten. Der Bauplan ist also grundsätzlich für
England wohl annehmbar.

Unter dieses äußerste Maß herunterzugehen, halte ich mit der mir obliegenden
militärischen Verantwortung für nicht vereinbar.

Läßt sich neben vorstehend skizziertem militärischen Agreement noch ein
politisches Agreement erreichen, so würde ich dies nur mit Freuden begrüßen
können, zumal wenn uns ein derartiges Abkommen wirklich politische Vorteile
verspräche.

Mit dieser Formel 2:3 hatte der Kanzler die schon ein Jahr vorher von
Lloyd George angeregte, den Engländern, wie die Folgezeit bewiesen hat,
annehmbare Vertragsbasis zu seiner Verfügung. Weshalb er damit nicht
arbeitete, entzieht sich meiner Kenntnis. Eine Antwort auf meinen Vor=
schlag habe ich nicht erhalten. Überhaupt wurde ich von den Verhandlungen

ferngehalten, die ich von meinem Standort aus damals nicht verstand und
die ich auch heute noch nicht verstehen kann.

Ich schalte hier einen Bericht des Grafen Metternich an den Reichskanzler
mit den Randbemerkungen des Kaisers ein.

London, 11. Januar 1910.

Beide Parteien sind immer noch siegesgewiß. Keine erwartet aber eine starke Ma=
jorität. Die Unionisten hoffen eine Majorität von etwa 20, die Liberalen, samt
Nationalisten und Arbeiterpartei, von etwa 60 zu erringen. Beide Parteien sehen
für die nächsten Jahre kurzlebige Parlamente mit rasch wechselnden Regierungen
und heftigen Parteikämpfen voraus.[a]

Neben der Tarifreformbewegung, auf Grund deren die Unionisten hauptsächlich in
den Wahlen zu siegen hoffen, nimmt für uns die wieder im Vordergrund stehende
Flottenfrage vorzüglich das Interesse in Anspruch. Sie ist Parteifrage, insofern
die Opposition der Regierung vorwirft, nicht genügend für die Flotte gewirkt zu haben,
sie ist aber keine Parteifrage, insofern beide Parteien entschlossen sind, die größten
Opfer zu bringen, um der englischen Flotte einen bedeutenden Vorsprung vor jeder
anderen Flotte zu sichern.

Im vergangenen Frühjahr lehnten sich die Herren Lloyd George und Winston Chur=
chill gegen das von der Admiralität vorgeschlagene Budget auf. Anstatt nun den Wider=
stand im Kabinett selbst zu brechen, wandte sich der Premierminister an die Kammer
und zog den parlamentarischen Anhang seiner Widersacher im Kabinett dadurch zu
sich hinüber, daß er die gefährliche Lage in schwarzen Farben schilderte,[b] in die Eng=
land im Hinblick auf die Fortschritte der deutschen Flotte geraten würde, wenn es nicht
neue, bedeutende Anstrengungen zur Stärkung der eigenen Flotte mache. Hierdurch
wurde die Flottenagitation unter die Massen geworfen, und die Opposition hat seitdem
nicht aufgehört, der Regierung die Frage vorzuhalten: Wenn ihr die Lage für so ge=
fährdet anseht, weshalb habt ihr dann nicht schon früher für die Verstärkung der Flotte
und die Sicherheit des Landes gesorgt? Auch jetzt leidet die Regierung unter ihrer Hal=
tung von damals, und ihre Gegner fragen: wem sollen wir mehr glauben, dem As=
quith vom März, der die Lage schwarz schilderte, oder dem Asquith von heute, der
unter dem Druck der Wahlkampagne alles für schön und gut erklärt? Eine ähnliche
Blöße wird sich eine zukünftige liberale Regierung nicht mehr geben. Selbst Lloyd
George hat schon erklärt, daß das nächste Flottenbudget mindestens £ 40 000 000 be=
tragen wird . . .

Balfours schwächliche Rede in Hanley[c] hat allgemein mißfallen, auch bei seinen
Freunden. Er berief sich dabei bekanntlich auf die Ansicht von Diplomaten der kleineren
Staaten, die angeblich den Krieg zwischen England und Deutschland für unvermeid=
lich halten, will diese Ansicht aber nicht teilen. Auch mit den anonymen deutschen
Kaufherren, die England nicht gestatten wollen, daß es sich zum Schutzzoll bekehre,
was Balfours Entrüstung erregt, hat er kein Glück gehabt. Man hört in der letzten
Zeit immer häufiger die Ansicht: He is too weak[d] for a leader.* — Im Hintergrunde

a) *Gut für uns anderen.*
b) *Ohne vom Botschafter gehörig dafür rektifiziert zu werden!*
c) *Na! unverschämt war sie!*
d) *Immer gewesen.*

---

*) Er ist zu weich für einen Führer.

aber harrt Lord Curzon, deſſen indiſche Fehler immer mehr in Vergeſſenheit ge=
raten, der zwar nicht populär iſt, deſſen Perſönlichkeit aber Achtung gebietet. Viele
glauben, daß, wenn er Foreign Secretary wird, in einem halben Jahre der Krieg da
iſt. Seine nächſten Freunde dagegen halten ihn für weiſe und maßvoll, aber ſtark. Erſt
muß aber Balfours Anſehen weiter ſinken, ehe Curzons Zeit reif iſt.

Die Stimmungsbilder aus England, die wir erhielten, trafen trotz
individueller Verſchiedenheiten in Standpunkt und Urteilskraft der Beobach=
ter doch in gewiſſen Grundzügen zuſammen. Als Beiſpiel gebe ich zunächſt
einen Bericht wieder, den mir am 24. März 1910 der Chef des General=
ſtabs überſandt hat; er iſt von einem Herrn ſeines Reſſorts verfaßt.

Während meines dreimonatigen Aufenthaltes in England habe ich die feſte Über=
zeugung gewonnen, daß man in England mehr denn je alles verſucht, Deutſchland in
einen kontinentalen Krieg zu verwickeln. Man will Deutſchland militäriſch, induſtriell
und wirtſchaftlich lahmlegen.

Die militäriſche Lahmlegung Deutſchlands fordert man mit Rückſicht auf
die drohende Gefahr eines Aufſtandes in Indien. Man denkt in den maßgebenden Krei=
ſen Englands weit ernſter über die Lage in Indien, als es die engliſche Preſſe Wort
haben will und als wir annehmen.

Wo ich die Lage in Indien berührte, konnte man eine ausgeſprochene Beſorgnis
nicht verbergen. Beſonders waren es höhere Offiziere, die die Lage als ſehr ernſt be=
zeichneten.

Man ſieht die Gefahr nicht in den zahlreichen Attentaten und lokalen Erhebungen,
ſondern mehr darin, daß die Bewegung von dem geſamten gebildeten Indien aus=
geht. Männer mit europäiſcher Bildung, die an den beſten Univerſitäten Europas ſtu=
diert haben, ſtehen an der Spitze der Bewegung. Sie iſt daher zielbewußt und einheit=
lich geleitet. Die religiöſen Gegenſätze, die England immer ſo geſchickt ausgenutzt hat,
treten zurück.

Mit der indiſchen Bewegung bringt man auch die Gärung unter den Afghanen und
die drohende Haltung Afghaniſtans in Zuſammenhang. Man nimmt an, daß ſie das
Werk der indiſchen Agitation iſt. Dieſe will, nach Anſicht eines hohen engliſchen Ge=
nerals, den allgemeinen Aufſtand von der afghaniſchen Grenze ausgehen laſſen. Sie
hofft dadurch, die an der Nordweſtgrenze ſtehenden Truppen dort feſtzuhalten.

In den leitenden Kreiſen Englands iſt man ſich klar, daß ein allgemeiner Aufſtand
in Indien, auch ohne Mitwirkung Afghaniſtans, das Mutterland zwingt, ſeine geſam=
ten regulären Streitkräfte dort einzuſetzen, will es ſich dieſe Kolonie nicht verlorengehen
laſſen.

Dieſelben leitenden Kreiſe haben aber auch die feſte Überzeugung, daß ſich Deutſch=
land einen ſo günſtigen Augenblick, um über England herzufallen, nicht entgehen
laſſen wird.

Gelegentlich ſprach ich einmal mit einem engliſchen Diviſionskommandeur, bei dem
ich längere Zeit zum Beſuch war, über die unbegreifliche Angſt des engliſchen Volkes
vor einer deutſchen Invaſion. Ich ſtellte dabei die Möglichkeit einer deutſchen Lan=
dung in Abrede. Der General regte ſich darüber auf und erklärte, daß bei einem Auf=
ſtand in Indien eine Landung wohl möglich ſei. Da ich darüber lachte, wurde er noch
erregter und frug mich: „Ob ich ihn glauben machen wolle, daß Deutſchland ſo unver=

zeihlich dumm wäre, sich solch eine günstige Gelegenheit, mit England abzurechnen,
entgehen zu lassen?" Auf meine Erwiderung, daß die enorme Überlegenheit Englands
zur See ohne weiteres jeden Angriff auf England ausschließe, meinte der General:
„daß bei einem allgemeinen Aufstande Indiens von einer Überlegenheit der englischen
Flotte in den europäischen Gewässern wohl kaum noch die Rede sein könne. Man
brauche starke Kräfte, um die Transportflotte auf ihrem langen Wege zu decken. Man
könne sie nicht schutzlos den deutschen und österreichischen Kreuzern preisgeben, beson=
ders, wenn Österreich mit seinen Dreadnoughts fertig sei. Vor allem aber bedürfe die
in Indien kämpfende Armee einer starken maritimen Rückensicherung."

Diese Aussage gewinnt dadurch an Bedeutung, daß der betreffende General bis vor
kurzem Generalstabschef eines der zukünftigen Führer der englischen Armee war.

Es wurde mir bei diesem Gespräch so recht klar, wie sehr man in England den Ja=
panern mißtraut. Früher war das Mißtrauen vereinzelt. Heute ist es allgemein. Man
ist überzeugt, daß Japan die indische Bewegung, die durch den japanischen Erfolg in
Ostasien erst richtig in Fluß kam, heimlich unterstützt.

Eine weitere große Sorge Englands ist das Verhalten Ägyptens bei einem indi=
schen Aufstande. Man fürchtet eine Erhebung Ägyptens. Sollte sich Ägypten hierzu
nicht aus sich selbst aufraffen, so ist man überzeugt, daß Deutschland es durch die
Türkei dazu treibt. Man erwartet also von Deutschland dasselbe Verhalten, das man
von England erwarten müßte. Daher hält man die Niederwerfung Deutschlands
durch einen kontinentalen Krieg unbedingt für notwendig.

Die industrielle und wirtschaftliche Lahmlegung Deutschlands hält
man mit Rücksicht auf den wirtschaftlichen Rückgang Englands für geboten. Man hält
es für ausgeschlossen, durch eigene Leistungen gegen die deutsche Konkurrenz aufzukommen.

Interessant sind die Äußerungen eines englischen Großindustriellen über diese Frage.
Der betreffende Herr hat in Deutschland studiert und war in den verschiedensten deut=
schen Großbetrieben praktisch tätig. Er meinte: „Die deutsche Konkurrenz im
Verein mit der amerikanischen müßten in wenigen Jahren den industriellen und wirt=
schaftlichen Zusammenbruch Englands zur Folge haben. Der gefährlichste Feind der
englischen Industrie sei aber Deutschland. Von dem englischen Kaufmann, Beamten
oder Arbeiter könne man nie soviel verlangen und erreichen wie von dem deutschen.
Es fehle dem Engländer hierzu die Energie, sowie jede allgemeine und jede Selbst=
disziplin. Zum Herrentum, zur Selbständigkeit und persönlicher Selbstüberhebung er=
zogen, kenne der Engländer keine Unterordnung. Er habe eine unüberwindliche Abnei=
gung gegen jeden Zwang und jedes Gehorchen, auch dem durch Erziehung und Bildung
Überlegenen gegenüber. Allen englischen Großbetrieben, ob kaufmännischen oder in=
dustriellen, fehle daher eine straffe, einheitliche Organisation, die sie als einheitliche
Maschinen arbeiten ließe. Unter solchen Vorbedingungen wäre jeder Versuch, gegen
die deutsche Konkurrenz aufzukommen, aussichtslos."

Jeder, der sich in England wirklich umgesehen hat, muß diesen Ausführungen unbe=
dingt zustimmen. Die englische Rasse ist nicht mehr das, was sie war, sowohl in den
oberen wie in den unteren Klassen. Das ganze Interesse des Durchschnittsengländers
ist vom Sport in Anspruch genommen. Der Beruf ist ihm lediglich eine lästige Brot=
erwerbsquelle. Pflichtbewußtsein und wirkliche Berufsfreudigkeit kennt der Engländer
nicht. England muß der deutschen und amerikanischen Konkurrenz erliegen. Ist dagegen
die deutsche Konkurrenz lahm gelegt, kann England wohl gegen die amerikanische auf=
kommen.

Also nicht allein die Armee und die Flotte fordern die Niederwerfung Deutschlands durch einen kontinentalen Krieg, sondern auch die Großindustrie und die Großkaufmann= schaft.

Nur so ist die mächtige, immer wachsende antideutsche Bewegung in Eng= land zu erklären. Sie ist heute nicht mehr die Mache einzelner Parteien, sondern eine tiefgehende nationale Bewegung, an deren Spitze der König steht.

Noch vor zwei Jahren sah man in Deutschland nur den unbequemen Gegner, den zu beseitigen man für geboten hielt. Heute fühlt die Masse des englischen Volkes einen tiefen Haß gegen uns. Durch die Presse und eine weitverbreitete Schundliteratur wird dieser Haß immer noch gesteigert.

Ein der wirksamsten Mittel ist das vielumstrittene Budget. Nur Deutschland ist an diesen erhöhten Ausgaben schuld. Selbst der König schlägt Kapital aus der inner= politischen Lage. Er hat die kritische Lage der Liberalen ausgenutzt. Seine weitere Un= terstützung hat er davon abhängig gemacht, ob sie gewillt sind, seine antideutsche Po= litik energischer zu unterstützen.

Ich habe aber nicht allein den Eindruck, daß man fest entschlossen ist, Deutschland in einen Krieg zu stürzen, man glaubt auch diesem Ziel viel näher zu sein, als wir annehmen. Gerade dieser Eindruck drängte sich einem überall auf. Wiederholt haben mir befreundete englische Offiziere von der Möglichkeit gesprochen, daß wir demnächst die Waffen kreuzen. Selbst der vorsichtige General Sir John Hamilton brachte dies eines Tages mit aufrichtigem Bedauern zum Ausdruck. Er versicherte, daß dies für unsere persönliche Freundschaft ohne Belang sei. Wir täten als gute Soldaten unsere Pflicht und könnten doch gute Freunde sein. Den ähnlichen Eindruck hatte ich auch im Hause des General Bethune. Auch sonst fühlt man, daß der kommende Krieg mit Deutschland alle ausfüllt.

Am meisten tritt dies Frankreich gegenüber zutage. Man hat das Gefühl, als spiele England den letzten Trumpf im Werben um Frankreichs Mitwirkung aus. Ein Mehr im Buhlen um Frankreichs Gunst und Freundschaft gibt es nicht.

Man zeigt den französischen Offizieren, die man bei allen englischen Truppenübungen trifft, daß man sich eins mit ihnen fühlt. Mag dies Gefühl vielleicht auch nicht echt sein, die Franzosen nehmen es auf alle Fälle als echt. Es herrscht ein ständiger Austausch von Besuchen beider Offizierkorps. In Uniform und in Zivil neh= men die französischen Offiziere an englischen Übungen teil. Auffallend viel General= stabsoffiziere sind darunter. Auch nach Frankreich gehen zahlreiche englische Offiziere. Mit General Bethune fuhren Anfang September über 30 englische Offiziere nach Frankreich. Alle sollten an den Manövern entlang unserer Grenze teilnehmen.

Ein französischer Generalstabsoffizier aus Nancy, Major Duchêne, den ich in Ir= land traf, war begeistert von der englisch=französischen Waffenbrüderschaft. Er hielt mich für einen englischen Offizier und erkannte mit Stolz an, daß sich beide Armeen als eine betrachteten, daß jede bereit sei, für die andere zu sterben. — Dabei war dieser Mann nicht in Weinlaune, sondern kam von einer anstrengenden Übung und hatte fast zehn Stunden im Sattel gesessen.

Besonders auffallend war das Interesse der französischen Offiziere für die Terri= torialarmee. Auch inaktive Offiziere waren darunter, wie die Generale Langlois und Bonnal. Man wollte sich genau über die Leistungsfähigkeit der Territorialarmee orientieren und besichtigte sie regelrecht auf allen Übungsplätzen.

Englischerseits legte man den größten Wert darauf, mit den Territorialtruppen

einen guten Eindruck auf die franzöſiſchen Gäſte zu machen. So erzählte mir der Kom=
mandeur einer Territorialdiviſion, der über dieſe franzöſiſche Beſichtigung außer ſich
war, daß er die Franzoſen nach allen Regeln der Kunſt betrogen habe. Er habe min=
deſtens die vier= bis fünffache Zahl von Offizieren und Unteroffizieren der regulären
Armee, wie vorgeſchrieben ſei, in ſeiner Territorialdiviſion gehabt. Allen aber habe er,
wie er ſcherzhaft ſagte, bei Todesſtrafe verboten, zuzugeben, daß ſie keine Territorials
ſeien. Dieſer General war der einzige, der es als eine Schande bezeichnete, daß ſich ein
engliſcher General von franzöſiſchen Offizieren beſichtigen laſſen müſſe.

Man wollte aber ſcheinbar engliſcherſeits der franzöſiſchen Heeresleitung den Beweis
erbringen, daß ſie im Kriegsfalle auf die geſamte reguläre Feldarmee rechnen könne.
Die Territorialarmee ſei imſtande, den Schutz des Mutterlandes zu übernehmen. Im
Notfalle könne ſie ſogar als Reſerve für die Kolonien oder Indien dienen. Ich glaube
beſtimmt, daß man Frankreich die Mitwirkung der geſamten Feldarmee zugeſichert hat.

Nächſt Frankreich hat bekanntlich England Rußland zu ſeinem Helfer bei der
Durchführung ſeiner Pläne auserſehen. Auch Rußland gegenüber ſcheint man ſich in
London der Hoffnung hinzugeben, daß man ſeinem Ziele näher gerückt iſt. Man ſtößt
überall auf eine gewiſſe Schadenfreude, daß man Rußland für ſich gewonnen und
Deutſchland mit Rußland betrogen hat.

In dem Werben um Rußlands Gunſt ſpart man an dem wirkſamſten Mittel, dem
Gelde, nicht. Man ſucht Rußland in eine immer mehr pekuniäre Abhängigkeit zu
bringen. Wo das Kapital knauſert, treibt der König. Nach Ausſage eines Großkauf=
manns, geborenen Deutſchen, jetzt naturaliſierten Engländers, iſt das ruſſiſche Bank=
weſen ſchon beinahe ganz in Händen des engliſchen Großkapitals. Die ruſſiſchen Be=
ſitzer ſind Strohmänner ohne Rechte.

Gerade in der engliſch=ruſſiſchen Politik ſchien der betreffende Herr gut orientiert. Er
wußte über die engliſch=ruſſiſchen Abmachungen ſcheinbar ſehr genau Beſcheid. Trotz
aller Vorſicht und Zurückhaltung, mit der er über die engliſch=ruſſiſche Politik ſprach,
konnte man doch den Schluß ziehen, daß tatſächlich gegen Deutſchland gerichtete Ab=
machungen getroffen ſind. Man kombiniert wohl nicht falſch, wenn man die Reiſe der
Oberſten Haldane und Edmonds nach Dänemark damit in Zuſammenhang bringt.

Schon Ende September machte mich dieſer Gewährsmann darauf aufmerkſam, daß
die Zarenreiſe im Sinne der engliſch=ruſſiſchen Politik ſei und zu einer Demonſtration
gegen das deutſch=öſterreichiſche Bündnis führe.

Italien ſei ſchon ſeit Jahren in Englands Fahrwaſſer. Im Kriegsfalle könnten
wir nur mit negativer Unterſtützung Italiens rechnen.

Aus allem geht klar hervor, daß England mit der bekannten Zähigkeit und Aus=
dauer ſeiner Politik uns in einen kontinentalen Krieg ſtürzen will und daß hin=
ter dieſer Politik der König ſteht mit der ganzen Nation.

Alle Sympathieäußerungen und deutſchfreundlichen Dinerreden einzelner Engländer
ändern hieran nichts.

Rückſichtslos und nicht wähleriſch in ſeinen Mitteln und Wegen ſteuert England auf
ſein Ziel los. Und wenn es auch Mittel und Wege ändert, um wirkſamere zu finden,
ſo bleibt das Ziel ſtets dasſelbe: „Niederwerfung Deutſchlands durch einen
kontinentalen Krieg".

Bericht des Korvettenkapitäns Seebohm über einen Aufenthalt in England, im Auszug (mit Randbemerkungen des Kaisers).

Berlin, 12. Mai 1910.

Von einem Besuch bei englischen Verwandten im vergangenen Monate habe ich die Überzeugung mitgebracht, daß das Gros der wohlhabenden bürgerlichen Kreise in Eng=
land zwar ärgerlich ist über die deutsche Konkurrenz, uns jedoch nicht feindlich
gesinnt ist, geschweige denn an den Präventivkrieg denkt. Es besteht in diesen Kreisen
im Gegenteil unzweifelhaft Unlust zum Kriege, jedoch ebenso unzweifelhaft ein unbe=
stimmter Argwohn, daß Deutschland einen Angriffskrieg vorbereiten könnte. Meine
englischen Verwandten nannten mir als den wahren inneren Grund des allgemeinen
A n g s t g e f ü h l s vor Deutschland das Bewußtsein des Durchschnitts=Engländers,
die fighting qualities verloren zu haben.[a] Die Gewohnheit der Engländer, Kriege ohne
Risiko für die eigene Person in fernen Landen mit Söldnern zu führen, die große
Wohlhabenheit der mittleren Stände und schließlich das Fehlen des Zwangs der allge=
meinen Wehrpflicht, habe die Masse der Nation die soldatischen Tugenden verlieren
lassen; die bequemen, geliebten und geheiligten Lebensgewohnheiten der wohlhabenden
Kreise verhindern ein Aufraffen aus diesem Zustand der Schwäche,[b] der im übrigen
offen zugegeben wird. Die englische Angst vor uns ist also eine körperliche, die Furcht
dem Gegner Auge in Auge gegenüber treten zu müssen. Sie besteht dann auch in erster
Linie vor unserer Armee, vor dem Schreckgespenst der I n v a s i o n.

Für die M a r i n e v e r h ä l t n i s s e, deren Zusammenhang mit einer Invasion nicht
klar durchschaut wird, besteht ein weit kühleres Interesse. Details über die beiderseiti=
gen Marinen sind ebensowenig bekannt wie bei den entsprechenden Kreisen bei uns in
Deutschland.

Allgemein zur Perzeption gelangt ist jedoch, daß die Dreadnoughtpolitik eine große
Dummheit der leitenden Kreise Englands gewesen ist.[c] Aber man findet sich, da man
über die wirklichen Zahlen nicht orientiert ist, damit mit bedauerlichem Achselzucken
ab. „I should 'nt say anything about it, but it is a mighty costly thing."[*]
Bemerkenswert ist schließlich, daß auf die von mir häufig vertretene Ansicht, im Kriege
Deutschland—England würden die Vereinigten Staaten und Japan die tertii gaudentes
sein, mir stets prompt die Antwort wurde: „quite so". [**]
Die von England begonnene D r e a d n o u g h t p o l i t i k werde überall als Distress [***]
empfunden. Das alte seemächtige England sei gezwungen, im Wettbewerb mit den
„Foreigners" on equal terms† aufs neue seine Stellung zu erkämpfen. [d] Meine
Frage, ob nicht Stimmung vorhanden sei, diesem Zustand durch einen Angriffskrieg
gegen Deutschland ein Ende zu bereiten, wird verneint, eine solche Stimmung bestehe
allerdings bei dem Army People††, aber auch nur bei diesem, hier spiele der point.

a) *Wäre dem so?*
b) *Richtig.*
c) *Richtig.*
d) *Richtig, von Tirpitz und mir sofort bei Bekanntwerden des Baues vorhergesagt.*

*) „Ich sollte nichts darüber sagen, aber es ist eine mächtig kostspielige Sache."
**) Sehr richtig.
***) Unglück.
†) Fremden auf gleichem Fuße.
††) Armee.

d'honneur mit. Die Nation als Gesamtheit habe absolut keine Neigung zu einem Kriege.

Deutsche Gründlichkeit und deutscher Fleiß wird von allen Seiten hervorgehoben, jedermann weiß Beispiele dafür anzuführen. Der Ausdruck you are a wonderful people* kehrt immer wieder.

Als englische Fehler werden dagegen mangelnde Gründlichkeit und mangelndes Pflichtgefühl und zuviel Sport hervorgehoben.

Die wohlhabenden jungen Engländer täten zum großen Teil nichts mehr, diejenigen, die ihr Geld mit Hunting** verschleuderten, seien noch die besten von der Gesellschaft. Es fehle die Erziehung der jungen Leute durch die Wehrpflicht. Die Territorialarmee sei Joke***, wenn die Leute biwakieren sollten, streikten sie und gingen nach Hause.

Ich will mich nun bei den Ereignissen der Jahre 1910 bis 1911 nur soweit aufhalten, als sie zum Verständnis der Krisis von 1911/12 heranzuziehen sind. Der Wunsch Englands, das Flottengesetz auf irgendeinem Wege zu brechen, blieb unvermindert. Ein Stimmungsbild der mannigfaltigen Methoden gibt z. B. mein Brief an den Marinekabinettschef aus St. Blasien vom 25. Juli 1910:

Daily Mail hat eine Rundfrage an die deutsche Presse gerichtet, ob es richtig wäre, daß die öffentliche Meinung in Deutschland gegen eine Abänderung des Flottengesetzes zugunsten eines Agreements mit England wäre. Zweck dieser Rundfrage ist zweifellos, uns Schwierigkeiten zu bereiten. Ein Teil der deutschen Presse hat den Pferdefuß dieser Rundfrage nicht erfaßt, sich überrumpeln lassen und töricht geantwortet. Die Unwahrheiten Asquiths auch in diesem Punkt sind raffiniert, und wie ich die Verhältnisse kenne, werden wir nicht mit der Tatsache herauskommen, daß umgekehrt von uns aus das Anerbieten zu einer Diskussion über die Flottenrüstungen ausgegangen ist und die Engländer ihrerseits mit Rücksicht auf die Neuwahlen dem Vorschlage Folge zu leisten verzichtet haben. Unsere Vertretung in London läßt uns stets im Nachteil geraten. Nach den letzten Erklärungen im englischen Parlament müßten wir einen Two Power wenn nicht einen Three Power Standard anerkennen bei einem Agreement. Das möchten die Engländer natürlich billiger haben. In Verbindung mit dieser Agreement-Enquete der Daily Mail steht offenbar das in der deutschen Presse verbreitete Gerücht, ich wollte meinen Abschied nehmen, nicht sowohl wegen Sparsamkeitsforderungen des Reichsschatzamtes, sondern um nicht auf Verständigung mit England eingehen zu müssen. Ich werde hier in Blasien von den Zeitungen bombardiert, Antwort darauf zu geben. Auf direkte Antworten von hier aus lasse ich mich natürlich nicht ein.

Der von Bethmann ins Amt berufene neue Reichsschatzsekretär Wermuth hat es, wie er sich in seiner Selbstbiographie rühmt, von vornherein als seine wesentliche Aufgabe betrachtet, den nach seiner Meinung unge-

---

*) Ihr seid ein wundervolles Volk.
**) Jagd.
***) Scherz.

messenen Marineforderungen mit allen Machtmitteln seines Ressorts me=
thodisch einen Dämpfer aufzusetzen. Er ging schon im Herbst 1909 mit seinen
Bewilligungen erheblich unter das hinunter, was bereits die Billigung
seines Amtsvorgängers Sydow, des Bundesrats und des Reichstages ge=
funden hatte. Es trat das klare Bestreben hervor, die Entwicklung der
Marine zum Stehen zu bringen. Die kolossalen Abstriche von den Etatsvor=
schlägen, die Wermuth ankündigte, erregten den Kaiser so, daß er Anfang
Oktober eine Depesche an den Kanzler richtete, in welcher er gegen die Aus=
hungerung der Marine Stellung nahm. Ich hatte in diesem frühen Stadium
der Verhandlungen jede Stellungnahme des Kaisers als für mich und die
Verhandlungen eher erschwerend bezeichnet und vom Kaiser die Zusage be=
kommen, daß er nicht depeschiere. Trotzdem geschah es und erregte große
Verstimmung in der Wilhelmstraße.

Der Kaiser ließ mir am 11. Dezember 1909 sagen, es hieße nur den Kopf
oben behalten. Auch ihm sei in der schweren Zeit im November vorigen
Jahres kein Verteidiger erstanden. Auf alle Fälle stehe hinter mir das volle
Vertrauen des Kaisers.

Am 2. September 1910 teilte mir der Chef des Marinekabinetts über ein
Tischgespräch mit Wermuth mit, der Staatssekretär des Reichsschatzamtes
sei sehr böse gewesen über den Vorwurf, den ich ihm gemacht hätte über
den „Trick" bei der Bezahlung der türkischen Schiffe.[1] Er habe den Ausdruck
„Trick" als geradezu beleidigend bezeichnet. Überhaupt könne er sich den
Ton, in dem ich immer mit ihm spräche, nicht gefallen lassen. Er sähe einen
großen Krach voraus.

Auf Müllers Bemerkung, er stehe ja wohl jetzt mitten im Kampf um die
militärischen Etats, erwiderte er, er wünsche zunächst, daß ein Entschluß
gefaßt würde über eine Wahlparole, denn ohne den könne er sich auch keinen
vernünftigen Plan machen. Er müsse auch einmal dem Kaiser reinen Wein
einschenken über die Finanzlage des Reiches. Der Zustand, daß beim Kaiser
immer nur die geldfressenden Ressorts zu Worte kämen, ginge auf die
Dauer nicht.[2] Der Kaiser müsse wenigstens eine ungefähre Ahnung davon
haben, was ohne Steuererhöhung zu machen sei, und daß, wenn Vermeh=
rung der Rüstungen notwendig sei, eben eine Steuererhöhung bzw. Er=
schließung neuer Steuerquellen vorgenommen werden müsse. Er sei dazu
durchaus bereit und das deutsche Volk könne auch ganz gut noch mehr
Steuern bezahlen.

---

1) *Vgl. hierüber unten S. 345.*
2) *Der Kanzler und das Auswärtige Amt waren doch schon ein sehr starkes Gegen=
gewicht gegen die „geldfressenden" Ressorts.*

Mit dem Reichskanzler war Wermuth nach Müllers Mitteilung sehr
wenig einverstanden. Er vermisse die große Direktive, ja er lobe Bülow im
Gegensatz zu Bethmann Hollweg. Bülow habe entschieden mit seinem Block
einen gewissen Schwung entwickelt. Von einem solchen sei jetzt nicht die
Rede. Er habe die Septennats=Wahlkampagne unter Bismarck mitgemacht.
Mit Wehmut denke er daran, wie damals Politik gemacht wurde.

Mit den Neuwahlen trat Sir John Fisher ab, der immer ein Knock=out=Poli=
tiker und uns feindlich gesinnt war, und an seine Stelle kam als Erster Seelord
Admiral Wilson, ein ehrenhafter und verständiger Offizier. Im Sommer
1910 kam Admiral Jellicoe nach Kiel und wurde dort von uns sehr freund=
lich aufgenommen. Admiral von Usedom, der Jellicoes Waffenkamerad bei
der Chinaexpedition gewesen war, sagte zu diesem mit Beziehung auf unsere
„geheimen Schiffsbauten": „Das ist doch unfair, daß die Admiralität mit
Lügen arbeitet. Das ist etwas, was wir gegenseitig nicht tun sollten.". Mit
diesem Eindruck kam Jellicoe zurück nach England und erstattete dem Ersten
Seelord, Admiral Wilson, Bericht.[1] Es zeigte sich bei dieser Gelegenheit
wieder, daß Seeoffiziere der beiden Länder sich besser verständigen und
offener miteinander verkehren konnten, als die Politiker. Am 14. und 15.
Juli 1910 schrieb mir Kapitän Widenmann in dieser Sache:

London, 14. Juli 1910.

Gelegentlich eines Essens sagte mir gestern abend Mr. McKenna, daß er bei Gelegen=
heit der morgigen (Donnerstag) Parlamentsverhandlungen wiederum sagen müsse, daß
Deutschland im Frühjahr 1912 nicht 13, sondern 17 Dreadnoughts verwendungsbereit
haben werde. Ich erwiderte ihm, daß er sich dann nicht wundern könne, wenn wieder=
um in Deutschland ein unwilliges Erstaunen darüber Platz greifen werde, daß er die
der englischen Regierung offiziell zur Verfügung gestellten Nachrichten nicht nur außer
acht lasse, sondern sogar verdrehe.

Im Anschluß an dieses kurze Gespräch erwiderte ich heute Sir John Jellicoe,
der mich fragte, ob ich heute im House of Commons den Naval Debates beiwohnen
werde, es habe für mich keinen Zweck, da ich wisse, was Mr. McKenna sagen werde.
Auf die erstaunte Frage Sir Johns, woher ich das wissen wolle, erzählte ich ihm kurz
das obige Gespräch mit Mr. McKenna.

Sir John erwiderte mir darauf in auffallend bestimmter Art: „Sie werden sehen,
daß Mr. McKenna das nicht sagen wird."

Auf meine Gegenfrage, woher ihm bekannt sei, was Mr. McKenna antworten
werde, sagte mir Sir John: „The Board of the Admiralty hat heute vormittag fest=
gesetzt, was Mr. McKenna sagen wird, und Sie können versichert sein, daß er sich
Ihnen gegenüber gestern abend irrtümlich ausgedrückt hat."

Aus der Art und Weise, wie Sir John Jellicoe, der in seinen Äußerungen meistens
vorsichtig ist, dieses in Gegenwart des Captain Madden (IV. Seelord) zu mir sagte,
möchte ich schließen, daß die Seeoffiziere der Admiralty endlich Mr. McKenna gegen=

---

[1] Vgl. zu dieser erfreulichen Lösung schon oben S. 124 f.

über andere Saiten aufziehen und darauf aus sind, ihren Einfluß besser zur Geltung
zu bringen.

Wenn dies wirklich zutrifft, so ist es zweifellos das Verdienst Sir Arthur Wil=
sons, der frei von parlamentarischem Einfluß nach seiner Überzeugung als Seeoffi=
zier arbeitet. Möglicherweise hat auch Sir John Jellicoe von seinem Aufenthalt in
Kiel, bei dem ihm die Augen über unsere Anschauung der englisch=deutschen Frage ge=
öffnet sind, den Eindruck mitgebracht, daß der Lawyer * McKenna von den Seeoffi=
zieren der Admiralty kürzer gehalten werden muß.

London, 15. Juli 1910.

Gestern hat die zweite Lesung der Forderungen für „Schiffbau, Reparaturen und
Instandhaltung" für das Etatsjahr 1910/11 stattgefunden…

Der Grundton, der durch die ganze Verhandlung geht — wenigstens soweit die füh=
renden Personen der beiden Parteien in Frage kommen — ist ein gemäßigter. Vor
allem scheinen sowohl der Premierminister wie der Führer der Opposition von der Ab=
sicht geleitet zu sein, die Gefühle Deutschlands zu schonen, die im Frühjahr
1909 bei der Inszenierung des würdelosen Naval Scares herhalten mußten, um Par=
teizwecken zu dienen.

Die Leiter beider Parteien haben in ihren gestrigen Reden den Rückzug angetreten.
Balfour begnügt sich damit festzustellen, daß die konservativen Scare=Reden des
Vorjahres, deren Inhalt und Zahlenmaterial vielleicht übertrieben waren, dazu beige=
tragen haben, der Regierung das jetzige Bauprogramm abzupressen und dem Lande das
Gefühl der Sicherheit wieder zu geben.

Mr. Asquith gibt bei der Gegenüberstellung der englischen und deutschen Schiffs=
zahlen die letzteren bis zum Jahre 1913 zum ersten Male richtig an.

Aus Rücksicht auf seine schwierige Stellung zwischen den kleinmütigen „little Na=
vyites" ** seiner eigenen Partei und den Heißspornen aus dem konservativen Lager
mußte Asquith mit der Stellung seiner Worte äußerst vorsichtig sein.

… Wichtig ist, daß die Definition des „Two Power Standard", die bisher stets in
die Verhandlungen hineingebracht wurde, wenn die Opposition der Regierung Schwie=
rigkeiten machen wollte, nicht mehr besprochen wird. Ob man daraus schließen kann,
daß damit auch das Prinzip des „Two Power Standard" verlassen ist, wäre verfrüht
zu sagen.

Es ist auffallend, daß Mr. McKenna selbst nur in wenig hervortretender Weise in
die Verhandlungen eingegriffen hat.

Die wohltuende Tonart der neuen Herren in der Admiralty übertrug sich
auf den neuen Marineattaché in Berlin, Kapitän Watson, der
sich die redlichste Mühe gegeben hat, die Nachwirkungen der „Flottenpanik"
vergessen zu machen. Von seinem Antrittsbesuch am 24. August 1910 ist im
Reichsmarineamt folgende Aufzeichnung aufbewahrt.

Attaché: Glaubt bei seiner Antrittsmeldung konstatieren zu müssen, daß eine
Mißstimmung zwischen den leitenden Männern der beiden Marinen bestehe. Er glaube

---

*) Advokat.
**) Flottenverminderern (den Radikalen in der liberalen Partei).

zu wissen, daß man deutscherseits verstimmt sei über die im P a r l a m e n t über die deutsche Marine gemachten A n g a b e n. Soviel er übersehe, habe man dort aber immer mehr Wert darauf gelegt, zu betonen, was bei uns gebaut werden k ö n n e, statt darauf, was wirklich gebaut w ü r d e.

E x z e l l e n z v o n T i r p i t z: Aber das sind ja zwei ganz verschiedene Fragen. Wir können natürlich eine ebenso große Marine bauen wie England, es handelt sich aber nur um unser wirkliches Programm, dessen Zahlen haben wir Ihnen so oft gegeben, daß es hier befremden muß, wenn immer wieder falsche Zahlen in Ihrem Parlament genannt werden.

A t t a c h é: Da war auch ein Mißverständnis über die technischen Formeln, Kiellegung usw.

E x z e l l e n z v o n T i r p i t z: Davon kann keine Rede sein, es handelt sich für uns nur um den ersten April, wenn das erste Geld für die Neubauten bewilligt wird. Ich habe das Ihrem Vorgänger auch so genau auseinandergesetzt, daß jedes Mißverständnis ausgeschlossen ist, ich habe mit ihm als Seeoffizier zum Seeoffizier ganz offen gesprochen.

A t t a c h é: Wenn ich als S e e o f f i z i e r spreche, muß ich sagen, daß uns die entstandene und von uns hervorgerufene Verstimmung sehr unangenehm berührt, und daß es nicht an uns liegt, wenn im Parlament nicht die von der deutschen Regierung gegebenen Daten gebracht werden. Daß diese nicht gebracht sind, ist aus p o l i t i s c h e n Gründen geschehen ...

E x z e l l e n z v o n T i r p i t z: ... Ich bin immer ein Verehrer Ihrer Nation gewesen, aber seit etwa zwölf Jahren hören wir von England nur das eine Schlagwort: „Germaniam esse delendam." Was befürchtet man eigentlich von uns? Es wäre doch töricht zu glauben, daß wir wie Hengist und Horsa nach England hinüberzukommen beabsichtigten oder Ihnen Kanada, Australien oder Indien abnehmen wollten. Das einzige, was wir fordern und haben müssen, ist die Offene Tür für unseren Handel und unsere Industrie.

A t t a c h é: Die Stimmung Englands gegen Deutschland habe ihren Grund darin, daß die Engländer ein lethargisches Volk seien, nichts von der Welt wüßten und sich auch aus sich selbst um nichts kümmerten. Da hätten gewissenlose Leute, namentlich die Presse, um ihren Profit zu machen, diese Agitation gegen Deutschland in das Volk hineingetragen. Leider habe sie schon große Volksmassen durchdrungen. Aber er könne die Versicherung geben, daß die Offiziere der Marine dieser Bewegung gänzlich fern ständen und ihr Bestes täten, um ihrerseits die Nation im anderen Sinne aufzuklären.

E x z e l l e n z v o n T i r p i t z: Es scheint, daß die Politik aus parteipolitischen Gründen einen Scare habe zurecht machen wollen und unsere Zahlen durch Advokatenkniffe verdreht habe. Selbst wenn wir schneller bauen wollten, könnten wir es nicht, wir bedürften hierzu der Zustimmung unseres Parlamentes, in dem offen vor der ganzen Welt verhandelt wird.

A t t a c h é: Gibt zu, daß alles parteipolitische Mache.

E x z e l l e n z v o n T i r p i t z: Er freue sich, daß als Vertreter der Seeoffizier=Couleur ein so hochgesinnter und ausgezeichneter Mann wie W i l s o n an die Spitze des Seeoffizier= korps getreten sei.

A t t a c h é: Er kenne Wilson gut und habe eingehend mit ihm über die Frage gesprochen. Er sei zwar nicht autorisiert, aber privatim könne er sagen, daß Wilson

ebenso denke wie er, Watson, das vorher ausgeführt habe, und alles daran setzen werde,
um das Verhältnis zwischen den beiden Nationen zu bessern und weitere parlamenta=
rische Entstellungen unserer Angaben zu verhindern.

Bei einem Besuch im Reichsmarineamt am 10. September 1910 machte Kapitän Watson, wie mir gemeldet wurde, etwa folgende Ausführungen:

Er habe mit Admiral von Krosigk (Marinekabinett) ganz offen über seine Mission,
ein gutes Verhältnis wieder herzustellen, gesprochen. Er bittet dieses zur Kenntnis
Euerer Exzellenz zu bringen. Mit Widenmann will er auch noch sprechen.

Er nehme seine Mission, auf ein gutes Verhältnis hinzuarbeiten, sehr ernst, sollte
ihm seine Aufgabe nicht glücken, so werde er freiwillig zurücktreten.

Das schlechte Verhältnis der Marinen stamme aus der Ära Sir John Fisher. Die=
ser sei von jeher ein „low character"[*] gewesen, der seine Ziele stets auf krummen We=
gen zu erreichen gesucht habe. Seine Verdienste um die englische Marine seien zwar ma=
teriell sehr große. Wichtiger sei aber, daß er die Marine tatsächlich in einen lamentablen
Zustand gebracht habe. Die Einheit und Disziplin im Offizierkorps sei untergraben durch
das Spionagesystem. Leider sei der Non-valeur[**] und Jre Beresford gegen Fisher ausge=
spielt worden, ein anderer Admiral hätte sich nicht dazu hergegeben. — Watson be=
stätigt das günstige Urteil Euerer Exzellenz über Wilson. Die leitenden Männer in der
Admiralität Wilson, vor allem Bethell (Direktor of naval intelligence[***]), Troubridge
und Jellicoe seien nunmehr ehrlich bemüht, gute Beziehungen mit Deutschland herbeizu=
führen. Sie würden ohne Zweifel zurücktreten, wenn sie von den Politikern verleugnet
würden. Für letztere läge andererseits auch kein Grund mehr vor, falsche Angaben über
die Marine zu bringen, da die „little Navyites" jede Macht verloren hätten.

Auf meine Frage nach McKenna: McKenna sei früher das Sprachrohr John Fi=
shers gewesen, tatsächlich sei er wie ein Kaleidoskop — also unzuverlässig. — Nicht
zu unterschätzen sei der Einfluß Troubridges auf ihn.

Watson habe während seiner zweimonatigen Information aus den Zeitungsberich=
ten ein Memorandum zusammengestellt, daß das Mißtrauen und Verhalten Englands
Deutschland gegenüber unhaltbar sei. Mit diesem sei er an McKenna herangetreten...

Wilson ließ mir ferner erklären, es wäre das Beste, wenn wir, er und ich,
uns über die ganze Flottenfrage verständigten. Jch antwortete, daß ich das
sehr begrüßen und mich freuen würde, mit Sir Arthur Wilson zu sprechen.
Auch diese Sache meldete ich wieder loyal dem Kanzler und erklärte, daß ich
darauf eingehen wolle. Es wurde mir jedoch sofort gesagt, das Auswärtige
Amt würde die Angelegenheit in die Hand nehmen. Die Folge war, daß,
wie es mir schien, Admiral Wilson bei seiner Regierung Unannehmlich=

---

[*]) Schlechter Charakter.
[**]) Nichtkombattant.
[***]) Leiter der Marine=Nachrichtenstelle.

keiten hatte; jedenfalls erhielt Kapitän Watson den Befehl, den er mir mit=
teilte, nicht mehr auf die Sache zurückzukommen.

Diese kleine Episode und die oben (S. 164 f.) erzählte von 1909 ist ein Beweis
dafür, daß Herr von Bethmann und das Auswärtige Amt zweimal in wich=
tigen Entscheidungen sich nicht von sachlichen Erwägungen, sondern von der
Ressorteifersucht beraten ließen. Wäre die Angelegenheit von Marine zu
Marine behandelt worden, so hätten wir eine offene Sprache geredet; wir
würden vielleicht nicht alle Gedanken ausgesprochen haben, aber das, was
man gesagt hätte, wäre gegenseitig geglaubt worden.

Am 17. Oktober 1910 hatte der Kaiser eine Unterredung mit dem eng=
lischen Botschafter Sir Edward Goschen, über die er dem Chef des Marine=
kabinetts die nachfolgende in ihrer Art vortreffliche Aufzeichnung diktierte:

Vor etwa acht Tagen ist an die englische Regierung eine Antwortnote auf
die Asquithschen Vorschläge zur Flottenverständigung ergangen, in welcher kurz
gesagt wird, auf die gegenseitigen Attachébesuche auf den Werften woll=
ten wir gern eingehen, irgendwelche Verständigung in der Flottenabmessung
sei aber ausgeschlossen, solange England sich nicht zu einer deutschfreundlichen
Politik entschließe, welche allein die Grundlage für eine von Mißtrauen freie
Stärkeabmessung böte.

Die englische Regierung antwortet, sie sei dankbar für unser Entgegenkom=
men in der Attachéfrage; in der Frage der deutschfreundlichen Politik wisse
sie aber nicht, wo es da noch fehle.

Nun war gestern Goschen (der Botschafter) zur Überreichung seiner Kre=
ditive im Neuen Palais, in Gegenwart von Kiderlen.

Ich sprach mit ihm über die Angelegenheit und sagte dabei,* die russisch=
französische Entente, welcher England beigetreten, sei eine Deutschland un=
bedingt feindliche Koalition, und zwar eine sehr intime, auf Austausch der
Mobilmachungsmaßnahmen und Kriegspläne beruhende. Daß England ihr bei=
getreten, müßten wir als einen unfreundlichen Akt ansehen. Fernere unfreund=
liche Akte Englands seien die Haltung in Marokko, die Schwierigkeiten, die der
Bagdadbahn gemacht würden, das einseitige Vorgehen in Persien. Goschen
erwiderte bei Erwähnung der Bagdadbahn, das sei aber doch eine politische
Bahn. Ich antwortete, davon sei keine Rede, die Bahn durch die Mongolei
mit ihren besonderen Rechten zu beiden Seiten der Bahn sei eine politische

---

*) Notiz Müllers: Das nun Folgende ist, soweit ich Seine Majestät verstanden habe, auch
als Memorandum an England ergangen in Erwiderung auf die Behauptung, daß die englische
Politik schon jetzt deutschfreundlich sei.

Bahn, nicht unsere Bagdadbahn, die reine Handelsinteressen verfolgte. Und in bezug auf Persien sagte ich: warum sind Sie nicht an uns herangetreten und haben gefragt, ob wir nicht mitmachen wollten, Ordnung in Persien zu schaffen? Da hätten wir mitgemacht. Aber Sie wollen uns da nur ausschalten und das lasse ich mir unter keinen Umständen gefallen. Der Persische Golf ist nicht nur für Sie da, sondern auch für unsere Schiffe.

Und wie haben sich die englischen Minister gegen uns benommen? Ich habe McKenna alle Daten über unsere Neubauabsichten geben lassen, da stellt er sich hin und sagt etwas ganz anderes im Parlament und versetzt dadurch sein ganzes Land in Aufregung. Er ist einfach ein Lügner.

Goschen: McKenna ist ein Lawyer, er weiß natürlich nicht so mit der Marine Bescheid.

Ich erwiderte: Dann muß er sich eben auf seine Seelords verlassen, aber wen hatten Sie da? Sir John Fisher, den Erzhalunken, der nur seinen Abgang aus der Marine mit einem Deutschland bereiteten Trafalgar verbinden wollte, damit sein Name einst als „Lord Fisher of Heligoland" der Geschichte angehöre.

Goschen sagte darauf nichts, weil er nichts sagen konnte.

Wir erkennen die englische Suprematie auf See an. England muß sie beanspruchen wegen seiner Kolonien und seines Handels. Aber wir können keine so erdrückende Suprematie anerkennen, daß England jederzeit ohne wesentliches Risiko über uns herfallen kann, sondern wir wollen so stark sein, daß wir bei einem Angriff Englands gegen uns die englische Flotte so zurichten, daß sie von den anderen Nationen nicht mehr gefürchtet zu werden braucht. Dem entspricht ungefähr der jetzige Stand der Flotten, und wenn Sie ihn so aufrechterhalten, indem Sie jährlich fünf bis sechs neue Dreadnoughts bauen, so werden wir gar nichts dagegen sagen. (Ich habe absichtlich vermieden, von einem Zahlenverhältnis 2 : 3 zu sprechen, was ja ungefähr dem jetzigen Verhältnis entspricht.) Aber gehen Sie darüber hinaus, bauen Sie acht, zehn, zwölf neue Dreadnoughts jedes Jahr, dann kommen wir mit einer festen Novelle, denn wir haben die Lehren der Geschichte nicht vergessen und wollen uns nicht ein Schicksal wie die Niederlande oder Dänemark bereiten lassen.

Und dann müssen Sie auch bedenken, daß unsere ganze politische Lage auf dem Kontinent uns eine gewisse Flottenbaupolitik aufzwingt. Wir können den Armeen Rußlands und Frankreichs gegenüber nicht einen Two Power Standard anstreben. Um so mehr müssen wir bedacht sein, unsere bisherige Überlegenheit zur See diesen beiden Staaten gegenüber aufrechtzuerhalten, ganz unabhängig davon, was England baut.

Das sah Goschen ein.

Ich sagte ihm dann, England müsse aus dem Ganzen erkennen, daß von einer Beschränkung im Flottenbau für Deutschland nicht die Rede sein könne, wenn nicht auch andere große Staaten in dieses Abkommen einbezogen würden.

Auch das sah Goschen ein. Er beteuerte seine Dankbarkeit für diese offene Aussprache und erklärte, er wolle darüber sogleich nach England berichten.

Kiderlen war während der ganzen Zeit dabei und nickte mir immer beifällig zu.

Auf diese Weise ist doch nun Klarheit geschaffen, und das ist gerade den Engländern gegenüber der richtige Weg.

Für den anschließenden Immediatvortrag beim Kaiser am 24. Oktober 1910 habe ich mir folgende Aufzeichnungen gemacht.

1. Agreementsverhandlungen regen eine Frage an, die vielleicht nicht akut, aber historisch von allergrößter Bedeutung ist.

2. Flottenpolitik Euerer Majestät hat zum Rückgrat, daß deutsche Flotte so stark sein muß, daß ein Angriff für England ein großes Risiko bedeutet. Auf diesem Risiko beruht die Weltmachtstellung des Deutschen Reiches und die Friede sichernde Wirkung unserer Flotte.

3. Läßt sich englische Flotte dauernd und grundsätzlich so stark machen und erhalten, daß Angriff auf Deutschland kein Risiko, so war die deutsche Flottenentwicklung vom historischen Standpunkt aus ein Fehler, die Flottenpolitik Euerer Majestät ein historisches Fiasko. Deutschlands Weltmachtstellung bliebe bei der nun einmal gegebenen politischen Situation nur eine solche von Englands Gnaden.

4. Es ist beachtenswert, daß in England mehr und mehr Stimmen laut werden, die als Flottenprogramm die Forderung aufstellen, Englands Flotte müsse so stark sein, daß ein Krieg mit Deutschland kein Risiko für sie bedeute. Diese Forderung wird an Stelle des alten Two Power Standard in die neue Form gegossen two keels to one — doppelt so stark als Deutschland.

5. Um das Rückgrat unseres Flottenprogramms und unserer Flottenpolitik zu erhalten, ist die Innehaltung einer bestimmten Relation zur englischen Flotte unerläßlich. Diese Relation ist in jeder Hinsicht das Primäre. (Erläuterung des Begründung zur Flottenvorlage 1900.) Erst in sekundärer Weise beruht unser Flottengesetz auf bestimmten Formationen (zwei Doppelgeschwader), durchaus abhängig von dem primären Rückgrat. Organisation und Relation müssen sich einander anpassen.

6. In unserer Diplomatie wird häufig diese Grundlage verkannt, man schließt wohl auch manchmal die Augen vor ihrer historischen Tragweite. Hierin liegt m. E. eine Gefahr, daß wir uns die Zukunft verderben. Fürst Bülow stets abgelehnt, daß unsere Flotte irgendwie Rücksicht auf die englische Flotte genommen hätte. Als Motiv Handel usw. genannt, Staatssekretär des Reichsmarineamts nie ähnlichen Standpunkt eingenommen. Basis Begründung zum Gesetz 1900.

7. Eine geeignete Relation ist das einzige brauchbare Ziel jedes wirklichen Agreements.

Wir werden das bei allen Verhandlungen und bei allen großen Entwicklungsfragen der Flotte als unverrückbaren Leitstern vor Augen haben müssen, wenn wir uns nicht selbst aufgeben wollen.

8. Welche Relation geeignet ist und dem Zweck entspricht, könnte diskutabel sein. Sie muß aber einfach sein, da sie ein Schlagwort darstellt.

1 : 2 widerspricht direkt dem Zweck; 3 : 4 ist zurzeit nicht erreichbar, bleibt also lediglich heute 2 : 3.

9. Nicht jetzt, aber wenn ausgeführt, trägt unser jetziges Flottengesetz mit 60 Capital Ships zu 25 000 t der Relation 2 : 3 wahrscheinlich Rechnung. England wird kaum mehr als 90 Capital Ships leisten können. Insofern liegt eine akute Gefahr nicht vor.

10. Von Bedeutung ist nur die programmatische Seite der Frage. Stellt England offiziell die Forderung auf two keels to one, so muß unser Gegenschachzug die Relation 2 : 3 sein .

11. Dies programmatische Prinzip hat auch jetzt praktische Bedeutung:
a) weil sonst unsere Flottenpolitik zweck- und aussichtslos erscheint,
b) weil nur dadurch unsere politische Position in der Welt gemacht wird.

12. Wann und in welcher Form es notwendig werden wird, die Forderung einer Relation 2 : 3 unsererseits offiziell auszusprechen, ist noch nicht zu übersehen.

Vorläufig kommt es nur darauf an, den Kernpunkt der Angelegenheit klarzulegen und sich zu eigen zu machen, daß bei allen Verhandlungen mit England auf maritimem Gebiet oder sonst in der Öffentlichkeit nichts gesagt oder getan wird, was dem vorstehend entwickelten Rückgrat Euerer Majestät Flottenpolitik widerspricht. —

Im wesentlichen den Inhalt Seiner Majestät vorgetragen. Seine Majestät äußerte, seine Zahlen, die Allerhöchstderselbe dem Botschafter Goschen genannt habe, bezögen sich auf das jetzige Bautempo bei uns, d. h. Vierertempo. Seine Majestät waren sonst durchaus einverstanden.

Das Wort Novelle ist nicht erwähnt worden.

Im Sommer 1910 war Herr von Kiderlen-Wächter zum Staatssekretär des Auswärtigen Amts ernannt worden. Unter den Herren des Auswärtigen Amts hatte sich Kiderlen durch eine gewisse, dort nicht gerade häufige derbe Kraft des persönlichen Auftretens herausgehoben, die bei dem Mangel an wirklichen Talenten schon genügt hat, ihn zu einer „Hoffnung" zu machen oder ihm Vorschußlorbeeren als einem bedeutenden Staatsmann, einem „Bismarck II." zu erteilen. Seine bisherigen Leistungen rechtfertigten diese Erwartungen kaum. Im Winter 1908/9 zur Unterstützung Bülows vorübergehend von seinem Bukarester Gesandtenposten nach Berlin geholt, hat es Kiderlen im März 1909 verstanden, dem Kanzler bei der Lösung der bosnischen Krisis jene unnötig scharfen Töne gegen Rußland anzuempfehlen, welche die Beziehungen zu Rußland auf Jahre hinaus erschwerten und noch die Krisis im Juli 1914 ungünstig beeinflußt haben. Auch ohne diese wenig zweckmäßige Tonart, die uns außerdem vom österreichischen Außenminister Grafen Aehrenthal nicht einmal gedankt worden ist, wäre Österreich-Ungarn auf eine weniger aufgeregte Weise dennoch ebenso gut zu seinem bosnischen Besitztitel gekommen.

Dieselbe wenig sichere, wennschon grobe Hand, die Kiderlen bei dieser seiner ersten Betätigung als nächster Berater des Kanzlers gezeigt hat, sollte er 1911 bei der von ihm eingeleiteten Liquidation der Marokkofrage noch einmal betätigen. Vorher schon hatte aber Kiderlen seit September 1909 auf Wunsch Bethmann Hollwegs auch zu der Frage der Verbesserung der deutsch=englischen Beziehungen Stellung genommen. Bei dieser An= gelegenheit, die Bethmann Hollweg als die wichtigste und persönlichste seiner Kanzlerschaft von deren Anbeginn an auffaßte, hat der Kanzler sich schon in den ersten Schritten von Kiderlen=Wächter, der immer noch in Bukarest saß, brieflich beraten lassen.

Man kann es dem schon fast sechzigjährigen Gesandten von Kiderlen nicht zum Vorwurf machen, daß er in seiner langen Balkantätigkeit nicht Gelegen= heit gefunden hat, sich in englische oder gar in Flottenfragen tiefer einzu= arbeiten. Im November 1909 hat Kiderlen selbst von sich gesagt: „Ich kenne England zu wenig, um mir ein Bild dortiger Einflüsse und Strömungen zu machen." Das von ihm im September 1909 dem Kanzler erstattete Gut= achten über die Agreementsfrage zeigt eine geradezu souveräne und wieder= um ziemlich offen eingestandene Unkenntnis der materiellen Möglichkeiten, um die es sich bei einem deutsch=englischen Flottenabkommen überhaupt han= deln konnte. Daß ein solches an sich von fraglichem Werte sei, hat Kiderlen damals übrigens selbst gemeint. Er schrieb dem Kanzler Ende September 1909: „Unsere guten Beziehungen zu England haben sich allmählich in fast gespannte verwandelt. Der Anfang hierzu datiert aus der Zeit des Buren= kriegs. [1] Die Verschlechterung unserer Beziehungen war also nicht ausschließ= lich durch unsere Flottenbauten verursacht. Unsere Beziehungen werden also schon aus diesem Grunde durch ein einfaches Flottenabkommen nicht wieder den für unsere Gesamtpolitik wünschenswerten Grad gegenseitigen Vertrauens erreichen."

Bei den ergebnislosen Verhandlungen von 1909 hatten Bethmann und Kiderlen bald gemerkt, was Bülow vorher auch erfahren hatte, daß die Eng= länder als Preis eines Abkommens durchschimmern ließen, das Flotten= gesetz müsse ohne reale Gegenleistung geopfert werden. War es Kiderlens Gedanke von Anfang an gewesen, vom „Programm der Marinetechniker" abzustreichen, so mußte nun das Flottengesetz das Hemmnis der Verständi= gung, folglich das Reichsmarineamt der innerbehördliche Gegner sein. Es ist wohl Kiderlen zeit seines Lebens schwer gefallen, das Flottengesetz auch nur zur verstehen. Fraglos hat es manchen Abgeordneten im Reichstag ge=

---

1) *An die noch um mehrere Jahre älteren Vorgänge, die die Verschlechterung der Beziehungen weit vor den Burenkrieg setzen, schien der Gesandte sich nicht zu erinnern.*

geben, der für oder gegen das Geſeß geſtimmt hat, ohne ſeine Tiefen zu er=
gründen, und von ſolchen Herren iſt dann wohl immer, wenn die Marine=
vorlagen zur Beratung kamen, über dieſe ſchwer verſtändliche Materie ge=
wißelt worden. Obwohl es kaum ein klareres, logiſcher aufgebautes Geſeß
gegeben haben dürfte und auch keines, deſſen ganze Perſpektiven offener zu=
tage lagen, kurſierte z. B. im Reichstag das Scherzwort, daß ſich bei der Be=
handlung des Marineetats „die Balken bögen". Es war indes Herrn von
Kiderlen vorbehalten, Zweifel an der Ehrlichkeit des Reichsmarineamtes
und ſeines Leiters in den Kuliſſen zu verbreiten. Während der Kämpfe des
Winters 1911/1912 ſcheint dieſe Derleumdung meiner Perſon eingeſeßt zu
haben, wie ich erſt allmählich überblickt habe; doch ſind mir damals ſchon
unwiderlegliche Beweiſe dafür zugekommen, daß Herr von Kiderlen per=
ſönlich der Urheber dieſer Heße war. Ich möchte meinem verſtorbenen
Gegner volle Gerechtigkeit widerfahren laſſen und würde ſchon aus dieſem
Grunde mit meinem Urteil über ihn ſtärker zurückgehalten haben, wenn
nicht eine neue Deröffentlichung geſchmackloſerweiſe Außerungen aus in=
timen Briefen Herrn von Kiderlens an ſeine „Haushaltungsvorſteherin" ab=
druckte, die Herr von Kiderlen ſelbſt ſicher niemals zur Deröffentlichung zu=
gelaſſen haben würde, und in denen neben ſonſtigem intimen Räſonnieren
auch ſeine Abneigung gegen mich in unparlamentariſcher Form hervortritt.
Die etwas leichtfertige Art dieſes Diplomaten hat ſich darin gezeigt, daß er
auf ein Flottenagreement losſteuerte, ohne ſich vorher über die materiellen
Möglichkeiten eines ſolchen ein klares Bild gemacht zu haben, und daß er
dann, als ein ſolches Dorgehen zu dem naturgemäßen Mißerfolg führte,
ſeinen Arger in haltloſen Derdächtigungen gegen mich ausließ.

Schon am 2. September 1910 hatte Herr von Kiderlen zu dem M a r i n e =
k a b i n e t t s c h e f , der ſich beim Kaiſer ſtark für die Ernennung Kiderlens
eingeſeßt hatte, geſagt, er glaube, daß bei den Agreementsverhandlungen
nichts herauskommen werde.

Am 4. September hatte Müller bei dem Galadiner für die engliſche
Thronbeſteigungsdeputation eine zweite Ausſprache mit Kiderlen, worin
Kiderlen ſelbſt zugab, daß M e t t e r n i c h ſtark Anglomane und für die Agree=
mentsverhandlungen ungeeignet ſei. Anderſeits ſtünden Schwierigkeiten im
Weg, die Derhandlungen nach Berlin zu verlegen, da Goſchen auf Urlaub und
ſein Dertreter zu taub ſei. Nach dem Diner führte Kiderlen Müller mit Metter=
nich zuſammen, der ſich nach Müllers Bericht auf den Standpunkt ſtellte:

Es wäre von den Engländern gar nicht ſo viel verlangt, wenn wir offiziell zu=
ſichern ſollten, keine Novelle 1912 einzubringen. Der Verſuch, ein zahlenmäßiges

Stärkeverhältnis der beiden Marinen festzustellen, sei von vornherein aus=
sichtslos.

Im März 1910 trat ein Ereignis ein, das dem Kanzler zu der ersehnten
Flottenverständigung verhelfen konnte. Der englische Marineminister wie der
Außenminister gaben in Erklärungen vor dem Parlament den 3 wei mäch te=
standard feierlich preis und nahmen den von Lloyd George und mir
vorgeschlagenen Standard 2 : 3, sogar in der für Deutschland besonders gün=
stigen Fassung von 21 : 30 an.

Der Marineattaché in London an das Reichsmarineamt
(mit Randbemerkungen des Kaisers).

London, 14. März 1911.

. . . Weder Mr. McKenna noch Sir Edward Grey sprechen von dem „Two
Power Standard" und noch viel weniger von dem „Two-To-One Standard".
Mr. McKenna sagt vielmehr wörtlich: „We advise the building of
ships, in numbers, to a strength and to a cost, in order to enable the British Navy to secure in all contingencies that we shall have freedom on the
highways of the ocean", und er stellt im weiteren Verlaufe seiner Rede
fest, daß das Flottenverhältnis im Jahre 1914 — 21:30 Capital Ships
sein wird: „We have taken as a reasonable margin of security thirty of
these ships as against twenty-one. The twenty-one German ships will be
delivered by the shipyards in the spring of 1914. Our thirty will be completed by the same date".*

Sir Edward Grey legt sich ausdrücklich auf denselben Standard fest:
„But some of us have used a phrase which is, I think, even better than
the two-Power standard with reference to European Powers, a phrase
which my right hon. Friend (Mr. McKenna) used to-night — a fleet suf-
ficient to hold the sea against any reasonably probable combination."
Und weiter: „The First Lord of the Admiralty has stated roughly to-night,
what that position will be — 30 : 21."**

---

*) Wir raten den Bau von Schiffen an in solcher Anzahl, Stärke und Kostenaufwand,
daß die britische Flotte imstande ist, auf alle Fälle unsere Freiheit auf den großen Straßen
des Weltmeeres zu sichern. — Wir haben als einen billigen Sicherheitsüberschuß angenommen:
30 solcher Schiffe gegen 21. Die 21 deutschen Schiffe werden von den Schiffswerften im
Frühjahr 1914 abgeliefert werden. Unsere dreißig werden zur selben Zeit fertig sein.
**) Aber einige von uns haben eine Wendung gebraucht, die, glaube ich, sogar besser ist
als das Zwei-Mächte-Verhältnis mit Bezug auf europäische Mächte, ein Ausdruck, den mein sehr
ehrenwerter Freund (Mr. McKenna) heute abend gebrauchte — nämlich eine Flotte, die genügt,
um gegen jede vernünftigerweise wahrscheinliche Kombination die See zu behaupten. — Der
Erste Lord der Admiralität hat heute abend angedeutet, wie diese Lage sein wird, nämlich 30:21.

Wenn man die weitere Äußerung Sir Edward Greys „But a greater danger than that of war is the danger which I once called from the bench on the other side of the House the danger of bleeding to death in time of peace"* hinzunimmt, so scheint damit die Kapitulation vor den Kosten eines höheren Standard ausgesprochen zu sein.

Man muß sich den ungeheueren Kapitalwert vergegenwärtigen, den die 38 + 20 Capital Ships des deutschen Flottengesetzes darstellen werden, und sich fragen, was der „2 : 3-Standard" für England bedeutet, um Sir Edward Greys Ansicht zu verstehen.

Nimmt man den von Mr. McKenna genannten Durchschnittswert für ein Capital Ship zu 2,1 Millionen £ an, so wird Englands Schiffsmaterial an Capital Ships rund 90×2,1=189 Millionen £ darstellen. Rechnet man hierzu die vielen und recht beträchtlichen Kosten an sonstigen Schiffen und Fahrzeugen, an Kriegsmaterial, Bauten, Gehalt und Löhnung, so wird Sir Edward Greys Ausspruch von dem „Sich verbluten in Friedenszeiten" verständlich. Um so mehr, wenn man bedenkt, daß die Kosten der Rüstungen pro Kopf der Bevölkerung in England schon heute 31 Mark betragen, während Deutschland mit 19 Mark viel günstiger dasteht.

Dem Flottengesetz allein und dem nicht zu deutelnden Willen der Deutschen Nation, sich dieses wichtige Instrument nicht schmälern zu lassen, ist es zu verdanken, daß sich Sir Edward Grey zu seiner Kapitulation verstanden hat. Solange dieser feste deutsche Wille hier in England erkannt wird, wird man meiner Ansicht nach ᵃ damit rechnen können, daß er auch respektiert wird.

a) *Unbedingt.*

Hätten wir vor vier bis fünf Jahren, wie Metternich und Bülow wollten, mit Bauen aufgehört, so wäre der Krieg „Copenhagen" jetzt da. So respektieren sie unseren festen Willen und müssen sich den Tatsachen beugen! Also ruhig weiter gebaut. Und wenn das höhere Tempo aufhört, evtl. statt zwei Linienschiffe und einem großen, ein Linienschiff und zwei große Kreuzer bauen, damit diese deficiency bei uns eingeholt wird. Wilhelm.

Mit dieser „Kapitulation" vor der Formel 2 : 3 unter Aufrechterhaltung des Flottengesetzes war alles erreicht, was wir jemals angestrebt hatten. Die Bahn zu einem festen Marineabkommen, das alle öffentlichen Zänkereien und jede neue Flottenpanik in England unmöglich machte, war damit frei. Der deutsche Kanzler brauchte nur zuzugreifen. Tatsächlich haben wir später ein gleich günstiges Anerbieten nie wieder erhalten, das Verhältnis 10 : 16, das Churchill später vorschlug und ich annahm, bedeutete einen Rückschritt. Aber statt mit beiden Händen zuzugreifen, zögerte

---

*) Aber größer als die Kriegsgefahr ist diejenige, die ich einmal, von der Bank auf der anderen Seite des Hauses aus, die Gefahr des Sich-Verblutens im Frieden nannte.

der Kanzler! Was in ihm vorging, weiß ich nicht. Er scheint Schwierigkeiten
gesehen zu haben. Statt dessen steuerten wir auf den Agadirkonflikt zu. Ich
kann für diese versäumte Gelegenheit nur folgende Meldungen bei=
bringen, die einiges, aber nicht alles aufklären.

Der Marineattaché in London an das Reichsmarineamt.

London, 28. März 1911.

Der Botschafter ist seit Mitte März in Italien auf Urlaub und wird bis zu seiner auf
Anfang Mai festgesetzten Rückkehr durch K ü h l m a n n als Chargé d'Affaires vertreten.

Letzterer ist von dem Ehrgeiz beseelt, den Schneckengang Metternichs in ein flotteres
Tempo zu verwandeln und sieht scheinbar die e n g l i s c h = d e u t s c h e A g r e e m e n t s =
f r a g e für geeignet an, um an ihr seine diplomatische Eitelkeit zu befriedigen. Dies
schließe ich aus folgendem:

Im Anschluß an die Sir Edw. Greyschen Auslassungen hatte Kühlmann mich be=
reits verschiedentlich gefragt, ob ich den 2: 3=S t a n d a r d für eine annehmbare Basis
eines deutsch=englischen Abkommens halte. Meine gleichlautende Antwort war stets,
daß ich dazu nur meine rein persönliche Ansicht aussprechen könne, die dahin gehe, daß
mir ein 2: 3=Standard nur dann annehmbar erscheine, wenn gleichzeitig an dem vollen
Umfange des Flottengesetzes festgehalten werde. Nur auf diese Weise könne der unserer
Flotte zugrunde liegende Risikogedanke lebend erhalten werden. Wenn England sich
hierzu bereitfinden werde, so sei meiner Ansicht nach das erreicht, was mit unserer
Flotte beabsichtigt sei...

Kühlmann sagte mir daraufhin gestern im Laufe eines privaten Gespräches, daß
die Botschaft über den neuen Regime in Berlin völlig im Dunkeln gehalten werde,
und daß er seine Kenntnis der Lage lediglich seiner ständigen Privatkorrespondenz mit
Stumm verdanke. Aus diesen Briefen gehe hervor, daß auch in Berlin der Boden für
das Agreement reif sei, daß es nur dort an dem Entschluß fehle, den Standard zu
präzisieren und die Forderung an England zu stellen. England werde nach seiner Be=
urteilung der Lage jetzt den 2: 3=Standard annehmen.

Auf meine Antwort, daß 2:3 nutzlos sei, solange nicht g l e i c h z e i t i g ausdrück=
lich das Festhalten an den Zahlen des F l o t t e n g e s e t z e s betont werde, wies Kühl=
mann plötzlich auf den in der Neuen Freien Presse (25. März 1911) erschienenen Ar=
tikel „England, Deutschland und Amerika" von Hirst hin. Er sagte dazu, daß das dort
angedeutete heimliche Abkommen zwischen dem Londoner und Pariser Kabinett zur
Zeit der Hochflut der französisch=englischen Spannung den historischen Vorgang zur
Lösung der jetzigen Lage bilde und daß, ebenso wie damals das Abkommen lediglich
in einem „G e n t l e m e n = A g r e e m e n t" bestanden habe, man sich auch jetzt auf
diesen Standpunkt stellen müsse. Da in England alles auf Vorgang beruhe, werde es
ein leichtes sein unter Ausnutzung der jetzigen Stimmung und unter dem Hinweis auf
die Ähnlichkeit der Lage ein gleiches heimliches Abkommen zu schließen.

Ich habe das Gefühl, daß Kühlmann auf dieses Abkommen möglicherweise über
den Kopf des Botschafters hinweg hinarbeitet und den Boden dafür in Berlin durch
seine Korrespondenz mit Stumm präpariert.

Kühlmann sagte mir, daß Stumm ganz seiner Meinung sei. Da Stumm als Auto=
rität für englische Verhältnisse gilt — nach Kühlmanns Ansicht hat weder der Reichs=

kanzler noch Herr von Kiderlen genügende Kenntnisse derselben — halte ich es nicht für ausgeschlossen, daß sich hinter den Kulissen etwas zusammenbraut, was in den Verhandlungen mit dem Auswärtigen Amte dem Herrn Staatssekretär vorenthalten wird.

Ich halte es ferner nicht für ausgeschlossen, daß Kühlmann überhaupt schon einleitende Schritte in London getan hat. Er sagte mir, daß er Mitte März in dem Hause einer politischen Dame — wahrscheinlich der Mrs. Spender, der Frau des Editors der Westminster Gazette — mit Sir Edw. Grey Tee getrunken und ein langes privates Gespräch über die deutsch-englischen Beziehungen gehabt habe.

Weiter sagte er mir, daß ihm Monsieur Paul Cambon (der hiesige französische Botschafter) in diesen Tagen habe sagen lassen, daß er (Cambon) in der deutsch-englischen Annäherung, deren Entwickelung er mit Interesse verfolge, keine Schwierigkeiten machen werde, da er in der damit verknüpften Sicherung des Weltfriedens das größte Glück für Frankreich erblicke.

Ich stehe unter dem Eindruck, daß Kühlmann, der stark mit der Presse arbeitet, den Artikel in der Neuen Freien Presse vor der Veröffentlichung gekannt, wenn nicht beeinflußt hat. Er gab mir zu, daß ein ähnlicher Artikel, der im Jahre 1909 zur Zeit der Hochflut der Scare-Periode in der „Nation" (20. März 1909) erschienen ist und an den ich ihn erinnerte, von ihm veranlaßt worden ist. Es wird also, wenn dies wahr ist, von seiner Seite mit System gearbeitet. —

Nach vorstehendem fasse ich die Situation folgendermaßen auf:

Kühlmann will bis zur Rückkehr des Botschafters die Frage soweit gebracht haben, daß dem Botschafter lediglich der formelle Abschluß übrig bleibt. Diesen wird er, falls der Abschluß überhaupt in London erfolgt, Metternich überlassen; denn Kühlmann sagte mir neulich mal: Metternich könne ihm dankbar sein, daß er so viel arbeite; Metternich, der energielos und träge, andererseits aber ein Kleber sei, brauche gerade einen Botschaftsrat wie Kühlmann, der ihm alle Arbeit abnehme; das Kredit gehe doch auf Metternichs Rechnung, und dadurch sei Metternichs Position in London solange wenigstens sicher, als Kühlmann unter ihm arbeite. Dies erkenne Metternich und lasse ihm daher, wenn auch manchmal mit etwas ängstlichen Gefühlen, freie Hand.

Die maßlose Eitelkeit Kühlmanns wird in England völlig erkannt, und es wird meiner Ansicht nach kein Mittel versäumt, sie im englischen Interesse auszunutzen. Daher der Tee mit Sir Edw. Grey und Cambons Flötentöne. Sir Arthur Nicholson war mit Kühlmann zusammen in Marokko. — Es würde mich daher nicht wundern, wenn der Gedanke des Gentlemen-Agreements, in dem von dem Status des Flottengesetzes natürlich nichts gesagt ist, von Sir Edw. Grey selbst soufliert worden wäre. In gewisser Beziehung kitzelt der Gedanke Kühlmanns Eitelkeit, und da das Gentlemen-Agreement natürlich nur mündlich sein wird, so wird es für England einfach sein, den Sinn später gemäß seiner egoistischen Interessenpolitik zum Schaden Deutschlands zu verdrehen. Daher auch der von England ausgehende und in Berlin aus anderen Gründen geteilte Wunsch, die Verhandlungen nur zwischen den beiderseitigen Auswärtigen Ämtern unter Ausschluß der Seeoffiziere zu führen. Letztere sollen mit dem fait accompli des 2:3-Standards abgefunden werden, nachdem ihnen die Möglichkeit genommen ist, eine reale Grundlage sicher zu stellen.

Kühlmann ist sich übrigens, wie das bei Beschäftigung mit dem Flottengesetz ja nicht erstaunlich ist, meiner Ansicht nach darüber klar, daß der Bauplan 1912—17, falls er zum Alternat wird, das Flottengeſetz ſprengt. Unter dem Hinweis hierauf hat er denn auch verſchiedentlich die Frage an mich geſtellt, ob die engliſche Angſt vor der Novelle im Jahre 1912 berechtigt ſei? Er ſagte mir kürzlich bei Gelegenheit eines Geſpräches über die Novellenfrage, daß Metternich dieſe allerdings im Jahre 1908 privatim preisgegeben habe, daß aber keine Bindung ſeitens des Auswärtigen Amtes erfolgt ſei. Das würde alſo die Stummſche Behauptung decken.

Zum Schluß mag den Herrn Staatsſekretär folgendes intereſſieren: als Kühlmann mir das Cambonſche Angebot erzählte, fragte ich ihn, was Cambon für Kompenſatio= nen gefordert habe. Kühlmann ſagte mir, keine direkten, nur den erneuten Hinweis, daß eine Reviſion der M a r o k k o f r a g e , mit größeren franzöſiſchen Freiheiten dort, dem franzöſiſchen Auswärtigen Amte am Herzen liege. Auf meine Antwort, daß dies doch nur unter einer erheblichen Kompenſation für Deutſchland in Frage kommen könne, deutete Kühlmann an, daß dieſe von franzöſiſcher Seite zunächſt, zwecks Grenzregulie= rung mit Kamerun, im Gebiete des franzöſiſchen Kongo und in Zukunft im Verzicht Frankreichs zugunſten Deutſchlands auf den belgiſchen Kongoſtaat beſtehen werde, wenn nicht der Frage der Aufteilung des letzteren praktiſch näher getreten werde. — Erſtens ſteht letzteres noch nicht bevor, um darauf hin Konzeſſion anderwärts zu machen, und zweitens ſcheint mir dieſer großmütige franzöſiſche Verzicht ein richtiges Danaergeſchenk, da durch ihn notgedrungen Reibungsflächen zwiſchen England und Deutſchland geſchaffen werden. — Die Entente arbeitet alſo nach wie vor gegen uns.

Meldung des Kapitäns Seebohm.

25. April 1911.

Gelegentlich eines Privatgeſpräches teilte mir heute morgen der ſtellvertretende Staatsſekretär des Auswärtigen Amts, Geheimrat Z i m m e r m a n n , Nachſtehendes be= züglich der Agreement=Frage mit: Er befürchte, daß Seine Majeſtät der K a i ſ e r ſich ge= legentlich ſeines Aufenthalts i n E n g l a n d hinſichtlich der Agreement=Frage irgendwie f e ſ t l e g e n werde, und zwar ſei zu befürchten, daß bei der gegebenen Situation Seine Majeſtät engliſchen Einflüſſen ſehr zugänglich ſein werde. Er (Zimmermann) ſei daher zu dem Schluß gekommen, man müſſe dem Kaiſer etwas Schriftliches als Anhalt mit= geben, er werde dem Reichskanzler einen diesbezüglichen Vorſchlag machen. In dem mitzugebenden Schriftſtück müſſe ſeiner Anſicht nach enthalten ſein, daß der Kaiſer ſich in keiner Weiſe feſtlegen dürfe, höchſtens dürfe er ſagen, wenn die Engländer unter Anerkennung unſeres Flottengeſetzes im Rahmen deſſelben einen annehmbaren Vor= ſchlag machen könnten, ſo ſeien wir geneigt, denſelben zu prüfen. Anderſeits dürfe Seine Majeſtät auf keinen Fall ſagen, unſere Beziehungen ſind ja ſo freundlich, wir brauchen ja gar kein Agreement. Das würde einem Abbrechen der Verhandlungen und erneuter Verſchlechterung der jetzt günſtigen Beziehungen zu England gleichkommen.

Zimmermann führte weiterhin aus, eine freundliche Hinziehung der Verhandlungen müſſe die innezuhaltende Linie in der Agreement=Frage ſein.

Während der Kanzler die Hauptſache, das Agreement auf der Grundlage 2:3 aus den Augen zu verlieren ſchien, mühte er ſich mit nebenſächlichen Fragen ab, die in keinem Fall größere Bedeutung gewinnen konnten.

Graf Wolff=Metternich strebte seit Herbst 1910 ein deutsch=englisches Ab=
kommen derart an, daß ein beiderseitiger Besuch der Marineattachés
auf den Werften verabredet würde. Er meinte, das würde in England
dankbar empfunden werden. Mit diesem von Asquith ausgehenden Vor=
schlag wollten die Engländer einerseits ernsteren Agreementsverhandlungen
aus dem Wege gehen und anderseits von ihren früheren unrichtigen An=
gaben wegkommen. Sie hüpften deshalb gern auf den praktisch völlig be=
deutungslosen Nachrichtenaustausch durch Attachés, damit wenigstens schein=
bar etwas geschähe. Ich erklärte mich mit Rücksicht auf die politische Lage mit
dem Nachrichtenaustausch einverstanden, vorausgesetzt, daß unsere mili=
tärische Sicherheit nicht darunter litte; zu diesem Zweck mußten die Nachrich=
ten gleichzeitig ausgetauscht werden und für das nächste Etatsjahr bindende
Kraft haben. Im Verfolg dieser „kleinen" Agreementsverhandlungen über=
gab der Kanzler am 24. März 1911 dem britischen Botschafter folgendes
Memorandum:

Die kaiserliche Regierung tritt der Auffassung der königlichen großbritannischen Re=
gierung bei, wonach der in Aussicht genommene Nachrichtenaustausch über die
beiderseitigen Flottenrüstungen sich zu erstrecken hätte auf
1. die Dimensionen der geplanten Schiffsbauten,
2. den Schutz, die Bestückung, die Schnelligkeit und die Maschinenstärke der Schiffe,
3. die Daten für deren Kiellegung und Vollendung.
Die kaiserliche Regierung ist der Ansicht, daß die Reziprozität des Austauschs nur
dann vollkommen gewahrt wird, wenn die gegenseitig zu machenden Mitteilungen
gleichzeitig erfolgen. Sie schlägt vor, diesen gleichzeitigen Austausch alljährlich in der
Zeit zwischen dem 1. Oktober und 15. November vorzunehmen.
Was die periodische Besichtigung der im Bau befindlichen Schiffe durch die beider=
seitigen Marineattachés betrifft, so würden die Einzelheiten einer direkten Vereinbarung
der Marineattachés mit den Marinebehörden beider Länder vorbehalten werden können.

Dieses Memorandum brachte der Reichskanzler erst am 11. Juni zu
meiner Kenntnis. Von der von mir verlangten Verbindlichkeit der Nach=
richten für das nächste Baujahr hatte der Kanzler Abstand genommen. Mit
diesem Entgegenkommen gaben wir den Engländern sehr viel zu; wenn sie
wirklich von Schutz, Dimensionen, Bestückung und Schnelligkeit unserer
Neubauten Kenntnis erhielten, so erfuhren sie schon damals unsere Über=
legenheit, die ihnen erst bei Skagerrak und in Scapa Flow wirklich klar ge=
worden ist.

Am 11. Juni 1911 übersandte mir der Kanzler ein englisches Memo=
randum über den Nachrichtentausch und fügte hinzu:

„Ich möchte nicht verfehlen, Euere Exzellenz davon zu unterrichten, daß der Bot=
schafter bei Übergabe des Memorandums betont hat, daß seine Regierung nach wie vor
den aufrichtigen und dringenden Wunsch hege, mit uns zu einer Verständigung

über den Nachrichtenaustausch zu gelangen. Auch ich muß im Hinblick auf die allgemeine politische Lage den größten Wert darauf legen, daß unsere Verhandlungen mit der englischen Regierung in der Frage zu einem positiven Ergebnis führen. Ich möchte daher tunlichstes Eingehen auf die englischen Anregungen empfehlen, soweit das nur mit der Wahrung unserer maritimen Interessen vereinbar erscheint."

Der Inhalt des englischen Memorandums läßt sich so zusammenfassen: England will zu anderem Termin (zwischen 15. November und 15. März) lediglich Zahl der im nächsten Jahre zu bauenden Schiffe mitteilen; Bindung für technische Informationen nur soweit, daß Änderung in den gemachten Angaben vorher mitgeteilt werden soll.

Am 20. Juni 1911 befürwortete ich in einem Schreiben an den Reichs= kanzler über das englische Memorandum, er möchte bei Annahme eines späteren Termins die Mitteilung der Zahl der Schiffe überhaupt fallen lassen, da in dem früheren englischen Aidememoire nichts davon er= wähnt sei; festgehalten werden müsse 1. daß der Austausch der technischen Mitteilungen gleichzeitig erfolge, 2. daß die technischen Mitteilungen bindend sein sollten.

Am 27. Juni 1911 wurde ein Memorandum an die englische Regierung übermittelt, das (gekürzt) folgende Punkte enthielt:

1. die kaiserliche Regierung stimmt dem Vorschlage der königlich großbritannischen Regierung zu, wonach
a) der Nachrichtenaustausch auf die Periode zwischen dem 15. November bis 15. März verschoben werden soll;
b) zu diesem Termin lediglich die Zahl der Schiffe des Programms für das folgende Jahr mitgeteilt wird, und zwar mit der Maßgabe, daß, sobald die Mitteilung erfolgt ist, in dem mitgeteilten Programm keine Änderung eintreten wird, ohne daß dem anderen Staate vorher weitere Mitteilung gemacht worden ist;
c) daß der im Aidememoire der kaiserlichen Regierung vom 24. März 1911 näher erläuterte technische Nachrichtenaustausch grundsätzlich erst zum Zeitpunkt der Kiel= legung erfolgt.

2. und 3. behandelt, daß nähere Erläuterung des Zeitpunktes erforderlich ist, wünscht Vereinbarung, daß Änderungen in den technischen Angaben nur unter vorheriger Mit= teilung erfolgen dürfen und daß das Nähere bezüglich der Attachébesuche durch die Marinebehörden vereinbart werden soll.

Die englische Antwort hierauf verzögerte sich infolge der Marokkokrisis bis zum 28. Januar 1912[1].

Unablässig aber arbeitete das Auswärtige Amt an einem Agreement von größerer Tragweite, welches den Engländern erwünscht wäre. Im Mai 1911, also vor der Agadirkrisis, mußte ich dem Kanzler von einem derartigen Initiativschritt abraten, der für die Verwirklichung des Flotten= gesetzes Gefahren enthalten hätte.

_____
1) *Vgl. unten S. 280.*

Auf das Jahr 1912 richteten sich ohnehin die Hoffnungen der britischen Admiralität. Durch unsere Novelle von 1908, die die Lebensdauer der Schiffe verkürzte und somit durch den Ersatzbau die jährliche Bauziffer für 4 Jahre auf 4 große Schiffe gehoben hatte, wurde die Gesamtzahl der gesetzlich vorgesehenen Schiffe nicht vermehrt. Infolgedessen hatte die Vorziehung der Ersatzbauten ein späteres entsprechendes Herabsinken der jährlichen Bau=ziffer zur Folge, und die tatsächlichen Verhältnisse brachten es mit sich, daß 1912 unsere Bauziffer in jähem Abstieg vom Vierertempo auf das Z w e i e r =t e m p o sank, um für sechs Jahre darauf zu beharren. Es war das Ziel der Engländer, uns infolge dieses langjährigen Zweiertempos daran für immer zu gewöhnen. Wenn uns 1918 schon der unvermittelten Kostenvermehrung wegen der Wiederanstieg zum Dreiertempo zu schwer fiel, so war das Flotten=gesetz zu Fall gebracht, d. h. die Gesamtzahl der deutschen Linienschiffe blieb dann nur ²/₃ der für den Risikogedanken erforderlichen, im Flotten=gesetz festgelegten Ziffer.

Was konnte nun England tun, um der natürlichen Steuerscheu des Reichs=tages vorzuarbeiten und uns den späteren Wiederanstieg zum Dreiertempo zu verlegen? Es konnte ein Flottenagreement vorschlagen. Tat es dies auf der Grundlage eines Stärkeverhältnisses von 2:3 derart, daß wir für die nächsten 6 Jahre j ä h r l i c h 2, England 3 S c h i f f e baute, so war zwar die Relation für uns annehmbar, nicht aber die absolute Größe unserer Flotte, denn England hatte aus verschiedenen Gründen bei einer so niedrigen Bau=ziffer eine erheblich höhere tatsächliche Überlegenheit als bei einer Fest=legung der Relation 2:3 auf höheren absoluten Bauziffern[1]. Außerdem aber hätte ein solches offizielles Abkommen in diesem Zeitpunkt das Flotten=gesetz gebrochen und damit bei unseren deutschen Verhältnissen die Haupt=stärke unseres Verfahrens, die Stetigkeit, vernichtet und leicht alles ins Chaos zurückverwandelt. Endlich konnte England, wenn wir auf dem Zweiertempo blieben, leicht den Two Power Standard durchführen, d. h. 4 Schiffe im Jahr bauen, und das hätte für England stets eine große Ver=suchung, ein etwaiges Abkommen zu umgehen, bedeutet.

Beim D r e i e r t e m p o , wie es von 1918 an wieder durch das Gesetz

---

1) Extrabauten der Engländer, wie Colonial Ships, fielen natürlich bei geringer absoluter Schiffszahl stärker gegen uns ins Gewicht als bei höherer, ebenso die russische und französische Flotte. Die Engländer hätten sich auch niemals darauf eingelassen, ihre eigene Gesamtstärke so niedrig zu begrenzen. Die Möglichkeit lag allerdings vor — und sie ist im Reichsmarineamt erwogen worden — daß, wenn die Größe und Stärke des einzelnen Schiffs weiter so wuchs, schon die Kosten wie auch die Methoden der See=kriegsführung uns auf zwei, die Engländer auf drei Neubauten jährlich fixierten. Aber diese Zeit war noch nicht gekommen, und es wäre unverantwortlich gewesen, für solche entfernteren Möglichkeiten das Flottengesetz zu opfern.

zur Regel wurde, konnten wir dagegen die Relation 2:3 gerne annehmen, und England konnte dann technisch und finanziell den Two Power Standard gar nicht durchhalten, weil es nicht 6 Schiffe jährlich bauen und bemannen konnte.

Es kam also darauf an, ein Abkommen auf Grundlage des Zweiertempos zu verhüten und die Rückkehr zum Dreiertempo offen zu halten, und damit zugleich das Flottengesetz zu stabilieren. Es war zu diesem Zweck nicht nötig, daß zwischen 1912 und 1918 das Zweiertempo dauernd in ein Dreiertempo umgewandelt wurde. Es genügte für den Zweck völlig, wenn in diesem Zeitraum das Zweiertempo dann und wann durch ein Dreiertempo unterbrochen wurde; wir nannten dies das „Überbrücken" des sechsjährigen Zweiertempos.

Das ist der eine Hauptgesichtspunkt unserer Flottenpolitik in diesem kritischen Jahr 1911/12. Als zweiter Hauptgesichtspunkt kam hinzu die Notwendigkeit, Mängeln unseres Rekrutierungssystems gegenüber dem britischen Berufsmatrosentum abzuhelfen und den Bereitschaftsstand unserer Flotte zu erhöhen.

Beide Gesichtspunkte ließen sich kombinieren, und das Ergebnis ist eben unsere Novelle von 1911/12.

IV.

Die dritte Flottenkrisis (1911/12).

Meine Ansicht über die mit der Agadirkrise am 1. Juli 1911 ein=
geleitete Marokkopolitik Kiderlen=Wächters und Bethmann Holl=
wegs habe ich in den „Erinnerungen" (Kap. 15, Abschnitt 3) niedergelegt.
Ich kann mich hier auf die nähere Wiedergabe einiger wesentlicher Züge
beschränken und schicke dem das Stimmungsbild voraus, das mir der Marine=
kabinettschef ein Jahr zuvor, am 3. August 1910, entworfen hatte.

... Es war für mich sehr interessant, diese letzten beiden Tage mit dem Oberlei=
ter[1] und Leiter[2] unserer Politik zusammen zu sein, aber sehr erfreulich war
es nicht. Die Beziehungen beider zu dem Monarchen sind ziemlich lau. Nun ist
es zwar, wie mein verstorbener Kollege vom Militärkabinett sagte, für das Geschäft
ganz gut, wenn man sich bei dem Allerhöchsten Herrn im Zustande leichter Ungnade
befindet, aber das setzt doch voraus, daß man sich aus diesem Zustand nichts macht und
seine Meinung so grade heraussagt, als ob man sich alles leisten könnte. Das ist nun
bei uns höchstens bei Offizieren der Fall. Bei Beamten habe ich es noch nie erlebt, und
ich fürchte, daß sich der Reichskanzler sehr schwer dazu entschließen wird, mit Bismarck=
scher Brutalität — und ohne die geht es auf die Dauer nicht — etwas durchzusetzen.
Viel eher glaube ich das von Kiderlen. Er ist ein Zyniker vom reinsten Wasser, und an
seinem Amte liegt ihm gar nichts. Sehr interessant zu sehen war es, wie froh der
Reichskanzler war, daß der Kaiser das Geschäft mit den Türken[3] auf das Reichs=
marineamt — oder sagen wir besser, auf Euere Exzellenz persönlich — abgeladen hatte.
Dabei muß doch jedem klar sein, daß es sich hier unendlich viel mehr um ein politisches
Geschäft handelt als um einen Verwaltungsakt der Marine. Ich mußte hieran direkt
erinnern, als zwischen Kaiser und Reichskanzler die Frage erörtert wurde, ob den Tür=
ken in der Preisnachlaßangelegenheit entgegenzukommen sei. Die ganze Zerfahrenheit
unserer Zustände zeigte sich hierbei auch darin, daß der neue Staatssekretär des Aus=
wärtigen Amtes zu dieser Besprechung gar nicht zugezogen wurde. Zurzeit ist in der Re=
gierung des Deutschen Reiches nur ein Mann, der eine feste Position hat, das ist der
Staatssekretär des Reichsmarineamts. Nicht nur die Marine zieht daraus Gewinn,
sondern unsere Gesamtpolitik. Das müssen Euer Exzellenz bedenken, wenn Sie einmal
amtsmüde werden.

---

1) *Bethmann Hollweg.*
2) *Kiderlen=Wächter.*
3) *Vgl. unten S. 345.*

Unsere Nordlandreise war in vieler Beziehung die gelungenste, welche je stattgefun=
den hat. Das herrliche Wetter schuf gute Laune bei allen Teilnehmern „vom Kaiser
herab bis zum Künstler" und damit Vertraulichkeit und Harmonie. Aber ein Eindruck
war für den Weiterblickenden betrüblich: der immer mehr überhandnehmende Di=
lettantismus in der Erledigung unserer Regierungsgeschäfte...

Die Spannung zwischen Deutschland und England erreichte im Juli 1911
einen Grad, den die Äußerungen des englischen Marineattachés in Rom,
Kapitän Steward, widerspiegeln, die er nach Beendigung der Krise
unserem dortigen Attaché, Korvettenkapitän von Rheinbaben gegenüber
machte.

1. Im Juli 1911 wurde die englische Flotte praktisch mobil gemacht. Die
Schiffe lagen tatsächlich in Erwartung eines deutschen überraschen=
den Angriffs mit ausgebrachten Schutznetzen und Dampfauf während der
kritischen Tage. Die Hafenverteidigung war in Kriegstätigkeit. Die Forts waren
besetzt. Boom defences waren ausgebracht. Kreuzer und Torpedoboote ver=
sahen Sicherheits= und Patrouillendienst. Zuerst funktionierte der Nachrichten=
dienst durch Agenten auch in Norwegen und Dänemark usw. gut. Dann kam
ein Augenblick, wo man in London nicht wußte, wo ein Teil der deutschen
Flotte war, da der betreffende Agent usw. nichts über ihren Bestimmungs=
ort erfahren konnte. Das war der kritische Moment. Man hat kurze Zeit lang
tatsächlich befürchtet, daß eine überraschende Unternehmung gegen England
geplant sei. In dieser Zeit ist das Wort der Regierung gegenüber den Streik=
führern gefallen: „Wenn ihr euch jetzt nicht fügt, dann haben wir in zwei
Tagen den Krieg mit Deutschland."

Ein englischer Angriff gegen Deutschland ist tatsächlich niemals beabsichtigt
gewesen, kommt nach Stewards Ansicht niemals in Frage.

2. Steward wiederholte bei jeder ähnlichen Unterhaltung mir gegenüber die
Worte: „We are terribly afraid of you."* Er gab als Grund der Abneigung
weiter Kreise gegen eine Verständigung mit Deutschland an, daß man einer=
seits Deutschland nicht mehr angreifen könne, andererseits befürchte, daß
Deutschland die Entente mit England möglichst lange und ausgiebig ausnützen
und dann eines Tages England um so besser und sicherer vernichten werde.

3. Die deutsche Politik des Sommers 1911 sei insofern falsch gewesen, als
das Kanonenboot nach Agadir geschickt wurde, ohne daß dieser Energiebezeu=
gung die in England allgemein erwarteten Konsequenzen folgten. Steward
gab offen zu, daß ein deutscher Heeresaufmarsch und die Versammlung der
deutschen Flotte in der Nordsee England gegenüber von Erfolg begleitet ge=

---

*) Wir sind schrecklich bange vor euch.

wesen wäre, weil eben England nicht angreifen wollte und keine Regierung
der englischen Nation einen genügenden Kriegsgrund vorhalten konnte.

Aber die Politik der „Offence" und dann der „Silk gloves"* sei in
England nicht verstanden worden. Als England sah, daß Deutschland den Krieg
nicht ins Auge faßte, hat es zu Frankreich gestanden, weil es sonst vor aller
Welt als treulos hingestellt worden wäre und sein Prestige in aller Welt be=
deutend gelitten hätte.

Wenn schon in diesem Stimmungsbild nicht alles richtig ist, so bleibt be=
stehen, daß die öffentliche Meinung der ganzen Welt von Kiderlens Politik
den von ihm nicht beabsichtigten Eindruck empfing, 1. Deutschland habe viel
mehr gewollt, als es nachher bekommen habe, 2. es habe dies durch Bluff
zu erreichen gesucht und es sei 3. vor dem erhobenen Dreizack Englands
zurückgewichen.

Am 1. Juli 1911 hatte Kiderlen den „Pantherſprung" nach Agadir in Szene
gesetzt, am 21. Juli Lloyd George seine bekannte Drohrede zur Einſchüch=
terung Deutschlands gehalten. Aus dem Telegrammwechsel Kiderlen—Metter=
nich vom 24. und 25. Juli 1911 geht hervor, daß auch Kiderlen Lloyd Georges
Rede, wenn sie ohne Remedur blieb, als Einbuße für Deutschland empfunden
hat. Er wünschte dringend eine Remedur von Sir Edward Grey, aber Metter=
nich scheint sie nicht nachdrücklich genug gefordert zu haben; jedenfalls lehnte
sie Grey ab. Da Kiderlen nun in keiner Weise gegenanging, stand die
ganze Welt notwendig unter dem Eindruck, Deutschland stecke die erlittene
Ohrfeige ein. Churchill (S. 66) urteilt: „The Agadir crisis came however
peacefully to an end. It terminated in the diplomatic rebuff of Germany."** Seitdem gewann in Frankreich der Revanchegeist unaufhaltsam
neue Kraft. In Deutschland empfand man in allen national feinhörigen
Kreisen den Vorgang als außerordentlich demütigend und die Ansicht war
allgemein verbreitet, daß wir die Herausforderung nicht einfach hinnehmen
könnten. Ich habe damals den Vorgang als politischen „Echec" bezeichnet.
Bekanntlich hat der Kanzler mir diesen Ausdruck sehr übel genommen.

Am 2. August erhielt ich von der Zentralabteilung (Korvettenkapitän See=
bohm) folgende Tagesmeldung.

Stumm (Auswärtiges Amt) informiert mich, daß Seine Majeſtät in Norwegen
durch die Lloyd=George=Rede und Absagen des Jellicoe=Besuches sehr nervös geworden

---

*) Herausforderung — Seidenhandschuhe.
**) Die Agadirkrisis kam dennoch zu einem friedlichen Ende. Sie schloß mit der diplomatischen
Zurückwerfung Deutschlands.

sei. Man habe ihn aber in Swinemünde beruhigt und hoffe, daß er bei der Stange bleiben werde. — (Stumm persönlich ist allerdings der Ansicht, daß Seine Majestät vor der Übernahme einer großen Verantwortung nicht bestehen werde.)

Frankreich habe seine ganze Hoffnung auf Swinemünde und die Natur Seiner Majestät gesetzt gehabt. Das Auswärtige Amt habe aber jetzt in Paris durch Mittelspersonen verbreiten lassen, Seine Majestät sei wütend über die französischen Unterstellungen betreffs seiner Person und sei fest entschlossen durchzuhalten.

Was die Sache an sich betreffe, so werde es auf einen Gebietsaustausch — das klänge nicht so hart wie Abtretung — herauskommen. Wir würden wahrscheinlich den sogenannten Entenschnabel von Kamerun drangeben. Welcher Gebietsteil gemeint ist, geht ohne weiteres aus der Karte hervor.

Ich redete Stumm auf Togo an; er sagte, Togo werde von französischer Seite allgemein lanciert; dann redete er noch so allgemein, daß ich mich dem Eindrucke nicht verschließen kann, daß das Auswärtige Amt eventuell bereit ist, Togo dran zu geben; namentlich habe ich diesen Eindruck deshalb, weil Stumm hinzufügte, man müsse doch auch bedenken, daß wir in Marokko selbst mannigfaltige Interessen zu vertreten und zu erkämpfen hätten. Diese Interessen werden m. E. das sein, was Zimmermann mir gegenüber gelegentlich bezeichnete als den allgemeinen Quatsch über die offene Tür usw.

Bezüglich Englands, sagte Stumm, sei man ganz beruhigt. Die Reden Lloyd Georges und Asquiths seien wieder mal richtige englische Dummheiten gewesen, wie man vieles, was in der englischen Politik befremdete, auf dieses Konto setzen könne. „Also bezüglich Englands die alte Vertrauensseligkeit."

Der Kabinettschef hat in Swinemünde Kapitän von Trotha gegenüber die Stimmung an Allerhöchster Stelle mit „Kriegsfurcht, aber keine Kriegsfreudigkeit" bezeichnet. Der Kabinettschef ist der Ansicht, die Marokkoaffäre sei von dem Auswärtigen Amt verfahren worden, es suche jetzt nur mehr nach einem anständigen Ausweg.

Daß wir den Échec durch Verstärkung unserer Wehrmacht zu Wasser und zu Lande auszugleichen hätten, war nun nicht zweifelhaft. Ich schrieb am 3. August aus Blasien an meinen Amtsvertreter von Capelle:

Die Marokkoangelegenheit nimmt eine Wendung, wie ich sie nach den Äußerungen S. M. pp. immer schon für wahrscheinlich gehalten habe.

Sind wir dabei stärker blamiert, so ergibt das eine gewaltige Entrüstung. Die Möglichkeit einer Novelle rückt damit näher ...

Der Strom der öffentlichen Meinung kann sehr stark werden und wir können in Gefahr kommen, den Moment zu verpassen, wenn wir bis 1913 warten.

Wir müssen immerhin die Frage auch für 1912 schon im Auge haben.

Wird die Frage für 1912 bringend derart, daß auch S. M. und der Kanzler behufs Beruhigung der öffentlichen Meinung eine Novelle wollen, so scheint mir folgendes in Betracht zu kommen:

a) Größere Kanonen (die Bauverzögerung des Linienschiffes müßte in Kauf genommen werden).

b) Personal.

c) Forderung von drei bis vier großen Kreuzern, event. außerhalb des Ge=
setzes.

Als Begründung wäre zu sagen:

Unsere Flotte leidet zurzeit an einem Mißverhältnis Linienschiffe: große
Kreuzer. Wir hätten seinerzeit zu viel unbrauchbare große Kreuzer ins Gesetz ge=
nommen. Es wäre uns auch nicht geholfen, wenn wir (nach Vorschlag des
Flottenvereins) einige derselben vorziehen würden; wir wären in den ersten
sechs Jahren der Ausführung des Flottengesetzes behindert gewesen, diesen
Schiffen die erforderliche Schnelligkeit zu geben, wegen der kurzen Schleusen
in Wilhelmshaven und wegen des Kanals, dadurch wären wir in die jetzige
Not gekommen. Wir wollten diese Not jetzt beseitigen. Ist sie einmal beseitigt,
reiche das jetzige Flottengesetz, ein großer Kreuzer pro Jahr, aus.

Ich glaube, diese Form der Begründung ist parlamentarisch weniger gefährlich
als die Verkürzung der Lebensdauer.

Am 8. August meldete mir Korvettenkapitän Seebohm über eine Unter=
redung mit Kiderlen=Wächter:

Die Angelegenheit ist eingeleitet worden durch das Telegramm Seiner Majestät an
die persönliche Adresse von Admiral Capelle, schleunige Fertigstellung S. M. S. „Hel=
goland" zur Indienststellung sei geboten, und die Anfrage des Kapitäns Seebohm bei
dem Auswärtigen Amt (Stumm), worauf Kiderlen die Admirale Capelle und Rieve[1]
um 5 Uhr nachmittags zu sich bat. Kiderlen äußerte schon am Vormittag zu dem Un=
terzeichneten, gegen 5 Uhr käme Cambon, und es würde nichts schaden, wenn der die
Herren sähe.

Nachmittags teilte Kiderlen den Anwesenden (Admiral Capelle, Admiral Rieve und
Kapitän Seebohm) zunächst mit, Seine Majestät habe ihn durch Treutler wissen lassen,
er hielte es für gut, daß die in den norwegischen Häfen zerstreute Hochseeflotte
gesammelt würde, das Notwendige solle mit der Marine besprochen werden. Kiderlen
führt die kaiserlichen Telegramme darauf zurück, daß, wie man durch einen Mittels=
mann erfahren habe, die Franzosen und Engländer beabsichtigten, je ein Schiff nach
Agadir zu schicken, sofern nicht binnen einer Woche die Verhandlungen zu einem Ab=
schluß gekommen seien. Kiderlen hält dies zwar für einen Bluff, der dem Mittelsmann
absichtlich in die Hand gegeben sei, trotzdem hat er Schoen beauftragt, in Paris bei dem
Ministerpräsidenten deshalb offiziell anzufragen. Diese Anfrage ist aber vor übermorgen
nicht möglich, da Caillaux verreist ist.

Admiral Rieve führte aus, er halte besondere Maßnahmen zum Sammeln der Hoch=
seeflotte für nicht erforderlich. Diese sammle programmäßig am 10. August vor=
mittags und begebe sich darauf mit hoher Fahrt (Idee eines Rückzuggefechts liegt der
hohen Fahrt programmäßig zugrunde) nach Skagen. Im nördlichen Kattegat fänden
dann noch viertägige Übungen statt, daselbst sei die Flotte jedoch in ständiger Verbin=

1) Stellvertretender Chef des Admiralstabs.

bung mit der Heimat. Kiderlen billigte vom politischen Standpunkt die Auffassung
des Admirals Rieve, der im entsprechenden Sinne telegraphisch an Seine Majestät berichten wird.

Admiral Capelle fragte darauf, wie die Marokkoangelegenheit eigentlich
stehe. Bei der Beantwortung machte Kiderlen nach übereinstimmendem Eindruck der
Anwesenden einen etwas kleinlauten Eindruck, jedenfalls war er viel kleinlauter als bei
der ersten Besprechung mit Admiral Capelle. Was sich aus seinen Auslassungen her-
ausschälen läßt, ist folgendes: Wir bekommen nur den Küstenstreifen zwischen Libreville
und der spanischen Enklave und dahinter einen Streifen im Hinterland bis an den
Kongo heran, so daß, wie Kiderlen sagt, unsere west- und ostafrikanischen Besitzungen
nur durch den neutralen Kongostaat getrennt sind. Außerdem sollten wir das den Franzosen gehörige Vorkaufsrecht auf die spanische Enklave haben und unsere wirtschaftlichen Interessen in Marokko sollen gewahrt bleiben, insbesondere das Anrecht auf die
nach Mannesmannscher Angabe sehr bedeutenden Metallschätze. Kiderlen erwähnte, die
Formulierung letzterer Übereinkommen sei sehr schwierig, da die anderen Algeciras-
mächte natürlich in gleicher Weise beteiligt seien. Auf Libreville und Gabun haben wir
verzichtet, weil die Franzosen geltend gemacht haben, dies seien ihre ältesten Besitzungen.
Unser Hafen ist Dombo. Admiral Rieve, der sehr genau an der Küste Bescheid weiß
und verschiedentlich Kiderlen aushelfen konnte, kennt den Hafen nicht, er wird also
nicht bedeutend sein. Die Karte, die Kiderlen zur Demonstration benutzte, war veraltet
und gab nicht annähernd die Grenzen der spanischen Enklave richtig an.

An Vorstehendes schlossen sich Gespräche allgemeinen Inhalts an, aus denen hervorging, daß Kiderlen sich doch sehr mit der Frage beschäftigt, ob England kriegs-
lustig sei oder ob es bei einem ernstlichen Konflikt unsererseits mit Frankreich neutral
bleiben werde. Die maritimen Chancen, die wir gegen England und Frankreich haben,
wurden gestreift.

Kiderlen führte noch aus, man könne doch wegen Marokko keinen Krieg führen;
wir hätten ja an Marokko gar kein Interesse; schon Bismarck habe gesagt, wir wollen
am Mittelmeer kein Fenster haben, das man uns einwerfen kann. Etwas anderes wäre
es, wenn man in Agadir gegen unsere Schiffe vorgehen würde.

Ferner sei es leicht gesagt, wir sollten auf Innehaltung der Algecirasakte bestehen, die Franzosen würden dann natürlich sagen, wir gehen hinaus, sobald alles in
Ordnung, sie würden uns dann ewig hinhalten und überhaupt nie wieder hinausgehen.
Darum sei ihm jede anderweitige Regelung lieber, sofern wir sie mit Anstand annehmen können.

Admiral Capelle wies noch auf den Prosoroff-Artikel [1] hin, der Krupp vorwirft,
in Marokko mit den Franzosen zusammenzugehen. Kiderlen entgegnete, der Artikel sei
von Mannesmann lanciert, Krupp gehöre nur in Algerien und Tunis französischen
Gesellschaften als Teilhaber an.

Als wir durch das Vorzimmer hinausgingen, saß daselbst Cambon.

In der Angelegenheit der vom Kaiser gewünschten beschleunigten Indienststellung S. M. S. „Helgoland" erklärte Kiderlen: im jetzigen Stadium
der Verhandlungen sei eine Maßregel, die als kleine Mobilmachung ausgelegt werden könne, bis aufs äußerste unerwünscht.

---

1) Artikel „Widerhaken" im roten Tag vom 2. August 1911.

Am 12. August meldete mir Admiral Capelle:

Ich sehe die p o l i t i s c h e S i t u a t i o n so an, daß jetzt nur noch verhandelt wird
a) über ein größeres oder kleineres Stück Französisch=Kongo, wobei wir den Franzosen schon sehr weit entgegengekommen sind;
b) über Formulierung unserer wirtschaftlichen Sicherstellung in Marokko.

Kiderlen stellt letzteres immer in den Vordergrund, um die Aufmerksamkeit des eigenen Landes von Punkt a) abzulenken. Eine seiner Hauptaufgaben sieht er jetzt darin, Deutschland und sich selber zu ermöglichen, das Gesicht zu wahren. Deshalb spricht er immer sehr kriegerisch, nicht weil er selbst daran glaubt oder dies als poli= tisches Mittel benützt, sondern weil er unter der Last seiner Vorschußlorbeeren leidet.

Trotzdem glaube ich nicht, daß die Affäre sich sehr bald erledigen wird. Das Aus= wärtige Amt hat ein politisches Interesse daran, die Sache hinzuziehen. Um so leichter wird das schließliche Ergebnis dann von der deutschen Communis Opinio verbaut...

Was die Frage einer N o v e l l e à conto Marokko betrifft, so vermisse ich bis jetzt die dazu notwendige Entrüstung und Begeisterung vollständig. Meistens steckt man den Kopf in den Sand und will sich keine Rechenschaft darüber geben, daß wir eine starke politische Schlappe erlitten haben.

Sollte aber die Entrüstung doch noch kommen, so steht m. E. die Forderung von drei Panzerkreuzern außerhalb des Flottengesetzes nicht im richtigen Verhältnis zu dem Faschoda.[1]

Für 1912 entweder — oder! Gar nichts oder F o r t s e t z u n g d e s V i e r e r t e m = p o s gegen England! Dazu gehören aber starke Nerven!...

Der vorstehende Brief kreuzte sich mit dem folgenden, den ich am 12. August an Capelle schrieb:

Bei dem Vorgehen des Auswärtigen Amtes in der Marokkoangelegenheit bin ich überhaupt nicht gehört worden. Dies möchte ich festgestellt haben. Der Kanzler drängte stark auf Nachgeben in der A g r e e m e n t s f r a g e, dem ich in Kiel[2] soweit Rechnung trug, daß der Kanzler sowohl als auch Kiderlen be= friedigt waren. Der Kanzler sagte bei dieser Gelegenheit, es wäre so wichtig, England hier entgegenzukommen, aus politischen Gründen. Ich habe das auf Marokko bezogen, denn am Tage zuvor hatte mir der Kaiser gesagt, er wolle wegen Marokko keinen Krieg führen, wir würden jetzt aber als Entschädigung den ganzen französischen Kongo fordern. Ich nahm an, der Reichskanzler hätte sich mit England hierüber verständigt und schwieg mich S. M. gegenüber aus, schon weil ich nicht orientiert durch den Reichskanzler war und ich nicht gefragt wurde. Bei dem ganzen Vorgehen des Auswärtigen Amtes, wie es sich nach den Tagesmeldungen und Zeitungsnachrichten darstellt, ist mir wieder im höchsten Maße aufgefallen, wie wenig das Auswärtige Amt

---

1) In Faschoda hatten 1898 die Franzosen ihr koloniales Ziel vor dem britischen Einspruch preisgeben müssen; seitdem bildlicher Ausdruck für ein Einknicken vor Eng= lands Drohungen.
2) Bei der Kieler Woche 1911.

England und die englische Politik m. E. richtig beurteilt. Man nahm eine
wohlwollende Haltung Englands von vornherein an, weil man einige Freund=
lichkeiten ausgetauscht hatte. Die tiefgehende, nur durch Macht unsererseits
oder durch Not englischerseits zu überbrückende Divergenz, welche England
gegen uns empfindet, wurde als Nebensache behandelt. Man wollte eigentlich
keinen Krieg, handelte aber so, daß man demselben oder einem Faschoda ent=
gegentreiben mußte.

Die Kriegsmöglichkeit und die Chancen dabei wurden mit den maritimen
Stellen vorher gar nicht klargestellt, es wurde nicht berücksichtigt, daß der
Krieg die Fortsetzung der Politik bildet. Man orientierte sich nicht einmal über
das, was man am Kongo wollte oder haben könnte, denn bei den Verhandlungen
mit Cambon wurden von Kiderlen gänzlich veraltete und unzureichende Karten
benutzt.

Wenn man die Gefahrenchancen laufen wollte (ob dies richtig war, bleibe
dahingestellt), so hätte man ebensogut Agadir besetzen können bei gleichzeitiger
Erklärung an England (und öffentlich), wir wollten in Marokko keineswegs
Territorialerwerbungen, sondern wollten nur die Ausführung der Alge=
cirasakte von Frankreich fordern. Ein formeller Kriegsgrund wäre das für
England auch nicht gewesen. Will aber England den Krieg oder ein Faschoda
für uns, so kann es beides ebenso jetzt haben als bei Besetzung von Agadir.
Wir hätten bei der zunächst allein geforderten Herstellung der Algeciras=
akte aber das formale Recht auf unserer Seite gehabt, wohl auch die Zu=
stimmung anderer an den Akten beteiligten Mächte und eines nicht unerheb=
lichen Interessentenkreises in England selbst. Wir hätten betonen können, wir
wären in der Algecirasakte seinerzeit soweit zurückgegangen wie möglich, der
brutalen Verletzung derselben durch Frankreich müßten wir aber entgegentreten.
Wenn auf Grund der Besetzung von Agadir Verhandlungen mit Frankreich be=
gonnen hätten, so wären wir in der Lage gewesen, die Franzosen kommen zu lassen
und Austauschanerbieten von Frankreich entgegenzunehmen. Wir hätten, was jetzt
die Franzosen tun, in der Hand gehabt, sagen zu können: wenn wir uns nicht
einigen, so warten wir und lassen die Verhältnisse sich entwickeln.

Statt dessen schicken wir nur den Panther und erklären England und Frank=
reich, wir wollen dort nichts, wir wollen aber Kompensationen. Es ist
etwas „Richtiges" an der Behauptung der englischen und französischen Presse,
daß dies Verfahren etwas vom Raubritter an sich hat. Durch unsere Erklärung
an England bei Entsendung des Panthers gaben wir unseren formalen Rechts=
grund auf und veranlaßten die Engländer — eben auf Grund unserer Erklä=
rung — sich in die Brust zu werfen und ohne Gefahr in die Welt zu schreien
und sich darauf festzulegen, England würde nicht dulden, daß Deutschland sich

in Marokko festsetzte. Es war mindestens zweifelhaft, ob sie dies ohne die durch unsere Erklärung geschaffene Sicherheit getan hätten.

Außerdem deuteten wir mit Panther an oder machten es doch wahrscheinlich, daß wir nur bluffen, aber nicht handeln wollten, dadurch wurden die Gegner von vornherein kühn.

Jetzt nach allen Vorgängen uns auf die Algecirasakte zurückzuziehen, ist sehr schwierig. Wir treiben dem Krieg entgegen oder einem mehr oder weniger ver= hüllten Faschoda. Es entsteht nun die Frage: wollen wir es auf einen Krieg ankommen lassen? Die Frage wird dadurch noch schwieriger, daß wir — um nach Ansicht Kiderlens den Casus Foederis für den Dreibund zu schaffen — unsererseits an England den Krieg erklären müßten, indem wir darauf rechnen, daß Frankreich alsdann ebenfalls an uns den Krieg erklärt. Ist diese Rechnung richtig? Richtig handeln die Gegner, wenn Frankreich das nicht tut und wartet, bis wir matt sind. Im Geheimvertrag vielleicht England Geld usw. und Ent= schädigungen anbietet. Sind denn wir nicht gezwungen, um Lebensblut zu be= halten, unserseits den Krieg mit Frankreich vom Zaun zu brechen und tritt dann der Casus Foederis für den Dreibund ein? Wird überhaupt der Dreibund mitgehen? Italien ganz bestimmt nicht und Österreich nur sehr unwillig. Was kann uns Österreich überhaupt helfen, so lange Rußland sich ruhig verhält! Hinsichtlich des Seekrieges ist der Zeitpunkt so ungünstig wie möglich. Jedes spätere Jahr bringt uns in eine viel günstigere Lage. Helgoland, Kanal, Dread= noughts, U=Boote usw.

Dazu kommt, daß der Kriegsgrund für uns wenig durchschlagend ist für die Masse.

Mir würde es richtiger scheinen, die Blamage einzustecken und zugleich durch Einbringung einer starken Novelle die feste Absicht vor der Welt zu verkün= den, daß Deutschland entschlossen ist, sich auf die Dauer diese Art der Zurück= drängung nicht bieten zu lassen. Die Engländer wittern bereits die neue Novelle (Spectator vom 5. August) und schreien dagegen, das kann uns aber nicht abhalten.

Wollen uns die Engländer aber die Novelle verbieten, dann haben wir den Kriegsgrund, der jedermann in Deutschland verständlich wäre, und alsdann müssen wir dem Schicksal seinen Lauf lassen. Ich möchte soweit gehen zu sagen, daß eine deutlich unzureichende Kompensation von uns besser abzulehnen sei, dann ist unser Weg klarer.

Wollten wir keine Gefahr laufen bis zur Ultima Ratio, dann war es allein richtig und würdig, durch eine scharfe Protestnote uns wegen des Bruchs der Algecirasakte an Frankreich zu wenden. Machten wir obendrein eine Kanone in Metz klar, so war der spezifische Druck auf Frankreich da. Die Entsendung des

Panther war die Handlung von Inlandspolitikern und Dilettanten auf der See und dem Weltgetriebe, und verschob die Spitze von Frankreich auf England.

Auf Capelles Vorschlag, Beibehaltung des Vierertempos zu fordern, der mir aus verschiedenen Gründen zu weit ging, antwortete ich am 14. August:

Die Schwierigkeit einer Novelle für diesen Winter liegt darin, daß das Auswärtige Amt — wie Sie auch sagen — bestrebt sein wird, das „Gesicht" zu wahren, unter der Behauptung, es wäre erreicht, was hätte erreicht werden können, und das wäre ganz schön. Für dieses Ergebnis paßt natürlich eine Novelle nicht. Die Tatsache, daß wir eine Schlappe hingenommen haben, bleibt dagegen bestehen und wird in der ganzen Welt — vielleicht mit Ausnahme von Deutschland — richtig bewertet werden. Eine solche Tatsache beeinträchtigt aber unsere Zukunft. M. E. können wir aus der ganzen Sache nur anständig herauskommen, wenn wir eine ruppige Kompensation ablehnen, die Unterhaltung abbrechen, unseren Protest wegen des französischen Vorgehens in Marokko aufrechterhalten und eine Novelle einbringen. Hinter dieser Novelle müßten freilich Kaiser und Kanzler stehen. Ich würde ein zu forderndes Vierertempo weder für zweckmäßig noch für richtig halten. Einmal ist es sehr provokatorisch, und zweitens ist es zu viel für uns. Wir kommen mit dem Personal nicht nach. Ein Dreiertempo genügt m. E. Dazu kommt dann Typenvergrößerung, Personalvermehrung, Luftschiffahrtsforderung, event. U-Boote von 15 auf 20 Millionen. Sachliche Notwendigkeit usw. läßt sich begründen ohne Schroffheiten gegen England, die zu vermeiden sind.

Sind Sie nun der Meinung, daß die Schwierigkeiten (Nerven) Reichstag oder England gegenüber bestehen?

Was die Klärung der Marokkofrage anbetrifft, so muß sie Anfang September erfolgen, sonst können wir nicht Stellenwechsel usw. vornehmen...

Admiral Capelle schrieb mir an demselben 14. August 1911:

Konteradmiral Rieve ist heute morgen um 11 Uhr zum Reichskanzler bestellt, anwesend Kiderlen, Lindequist, um seine persönliche Ansicht (Rieve ist selbst in Kamerun gewesen und kennt die dortigen Verhältnisse sehr gut) über den geplanten Gebietsaustausch abzugeben. Letzterer wurde nahezu fertig vorgelegt. Über Detailfragen sollen sich Kolonialspezialisten einigen, ich vermute, um Zeit zu gewinnen.

Rieve, Seebohm und ich haben schon seit Tagen den Eindruck, daß die Angelegenheit erledigt. Heute waren wir alle drei der festen Überzeugung, daß dies der Fall sei.

Die geplanten Abtretungen sind nicht annähernd so gut, wie wir zuerst hofften, aber auch nicht so schlecht, als wir zwischendurch fürchteten: das berühmte „Kompromiß".

Welche Aufnahme das Resultat in der Öffentlichkeit finden wird, wenn es später bekannt wird, steht dahin. An sehr scharfen Zeitungsartikeln wird es sicherlich nicht

fehlen, aber an eine allgemeine „Empörung" und Entrüstung, die uns die Grund=
lage zu einer Vierernovelle böte, glaube ich nicht.

Mit dem Gedanken jetzt an Seine Majestät (oder an Müller) heranzutreten, halte ich
nicht für ratsam. Ich glaube nicht, daß der Gedanke eine freundliche Aufnahme finden
würde. Vielleicht in vier Wochen, wenn Euere Exzellenz zu dem Kaisermanöver hier sind.

An mich treten dauernd Anregungen heran, diese oder jene Mobilmachungs=
vorbereitung zu treffen. Gebe ich im einzelnen nach, so fürchte ich, ist kein Halten
mehr. Dazu halte ich mich nicht für autorisiert. Ich glaube, daß selbst Euere Exzellenz
dazu nicht autorisiert wären. Dazu kommt, daß ich persönlich an die Gefahr der Si=
tuation nicht glaube. Eine Unruhe, die das Reichsmarineamt zeigt, pflanzt sich wel=
lenförmig nach unten fort und erzeugt in der Provinz sofort die abenteuerlichsten Ge=
rüchte. Ich befürworte daher in dieser Beziehung größte Vorsicht und Zurück=
haltung. Eine große Aktivität paßt m. E. nicht mehr in die Situation hinein.

Am 17. August meldete mir Admiral Capelle:

1. Die Gesamtsituation erscheint mir unverändert. Wir sind entschlossen, es
nicht zum Kriege kommen zu lassen, und daher bereit, sehr weit nachzugeben. Kiderlen
bemüht sich, den Eindruck zu erwecken, daß auf unsere Plusseite noch eine Lockerung
der französisch=englischen Entente käme. Tatsächlich scheint mir das Gegenteil * rich=
tig. Auch die französische Regierung scheint ein Interesse daran zu haben, die Erledi=
gung der Angelegenheit hinzuziehen. Sie macht uns dadurch mürbe und geht gefähr=
lichen Kammerverhandlungen, welche die Regierung stürzen könnten, aus dem Wege.
Aus dem Gesichtspunkt des beabsichtigten Hinziehens sind eine große Reihe lancierter
Zeitungsnachrichten zu beurteilen.

2. Novelle. Es scheint mir sehr schwierig, sich zurzeit ein richtiges Bild über die
Frage, ob und in welchem Umfange eine Novelle möglich und zweckmäßig wäre, zu
machen. Soll eine Novelle in der Öffentlichkeit ein erlittenes Faschoda wett machen,
müßte sie, wie ja auch Euer Exzellenz schreiben, sehr stark sein. Das rollte aber den
Kriegslärm von neuem auf. Praktisch halte ich das für ausgeschlossen. Soll eine No=
velle aus der politischen Situation wenigstens Vorteil für die weitere maritime Ent=
wicklung Deutschlands ziehen, scheint mir erst der Etat 1913 der richtige Zeitpunkt.
Man muß sie auf die Nachwirkung der Ereignisse bei den ruhigen Leuten aufbauen,
nicht auf das Poltern der Alldeutschen. Im jetzigen Stadium, fürchte ich, stoßen wir
bei allen Instanzen auf Widerspruch.

3. Gedanken über Marokko. Zurzeit wird die Art unseres Vorgehens wohl
von allen verständigen Leuten verurteilt. — Für den Kaiser ist die ganze Angelegenheit
das rote Tuch. Ich rate dringend, sich darüber auszuschweigen.

4. Agreementsfrage. Sollte in der jetzigen Situation dilatorisch behandelt wer=
den. Jede Initiative unsererseits erscheint mir ausgeschlossen.

Am 30. August 1911 richtete ich folgendes Schreiben an den Reichskanzler:

Euer Exzellenz

bitte ich, wenn möglich, noch vor dem Paradediner Vortrag halten zu dürfen
über eine sich aus der Gesamtlage ergebende und m. E. in Bälde einzubringende

---

*) Sehr richtig (Tirpitz 1911).

Marinenovelle. Die Stichworte zu diesem Vortrage erlaube ich mir zu Euer Exzellenz Orientierung in Nachstehendem zum Ausdruck zu bringen.

1. Tatsachen.

Wachsende Verstimmung im Innern über Marokko. Einbuße an politischem Prestige im Auslande. Ursache unserer schwierigen Position: Unzureichende Marine.

2. Folgerung.

Größere Marinevorlage, weil zurzeit einzig mögliche Tat gegen Verstimmung im Innern,

zurzeit einzig mögliche Tat, um unser politisches Prestige im Ausland aufzubessern.

Stärkere Marine unbedingt erforderlich, um Weltpolitik treiben zu können.

3. Marinevorlage.

a) Formierung eines dritten aktiven Geschwaders (entnommen zum Teil aus vorhandener Materialreserve).

b) Beschleunigter Ersatz der gänzlich veralteten Panzerkreuzer.

c) Forderung von jährlich drei großen Schiffen in den nächsten sechs Jahren an Stelle der bisherigen vier (Vierertempo) und an Stelle der für die nächsten Jahre zurzeit gesetzlich vorgesehenen zwei (Zweiertempo).

d) Bezahlung der mehr geforderten sechs großen Schiffe — rund 300 Millionen Mark — aus Anleihe, für deren Verzinsung und Amortisation innerhalb der Lebensdauer der Schiffe — 20 Jahre — besondere Steuern gefordert werden: 25 Millionen Mark.

Weitere 25 Millionen für den Mehrbedarf an Personal und Indiensthaltungen. Gesamtbedarf an neuen Steuern 50 Millionen Mark.

4. Art der Steuern.

Zurzeit wohl nur Erbschaftssteuer möglich.

5. Termin der Einbringung.

Entweder vor Reichstagsneuwahlen oder unmittelbar hinterher, Februar 1912. Frage der inneren Politik.

6. Meine Stellungnahme.

Ich empfehle bringend vor den Reichstagsneuwahlen Oktober d. J. Vorher Verständigung mit Konservativen und Zentrum.

Nimmt Sozialdemokraten und Linksliberalen für Wahlen Wind aus den Segeln.

Schafft voraussichtlich Kartell von Konservativen, Zentrum und Nationalliberalen.

Am 31. August hatte ich die erste Besprechung mit dem Reichskanzler.

Dieser war nicht ablehnend; erbat Bedenkzeit von 24 Stunden für eigene Stellungnahme. Hauptbedenken: Kriegsgefahr mit England heraufbeschworen.

Ich: Ich glaube nicht an Krieg wegen Einbringung dieser Novelle. Irre ich mich, so ist der Krieg in England beschlossene Sache und läßt sich doch nicht vermeiden.

Reichskanzler: Können oder wollen Sie die Garantie übernehmen für einen glücklichen Ausgang?

Ich: Das kann kein Mensch, aber das Risiko müssen wir laufen oder politisch abdanken.

Am 1. September hatte ich eine zweite Besprechung mit dem Reichskanzler (nachdem dieser offenbar mit Kiderlen und Wermuth verhandelt hatte).

Der Reichskanzler war sehr viel ablehnender als am Tage vorher. Im Vordergrund der Bedenken stand

a) Eingeständnis, daß wir eine Schlappe erlitten; Reichskanzler nannte die Motivierung der Novelle einen schweren Vorwurf für die deutsche Politik,

b) Kriegsgefahr mit England,

c) Erbschaftssteuer bringt im Beharrungszustand nur 35, im ersten Jahr gar nur 10 Millionen.

Ich: Vorwurf ferngelegen. Nur den Eindruck als Tatsache hingestellt. Es kommt darauf an, was geglaubt wird in der Welt, und der Eindruck wird durch die gegnerische Presse erzeugt. Bitte den Reichskanzler, sich nicht endgültig festzulegen. Zunächst müsse Marokkoaffäre wenigstens grundsätzlich erledigt sein, bevor letzte Entscheidung über Novelle getroffen werden könne.

Reichskanzler greift bei diesem Gedanken sehr zu.

Ich: Ich weise darauf hin, daß Sozialdemokraten Marinenovelle doch in den Wahlkampf ziehen würden und unter starken Übertreibungen Wähler mit neuen indirekten Steuern graulich machen.

Am 26. September stand mein gewohnter Herbst-Immediatvortrag in Rominten bevor. Ich war vom 9.—19. September auf Urlaub in St. Blasien und suchte während dieser Tage meine Stellungnahme in folgendem Briefwechsel mit Admiral Capelle zu klären.

Admiral Capelle an mich.[1]

Euerer Exzellenz   Montag, 11. September 1911.
übersende ich anliegend einen ersten Entwurf für den Vortrag in Rominten.

---

1) *Mit meinen Randbemerkungen von 1911.*

Je mehr ich über die Frage nachdenke, desto mehr befestigt sich in mir der Gedanke, daß Euer Exzellenz als Vater des Flottengesetzes vor dem Abgang noch wenigstens den Versuch machen müssen, den Gefahren, welche dem Flottengesetz drohen (permanentes Zweiertempo), vorzubeugen.*

Dazu kommt das Imponderabile, daß wir im jetzigen politischen Moment die Entwicklung der Marine nicht um die Hälfte verringern sollten (Vierertempo auf Zweiertempo).

Dagegen bin ich von der früheren schroffen Ansicht zurückgekommen, daß der Verlauf der Marokkoaffäre ein Fiasko der gesamten Flottenpolitik bedeutet, wenn wir nicht weiter gehen.** Man kann wohl mit Recht anführen, daß unsere Marine in den nächsten drei Jahren noch eine ganz gewaltige Weiterentwicklung erfährt (16 modernste Schiffe Frontzuwachs, Torpedoboote, Unterseeboote, Helgoland, Kanal), die sie England gegenüber ganz anders dastehen läßt als heute.

Auch über die „Personalnot" möchte ich noch ein paar Worte sagen. Es gibt zwei unter sich ganz verschiedene „Personalnöte", eine, welche das Reichsmarineamt, und eine, welche die Front empfindet. Die Personalnot, welche das Reichsmarineamt empfindet, besteht darin, daß moderne kriegsbrauchbare Schiffe auf den Werften herumliegen. Diese Personalnot ist für heute noch nicht vorhanden, kommt aber infolge des starken Schiffszuwachses in den nächsten Jahren. Die Masse der Offiziere läßt diese Personalnot ziemlich kalt.

Die andere Personalnot, welche Euere Exzellenz gering achten und sogar als ein Zeichen guter Dispositionen ansehen, entsteht dadurch, daß das vorhandene Personal für die befohlenen Indiensthaltungen nicht ausreicht.*** Diese Personalnot macht die ganze Front rebellisch vom Flottenchef bis zum jüngsten Leutnant, weil jeder sie andauernd am eigenen Leibe fühlt. Es ist Menschennatur, daß die Masse der Offiziere die ganzen großen gewaltigen Leistungen Euerer Exzellenz für nichts erachtet wegen dieser Personalnot. Vor zwei Tagen brauchte Kapitän H. über diese Personalnot Ausdrücke mir gegenüber, daß ich sprachlos war, und es war nicht seine Weisheit, sondern die Stimmung der gesamten Front, welche er wiedergab. Daher die Stellungnahme von Holtzendorff: nur keine Novelle, sondern die vorhandenen Schäden ausbessern!

Euere Exzellenz sollten mit diesen Stimmungen rechnen und sie nicht gering achten.[1]

Ich nehme den Gedanken wieder auf, daß Euer Exzellenz wenigstens den Versuch machen müssen, das Dreiertempo wiederherzustellen und nicht den Etat in den nächsten drei Jahren um 60 Millionen fallen zu lassen. Trotz der wachsenden Überzeugung von der Notwendigkeit eines solchen Versuches bin ich heute aber auch der Ansicht, daß dieser Versuch beim Kaiser mißlingen wird: das Anerkenntnis, daß wir in Marokko eine Schlappe erlitten haben, die Furcht vor neuen schweren Friktionen mit Eng-

---

*) Ganz meine Ansicht.
**) Das habe ich nie gedacht.
***) Das ist kindisch! Sind denn die Offiziere da? oder die Chargen? Diese Personalnot kann nur gehoben werden, wenn wir die Indienststellung weniger anspannen.
1) *Auf diese Stimmungen durfte keine Rücksicht genommen werden. Die Knappheit des Personals an Land für Austauschzwecke zeigt gerade, daß unser ganzes Personal für Indiensthaltung von Schiffen verwendet wurde. Nur an Bord konnten wir die Mannschaften so ausbilden, daß sie als Reserven für den Kriegsfall brauchbar wurden. Hielten wir größere Mannschaftszahlen in den Landdepots, so war es freilich bequemer für die Schiffe, mangelhafte Leute auszutauschen. Diese Annehmlichkeit war an sich unrichtig und war es ganz besonders in der Entwicklungsperiode der Marine.*

land, die Behauptung der Opposition, daß die Reichsfinanzreform ein glänzender Ver=
sager gewesen, wenn wir schon jetzt wieder zu Anleihen übergehen, sind so außer=
ordentlich starke Gegenargumente, daß der Reichskanzler, Kiderlen, Wermuth, Del=
brück und das preußische Staatsministerium wie ein Mann gegen Euere Exzellenz stehen
werden. Auch die süddeutschen Bundesstaaten werden mobil gemacht werden. — Das
Äußerste, was Euere Exzellenz bei Seiner Majestät erreichen werden, ist eine Vertagung
der Frage bis zum nächsten Etat (1913). Eine solche Vertagung um ein Jahr mildert
die entgegenstehenden Schwierigkeiten (England, Marokko, Reichsfinanzreform). Die
maßgebenden Leute gewöhnen sich an den Gedanken. Man kann in der Presse, die jetzt
scharf abgeblasen hat, wieder etwas vorarbeiten. Allerdings geht auch die Marokko=
stimmung, die uns die Sache durchbringen sollte, herunter, dafür kommt dann die Angst
vor der Auflösung, über die von vornherein kein Zweifel gelassen werden sollte...
Als geschäftliche Behandlung in Rominten käme folgendes in Betracht: Falls Seine
Majestät ablehnt, auf den Vorschlag Euerer Exzellenz für eine sofortige große Novelle
einzugehen, könnte der Kabinettschef ein Kabinettsschreiben etwa folgenden Inhalts
an den Reichskanzler richten:
Beim Immediatvortrag Euerer Exzellenz wäre die Novellenfrage zur Sprache
gekommen. Euere Exzellenz hätten dem Kaiser die schweren Bedenken des Reichs=
kanzlers gemeldet. Seine Majestät wolle sich denselben nicht verschließen und
nähme daher davon Abstand, die Frage noch für den Etat 1912 weiter zu ver=
folgen, behielte sich aber für den Etat 1913 alles Weitere vor, da es sich um eine
Frage von größter Bedeutung für die Durchführung Seiner — des Kaisers —
Flottenpolitik handle. Dagegen wünsche der Kaiser, daß bereits im Etat 1912
der seinerzeit planmäßig vorgesehenen Forderung von 4000 Köpfen Extravermeh=
rung des Bordpersonals nähergetreten würde.
... Mit solchen Extravermehrung von 4000 Mann in drei Jahren und einer
gewissen Beschränkung der Steigerung der Indiensthaltungen in denselben Jahren
glaube ich wohl, daß sich gut auskommen läßt...

Meine Antwort.

St. Blasien, 13. September 1911.

1. Ich bin ebenfalls überzeugt, daß ich in Rominten über die Gefahren Vortrag
halten muß, welche dem Flottengesetz drohen.

2. Ich muß außerdem aber versuchen, mir klar zu werden, welches konkrete Ziel ich
dabei erreichen will.

3. Ich werde schon der Klarheit halber Seiner Majestät gegenüber den von mir dem
Reichskanzler gemachten Vorschlag vortragen müssen. Hat es aber Zweck, Seine Maje=
stät zu einer Entscheidung hierüber bezw. zur Anhörung eines Vortrages des Reichs=
kanzlers zu drängen? Denn nach den schroffen Dementis durch die Auswärtige=Amts=
Presse usw. hat sich der Reichskanzler bereits so engagiert, daß er gar nicht mehr zu=
rück kann. Abgesehen von den inneren Widerständen, die Sie anführen.

4. Soll ich denn nach Vortrag unseres Vorschlages denselben gewissermaßen als er=
ledigt durch die Weigerung des Reichskanzlers ansehen und auf das Kabinettsschreiben
losgehen mit Andeutung der Möglichkeit einer Novelle 1915?

5. Letztere hat an sich den großen Vorzug gegenüber einer Novelle 1913, daß dann
wir auf einem Höhepunkt unserer maritimen Macht stehen. Eine Gefahr seitens Eng=

14*

lands kaum mehr vorhanden iſt. Auf der anderen Seite iſt zu beachten, daß in anderer Hinſicht, je länger wir warten, je ſchwieriger eine Novelle wird durch Auf= kommen neuer Erfindungen (Luftſchiff), durch Debatten im Reichstag über die weitere Vergrößerung der Schiffe, Vermehrung der Mannſchaften, durch innere Lage. Ich ſelbſt kann nicht daran denken, dieſe Novelle noch zu machen. Ich glaube außerdem, daß meine Lage ſchon in dieſem Winter unhaltbar werden wird.

6. Die Mannſchaftsforderung für 1912 würde zirka 1300—1400 Mann betragen. Sie ergibt natürlich eine Novellendebatte in der Budgetkommiſſion und erſchwert eine Novelle für 1913. Muß der Reichskanzler vorher von mir gefragt werden?

7. Was die Perſonalnot anbetrifft, ſo wird dieſe nicht vermindert durch Mehr= forderung, und wenn wir 6000 Mann forderten, ſie kann nur vermindert werden durch verringerte Indienſtſtellungen. Aber der Druck auf Vermehrung derſelben iſt ebenſo groß. Kleine Kreuzer für die Flotte im Ausland, große Kreuzer für die Flotte, Torpedoboote, Verbeſſerung der Reſerveformationen uſw. Wir werden noch Jahre vor dieſer Schwierigkeit ſtehen, denn die Schwierigkeit liegt in der nicht erreichten S t ä r k e gegen England. Das iſt der Punkt. Die Front iſt dumm,[1] vox populi vox bovis in bezug auf Organiſationsfragen, und Holtzendorff iſt ſehr williges Sprach= rohr. Hat H. denn ganz vergeſſen, daß uns die Mannſchaften a l l e i n nichts nützen? Iſt die Offiziers= und Chargennot nicht e b e n ſ o g r o ß? Davon wird aber ſtich= wortmäßig nicht geſprochen, weil es gegen das Kabinett ginge und weil die Flotte be= vorzugt wird. Ich ſchätze die betr. Stimmung trotzdem nicht gering. Sie kommt daher, daß der Staatsſekretär nicht die genügende Macht hat. Das wird nur beſſer, wenn der Kabinettschef den Staatsſekretär mehr unterſtützt als jetzt.

8. Vielleicht täte er es, wenn Holtzendorff mein Nachfolger würde, dann aber wehe der Marine. Nach den Vorgängen glaube ich, daß der Reichskanzler alles tut, um Holtzendorff und nicht Heeringen zu bekommen.

9. Es wird ſehr ſchwer ſein, Seine Majeſtät zu überzeugen, daß bei Fortdauer des Zweiertempos 1913 das Dreiertempo ſchwer wieder zu erreichen ſei. Ich habe es vor einiger Zeit ſchon einmal verſucht. Seine Majeſtät antwortete mir: Was wollen Sie? Wir haben ja das Geſetz, die Geldfrage ſpielt keine Rolle. Ich werde verſuchen müſſen, die Schwierigkeit von 1913 eingehender zu begründen...

Gefährlich iſt m. E. der Uſus, der durch ſechs Jahre erzeugt wird, die bonne mine von England uſw., und unſer Auswärtiges Amt. Ich kann doch aber nicht ſagen oder beweiſen, daß das Auswärtige Amt wirklich auf 40 große Schiffe zurück will.[2] Das würde auch keine Beweiskraft haben...

10. Die Schwierigkeit mit der Vergrößerung der Schiffe durch größeres Kaliber und Anfrage Wermuth bezüglich Koſten der Schiffe iſt auch noch zu überwinden.

Am 13. September 1911 war der Kabinettschef beim Reichskanzler. Ver= anlaſſung war ein Brief des Kaiſers, in dem er vom Reichskanzler eine

---

1) *Dieſer Ausdruck, der bekannt wurde, iſt mir vielfach übelgenommen worden. Ich wollte damit ſelbſtverſtändlich keinen Mangel an Intellekt bei den Einzelnen behaupten, ſondern die Unmöglichkeit, über organiſatoriſche Fragen ohne volle Überſicht über das Ganze ein ausreichendes Urteil zu haben.*

2) *Was bei einer Verewigung des Zweiertempos eingetreten wäre.*

Marinenovelle verlangt, begründet mit dem Anwachsen der französischen und japanischen Marine.

Am 26. September sollte mein Romintener Immediatvortrag stattfinden. Ich sprach am 24. vormittags beim Reichskanzler vor, um ihm zu sagen, daß der Kaiser die Novellenfrage anschneiden werde, was ich bisher dem Kaiser gegenüber vermieden hätte. Ich müßte antworten. Wenn ich den Kaiser davon abbringen wollte, in diesem Jahr eine Novelle zu bringen, so könnte ich das nur in der Form der Vertagung um ein Jahr tun. Dann ergänzte ich meine früheren Ausführungen, indem ich das „Agreement" in Zusammenhang mit der Novelle setzte. Die historische Daseinsberechtigung unserer Flottenpolitik sei die Sicherung gegen einen Angriff Englands und eine gute Defensivchance. Die jüngste Situation habe gezeigt, daß die Sicherung militärisch nicht vorhanden war. Wir müßten nunmehr entweder zu einem Abkommen über die Stärkeverhältnisse kommen oder militärisch weitergehen. Der Kanzler stimmte dieser Ansicht zu.

In meinem Vortrag beim Kaiser entwickelte ich am 26. September folgenden Gedankengang:

Das historische Urteil über unsere Flottenpolitik wird davon abhängen, ob ihr Zweck, die Sicherheit gegen einen englischen Angriff durch eine gute Defensivchance, erreicht wird. Falls nicht, so muß unsere Politik ständig Rücksicht auf England nehmen und unsere Opfer für die Flotte sind vergebens. Die Geschichte wird den Stab über uns brechen. Es gibt heute zwei Wege: den des Agreements, der freiwilligen Rüstungsbeschränkung auf der Grundlage 2 : 3, oder aber den des Weiterrüstens zum Zweck des erzwungenen Erreichens dieses Verhältnisses. Da der letztere Weg politische Reibungen und starken Widerstand im eigenen Volk erwarten läßt, ist der erste Weg vorzuziehen.

Ich stelle deshalb zur Erwägung: England offen vor aller Welt in einer Note und einer gleichzeitigen Erklärung von der Reichstagstribüne einen Agreementvorschlag zu unterbreiten: Deutschland wolle England nicht angreifen, Beweis, daß es sich mit einem Stärkeverhältnis von 2 : 3 begnüge, es wolle aber gleichzeitig gegen einen englischen Angriff gesichert sein, dazu bedürfe es mindestens eines Stärkeverhältnisses von 2 : 3. Innerhalb dieses Stärkeverhältnisses, von dem wir noch weit abstehen, wäre der jährliche Zuwachs an Material und Personal durch eine Flottennovelle zu regeln.

Nimmt England den Vorschlag an, so hat Deutschland den Weg frei, dieses Stärkeverhältnis durch eine Novelle zu erreichen. Lehnt England aber ab, so bleibt das Odium ihm und es kann sich nicht beschweren. Durch das offene Agreementangebot von 2 : 3 wird also der Novelle in der öffentlichen Meinung beider Länder die politisch gefährliche Spitze abgebrochen.

Das Stärkeverhältnis von 2 : 3 ist tatsächlich erforderlich zur Existenzberechtigung der Flottenpolitik. Bei Einbringung des Flottengesetzes von 1900 war es bei der Schwäche unserer Marine noch nicht angängig, für unsere Flotte eine Quantitätsbestimmung im Verhältnis zur stärksten Seemacht auf=zustellen. Aber die Marine braucht Schlagworte, die der Masse verständlich sind. Der Risikogedanke, der bisher ausgesprochen wurde, ist zu unbestimmt. Wir brauchen ein Schlagwort wie das der Engländer „two keels to one"* oder, auf politischem Gebiet, die Monroelehre Amerikas. Wir müssen jetzt die Gelegenheit benützen, eine sichere Grundlage für die Marine zu schaffen. Eng=land hat uns bedroht. Die Gelegenheit kehrt wohl nie wieder, die England so klar als unversöhnlichen Gegner unserm Volke zeigte. Was soll England sagen? Zurzeit sind ja alle Bündnisse auf seiner Seite, das Verhältnis 2 : 3 ist also keine Bedrohung. England wird das Agreementanerbieten voraussichtlich bila=torisch behandeln. Wir aber erlangen mit dem in Zahlen ausdrückbaren Ziel ein genügendes Agitationsmittel, welches ja doch keine Gefahr einer Verwick=lung mit England enthält. Die Schwierigkeiten im Reichstag werden sich ver=ringern. Soll die Opposition sagen: „Kriegsgefahr liege nicht vor, oder wir sollen uns gegen eine Kriegsgefahr nicht schützen"? Soll sie sagen: „Uferlose Pläne, Vorliebe des Kaisers!", wenn unser Programm nur 2 : 3 ist? Kann der Reichstag dieses Stärkeverhältnis ablehnen? Sich mit der Stärke 1 : 2 be=gnügen, hieße abdanken. Wir brauchen nur den Mut dazu, öffentlich zu er=klären, wir brauchten 2 : 3. Alles andere kommt von selbst. Die Gelegenheit, urbi et orbi dieses Programm aufzustellen und dies einfache Stichwort zu schaffen, war noch nie so geboten, kehrt vielleicht nie wieder. Eure Majestät mögen diesen Gedanken dem Reichskanzler mitteilen. Die Marine, besonders meine Person, kann bei diesem Anerbieten ganz im Hintergrunde bleiben.

In diesem Winter nach den Wahlen, also erst im F e b r u a r 1912 sollte dies Programm seitens des Reichskanzlers bei der ersten Lesung des Marineetats aufgestellt werden. Im nächsten Winter erst soll die Novelle dann selbst einge=bracht werden. Einen besseren Start für jetzt und eine bessere Grundlage für später wüßte ich nicht anzugeben.

Auf die f l o t t e n t e c h n i s c h e n Gesichtspunkte der Novelle übergehend, be=tonte ich die Notwendigkeit, das nach dem Flottengesetz für sechs Jahre un=unterbrochen eintretende Zweiertempo durch ein Dreiertempo zu durchbrechen, um das Zweiertempo nicht als Gewohnheit einreißen zu lassen, wodurch auch im Jahr 1918 ein zu großer plötzlicher Geldbedarf eintreten würde, nachdem sich der Reichstag einmal an das so viel billigere Zweiertempo gewöhnt hätte. Auch werde es im Jahre 1918 bei der Stärke, welche die Flotte dann erreicht haben werde, schwerer sein, das Dreiertempo wieder durchzu=

*) Zwei (englische) Kiele auf einen (deutschen).

pressen, als heute, wo die Kosten noch geringer seien. Ferner sei die Beschaffung von Personal notwendig, um die modernen Schiffe zu besetzen. Dieses Be= dürfnis bestimme die Form der Novelle, weil wir genötigt seien, ein drittes Linienschiffsgeschwader zu aktivieren und daher Personal zu fordern. Dieses dritte Geschwader erfordere nur den Neubau von drei Linienschiffen, die über das Flottengesetz hinaus als Vermehrungsbauten zählten, da die übrigen Schiffe des Geschwaders durch Fallenlassen der Linienschiffe der Material= reserve erlangt würden.

Nachdem ich noch über den schnelleren Ersatz einiger alter Kreuzer und über die Unzweckmäßigkeit der vom Flottenverein aufgestellten Novellenwünsche vor= getragen hatte, berichtete ich, daß ich an den Reichskanzler schon schriftlich herangetreten sei. Dieser habe größte Bedenken gegen ein sofortiges Einbringen der Novelle, gegen die Anerkenntnis einer politischen Schlappe, gegen die große politische Unruhe, die durch die Novelle erzeugt würde, gegen die dafür erforder= liche Erbschaftssteuer usw. Diese Bedenken seien nicht von der Hand zu weisen. Darum mein jetziger Vorschlag: Agreementsangebot Frühjahr 1912, Novelle erst Herbst 1912 (Etatsjahr 1913). —

Seine Majestät griff den Gedanken, eine Tat zu schaffen durch Aner= bieten des Stärkeverhältnisses 2 : 3 an England und gleichzeitige Veröffent= lichung bei uns, lebhaft auf. Seine Majestät wollte diesen „historischen Mo= ment" in die Thronrede hereinnehmen, was ich abratend bzw. als zurzeit nicht übersehbar zurückhaltend beantwortete. Seine Majestät meinte, die englische Finanzlage würde die Engländer zwingen, uns entgegenzukommen, ja man würde bereitwillig die Gelegenheit zu einer Erleichterung dieser schweren Rü= stungslast ergreifen. Der jetzige Reichskanzler aber habe schon im Jahre 1909 in Wilhelmshöhe das Stärkeverhältnis 2 : 3 völlig angenommen. Seine Ma= jestät stimmte zu, daß die absolute Zahl, worauf sich das Stärkeverhältnis zu beziehen habe, offenbleibe bzw. nicht unter die durch das Flottengesetz vorge= sehene Zahl heruntergehen soll.

Seine Majestät teilte mit, daß der Reichskanzler ihm gesagt habe, der Chef des Admiralstabs, Admiral von Heeringen und der Chef der Hochsee= flotte, Admiral von Holtzendorff hätten von einer Novelle, d. h. Schiffs= vermehrung, abgeraten und die dadurch geschaffene Lage als gefährlich für den Frieden bezeichnet.[1] Seine Majestät hätte dagegen remonstriert. Admiral von Holtzendorff wäre Seiner Majestät mit denselben Ideen gekommen, wir müßten erst „die Lücken auffüllen".

---

1) *Admiral von Heeringen hat das nicht getan, im Gegenteil.*

Darauf habe ich Seine Majestät auf das Unrichtige einer solchen Stellung=
nahme des Admirals von Holtzendorff hingewiesen.

Admiral von Müller trat sehr lebhaft für das Natürliche des Verfahrens
des Admirals von Holtzendorff ein, und es gelang demselben, Seine Majestät
mehr auf das Unrichtige im Verfahren des Reichskanzlers hinzulenken.

Bei anderer Gelegenheit rühmte Seine Majestät das gegen Frankreich Er=
reichte sehr. Die Franzosen hätten sich sehr anständig benommen, die Engländer
niederträchtig, er hätte es ihnen aber gezeigt, wie man mit ihnen umgehen
müßte, und jetzt wüßten sie es. [1]

Der Kaiser sandte daraufhin folgendes Handschreiben an den Reichs=
kanzler:

Rominten, 26. September 1911.
(Abgesandt 27. September.)

Bei dem Vortrage des Staatssekretärs des Reichsmarineamts hier in Rominten ist
die Notwendigkeit einer Novelle zum Flottengesetz zur Erörterung gekommen. Groß=
admiral von Tirpitz hat mir gemeldet, daß er Euerer Exzellenz die sofortige Ein=
bringung einer Novelle vorgeschlagen habe und hat gleichzeitig die ernsten Bedenken
vorgetragen, welche Euere Exzellenz gegen ein solches Vorgehen haben. Ich will
mich diesen Bedenken nicht verschließen, weise aber darauf hin, daß es sich hierbei nicht
nur um eine Lebensfrage für die weitere Entwicklung der Marine, sondern um eine
Lebensfrage für die zukünftige äußere Politik des Reiches handelt. Andererseits würde
ich mit einer Vertagung der Flottennovelle auf ein Jahr einverstanden sein und behalte
mir vor, bei nächster Gelegenheit die weitere Behandlung der Frage mit Euerer Ex=
zellenz persönlich zu besprechen.

In einem zweiten Handschreiben an den Kanzler vom 30. September
(abgesandt 2. Oktober) entwickelte der Kaiser den Agreementsgedanken mit
den Worten:

Die Relation 2 : 3 der deutschen zur britischen Flotte bietet den Vorteil der Be=
schränkung und Abweisung aller Vorwürfe der Kleingeister und Angstmeier über „Ufer=
losigkeit der Flottenpläne" usw. Andererseits den Engländern gegenüber billigt sie
eine bedeutende Suprematie ohne weiteres zu und schneidet von vornherein dem
Gerede von „Wettbauen" „bidding for the sovereignty of the seas"* usw. die Ursache
ab. Es ist zugleich eine gewisse Festlegung ihnen gegenüber, die sie sich stets gewünscht
haben, und Überraschungen unsererseits sind ausgeschlossen, da das Verhältnis ein für
allemal feststeht. Da es sich hierbei um das Stärkeverhältnis von ganzer Flotte
zu ganzer Flotte handelt, was klar- und festgelegt wird vor aller Welt, so fällt
hierbei das Tempo der jährlichen Bauten ganz aus der Rechnung fort, was bisher
in England so sehr viel Aufregung und Mißverständnis erregt hatte. In Zukunft ist es

---

1) *Ich mußte dabei freilich daran denken, wie der Kaiser, nachdem er 1887 beim
Queens Jubilee persönlich schlecht behandelt worden war, 1889 mit Pomp in England
einlief.*

*) Einanderüberbieten für die Herrschaft der Meere.

für England nicht mehr von der Wichtigkeit zu erfahren, ob bei uns im Zweier= oder Dreier= oder Vierertempo unsere Relation erreicht wird, es ist bekannt, welches das Ziel ist, das wir anstreben, und das ist offen und loyal bekanntgegeben, mithin hat der deutsche Flottenbau seine Unheimlichkeit und sein Mysterium verloren. England hat es nun in der Hand, seinen Bau ganz anzulegen, wie es ihm beliebt, es kann schnell oder langsam, viel oder wenig bauen, das ist für uns egal, wir halten stets auf der Relation.

Auf welches Material sich die Relation beziehen soll, muß vorläufig noch offene Frage bleiben. Vorläufig erscheint es mir als zweckmäßig, die Zahl der noch in der Front stehenden, d. h. unter 20 Jahre alten Linienschiffe und Panzerkreuzer zugrunde zu legen.

Die weitere Behandlung dieser Frage bedarf natürlich bezüglich der Einbringung der Novelle usw. noch der Rücksprache und Prüfung, denn innerhalb dieser Relation von 2 : 3, von deren Erreichung wir noch weit ab sind, muß der jährliche Zuwachs an Personal und Material durch eine Novelle geregelt werden.

Ich würde es für richtig und empfehlenswert halten, dieses neue Ziel durch eine Er= klärung im Reichstage (evtl. schon in der Thronrede, durch welche ich meinem Volke sein Ziel gebe) bekanntzugeben. Ebenso erfordert es die Loyalität und die offene Be= handlung der Angelegenheit, daß vorher England eine Mitteilung darüber gemacht wird. Ob es die Relation seinerseits akzeptiert oder nicht, ist gleichgültig. Wir haben das unsrige getan, um ihm zu zeigen, daß wir nichts Ungeheuerliches gegen England noch Heimliches im Schilde führen, und die übrige Welt wird über unsere weise Selbst= beschränkung anerkennend urteilen. Sollten die Briten trotzdem übermäßige Bauten machen, so laden sie vor der Welt das O d i u m der P r o v o k a t i o n und feindlicher A b s i c h t e n gegen uns auf sich, die sie schwer nach unserem propos ableugnen können und das sie höchst ungern auf sich nehmen werden, bei ihrer Sucht, immer schuld= und makellos dazustehen. Da zudem nach allen Nachrichten ihre Finanzen durchaus nicht auf einem glänzenden Standpunkte stehen, wie das stete Fallen der Konsols und Fallieren der Banken beweist, wird, wie ich glaube, Handel und Börse über unsern Vorschlag sehr erfreut sein, da die Regierung nicht mehr behaupten kann, moralisch durch uns zu massenhaften Neubauten gezwungen zu sein, da man unsere Absichten nicht kenne.

Was den Termin der Einbringung dieser Novelle betrifft, so richtet sich der nun nach der Weltlage, die durch den unerwarteten Krieg[1] plötzlich gänzlich verändert ist. Es wird sich aber bei den nächsten Besprechungen, die ich mit Euerer Exzellenz über diese Materie haben werde, zeigen, inwieweit Ihre Bedenken gegen eine baldige Einbringung der Novelle eine Änderung erfahren haben oder nicht. Der späteste Termin — falls nicht in diesem Herbst — müßte für die Bekanntgabe des neuen Marineziels an das Volk: Relation 2 : 3 im Februar ungefähr nächsten Jahres erfolgen. Das würde die e i n l e i t e n d e A k t i o n für die später dann im Herbst 1912 einzubringende Novelle sein. Wir stehen unleugbar an einem entscheidenden Wendepunkt in der Geschichte unse= res Vaterlandes. Wir haben den Gegner erkannt, sein fast demütigendes Wirken gespürt und knirschend ertragen müssen. An unserer Freundschaft scheint ihm vorherhand noch nichts zu liegen. Also sind wir noch nicht stark genug. Ihm imponieren nur Gewalt und Kraft, die in nicht mißzuverstehenden Faktis sich ihm darstellen. Unser Volk er=

---

1) *Italiens gegen die Türkei.*

wartet von der Regierung der Verhandlungen eine Handlung, wie man es ausdrückt; es muß eine nationale Tat geschehen, die der Begeisterung der Deutschen den
rechten Weg weist, ohne dem Gegner Grund zum Handeln zu geben. Das ist der von
mir vorgezeichnete Weg, die Bekanntgabe der Relation von 2 : 3 für die deutsche der
britischen Flotte gegenüber. Aus obigem werden Euere Exzellenz entnehmen, daß der
von mir vorgeschlagene Weg Sie von der Notwendigkeit entbindet, bei der Vertretung
der Novelle im Reichstage die „hohen Töne" England gegenüber anschlagen zu
müssen, wovor Sie mir so große Befürchtung aussprachen, wegen der damit verbundenen Provokationsgefahr. Bei unserer öffentlichen Beschränkung auf die Relation 2 : 3
ist das ganz überflüssig, da jedermann weiß, daß wir erst 1 : 2, bei Panzerkreuzern erst
1 : 4 stehen, damit also ganz von selbst für uns der Compelle* gegeben ist, die Limite
erst mal zu erreichen.

Im Rohen habe ich diese Meine leitenden Gedanken den Admiralen von Müller und
von Tirpitz skizziert; beide haben sich vollkommen damit einverstanden erklärt und
nicht Anstand genommen, Meine Lösung für sehr gut und glücklich zu halten. Ich stelle
Ihnen anheim, sich dieserhalb mit ihnen gelegentlich ins Einvernehmen zu setzen und
die Frage mit ihnen zu bereden.

Die so ins Rollen gebrachte großzügige Verständigung mit England auf
der von Lloyd George vorgeschlagenen Relationsgrundlage[1] unter gleichzeitiger Erfüllung unserer absoluten Wehrbedürfnisse scheiterte an der, wie
ich sagen muß, kleinlichen und unübersichtlichen Behandlung der englischen
Frage durch Bethmann Hollweg. Er hatte eine ganz unergründliche Scheu
vor dem Nennen des Stärkeverhältnisses 2:3, wie vor allem Positiven. Noch
vor dem Besuch Lord Haldanes hat er mich beschworen, diese Relation dem britischen Minister gegenüber ja nicht zu berühren. Gegen dieses unverständ-
liche Widerstreben machtlos, sah ich den geeignetsten Weg für die Einbringung
der Novelle verbaut. Zwar forderte mich der Kanzler in einer Unterredung am 3. Oktober auf, ihm eine Erklärung über Agreement und Novelle zu entwerfen, wie ich mir eine solche zur Verwendung in der Marokkodebatte dächte. Aber der von mir übersandte Entwurf ist lediglich zu den
Akten gelegt worden, stattdessen lenkte der Kanzler in sachlich vollkommen
unfruchtbarer Bureautechnik den Gedankenaustausch auf die Fragen ab,
welche Dienststelle die Sache zu vertreten habe, ob wir derzeit einem Krieg
mit England gewachsen sein würden u. dgl. Den großen Gesichtspunkt, zu
einer wirklichen Verständigung mit England zu kommen, faßte der Kanzler
gar nicht. Er schrieb mir:

Berlin, 4. Oktober 1911.

Euere Exzellenz ersuche ich ergebenst um eine gefl. schriftliche Darstellung
der mir gestern mündlich vorgetragenen Gründe, aus denen Euere Exzellenz

---

*) Die Nötigung.
1) *Siehe oben S. 80 f., 188 ff.*

die Einbringung einer Flottennovelle im nächsten Frühjahr, späte=
stens im nächsten Herbst, und ihre Ankündigung noch in diesem Herbst
für notwendig halten.

Euere Exzellenz bemerkten gestern, daß, wenn nicht die politischen Ereignisse
dieses Sommers (Marokko und nunmehr Tripolis) eingetreten wären, Sie
mir den Vorschlag einer Novelle nicht gemacht haben würden, und daß die
Notwendigkeit der Novelle dem Reichstage gegenüber nicht mit marinetech=
nischen Gründen vertreten werden könne, diese vielmehr höchstens als Beiwerk
figurieren könnten. Wenn ich den Sinn dieser Bemerkung recht verstanden
habe, sind Euere Exzellenz hiernach der Ansicht, daß sowohl dem Auslande als
auch dem Inlande gegenüber die Flottennovelle damit zu motivieren ist, daß
sich Deutschlands außerpolitische Stellung in der Welt, wie Euere Exzellenz
annehmen, durch die Marokkopolitik und durch die Tripolisaffäre dermaßen
verschlechtert habe, daß die nach dem Flottengesetz vorgesehene Flotte nicht
mehr genüge, sondern verstärkt werden müsse. Weiterhin soll nach dem von
Euerer Exzellenz befürworteten Vorschlage als Ziel unserer Flottenpolitik öffent=
lich ausgesprochen werden, daß das Stärkeverhältnis der deutschen zur eng=
lischen Flotte auf die Relation 2:3 gebracht wird. Faßt man diese beiden
Gesichtspunkte zusammen, so würde die Motivierung der Flottennovelle auf
die Behauptung hinauslaufen, daß die Ereignisse dieses Sommers die Gefahren
eines Krieges zwischen Deutschland und England, wofern Deutschland über=
haupt noch eine aktive Weltpolitik führen wolle, derart nähergerückt hätten,
daß die Vermehrung der deutschen Flotte bis zur Relation von 2:3 not=
wendig sei. Danach würde die Vertretung der Flottennovelle im Reichstage der
Hauptsache nach auf Gründe der auswärtigen Politik zu stützen und demgemäß
von den für die auswärtige Politik verantwortlichen Dienststellen zu führen
sein.

Ich würde dankbar sein, wenn aus der von Euerer Exzellenz erbetenen Dar=
stellung hervorginge, ob ich hiermit dem Gedankengange Euerer Exzellenz richtig
gefolgt bin. In diesem Zusammenhange wäre mir zugleich eine Äußerung dar=
über erwünscht, ob und welche marinetechnischen Werte Euere Exzellenz
auf die Verkündung der Relation von 2:3 legen und welche innerpolitische
Bedeutung ihr beigemessen werden soll.[1] In letzterer Beziehung nehme ich an,
daß die von Euerer Exzellenz intendierte Novelle für die nächsten sechs Jahre
den Bau von je drei großen Schiffen fordern und festlegen soll. Soll nun mit
der Verkündung der Relation angedeutet werden, daß sich die Reichsleitung
durch diese Festlegung auch innerhalb der nächsten sechs Jahre nicht gebunden

---

1) *Solche Fragen beweisen mir, daß Bethmann den Sinn der Machtfrage zur See
entweder nicht fassen konnte oder nicht wollte.*

erachten werde, falls England während dieser Zeit seinen Schiffsbau derartig vermehren werde, daß nur durch neue deutsche Schiffsforderungen die allmäh= liche Erreichung der Relation gesichert werden könnte?[1] Außenpolitisch würde in dieser Beziehung endlich zu erörtern sein, ob sich Deutschland durch Verkün= dung der Relation England gegenüber dahin bindet, daß es die Relation nicht überschreiten wird.

Mein Urteil über die auswärtige Situation Deutschlands, die Einwirkung der Marokkopolitik und der Tripolisaffäre auf dieselbe und über die Rückwir= kungen einer Flottennovelle auf sie werde ich Seiner Majestät demnächst vor= tragen. Dabei werde ich auch die Eventualität eines Krieges mit England ins Auge zu fassen haben. Zu diesem Zwecke bitte ich Euere Exzellenz um eine Äußerung darüber, inwieweit unsere Chancen in einem solchen Kriege von der Fertigstellung des Kanals und der Helgoländer Anlagen abhängig sind.

Bevor ich meine Antwort auf dieses Schreiben wiedergebe, veröffentliche ich die des Chefs des Admiralstabes, des hervorragenden Admirals von Heeringen, an welchen der Reichskanzler die gleiche Frage gerichtet hatte, die den letzten Absatz seines Briefes an mich bildet.

Berlin, 7. Oktober 1911.

... Unsere Chancen in einem Kriege gegen England sind unter den augenblicklichen Verhältnissen nicht groß. Der Grund hierfür liegt in dem gegen= seitigen Stärkeverhältnis der Seestreitkräfte. Der Kanal hat seine Bedeutung zunächst nur darin, daß er die Konzentration unserer Flotte vor Kriegsausbruch oder bei einer Mobilmachung wesentlich erleichtert. Solange er für eine Anzahl unserer Schiffe nicht benutzbar ist, sind wir gezwungen, den Aufmarsch früher vorzunehmen, als nach der Fertigstellung nötig sein würde. Im weiteren Verlauf des Krieges kann der Kanal Be= deutung erlangen, wenn es sich darum handelt, einer Ostseeflotte entgegenzutreten. Es ist aber nicht wahrscheinlich, daß gerade England seine großen Schiffe den Gefahren einer Ostseekriegführung angesichts unserer Torpedo= und Unterseeboote aussetzen wird. Helgoland soll unseren Torpedo= und Unterseebooten einen vorgeschobenen Stützpunkt für Unternehmungen in der Nordsee sichern. Die Anlagen für die Unterseeboote sind jetzt fertig, und 16 Unterseeboote sind oder werden in kurzer Zeit bereit sein.

Liegen Unterseeboote bei Helgoland, so sichern sie zunächst nicht nur die deutsche Bucht gegen eine enge Blockade, sondern auch Hafen und Insel gegen eine Beschießung.

Daß die Festungswerke der Insel jetzt noch nicht fertig sind, fällt daher, wenigstens für die erste Zeit des Krieges, nicht mehr so ins Gewicht. Dazu kommt, daß die Südgruppe der Werke noch in diesem Winter fertig werden soll. Das Wichtigste in bezug auf Helgoland ist also schon geschehen.

Die endgültige Fertigstellung des Kanals und der Helgoländer Anlagen verbessert hiernach unsere Kriegführung in bestimmten Richtungen.

---

1) *Der Kanzler akzeptiert nicht den Standpunkt, daß England das Dreiertempo nicht dauernd übertrumpfen könnte.*

Maßgeblich für unsere Chancen England gegenüber sind aber weder der nicht fertige Kanal noch das unvollendete Helgoland, sondern lediglich die zu große Über-legenheit der englischen Flotte über die deutsche. Auch nach Fertigstellung der genannten Bauten wären daher unsere Chancen für diesen Kriegsfall nicht ent-scheidend besser als heute. Diese Tatsache bedeutet für uns eine dauernde Gefahr, der durch Herstellen eines richtigen Stärkeverhältnisses baldigst begegnet werden sollte.

Bei der außerordentlichen militärischen Bedeutung der ganzen Frage bitte ich Euere Exzellenz mir gestatten zu wollen, daß ich auf diesen Punkt noch etwas weiter eingehe.

Naturgemäß müssen wir bei jeder weiteren Verstärkung durch eine Zeit hindurch, die im Hinblick auf England eine gewisse Gefahr in sich schließt.

Dies wird sich aber niemals vermeiden lassen, wenn wir überhaupt jemals zu mili-tärisch brauchbaren Chancen England gegenüber kommen wollen.

Wenn ich vor einiger Zeit darauf hinweisen mußte, daß unsere Flotte leider nicht stark genug ist und daß die Leitung der Politik sich infolgedessen evtl. eine Beschrän-kung auferlegen muß, so sollte gerade dies Veranlassung sein, den hier noch bestehen-den Mangel baldigst zu beseitigen.

Es ist auf die Dauer völlig unmöglich, daß unsere Flotte in dem Gedanken lebt, für England nur in dem Sinne ein Rififo zu sein, daß sie, wenn auch selbst ge-schlagen, doch vielleicht die maritime Machtstellung Englands den Neutralen gegen-über verschieben könnte.

Unsere Flotte bedarf zur Erhaltung des inneren moralischen Elements wie zum äußeren Erfolg unbedingt einer militärisch brauchbaren Chance gegen England.

Wird das letzte Ziel unserer Flottenpolitik nicht so hoch gesteckt, so war der ganze Aufwand, der dem deutschen Volke bisher zugemutet ist, letzten Endes unrichtig und vergeblich.

Unwillkürlich bewegt sich der Gedanke von der Gefahrzeit, die wir dabei durchzu-machen haben, hin auf die Frage der Wahrscheinlichkeit eines kriegerischen Zusammen-stoßes aus diesem oder jenem Anlaß.

Nachdem ich diesen Gegenstand seit meiner ersten Unterredung mit Euerer Exzellenz erneut eingehend erwogen habe, glaube ich nicht, daß England uns je allein mit Krieg bedrohen wird, wohl aber, daß es zu unserem Feind wird, wenn wir mit einer anderen Macht in Krieg geraten.

Ist dies zutreffend, so müssen wir unsere Flotte möglichst bald auf eine brauchbare Höhe für den Krieg mit England bringen. Denn wir werden nicht jedem kriegerischen Konflikt aus dem Wege gehen können, wohl aber stets England unter unseren Geg-nern finden.

Sind wir dann aber England gegenüber nicht bereit, so würden die uns an Han-del, Schiffahrt und Kolonien erwachsenden Verluste und Schäden enorm hohe werden. Der für unser gesamtes wirtschaftliches Leben entstehende Schaden würde jedenfalls ganz außer Vergleich stehen zu den Aufwendungen, die wir zur Erreichung des rich-tigen Ziels noch möglichst bald machen müssen.

Den Engländern imponiert nach meiner Überzeugung nur Stärke und Macht. Sind diese auf unserer Seite vertreten, so werden auch die Aussichten auf politische Erfolge unter Aufrechterhaltung des Friedens erheblich steigen.

Meine eigene Antwort an den Kanzler, gleichfalls vom 7. Oktober, lautete (gekürzt):

1. Aus welchen Gründen wird Einbringung einer Flottennovelle im Frühjahr, ſpäteſtens nächſten Herbſt, und ihre Ankündigung noch in dieſem Herbſt für notwendig gehalten?

Weil anderenfalls unſer Schiffbautempo im Etat 1912 von vier auf zwei große Schiffe herabſinkt. Um Ziel und Zweck unſerer Flottenpolitik (politiſche Unabhängigkeit von England durch möglichſte Sicherheit gegen Angriff und ausſichtsreiche Defenſivchance, wenn es doch zum Krieg kommen ſollte) zu erreichen, müſſen wir militäriſchen Abſtand zwiſchen England und uns verringern, nicht erweitern. Gelingt erſteres nicht, ſo iſt ganze Flottenpolitik der letzten 14 Jahre für nichts geweſen. Wir geben aber Möglichkeit der militäriſchen Abſtandsverringerung freiwillig auf, wenn jetzt auf Zweiertempo heruntergehen. Ferner finanzielle Gründe. Trotz der Novelle gehen wir noch von vier auf drei Schiffe herunter. Warten wir aber mit der Novelle und akzeptieren zunächſt das Zweiertempo, ſo müſſen wir ſpäter wieder auf drei Schiffe hinaufgehen, was außerordentliche Schwierigkeiten macht.

Ankündigung noch in dieſem Herbſt notwendig, weil Euere Exzellenz zweifellos noch vor Wahlen danach gefragt wird. Schweigen oder Ausweichen ſchüfe ſchwierige Poſition, zumal wenn im Herbſt desſelben Jahres doch Novelle vorgelegt wird.

2. Wird die Anſicht vertreten, daß Ausland wie Inland gegenüber Flottennovelle damit zu motivieren iſt, daß ſich unſere Stellung durch Marokkopolitik und Tripolisaffäre dermaßen verſchlechtert hat, daß Flottengeſetz nicht mehr genüge?

Dieſe Anſicht vertrete ich nicht. Meiner Anſicht nach iſt die Novelle zu begründen, politiſch: daß Deutſchland nicht in einem dauernden politiſchen Abhängigkeitsverhältnis von England bleiben kann, militäriſch: daß wir im Kriegsfall wenigſtens eine ausſichtsreiche Defenſivchance haben müſſen, d. h. Verhältnis 2 : 3. Flottengeſetz von 1900 rechnet nicht mit „Sieg“, nur Riſiko für England, daß es durch Krieg mit uns und ſeinen eigenen Sieg über uns ſo geſchwächt würde, daß es ſpäter anderen Nationen gegenüber ſeine jetzige Suprematie verlieren würde.

3. Haben Ereigniſſe dieſes Sommers Gefahr eines Krieges mit England, mofern Deutſchland überhaupt noch aktive Weltpolitik führen will, derartig näher gerückt, daß die Vermehrung bis Stärkeverhältnis 2 : 3 notwendig iſt?

Ereigniſſe dieſes Sommers haben nach meiner Anſicht allerdings klar gezeigt, daß Kriegsgefahr näher gerückt iſt, wenn Deutſchland überhaupt noch aktive Weltpolitik führen will, um ſo mehr, als England keinen Zweifel darüber gelaſſen hat, daß es im deutſch-franzöſiſchen Krieg für Frankreich aktiv Partei ergreifen würde. Heute iſt wohl im ganzen deutſchen Volk die Anſicht verbreitet, daß deutſch-franzöſiſcher Krieg gleichzeitig auch deutſch-engliſchen Krieg bedeuten würde. Ich halte es für abſolute Staatsnotwendigkeit, die Marine zu vergrößern. Schwierigkeiten verkenne ich nicht, deshalb kommt es vor allem darauf an, den richtigen Moment dafür nicht zu verpaſſen. Solcher Moment liegt zurzeit vor und wird wahrſcheinlich in gleicher Weiſe niemals wiederkehren, weil eben in weiteſte Volkskreiſe dieſen Sommer Erkenntnis eingedrungen iſt, daß es notwendig iſt, England gegenüber ſtandhalten zu können.

4. Iſt Vertretung der Flottennovelle im Reichstag der Hauptſache nach auf Gründe

der auswärtigen Politik zu stützen und demgemäß von der für die auswärtige Politik verantwortlichen Dienststelle zu führen?

Bisher Vertretung jeder Flottennovelle teils politisch, teils militärisch gewesen. Vergleiche Ausführungen unter Ziffer 2.

5. Welcher marine=technische Wert wird auf die Verkündung der Relation 2:3 gelegt?

Es kommt darauf an, daß sie erreicht wird, läßt sich aber nur erreichen, wenn sie verkündet wird. Notwendig, damit wir eine aussichtsreiche Defensivchance haben und unsere Flotte nicht nutzlos geopfert wird.

6. Welche innerpolitische Bedeutung wird der Verkündung der Relation beigemessen?

Bewilligung der Geldmittel im Reichstag nur erreichbar, wenn Relation offen verkündet. Relation wird von Reichstag sicher glatt akzeptiert, weil keine andere Relation praktisch denkbar. 3:4 für die Engländer, 1:2 (Two Power Standard, two keels to one) für uns unannehmbar, da ein Abdanken bedeutend. Vorherige Herstellung eines ²/₃=Stärkeverhältnisses ist der einzige praktische Weg zur Rüstungs= beschränkung, gewinnt uns also alle ernstlich für Rüstungsbeschränkung eintretenden Kreise.

7. Soll durch Verkündung der Relation Bindung auf Dreiertempo innerhalb der nächsten sechs Jahre angedeutet werden, auch wenn England währenddessen über Relation hinaus baut?

Nicht durch Verkündung der Relation, sondern durch gesetzliche Fixierung der Novelle wird die Reichsleitung gebunden. Die Relation ist ein Grundsatz, kein Rechenexempel. Wird die Novelle durchgeführt, so wie von mir vorgeschlagen, so kann die Flotte (drei aktive Linienschiffsgeschwader, zwei aktive Panzerkreuzergeschwader, starke Torpedoboots= und Unterseebootsflottillen,) alles in allem genommen von den Engländern nicht um mehr als die Hälfte überboten werden. Ein Dreiertempo mit starken aktiven Indiensthaltungen läßt das Ziel unserer Flottenpolitik sicher erreichen. Durchführung eines „Two German Standards" d. h. ein jährliches Bautempo von sechs großen Schiffen und dauernde Indiensthaltung von zehn modernen Geschwadern ist auch für die Engländer nicht möglich.[1] Kleine Abweichungen im jährlichen Bautempo der Engländer bedingen nicht stets sofort eine Änderung des Flottengesetzes.

8. Bindet sich Deutschland durch Verkündung der Relation England gegenüber, daß es die Relation nicht überschreiten wird?

Wenn England die Relation akzeptiert, ja.

9. Inwieweit sind unsere Kriegschancen im englischen Krieg von Fertigstellung des Kanals und der Helgoländer Anlagen abhängig?

Unsere Chancen im Krieg mit England sind zurzeit durchaus unzureichend. In der Öffentlichkeit kann ich das natürlich nicht zugeben. Durch Fertigstellung von Kanal und Helgoland werden sie verbessert, aber keineswegs in einem solchen Maße, daß sich unsere Chancen dadurch nennenswert erhöhen. Bedeutung des Kanals und Helgolands darf nicht überschätzt werden. Andererseits halte ich die Wahrscheinlichkeit, daß es infolge der Novelle zum Kriege kommt, für minimal. Die gesamte englische Presse rechnet mit einer bevorstehenden Novelle zum Flottengesetz, erklärt, dann werden auch wir Engländer wieder

---

1) Vgl. unten S. 343.

in die Tasche greifen müssen, aber keine Zeitung droht mit dem Kriege. Als der Entschluß zur jetzigen Flottenpolitik gefaßt wurde, waren sich alle maßgebenden Instanzen darüber klar, daß wir durch eine Gefahrenzone hindurch müßten. Schon damals war die letzte Frage: Als Weltmacht abdanken oder riskieren? Begründung 1900 wies direkt auf England hin. Die Novellen von 1906 und 1908 brachten Mehrforderungen von je einer Milliarde Mark, 1908 brachte das Vierertempo und ein aktives Doppelgeschwader von Dreadnoughts, die jetzige Novelle ist dagegen gering, verlangt anstatt zwei Milliarden der letzten zwei Novellen nur etwa 350 Millionen bis 1917. England hat keine der früheren Novellen mit der Kriegserklärung beantwortet. Hätten wir uns damals durch Kriegsfurcht beeinflussen lassen, hätten wir heute noch keine Marine von militärischer Bedeutung. Heute ist die Gefahr geringer wie damals, weil die Novelle kleiner und die vorhandene Marine größer ist.

Euere Exzellenz schätzen den Eindruck, den die Verkündung der 2 : 3=Relation auf die Engländer machen wird, sehr hoch ein. Im Grunde ihres Herzens würden sie sich gern damit abfinden, zumal wenn dadurch Chance auf späteres Agreement mit Rüstungsbeschränkung steigt. 2 : 3=Relation ist auch von maßgebender englischer Seite als angemessen bezeichnet worden.[1] 13. März 1911 McKenna im Parlament: We (Admiralität) have taken as a reasonable margin of security thirty of these ships (nämlich zu Anfang 1914 fertige Dreadnoughts) as against twenty one German ships.*

Relation 2 : 3 länger als ein Jahrhundert zwischen Flotten Frankreichs und Englands bestanden und kein Geringerer wie Cobben sagte vor 50 Jahren von ihr, daß sie vollauf berechtigt sei, und daß eine einseitige Veränderung zugunsten Englands die französische Diplomatie in der ganzen Welt der Gnade oder Ungnade Englands ausliefern müsse.

Die verhängnisvolle Diskreditierung der Leistung der Marine durch den Presseanhang des Auswärtigen Amtes nahm damals ihren Anfang.

Am 4. November 1911 erschien im Fränkischen Kurier ein an einen Leitartikel des „Tag" von Legationsrat a. D. von Rath anknüpfender Artikel, der u. a. folgendes sagte: In den Kreisen des höheren Offizierkorps ist es längst bekannt, daß, als vor etwa drei Monaten die Konfliktsgefahr ihren Höhepunkt erreicht hatte, der Kaiser den Kriegsminister und den Staatssekretär des Reichsmarineamts zu sich befohlen habe, um sie zu fragen, ob wir tatsächlich aktionsbereit seien. Der Kriegsminister habe darauf mit einem entschiedenen „Ja" geantwortet. Tirpitz habe dagegen darauf hingewiesen, daß er nicht ohne Bedenken in einen Krieg gehen würde: 1. mit Rücksicht darauf, daß der Kaiser=Wilhelm=Kanal augenblicklich nicht benutzbar sei; 2. weil unsere Seeverteidigungslinie bei Cuxhaven nicht schlagfertig sei (sie soll angeblich mit veralteten Geschützen ausgerüstet sein), 3. weil unsere Unterseeboote weder an Zahl noch in bezug auf ihre Technik dem Feinde gewachsen seien, und endlich unter dem Hinweise auf die Tatsache, daß auch unsere Hochseeflotte nur mit 28=Zentimeter=Geschützen ausgerüstet sei, während die englische schon mit 30—40=Zentimeter=Geschützen ausgerüstet sei.

---

1) Vgl. oben S. 188.
*) Wir haben als einen vernünftigen Sicherheitsüberschuß angenommen: dreißig dieser Schiffe gegen einundzwanzig deutsche Schiffe.

Dieser Artikel, jeder tatsächlichen Grundlage entbehrend, gab uns die Veranlassung dazu, zunächst Nachforschungen nach seinem Urheber anzustellen, die nichts Bestimmtes ergaben, und sodann ein offiziöses Dementi der Norddeutschen Allgemeinen Zeitung zuzustellen. Letzteres kam zur Kenntnis des Reichskanzlers, der darauf durch Legationsrat Esternaur von der Presseabteilung des Auswärtigen Amts den Staatssekretär bitten ließ, das Dementi zurückzuziehen, weil er Wert darauf lege, daß die Erledigung dieser Angelegenheit für ihn reserviert bleibe. Der Reichskanzler hat alsdann am 9. November 1911 im Plenum des Reichstags folgende Erklärung abgegeben: „Selbstverständlich ist in keinem Augenblick an der absoluten Kriegsbereitschaft von Armee und Flotte auch nur der mindeste Zweifel entstanden. Die Gerüchte, die jetzt in der Presse verbreitet werden, als seien in einer vertraulichen Beratung unsere Kriegsbereitschaft namentlich der Marine in Frage gestellt worden, sind frei erfunden; sie schlagen den Tatsachen ins Gesicht."

Aber noch Jahre später haben unsere Diplomaten, z. B. auch Herr von Jagow, die mangelnde Bereitschaft der Marine für den Ernstfall aus der obenstehenden Anfrage des Kanzlers und meiner Antwort gefolgert und damit zu dem Nichteinsatz der Flotte im Krieg die psychologische Grundlage geschaffen. Gerade die sofortige Bereitschaft der Flotte gegenüber der verstärkten Massierung der englischen Seestreitkräfte in der Nordsee sollte durch die Novelle erreicht werden und war auch 1914 bereits in hohem Maße vorhanden. Wir haben sie nur nicht ausgenutzt.

Wie man aus meiner Antwort an den Kanzler sieht, hielt ich nunmehr, im Gegensatz noch zu meinem Romintener Vortrag, eine sofortige Ankündigung der Novelle für richtig. Denn die Interpellationen aus dem Reichstag heraus, die bei der Marokkodebatte zu erwarten waren, ließen der Regierung nur die Wahl, ihre Absicht entweder abzuleugnen oder zuzugeben; aufschieben ließ sich die Beantwortung angesichts der Stimmung im Lande nicht. Außerdem beabsichtigte die Regierung dem Reichstag vor Weihnachten eine Übersicht über die Gestaltung und Finanzierung des Etats von 1912 vorzulegen; sie mußte also Farbe bekennen, wenn sie nicht etwas geradezu Falsches sagen wollte. Ferner hatte sich der Kaiser ohne mein Wissen in Hamburg öffentlich für eine Flottenverstärkung festgelegt, da er nicht bis zur Thronrede warten mochte. Und schließlich war der an sich erwünschtere Weg, die Novelle mit der Flottenrelation 2:3 zu verknüpfen, durch das unerklärliche Verhalten des Kanzlers verlegt; es gab also nur den andern Weg, die Novelle von der noch frischen Volksstimmung anläßlich der Marokkokrisis durch den Reichstag tragen zu lassen. Da Reichskanzler und Auswärtiges Amt allein die Presse zu beeinflussen in der Lage waren und hierdurch eine viel größere Macht als ich besaßen, wobei sie ihre Marokkopolitik der Öffentlichkeit als einen Erfolg einzureden versuchten, so zerrann mir bei längerem Zuwarten infolge des Dagegenarbeitens

Bethmann Hollwegs mehr und mehr die parlamentarische Basis für die Novelle.

Am 14. Oktober bei meinem Immediatvortrag in Hubertusstock kam mir der Kaiser mit dem Entschluß entgegen, die Novelle sofort einzubringen, und wenn der Kanzler nicht wolle, so werde er ihn wegschicken. Er entschied aber Tags darauf im Sinne des vom Marinekabinettschef unterstützten Kanzlers, wie mir am selben Tag der Marinekabinettschef mit nachstehendem Schreiben mitteilte:

Seine Majestät der Kaiser haben heute mit dem Reichskanzler über die Flottenpolitik verhandelt und haben auf Vorstellung des Reichskanzlers dem zugestimmt, daß in diesem Herbst eine Erklärung über das anzustrebende Stärkeverhältnis im Reichstag nicht abgegeben wird. Andererseits wird auf eine etwaige Interpellation hin der Reichskanzler erklären, die Reichsregierung würde, wenn es sich als notwendig erweisen sollte, mit einer Flottenverstärkung an den Reichstag herantreten.

Im Frühjahr soll, wenn es alsdann möglich ist, eine Flottennovelle eingebracht werden. Seine Majestät rechnen persönlich sehr darauf.

Die Geschäftsbehandlung des Kanzlers, die wesentlich mehr auf meine ressortmäßige Einengung als auf sachliches Zusammenarbeiten abzielte, zeigte mir schon jetzt, daß die Marine nur im Kampf mit dem Kanzler, gestützt vielleicht auf den Kaiser, zur Befriedigung ihrer Bedürfnisse gelangen könne, wobei aber das gleichzeitig von mir angestrebte Flottenabkommen mit England durch den Kanzler jedenfalls nicht zustande gebracht würde.

Daß die hauptsächlichsten Schwierigkeiten für das Zustandekommen der Novelle weder im Reichstag noch bei den Engländern, vielmehr bei der Reichsleitung selbst lagen, wurde mir noch klarer durch eine am 9. Oktober geführte Unterredung mit dem Reichsschatzsekretär.

Wermuth vertrat die Ansicht, daß bei der Einbringung einer Novelle zum Flottengesetz die gesamten Schiffbaukosten durch Steuern gedeckt werden müßten und ein Zurückgreifen auf Anleihe ausgeschlossen sei. Ich erklärte, dagegen ressortmäßig keine Bedenken zu haben, wenn der Schatzsekretär eine entsprechende Summe neuer Steuern beschaffen könne. Andernfalls sollte man es lieber bei dem zurzeit zu recht bestehenden Modus, ein Teil der Schiffbaukosten auf Anleihe zu nehmen, bewenden lassen.

Wermuth meinte ferner: Wenn noch vor den Wahlen eine Novelle zum Flottengesetz im Reichstage angekündigt würde, so müsse dem Reichstage gleichzeitig mitgeteilt werden, wie die Kosten aufgebracht werden sollten. Nach Lage der Verhältnisse könnte nur die Ausdehnung der Erbschaftssteuer auf Kinder und Ehegatten und gleichzeitig eine kleine indirekte Steuer in Frage kommen.

Ich stimmte auch dieser Ansicht zu, wies aber darauf hin, daß der Gesamtbetrag von 81 Millionen Mark erst im Jahre 1917 erforderlich werde und man wohl kaum Steuern in gleicher Höhe wie dieser nur einmal auftretende Höchstbedarf fordern dürfte. Der Schatzsekretär erklärte schließlich, daß die Bedürfnisse der Marine nicht vorweg aus den vorhandenen Steuerreserven gedeckt werden dürften. Wolle man dem Reichstag eine Marinenovelle vorlegen, so müsse man einen neuen Finanzplan für eine längere Periode aufstellen, zu diesem Zweck sämtliche Ausgaben ermitteln, welche in dieser Periode auch bei den anderen Reichsressorts voraussichtlich eintreten würden und danach den Gesamtsteuerbedarf bemessen.

Ich war nun der Ansicht, daß ein solches Vorgehen bei Heeres- und Marinevorlagen ein Novum darstellen würde. Diese Methode ist auch bei der letzten Heeresvorlage nicht angewandt worden. Sie bedeutet nach meiner Ansicht den Tod für jede neue Heeres- und Marinevorlage. Auch Reichstagsauflösungen würden bei dem allgemeinen Wahlrecht voraussichtlich nicht zum Ziele führen, sondern den Reichstag nur noch demokratischer gestalten. Man hätte dann die Wahl, künftig auf jede Heeres- und Marinevorlage zu verzichten oder den Konflikt. Letzterer müßte das Deutsche Reich in ganz unübersehbare Schwierigkeiten stürzen.

Meinen Bericht an den Kanzler über dieses Gespräch schloß ich mit den deutlichen Worten:

Es soll gar nicht geleugnet werden, daß eine ähnliche Forderung voraussichtlich auch im Reichstage erhoben werden wird. Aber es ist m. E. ein Unterschied, ob die Regierung eine solche Methode von sich aus grundsätzlich verkündet, oder ob sie nur von einzelnen Abgeordneten gefordert und von der Regierung abgelehnt wird (10. Oktober).

Ich konnte bei dieser Unterredung natürlich nicht ahnen, daß die ganzen von Wermuth erhobenen Schwierigkeiten überhaupt nur fingiert waren, um die Flottenvorlage zu Fall zu bringen, und daß das vom Schatzsekretär verweigerte Geld tatsächlich vorhanden war! Auch dem Kanzler gegenüber scheint Herr Wermuth seinen aufgespeicherten Hort damals noch verheimlicht zu haben, aber um Neujahr 1912 hat Bethmann Hollweg seinerseits doch davon gewußt. So schrieb er am 2. Januar 1912 an Kiderlen-Wächter:

„Tatsächlich werden die Steuern jetzt von den Parteien mit solcher Bestimmtheit erwartet, daß ich, wenn sie nicht angekündigt werden, auf die Frage gefaßt sein muß, wo sie bleiben. Antworten, daß sie im Sommer oder Herbst kommen würden, kann ich nicht, weil Wermuth, wie sich allmählich herausstellt, in seinem Etat Reserven von 80—100 Millionen versteckt hat. Die ratihabiert der Reichstag nicht, wenn er danach 100 Millionen neue Steuern für Wehrvorlagen bewilligen soll. Ich glaube, daß eine Steuervorlage, die jetzt auf 50 Millionen beschnitten ist, zur Not ertragen werden kann, wenn sie von einer größeren Militärvorlage begleitet ist."

Durch Herrn von Kiderlen, der sich bei Empfang dieses Briefes in Stuttgart befand, hat der württembergische Ministerpräsident von Weizsäcker von dem Geheimnis der so glücklichen Finanzlage des Reiches Kenntnis erlangt, die ihn als bundesstaatlichen Minister lebhaft interessierte. Wie diese Kenntnis Weizsäckers dann die Entlassung Wermuths veranlaßt hat, wird später zu erzählen sein. Mir wurde von den gehamsterten Überschüssen erst am 29. Januar etwas verraten, mit dem Hinzufügen, daß sie für die Zwecke der beschleunigten Rückzahlung von Anleihen verwendet werden sollten!

Gerüchte über die Novelle drangen schon damals nach England. Die Aufnahme dieser Gerüchte gab keinen Anlaß, den Novellenplan fallen zu lassen.

Der Botschafter in London an den Reichskanzler (mit Randbemerkungen von Seiner Majestät und von mir).

London, 27. September 1911.

Die jüngste Rede des Ersten Lords der Admiralität, McKenna, über die englische Flotte gibt der heutigen „Westminster Gazette" Anlaß, der Hoffnung Ausdruck zu geben, daß das nächstjährige Flottenprogramm vermindert werden könne für den Fall, daß manche aufgeregte Außerungen, die während der Marokkokrisis in Deutschland gefallen seien, nicht ernst genommen zu werden brauchen. Wenn allerdings Deutschland sein Flottenbauprogramm wirklich vermehre,[a] dann könne auch England nichts anderes tun, als mit der gleichen Maßregel antworten.* Das Blatt wendet sich gegen die — wie es meint — jetzt vielfach in Deutschland aufgestellte Behauptung, England suche mit seinem langen Arm überall in der Welt dem berechtigten Expansionswunsche Deutschlands entgegenzutreten.[b] Diese Auffassung sei nicht in den Tatsachen begründet,[c] sondern sei durch die jetzt geschaffene Atmosphäre gegenseitigen Mißtrauens zu erklären.** Der Verfasser bezeichnet es als einen Wahnsinn, wenn die beiden Mächte, zwischen denen kein vitaler Interessenkonflikt läge, die im Gegenteil vielfach aufeinander angewiesen seien, sich gegenseitig in riesige unproduktive Ausgaben stürzen sollten. Er erwartet vielmehr eine Verminderung der Ausgaben.

Sollte sich dies jedoch nicht mit der Seemachtstellung Englands vereinigen lassen, so werde England, ohne zu schwanken, neue Lasten auf sich nehmen, so wenig angenehm es ihm auch sein möge.***

a) *2:3.*   *) Also keinen Krieg.
b) *Ja.*   **) Nach der Ohrfeige Flötentöne.
c) *Ja.*   ***) Also keinen Krieg.
d) *?!!*

Am 4. November wurde der Entwurf der Novelle durch den Chef des Marinekabinetts dem Kaiser übergeben. Am 9. d. Mts. begann die Marokkodebatte im Reichstag. Am 11. reichte mir der Kaiser bei Tisch die folgende Notiz herüber:

Habe telegraphisch Seiner Exzellenz Reichskanzler nach Gratulation zur Rede auf Stimmung im Reichstage für Vermehrung der Kriegsflotte hingewiesen. Sie sei mir aufgefallen und ich hätte unter der Hand aus Parlamentkreisen Nachricht, daß Stimmung für Novelle günstig. Das Volk werde neue Novelle als nationale Tat mit Jubel begrüßen, ich ersuche ihn daher, ihre Einbringung noch in diesem Herbst nochmals in Erwägung zu ziehen und mit Exzellenz von Tirpitz darüber in Verbindung zu treten, den ich anweisen würde, mit Seiner Exzellenz darüber zu sprechen.

Der Chef des Zivilkabinetts, Herr von Valentini, der neben mir saß, sagte mir, er wolle dem Reichskanzler schreiben, die Depesche sei einer momentanen Entschließung des Kaisers entsprungen.

Vom 9. bis 11. November fand die Marokkodebatte im Reichstag statt. Wenn die Regierung diese Debatte zuließ, so mußte meines Erachtens daraus auch eine Entschließung folgen, sollte die Debatte uns nicht nach der ersten Schlappe eine zweite zufügen. Der Zusammenstoß zwischen dem Kanzler und Herrn von Heydebrand hatte die Frage des Verhältnisses zu England aus der Sphäre heftiger Presseerörterungen in die der amtlichen Stellungnahme gerückt und nach meiner politischen Grundanschauung den Standpunkt, den die Reichsleitung dazu einzunehmen hatte, vollkommen verändert. Jetzt mußten wir sagen, was wir wollten, und wir durften dies auch, da nach der Erledigung der Marokkoangelegenheit England aus der Novelle keinen Krieg machen konnte. Die bald darauf folgenden Parlamentsverhandlungen bestätigen nicht nur diese meine Auffassung; aus ihnen geht sogar klar hervor, daß beträchtliche Teile des Parlaments diese Folgen der Brüskierung Deutschlands durch Lloyd Georges bekannte Rede im Juli geradezu als selbstverständlichen Nachteil für England hinnahmen. Steckten wir aber die Lloyd Georgesche Ohrfeige ein und zeigten Furcht, so mochte die augenblickliche Lage dadurch vom rein diplomatischen Standpunkt aus bequemer sein; wir glitten aber tatsächlich der Gefahr eines Krieges nur um so näher.[1] ·

Unser Attaché in London, Kapitän Widenmann, schrieb am 14. Oktober 1911:

...Die Engländer geben offen zu, daß Heer und Flotte völlig gegen Deutschland mobilisiert worden sei, und daß es lediglich dem englischen Drucke zuzuschreiben sei, daß Frankreich vor der Erreichung seines Zieles stehe. Man ist sich darüber einig, daß Deutschland vor England zurückgewichen ist, und daß es in der Marokkofrage, als Quittung für Bosnien, eine böse Schlappe erlitten hat; daß England dagegen der Ruhm zufalle, den Weltfrieden erhalten zu haben. — Weiter ist man sich darüber klar, daß in den letzten Monaten in Deutschland eine bisher nicht gekannte allge=

---

1) In Wirklichkeit hat ja das Beibehalten des als schwach und entschlußscheu erwiesenen Reichskanzlers die Folge gehabt, daß wir bei der nächsten schweren Krisis, der des Juli 1914, in den Krieg hineingezogen wurden. Die Größe der Gefahr, die wir mit Bethmann liefen, habe ich natürlich im Jahr 1911 noch nicht voll erkannt.

meine Erbitterung gegen England aufgekommen sei, und daß der Wunsch, England gegenüber stärker zu werden, dadurch an Boden gewonnen hat. Viele Engländer gehen soweit, zu sagen, daß man diese Folge hätte voraussehen müssen und daher in der Unterstützung Frankreichs nicht hätte so weit gehen dürfen. Allgemein ist man sich darüber klar, daß eine Steigerung der Flottenrüstungen in Deutschland auch für England vermehrte Flottenausgaben bedeutet.

Dies fühlt auch die Regierung, ohne jedoch zunächst von ihrem Wunsche, das Flottenbudget 1912 niedrig zu halten, abzugehen. Sie sieht dazu aber kein anderes Mittel wie das „Agreement" mit Deutschland (f. „Westminster Gazette" vom 4. Oktober, Rede McKennas in Griffithstown). Die von mir in Berlin vorausgesagte Agitation setzt daher mit dem Abschluß des ersten Marokkoaktes — der zweite hat für England kein aktuelles Interesse — in dieser Richtung ein; siehe „Daily Chronicle" und „Nation" von heute. Beide Blätter stehen Lloyd George sehr nahe und werden von der englischen Regierung häufig benutzt.

Unter den hier lebenden Deutschen herrscht eine tiefgehende Mutlosigkeit und Enttäuschung über die schwere Schlappe, die uns die Unfähigkeit unseres Auswärtigen Amtes eingebrockt hat. Man hat allgemein das Empfinden, daß England die für sich günstige Lage politisch auf das Geschickteste ausgenutzt hat, ohne dabei die Sicherheit des Weltmarktes vor einer schweren Beunruhigung bewahrt zu haben. Die deutschen Kaufleute hören hier daher täglich den Vorwurf, daß viele Millionen durch Deutschlands Schuld bereits verloren sind, und daß das ganze Geschäft noch für Monate hinaus verdorben sei. Sie leiden unter der in der City gegen Deutschland herrschenden Verstimmung, die tiefgehender sein soll, wie während des Burenkrieges, außerordentlich.

Den Botschafter, der wie meistens Erholung oder Zerstreuung auf dem Lande sucht und daher nur selten und kurz in der Stadt ist, sprach ich nur einmal, wobei er über Marokko selbst sehr zurückhaltend war. Unaufgefordert sagte er, daß die deutsche Flottenliga[1] (wie er es nennt) Lloyd George eigentlich sehr dankbar sein müsse, daß er durch seine Rede den Grund zur jetzigen Agitation gegeben habe. Er fragte, wie meiner Ansicht nach in Deutschland über eine Flottenvermehrung gedacht werde, worauf ich erwiderte, daß die Nation offenbar auf eine solche hindränge, daß aber der Reichskanzler sich scheinbar im Hinblick auf England davor fürchte. — Meine Frage, wie er sich die Aufnahme einer Novelle in England denke, beantwortete er dahin, daß man sich sehr darüber ärgern werde, da die eigenen Ausgaben auch wieder entsprechend steigen müßten, daß es aber von der allgemeinen politischen Lage abhängig sei, wie man sich sonst verhalten werde. Und als ich weiter fragte, ob nach seiner Ansicht das Einbringen einer Novelle in England als Kriegsgrund ergriffen werden könne, antwortete er beinahe wörtlich, wie ich damals in Berlin auf die gleiche mir vom Staatssekretär vorgelegte Frage. Er ging sogar so weit, zu sagen, daß man jetzt die Einbringung einer Novelle hier psychologisch verstehen werde, daß man aber nach einem Jahre, wenn man in der leicht vergeßlichen Art hier bereits nicht mehr an die heutige Veranlassung denken werde, überrascht und beängstigt sein werde, und daß daher die Folgen viel unangenehmer sein könnten wie jetzt.

Weniger beachtenswert als charakteristisch ist die Auffassung Kühlmanns über den Marokkohandel. Er ist gerade von Deutschland zurück und drückte mir sein unver-

---

[1] *Das Reichsmarineamt stand mit dem Flottenverein seit 1905 in keinerlei Verbindung und übte keinen Einfluß auf ihn aus.*

hohlenes Erstaunen darüber aus, daß er in dortigen uneingeweihten Kreisen eine
scharfe Kritik des Auswärtigen Amts angetroffen habe, während letzteres es verstan=
den habe, aus dieser fadenscheinigen Sache für Deutschland so viel herauszuholen, wie
nur möglich. Als ich ihn darauf hinwies, daß Herr von Kiderlen seit Anfang Juli unter
dem englischen Drucke von seinen mir persönlich genannten Forderungen doch recht
erheblich zurückgegangen sei, behauptete er, daß der englische Druck eine Erfindung [1]
und ohne jeden Einfluß gewesen sei. England habe nicht mehr getan, als es Frank=
reich gegenüber gemußt habe und wie man es hätte erwarten können. Er kenne die aus
früheren Jahren festliegenden deutschen Absichten auf einen Streifen des mittleren
Kongo, über die bereits vor Algeciras mit Frankreich verhandelt worden sei, und die
man auch jetzt trotz England erreichen werde. Er könne nur sagen, daß er die Lösung
der Marokkofrage als den größten Triumph der neueren deutschen Diplomatie be=
trachte. — Muß man da nicht mit Schaudern an die Zukunft denken, wenn Kühl=
mann mal in einflußreicher Stellung sein wird?...

Der Marineattaché in London an das Reichsmarineamt (mit Randbemerkungen des Kaisers).

London, 28. Oktober 1911.

Der seit langer Zeit angekündigte Wechsel in der Stellung des First Lord of the Ad=
miralty ist in diesen Tagen erfolgt. Mr. Winston Churchill, der bisherige Home
Secretary, und Mr. McKenna haben ihren Posten vertauscht.

Es ist selbstverständlich, daß sich an diesen Personenwechsel mancherlei Spekulatio=
nen knüpfen, und daß je nach der politischen Anschauung des Spekulanten von dem
neuen Manne in der Admiralty größere Sparsamkeit oder größere Aktivität
wie bisher erwartet wird.

Es unterliegt keinem Zweifel, daß der Wechsel in Seeoffizierskreisen zunächst sehr
unbeliebt ist. Hatte man Mr. McKenna schon mit Mißtrauen an der Spitze der Ma=
rine gesehen, so wird Mr. Winston Churchill zweifellos erst durch eine lange Tätigkeit
als First Lord beweisen müssen, ob er diesen Posten im Sinne der englischen Seeoffi=
ziere ausfüllt. Admiral Madden (IV. Sealord) sagte mir in diesen Tagen, als der
Wechsel besprochen wurde, „Mr. Asquith hat den unbequemen Winston nur zu uns
geschickt, weil er weiß, daß wir Seeoffiziere als Board* die einzigen sind, die ihn
bemeistern werden". Ob dies der einzige Beweggrund für den Premierminister war,
und ob nicht auch die Amtsmüdigkeit Mr. McKennas, seines besonderen Protégés, den
Wechsel beschleunigt hat, ist müßig zu entscheiden. Jedenfalls bleibt aber die Tatsache
bestehen, daß ein noch so tatkräftiger Parlamentarier in keiner der großen englischen
Ministerstellen mehr durch Fachleute gebunden ist, als in der Stellung des First Lord.
Solange die vier Sealords das Vertrauen der Marine und der Nation hinter sich
haben, und das trifft gerade jetzt in hohem Maße zu, solange kann kein Parlamenta=
rier, besonders nicht in einer Zeit, in der die Regierung auf nicht allzu starkem Fuße
steht, es wagen, irgendeinen Wechsel in dem System eintreten zu lassen, den die vier
Sealords nicht gutheißen, und der gegen den nationalen Instinkt verstößt. Die Politik
der überlegenen eigenen Marine und des Gegensatzes gegen jede andere
Flotte, die als Bedrohung Englands betrachtet wird, wird daher nach

---

1) *Das sagt Kühlmann trotz der Brüskierung durch Lloyd George.*
*) Kollegialbehörde.

wie vor von dem Board of the Admiralty verlangt und von der Nation unterstützt
werden, gleichgültig, ob der First Lord McKenna oder Churchill heißt.

Mr. Churchill, der nach seiner politischen Vergangenheit zwar als unzuverlässig gilt,
ist klug genug, obiges selbst zu erkennen, und da er in seinem ungezügelten Ehrgeiz mit
der Popularität rechnet, so wird er seine Marinepolitik so einzurichten wissen, daß
seine Popularität nicht leidet. Dies kann er aber nur erreichen, wenn er seine als Home
Secretary geäußerten Sparsamkeitsideen nicht in die Praxis umsetzt,
jedenfalls nicht, soweit Bauprogramm und Kriegsfertigkeit der Flotte in Frage kommen. Es nimmt daher kein Wunder, daß Mr. Churchill, dem sein neuer Posten zweifellos damals schon angetragen war, bereits am 3. Oktober d. J. in einer zu Dundee
gehaltenen Wahlrede die Notwendigkeit einer überlegenen englischen Flotte betonte.
Dies entspricht dem Sinne nach der von Mr. McKenna in Griffithstown am gleichen
Tage gehaltenen Rede, in der er zwar die Hoffnung auf Ersparnis betonte, aber
gleichzeitig Vermehrung der Bauten ankündigte, wenn die Sicherheit des Reiches dies
verlange.

Für das Verhältnis zu Deutschland wird daher meiner Ansicht nach der Personenwechsel gänzlich gleichgültig sein, soweit es den scharfen Gegensatz der englischen Marinepolitik gegen Deutschland betrifft. Deutschland ist nun einmal von dem offiziellen
wie unoffiziellen England als der am meisten zu fürchtende Gegner erkannt, und die an
Konsequenz mustergültige englische Politik daher den einmal be-
schrittenen und als richtig erkannten Weg umbeirrt weiter gehen.ª

Fragt man sich nun, was Deutschland in der Zukunft von diesem Verhältnis der beiden Marinen zu erwarten hat, so muß man zu dem Schluß kommen, daß das ganze
Streben der Admiralty darauf gerichtet sein wird, wie sie am besten der Lage Rechnung trägt, ohne den Frieden zu stören, aber auch ohne zu schwach zu werden. Dem
durch die ganze Weltatmosphäre gehenden Hauch von Abrüstungs- und Schieds-
verträgen kann sich England auch Deutschland gegenüber nicht ganz verschließen,
daher der Gedanke des Flotten-Agreements auf der Basis „3 England" zu „2 Deutschland". Man erhofft von ihm zweierlei:

Erstens, und das spricht man offen aus, „Ersparnisse", und dadurch die
Möglichkeit, das ersparte Geld für soziale Gesetzgebung zu verwerten. Dies soll auch
Deutschland zugute kommen.

Zweitens, und das spricht man wohlweislich in England nicht aus, „Sprengung
des so sehr gefürchteten Flottengesetzes". Wenn es auch verhältnismäßig
lange gedauert hat, bis man die Einzelheiten dieses Gesetzes in England verstand, so ist
doch der Grundgedanke von den an Rechenarbeit gewöhnten Engländern schnell verstanden worden. Die englischen Marinepolitiker wissen seit langem, daß bei einem Bestand von rund „60 Capital Ships" und bei „20 jähriger Ersatzpflicht" das „jährliche Bautempo in Deutschland" gleich „3 Capital Ships" sein muß. Das so einfach
klingende und nach einem Zugeständnis an Deutschland aussehende Verhältnis „3 England zu 2 Deutschland" soll daher nichts weiter bewirken, als das deutsche Bautempo
auf jährlich „2 Schiffe" festzulegen,ᵇ wodurch automatisch der Schiffsbestand nach zwanzig Jahren von „60" auf „40" Capital Ships heruntergeschraubt
wird.

a) *Richtig.*
b) *Was ich gerade vermeiden will.*

Will man sich zu dieser Binsenwahrheit bekennen, so muß man sich deutscherseits fragen, ob ein solches Agreement mit der nationalen Zukunft Deutschlands vereinbar ist. Um so mehr, wenn man sich nicht in blinder Leichtgläubigkeit verhehlen will, daß England erst in jüngster Zeit die Feindseligkeit gegen Deutschland auf die Spitze getrieben hat. Denn daß England im August und September dieses Jahres seine ganze Flotte mobil gemacht hatte und nur auf das Signal von französischer Seite wartete, um über Deutschland herzufallen, darüber sprechen englische Seeoffiziere jetzt wenigstens ganz offen.

Was man daher von dieser Seite zu erwarten haben wird, ist wohl kaum zu bezweifeln, und um so weniger, wenn an der Spitze der Admiralty ein skrupelloser, ehrgeiziger und unzuverlässiger Demagoge wie Winston Churchill steht. Er wird in ähnlichen Lagen, wie die im Herbste dieses Jahres, nicht zu ruhiger Mäßigung mahnen, sondern höchstens Öl in das Feuer gießen.

Weiter folgt aus diesen Tatsachen, daß der Grundgedanke des Flottengesetzes, „das Risiko auch für den stärksten Angreifer zur See", bisher England gegenüber nicht erfüllt zu sein scheint, wenn die Verhältnisse für England sonst günstig sind. Englands Flottenmobilmachung spricht jedenfalls dafür, daß es hoffte, Deutschland ein zweites Kopenhagen bereiten zu können, und vereint mit der französischen Landmacht das verhaßte Deutschland auf die Knie zu zwingen. Daß Frankreich nicht gewillt war, die Kastanien für England aus dem Feuer zu holen, war mehr die Furcht Frankreichs vor den deutschen Waffen zu Lande, als der fehlende Glaube an die englische Unterstützung zur See. Diese war jedenfalls laut genug und vor aller Welt verkündet worden; die Flottenmobilmachung Englands sprach deutlicher als Worte.

Die Lehre, die man bei nüchterner Betrachtung für England aus diesem Falle ziehen kann, ist die, die alle wirklich großen Kriege Englands gegen see- und landmächtige Kontinentalgegner lehren, daß der Seekrieg nur unternommen wird, wenn ein oder mehrere heeresstarke Bundesgenossen auf dem Kontinent mitgehen.[a] Fehlt diese Unterstützung zu Lande, so wird sich auch England hüten, den reinen Seekrieg zu unternehmen, durch den es den Gegner nie wird ganz unter seinen Willen zwingen können.

Trotzdem ist die englischerseits gezeigte Bedrohung der letzten Monate so ernst gewesen, daß man sich meiner Ansicht nach in Deutschland fragen muß, ob die augenblickliche Rüstung stark genug ist,[b] einem englischen Bündniskriege mit Erfolg die Spitze zu bieten. Und da wird bei ernsthafter Prüfung die Antwort ein entschiedenes „Nein" lauten.[a] Dies Empfinden scheint auch die deutsche Nation zu haben, denn der Wunsch nach Vermehrung der Flotte wird in Deutschland allerorten laut aus dem instinktmäßig richtigen Gefühl heraus, daß nur auf diese Weise der natürliche Gegner „England" gezwungen wird, die friedliche Entwicklung Deutschlands nicht zu stören.

Ehe man jedoch in Deutschland dazu schreitet, durch eine Novelle die Flotte zu vermehren, muß man sich darüber klar werden, welchen Erfolg dieser Schritt in England haben wird. Es ist zweifellos, daß man sich in England über jede deutsche Flottenvermehrung sehr ärgern wird, denn die eigenen Rüstungen müssen naturgemäß auch wieder steigen. Das wird meiner Ansicht nach aber Alles sein, solange die allgemeine politische Atmosphäre rein ist, und solange nicht anderenorts seitens Englands Zündstoff gegen Deutschland gesammelt ist, den es durch einen Funken zur Explosion bringen kann, um dann selbst mit seiner Flotte gegen Deutschland loszuschlagen.

a) *Richtig.*
b) *Nein!*

Mit einem Worte: die bloße Tatſache einer deutſchen Flottennovelle allein wird in England kein Kriegsgrund ſein. ᵃ

Man rechnet ſeit Wochen in England damit, daß in Deutſchland eine Flottennovelle eingebracht werden wird, und man hat ſich meiner Anſicht nach mit dem Gedanken be= reits abgefunden, da man ſich nicht verhehlen kann, daß man durch die politiſche Hal= tung der letzten Monate den nationalen Unwillen Deutſchlands gegen ſich mobil ge= macht hat. Jede Flottenvermehrung Deutſchlands im jetzigen Moment wird von Eng= land als etwas Natürliches angeſehen werden. Anders iſt es, wenn die Urſache dieſer nationalen Aufwallung in Deutſchland diesſeits des Kanals vergeſſen ſein wird; dann wird man eine Novelle als eine plötzliche und unverdiente Drohung gegen das fried= liche England hinſtellen, und die Gefahr eines neuen Scares mit ſeinen nicht abzu= ſehenden Folgen wird wachſen. —

Nur eins imponiert in England: „ein feſtes Ziel und ein unerſchütterlicher Wille, es zu erreichen". ᵃ Sieht England immer wieder ein, daß Deutſchland von ſeinem Ziele „Riſikogedanke der deutſchen Flotte" trotz engliſchen Bluffs und trotz Entente nicht abläßt, ſo wird es ſich in das Unvermeidliche finden. Bis dahin bleibt jedes „Flotten= Agreement 3 : 2", ob von Mc.Kenna oder von Churchill angeboten, ein Danaergeſchenk, ſolange es nicht

1. die geſetzmäßige Feſtlegung des „Zweitertempos" ausſchließt, ᵃ

2. diejenige deutſche aktive Flottenſtärke feſtſetzt, die dem Verhältnis 3 : 2 zur Grund= lage dienen ſoll.

Vorzüglich.

a) *Richtig.*

Derſelbe an dasſelbe.
(Mit Randbemerkung des Kaiſers.)

London, 30. Oktober 1911.

Am Sonnabend brachte die „Times" den ſechſten und letzten Artikel einer Serie über die Kaiſermanöver der Armee, in denen der äußerſt kluge und federgewandte „Mi= litary Correspondent" die deutſche Armee einer herben und wenig ſchmeichelhaften Kritik unterzog. Gleichzeitig erſchien ein Leitartikel über die deutſche Armee in der „Times", und in treuer Gefolgſchaft verbreiteten ſich mehr oder weniger alle Zeitungen über dasſelbe Thema, für das der Boden durch Colonel Repington in ſo geſchickter Weiſe vorbereitet war.

Durch alle Zeitungen geht ein beinahe wehmütig bedauernder Zug über den Nie= dergang der glänzenden deutſchen Armee ſeit den Jahren 1870/71. Die Moral der Truppen, die Technik, die Ausrüſtung und Führung, alles erinnert an den Niedergang des preußiſchen Heeres vor Jena, während nach dem Urteil Repingtons alle dieſe Zweige ſich in der franzöſiſchen Armee ſeit 1871 in demſelben Maße gebeſſert haben. Die Blätter ſind an der Hand des fachmänniſchen Urteils von Repington ſich darüber einig, daß das franzöſiſche Heer heute dem deutſchen überlegen iſt.

Dieſe Übereinſtimmung in der Behandlung und dieſe Betonung der gleichen Folge= rung ein und besſelben Gegenſtandes, der an und für ſich dem für Heeresfragen ur= teilsloſen engliſchen Publikum gleichgültig iſt, iſt zu plump, als daß der dahinter ſteckende Pferdefuß verborgen bleiben könnte. —

Was ſoll dies engliſche Klagen darüber, daß das militäriſche Gleichgewicht Europas durch den Niedergang der deutſchen Armee in ſchwere Gefahr zu geraten droht, nach=

dem noch vor kurzen Wochen gerade England militärische Vorbereitungen zum Kriege getroffen hatte, und zwar sicherlich nicht in der Absicht, das Gleichgewicht Europas besser auszubalancieren, sondern in der Hoffnung, es in ein englisch-französisches Übergewicht verwandeln zu können?

Der von England mit französischer Hilfe erhoffte Krieg, in dem England seine Bundestreue halten wollte, ist nicht entbrannt; dafür sieht England plötzlich in Deutschland eine Flottenagitation neu erstehen, mit der es bei dem bestehenden und nach seiner Meinung schon übertrieben großen Flottengesetz nicht spekuliert hatte. Dies ist eine unerwartete Reaktion Deutschlands auf den eigenen Bluff; wie kann dem abgeholfen werden? Antwort: „Deutschland muß bewiesen werden, daß sein Heer zu schlecht ist, um die Landgrenzen schützen zu können, dann wird die öffentliche Meinung Deutschlands Geld für das Heer verlangen, und die für Deutschland überflüssige Flotte wird darben müssen. Auf diese Weise bleibt auch ohne Krieg die englische Überlegenheit zur See bestehen, und die ganze Sache kostet weniger."

Es kann gar nicht häufig genug darauf hingewiesen werden, daß in dem Verhältnis Deutschlands zu England nur ein Faktor dauernd interessiert. Das ist das Anwachsen der deutschen Flotte. Auf sie ist der dauernde Blick Englands gerichtet; wie man sie in der Entwicklung hemmen und an dem weiteren Anwachsen hindern kann, ist der Gedanke Englands bei Tag und bei Nacht. Jedes Mittel, das England diesem Ziele zuführt, ist recht.

Nachdem „Bluff" unter John Fisher und der „Agreement-Gedanke" unter Campbell Bannerman und Asquith versagt haben, wird ein neues Register aufgezogen, mit dem man einen doppelten Zweck erhofft. Neben der Absicht, das deutsche Interesse von der eigenen Flotte ab- und dem Heere zuzulenken, will man systematisch in Frankreich die Kriegslust steigern, um für den Fall zukünftiger Komplikationen bei Frankreich größere Lust zum Schlagen zu finden, wie man es in den letzten Wochen getan. Frankreich soll die Hauptarbeit tun, und England will den Enderfolg zur See einheimsen.

Für Deutschland sollte meiner Ansicht nach die aus dieser englischen Spekulation zu ziehende Folgerung ebenso eine zwiefache sein:

1. die Flotte so auszubauen, daß ein zweites Kopenhagen unmöglich ist,

2. das Heer so intakt zu halten wie möglich, so daß kein Jena, sondern ein Sedan in seiner Zukunft winkt.

Vorzüglich.

Der Botschafter in London an den Reichskanzler (mit Randbemerkungen des Kaisers).

London, 1. November 1911.

Der Bericht des Marineattachés Nr. 707 vom 28. v. M., betreffend Wechsel des First Lord of the Admiralty[1], gibt mir Veranlassung zu folgenden Bemerkungen:

Unser Verhältnis zu Frankreich in der Marokkofrage zeigte während der letzten Jahre den politischen Barometerstand der Beziehungen zwischen uns und England an. Niemals zeigte sich dies so deutlich als während der Krise der letzten Monate. Die notwendige Auseinandersetzung zwischen uns und Frankreich war begleitet von einer gefährlichen Spannung zwischen uns und England, welche auf englischer Seite sofort

---

1) *Oben S. 231.*

nachließ, als die Aussichten auf eine deutsch-französische Vereinbarung stiegen. Dieselbe Erscheinung war bei den früheren Marokkokrisen zu bemerken. Mit Recht blieb eine tiefe Erbitterung und Entrüstung im deutschen Volke haften, als es sah, daß England bereit war, auf die Seite Frankreichs zu treten, wenn es zum deutsch-französischen Kriege gekommen wäre. Die Tatsache, daß England mit den Franzosen gegen uns zu kämpfen bereit war, genügt zur Begründung und Erklärung der Stimmung in Deutschland. Ich habe dies Seiner Majestät dem König Georg, mehreren seiner Minister und anderen Personen in England mit Ernst vorgehalten. Die Behauptung aber, daß die englische Regierung absichtlich die Franzosen zum Kriege gegen uns gehetzt und getrieben hätte, ist durch nichts erwiesen. Die englische Regierung hat dadurch, daß sie sofort und offen sich auf die Seite der Franzosen stellte, diese, besonders anfangs, zum Widerstand gegen unsere Forderungen ermutigt, es ist aber nicht bekannt, daß sie versucht hat, dieselben von der Annahme unserer Forderungen abzuhalten, nachdem wir diese präzisiert hatten. Sir E. Grey hat einem hiesigen Vertreter der Triple-Entente-Gruppe Anfang Juli gesagt, er könne der französischen Regierung nicht raten, Forderungen anzunehmen, die er selbst, wenn er in ähnlicher Lage wäre, ablehnen würde.ᵃ Er wünsche aber eine Verständigung auf einer für beide Parteien annehmbaren Grundlage. Es handelte sich damals um das G e r ü c h t , daß wir den g a n z e n f r a n z ö s i s c h e n K o n g o forderten. Weder die englische Regierung noch das englische Volk wünschen Krieg gegen uns zu führen, auch nicht im Verein mit Frankreich.ᵇ Es ist notwendig, offen auszusprechen, was die englische Regierung zu ihrer intransigenten Haltung uns gegenüber trieb. Im Laufe der Jahre ist der Marokko-Streit zu einer Machtfrage herangewachsen, in der England sich von Anfang an, durch das Abkommen von 1904 gebunden, auf die Seite Frankreichs stellte. Die englische Regierung versprach ihre diplomatische Unterstützung zur Ausführung des Abkommens, weiter nichts. Sie war nicht durch ein Versprechen gebunden, die Durchlöcherung des Vertrages von Algeciras durch die Franzosen zu unterstützen und gegen uns Krieg zu führen. Auch dies habe ich den englischen Staatsmännern gesagt. Daß es soweit gekommen ist, hängt mit der Entwicklung der Marokkofrage, über den Rahmen des ursprünglichen Abkommens hinaus, zusammen. Die englische Regierung hielt sich in ihrer E h r e für v e r p f l i c h t e t , die F r a n z o s e n zu u n t e r s t ü t z e n , als der notwendige Gegensatz, in den wir zu Frankreich wegen Marokkos gerieten, sich verschärfte. Die Schwierigkeiten und gefährlichen Lagen für Frankreich entstanden aus dem Abkommen mit England vom Jahre 1904. England wollte sich nicht den Namen des perfiden Albion verdienen dadurch, daß es die Franzosen in diesen schwierigen und gefährlichen Lagen, in die sie durch ihr Vorgehen gegen uns in Marokko gerieten, sitzen ließ. Die englische Politik der letzten Jahre ist auf der Freundschaft mit Frankreich aufgebaut und dadurch in Gegensatz mit uns geraten.ᶜ Sie will unter keinen Umständen die neue französische Freundschaft verscherzen. Sie glaubt sie notwendig zu gebrauchen als Gegengewicht gegen das mächtige Deutschland mit seiner mächtig anwachsenden Flotte. Sie will verhindern, daß Frankreich nochmals an den Boden gedrückt werde und Deutschland dann alleingebietend in Europa dastehe. In den ersten acht Tagen nach Agadir und vielleicht auch noch ein- oder zweimal später war der maßgebende Teil des englischen Kabinetts, nicht alle Mitglieder desselben, der Überzeugung, daß Deutsch-

---

a) *Das ist Anhetzen zum Widerstand.*
b) *Falsch!*
c) *Unsinn! sie war es schon vorher und wird es bleiben.*

land einen Krieg mit Frankreich und mit England suche.[a] Aus diesen und keinen an=
deren Ursachen ist die Haltung der englischen Regierung zu erklären. Wohlgemerkt:
nicht zu entschuldigen, wohl aber zu erklären.

Mit der Beilegung des Marokko=Streites schwindet wieder für eine nahe
Zukunft die Wahrscheinlichkeit eines deutsch=englischen Krieges, und zwar jetzt mehr als
bei früheren Pausen im Marokkostreit, da dieser jetzt gründlicher als früher beigelegt
zu sein scheint.[b] Diese Auffassung entspricht zwar nicht der Ansicht weiter Kreise in
England. Seit der letzten Marokkokrise und dem dabei hervorgetretenen scharfen deutsch=
englischen Gegensatze hat eine starke Mutlosigkeit mit Bezug auf eine Verbesserung
der deutsch=englischen Beziehungen hier eingesetzt. Viele sagen sich: alle Bemühungen,
zu einem besseren Verhältnis mit Deutschland zu gelangen, sind ergebnislos: früher
oder später ist der Krieg doch unvermeidlich. In Klubs und Gesellschaftskreisen glaubt
man vielfach an den Krieg im kommenden Frühjahr. Weshalb, weiß niemand zu sagen.
In anderen, mehr nachdenkenden und insbesondere liberalen politischen Kreisen zieht
man dagegen eine andere Folgerung. Die Ereignisse der letzten Zeit haben dem Eng=
länder deutlich vor Augen geführt, wie leicht es für England ist, in einen kontinentalen
Krieg verwickelt zu werden, wenn es seine Geschicke mit denen eines Kontinentalstaates
zu eng verbindet. Der alte Abscheu gegen entangling alliances in Europa wirkt trotz
der angeblichen deutschen Gefahr auch jetzt noch mächtig auf das englische Gemüt. In
manchen Kreisen fragt man sich, ist es notwendig, daß wir uns mit Frankreich identi=
fizieren? Ist es nicht nützlicher, wir rücken weiter ab, überlassen den Kontinent sich
selbst und wenden dadurch die Kriegsgefahr mit Deutschland ab? Es gibt eine Gruppe
von Parlamentariern, welche beabsichtigt, in einer Debatte im Unterhause in dieser
Richtung zu wirken. Diese Gruppe ist zwar nicht mächtig und wird der Regierung keine
ernsten Schwierigkeiten zu bereiten vermögen, sie ist aber das Sprachrohr weiter Kreise
der liberalen Partei. Aber auch in anderen als liberalen Kreisen wird die deutsch=eng=
lische Spannung als unbehaglich empfunden. Man mißt sich nirgends gern selbst die
Schuld bei, am wenigsten in England. Wenn man wüßte, wie es anzufangen sei, würde
man hier gern jetzt dazu beitragen, um die bestehende Spannung zu lindern.

So ungefähr sieht hier augenblicklich das Bild aus. Von einem wut= und rache=
schnaubenden England, um das verhaßte Deutschland zu knebeln, ist nirgends etwas zu
spüren. Allerdings werden wir, wenn sich wieder scharfe Gegensätze zwischen Frank=
reich und uns entwickeln sollten, England, unter dem Einfluß seiner leitenden Persön=
lichkeiten, auch dann wieder auf seiten der Franzosen sehen,[c] wenn bis dahin nicht Er=
eignisse eintreten, die den deutsch=englischen Gegensatz gemildert haben werden.[d]

Der der Kaiserlichen Botschaft zugeteilte Marineattaché spricht in seinem Bericht
vom 28. v. M. die Ansicht aus, daß der Wechsel auf dem Platz des Ersten Lords der
Admiralität keinen Wechsel im System bedeute und daß die englische Marinepolitik die
gleiche bleiben werde. Ich bin derselben Ansicht. Ob McKenna oder Churchill oder ein
anderer an der Spitze der Admiralität steht, ob ein konservatives oder liberales Mini=
sterium am Ruder ist, ist für uns, soweit es die englische Marine betrifft, relativ
gleichgültig.[e] Es gibt kein englisches Ministerium und keine englische Partei von Be=

a) *Wir haben doch ausdrücklich das Verlassen in Aussicht gestellt!*
b) *Seine Privatansicht.*
c) *Hauptsache.*
d) *Ausgeschlossen.*
e) *Richtig.*

deutung, die nicht als obersten Grundsatz die Notwendigkeit von der Superiorität der englischen über jede andere Marine bezeichnete und danach verführe. Es entspricht dies dem nationalen Verlangen und der nationalen Erkenntnis, daß Englands Existenz mehr als die jedes anderen Staates von der Superiorität seiner Flotte abhängt. Daher wird auch England unabhängig von Parteirücksichten zu jedem Opfer bereit sein, um sich seine Stellung zur See zu wahren. Aus Parteirücksichten wird nur von Zeit zu Zeit mehr oder weniger laut geschrien, daß die Gegenpartei nicht genug für die Flotte tue und das Land verrate. Im Grunde glaubt aber niemand daran.

Der Marineattaché spricht nun davon, als ob ein englischer Vorschlag für eine bei= derseitige Festlegung der Flottenstärke von 3:2 „Capital Ships" zu befürchten sei, und folgert aus dieser Annahme, daß uns eine Falle gelegt werde, um den Sollbestand unserer Flottenstärke von 60 „Capital Ships" auf 40 zu reduzieren. Mir ist von einem solchen englischen Angebot nichts bekannt.[a] Wenn es kommt, dürfte es doch wohl noch Zeit sein, zu vermeiden, in die Falle zu schlüpfen.

Der Marineattaché spricht sodann davon, daß die ganze englische Flotte im August und September mobil gemacht hätte, englische Seeoffiziere sprächen jetzt ganz offen davon. Er begründet dies des weiteren in seinem Bericht Nr. 721 vom heu= tigen Tage. Eine Flotte, die an großen Manövern teilnimmt, ist immer mehr oder we= niger kriegsbereit. Ganz England war im vergangenen Sommer auf den Krieg gefaßt, und vorbereitende Maßregeln wurden im Heer und in der Marine gefaßt. Von einer Mobilmachung der ganzen englischen Flotte kann aber doch wohl keine Rede sein. Da= von würde die Außenwelt auch etwas bemerkt haben.[b] Da die englische Politik sich für Frankreich festgelegt hatte und nach hiesiger Auffassung im Monat August und Sep= tember Kriegsgefahr vorlag, so ist es klar, daß die englischen Seeoffiziere mit der Kriegsmöglichkeit gegen Deutschland rechneten. Die englischen Seeoffiziere haben sich in löblichem Gegensatz zu ihren Landsleuten anderer Lebensstellungen und Berufe von Kundgebungen gegen Deutschland fern und frei gehalten. Als Unterbrechung der langen Friedenszeit und im Gefühl ihrer numerischen Stärke wäre ihnen aber ein Seekrieg, in dem es Ruhm und Avancement zu holen gibt, nicht unerwünscht. Dies haben mir jün= gere englische Seeoffiziere ganz offen eingestanden, und sie werden sich darin von an= deren Waffengattungen in anderen Ländern wohl kaum unterscheiden.

Der Marineattaché stellt nun den neuen englischen Marineminister als einen skrupel= losen, ehrgeizigen und unzuverlässigen Demagogen dar, der bei erster Gelegenheit die Marine gegen uns verwenden will. Ob Herr Churchill sein Amt zu diesem Zweck mißbrauchen wird, weiß ich nicht. Er ist erst kaum acht Tage im Amte, und er hat noch keine Beweise seiner Animosität gegen uns gegeben.[c] Dagegen ist mir bekannt, daß ein englischer Marineminister nicht über die Kriegsfrage zu entscheiden hat, sondern daß dies dem englischen Kabinett vorbehalten ist, in dem der Premierminister und der auswärtige Minister in diesem Falle die wichtigsten Stimmen haben. Auch der Erste Seelord hat nicht über die Kriegsfrage zu entscheiden. Sonst würde es zur Zeit des Ad= mirals Lord Fisher zum Kriege gegen Deutschland gekommen sein. Flotte und Heer werden hier als wichtigste Einsätze der Politik, als Mittel zum Zweck, nicht aber als

---

a) *Existiert nicht! Es ist unser Maß für die Erreichung der Flottenstärke, die eine Defensiv=chance bietet!*

b) *Was weiß der Zivilist davon! Von Tripolisvorbereitungen hat die Außenwelt auch nichts bemerkt!!!*

c) *Vorher doch!*

Bestimmer des politischen Kurses betrachtet. Ich erinnere mich der Zeit, als vor einigen Jahren bei uns in maßgebenden Kreisen die Auffassung vorherrschte, daß die damalige konservative englische Regierung unter dem Einflusse des Admirals Fisher beabsichtige, uns mit Krieg zu überziehen, um das Prävenire zu spielen und unsere im Keime auf= sprießende junge Flotte zu vernichten. Ich wurde zur gutachtlichen Äußerung aufgefor= dert und sprach mich gegen die vorherrschende Meinung aus, weil ich wußte, welchen Platz die hiesige Admiralität in der Regierung ausfüllt und daß diese keinen leicht= fertigen Krieg wollte.

Ebenso spreche ich mich aber auch gegen die Ansicht des Marineattachés aus, daß England unter keinen Umständen allein einen S e e k r i e g gegen eine große Kontinen= talmacht führen wird. Das wichtigste Beispiel der neueren Geschichte spricht dagegen. England führte eine Zeitlang allein den Seekrieg gegen Napoleon, als Europa unter dem Druck der Kontinentalsperre lag und unter Napoleons Macht gebeugt war.[a]

Der Marineattaché kommt zu dem Schluß, daß angesichts der drohenden englischen Haltung während dieses Sommers das d e u t s c h e F l o t t e n g e s e t z zum Schutze un= serer Interessen nicht ausreiche und eine Erweiterung erfahren müsse. Und zwar sofort. Denn jetzt rechneten die Engländer mit einer Novelle als etwas ganz Natürlichem. Später, wenn die Aufregung sich gelegt habe, würde eine Novelle zur Erweiterung des Flottengesetzes als unfreundlicher Akt in England aufgefaßt werden und eine neue Scaremit ihren unliebsamen Folgen hervorrufen. Ich maße mir kein Urteil darüber an, ob unser Flottengesetz ausreicht oder nicht. Die Entscheidung über diese Frage ruht in der Hand Seiner Majestät des Kaisers[b] in Beratung mit den obersten Instanzen des Reichs. Ich habe mich aber, da die Frage in der Berichterstattung des Marineattachés berührt worden ist, darüber zu äußern, welche Folgen nach meiner Auffassung die Ein= bringung einer N o v e l l e zur Erweiterung des Flottengesetzes auf unser Verhältnis zu England haben wird. Es ist richtig, daß hier vielfach befürchtet wird, daß die im näch= sten Jahre nach dem Gesetze automatisch eintretende Herabminderung der Neubauten an „Capital Ships" auf die Zahl 2 nicht stattfinden, sondern daß eine Novelle zum Flottengesetz eingebracht werden wird.[c] Diese Novelle wird hier aber nicht als etwas Selbstverständliches angesehen, mit dem man sich schon abgefunden hat.[d] Es ist eine Befürchtung, die aus dem schlechten Gewissen entspringt. Man fühlt hier, daß man mit der Betonung des französischen Standpunktes und in der drohenden Haltung, die England eingenommen hat, zu weit gegangen ist. Man kennt die Erbitterung, welche bei uns hierdurch entstanden ist. Man verfolgt die Bemühungen des Flottenvereins nach rascherem Ausbau der Flotte und das Verlangen nach einer größeren Anzahl von Pan= zerkreuzern. Man glaubt, daß bei uns die Gelegenheit günstig ist, für eine Vergröße= rung der Flotte zu wirken, wenn die Regierung zu diesem Zwecke den allgemeinen Un= willen gegen England benutzen will. Hierauf gründet sich die hiesige Befürchtung einer Novelle zum Flottengesetz. Herr Winston Churchill hat vor etwa einem Monat in Bal= moral dem österreichischen Botschafter gesagt, daß, falls eine Vergrößerung der deut= schen Flotte beschlossen würde, die englische Flotte ebenfalls entsprechend verstärkt wer= den würde.[e] Ich bin nun ebenfalls der Ansicht des Marineattachés, daß einer deut= schen Novelle zum Flottengesetz keine englische Kriegserklärung auf dem Fuße folgen

a) *Falsch! Preußen, Rußland, Österreich bekämpften Napoleon als natürliche Bundes= genossen zu Lande!*
b) *Allerdings! Gott Lob!*
c) *Ja.*   d) *Falsch!*   e) *Natürlich.*

werde. Ich bin aber der Ansicht, daß dann die englische Nation und ihre Leiter die Überzeugung gewinnen, daß ein Krieg mit Deutschland unvermeidlich wird. Ich möchte nicht die Verantwortung übernehmen, zu behaupten, daß England uns auch dann noch Zeit lassen wird, unser Flottengesetz plus Novelle zu realisieren, d. h. uns zum Ausbau Zeit zu lassen. Bis jetzt hat die englische Regierung den Schutzgedanken in der Politik verfolgt: Rüstungen und Ententen. Ich übernehme aber nicht die Verantwortung, zu verneinen, daß sie dann den aggressiven Gedanken aufnehmen und nach einem Anlaß zum Kriege suchen wird,[a] ehe unsere Flotte in vollem Umfange ausgebaut sein wird. Da die englische Flottenstärke sich nach der unserigen richtet und England entschlossen ist, einen so bedeutenden Vorsprung beizubehalten, daß es sich sicher fühlt, so bedeutet eine Erweiterung unseres Flottengesetzes für England nicht nur eine neue Anstrengung, die der unserigen gleichkommt, sondern eine entsprechend höhere. Die Proportion des Vorsprungs wird in England beibehalten werden, unabhängig davon, ob wir mehr bauen oder weniger. Die Relation[b] wird dieselbe bleiben. Nun glaubt zwar England, daß es ein Wettrüsten, wenn es dazu kommt, länger aushalten wird als wir, weil es glaubt, daß es einen längeren Geldbeutel[c] besitzt. Der Druck kann aber, ehe die finanziellen Kräfte erschöpft sind, so unerträglich werden, daß der Krieg als das kleinere Übel erscheint. Denn bei einer weiteren Verschärfung der durch das deutsch-englische Verhältnis geschaffenen Lage handelt es sich nicht nur um die stärkere Anziehung der Steuerkraft in beiden Ländern, sondern es wird dann auch die politische Unsicherheit in einem Maße wachsen, daß auf die Dauer eine gewaltsame Explosion nicht mehr zu verhindern sein wird.

Lange Zeit hindurch glaubte man bei uns, daß die Engländer über uns herfallen würden; dann kam die Naval Scare, und Deutschland bemerkte mit Erstaunen, daß England sich vor uns fürchtet. Jetzt glaubt man bei uns, daß England es überhaupt nicht mehr wagen wird, ohne starke Bundesgenossen uns anzugreifen.[d] Ich wendete mich damals gegen den ersten Irrtum und wende mich jetzt gegen den zweiten. Dem heutigen England ist ein Krieg mit oder ohne Bundesgenossen höchst unsympathisch. Wenn es zum Kriege kommt, geht es England wie anderen Völkern, und es zieht vor, Bundesgenossen zu haben, wenn es kann. Bei der jetzigen Weltlage ist für England die Hoffnung auf etwaige Bundesgenossen nicht unbegründet. Wenn es muß, wird es den Seekrieg auch allein führen, den Landkrieg aber nicht, weil es nicht kann. Den Seekrieg dagegen kann es führen, insbesondere auch gegen Deutschland, und läuft dabei, solange es zur See der Stärkere bleibt, das geringere Risiko. England hat keinen Grund, sich in das Unvermeidliche zu fügen, wo es sich um Seegeltung handelt. Dazu fühlt es sich zu stark zur See.

Es mag sein, daß die Verhältnisse uns dahin treiben werden, eine Vermehrung unserer Flotte über das Maß dessen hinaus anzustreben, was bis jetzt als genügend erachtet wurde.[e] Mit dem Entschluß und dem Gesetz ist die vergrößerte Flotte aber noch nicht vorhanden. Es braucht Jahre, um sie zu bauen. Wenn wir jetzt mit dem Entschluß einer Flottennovelle hervortreten, so laufen wir ernstliche Gefahr, daß uns nicht

a) *Soll sie nur! Dann hat sie das Odium, wovor England sich immer scheut. Sie konnten das früher viel bequemer.*

b) *Im Material ja! Nicht in Besatzungen. Falsch!*

c) *Menschen hat es weniger.*

d) *Nein! Die Möglichkeit ist da.*

e) *Blech! Ist noch nicht als genügend erachtet!*

einmal Zeit gelassen wird, unser jetziges Flottengesetz zu verwirklichen.ª Bauen wir aber nach unserem jetzigen Flottengesetz beispielsweise bis zum Jahre 1915 weiter, so sind wir dann auf Grund des schon vorhandenen neuen Schiffsmaterials in der Lage, mit weniger Risiko an eine Novelle heranzugehen. Die Wahrscheinlichkeit eines Krie= ges mit England wird auch dann wachsen, nur können wir ihr dann mit größerer Ruhe entgegensehen, weil dann unsere Flotte schon weiter ausgebaut und daher an neuen Schiffstypen bedeutend stärker sein wird als jetzt. Unter dem Schutze unserer Flotte, wie sie 1915 sein wird, kann eine Novelle besser gedeihen als unter dem Schutze un= serer Flotte von heute.ᵇ Die Frage kann auch so gestellt werden: sind wir 1915 eher in der Lage, einen Seekrieg mit England aufzunehmen als heute oder 1912, wo es schon leicht zum Kriege kommen kann, wenn wir jetzt eine Novelle einbringen? Der Herr Staatssekretär des Reichsmarineamts wird auf diese Frage eine kompetente Antwort zu erteilen wissen. Vom politischen Standpunkte aus, mit dem ich mich zu befassen habe, betone ich, daß wir nach meiner Ansicht keine Sicherheit haben, unsere Flotte im Frieden auszubauen oder zu verstärken, wenn wir jetzt eine Novelle einbringen.ᶜ Eine Novelle kann manches bergen. Unter einer Novelle, wie sie der Marineattaché vorschlägt, verstehe ich eine solche, die eine wesentliche Verstärkung unserer Flotte mit wesentlicher Beschleunigung des Bautempos über das bisher Vor= gesehene hinaus in sich birgt. Bringen wir jetzt aber keine Novelle ein, so haben wir Aussicht, ohne Krieg unser Flottengesetz auf dem Meere zu realisieren.ᵈ Denn nach Beilegung der Marokkofrage ist kein Krieg für uns in Sicht. Die Lage bleibt trotzdem ernst, solange die Spannung zwischen uns und England andauert. Hier ist jetzt der Wunsch, Vergangenes, wenn es noch möglich ist, zu begraben.ᵉ

In dem Bericht des Marineattachés Nr. 718 vom 30. v. M., betreffend gehässige Kritiken in der „Times" über unsere Kaisermanöver[1], worüber auch der Militär= attaché, in dessen Fach es fällt, berichtet hat, heißt es: „Es kann gar nicht häufig genug darauf hingewiesen werden, daß in dem Verhältnis Deutschlands zu England nur ein Faktor dauernd interessiert. Das ist das Anwachsen der deutschen Flotte. Auf sie ist der dauernde Blick Englands gerichtet." Dies ist eine Wahrheit, der sich niemand verschließen kann, wenn er sich mit ungetrübtem Blick in England umsieht, eine Wahrheit, die ich schon seit Jahren vertreten habe, während noch bis vor kurzem einflußreiche Kreise sie nicht anerkennen wollten, indem sie angaben, daß Neid, Eifer= sucht, Handelsrivalität die Ursachen für das schlechte Verhältnis der beiden Länder bil= deten. Der Marineattaché fährt dann in demselben Satze fort: „Wie man sie in der Entwicklung hemmen und an dem weiteren Anwachsen hindern kann, ist der Gedanke Englands bei Tag und Nacht. Jedes Mittel, das England diesem Ziele zuführt, ist recht." — Die Entwicklung der letzten Jahre beweist, daß diese Behauptung unrichtig ist.ᶠ Wäre England jedes Mittel recht, das zu diesem Ziele führt, so hätte es es benutzt

a) *Quatsch!*
b) *Unglaubliches Blech!*
c) *Hasenfuß!*
d) *Blech!*
e) *Unsinn! Wir haben die Ohrfeige weg und obendrein sollen wir keine Schiffe bauen!!!*
Üblicher Metternichscher Rat. Bloß nicht bauen in Deutschland, dann wird in England gute
Laune sein!
f) *Falsch! England hat es mit Frankreich im Bunde gewollt, aber Delcassé fiel, und Frank=*
reich versagte; allein hat England es nicht gewollt!

1) *Siehe oben S. 234 f.*

und unsere Flotte vernichtet, als ihm dies noch leicht war, zu einer Zeit, als einfluß=
reiche Kreise bei uns von dieser Absicht Englands überzeugt waren. Kriege werden in
zivilisierten Ländern aber heutzutage nicht mehr unter rein arithmetisch=militärischen
Gesichtspunkten unternommen, weil sich der eine zu einem gegebenen Zeitpunkt dem
anderen überlegen hält. Dies ist auch in England der Fall. Dagegen können Momente
eintreten, wo die Lasten und Gefahren des Friedens als so drückend empfunden werden,
daß der Krieg dem Frieden vorgezogen wird. Auch dies kann in England eintreten.

Der Marineattaché weist in seinem politischen Militärberichte dar=
auf hin, daß, wie nach einem vereinbarten Plane, fast in der gesamten hiesigen Presse
der Versuch gemacht wird, durch abfällige Kritik an den Kaisermanövern die angeb=
lichen Mängel unseres Heeres bloßzulegen, um uns dadurch vor Augen zu führen, daß
wir zuviel für unsere Flotte und zu wenig für unser Heer tun, also in Zukunft an
unseren Ausgaben für die Flotte sparen und sie dafür dem Heere zuwenden sollen.
Auch dies soll ein Plan sein, um die Entwicklung unserer Flotte zu hemmen. Wenn
dem so sein sollte, so ist wohl nicht zu befürchten, daß wir in Deutschland diesen eng=
lischen Zeitungsplan befolgen werden. Übrigens gehen diese gehässigen Artikel nicht
durch fast die gesamte hiesige Presse, sondern es befassen sich nur zwei oder drei der be=
kannten Hetzblätter mit ihnen, unter welcher Zahl die „Times" selbst ist. Ich kann
mir nicht vorstellen, daß die „Times" so naiv sein sollte, sich einzubilden, daß sie
durch Herabsetzung unserer Armee in ihren Spalten die Opferwilligkeit unseres Volkes
für die Flotte herabdrücken könne. Eher denkbar ist es, daß sie unsere Armee vor dem
Auslande diskreditieren möchte, um den Franzosen zu schmeicheln. Ich bin aber der
Überzeugung, daß das Gift der „Times" an dem Ruf und Ruhm unserer Armee wir=
kungslos abprallen wird.

Durch die beiden erwähnten Berichte des Marineattachés geht ein Zug der Befürch=
tung, als ob das deutsche Flottengesetz durch englische Machinationen neuerdings ge=
fährdet sei. Es ist mir nicht ersichtlich, worauf diese Befürchtung beruht. Es ist be=
kannt, daß England es vorziehen würde, wenn wir nur eine schwache, anstatt einer
starken Flotte hätten. Es ist gleichfalls bekannt, daß England verschiedentlich Versuche
gemacht hat, eine Verminderung der Ausgaben für die beiderseitigen Flotten anzu=
regen. Es ist weiter bekannt, daß diese Versuche bisher zu nichts geführt haben.ᵃ Es ist
möglich, daß auch in Zukunft wiederum englische Versuche an uns herantreten. Es
liegt dann, wie in der Vergangenheit, in unserer Hand, auf sie einzugehen oder sie ab=
zulehnen. Ich sehe aber keine Gefährdung unseres Flottengesetzes voraus, außer wenn
wir durch den Krieg an dem Ausbau unserer Flotte gehindert werden. Diese Möglich=
keit rückt nach meiner Ansicht näher heran, wenn wir jetzt eine Novelle einbringen.ᵇ

Ich stimme dem Urteil des Botschafters nicht bei! Der Marineattaché hat Recht!   W.

a) *Unsere Antworten und Fragen unbeantwortet gelassen!*
b) *Blech!*

Der Botschafter in London an den Reichskanzler (mit Randbemerkungen des Kaisers).

London, 18. November 1911.

...Ganz England steht, wie ich noch unlängst auseinanderzusetzen mich beehrt
habe, unter dem Eindruck der mit genauer Not überwundenen Kriegs=
gefahr und hat den Wunsch, nicht wieder in eine ähnliche Lage zu geraten. Anfra=

gen im Parlament, Artikel in den Revuen, Reden außerhalb des Parlaments, Zeitungsstimmen in Menge und die alltägliche Konversation im Verkehr mit Engländern lassen erkennen, daß die soeben beseitigte Kriegsgefahr und die tiefe Erbitterung im deutschen Volk einen mächtigen Eindruck in England hervorgebracht haben. Je nach der eigenen Auffassung, die sich in diesem Fall nicht nach dem Parteistandpunkt richtet, greifen die einen die eigene Regierung an, welche durch die starre Ententepolitik England in die europäischen Händel verwickelt und in Gegensatz zu Deutschland gebracht habe, während die anderen den Vorwurf einer aggressiven Politik gegen Deutschland erheben und in dem Glauben befangen sind, Deutschland habe es zum Kriege treiben wollen. Dabei sind manche, darunter Lord Selborne, früherer Marineminister und Oberkommissar in Südafrika, wie aus einer von ihm kürzlich gehaltenen Rede hervorgeht, nach echt einseitiger, englischer Art ehrlich über die Erbitterung in Deutschland erstaunt und wissen sich dieselbe nicht zu erklären. Daß wir nichts Übles von England gewollt haben, England aber bereit war, mit Frankreich gegen uns Krieg zu führen, will diesen Leuten als einfacher Erklärungsgrund für die deutsche Empörung gegen England nicht in den Kopf. Schuld daran ist die Regierung, welche durch ihre ernsten öffentlichen Warnungen die englische Nation in den Glauben einer Bedrohung durch Deutschland versetzte. Die Regierung hinwieder konnte nicht, ohne die Lage noch weiter zu verschärfen, öffentlich erklären, daß ihre Haltung aus der Überzeugung flösse, Frankreich unterstützen zu müssen, um es nicht zu verlieren und um zu verhindern, daß es nochmals zu Boden geworfen werde und Deutschland über den europäischen Kontinent triumphiere. Die allgemeine Nutzanwendung, die aus den Lehren der jüngsten Vergangenheit gezogen wird, ist aber die, daß man vermeiden solle, sich wieder in ähnliche Begebenheiten zu stürzen. Daraus entsteht der Wunsch, sich mit Deutschland wieder zu versöhnen.[a]

Dieser Wunsch besteht, was das Wichtigste ist, auch bei der englischen Regierung. Verschiedene ihrer Mitglieder haben sich in versöhnlichem Sinne kürzlich öffentlich geäußert, darunter insbesondere der Zivillord der Admiralität, Mr. Lambert. Statt fernerer Belege gestatte ich mir eine Unterredung wiederzugeben, die ich gestern mit Sir Edward Grey hatte.

Der Minister bemerkte, er habe mir schon 1908 nach Erledigung der damaligen Marokkoschwierigkeiten gesagt, er hoffe, daß nun ein besseres Verhältnis zwischen Deutschland und England angebahnt werden könne. Die gleiche Hoffnung spreche er jetzt wieder aus, nachdem die Marokkofrage durch unser Abkommen mit Frankreich beseitigt sei. Er habe mit Interesse die jüngsten Reden des Herrn Reichskanzlers im Reichstage verfolgt und habe insbesondere für die zweite Rede desselben „the highest admiration"[*]. Solange ich den trockenen, klaren und im Ausdruck einfachen Minister kenne, habe ich ihn noch nie auf irgend etwas die Bezeichnung der höchsten Bewunderung, die er wiederholte, anwenden gehört. Er werde, so fuhr er fort, in der wahrscheinlich am nächsten Donnerstag im Unterhaus stattfindenden Verhandlung über die Ereignisse der letzten Zeit suchen, in gleichem, versöhnlichem Sinne wie der Herr Reichskanzler zu reden und nach Möglichkeit alles zu vermeiden, was neue Erregung schaffen könne. Er werde insbesondere den Gedanken des Herrn Reichskanzlers aufgreifen, wonach durch den glücklichen Abschluß der deutsch-französischen Verhandlungen

---

a) *D. h. wir sollen keine Schiffe bauen*

*) Die höchste Bewunderung.

über Marokko auch ein reiner Tisch — „a clean slate" ist der englische Ausdruck —
zwischen Deutschland und England geschaffen sei. Er werde allerdings nicht umhin kön=
nen, auf die Rede des Schatzkanzlers einzugehen, die mit Genehmigung des Premier=
ministers und seiner, Sir Edward Greys, eigenen Genehmigung erfolgt sei.

Zu dieser Äußerung bemerkte ich, daß eine Verteidigung der Lloyd Georgeschen Rede
auf die heftigste Kritik in Deutschland stoßen[a] und zum großen Teil den guten Eindruck
verwischen würde, den Sir Edward Greys sonstige Ausführungen etwa hervorbringen
würde. Der Minister erwiderte, er würde keine Kritik üben, die bei uns zum Wider=
spruch reizen oder dem Herrn Reichskanzler neue Schwierigkeiten im Reichstag bereiten
würde. Er wolle sich darauf beschränken, die Wirkung der Rede als nicht beabsichtigt
darzustellen.

Ich ergriff diese Gelegenheit zu etwa folgenden Ausführungen:

Nach meiner Auffassung ständen wir jetzt am S c h e i d e w e g e i n d e n d e u t s c h =
e n g l i s c h e n B e z i e h u n g e n. Infolge des Streites über Marokko und der Identi=
fizierung Englands mit Frankreich in demselben hätte sich das deutsch=englische Ver=
hältnis im vergangenen Sommer bis zu einem Grade verschlechtert, der eine höhere
Belastung kaum mehr vertrage. Anfang Juli sei nach Entsendung des deutschen Kreu=
zers nach Agadir die öffentliche Meinung in England gar nicht so sehr erregt gewesen.
Ein Gefühl der Feindschaft gegen Deutschland sei im englischen Volk im großen und
ganzen kaum vorhanden. Gegen Ende des Burenkrieges und nachher sei die Erbitterung
in England gegen uns noch stark gewesen. Diese sei im Lauf der Jahre vergessen und
verschwunden. Anfang Juli sei in England nicht die geringste Neigung gewesen, Ma=
rokkos wegen in ernsten Konflikt mit Deutschland zu geraten. Erst die ernsten mini=
steriellen Erklärungen hätten das englische Volk in den Glauben versetzt, daß wir An=
forderungen an England stellten, die seine vitalen Interessen und selbst seine Ehre als
Großmacht bedrohten. Infolgedessen habe sich hier in weiten Kreisen der Glaube fest=
gesetzt, daß der Krieg zwischen England—Frankreich und Deutschland bevorstehe. Die
Beseitigung der Kriegsgefahr durch Abschluß der deutsch=französischen Verhandlungen
werde hier als Erleichterung empfunden und habe zugleich, wie er wisse, in weiten
Kreisen den Wunsch gezeigt, nicht wieder in ähnlicher Weise in kontinentale Streit=
fragen hineingezogen zu werden. Auch trete auf vielen Seiten der Wunsch nach einer
Versöhnung mit Deutschland zutage. In Deutschland sei die Erbitterung groß, und
zwar deshalb, weil wir nie zuvor so klar vor Augen gesehen hätten, daß England be=
reit war, mit den Franzosen gegen uns Krieg zu führen, obwohl wir von England
nichts verlangten, als mit ihm in Frieden zu leben. Gegen Frankreich herrsche keine
Erbitterung, denn man verstehe es bei uns und finde es erklärlich, daß die Franzosen,
denen wir die unbeschränkte Herrschaft in Marokko streitig gemacht und von denen wir
einen Vertrag und ein Äquivalent verlangt hätten, darüber in zeitweiligen scharfen
Gegensatz zu uns geraten seien. In England aber, um dessen Sache es sich gar nicht
gehandelt habe und das sich trotzdem zum Kriege gegen uns bereit gezeigt, erblickten
wir gerade deshalb unsern eigentlichen Feind. Es habe sich infolge der englischen Hal=
tung während der letzten Monate das Gefühl bei uns verdichtet, daß England uns im
Verein mit anderen Mächten zurückzudrängen suche. Dies habe bei uns eine Erbitterung
erzeugt, die, wenn noch einmal eine ähnliche Lage wie in diesem Sommer eintrete,
nach meiner Überzeugung zum Kriege führen werde. Wir fühlten uns als ein starkes
Volk, und der Entschluß, sich nicht nochmals von England drohen zu lassen, sei so

a) Ja.

allgemein, daß keine Regierung diesem ausgeprägten Volkswillen werde, auch wenn sie es wollte, widerstehen können. Die Auffassung von der Haltung Englands gegen uns möge vielfach auf irrigen Vorstellungen beruhen. Sie sei aber vorhanden, und es müsse mit ihr gerechnet werden. Deshalb ständen wir am Scheidewege. Es sei nach meiner Ansicht trotz der hochgehenden Erregung noch nicht zu spät, die Richtung einzuschlagen, die zur Aussöhnung zwischen beiden Völkern führen werde. Ich sei mit Sir Edward Grey der Auffassung, daß die gefährlichste Klippe durch Beseitigung des Marokkostreites umgangen sei, und ich sähe keinen notwendigen Gegensatz zwischen beiden Völkern. Reden, wie die des Herrn Reichskanzlers und wie die von Sir Edward Grey beabsichtigte, könnten zwar nicht sofort einen Umschwung in der öffentlichen Meinung der beiden Länder herbeiführen, sie seien aber geeignet, allmählich einer ruhigeren Beurteilung der Lage den Weg zu bahnen. Ich glaubte nicht, daß schon jetzt die Zeit gekommen sei, durch besondere diplomatische Aktionen die deutsch-englischen Beziehungen zu bessern. ᵃ Die Gelegenheit hierzu werde sich schon mit der Zeit bieten; dann allerdings müsse sie ergriffen werden, um die Erbitterung auf der einen und das Mißtrauen auf der andern Seite zu legen und um ein normales Verhältnis zwischen beiden Ländern herbeizuführen.

Sir Edward Grey, der meiner ruhigen Darlegung mit sichtlichem Interesse folgte, vermied es in seiner Antwort kontroverse Fragen wieder hervorzuheben und stimmte mir darin zu, daß infolge unseres Abkommens mit Frankreich auch die Hoffnung auf bessere deutsch-englische Beziehungen wieder wachse, und daß die günstigen Gelegenheiten, ohne sie künstlich zu suchen, ergriffen werden sollten.

Alle Anzeichen sprechen also dafür, daß hier sowohl in den leitenden Kreisen wie im Volke der Wunsch besteht, die deutsch-englische Spannung zu mildern. Nach der Schlichtung des Marokkostreites ist die englische Regierung auch in der Lage, zur Erreichung dieses Zieles die Hand zu bieten, ohne die französische Freundschaft, auf die sie nach wie vor den größten Wert legt, zu gefährden. Ihre Beziehungen zur französischen Regierung sind seit dem Abkommen von 1904 nie so intim gewesen wie jetzt. Jede Marokkokrise hat das Einvernehmen der französischen und englischen Regierung gefestigt, und es ist mir aus bester Quelle bekannt, daß nie ein so reger vertraulicher Gedankenaustausch zwischen London und Paris stattgefunden hat, wie gerade in der letzten Zeit. Trotzdem ist der Wunsch der Aussöhnung mit uns hier vorhanden und die Aussicht auf Verwirklichung desselben günstig, nachdem das marokkanische Gespenst nicht mehr zwischen uns steht.

Mein Bericht über die augenblickliche Stimmung in England uns gegenüber würde nicht vollständig sein, wenn ich die Reichstagsverhandlungen unerwähnt ließe. Der heftige und feindselige Ton, insbesondere des Führers der Konservativen, hat hier allgemeine Beachtung gefunden und führt der Auffassung derjenigen Kreise Nahrung zu, die in dem Glauben befangen sind, daß wir zum Kriege mit England treiben. Im großen und ganzen ist jetzt aber hier eher Zurückhaltung bemerkbar und Abneigung, in den Kampfeston einzustimmen, der aus dem Reichstag herüberschallt. Es ist dies eine Erscheinung, die ich im Laufe der Jahre hier schon häufig zu beobachten Gelegenheit gehabt habe: Wenn der eine recht laut tobt, wird der andere still, und umgekehrt. Legt sich dann bei dem einen die Erregung, so fängt die Summe der Invektiven und Beschuldigungen, denen der andere unterworfen war, an, bei ihm zu wirken, und er tritt dann seinerseits wieder in einen erregten Zustand ein. Da aber in der Regel eine ge

ᵃ) *Richtig, politische Entente!*

wiſſe Zeit verfliegt, ehe die Erregung ſich auf die andere Seite fortgepflanzt hat, und
dieſe losbricht, nachdem der eine Teil ſich ſchon wieder beruhigt hat, ſo weiß in der
Regel niemand recht, weshalb der andere plötzlich ſo aufgeregt wird. Mitunter tritt
aber die Aufregung auch ſimultan ein, wie zeitweiſe in dieſem Sommer.

*Alle Reden von Grey und Konsorten in Presse und Versammlungen nutzen uns gegenüber gar
nichts mehr! Wir wollen englische Taten sehen.*

**Der Marineattaché in London an das Reichsmarineamt (mit Randbemerkungen
des Kaiſers).**

London, 18. November 1911.

Aus allerbeſter Quelle wurde mir heute folgender Vorfall erzählt, der ſich Ende
Auguſt in dem Hauſe eines hieſigen Großfinanziers gelegentlich einer Geſellſchaft ab=
geſpielt hat.

Als die geladenen Damen und Herren ſich nach dem Diner zu gemeinſamer Konver=
ſation wieder zuſammengefunden hatten, hielt ſich Mr. Churchill, einer der Gäſte,
von der übrigen Geſellſchaft fern, indem er eine mitgebrachte Abendzeitung las. Eine
für ihre Schlagfertigkeit bekannte Dame, die ſich über dieſen Mangel an Höflichkeit
ärgerte, fragte deshalb Mr. Churchill, ob er ſelbſt in Geſellſchaft von Damen die
Politik für ſo intereſſant halte, daß er eine Zeitung der Unterhaltung mit erſteren vor=
ziehe. — Mr. Churchill antwortete darauf der Fragerin in großer Schärfe, daß er in
einer ſo ernſten Stunde allerdings keine Zeit für Plaudereien mit Damen habe, und
auf einen Artikel hinweiſend, der von der bevorſtehenden Flottenrevue in Kiel handelte,
fuhr er fort: „Laß ſie nur kommen, ſie können den Krieg haben, wenn
ſie wollen.“ᵃ —

Ich ſehe darin eine Beſtätigung der von mir früher gemeldeten Anſicht, daß Mr.
Churchill als First Lord eine Gefahr für Deutſchland bedeutet.

... Mir erſcheint geboten, allen von Mr. Churchill ausgehenden Ouvertüren mit
äußerſtem Mißtrauen und mit größter Vorſicht zu begegnen.

Solange eine friedliche Stimmung in England populär iſt, wird Mr. Churchill ſie
predigen, ſieht er aber, daß in den Ohren des Volkes Fanfaren beſſer klingen, ſo
wird er der erſte ſein, der die Friedensſchalmei beiſeite ſtellt und Fanfare bläſt. In
ſeiner neuen Stellung als First Lord wird dies gefährlicher ſein, als wenn er Home
Secretary geblieben wäre. —

a) *Wir sagen genau dasselbe. Haben nicht die Absicht gehabt.*

**Der Marineattaché in London an das Reichsmarineamt (mit Randbemerkung
des Kaiſers).**

London, 18. November 1911.

Ich höre, daß Lord Charles Beresford in der für nächſten Donnerstag
angeſagten Debatte über äußere Politik die Anklage erheben wird, daß be=
treffs der deutſch=engliſchen Verhältniſſe die Regierung in der kritiſchen Zeit
der letzten Monate nicht über die Dislokation der deutſchen Flotte orientiert ge=
weſen ſei und daher zu panikartigen Maßregeln für die eigene
Flotte gegriffen habe.

Die Absicht dieser Anklage geht auf das gleiche Ziel los, wie die von der konservativen Presse seit zwei Jahren gepredigte Klage über das Fehlen des „Naval War Staff".*

Denselben Zweck sollte das von Lord Charles Beresford angekündete, in letzter Stunde zurückgezogene Buch „The Great Betrayal"** verfolgen.

Wie bekannt geworden ist, sollte dieses Buch, in dem Lord Charles gegen Mr. McKenna zu Felde ziehen und für seine Niederlage in der 1909 stattgehabten „Inquiry into questions of Naval Policy"*** Rache nehmen wollte, hauptsächlich für die Schaffung des „Naval War Staff" Propaganda machen. Wie weiter nachträglich bekannt geworden ist, hat der Premierminister, dem die Tendenz des Beresfordschen Buches verraten worden war, diesen Fall als äußeren Grund für den Wechsel in der Stellung des First Lord of the Admiralty gewählt. — Der innere Grund ist der, daß der Personenwechsel wie eine Konzession an Deutschland aussehen soll. —

Mr. Asquith hat es vorgezogen, seinen bisherigen Liebling McKenna zu opfern, um dadurch allzu heftigen Angriffen der Opposition auf eine leicht verwundbaren Stelle des englischen Nationalgefühls vorzubeugen.

Mr. McKenna, der die Rolle des Sündenbocks spielen mußte, soll dies selbst als Ungerechtigkeit empfinden und seinem früheren Beschützer Asquith tiefen Groll nachtragen.

Mir scheint es, als ob der Regierung der von Beresford im Parlament geplante Angriff gar nicht so ganz ungelegen kommen wird. Es muß ein Sündenbock für das gespannte Verhältnis mit Deutschland gefunden werden. Es ist nicht unwahrscheinlich, daß der bisherige First Lord als solcher hingestellt werden wird, der bei besserer Orientierung über die deutsche Flotte die Mobilmachungsanordnungen für die eigene Flotte hätte vermeiden können. Wären alle diese Maßregeln durch bessere Kunde über die Dislokation der deutschen Flotte und friedlichere Beurteilung ihrer Absichten vermieden worden, dann wäre voraussichtlich, so wird man folgern, die Stimmung Deutschlands jetzt weniger erbittert.

Da man den Sündenbock, der ja nicht Fachmann war, bereits prophylaktisch in die Wüste gesandt hat, können die Sealords, die voraussichtlich als besser orientiert geschildert werden, den Vorwurf verschmerzen, und Mr. Churchill wird voraussichtlich als Abhilfe gegen Wiederholungen in der Zukunft den „Naval War Staff" versprechen, dessen Schaffung im Frühjahr dem neuzuwählenden First Sealord als Bedingung gestellt werden wird.

---

*) Marine-Kriegsstab.
**) „Der große Verrat."
***) Anfrage in Sachen der Marinepolitik.

Auf diese Weise beruhigt man ohne Verletzung der Sealords die Opposition
im eigenen Lande, was aber wichtiger ist, man konstruiert Deutschland gegen=
über eine Begründung für die bedrohlichen Maßnahmen der letzten Monate und
hat sogar durch Entfernung des in Deutschland unbeliebten McKennas bereits
den Eindruck erweckt, als ob man zu Konzessionen bereit sei.   *Sehr richtig.*

Ich schalte hier auszugsweise einen Brief Widenmanns vom 19. No=
vember ein. Er beschäftigt sich mit den drei führenden Persönlichkeiten des
Kabinetts, Asquith, Grey und Haldane. Obwohl die damals in London um=
laufende, von Widenmann hier berichtete Kombination sich nicht bestätigt
hat, vielmehr Haldane Lord Chancellor wurde, Asquith Premierminister und
Grey Außenminister blieb, ist sein Urteil über die drei unter einander be=
freundeten Staatsmänner beachtenswert.

... Wenn es auch beinahe wie politischer Selbstmord aussieht, daß ein Mann in das
House of Lords einzieht, das er um seine politische Bedeutung beraubt hat, solange
er Premierminister war, so machen doch folgende Gründe diesen Schritt verständlich.
Der frühere Barrister A s q u i t h ist arm. Das mit einem Jahresgehalt von 10 000 £
dotierte Amt, das nur von einem Mitgliede des Richterstandes bekleidet werden kann,
bringt durch Abgabe von richterlichen Gutachten etwa noch einmal die gleiche Summe
ein. Es gewährt gleichzeitig noch einen nicht unerheblichen politischen Einfluß außer=
halb des House of Lords, durch das ex officio damit verbundene Vorschlagsrecht aller
höheren Richterstellen. Diese Aussichten, verbunden mit einer selbst heute noch aus so=
zialen Gründen beliebten erblichen Peerage, erscheinen wohl reizvoller wie die, ohne
Portefeuille und daher auch ohne Gehalt von der politischen Bühne abzutreten. —
Ferner gilt Mrs. Asquith als sehr ehrgeizig und snobbish, sie wird sich daher in der Rolle
einer Lady über die Einbuße an dem bisherigen Einfluß ihres Mannes zu trösten
wissen, zumal wenn er nach der Hofrangordnung vor dem Premierminister rangiert
und solange ihr sein Gehalt erlaubt ein großes Haus zu machen.
Dadurch daß Asquith den von einem Regierungswechsel unabhängigen Posten eines
Lord Chancellor für sich selbst freigehalten hat, erklärt sich nunmehr auch, warum Lord
Haldane den immer von neuem auftauchenden Gerüchten, daß er den Lord Loreburn
in dieser Stellung ablösen werde, auf das entschiedenste entgegentritt.
Die Wahl Sir Edward G r e y s als Premierminister scheint eine Konzession an alle
Bestandteile der Regierungspartei zu sein und ist daher trotz der damit verbundenen
Übergehung von L l o y d G e o r g e verständlich. Die Wahl des letzteren würde die Re=
gierungspartei auseinander sprengen und auch auf den heftigsten Widerstand aller ge=
mäßigten Kreise des Landes stoßen. Dagegen besitzt Sir Edward Grey das allgemeine
Vertrauen sämtlicher Kreise, da er auf dem imperialistischen Flügel der Liberalen und
daher in dem Rufe steht, ein maßvolles Gegengewicht gegen Lloyd George und
Churchill zu bilden.
Die Wahl Lord H a l d a n e s als Nachfolger Greys ist aus dem Grunde erklärlich,
daß Haldane immer schon in Abwesenheit Greys von London — ein Zustand, der
häufig eintritt — die Geschäfte des Foreign Secretary führt. Er ist daher sowohl mit
den Gepflogenheiten wie mit den Akten dieser Behörde vertraut. Dieser Umstand eben=

sowie sein Charakter bürgen dafür, daß er die äußere Politik im bisherigen Sinne fort=
führt. Seine Vorliebe für deutsche Kultur und Wissenschaft wird Halbane in den
Augen mancher Germanophoben verdächtig erscheinen lassen, wahrscheinlich ganz unbe=
rechtigterweise; denn Halbane ist, wie er selbst kürzlich dem Militärattaché gegenüber
erklärt hat, nicht allein Mitwisser der Lloyd Georgschen Rede gewesen, sondern er hat
ausdrücklich betont, daß er sie voll und ganz gebilligt hat. Insofern liegt dagegen für
Deutschland in seiner Wahl eine Gefahr, als man sich in vielen deutschen Kreisen
dem optimistischen Wahn hingeben wird, daß mit Halbanes Amtsantritt ein neues und
glücklicheres Zeitalter der deutsch=englischen Beziehungen beginnen wird. Halbane wird
ebensowenig wie Grey die gehässig antideutsche Stimmung unter den ständigen Mit=
gliedern des Foreign Office, zu denen ja auch die englischen Botschafter im Auslande
gehören, ändern können noch ernstlich wollen, denn er ist zu klug, um allein gegen
den Strom schwimmen zu wollen, in dem die englische Volksstimmung treibt...

Im ganzen genommen kann man meiner Ansicht nach, wenn diese Voraussagungen
wirklich eintreffen, insofern zufrieden sein, als der Wechsel für Deutschland ja noch
schlechter würde ausfallen können. Man darf aber nicht vergessen, daß selbst bei diesem
geringen Trost Lloyd George und Churchill im Kabinett bleiben. Letzterer vor allem
an einer sehr einflußreichen Stelle und von dem Ehrgeiz beseelt, bei der nächsten Um=
gestaltung des liberalen Kabinetts selbst Premierminister zu werden. Nebenbei hat er
das Beispiel seines Vaters vor Augen, der in kritischer Zeit wegen übertriebener Spar=
samkeit aus dem Amte ging.

Wenn man in der jetzigen kritischen Zeit von einzelnen Personen im englischen Ka=
binett für uns Gutes erhofft, so rechnet man ohne den englischen Patriotismus; man
geht entschieden sicherer, wenn man von allen Ministern eine egoistisch englische und
von einzelnen unter ihnen eine kraß antideutsche Haltung erwartet.

Der Marineattaché in London an das Reichsmarineamt (mit Randbemerkung des Kaisers).

London, 20. November 1911.

Wenn man die von dem konservativen Parlamentsmitgliede Captain Faber ge=
legentlich eines Bürgermeisteressens in seinem Wahlkreis Andover gehaltene Rede [1] auch
nur als eine ärmliche Jeremiade bezeichnen kann, so scheint sie doch dem beeinflußten
Presselärm nach zu urteilen, der hiesigen Regierung ernstlichen Kummer zu bereiten.

Über die einzelnen Anklagepunkte Captain Fabers und die Begründung derselben
wird jeder englische Seeoffizier mit einem mitleidigen Lächeln zur Tagesordnung über=
gehen können, aber trotzdem sind die Enthüllungen Fabers dazu angetan, der Welt die
Augen über die Kriegsmaßregeln der englischen Regierung während der letzten
Monate zu öffnen.

Alle in den letzten Monaten seitens der offiziösen Westminster Gazette veröffent=
lichten Friedensworte und Reden unoffizieller Friedensfreunde im Mansion House
und an anderen Orten außerhalb Whitehalls werden gegen Tatsachen verstummen. Die

1) *Faber enthüllte, daß in der Agadirkrisis Lloyd George und Churchill ehrlich zu
Frankreich stehen wollten, ein anderer Teil des Kabinetts aber nicht. Die britische
Flotte sei in drei Teile zerrissen, der Aufenthalt der deutschen unbekannt gewesen;
daraufhin sei McKenna durch Churchill ersetzt. Besser sei die Armee für einen Krieg
vorbereitet gewesen; sie hätte sechs Divisionen nach Frankreich schicken können.*

englische Regierung wird, so unbequem es ihr auch sein wird, und so vorsichtig sie es auch tun wird, endlich zugeben müssen, daß sie im August und September zum Kriege gegen Deutschland gerüstet hat. Dies paßt natürlich sehr schlecht in ein Programm, welches ein „Flotten=Agreement mit Deutschland" vorsieht, da notgedrungen die Bedingungen, die deutscherseits einem solchen Flotten=Agreement zugrunde gelegt werden müssen, in unbequemer Weise durch englische Verschuldung in die Höhe geschraubt werden.

a) *Ja, das werden sie.*

Aus Widenmanns Brief vom 22. November:

Die englischen Kriegsvorbereitungen hat der Botschafter als möglichst harmlos hinzustellen versucht. Wie weit sich seine Ansicht nach den inzwischen hier er= folgten Enthüllungen noch halten läßt, wird man ja in Berlin selbst beurteilen können.

Meine Charakteristik Churchills hat er nach Möglichkeit widerlegt und das Bild als das eines aufrichtigen, von den besten Absichten für Deutschland beseelten Mannes gemalt...

Dahingegen hat Churchill bei meiner neulichen Unterredung über den Botschafter eine Lobeshymne gesungen und die Hoffnung ausgesprochen, daß er noch recht lange in London bleiben werde, so daß man zu dem Glauben berechtigt sein kann, als ob der Botschafter um die Interessen Englands besondere Verdienste habe. Ich konnte mich daher auch nicht enthalten, Churchill darauf zu erwidern: after all Count M's health is not in a good state, he is rather weak.* Worauf Churchill das weak beziehen will, habe ich natürlich ihm überlassen.

Bezüglich der Aufnahme einer Novelle hat der Botschafter auf das eindringlichste gerade vor dem jetzigen Augenblick gewarnt und darauf hingewiesen, daß man von einer solchen Maßnahme Deutschlands die allerschlimmsten Folgen in England erwarten müsse.

Wie diese Schwenkung mit der mir gegenüber vor dem 14. Oktober ausgesproche= nen und in meinem Brief vom gleichen Datum gemeldeten Ansicht des Botschafters in Einklang zu bringen ist, ist mir zunächst unverständlich, ich enthalte mich daher jeder Kritik dieser Schwenkung.

Ich muß jedoch hinzufügen, daß der Botschafter auf Grund des hier eingegangenen Reichskanzlertelegramms seine Stellung bereits niedergelegt hatte und darauf diese, auf Grund eines inzwischen aus Berlin eingetroffenen Briefes des Herrn von Kiderlen, der Form und dem Sinne nach abgeändert hat. Die Absendung der Stellungnahme ist dadurch um zwei Tage verspätet worden...

Da sich möglicherweise die Differenzen auf Personenfragen zuspitzen können, möchte ich schließlich noch folgendes melden: Nachdem ich dem Reichskanzler auf seinen Wunsch auf der „Hohenzollern" meine persönliche Ansicht über das augenblickliche Verhältnis zu England gemeldet hatte, hörte ich noch während meines Aufenthalts in Deutschland von einer Seite, die ich jetzt nicht nennen kann, daß der Reichskanzler zu dieser selben Per= sönlichkeit die Bemerkung gemacht hat: „Den Marineattaché brauche ich ja gar nicht zu hören, da kann ich mir ja gerade so gut die Ansicht des Admirals von Tirpitz bei letzterem selbst holen."

---

*) Übrigens ist Graf M's. Gesundheitszustand nicht gut, er ist ziemlich schwach.

Der Botschafter in London an den Reichskanzler.

London, 28. November 1911.

Der Eindruck, den die Rede Sir Edward Greys im Unterhause gemacht hat, läßt sich kurz dahin charakterisieren, daß der Teil, welcher davon handelt, daß England an den geschlossenen Freundschaften festhalte und daß eine Politik des Abseitsstehens für England unheilvoll wäre, hauptsächlich von der Opposition mit Beifall begrüßt wurde, während der Teil der Rede, der eine versöhnliche Sprache für Deutschland enthält, hauptsächlich den Beifall der Ministeriellen herbeiführte. Im großen und ganzen zeigte die Opposition ein wärmeres Verständnis für den Gedanken der Kontinuität der auswärtigen Politik Sir Edward Greys als seine eigene Partei.

In dem ersten Teil seiner Rede suchte er zu begründen, weshalb die englische Politik über die Absichten Deutschlands bis zum 21. Juli im unklaren geblieben und deshalb hier Beunruhigung entstanden sei. Er berief sich dabei auf zwei Besprechungen, die er mit mir am 3. und 4. Juli gehabt habe und worin er die Besorgnis vor den unbekannten Plänen der deutschen Regierung deutlich zum Ausdruck gebracht habe. Diesen Punkt behandelt der Minister besonders ausführlich als Rechtfertigung für die englische Haltung im allgemeinen und die Lloyd Georgesche Rede im besonderen. Er legt Wert auf diesen Punkt, weil er vielfach in England angegriffen worden ist, eine zu brüske Haltung gegen Deutschland eingenommen zu haben. Zuerst hieß es in Verteidigung gegen diese Angriffe offiziös, daß eine englische Anfrage während dreier Wochen unbeantwortet geblieben sei, dann wurde dieser Standpunkt fallen gelassen, dafür aber angedeutet, daß die englische Regierung deutlich ihren Wunsch nach Aufklärung zu erkennen gegeben habe. Diesen Standpunkt behält Sir Edward Grey in seiner Rede bei. Entscheidend bleibt, daß er auch in seiner Rede keinen Beweis beibringt, noch beibringen konnte, daß eine englische Anfrage tatsächlich unbeantwortet geblieben sei. An einzelnen Stellen der Wiedergabe meiner Besprechung mit ihm scheint mir der Minister weiter zu gehen, als seine mir gegenüber gebrauchten Worte es zulassen. Das, was er mir nur andeutete, stellte er in seiner Rede mitunter als klar ausgedrückt hin. Jedoch möchte ich annehmen, daß eine Kontroverse hierüber mit ihm zu nichts Ersprießlichem führen kann. Er spricht pro domo sua, wir haben für unsern Standpunkt gesprochen, und der Unterschied zwischen beiden Darstellungen, der mehr im Ton als in der Substanz liegt, erscheint mir nicht bedeutend genug, um daran eine fernere Kontroverse zu knüpfen, die doch zu keinem Ergebnis führen würde.

Die Faberschen Enthüllungen und die aufgeregten Kommentare über Kriegsgefahr, Bereitschaft und Unbereitschaft bezeichnete Sir Edward Grey als politischen Alkoholismus. Eine unmittelbare Kriegsgefahr habe nach seiner Auffassung nicht vorgelegen. Die Lage sei dadurch ungewiß und gespannt gewesen, weil niemand mit Bestimmtheit während längerer Zeit habe voraussehen können, ob die deutsch-französischen Verhandlungen zu einem Ergebnis geführt hätten oder nicht.

Der Minister hob klar hervor, daß die englische Politik auch in Zukunft darauf gerichtet sein werde, die Freundschaft mit Frankreich und Rußland auf das Sorgsamste zu wahren und zu pflegen. Wer neue Freunde erwerben wolle, dürfe alte Freunde nicht fallen lassen, sonst bliebe man ohne jede Freundschaft. Englands Politik sei nicht aggressiv. Sie werde Frankreich und Rußland in einem aggressiven Kriege gegen Deutschland nie unterstützen, sie stehe der Ausbreitung Deutschlands nicht im

Wege. Er würde sich freuen, wenn es Deutschland gelänge, im Herzen Afrikas im Laufe der Zeit neuen Kolonialbesitz zu erwerben.

Der Minister behandelte dann die Reden des Herrn Reichskanzlers im Reichstage, deren Ton und Sinn er erwidere. Ein plötzlicher Umschwung der öffentlichen Meinung in Deutschland und England zugunsten einer Annäherung zwischen beiden Ländern sei nicht zu erwarten, er setze seine Hoffnung auf den beruhigenden Einfluß der Zeit, und es lägen schon Anzeichen vor, daß der Horizont sich aufkläre.

Meine Mitteilung über den Abschluß des Marokkoabkommens habe er mit besonderer Genugtuung begrüßt. Die große Errungenschaft dieses Abkommens liege darin, daß Marokko nicht länger den Frieden Europas störe. —

Dies ist der Kernpunkt der augenblicklichen Lage. Da wir keine aggressiven Kriege nach West oder Ost führen wollen, und von dort aus auch keine Kriege gegen uns in absehbarer Zukunft zu erwarten sind, woran sich zu beteiligen England in die Versuchung kommen könnte, so liegt augenblicklich nichts vor, was unseren Gegensatz zu England von neuem verschärfen würde. Dagegen weiß ich und betone es ausdrücklich, daß in England der Wunsch allgemein ist, durch die Ententepolitik nicht wieder in gefährlichen Gegensatz zu uns zu geraten. Die Periode der aggressiven Ententepolitik tritt nach Überwindung der Marokkoschwierigkeit in den Hintergrund. Eine politische Vereinbarung zwischen uns und England, die ein Fallenlassen der englischen Ententefreundschaften in sich schließt, wird nicht zu erreichen sein. Dagegen deutet Sir Edward Grey öffentlich im Parlament seine Unterstützung an, um uns die Grundlagen eines zukünftigen mittelafrikanischen Kolonialreiches zu sichern. Die Erde ist schon verteilt und wo anders als in Mittelafrika bieten sich uns kaum Aussichten zur Erwerbung von Kolonien großen Stiles. Die Frage, ob Äquatorialbesitz zur Stärkung des Mutterlandes beiträgt, ist nicht unbestritten. Wenn wir aber auf der Grundlage des Geheimabkommens mit England von 1898 weiterbauen wollen, so bietet sich jetzt eine Gelegenheit. Wir können nicht à la Italien anderen ihren Besitz einfach wegnehmen. Der Zerfall der portugiesischen Kolonien schreitet aber voran, und ob das ungeheure Kongobecken auf die Dauer in der Hand eines schwachen Staates wie Belgien bleiben kann, erscheint auch ungewiß. Sir Edward Grey bietet uns an, im gegebenen Zeitpunkt de faire courroie du cuir d'autrui.* Für Kolonialpolitiker hat die Erwerbung neuen Besitzes manches Verlockende. Auch erfreut sie die öffentliche Meinung. Bismarck hat die Kolonialpolitik, gegen die er sich bis zum Jahre 1882 stemmte, inauguriert, um dem deutschen Volke, das nicht ewig von der Begeisterung der großen Siege leben konnte und Anzeichen von Unzufriedenheit und Zerfahrenheit gab, einen neuen Weg zu zeigen, an dem es Gefallen fand. Sir Edward Grey will uns mit Vorspiegelungen einer kolonialen Zukunft besänftigen. Die absolute Gewißheit, daß wir die englische Politik in Europa nicht mehr gegen uns haben werden, gibt er uns aber nicht und wird sie uns auch nicht geben. Die Wahrscheinlichkeit, daß wir England mit anderen Mächten wieder gegen uns aufmarschiert sehen, tritt aber nach Erledigung von Marokko von selbst zurück. England wird sich nicht leicht entschließen, wieder gegen uns Stellung zu nehmen. Gebranntes Kind scheut das Feuer. In England wird das deutsche Expansionsbedürfnis für weit stärker gehalten, als es tatsächlich bestehen dürfte. Der Gedanke, daß man Deutschland seinen Platz an der Sonne gönnen und ihm sogar dazu verhelfen müsse, ist hier jetzt allgemein verbreitet. Diese Stimmung läßt sich

---

*) Riemen zu schneiden aus andrer Leute Leder.

vielleicht zu unserem Vorteil verwenden. Es ist mir unbekannt, welche Rolle Spanisch-Guinea und Fernando Po bei den spanisch-französischen Verhandlungen über Marokko zugeteilt ist, und ob, abgesehen vom französischen Vorkaufsrecht, Zusagen Frankreichs an uns vorliegen, uns diesen spanischen Besitz als Äquivalent für unser Desinteressement im spanischen Teile Marokkos zu erwerben. In diesem Falle wäre zu erwägen, ob die Mithilfe der englischen Politik nützlich und zu erwirken ist.

Die günstige Stimmung, welche jetzt in England besteht, um das Vergangene vergessen zu machen und eine Annäherung an uns herbeizuführen, wird aber nur so lange vorherrschen, als bei uns keine neuen und hier gefürchteten Maßnahmen ergriffen werden, die nach hiesiger Auffassung den Versuch einer Aussöhnung mit uns wertlos und unnütz erscheinen ließe. In dem Falle wird hier eine entsprechende Flottenverstärkung stattfinden und, um die erforderlichen Geldmittel zu gewinnen, Tarifreform, wofür im geheimen die Minister Lloyd George und Winston Churchill schon halb gewonnen sind, wieder in den Vordergrund der politischen Erwägung treten, es wird die allgemeine Wehrpflicht näher heranrücken, die Entente mit Frankreich sich leicht zum Bündnis verdichten und die Stimmen derer, die sich gegen entangling alliances richten, wieder verstummen.

Hier sei ein aus dem November 1911 stammendes, mit Anfang Dezember vom Admiralstab übersandtes Stimmungsbild der englischen Verhältnisse eingeschaltet.

Im Frühjahr d. J. war die Stimmung in England Deutschland freundlicher, als dies seit Jahren der Fall gewesen. In politischen wie in Handelskreisen gewann damals der Gedanke an Boden, daß die Ententepolitik Edwards VII. ein Fehler gewesen, mehr persönlicher Eifersucht gegen Kaiser Wilhelm entsprungen sei als realen sachlichen Gesichtspunkten, daß insbesondere durch den Vertrag von 1904 wertvolle englische Interessen in Marokko für rein nominelle Gegenleistung an Frankreich preisgegeben seien.

Der Minister Winston Churchill äußerte sich noch im Mai einem ihm sehr befreundeten deutschen Herrn gegenüber dahin, daß wirkliche Gründe für die Antagonie zwischen England und Deutschland nicht vorhanden seien, das Wettrüsten sei zwar für England unbequem. Er (Churchill) glaube aber, daß es „trotz der Flottenbauten weder in einem noch in zehn noch in zwanzig Jahren zum Kriege kommen würde". Er glaube viel eher, daß sich mit der Zeit ein Arrangement finden lassen werde.

Der Marsch der Franzosen nach Fez wurde in englischen Regierungskreisen zunächst feindlich aufgenommen. Es ist der Gedanke erwogen worden, dies Vorgehen zur Beseitigung des Vertrages von 1904 zu benutzen, um eine den englischen Interessen vorteilhaftere Regelung der Marokkofrage herbeizuführen.

Das Erscheinen des „Panther" vor Agadir hat in englischen Regierungskreisen überrascht, insofern man eine vorherige Verständigung mit England erwartet hatte.

Trotzdem blieb die Stimmung im Kabinett zunächst friedlich.

Dann sickerte eine — allerdings falsche — Nachricht durch, Deutschland wolle das Susgebiet und Mogador für Deutschland gewinnen.

Ferner kamen Sir Francis Bertie (intimer Freund von Delcassé) und Cartwright nach London und verhandelten mit Sir Arthur Nicholson (Unterstaatssekretär im Foreign Office). Alle drei sind ausgesprochene Deutschfeinde.

Diesen drei gelang es, den an sich nicht als deutschfeindlich zu bezeichnenden Sir Edward Grey und später das Gesamtkabinett zu überzeugen, daß eine Unterstützung Frankreichs unbedingt nötig, ein Festhalten an der Entente Ehrensache sei. Die Folge davon waren die Reden von Lloyd George und Asquith, eine Note nach Berlin, daß eine Festsetzung an der atlantischen Küste Marokkos casus belli sei, sowie ein fast momentanes Aufwallen der Kriegsstimmung in der zweiten Hälfte des August.

Als Beweise für den Ernst der damaligen Situation führte der Vertrauensmann an:

1. Am 19. August erschien im ersten politischen Klub Londons der Präsident der S W-Eisenbahnen mit der überraschenden Nachricht, daß der Eisenbahnstreik beendet sei, und machte eine Andeutung, daß die Beendigung mit der europäischen Lage zusammenhänge. Der Vertrauensmann war zugegen und ging dem weiter nach.

Durch Unterredungen mit anderen Beteiligten ermittelte er folgendes:

Zwischen der französischen und englischen Regierung war ad hoc eine schriftliche Abmachung erfolgt über gegenseitige militärische Unterstützung zu Wasser und zu Lande im Falle, daß es zu einem Kriege mit Deutschland kommen sollte. Danach sollte England 200 000 Mann (einschließlich Territorials) unter Sir John French in Dunkerque, Calais und Boulogne ausschiffen. Unter Hinweis auf diese Verpflichtung hatte die englische Regierung die Eisenbahnpräsidenten aufgefordert, sich zwecks sofortiger Beendigung des Streiks einer Royal Commission zu unterwerfen, die dann auch kurzerhand den Streik entschieden hat.

2. In einem Interview sagte Lord Charles Beresford, die Antagonie zwischen Deutschland und England sei Tatsache, man solle ihr daher offen ins Auge sehen.

Mit Bezug auf das Interview sagte der Minister Churchill Ende August zu seinem vorerwähnten intimen deutschen Freunde etwa:

„Was Beresford gesagt, ist richtig. Ich habe im Frühjahr anders über die Situation gedacht, aber Sie sehen, daß die Entwicklung der Dinge sich geändert hat."

3. Ende August ist ein englischer Kabinettsbeschluß gefaßt worden, drei (oder fünf) Panzerkreuzer nach Agadir zu senden, um Deutschland zu provozieren.

Die Ausführung ist lediglich an dem Widerstande des Königs gescheitert, der friedliebend ist.

Dies ist bestätigt worden durch den früheren portugiesischen Gesandten, der ein ständiger Reisebegleiter des Königs ist.

Der belgische Gesandte Graf Lalaing hat den Kabinettsbeschluß gekannt, hielt daraufhin den Krieg für unvermeidlich und hat deswegen die bekannte Mobilmachung Belgiens veranlaßt.

4. Noch niemals in der langen Zeit, die der Vertrauensmann in England zugebracht hat, hätten selbst die angesehensten Deutschen sich in England so ungemütlich gefühlt, wie in diesem Sommer. Selbst zur Zeit des Krüger-Telegramms hätten die Engländer ihre Gereiztheit dem einzelnen Deutschen nicht fühlen lassen. In diesem Sommer ist das der Fall gewesen.

5. Im August erging an eine Reihe verabschiedeter Offiziere die Anfrage, ob sie gewillt seien, im Kriegsfalle in der Territorialarmee Dienste zu tun.

Einer der gefragten Offiziere hat in der Unterhaltung mit dem Vertrauensmann erzählt, er habe eine Gestellungsorder nach Antwerpen zum 14. Mobilmachungstage erhalten.

Gleiches hat ganz unabhängig ein anderer Territorialoffizier einem Bekannten des Vertrauensmanns erzählt.

Augenblickliche Kriegsstimmung in England.

Über die augenblickliche Stimmung für einen Krieg mit Deutschland äußerte sich der Vertrauensmann wie folgt:

Seit Beginn des Tripolisunternehmens ist die Kriegsstimmung zurückgetreten. Die politischen Kreise beschäftigen sich jetzt vorwiegend mit der türkischen Frage. Man fürchtet in England dauernd einen Anschluß der Türkei an den Dreibund. Man hält es für möglich, daß eine türkische Armee unter einem deutschen Führer (Golz) die Befreiung Ägyptens fertig bringt.

England ist daher zurzeit in erster Linie damit beschäftigt, die Türken zu den Westmächten hinüberzuziehen. Es ist Tatsache, daß England dem Durchzuge von türkischen Truppen und Kriegsmaterial durch Ägypten keine Hindernisse bereitet. 60 Maschinengewehre auf Kamelen verladen sind in Ägypten von einem absolut sicheren Beobachter gesehen worden.

Gleichzeitig sind Verhandlungen im Gange, um auf Grundlage des Delcassé-Entwurfs von 1905 und der obenerwähnten ad-hoc-Abmachung eine allgemeine Militärkonvention auf fünf Jahre zwischen England und Frankreich zustande zu bringen.

Dieser Plan ist dem englischen Kabinett sympathisch, auf französischer Seite wird er von Delcassé mit Eifer, von de Selves lau betrieben, während Caillaux Bedenken hat, von dem Gesichtspunkt aus, daß Frankreich im Ernstfalle doch die Kosten tragen würde.

Die Aussichten dieses Planes sind daher zurzeit nicht zu übersehen.

Der belgische Gesandte ist nächst dem französischen Botschafter Cambon stets am besten über die Absichten des englischen Kabinetts orientiert, und es liegt der Schluß nahe, daß auch Bemühungen vorliegen, Belgien zum Anschluß an die Westmächte zu bewegen.

Im ganzen kann von einer Kriegsstimmung zurzeit nicht gesprochen werden, wenn auch noch genügend Erregungsstoff aus dem Sommer zurückgeblieben ist, um bei entsprechendem Anlaß neue Aufwallung hervorzurufen.

Solchen Wallungen ist die englische Stimmung mehr ausgesetzt wie die irgendeines anderen Volkes. Die Jahreszeit, der herannahende Winter, ist für Kriegslust in England nicht geeignet.

Über den Einfluß der Agitation des Flottenvereins äußerte sich der Vertrauensmann wie folgt:

Die mißdeutete Kaiserrede in Hamburg habe allerdings starke Erregung hervorgebracht. Diese sei aber nach Dementierung der ihr untergelegten Flottenabsichten schnell vorübergegangen.

Zur Zeit glaubt man in England trotz der Flottenvereinsagitationen nicht an eine Flottenvermehrung. Welche Wirkungen eine tatsächliche Flottenvermehrung im jetzigen Augenblick haben würde, sei nicht abzusehen.

Nachdem wieder Ruhe eingetreten, hielte er auch eine gelegentliche Weitervermehrung der deutschen Flotte nicht ohne weiteres für einen Anlaß zum Kriege.

Der jetzt zum Ersten Lord der Admiralität ernannte Winston Churchill, den der Vertrauensmann besonders gut beurteilen zu können glaubte, sei eines der wichtigsten Mitglieder des Kabinetts. Jung, ehrgeizig, voller Initiative habe er das Bedürfnis, sich einen Namen zu machen, sei es als Erhalter des Friedens trotz aller Schwierig-

leiten, sei es als derjenige, der den richtigen Augenblick zum Losschlagen erfaßt. (Eine
Art Chamberlain.)

Seiner Auffassung und Vorbildung nach würde Churchill aber das friedliche Ar=
rangement vorziehen, wenn ihm eine brauchbare Möglichkeit dazu geboten würde.

Wie ich oben dargelegt habe, drängten die Verhältnisse nach der Ma=
rokkodebatte zu einer Entscheidung für oder gegen die Novelle; die für
das Reichsansehen nach innen und nach außen erforderliche Remedur
konnte nur dadurch erlangt werden, daß wir jetzt sagten, was wir wollten.
Besser als die Debatte wäre natürlich die debattelose Annahme einer recht=
zeitig von der Regierung eingebrachten Novelle durch den Reichstag ge=
wesen; dann hätte sich das für unser Ansehen schädliche Verurteilen unserer
Marokkopolitik in offenem Reichstag vermeiden lassen und die Novelle wäre
ohne Lärm sofort über die Bühne gegangen, besonders, da sogar die Kon=
servativen zu diesem Zweck direkte Steuern anboten. Die Methode des
Hinauszögerns, die der Kanzler übte, erweckte mir den bestimmten Ein=
druck, daß die Novelle überhaupt zu Fall gebracht werden sollte. Auf das
Etatsjahr 1912/13 aber zu warten — wie ich ursprünglich im Zusammen=
hang mit dem Rüstungsabkommen 2:3 geplant hatte — war jetzt nicht
mehr möglich, nachdem einmal der Kampf um die Frage öffentlich ent=
brannt war.

Infolgedessen mußte ich nun zur Klarheit kommen.

Daß sich in diesen ganzen Monaten ein lebhafter Meinungsaustausch
zwischen Bethmann Hollweg, Kiderlen=Wächter, dem Kaiser, Metternich,
Wermuth usw. vollzogen hat, von dem ich keine Kenntnis erhielt, steht außer
Zweifel. Der Geschichtsforscher wird darüber vermutlich einmal mehr wissen
als ich.

Am 14. November 1911 hatte ich eine Unterredung mit Admiral von
Müller.

Ich habe ihm gesagt, er müsse eine Entscheidung herbeiführen; habe ihm dar=
gelegt, aus welchen Motiven ich eine Vertretung des Etats bei einem Herabgehen
des Bautempos auf zwei Schiffe nicht übernehmen könnte.

Admiral von Müller wies darauf hin, daß ich es in Rominten für an=
gängig erklärt hätte, noch ein Jahr zu warten.

Ich erwiderte, daß die Verhältnisse sich gegen damals verändert hätten.
Dazu käme der Zusammenstoß zwischen Bethmann und Heydebrand in der
Marokkodebatte. Es wäre eine Unmöglichkeit, wenn im Reichstage nach

der Novelle gefragt würde, zu sagen, wir hätten genug, auch unmöglich zu sagen, wir könnten noch ein Jahr warten. Durch die ganze Entwicklung des englischen Verhaltens wäre das Heruntergehen von vier Schiffen auf zwei unmöglich. Die Bedeutung liege darin, daß, wenn wir jetzt auf zwei herabgehen, dies einem zweiten Zurückweichen vor England gleichkäme.

Admiral von Müller sagte darauf, daß der Kaiser im Fall, daß ich die Kabinettsfrage stellte, sehr ungehalten sein und mir den Abschied nicht geben würde. Er wies dabei auf den Kolonialstaatssekretär von Lindequist hin, der seine Entlassung genommen hatte, weil er den Kiderlenschen Kolonialtausch mit Frankreich nicht vertreten wollte.

Ich erwiderte, der Kaiser könne mir wohl sagen, daß ich die Novelle verdoppeln müßte, der Kaiser könnte aber nicht von mir verlangen, einen Schritt zu vertreten, der meiner Überzeugung nach ein Abbanken in sich schlösse. Das Unrichtige in dem Schritt Lindequists wollte ich gerade vermeiden, dadurch daß ich jetzt um eine Entscheidung bäte.

Admiral von Müller ist daraufhin (am 14. November) zum Kaiser nach Potsdam gefahren; er hat mir am Abend mündlich gesagt, daß der Kaiser ihm befohlen habe, zum Kanzler zu gehen. Dieser solle den Etat im Bundesrat nicht beraten lassen, sondern in den Etat die Novelle gleich hineinarbeiten lassen. Am 15. November ging hierüber ein amtliches Schreiben des Kabinettschefs ein, der gleichzeitig persönlich mitteilte, daß der Reichskanzler einverstanden wäre und schon mit Wermuth gesprochen habe. Somit hatte der Kanzler scheinbar nachgegeben; er hielt sich aber, wie sich zeigte, eine Hintertüre offen.

Am 16. November hatte ich eine zweistündige Unterredung mit dem Reichskanzler, deren Resultat war: Der Reichskanzler war einverstanden, daß ihm die Novelle vorgelegt und in die entsprechenden Verhandlungen eingetreten würde. Ferner war er damit einverstanden, daß die Novelle in den Etatsentwurf eingearbeitet würde und die Bundesratsberatung über den Marineetat entsprechend hinausgeschoben würde. Ich machte mir darüber nachfolgende Aufzeichnungen:

Der Reichskanzler hat ausdrücklich erklärt, daß er dem Wunsche Seiner Majestät gemäß das Vorgehen mit der Novelle einleiten wollte, daß er sich aber vorbehalten müsse, evtl. Seiner Majestät zu sagen, daß er die Durchführung im neuen Reichstage[1] dann nicht übernehmen könne, falls die Verhältnisse später eine Novelle als inopportun würden erscheinen lassen. Ich habe den Reichskanzler nochmals bringend gebeten, diesem Gedanken nicht Raum zu geben. Im Interesse des Landes und des Kai-

---

1) *Anfang 1912 fanden Neuwahlen statt.*

fers wäre sein Verbleiben wichtig.[1] Der Reichskanzler hat ferner ausdrücklich zuge=
stimmt:

1. Daß ich ihm eine Novelle in der umgeänderten Fassung nunmehr amtlich vor=
legen solle. Für diese Fassung gab er ausdrückliche Direktiven, keine Bezugnahme auf
die Ereignisse des Sommers, größeres Herausarbeiten der militärischen Motive usw.

2. Daß ich nunmehr mit dem Schatzsekretär für die Einarbeitung der Novelle in den
Etat in Verbindung treten solle.

3. Daß die Beratung des bisherigen Etatsentwurfs zurückgestellt werden solle.

Daraufhin hat die Umgestaltung des Novellenentwurfs meine endgültige
Genehmigung am 20. November gefunden und dieser ist am 21. an den
Reichskanzler und Schatzsekretär abgesandt worden.

Meine Annahme, daß die Sache mit dieser Entscheidung erledigt sei und
die Novelle ihren normalen Lauf nehme, wurde aber getäuscht. Das Ja des
Kanzlers erwies sich als ebenso unentschieden wie sein Nein. Da im Verlauf
der oben geschilderten Entwicklung sowohl der Kanzler als auch ich die
Bereitschaft erklärt hatten, aus der politischen Überzeugung eventuell die
Konsequenz des Rücktritts zu ziehen, wäre es jetzt, nachdem es zu einer
scheinbaren Einigung gekommen war und der Kanzler die Vorlegung der
Novelle im alten Reichstag beschlossen hatte, um so nötiger gewesen, in
vollster Loyalität vorzugehen und eine geschlossene Linie der deutschen Po=
litik zu zeigen. Etwas anderes konnte ich gar nicht für möglich halten, nach=
dem Bethmann sich einverstanden erklärt hatte. Statt dessen begann jedoch
jetzt ein Intrigenspiel, indem die politische Leitung die einmal beschlossene
Novelle mit allen Künsten zu hintertreiben suchte.

So wie sich der Kanzler im selben Jahr über die Eigenmächtigkeit Kiderlens
hat wundern müssen, so rebellierte jetzt Wermuth gegen den Entschluß des
Kanzlers, wobei dahingestellt bleiben muß, wieweit er damit die innersten
Wünsche des Kanzlers zu unterstützen suchte. Am 18. November schlugen
Valentini und Admiral von Müller eine Besprechung des Kaisers mit Wer=
muth vor, damit der Kaiser die Bedenken des Finanzdiktators durch per=
sönlichen Einfluß überwinde; zweifelhaft blieb dabei, welchen Ausgang
Valentini selbst bei dieser „Einwirkung" für den wahrscheinlicheren hielt.

Auf mich selbst drang Wermuth am 28. November mit einem längeren
Schreiben ein, das politische und finanzielle Gründe mengte, um die Un=
möglichkeit der Novelle haarklein darzutun. Was das Finanzielle betrifft, so
hat die Novelle den Marineetat nach meinem ursprünglichen Vorschlag um
88 Millionen in sechs Jahren, nach der Endfassung sogar nur um 9 Millionen

---

1) Hätte ich, als der Kanzler seine eigne Rücktrittsabsicht gegen die meinige setzte,
der seinigen zugestimmt, so würde er mit der Behauptung, ich wolle ihn wegintrigieren,
gegen mich gearbeitet haben.

Mark jährlich vermehrt! Damit richtet sich das Jammern des robusten Rech=
ners über den angeblichen finanziellen Zusammenbruch durch die Novelle von
selbst, und seine politischen „Gründe" enthalten nichts, was nicht schon durch
die vorstehenden Darlegungen widerlegt wäre.

In einem vom Reichskanzler erbetenen Schreiben vom 8. Dezember
wiederholte Wermuth im allgemeinen die Gründe, die er in dem Brief an
mich ins Feld geführt hatte.

Immerhin erscheint ihm, allerdings erst im Herbst 1912, die Einbringung einer in
mäßigen Grenzen gehaltenen Heeres= und Flottennovelle trotz erheblicher Schwierig=
keiten nicht von vornherein unmöglich. Nur werde sie keineswegs den anscheinend ge=
planten Umfang annehmen können, der, soweit er Anhaltspunkte habe, einen Jahres=
aufwand von 150—200 Millionen Mark bedingen würde. Seines Erachtens würde sich
bestenfalls die Hälfte einer solchen Summe aufbringen lassen. Er glaubt von einer wei=
teren Steigerung der Zoll= und Steuererträge ein Mehr von kaum über 30 Millionen
erwarten zu dürfen, 20—25 Millionen aus einem Petroleummonopol, 50 Millionen
aus der auf Ehegatten und Abkömmlinge auszudehnenden Erbschaftssteuer. Im ganzen
wären also im dringenden Notfalle 105 Millionen zu gewinnen. Andere die be=
sitzenden Klassen treffenden Steuern kämen für das Reich zurzeit nicht in Frage, er=
giebig könnten die neuen Deckungsmittel frühestens im Jahre 1913 werden.

Der Brief ist ein weiteres Dokument dafür, wie nicht erst der Reichstag,
sondern schon der von Vaterlandsliebe überfließende Schatzsekretär die Ent=
wicklung von Heer und Marine damals, als wir das wohlhabendste, freilich
auch gefährdetste Volk des Festlandes waren, gehemmt hat und wie er dem
unschlüssigen Kanzler zusetzte.

Wermuths Prinzip war, daß die Wehrmacht als „geldfressendes Ressort"
sich in ihren Bedürfnissen nach dem zu richten habe, was er, Wermuth, für
richtig hielt. Mein Prinzip dagegen war, daß ein Volk, welches im Reichtum
schwimmt und gleichzeitig von furchtbaren Gefahren rings umgeben ist, seine
Finanzen nach den Bedürfnissen der Wehrmacht einzurichten habe, um mit
finanziellen Opfern der Gegenwart die Zukunft sicherzustellen. Daß wir das
Geld hatten, um noch eine wesentlich höhere Versicherungsprämie für unsre
Freiheit zu bezahlen, wird heute niemand mehr bezweifeln mögen. In der
Ära Bethmann-Wermuth wurden aber Heer und Marine ohne jeden Schutz
einem Finanzfanatiker ausgeliefert und vor ein absolutes non possumus
gestellt. Damit wurde die Linie verlassen, die Preußen=Deutschland groß ge=
macht hatte. In klassischer Deutlichkeit stellt sich diese falsche Geistesart in
dem Schreiben des Reichskanzlers an den Kriegsminister vom 4. De=
zember dar, worin „mit tunlichster Beschleunigung" Angaben über den Bedarf
der Armeeverwaltung im Lauf der nächsten 5 Jahre verlangt wurden[1].

---

1) Über die Heranziehung der Armee vgl. unten S. 265.

17*

„Die überschlägliche Angabe von Zahlen wird in dieser Beziehung nicht genügen und auch nicht von endgültiger Bedeutung sein, weil es auch darauf ankommt, wieviel an neuen Mitteln im Wege der Eröffnung neuer Einnahmequellen beschafft werden kann. Ich werde den Staats= sekretär des Reichsschatzamts ersuchen, mir seinerseits nähere Anhaltspunkte darüber zu geben, bis zu welcher Höhe und durch welche Steuervorlagen etwa in absehbarer Zeit Mehreinnahmen erschlossen werden können. An der Hand der daraus sich ergebenden Beträge würde erst beurteilt werden können, bis zu welchem Betrage die von seiten der Heeres= und Marineverwal= tung geltend gemachten Bedürfnisse sich befriedigen lassen."

Abschrift dieses Schreibens erging an mich. Das enge Zusammenarbeiten von Kanzler und Schatzsekretär erhellt ohne weiteres. Wenn Heeres= und Marineverwaltung nicht mit aller Energie den innerbehördlichen Kampf, der ihnen unverständigerweise aufgezwungen wurde, aufnahmen oder wenn sie in der Geschäftsbehandlung nicht beinahe argwöhnisch aufpaßten, so waren sie den raffinierten Methoden der Finanzgebarung gegenüber ver= loren.

Unter Übergehung dazwischenliegender Einzelheiten gebe ich vorgreifend hier noch ein späteres Dokument.

Am 29. Januar 1912 übersandte der Reichskanzler mir ein Schreiben des Staatssekretärs des Reichsschatzamtes vom 26. Januar, dessen Inhalt im folgenden zusammengefaßt ist:

Die neuen Wehrvorlagen bringen an Mehrkosten:

1912	1913	1914	1915	1916	1917
107,6	142,3	125,3	108,7	114,1	114,4 Millionen Mark

An Mehrkosten für die bereits bestehenden Wehrgesetze entstehen:

1912	1913	1914	1915	1916	1917
—	35,2	48,5	45,3	45,2	55 Millionen Mark

Daraus ergibt sich ein Mehrbedarf von Heer und Flotte von:

1912	1913	1914	1915	1916	1917
107,6	177,5	173,8	154	159,3	169,4 Millionen Mark.

Deckung wäre im Jahre 1912 nur aus den einmaligen und vorübergehenden Über= schüssen des Jahres 1911 zu beschaffen, die sich auf rund 70 Millionen belaufen. Be= denklich wäre die Verwendung dieser Gelder für Wehrzwecke deshalb, weil da= durch die gesetzliche Schuldentilgung wesentlich verlangsamt wird.

Für das Jahr 1913 sind 177,5 Millionen zu decken. 30 Millionen kann man aus dem natürlichen Anwachsen der Einnahmen erhoffen, auf 65 Millionen läßt, doch nur mit großen Schwierigkeiten, die Erbschaftssteuer sich heraufschrauben, 25—30 Millio= nen könnte ein Mineralölmonopol bringen, das einzubringen aber ein sehr großes Wag=

als ist. Jedenfalls würde man insgesamt nicht über 115—120 Millionen hinauskom=
men, zumal die neuen Steuern auf keinen Fall schon im Jahre 1913 den vollen für
den Beharrungszustand veranschlagten Ertrag bringen.

Das Jahr 1914 soll 173,8 Millionen aufbringen. Es könnte jedoch nicht höher
belastet werden als das Jahr 1913. Ähnlich steht es 1915—17.

„Hiernach übersteigt das bisher Geforderte die bei günstigsten Chancen zu
beschaffende Deckung um ein Bedeutendes. Durch vorstehende Ausführungen
glaube ich dargetan zu haben, daß die Finanzverwaltung bereit ist, an die äußerste
Grenze dessen zu gehen, was mit gesunden Finanzen noch vereinbar erscheint. Es dürfte
sich nun fragen, ob vom Standpunkte des Bedarfs dem Bestreben Rechnung zu tragen
ist, neben einer enorm (um 8 bis 9 %) gesteigerten Wehrkraft auch ein geordnetes
Finanzwesen fortbestehen zu lassen."[1]

Ich kehre nunmehr zu dem Stand der Frage Ende November 1911 zurück.
Auch Herr von Kiderlen brachte mir am 27. November 1911 seine per=
sönliche Ablehnung der vom Kanzler beschlossenen Novelle mündlich zum
Ausdruck.

Nach diesen verschiedenen Einleitungen teilte der Kanzler am 28. No=
vember dem Kaiser mit, daß der Reichsetat im Bundesrat zunächst ohne
die Novelle beraten werden solle, bis der Kaiser Entscheidung über die er=
forderlichen Steuern getroffen hätte. Dieser Aufschub bedeutete nicht nur,
daß die Bundesregierungen über die beabsichtigte Novelle irregeführt wur=
den und die Festsetzung der Matrikularbeiträge entsprechend zu niedrig er=
folgen mußte. Dadurch, daß der dem Bundesrat vorgelegte Etatsüberblick
in der „Nordd. Allg. Zeitung" veröffentlicht wurde, mußte auch die Öffent=
lichkeit zu der Ansicht kommen, daß trotz der Zusicherung des Kanzlers der
vom Bundesrat beschlossene Etat keine Novelle enthielt, diese also als fallen=
gelassen erschien. Die Einbringung einer Novelle und eines Ergänzungsetats
erst nach den Wahlen mußte dann mit vollem Recht als Täuschung des
Bundesrats und des deutschen Volks empfunden werden und die Regierung
um jeden Kredit bringen. Durch ein solches Vorgehen mußte ferner die
Beunruhigung des Auslandes zweifellos erheblich vermehrt werden. Für
den Staatssekretär des Reichsmarineamts bedeutete dies Versumpfenlassen
der Novelle jedenfalls eine gänzlich unmögliche Situation, der gegenüber
die Konsequenzen zu ziehen ich entschlossen war.

Ich ließ dies am 1. Dezember dem Reichskanzler durch den Chef der
Reichskanzlei Wahnschaffe sagen und verlangte,

a) daß der Reichskanzler in der Bundesrat=Plenarsitzung über den Etat
1912 zu diesem Etat eine Erklärung des Inhalts abgebe, es seien Erwä=

[1] *Meine Erwiderung siehe unten S. 277 f.*

gungen über eine Wehrvorlage — für Armee sowohl wie für die Marine — im Gange, diese Erwägungen seien aber in bezug auf die Art der Beschaffung der für die entstehenden Mehrausgaben erforderlichen Mittel noch nicht abgeschlossen,

b) daß diese Erklärung des Reichskanzlers zusammen mit dem unmittelbar nach der Beschlußfassung des Bundesrats über den Etat 1912 beabsichtigten Exposé über diesen Etat in der „Nordd. Allg. Zeitung" veröffentlicht werde.

Ich habe diesen Standpunkt in einer Unterredung mit dem Reichskanzler am 6. Dezember persönlich vertreten. Der Reichskanzler ließ seine Stellungnahme wiederum offen und empfahl mir, mich wegen Verschiebung der Beratung an Wermuth zu wenden. Das geschah natürlich nicht; in dieser Beziehung mußte der erste Schritt vom Reichsschatzamt erfolgen, wenn es gegen die getroffene Entscheidung, daß die Novelle gebracht werden solle, anzugehen wünschte.

Wie sich dieser Zwist in der Reichsregierung von London aus ansah, berichtete am 4. Dezember Kapitän Widenmann:

Auf die Gefahr hin, Bekanntes zu berichten, gebe ich folgende mir aus Indiskretion zugetragene Nachricht wieder. Der Reichskanzler hat vor einigen Tagen in einem langen Chiffretelegramm, dessen weiteren Inhalt ich nicht kenne, dem Botschafter mitgeteilt: „Daß Seine Majestät entschlossen sei, eine Flottennovelle mit einer neuen Regierung einzubringen." Ich hoffe, daß der Kaiser sich nun bald zur Durchführung dieses Entschlusses versteht, damit der psychologische Moment nicht verpaßt wird. Inzwischen laufen hier die widersprechendsten Gerüchte über die Absichten der deutschen Regierung um, unter denen das über den Rücktritt des Reichskanzlers eine große Rolle spielt, wenn auch die Presse absichtlich keine Kommentare dazu bringt. Die Angst, daß der Admiral von Tirpitz sein Nachfolger werden könnte, ist allgemein.

Die Ansichten über die Grey sche Rede[1] beginnen sich zu setzen. Jeder Tadel über das zurückliegende Verhalten der Regierung verstummt vor der Ansicht, daß Grey jetzt der deutschen Regierung nicht genügend entgegengekommen sei; dadurch werde die nationale Stimmung Deutschlands nur von neuem gegen England genährt. Wenn dem so ist, so wäre der Erfolg, wie Sie ja auch sagen, nur der von deutschen Patrioten gewünschte.

Unterdessen wird hier von allen möglichen Seiten Anstrengung gemacht, die Regierung zu Konzessionen an Deutschland zu bestimmen. Einzelne, die mir bekannt geworden sind, sind entweder auf gänzlicher Verkennung der deutschen berechtigten Ambitionen basiert, oder aber andere sind von echt englischer Perfidie eingegeben.

Am Freitag sagte mir Lord Brassey gelegentlich eines Essens in seinem Hause in Gegenwart von liberalen Friedensfreunden, daß sich eine Anzahl von einflußreichen Männern aller Parteien zusammengetan habe, um die Regierung zu bestimmen, als Konzession an Deutschland in die Abtretung der Walfischbai zu willigen. Ich konnte mich nicht enthalten, über diesen Gedanken laut zu lachen, indem ich Lord Brassey

---

1) Vom 27. November im Unterhaus.

sagte, diese Idee komme mir so vor, wie wenn man einem geprügelten Kinde ein Stück Zucker gebe, damit es wieder artig sei. Außerdem werde die Walfischbai seinerzeit wie eine faule Frucht vom Stamme fallen, und faule Früchte eigneten sich nicht zu Geschenken. Der alte Herr war ganz enttäuscht und meinte, daß wir zu stolz wären; worauf ich ihm sagte, daß das der wahre Grund sei, weswegen wir uns nicht verstehen könnten. Wir hätten nicht die Absicht, uns wie Frankreich und Rußland als inferiore Nationen behandeln zu lassen, und solange England uns nur mit Worten, aber nicht mit Taten als gleichberechtigt behandelt, solange müßte es auf unsere Freundschaft ver= zichten. Selbst bei diesen englischen Friedensleuten läßt ihr nationaler Dünkel keine richtige Einschätzung aufkommen.

Von konservativer Seite, so höre ich, möchte man uns den Vorschlag machen, die holländischen Kolonien als das Ziel unserer Wünsche zu betrachten. Dieser Vorschlag mit dem doppelten Pferdefuß „Europäischer Krieg" und „Japan" ist zu englisch, um von deutscher Seite für ernst gehalten werden zu können. Ich gebe damit auch nur Gehörtes wieder, um zu zeigen, womit man sich hier beschäftigt.

Aus allen diesen Gründen scheint mir die Novelle neben sonstigen Abmachungen das einzige Mittel, den Engländern beizubringen, daß wir es ernst meinen. Sie bringt wenigstens ein Plus auf die Seite der Rechnung, wo es am höchsten zählt. Wohin das Ziel unserer zukünftigen Diplomaten will, weiß ich nicht. Eins scheint mir jedoch sicher, nämlich, daß sie unter sich nicht einig sind. Kühlmann sagte in diesen Tagen: „Stumm beurteilt die Engländer ganz falsch und kann daher keine richtige Politik ihnen gegenüber betreiben;[1] Kiderlen haßt den Botschafter und hört daher nicht auf ihn, wie soll ich da mit meinen Ansichten durchbringen." Worin letztere positiv be= stehen, sagt er nicht, verurteilt nur die Novelle als die falscheste Maßregel im jetzigen Moment. Inzwischen werden die Engländer diese persönlichen Verhältnisse genau ken= nen und spielen den einen gegen den anderen aus, eine Kunst, in der sie lange Übung und angeborene Heuchelei zu Meistern gemacht hat.

Am Vormittag des 9. Dezembers wurde ich zum Vortrag beim Kaiser befohlen. Ich sagte Seiner Majestät im Einverständnis mit Admiralstab und Marinekabinett, es sei öffentliches Geheimnis, daß wir eine solche Verstär= kung der Marine im Hinblick auf die Massierung der britischen Streitkräfte in der Nordsee für unerläßlich hielten. Seine Majestät werde mir nachfühlen, daß ich bei der Vertretung des novellenlosen Etats im Bundesrat und bei seiner Veröffentlichung in eine für mich unmögliche Situation gerate.

Am Nachmittage des 9. Dezembers war der Reichskanzler zum Immediat= vortrage beim Kaiser. Das Ergebnis geht hervor aus dem folgenden als Brief gesandten Telegramm des Kaisers an den Chef des Marinekabinetts, der es mir zur Kenntnisnahme übersandte.

Neues Palais, 9. Dezember 1911.

Reichskanzler war eben hier. Er fing sofort an, anknüpfend an Ihren Be= such über Heer= und Flottenvorlage. Etat. Etat ist gesund und würde vor der

---

1) Vgl. oben S. 190.

Wahl in feiner jetzigen Gestalt publiziert guten Eindruck machen. Wenn Heer-
und Flottenvorlage mit hineingearbeitet würde, würde ein großes neues Steuer-
bündel vorgelegt werden müssen, bei dem Erbschaftssteuer mit vorgelegt werden
müsse. Gegen diese haben sich bereits sämtliche Konservativen und — gestern
Abend vertraulich direkt bei Seiner Exzellenz — auch die Liberalen definitiv
ausgesprochen. Diese Steuer hätte auch eine Gefahr, daß die Absicht der
Parteien vorläge, die sämtlichen deutschen Fürstenhäuser dazu heranzuziehen,
was enormen Ärger bei den Fürsten in Süddeutschland machen und vom
Bundesrat nicht abgelehnt werden könnte. Ohne diese Steuer werde es
sehr schwer sein, — vor den Wahlen — die Vorlage zu machen. Er möchte daher den kleinen Etat (zwei Schiffe) vorlegen und vor den Wahlen veröffentlichen, nachher im Winter den Heeres- und Flottenetat als Nachtragsetat. Ich
warf ein, daß das ein Betrügen des eigenen Volkes sei, das stürmisch nach einer
Novelle verlange, und daß England, durch den kleinen Etat beruhigt, über
plötzliches Einbringen eines Nachtragsetats mit drei Schiffen in die Stimmung
kommen werde, die er gerade vermeiden wolle. Jetzt sei man drüben auf eine
Novelle gefaßt, habe sie sozusagen eskomptiert und würde ebenso erstaunt sein
wie unser Volk, wenn keine käme. Um so aufgeregter, wenn sie später käme.
Der Kanzler sagte: Bisher sei noch niemals eine solche Heeres- und Flottennovelle in den Etat eingearbeitet worden, sondern stets als besonderes Gesetz,
als Nachtragsetat gebracht worden. Das mache die Sache so furchtbar schwierig;
auch deswegen, da ihm Tirpitz angedeutet, daß er im gegenteiligen Falle abgehen werde. Das ginge unter keinen Umständen, ich erklärte, ihn unter keiner
Bedingung gehen zu lassen. Der Kanzler bemerkte, Heeringen (Kriegsminister)
habe ihm mitgeteilt, er könnte bis zum 15. seine Arbeiten nicht beendigen, daher sei
es kaum möglich, die Gesamtvorlage in den Etat, vor der Beratung im Bundesrat einzuarbeiten, und ein Nachtragsetat besser. Er meinte schließlich, es sei zu
überlegen, ob man anstelle von Steuer auf Anleihe die Sache nehmen solle.
Solche Anleihe habe aber ein sehr kriegerisches Gesicht. Er befürchte, daß durch
die Novelle England, wenn auch nicht direkt Krieg machen werde, so doch uns
solange sticheln und auf den Füßen herumtrampeln werde, bis wir genötigt
wären, eine Emser Depesche zu machen und damit einen Angriffskrieg. Ich
erwiderte, das hätten sie schon zur Genüge getan, ohne daß es zum Kriege gekommen sei und vor dem obigen Resultat hätte unsere Diplomatie uns zu bewahren und England ins Unrecht setzen. Schließlich nach langem Hin und Her
habe ich Seine Exzellenz dazu vermocht einzuwilligen, mit Tirpitz und Heeringen
nochmals die Modalitäten der Einbringung (ob im Etat oder per Nachtrag) zu
bereden; im letzteren Falle verlangte ich bei der Einbringung des sogenannten kleinen Etats eine öffentliche Ankündigung — für unser Volk

und England —, daß ein Nachtragsetat mit Forderungen für erhöhte Kriegs=
bereitschaft eingebracht werden werde, sobald die Vorarbeiten beendet und die
Deckungsfrage geregelt sei. Er ist bereit dazu und will die Herren morgen zu sich
bitten. Wegen der evtl. politischen Seite dieses meines letzten Vorschlages will er
mit Delbrück[1] sprechen. Er erwähnte noch, ob nicht das dritte Geschwader wich=
tiger als die Baunovelle sei. Er könne die Mannschaftsforderung dafür s o f o r t
in den Etat aufnehmen, das wäre etwas Tatsächliches, wirklich Vorhandenes,
gleich zu Brauchendes, während das erste Schiff der Novelle erst in drei Jahren
abgegeben werde und wer wisse, ob England solange warten werde. Ich er=
widerte, die Novelle sei ein Ganzes und wir brauchten Dreadnoughts auch für
das dritte Geschwader, vor allem aber Dreadnoughtskreuzer. Bitte — s t r e n g
v e r t r a u l i c h — m ü n d l i c h s o f o r t an Tirpitz mitteilen. Er soll morgen
ruhig sine ira et studio verhandeln und besprechen. Kanzler ist übrigens ent=
schlossen, die gemeinsame Vorlage im Februar—März vorzulegen. Also sollen
bei den Besprechungen keine Konflikte raufbeschworen werden. Armee und Ma=
rine haben zusammen bisher 200 Millionen mehr gefordert.   Wilhelm I. R.

Mit dieser kaiserlichen Verfügung schien nun wieder einmal ein Schluß=
punkt bezüglich der Novellenfrage erreicht zu sein. Bringen mußte der Kanz=
ler nunmehr die Novelle. Ein noch folgendes langes hin und her über die
Art ihrer Ankündigung, wobei Delbrück und Wahnschaffe dem Kanzler bei=
sprangen und neue Hintertüren geöffnet werden sollten, konnte an diesem
Muß nichts mehr ändern, da ich festblieb. In verstärktem Maß begann nun
aber erst recht der Kampf um den m a t e r i e l l e n I n h a l t der Novelle. Der
Kanzler und seine Helfer hofften sie so auszuhöhlen, daß sie praktisch un=
möglich wurde.

Zunächst sollte die A r m e e als S t u r m b o c k gegen die Marine herhalten.

Am 28. November erging vom Kanzler an den Kriegsminister von Hee=
ringen die Mitteilung:

> Der Staatssekretär des Reichsschatzamtes und ich seien in Verhandlungen über
> eine Novelle zum Flottengesetz eingetreten; da nun die Vorbereitung einer Flottenver=
> stärkung nicht erörtert werden könne, „ohne daß dabei aus finanziellen und militär=
> politischen Gründen auch die künftigen Bedürfnisse des H e e r e s ernstlich erwogen
> werden", ersuche er den Kriegsminister, an den genannten Verhandlungen, „deren be=
> schleunigte Durchführung bringend erwünscht ist", sich zu beteiligen.

Diese Aufforderung hatte ihre Vorgeschichte, über die ich am 30. Novem=
ber durch Admiral von Heeringen, den Chef des Admiralstabs aufgeklärt

---

1) *Staatssekretär des Innern, der nun als neuer Beistand herangezogen wurde.*

wurde, der über eine Unterredung mit seinem Bruder, dem Kriegsminister, folgendes berichtete:

Der Staatssekretär des Reichsschatzamts war vor etwa sechs Wochen beim Kriegsminister, teilte ihm mit, daß eine Marinenovelle in Arbeit sei und legte ihm den Gedanken nahe, deren Undurchführbarkeit dadurch zu bestärken, daß er mit einer größeren Armeeforderung jetzt hervortrete. General von Heeringen lehnte dies Ansinnen ab.

Darauf ließ ihn der Reichskanzler kommen und stellte ihm die Frage, ob er angesichts der veränderten politischen Lage nicht mit einer Armeevorlage kommen müsse. Der Kriegsminister gab dies zu. Bestimmend hierfür war die Überlegung, daß er dem Reichstage gegenüber durch die augenblickliche Stimmung im Land hierzu verpflichtet sei, zumal er das letzte Quinquennat als unzureichend bezeichnet habe, und daß die politisch=strategische Situation sich gegen damals erheblich zu ungunsten Deutschlands verschoben habe (Fehlen Italiens im Dreibund gibt drei französische Armeekorps frei, Belgien und Holland sind durch England scharf gemacht).

Deshalb wird er eine Armeevorlage bringen. Über ihren Umfang will er zunächst mit dem Chef des Generalstabs sprechen. Dann sollen Verhandlungen stattfinden zwischen Kriegsminister, Chef des Generalstabs einerseits, Staatssekretär des Reichsmarineamts und Chef des Admiralstabs andererseits, in denen festgesetzt wird, innerhalb welcher Grenzen die Forderungen beider sich zu bewegen haben.

Der Kriegsminister will sich auf den Vorschlag Wermuths, den Umfang seiner Vorlage von dessen finanzpolitischen Grundsätzen von vornherein abhängig zu machen, nicht einlassen.

Ich bemühte mich, den Kriegsminister auf die große politische Frage zu bringen, und schlug ihm am 3. Dezember mündlich vor, mit mir zusammen gegen das Prinzip Bethmann=Wermuth zusammenzugehen. Darauf wollte General von Heeringen sich nicht einlassen und hatte auch gegen die Beratung des Etats ohne die Wehrvorlagen nur anfänglich Bedenken, die er zu meinem Bedauern dem Reichskanzler gegenüber noch am selben Tage fallen ließ.

Wenn die Heranholung der Armee gegen die Marine den von Wermuth erhofften Erfolg auch nicht zeitigte, so hat dieses Gegeneinander=Ausspielen immerhin die Stimmung der Armee gegen die Marine dauernd verschlechtert, weil in der Armee der Gedanke großgezogen wurde, die Flotte als das Lieblingskind des Kaisers nehme der doch wichtigeren Armee die verfügbaren Mittel weg. Bis heute wirkt in der Armee dies Gefühl nach. Es ist tatsächlich nicht wahr, daß der Kaiser jemals die Armee zugunsten der Marine vernachlässigt hätte. Im Gegenteil: wenn einmal die Interessen von Armee und Marine zusammenstießen, hat der Kaiser grundsätzlich stets zugunsten der Armee entschieden. Ich könnte dafür viele Beispiele anführen. Gegen Bethmann und seine Organe wie Wermuth aber, deren Spitze sich gegen die Marine richtete, mußte der Kaiser auch diese in besonderem Maße ver=

teidigen. Ich würde es bedauern, wenn in unfrer heutigen kleinen Wehr=
macht jener alte von Bethmann geförderte Gegensatz nachwirkte; er ist sach=
lich ohne Berechtigung. Ich habe diese bis zur Animosität gesteigerte Gegen=
sätzlichkeit besonders unter der Ära Falkenhayn zu spüren bekommen. Nach
der Marneschlacht äußerte General von Falkenhayn beim gemeinsamen
Mittagessen im Großen Hauptquartier zu Luxemburg über den Tisch herüber:
„Wenn wir die Marine nicht hätten, so hätten wir jetzt zwei Armeekorps
mehr und die Marneschlacht nicht verloren." Ich konnte damals nicht über=
sehen, daß die „fehlenden" zwei Armeekorps in Wirklichkeit vorhanden, nur
durch eine falsche Disposition nicht am rechten Flügel angesetzt waren; des=
halb begnügte ich mich mit dem Hinweis auf die tatsächlichen Vorgänge der
Jahre 1910/13, aus denen hervorgeht, daß niemals die Marine Heeres=
forderungen im Weg gestanden hat. Im Gegenteil, es wurde ein gemein=
sames Vorgehen, welches gegen die Methode Bethmann=Wermuth durch=
dringende Wucht besessen hätte, leider vom Kriegsminister nicht angenom=
men. Ich habe damals in Luxemburg Gelegenheit genommen, Herrn von
Falkenhayn durch den Chef des Militärkabinetts ersuchen zu lassen, den von
ihm angenommenen Gegensatz nicht zu vertiefen.

Daß Falkenhayn es später anscheinend bereut hat, nicht von vornherein mit
der Marine zusammengehalten zu haben, geht aus einer Bemerkung zu Kapi=
tän Widenmann hervor, der gelegentlich der Antrittsmeldung Falkenhayns
als Kriegsminister beim Kaiser an Bord der „Hohenzollern" Anfang Juli
1913 vergebens versucht hatte, Falkenhayn vor dem System Bethmann zu
warnen und zu einem Zusammengehen mit mir zu veranlassen. Als Falken=
hayn nach Niederlegung des Oberbefehls Anfang September 1916 auf dem
Weg nach Rumänien durch Berlin kam, bat er Widenmann zu sich und er=
klärte in längerem Gespräch spontan: „Wenn ich auf Ihre Warnung bei Über=
nahme des Kriegsministeriums gehört hätte, wäre wahrscheinlich vieles an=
ders gekommen."

Während es dem Kanzler im Dezember 1911 nicht gelang, mit Hilfe der
Armee die Marinevorlage zu beseitigen, versuchte er gleichzeitig durch den
Chef des Zivilkabinetts von Valentini seinem Ziele näher zu kommen.
Dieser hatte zwar ressortmäßig mit der Sache gar nichts zu tun; aber dank
der Solidarität der Kabinette, die sich unter Bethmanns (in solcher Taktik
geschickten) Hand damals herauszubilden begann, mochte Valentini einige
Unterstützung vom Marinekabinettschef erhoffen.

Bei einem Paradediner in Potsdam am Abend des 12. Dezember schlug
Valentini dem Kaiser in meiner Gegenwart vor, die in der Novelle ent=

haltene Perſonalvermehrung und Steigerung der Indienſthaltungen ohne
Novelle in den jährlichen Etat hineinzuarbeiten. Dieſer Vorſchlag war par=
lamentariſch völlig undurchdacht. Wir konnten die Leute nur fordern, wenn
wir auch die Schiffe dafür hatten; ohne geſteigerte Bereitſchaft hätte die
Perſonalvermehrung der Flotte völlig in der Luft gehangen, und dieſe
Bereitſchaftsſteigerung ließ ſich nicht ohne die Forderung des dritten aktiven
Geſchwaders verwirklichen. Der Kern der ganzen Frage war alſo das 3. Ge=
ſchwader, und die Frage des 3. Geſchwaders ließ ſich nicht aufrollen, ohne
die im Flottengeſetz vorgeſehene Organiſation darauf einzuſtellen, alſo
nicht ohne Novelle.

Am 13. Dezember lehnte der Kaiſer, ohne mit mir vorher Fühlung zu
nehmen, den Valentiniſchen Vorſchlag ab. Am 16. Dezember ſagte mir der
Kaiſer, der Reichskanzler „hätte ihm auf Ehrenwort verſprochen, die No=
velle komplett einzubringen", was mir Admiral von Müller am 17. De=
zember beſtätigte. Aber wenige Tage darauf war der Kaiſer, um dem Kanz=
ler entgegenzukommen, wie der Chef des Marinekabinetts mir am 23. De=
zember ſchrieb, bereit, es für einen gangbaren Weg zu halten, wenn der
Bauplan auf einen Erſatz=Panzerkreuzer (ſtatt drei) und auf die von mir ge=
forderten drei Linienſchiffsneubauten beſchränkt werde. Dafür teilte mir
von Müller am 25. Dezember mit,

daß Herr von Valentini von der Notwendigkeit der Erwähnung der Mehrforderungen in der
Thronrede durchdrungen ſei und dem Unterſtaatsſekretär Wahnſchaffe erklärt habe, daß
ein Widerſtand des Reichskanzlers hiergegen unfehlbar zum Kanzlerwechſel führen
müſſe.

Da mir bei der Novelle die Steigerung der Bereitſchaft die Hauptſache war,
habe ich, um endlich zum Abſchluß zu kommen, den Abſtrich von zwei Kreu=
zern zugeſtanden und die Erwartung ausgeſprochen, daß keine weiteren
Kürzungen mehr erfolgten. Admiral von Müller ſagte mir Unterſtützung
dieſes Standpunktes zu.

Nachdem aber der Kanzler dieſe Breſche erzielt hatte, ging er nun nicht
nur auf den Abſtrich auch des letzten Kreuzers los, ſondern verſuchte noch
ein weiteres Mittel, um die ganze Novelle praktiſch unmöglich zu machen.
Am 2. Januar 1912 hatte ſich Bethmann, wie ich erſt nachträglich erfuhr,
brieflich Kiderlen gegenüber als Gegner der Wehrvorlagen bekannt. Eine andere
Regierung würde für dieſe Vorlagen Stimmung machen können, wenn ſie
nämlich bereit wäre, die Bethmann=Kiderlenſche Marokkopolitik zu ver=
leugnen. Er könne das nicht! Er könne auch dem Wunſch des Kaiſers nicht
folgen, „Wahlmache" zu treiben (d. h. ſeine die Linksparteien begünſtigende
Haltung für die Reichstagswahlen von 1912 zu ändern). Der Kaiſer beſtehe

aber darauf, daß die Wehrvorlagen in der Thronrede angekündigt würden. „Eigentlich ist ja die ganze Politik derart, daß ich sie nicht mitmachen kann. Das wissen Sie. Aber ich frage mich immer wieder, ob ich die Situation nicht noch gefährlicher gestalte, wenn ich jetzt gehe und dann doch wahr= scheinlich nicht allein." Diese Worte geben mir erst die Erklärung für das Verhalten des Kanzlers, wie es mir anfangs 1912 entgegentrat. Entschlossen, im Amt zu bleiben, wagte Bethmann seine Gegnerschaft gegen die No= velle nicht offen zu bekennen, suchte sie aber entgegen dem grundsätzlichen Beschluß irgendwie doch zu Fall zu bringen. Er schlug am 11. Januar 1912 ohne mein Vorwissen dem Kaiser vor, die neuzufordernden Schiffe einzeln in jährlichen Etats zu fordern, was das ganze Flottengesetz ins Wanken gebracht hätte.

Bevor diese neue Wendung eintrat, war auch die deutsche Diplomatie in London unter das Gewehr getreten. Die bekannte Metternichsche Politik hatte in dem Botschaftsrat R. von Kühlmann einen eifrigen Wortführer gefunden. Er lieferte dem Reichskanzler einen Bericht, in welchem be= wiesen wurde, daß die Einbringung der Novelle die Möglichkeit eines Kolonialabkommens mit England zerstören würde.

Ich gebe diesen Bericht mit den Randbemerkungen des Kaisers wieder.

London, 8. Januar 1912.

Nachdem die seit dem Jahre 1904 infolge der Aufrollung der Marokkofrage zwischen Deutschland und den Westmächten bestehende Krise diesen Sommer unter erheblicher Friktion, aber ohne kriegerische Entladung ihre endgültige Lösung gefunden hat, und zwar eine Lösung, die den prinzipiellen deutschen Grundforderungen: Konsultierung Deutschlands und Entschädigung, voll gerecht geworden ist, sind die politischen Beziehun= gen zwischen Deutschland und England wieder an einem e n t s c h e i d e n d e n W e n d e = p u n k t angelangt.

Von den in allernächster Zeit bei uns zu treffenden oder bereits getroffenen Ent= schlüssen wird nicht nur unser V e r h ä l t n i s z u E n g l a n d , sondern auch unsere gesamte nationale Zukunft in der schwerwiegendsten, vielleicht in unwiderruflicher Weise beeinflußt werden.

Zwei Wege stehen uns augenblicklich offen. Entweder Deutschland benützt unter Ver= mehrung der Machtmittel zu Lande und voller Beibehaltung des Flottengesetzes, aber ohne Änderung des Bauplans, die gegenwärtig in England herrschende Stimmung, um sich Großbritanniens Zustimmung[a] zu Arrangements zu sichern, welche Deutschland eine Zukunft als k o l o n i a l e G r o ß m a c h t verbürgen, führt damit zugleich eine Ent= spannung zwischen den beiden Ländern herbei und leitet eine Epoche freundlicherer diplo= matischer Beziehungen ein, o d e r es vergrößert, dem Druck eines Teiles der Presse folgend,[b] sein F l o t t e n p r o g r a m m , sei es durch eine Novelle zu dem bestehenden

a) *Brauchen wir nicht! Lassen uns auch nichts schenken.*
b) *Ungezogenheit, die ich mir verbitte.*

Flottengesetz, sei es durch beschleunigten Ausbau unter Abänderung des Flottenbau=
planes, und zerstört dadurch sowohl die Möglichkeit einer kolonialen als auch einer all=
gemeineren politischen Verständigung mit England und erhöht zugleich die Wahrschein=
lichkeit eines bewaffneten Zusammenstoßes mit den Mächten der Triple=Entente.[a]
Kein gewissenhafter Beobachter der in maßgebenden englischen Kreisen augenblicklich
herrschenden Stimmung wird leugnen, daß sich hier stärker als je nach der gefährlichen
Spannung dieses Sommers der Gedanke durchgesetzt hat, die Verhältnisse wären un=
haltbar und trieben zu einer Katastrophe, falls nicht England weiter ent=
gegenkomme und insbesondere auf kolonialem Gebiete der stärksten Kontinental=
macht in weitgehendster Weise Ellbogenfreiheit[b] gewährt. Dieser Gedanke ist hier in
den verschiedensten Kreisen und in den verschiedensten Formen erörtert worden und hat
fast übereinstimmend zu dem Resultat geführt, daß es zwei große Gebiete seien, in wel=
chen England ohne Schädigung eigener vitaler Interessen koloniale Ausbreitung
Deutschlands in großem Stile befürworten könne: die portugiesischen Kolonien und
das Kongobecken.[c]
Daß die portugiesischen Kolonien für uns eine außerordentlich erwünschte
Erwerbung darstellen würden, braucht nicht besonders dargelegt zu werden. Hat doch
das Reich mit England einen noch jetzt durchaus bindenden Vertrag über die eventuelle
Teilung dieser Gebiete zwischen England und Deutschland getroffen.
Die seitdem veränderten Verhältnisse lassen die in Angola vorgesehene englische
Enklave als völlig unzulässig erscheinen, da sie das angestrebte große Ziel einer durch
fremde Gebiete nicht unterbrochenen kompakten deutschen Kolonie zunichte machen
würde. Nach dem Urteil von Kennern englischer Auffassungen würde es aber möglich
sein, diesen englischen Keil in Angola zu beseitigen, und zwar innerhalb des Rahmens
des Vertrages selbst, sei es durch Kompensationen in Mozambique oder Timor, auf das
wegen der australischen öffentlichen Meinung hier Wert gelegt wird, oder endlich in
Teilen Angolas, die an Rhodesien anstoßen, oder durch Kombination der genannten
Elemente. Die Realisierung des Vertrages, in einem günstigen Momente eingeleitet
und unter Schonung gewisser englischer Empfindlichkeiten[d] durchgeführt, könnte ohne
gefährliche Spannung vorgenommen werden. Dies würde Deutschland bereits zusam=
menhängende Gebiete von der Mündung des Oranje bis zum Kongo sichern.[e] Kommt
es zu Verhandlungen mit England, so wäre wohl die Beseitigung der Enklave in An=
gola zuerst in die Hand zu nehmen.
Es bedarf nur eines Blickes auf die Karte, um zu sehen, daß dann nur ein unent=
behrlicher Schlußstein im Gewölbe fehlt, um das große deutsche Kolonialreich in Zen=
tralafrika zu realisieren,[f] und das ist die Erwerbung des Kongobeckens. Daß
dieser Erwerb wünschenswert ist, bedarf wohl keines Nachweises; es ist das gewaltigste
und nach allen bisherigen Forschungen auch reichste Stück des mittleren Afrika. Die

a) *Gut von Metternich auswendig gelernt.*
b) *Nein! Kolonien haben wir genug! Wenn ich welche haben will, kaufe ich sie oder nehme*
sie ohne England!
c) *Gehören beide nicht zu England. Es will uns Dinge verschenken, die ihm nicht gehören, wie*
Marokko.
d) *Nur nicht etwa unserer!*
e) *Nicht so hitzig! Mir ist das ziemlich egal! Die Hauptsache ist erst eine politische Annähe-*
rung. Ehe die nicht stattgefunden hat, lasse ich mich auf keine Kolonialgeschäfte mit England ein.
Diese ändern nicht ein Haar an meiner Wehrvorlage.
f) *Wer soll denn das verwalten und aufschließen, woher kommt das Geld?*

Erwerbung des Kongostaates als internationales Problem in Umrissen besprochen, bedingt Zustimmung Englands und Frankreichs.ᵃ Technisch müssen ja alle Signatäre
der Berliner Akte zustimmen; aber nach Gewinnung der genannten Mächte würde das
nur eine untergeordnete Wichtigkeit haben. Auch hier hat die englische Politik in nicht
mißzuverstehender Weise zu erkennen gegeben, daß sie geneigt ist, uns freie Hand zu ge-
währenᵇ unter der Bedingung, daß im Süden gewisse Grenzberichtigungen vorgenommen werden (Katanga), und daß ein zur Erbauung der Kap-Kairo-Bahn nötiger Streifen abgetreten wird. Maßgebende englische Kreise haben auch keinen Zweifel darüber
gelassen, daß sie unter Umständen bereit seien, diese ihre Haltung in diplomatisch bin-
dender Form niederzulegen. Der Gedanke ist aufgetaucht, ob ein Eisenbahnabkommen
zweckmäßig als Einleitung zu einem solchen Pakte verwendet werden könnte, in welchem sich die beiden Mächte diplomatische gegenseitige Unterstützung zusagen zur
Etablierung einer Nord-Süd- bzw. Ost-West-Verbindung im Kongobecken. (Kap-Kairo-
Bahn englisch, Kamerun-Ostafrika-Bahn deutsch.)

Auf die Mittel, durch welche die französische Zustimmung erworben werden könnte,
soll hier nicht weiter eingegangen werden.ᶜ Es möge der Hinweis genügen, daß evtl.
nördlich der Kongoschleife Kompensationen gegeben werden könnten. Im übrigen ist
Frankreich, wenn England sich in der Frage festgelegt hat, kaum besonders gefährlich,
und im Laufe der langen Periode, die jedenfalls vergehen muß, bevor ein solches, vorläufig platonisches Kongoabkommen der Verwirklichung entgegengeführt werden
könnte,ᵈ werden sicher genug Fragen auftauchen, in welchen wir den Franzosen für ihr
désintéressement Gegenleistungen bieten könnten.

Im vorstehenden sind in kurzem die kolonialen Vorteile gezeichnet worden, die wir
jetzt sofort durch Verhandlungen mit England uns sichern können, wenn wir entschlossen
die jetzige Stimmung ausnützen. So paradox es klingen mag, würde eine Festlegung
unsererseits auf große koloniale Pläne hier sofort eine Entspannung
herbeiführen.ᵉ Warum dies der Fall ist, sagt der beigefügte Artikel der bekannten
deutschfeindlichen Wochenschrift „Spectator" vom 9. Dezember 1911 mit voller Deutlichkeit. Dieser Artikel führt aus, daß die maßgebenden Kreise in England augenblicklich bereit seien, den Deutschen auf kolonialem Gebiete Ellbogenraum zu lassen,
daß aber Deutschland jeden Mann und jeden Pfennig zusammenhalten wolle für den
entscheidenden Angriff auf England,ᶠ und daß deswegen in Deutschland jedes auch noch
so verlockende Angebot kolonialer Natur zurückgewiesen werden würde.ᵍ Jedes Eingehen
auf kolonialpolitische Pläne hingegen würde als Beweis aufgefaßt werden können, daß
es Deutschland wirklich um Bewegungsfreiheit und nicht nur um einen Vorwand zur
Flottenvermehrung zu tun sei. Wer hier die öffentliche Meinung aufmerksam beobachtet, wird zum Resultat kommen, daß das Hervortreten einer noch so ambitiösen

a) *Das hat schon das Vorkaufsrecht.*
b) *Um uns mit Frankreich über den Kongo ebenso zu balgen wie über Marokko! Wie gnädig!*
c) *Sehr praktisch. Das muß noch erst erfunden werden. Es gibt vorläufig keins!*
d) *Dafür soll Deutschland keine Wehrvorlage machen!! Unglaublich!*
e) *Ich denke gar nicht daran! Natürlich! Da das Gebiet anderen als England oder uns gehört,*
würden wir sofort gezwungen, mit unserer Wehrmacht gegen die Besitzer vorzugehen, und da
wird England schon die Gelegenheit finden, uns in den Rücken zu fallen.
f) *Englands oder Frankreichs auf uns!*
g) *Ja! Weil es immer aus der Tasche anderer gemacht wird. England will nicht, daß wir*
Kolonien kriegen, sondern Kolonialkriege und Verwicklungen. Wie Italien in Tripolis, Frankreich
in Marokko und Spanien.

deutschen Kolonialpolitik hier mit Erleichterung aufgenommen werden würde, weil da=
von eine Verminderung unserer angeblichen Angriffsgelüste erhofft würde und an
Stelle der uferlosen Pläne, die man uns hier zutraut, fest umrissene Absichten treten
würden.

Voraussetzung für die oben geschilderte Politik ist ein wenigstens zeitweiliges Fest=
halten am Bauplan des Flottengesetzes. Andern wir jetzt den Bauplan,
wie dies in manchen Blättern befürwortet worden ist, etwa indem statt zwei nunmehr
drei Schlachtschiffe pro Jahr auf Stapel gelegt werden sollen, so ist mit Sicherheit zu
erwarten, daß der alte deutsch=englische Streit, welcher seit Jahren tobt, neue Nahrung
erhalten wird; die alten Kontroversen über die Flottenfrage mit all ihren Begleiter=
scheinungen von Entstellung und Verhetzung werden in voller Kraft wieder aufleben,
und England wird noch mehr, als das gegenwärtige Kabinett dies zu tun schon ge=
willt ist, jedes Opfer bringen, um die Tripelentente fester zu schmieden,ᵃ evtl. sogar,
was es bisher nie getan hat, seinen Einfluß auf Italien ausüben, um es zum Verlas=
sen des Dreibundes zu bewegen,ᵇ kurz gesagt, die Linien der feindlichen Gruppierung
würden tiefer eingegraben, die Möglichkeit einer freundlichen Verständigung vielleicht
für unabsehbare Zeit hinausgeschoben und die Wahrscheinlichkeit einer kriegerischen Ent=
ladung bedeutend vergrößert.

Dabei ist die Zeitungsmeldungen zufolge geplante Vermehrung unserer Flotte durch=
aus nicht derart, daß davon eine wesentliche Verschiebung des bestehenden Stärke=
verhältnisses zu England erwartet werden könnte. Es soll, diesen Meldungen zu=
folge, geplant sein, von 1912 bis 1917 je einen Schlachtkreuzer mehr auf Stapel
zu legen, so daß wir frühestens 1919 im ganzen sechs Schlachteinheiten mehr hätten.
Auch der pessimistischste Beurteiler der Lage Englands wird nicht annehmen, daß dieses
Plus von sechs Schiffen im Jahre 1919 unser relatives Stärkeverhältnis zu England
verschieben werde, daß wir dann mehr, als es jetzt der Fall, in der Lage sind, England
zu einer grundsätzlichen Änderung seiner auswärtigen Politik zu zwingen.¹

Soweit es sich übersehen läßt, liegen alle Verhältnisse so, daß für Deutschland
ein Entscheidungskampf in naher Zukunft unerwünscht sein muß; die Be=
festigungen in der Nordsee sind nur zum Teil fertig, der Kieler Kanal ist zurzeit
für Schlachtschiffe wohl nicht benützbar, und auch in modernen Kampfschiffen werden
wir in absehbarer Zeit ein günstigeres Verhältnis haben als jetzt.

Vom weiteren Gesichtspunkte aus gesehen, arbeiten alle permanenten Fak=
toren für uns und gegen England. Unsere Bevölkerung und unser Reichtum wach=
sen erheblich rascher. Die Tonnage der deutschen Handelsschiffe und damit die Zahl
unserer seefahrenden Bevölkerung wächst; unsere Flotte ist noch relativ jung und schnell
emporgewachsen; sie gewinnt mit jedem Jahre an Zusammenhang und innerer Festig=
keit.ᶜ Englands Bevölkerung wächst erheblich langsamer als die Deutschlands; sein
Reichtum vermehrt sich gleichfalls nicht mehr in der alten Weise; die englischen Kolo=
nien entwickeln sich zu Staaten mit der Tendenz, die Beziehungen zum Mutterlande
nur mehr als sentimentales Erbe zu pflegen. Auch in der englischen Politik der
Ententen, die darauf berechnet war, durch Preisgabe wertvoller Konzessionen ehemalige

a) *Olle Kamellen, ist schon fest genug!*
b) *Tut es schon seit lange!*
c) *Ach!?*

1) *Wenn das richtig war, weshalb erwartete Kühlmann dann bei den nüchternen
Engländern einen so katastrophalen Eindruck von der Novelle?*

Feinde, Rußland und Frankreich, auf Zeit zu Freunden zu machen, zeigen sich Risse, welche die Zeit nur erweitern wird. Für die Entente mit Frankreich wird sich auf die Dauer die spanische Enklave in Nordmarokko, die nur einem englischen Wunsche ihre Entstehung verdankt, als eiternde Wunde erweisen. Rußland gegenüber liegt in der Ent= wicklung der persischen Frage der Keim zu vitalen Interessenkonflikten, die sich auf= schieben, aber nicht vermeiden lassen. Angesichts dieser Weltlage wird in England die Zahl jener wachsen, welche sich fragen: Wäre es nicht billiger, uns direkt mit den Deutschen zu verständigen, statt mit so großen Opfern so ungenügende Sicherung zu erkaufen? Unter diesen Umständen kann es für Deutschland doch nur von Vorteil sein, alles zu vermeiden, was den eventuellen Zusammenstoß herbeiführen könnte, bevor seine eigenen, insbesondere finanziellen Ressourcen ihrem Höhepunkt näher gekommen sind. In allerletzter Linie wird der Kampf um die Macht zwischen Deutschland und England durch größere Finanzkraft entschieden werden.

Wenn England uns jetzt so weit entgegenkommen will, so ist dies dem Druck der deutschen Entwicklung und dem Druck der deutschen Macht zu danken.[a] Stimmungen sind aber auch im Völkerleben vorübergehend, und was man vor der Minute ausge= schlagen, bringt manchmal keine Ewigkeit zurück. Es wäre ein schwerer Fehler für die deutsche Politik, statt einzuheimsen und festzulegen, was uns die jetzige Stimmung in England erreichbar vor die Hand stellt: die Gründung eines mächtigen deutschen Ko= lonialreiches und die Anbahnung besserer Beziehungen zu England,[b] um einer an sich geringfügigen Vermehrung unserer maritimen Machtmittel willen vielleicht für immer zu verscherzen. Das Ziel, im friedlichen Einvernehmen mit England Deutschland zur kolonialen Großmacht zu erheben, sollte jedem berechtigten Ehrgeiz der gegenwärtigen Generation genügen können.

Klar und scharf getrennt liegen die beiden Wege jetzt vor der deutschen[c] Politik. Auf der einen Seite liegt die Möglichkeit ehrenvollen Friedens, kolonialer Ausbreitung und erfolgreicher Kulturarbeit mit wachsendem Reichtum, auf der anderen Seite Neu= belebung alten Haders, Stärkung jeder uns feindlichen Politik und die Heraufbeschwö= rung ernster Gefahren.[d]

Die Jahre 1912 bis 1914 haben die so bestimmt vorgetragenen Weis= sagungen Herrn von Kühlmanns widerlegt. Die Novelle hat den Abschluß der Kolonialabkommen nicht verhindert, eher wohl befördert[1]. Wenn Herr von Kühlmann selbst zugeben mußte, daß das Entgegenkommen Eng= lands dem Druck der deutschen Macht, d. h. in erster Linie unsrer Seemacht zu danken sei, so wäre es sicherlich falsch gewesen, in hysterischem Eifer den

a) *Die ich gegen dieselben Gründe, wie die hier aufgeführten, ihnen zum Trotz aufgebaut habe.*
b) *!*
c) *Englischen!*
d) *Umgekehrt! Dieser letzte Satz geht auf England, nicht auf uns! Kühlmann ist ein gelehriger Schüler Metternichs und bringt dann den ganzen Quatsch vor, der, Mir, seitdem Ich Meine Flotte baue, immer vorgekaut worden ist; mir niemals Eindruck gemacht hat. Ich verzichte darauf, dies Zeug zu widerlegen. Ich will keine kolonialen Geschenke von England, da sie stets auf Kosten anderer gemacht werden und zu Konflikten Keime bergen, deren Ende gar nicht abzusehen ist. Die Stärkung, die ich für nötig halte, soll und wird gefördert werden.*

1) *Vgl. Kapitel 5.*

britischen Pressestimmen, die uns vor der Novelle bange zu machen suchten,
Glauben zu schenken. Der Köder der Kolonialabkommen, auf den es über=
haupt kaum in erster Linie ankam, wäre gewiß nicht bequemer für uns zu
erlangen gewesen, wenn wir den „Druck der deutschen Macht" zu vermin=
dern Miene machten.

Der Kaiser gab am 11. Januar der Londoner Botschaft folgende eigen=
händigen Bemerkungen gegen Kühlmann zur Kenntnis:

Der Bericht geht von falschen Prämissen aus. England hat in der Marokko=
affäre durch Wort und Tat das deutsche Volk schwer beleidigt und tief erregt.
Die Erregung wird sich in eine Wehrvorlage für Heer und Marine umsetzen.
Das weiß England, und davor, sowie vor dem durch sein Verhalten entfesselten
Sturm des Unwillens in Deutschland hat Englands Volk einen Schreck be=
kommen. Es wünscht keinen Krieg und gibt dem Ausdruck durch Artikel und
Koramierung der Regierung. Diese will nun — auch das Volk — uns wieder
„gut stimmen" wie ein gehauenes Kind und will uns nach der Lloyd=George=
schen Peitsche wieder Zuckerbrot geben. Daher werden uns allerhand An=
deutungen über ein auszubauendes Kolonialreich in Afrika gemacht. Auf
echt britische Manier natürlich wird das Besitztum Anderer uns angewiesen,
worüber England nicht das Dispositionsrecht zusteht. Portugal hat bisher
nicht zu erkennen gegeben, daß es die Absicht hat, sich seines Kolonialbesitzes
zu entäußern. Wird auch wohl gehörige Mengen Millionen fordern, die wir
wahrscheinlich nicht frei haben. Auf den Kongostaat hat Frankreich das Vor=
kaufsrecht. Bei der jetzigen Stimmung ist es ausgeschlossen, daß es uns darin
entgegenkommt. Im Gegenteil, es ist imstande, sofort bei Bekanntwerden un=
serer Absichten den Belgiern eine Milliarde zu bieten — die es immer bereit
hat — und ihn uns vor der Nase fortzuschnappen. So erweisen sich die bri=
tischen „Geschenke" als Danaergaben, die uns den beteiligten Besitzern gegen=
über in genau dieselbe Lage bringen würden wie Frankreich in Marokko gegen=
über Spanien, Italien in Tripolis usw. Diese Gaben würden, sobald wir ernst=
lich versuchen wollten, sie zu erhaschen, sofort durch Presseagitation und
diplomatische Lügen Englands bei den Besitzern uns in die übelsten Situationen
bringen und unsere europäische Kraft, Konzentration und Stärke schwächen,
finanziell und militärisch sowie maritim. Das Spiel Englands ist klar, aber für
meine Beamten nicht zu durchschauen. Wir sollen mit Vorspiegelung eines
Kolonialreichs in Afrika, mit Erwerbungen auf Kosten Anderer, in Ver=
wicklungen hineingezogen und abgezogen werden von der Weltpolitik, d. h.
man will die große asiatische Frage ohne uns lösen à trois — Tripelentente mit
Japan und Amerika, — und wir sollen dabei nicht beteiligt sein. Wird aber

Asien aufgeteilt, ist unsere Ausfuhr — Produktion der Industrie — und Handel
auf ewig schwer geschädigt und wir müßten ihm die offene Tür per Flotte und
Granate öffnen. Auf die Lösung der asiatischen Frage mit uns ist meine ganze
Politik auch der Marine aufgebaut und meine militärische Konzentration in
Europa. Daher wirkt sie so unbequem, und deswegen soll sie in Kolonialerwer=
bungen aufgelöst und zersplittert werden. Damit wir in Asien — also sonst auf
der Welt — nicht mehr mitreden! Daher gehe ich auf diese englischen Anerbietungen
nicht ein. Seine Exzellenz der Reichskanzler hat im Herbst bereits mit meiner
ausdrücklichen Billigung den Grundsatz aufgestellt, vor allen Detail abkom=
men erst ein political working agreement mit England, d. h. Anerkennung
unseres politischen Wertes und politischer Gleichberechtigung und Fest=
legung unserer Politik auf generellen parallelen Bahnen in der Welt. Das will
England anscheinend nicht, sondern will uns mit kolonialen Brocken abspeisen,
um uns in der Welt los zu werden und evtl. auch ferner gegen uns hantieren! Da=
her ist das Angebot mäßig! Wenn Herr von Kühlmann von dem großen deutschen
Kolonialreich träumt, vergißt er das Wie des Zustandekommens, das Womit
unserer finanziellen Unzulänglichkeit, und das Wer der völlig für solche Ver=
hältnisse unerzogenen und mangelnden Beamten. Er täte auch gut, die Nase
in die Seekriegsgeschichte zu stecken, da könnte er lernen, daß Kolonial=
großmacht sein zugleich Flottengroßmacht zu sein erheischt, ohne letz=
teres ist ersteres ein heller Unsinn. Die Geschichte Spaniens lehrt das. Das war
eine mächtige Kolonialgroßmacht, vernachlässigte seine Flotte und verlor
sein ganzes Kolonialreich. Die letzte Phase vor St. Jago de Cuba! Man
kann große Kolonien ohne starke Flotte nicht halten. Ich möchte also für das
oben angebotene Kolonialreich eine doppelt so große Marinevorlage zunächst
fordern, mit Ausbau von großen Kriegshäfen und Stationen. — Die Wehr=
vorlage bleibt bestehen ohne Rücksicht auf solche Träumereien.

Inzwischen erfolgte der (oben S. 268 f. erwähnte) neue Vorstoß des Kanzlers,
über den ich folgende gleichzeitige Aufzeichnung wiedergebe:

Der Kabinettschef war gestern früh (12. Januar) bei mir, um mir zu sagen,
daß der Reichskanzler (ohne vorherige Rücksprache mit mir) Seiner Majestät den
Vorschlag gemacht hat, mit Rücksicht auf die englische Gefahr, die durch Ernennung
Delcassés zum Botschafter in Petersburg noch größer geworden sei, die neu zu fordern=
den Linienschiffe nicht in Gesetzesform, sondern etatsmäßig zu fordern. Admiral
von Müller und Valentini wiesen[1] darauf hin, daß Rückkehr zur etatsmäßigen For=
derung ein Bruch mit dem Prinzip des Flottengesetzes sei. Der Reichs=
kanzler, dessen völlige Verständnislosigkeit für das Gesetz hier erhellte, sah dies ein

---

1) *In Kenntnis der Unmöglichkeit des Vorschlags.*

und stimmte zu, daß es bei der jetzigen Form bleiben müsse. Es sei aber dringend
wünschenswert, daß zur Verminderung der aus der Novelle entstehenden Aufregung
eine allmähliche Bildung des dritten Geschwaders betont würde und ferner, daß
nur ein alternierendes Tempo eingeführt würde, nicht zwei Jahre hinterein=
ander drei Schiffe gebaut würden. Da wir also in sechs Jahren nach dieser neuen
Verkürzung der Novelle drei Schiffe bauen durften, fiel das vierte Schiff (der letzte
Kreuzer) auch noch weg. Der Reichskanzler sagte, er würde mit mir hierüber Rück=
sprache nehmen. Seine Majestät riet hiervon ab, weil dann die beiden Herren anein=
ander geraten würden, was zur Folge hätte, daß er (Seine Majestät) in eine schwierige
Situation geriete. Admiral von Müller solle mit mir die Sache besprechen.

Admiral von Müller redete mir dringend zu, nachzugeben, weil Seine Maje=
stät in sehr schwieriger Position wäre, und weil seine Widerstandskraft gegen den all=
gemeinen Ansturm erlahmte. Nach Darlegung meiner Bedenken habe ich schließlich dem
alternierenden Tempo zugestimmt, was zugleich ein Preisgeben auch des letzten Kreu=
zers bedeutete; aber zugleich erklärte ich, daß ich jetzt an die Grenze des Nachgebens
gekommen wäre. Admiral von Müller hat daraufhin dem Reichskanzler geschrieben,
daß ich, obgleich es mir sehr schwer würde, diesem Wunsche des Reichskanzlers nach=
kommen würde. Ich hätte aber verlangt, daß dies die letzte Forderung wäre, die an
mich gestellt würde. Nach der vorhergehenden Besprechung mit dem Reichskanzler habe
er (Admiral von Müller) geglaubt, mir zusichern zu können, daß dies die Ansicht des
Reichskanzlers sei, und daß der Reichskanzler dann mit mir durch dick und dünn
gehen würde. Er würde dem Reichskanzler aber dankbar sein, wenn er ihm dies auch
noch schriftlich bestätigen würde. Der Reichskanzler hat darauf geantwortet, er
wäre sehr erfreut über meine Bereitwilligkeit, er würde alles tun, was die finanziellen
und politischen Verhältnisse gestatten würden. (Der Reichskanzler hat also auch hier
noch ein Loch offen gelassen, durch das er sich zurückziehen kann.) Ich habe daraufhin
gestern an Seine Majestät telegraphiert: Euer Majestät melde ich alleruntertänigst,
daß ich, falls Euer Majestät wollen, bereit bin, ein alternierendes Tempo auszuführen.
Ich halte mich aber verpflichtet, Euer Majestät morgen über die Nachteile Vortrag zu
halten, die dieser Schritt im Gefolge hat.

Bei Beginn des heutigen Vortrages (13. Januar 1912) sagte der Kaiser, er
habe sich noch nicht entschieden, er wolle erst meinen Vortrag hören.

Dem Vortrag habe ich noch hinzugefügt: Seine Majestät müßte sehen, daß hier ein
gesamtes Kesseltreiben gegen die Marine vor sich gehe (was Seine Majestät mir auch
schon aus eigener Initiative gesagt hatte), daß wir mit dem vierten Schiff das letzte
Streichobjekt für den Reichstag aufgeben würden, und daß überhaupt im Reichstage
die Situation nur dann noch möglich werden würde, wenn jetzt alle Staatsfaktoren
dafür eintreten und hierzu ihre Zusicherung geben würden. Der Kaiser übersah die
Sachlage sofort und sagte, unter diesen Umständen gebe er das vierte Schiff nicht auf.
Ich sagte dem Kaiser ferner, ich sähe die Schwierigkeit der Position Seiner Majestät
im Hinblick auf den Reichskanzler ein und sei aus diesem Grunde bereit, die Novelle
umzuändern.

Der Kaiser sagte ferner, daß Wermuth, bei den Verhandlungen mit Balen=
tini wegen seines Abschiedsgesuches, nicht eine unbedingte Zusage gegeben habe,
sondern nur eine Zusage, daß er bereit wäre, in Verhandlungen einzutreten. Seine
Majestät erklärte, daß dieser Standpunkt des Schatzsekretärs eine unmögliche Situation
schaffen würde. Er hat Admiral von Müller beauftragt, mit Valentini zusammen zum

Reichskanzler zu gehen, um eine kategorische Zusicherung vom Schatzamt und Reichs=
kanzler zu erlangen, daß er nunmehr mit allen Kräften in der Presse und Parlament
auf die rücksichtsloseste Weise eintreten müßte, ehe der Kaiser den Fortfall eines vierten
Schiffes in weitere Erwägung nehmen würde. — Das Motiv des Abschiedsgesuches
von Wermuth wäre gewesen, daß er nicht ausreichend informiert worden wäre über die
politische Situation, und sein Zweifel, ob nach Maßgabe der politischen Situation solche
Maßnahmen überhaupt notwendig wären. Seine Majestät war empört über diese Zu=
mutung des Schatzsekretärs und hat daraus ersehen, in welcher Weise der Reichskanzler
von Wermuth abhängig geworden wäre und wie dieser auf seine Position im Reichs=
tage pochte. Wermuth wäre ein parlamentarischer Beamter geworden.

Ich habe Seine Majestät noch darauf aufmerksam gemacht, daß die Verhand=
lungen mit den Bundesstaaten sehr eilig wären, weil sonst die Aufnahme in die Thron=
rede gefährdet wäre. Der Kaiser sagte, er habe das schriftliche Versprechen des Reichs=
kanzlers, daß der Passus ja in die Thronrede hineinkäme.

Am 14. Januar kam Admiral von Müller (mit meiner Stellungnahme nicht ganz
einverstanden) zu mir, teilte mir mit, er sei beim Reichskanzler gewesen. Dieser habe
ihm gesagt, daß er für seine Person das möglichste tun würde; wenn der Reichskanzler
aber jetzt an Wermuth herantrete wegen einer derartigen Zusage, dann würde Wer=
muth sofort seinen Abschied einreichen, und das würde vor den Stichwahlen besonders
ungünstig sein. Die Frage Wermuth wäre deshalb hinauszuschieben.

Ich war bei den kaleidoskopartig wechselnden Schwierigkeiten allmählich
etwas erlahmt, zumal ich mit der Ermüdung des Kaisers rechnen mußte und
dann die Novelle überhaupt zum Stehen gekommen, die dringend not=
wendige Erhöhung der Bereitschaft gefährdet worden wäre. So opferte ich
sämtliche Kreuzer, so wichtig sie an sich waren, dem allgemeinen An=
sturm. Wenn ich aber dafür nun vom Kaiser und dieser vom Kanzler eine
klare und endgültige Bindung verlangte, so fand Herr von Bethmann wieder
neue Ausflüchte, weil der zu befürchtende Rücktritt Wermuths die Stich=
wahlen gefährde usw. Nachdem der Kanzler seine Einwendungen erschöpft
zu haben schien, erhob der Schatzsekretär in seinem Schreiben vom 26. Ja=
nuar[1] Einspruch gegen die finanziellen Folgen der Wehrvorlage. Ich konnte
es mir nicht versagen, Wermuths Ausführungen am 2. Februar dem Kanzler
wie folgt zu beleuchten:

Ich glaube aus dem Umstande, daß Euere Exzellenz mir von dem Berichte des
Schatzsekretärs Kenntnis gegeben haben, schließen zu dürfen, daß Euerer Exzellenz
meine Stellungnahme zu dem Berichte erwünscht ist.

Ich muß zunächst erklären, daß es für die Marineverwaltung ausgeschlossen
ist, in ihren Forderungen noch weiter zurückzugehen, als dies in der nach den
Direktiven Euerer Exzellenz — alternierendes Bautempo — umgearbeiteten Vorlage
geschehen ist, die in der neuen Fassung auch bereits die Genehmigung Seiner Majestät
des Kaisers gefunden hat. Die Vorlage stellt nunmehr ein zusammenhängendes Ganzes

---

1) *Siehe oben S. 260.*

— die Formierung eines dritten aktiven Geschwaders — dar, aus der sich einzelne Steine nicht mehr herausnehmen lassen, ohne das Ganze zu gefährden.

Nach meiner Ansicht und nach den Vorgängen im Jahre 1899, in dem die Lage eine ähnliche war, werden die Wehrvorlagen bereits bei der ersten Lesung des Etats eingehend besprochen werden. Eine endgültige Entscheidung bis dahin scheint mir daher unbedingt erforderlich.

Was die f i n a n z i e l l e F r a g e anbetrifft, so trage ich Bedenken, näher darauf einzugehen, da sie nicht zu meinem Ressort gehört. Darauf möchte ich aber doch hinweisen, daß bei den großen Ü b e r s c h ü s s e n des Jahres 1910 und den ebenfalls sicheren für 1911 angekündigten Überschüssen die Ausführungen des Schatzsekretärs mir eher eine B e r u h i g u n g gewähren als einen Anlaß zu der Befürchtung geben, daß die Wehrvorlage an finanziellen Schwierigkeiten scheitern könnte.

Für die vom Staatssekretär des Reichsschatzamts angeführten jährlichen Bedarfsziffern würde dies f. E. Deckung vorhanden sein, wenn man neben dem Zurückgreifen auf Überschüsse und den angegebenen neuen Steuern eine Reihe von Ausgaben auf der A n l e i h e belassen würde, die nach den vom Reichsschatzamt gelegentlich der Reichsfinanzreform selbst aufgestellten, vom Bundesrat und Reichstag gebilligten F i n a n z i e r u n g s g r u n d s ä t z e n aus der Anleihe bezahlt werden sollten und auch bisher stets bezahlt worden sind. Ich meine damit in erster Linie die Kosten des Kaiser-Wilhelm-Kanals. Von diesen sind über die Hälfte in den Jahren 1907—1911 zu Lasten der Anleihe bewilligt; im Jahre 1912 jedoch ist die Jahresrate von 42 Millionen dem Ordinarium zugewiesen worden. Es läßt sich vielleicht darüber streiten, ob der Kanalbau als werbende Anlage anzusehen ist und als solche auch nach den Grundsätzen einer gesunden Finanzgebarung an sich schon der Anleihe zufällt. Jedenfalls aber handelt es sich um ein Werk, das während seiner Lebensdauer vielen Generationen Nutzen bringen wird. Ich vermag daher nicht einzusehen, weshalb plötzlich die K o s t e n d e c k u n g , entgegen dem b i s h e r i g e n von keiner Seite im Bundesrate und Reichstag beanstandeten M o d u s dem Ordinarium aufgebürdet wird, und zwar in einem Augenblick, wo infolge einer dringenden notwendigen Verstärkung unserer Wehrkraft an die ordentlichen Einnahmen des Reiches erhöhte Ansprüche gestellt werden müssen.

Läßt man aber die Kanalkosten auf der Anleihe, so sind mit den vom Staatssekretär des Reichsschatzamts angegebenen Maßnahmen g e n ü g e n d M i t t e l v o r h a n d e n , um den Bedarf für Heer und Marine zu decken.

Daß ich mit meiner Kritik Wermuths nicht allein stand, bewiesen mir u. a. die Ausführungen, welche am 7. Februar der Unterstaatssekretär im Reichsamt des Innern, Richter, einem Offizier der Etatsabteilung des Reichsmarineamts machte, den er zur Aufklärung über kleinere Einzelheiten des Etatsentwurfs zu sich gebeten hatte. Hierüber erhielt ich folgende Meldung:

1. Richter hat Auftrag nachzuweisen, daß Finanzierung der gesamten Wehrvorlage ohne n e u e S t e u e r n möglich sei.

2. Ist v o l l hiervon überzeugt.

3. Bedauert g e g e n Exzellenz Wermuth arbeiten zu müssen, hat aber den ihm erteilten Auftrag pflichtgemäß auszuführen.

4. Wermuth erkenne nur seine eigene Arbeit und seinen eigenen Standpunkt an,

jedem andern gegenüber verſchließe er ſich hartnäckig. Es ſei ein falſcher Standpunkt, ſeinen Geldſchrank immer weiter anzufüllen, ſich als Wächter davor zu ſtellen und zu ſagen: „Hier kommt keiner ran." Wenn Wermuth ſich in der vorliegenden wichtigen Frage weiter ſo wie bisher verhalten wolle, ſo müſſe er ſehen, wo er abbliebe.

5. Finanzierung ohne weiteres möglich durch tatſächliche Mehreinnahmen an Zöllen und Steuern, wozu nötigenfalls Kaiſer-Wilhelm-Kanal und Schuldentilgung hinzugenommen werden könne. Auch hier mache Wermuth ungerechtfertigte Schiebungen.

6. Dem Reichskanzler könne Vorwurf nicht erſpart bleiben, daß er vor den Wahlen das Schreckgeſpenſt der mit einer Wehrvorlage verknüpften neuen Steuern habe umlaufen und nachhaltig wirken laſſen, wo eine Veranlaſſung hierzu nicht im geringſten vorlag.

Daran ſei nur Exzellenz Wermuth ſchuld.

In Wirklichkeit hat die eigenartige Manipulation Wermuths, das Geld wegzuſchaffen, dazu geführt, daß in einer Bundesratsſitzung über den einzubringenden Etat der württembergiſche Miniſterpräſident von Weizſäcker dem Reichsſchatzſekretär ſchlagend nachwies, daß ſeine Rechnungsaufſtellung auf unrichtigen Grundlagen aufgebaut und das Geld für die beabſichtigten Wehrvorlagen tatſächlich vorhanden war. Die Szene, der Bethmann ebenſo wie ich beiwohnte, machte auf alle Anweſenden einen peinlichen Eindruck und wurde der Anſtoß zu Wermuths Abgang. Bei der ganzen Beurteilung ſeines Verfahrens darf nicht vergeſſen werden, daß bei dem bundesſtaatlichen Charakter des Bismarckſchen Reichs in den Reichsfinanzen die Ausgaben für die Wehrmacht eigentlich das Entſcheidende bildeten.

Nachdem die Novelle in ihrer abgeſchwächten Form bei meinem Immediatvortrag vom 25. Januar endgültig feſtgeſetzt war, wurde ſie am 7. Februar in der Thronrede angekündigt. Am Tag darauf traf der engliſche Kriegsminiſter Haldane in Berlin ein.

Seine Miſſion, über die von Haldane ſelbſt und anderen geſchrieben iſt, wird häufig falſch aufgefaßt und zu einem möglichen Wendepunkt der deutſch-engliſchen Beziehungen geſtempelt. Ich halte dies für nachweisbar irrig. Dieſer Beſuch hat an der durch unſre Flottenentwicklung beherrſchten Linie des deutſch-engliſchen Verhältniſſes nichts geändert und nichts ändern können; er hat die Gründe der britiſchen Gegnerſchaft gegen unſern Aufſtieg ſo wenig berührt, wie er Einfluß haben durfte auf unſre Methode, dieſe Gegnerſchaft durch eigne Machtbildung zu entgiften[1]. Das einzige Poſitive, was aus der Haldanemiſſion herausgekommen iſt, war, daß die Engländer ſeitdem wußten, was ſie an Bethmann Hollweg hatten.

1) Vgl. unten S. 342 f.

Ich verweise für meine eigene Auffassung auf die in meinen „Erinne=
rungen" (Kap. 15, 4) gegebene Darstellung der Haldane=Episode.

Ihr ging unmittelbar voraus ein neues englisches Memorandum über
Marinefragen. Die Engländer hielten jetzt die Zeit offenbar für reif, um
unsre Note vom 27. Juni 1911 zu beantworten.[1] Das englische Memorandum
würdigt die Schwierigkeiten, welche der Nachrichtentausch auf Ge=
bieten, die natürlicherweise der gegenseitigen Spionage und Spionage=
abwehr unterliegen, haben mußte. Der Gedanke des Nachrichtentausches
wird begründet mit dem Wunsch, das gegenseitige Mißtrauen zu beheben;
die Engländer wünschten eben, über die durch ihre Lügenpropaganda früher
geschaffene Situation hinauszukommen, und das Ganze war eine fort=
gesponnene Entschuldigung für jenes frühere Vorgehen. Was die Engländer
jetzt dem Nachrichtentausch und der beiderseitigen Attachéüberwachung zu
unterwerfen wünschten, war im Ganzen harmlos: Geldaufwand der Schiffe,
Deplacement, Pferdekräfte, Zahl der schweren Geschütze, Ausgaben für Schiffs=
rumpf, Armierung und Maschinen, Armierung von Handels= und Passagier=
dampfern. Der letztere Punkt war insofern illusorisch, als wir auf Kauffartei=
schiffen gar keine Armierung an Bord hatten und wir andererseits von den
Shipping Companies, von deren Willen die Überwachung abhing, kaum
etwas zu sehen bekommen hätten.

Was in dem englischen Memorandum an wesentlichen Dingen stand, hatten
wir bereits 1911, um entgegenzukommen, zugegeben, obgleich wir an dieser
gegenseitigen Schnüffelei kein Interesse hatten. Das damit erzielte Abkommen
blieb indes ein Stück Papier, weil sich die ganze Flottenfrage nach 1912 be=
ruhigte. Der eigentliche Zweck der Aktion war erreicht, indem die Admiralität
den Absprung von der nicht mehr aufrechtzuerhaltenden Lügenpropaganda
gefunden hatte, indem sie nunmehr sagen konnte, ein „Heimlichbauen"
Deutschlands käme nicht mehr in Frage.

Über die Einladung Haldanes weiß ich nicht mehr, als die vollzogene Tat=
sache. Sie wurde mir am 5. Februar 1912 durch den Marinekabinettschef mit=
geteilt, indem er nachfolgendes Telegramm, das auf dem Weg über Ballin und
Cassel an das Foreign Office geleitet worden ist, zu meiner Kenntnis brachte.

Schloß Berlin, 4. Februar 1912.

Wir sind bereit, die Aussprache in freundlichem Sinne fortzusetzen. In der
Frage der Flottennovelle, die zu einer Diskussion der beiderseitigen Flottenpläne

---

1) Vgl. oben S. 194.

führen wird, erscheint ein Entgegenkommen gegenüber den englischen Wünschen möglich, wenn wir gleichzeitig ausreichende Bürgschaften für eine uns freund= liche Orientierung der englischen Politik erhalten. Die Vereinbarung würde zum Ausdruck zu bringen haben, daß beide Mächte übereinkommen, an keinen Plänen, Kombinationen, kriegerischen Verwicklungen teilzunehmen, die gegen einen der= selben gerichtet sind. Ein solches Abkommen würde gleichzeitig eine Verständi= gung über die gegenseitigen Rüstungsausgaben ermöglichen.

Bei der Annahme, daß England sich in diesen Gedanken mit uns begegnet, würden wir es mit Freuden begrüßen, wenn ein englischer Minister zunächst zu privatem, vertraulichem Meinungsaustausch nach Berlin käme.

Diesem Telegramm fügte der Kabinettschef folgenden Allerhöchsten Ent= wurf für die eventuellen Verhandlungen bei:

1. Verhandlung unter vorläufiger Aufrechterhaltung der Novelle. Ihre Be= gründung bzw. ihre Entwicklung und Veränderung.
2. Englische Darstellung des Programms (d. h. des englischen Programms)
   a) auf Grund der Novelle,
   b) auf Grund des gewöhnlichen Flottengesetzes.
3. Bündnisvertrag, bzw. Neutralitätsvertrag, auf Grund dessen hierorts eine Verlangsamung der Novelle eingeschlagen werden könnte.
4. Two Power Standard uns gegenüber muß aufhören.

Unsere politische Leitung erklärte also ihre Bereitschaft, in der Flotten= novelle entgegenzukommen, wenn uns eine freundliche Richtung der eng= lischen Politik verbürgt würde. Schon aus Mitteilungen Sir Ernest Cassels, die Ballin dem Kaiser am 7. Februar als „wertvollen Anhalt für die bevorstehenden Verhandlungen“ übermittelte, ging hervor, daß Eng= land solche Bürgschaften in keiner Weise zu bieten gewillt war.

Diese Ballinsche Aufzeichnung lautete:

Von Sir Ernest Cassel liegen noch folgende private Mitteilungen vor:

1. Haldane hat die deutsche Verbalnote als „so far very good“* bezeichnet.

2. Haldane reist nach Berlin und nimmt seinen Bruder als Sekretär mit. Als Vor= wand für die Reise gelten Universitätsangelegenheiten.

3. Haldane wird vermutlich darauf verzichten, bei Lord Goschen abzusteigen und in das Hotel Bristol gehen, weil Lord Beresford bei Goschen wohnt.

4. Haldane wird mit größter Offenheit seine Karten auf den Tisch legen und die An= gelegenheit in der freimütigsten Weise diskutieren. Er ist der deutschen Sprache recht gut mächtig.

5. Haldane nimmt keinen Marinefachmann mit, da er mit den Einzelheiten des englischen Flottenprogramms in großen Zügen vertraut ist.

---

*) „Soweit ganz gut.“

6. Die englische Regierung hat Lord Goschen nach London kommen lassen, um ihn zu orientieren. Vermutlich wird also auch Lord Goschen Haldane bei dem Reichs=kanzler einführen.

7. Sir Ernest Cassel hat gemeinsam mit Grey den König über den Inhalt der deutschen Note informiert und des Königs Zustimmung zu dem Besuch von Haldane erhalten.

8. Cassel läßt durchblicken, daß England mit Bezug auf den Erwerb der portu=giesischen Besitzungen hilfreiche Hand zu leihen bereit sein wird.

9. Andererseits sei Einschränkung des Dreadnoughtsbaus eine Voraussetzung der Verhandlung. Selbstredend habe England auch die Absicht, sich in seinem Flotten=programm entsprechende Beschränkung aufzuerlegen.

10. In bezug auf das Neutralitätsabkommen wird man Deutschland nicht mehr bie=ten können, als man Frankreich, Rußland und anderen Staaten gegeben hat, näm=lich Verpflichtung zur Neutralität, solange Deutschland von einer anderen Macht an=gegriffen wird; wenn aber Deutschland der Angreifer sei, müsse England freie Hand behalten.

11. Es ist im Ministerrat vereinbart, daß Haldanes Besuch nur zur Orientierung dienen soll, und daß, wenn er den Weg zur Einigung sehe, Grey und Winston Chur=chill nach Berlin kommen sollen.

Es besteht in London der feste und der beste Wille, das Abkommen zu schließen, wenn man hier im gleichen Sinne gestimmt ist.

Ich schrieb am 8. Februar dem Marinekabinettschef zu diesen Äußerungen Sir E. Cassels:

1. Ziffer 10 scheint mir in seiner ersten Hälfte unverständlich. Um so klarer ist die zweite Hälfte. England will seine Versprechungen und Verpflichtungen Frankreich gegenüber nicht aufgeben.

2. Nach meiner Ansicht sind unsere beiden Forderungen ganz klar, und wir können von denselben nicht herunter.[1]

3. Politische Forderung: England darf sich an keinem Kriege zwischen Deutschland und Frankreich beteiligen, ganz gleich, wer der „Angreifer" ist. Können wir diese Ga=rantie nicht bekommen, dann müssen wir eben weiter rüsten, um der englisch=franzö=sischen Entente gewachsen zu sein, die de facto den Charakter eines Offensivbündnisses trägt.[2]

4. Unsere maritime Forderung: England muß eine feste Relation 2:3 zugestehen, weil nur bei einem solchen Verhältnis unsere Zukunft politisch und militärisch gesichert ist. Tut England das nicht, dann müssen wir weiter rüsten.

5. Daß Grey und Churchill nach Berlin kommen wollen, scheint mir eine sehr raffinierte und darum äußerst gefährliche captatio benevolentiae.

Wie der Haldanebesuch des weiteren deutscherseits vorbereitet worden ist, belegen die Äußerungen Bethmann Hollwegs und Notizen des Kaisers, beide vom 6. Februar. Über die Unterredung mit dem Kanzler lauten meine Aufzeichnungen:

1) *Gemäß dem kaiserlichen Entwurf für die eventuellen Verhandlungen, oben S. 281.*
2) *Selbstverständlich konnten wir im Kriegsfalle immer als Angreifer hingestellt werden, wenn es der Entente zweckmäßig erschien, wie dies im Jahr 1914 trotz des ser=bischen Attentats und der russischen Mobilmachung geschehen ist.*

Reichskanzler begann Besprechung mit mir mit der Bemerkung, daß ich über die Sachlage, Anerbieten eines politischen Agreements seitens der englischen Regierung, durch Seine Majestät wohl schon orientiert sei. Ich bejahte dies, betonte aber a u s d r ü ck l i ch, daß ich vor ein fait accompli gestellt worden sei. Wenn ich gefragt worden wäre, hätte ich den jetzt gewählten Weg, die Verhandlungen durch internationale Geschäftsleute einleiten zu lassen, n i ch t empfohlen. Meiner Ansicht nach hätte die englische Regierung, wenn sie wirklich ernsthafte Absichten hätte, einen Bevollmächtigten herschicken können, der vorher Fühlung genommen hätte.

Reichskanzler erwiderte, der Weg sei nun mal von der englischen Regierung so gewählt worden. Er hätte diese Methode nicht ablehnen können. Auf meine Frage betonte dann der Reichskanzler noch, daß die Wehrvorlage selbstverständlich in der Thronrede erwähnt werden würde. Er dächte auch gar nicht daran, sie nicht in den Reichstag zu bringen.

Meinen Eindruck von diesem längeren freundlichen Gespräch gab ich am selben Tag Admiral von Müller mit den Worten wieder, daß jetzt auch Bethmann Hollweg skeptisch denke und ein Gefühl dafür habe, wie bedenklich jetzt ein Schwanken werden könne.

Notizen Seiner Majestät des Kaisers.
(für Tirpitz)

Mit Reichskanzler folgendes abgemacht bezüglich Besprechungen mit Halbane.

Allgemeines.

1. Halbane kommt (A n n a h m e) in p r i v a t e m Charakter, um Terrain zu sondieren und vorzubereiten.

2. Klarstellung, ob diese Annahme zutreffend oder ob er erklärt empowered by the Government as a whole* zu sein, bereits Vorverhandlungen zu entrieren.

3. Im e r s t e r e n Falle Hinweis darauf, daß er als Vertreter eines Regierungs k o m i t e e s erscheint, welches unverbindlich ist und n o ch nicht sich gebunden hat. Daß dagegen Regierung hier von e i n e m M a n n e — dem Kaiser — geführt werde, also der Kanzler in seinem Namen spräche. Daher vorläufig bei e r s t e r e r Annahme der Kanzler nur s e i n e P r i v a t meinung und nicht die des Kaisers äußere.

4. Große Vorsicht und Zurückhaltung im Gespräch, um Halbane erst herauskommen zu lassen.

*) Ermächtigt von der Regierung als Gesamtheit.

5. Bestimmt ausgedrückter Wille, die Vorlage aufrecht zu erhalten. Ingerenz fremden Staats darauf unzulässig.

6. Bei Besprechung über Nachrichtenaustausch, Bauten, etwaige Rüstungsbeschränkungen, s c h a r f e r N a c h d r u c k darauf zu legen auf die G e g e n s e i t i g - k e i t, wenn bei uns etwas geschieht, muß das gleiche für England geschehen.[1]

Auf die telegraphische Meldung des Reichskanzlers, die am 6. Februar Haldanes Eintreffen für den 8. ankündigte, schrieb der Kaiser am Rande:

Also ist unsere Basis akzeptiert.

Vor der Unterredung mit Haldane machte ich mir am 9. Februar früh folgende Notizen:

1. Man bietet nach dem Brief[2] uns dasselbe wie Frankreich. Tut es aber tatsächlich nicht.

Beweis: England will neutral bleiben, wenn Frankreich Deutschland angreift.

England behält freie Hand, wenn Deutschland Frankreich angreift.

Umkehren läßt der Satz sich nicht,

denn England will n i c h t neutral bleiben, wenn

Deutschland Frankreich angreift.

Frankreich hat also eine andere Entente.

Abgesehen davon: Wer ist der Angreifer? Frankreich kann Deutschland so brüskieren nach diesem Abkommen, daß Deutschland zum Kriege gezwungen wird.

2. Absicht: Wir sollen Novelle zurückziehen. Von einer Relation ist nicht die Rede.

3. Hauptangebot liegt in portugiesischen Kolonien, die wir k a u f e n dürfen, und zwar den Teil von Angola, der keinen Hafen hat; den Teil mit Hafen nimmt England.

4. Pointe für uns in politischer Beziehung wäre, daß England an einem etwaigen Kriege zwischen Deutschland und Frankreich nicht beteiligt, und gerade das lehnt England ab.

5. Wenn aber England sich an einem solchen Kriege beteiligt, dann müssen wir rüsten.

6. Schließlich will unsere Novelle weiter nichts als das bestehende Gesetz den entstandenen technischen Verhältnissen gemäß modernisieren. Mehr Bereitschaft als Reserveformationen. Mit den drei Linienschiffen fällt die ganze Novelle, also auch das Personal.

Am 8. Februar traf Haldane ein und hatte am Nachmittage eine Unterredung mit dem Reichskanzler. Die beiden klagten über ihre „Flottenmenschen", die ihnen angeblich soviel Schwierigkeiten machten. Hätte man nur die blaue Kouleur beiderseits gewähren lassen: ich hege keinen Zweifel, daß w i r uns verständigt hätten!

Vor meiner eigenen Unterredung mit Lord Haldane am 9. Februar las

---

1) *Der Kaiser erwähnt die politische Seite in diesen für mich bestimmten Notizen nicht, weil sie nicht in mein Ressort fielen.*
2) *Oben S. 281 f.*

der Kabinettschef Admiral von Müller mir auf ausdrücklichen Wunsch des
Kaisers den folgenden Brief Seiner Majestät an Admiral von Müller vor:

Lieber Müller!

Brief erhalten. Werde die Herren gerne sich selbst überlassen, sobald ich sehe,
daß sie miteinander warm geworden sind, da sie sich noch nicht kennen ...
Daher werde ich anfangs dabei sein. Der Reichskanzler kommt auch zur Tafel,
ist furchtbar mißtrauisch gegen Tirpitz (durch Auswärtiges Amt) gemacht worden
und hat große Sorge, daß Tirpitz durch zu starres Festhalten aus Ressortgründen
an Zeit und Tempo der Vorlage die Sache verschütten könnte. Haldane hat ihm
gestern gesagt: I see that if it were left to us two, we would soon
arrange the whole matter satisfactorily; but I have my people at home
in the Admiralty, my naval men, they are so difficult to please!*
Worauf Bethmann antwortete: „And I have mine too."** Auswärtiges
Amt — das habe ich unter der Hand erfahren — ist wütend, daß es offiziell
nicht beteiligt, aus Eitelkeit, um den Ruhm der Sache zu ernten, die sie natür=
lich nicht dem Kaiser persönlich oder gar Tirpitz gönnen. Wenn nur Tirpitz uns
keinen Stein in den Weg rollt, wir sind soweit im Klaren, daß politisch die
Entente geschlossen werden kann, der darf uns jetzt nichts mehr dazwischen
bringen. Zugleich bittet der Kanzler dringend, daß nichts seitens Tirpitz über den
Two Power Standard gesagt wird, solange nicht Haldane persönlich ausdrück=
lich davon anfängt. Es ist kein Zweifel, daß von der heutigen Konversation
zwischen Tirpitz und Haldane das Schicksal der Entente zum großen Teil ab=
hängt, damit das Schicksal Deutschlands und der ganzen Welt, darüber muß Tir=
pitz sich klar sein. In großen und freien, offenen Zügen muß er arbeiten, ohne Miß=
trauen und Hintergedanken! Das Auswärtige Amt ist so ärgerlich, daß er mit=
zureden hat, daß bei einem Fehlschlag keinen Moment gezaudert werden würde,
ihn sofort mit dem Mißerfolg zu belasten und als Friedensstörer an den Pranger
zu stellen, und es würde leichten Spiels den schon darüber besorgten Kanzler ge=
winnen. Kann Tirpitz den noch anzuhörenden englischen Wünschen genügend
entgegenkommen, so daß wir die Entente unter Dach kriegen, dann werde ich
dafür sorgen, daß die Welt erfährt, daß er der Mann war, dem Deutschland
und die Welt den Frieden verdankt und einen Haufen Kolonialgebiet dazu. Dann
hat er eine Position in der Welt wie seit Bismarck kein deutscher Minister, eben=
so vor dem Reichstag, mit dem er dann Fangball spielen kann! Auf der Karte
hat uns der Kanzler heute gezeigt, zu was England uns verhelfen will: 1. ganz

---

*) Ich sehe, wenn es uns beiden überlassen würde, so würden wir bald die ganze Sache be=
friedigend regeln; aber ich habe meine Leute zu Hause in der Admiralität, meine Marineleute,
sie sind so schwer zu beschwichtigen.
**) Und ich habe die meinigen ebenfalls.

Angola, das ist größer als ganz Südwestafrika, 2. das uns zustehende Stück von Mozambique, 3. Sansibar und Pemba dazu, wenn wir es haben wollen, 4. die südliche Hälfte des Kongostaates (später), wenn wir es wünschen. So daß Ostafrika mit Südwestafrika zusammenhängen kann. Als Entgelt für das alles die Insel Timor.   Wilhelm.

Ich war bei einer realen Gegenleistung (brauchbaren Neutralitätserklä= rung oder beiderseitigen Flotteneinschränkung) durchaus bereit, auch die Zurücknahme der ganzen Novelle zu empfehlen, und dies war dem Kaiser bekannt. Ich habe also nicht „die mögliche Verständigung hintertrieben".

Niederschrift über die Unterredung mit Haldane vom 9. Februar 1912.

Vorbemerkung: Für die Unterhandlung waren folgende Umstände von Einfluß:

1. Seine Majestät der Kaiser hatten die Gnade gehabt, mir die auf Grund der englischen Eröffnungen möglichen Perspektiven des politischen Agreements mit= zuteilen. Indessen kannte ich nicht den Wortlaut der in Aussicht genommenen politischen Vereinbarung. Auf diesen Wortlaut kommt es aber an, wenn man beurteilen soll, ob materielle Konzessionen auf maritimem Gebiet angängig sind, ohne daß sie ein Zurückweichen vor England darstellen.

2. Nach meiner Kenntnis und Auffassung fehlt es an jedem Anhalt, der die Annahme berechtigt erscheinen lassen könnte, daß die Engländer tatsächlich die seit Jahren befolgte Politik verlassen und eine vollständige Schwenkung ihrer Politik vornehmen wollen. Sofern über diesen Punkt keine Gewißheit besteht, erscheint auf seiten Deutschlands ein großes Mißtrauen nicht nur gerechtfertigt, sondern geboten.

3. Infolge der vom Reichskanzler erhobenen Bedenken und Forderungen war die Novelle im Laufe des Winters so reduziert worden, daß sie nur noch das nackte Prinzip der höheren Bereitschaft und kaum noch irgendwelches Ma= terial für Konzessionen enthielt. Ich konnte bei der Verhandlung mit Haldane auch nicht auf die Novelle in ihrer ursprünglichen Form zurückgreifen, da die Novelle in ihrer letzten verkürzten Form durch den Reichskanzler inhaltlich be= reits an Haldane mitgeteilt worden war.

4. Unter diesen Umständen mußte von vornherein an dem Prinzip der No= velle selbst festgehalten werden und konnte nur Entgegenkommen zugesagt werden.

Inhalt der Unterredung.

Haldane erklärte zu Beginn der Unterredung, er spräche im Namen des englischen Kabinetts und mit Zustimmung Seiner Majestät des Königs.

(Die gleichzeitige Churchillsche Rede in Glasgow[1] läßt die Einheitlichkeit des Kabi=
netts zweifelhaft erscheinen.) Nicht ganz im Einklang mit dieser Erklärung steht die
Betonung, die Haldane am Schluß der Unterredung, nachdem wir scheinbar zu
einer völligen Einigkeit gekommen waren, auf die Bemerkung legte, daß diese
Unterhandlung lediglich eine Information Haldanes bedeute.

Ich führte zu Beginn der Unterredung aus, wir würden es sehr begrüßen,
wenn wir zu einer Verständigung kämen, wir hätten dies immer gewünscht
und unsere Bestrebungen hätten niemals zu einer „Supremacy" oder Flotten=
konkurrenz gegenüber England führen sollen. Die Begründung (preamble)
unseres Flottengesetzes wäre in England dem Sinne nach ganz entstellt wieder=
gegeben worden. Das, was wir allerdings anstrebten, das wäre eine Flotte,
die England, ohne selbst Schaden zu erleiden, nicht einfach niederschlagen könne.

Haldane begann damit, daß er die weitesten politischen Perspektiven er=
öffnete. Er versprach ganz Angola, Sansibar, Pemba usw.; sicherte ein äqua=
toriales Kolonialreich durch die ganze Mitte von Afrika zu, also gewisser=
maßen auch den Kongostaat; England wolle sich auf die Konzession für die
Eisenbahn beschränken, die von Ägypten nach Kapstadt führen solle und die
Seine Majestät der Kaiser schon mit Cecil Rhodes besprochen hätte.

Auf eine Frage Seiner Majestät hinsichtlich der Neutralität Eng=
lands bei einem Kriege zwischen Frankreich und Deutschland machte Haldane
längere Ausführungen mit Vergleichen wie: Deutschland griffe Japan oder Eng=
land griffe Österreich an, Vergleiche, die außer Bereich der Wahrscheinlichkeit
liegen. Ich hatte aber bei dieser Umgehung der Beantwortung der Frage Seiner
Majestät den Eindruck, daß unser neues Verhältnis mit England an der bis=
herigen „de facto"-Entente zwischen England und Frankreich nichts ändern
würde, obwohl Haldane aussprach, sie hätten keine schriftlichen Verträge mit
Frankreich.[2]

Haldane führte dann aus, daß es sich hier nur um ein politisches Agreement
handle und daß England Forderungen bezüglich der maritimen Abrüstung
überhaupt nicht stellen wolle. Er sehe ein, daß wir ein drittes aktives Geschwa=
der haben müßten. Forderung für Personal und Indiensthaltungen wären Eng=
land ganz gleich. Eine Verlangsamung des Bautempos der neu hinzutretenden
Schiffe würde ihnen aber das politische Agreement zu Hause sehr erleichtern. Er
fing selbst vom Two Power Standard an, den sie festhalten müßten und be=
zeichnete ihn als unerläßliche „tradition" für England. Daraufhin habe ich aus=
geführt, daß wir das Prinzip, welches in dem Two-keels-to-one Standard

---

1) Worin er die deutsche Flotte als einen Luxus bezeichnete.
2) Ich erinnere mich mit Bestimmtheit, daß Haldane auf eine Frage des Kaisers
gesagt hat, daß England das Wort Neutralität uns gegenüber mit Rücksicht auf seine
Beziehungen zu Frankreich nicht würde gebrauchen können.

(ich brauchte abſichtlich dieſe klarere Bezeichnung) gegen Deutſchland läge, nicht
anerkennen könnten. Ein anderes Verhältnis, etwa 2 : 3, wäre möglich. Alle Ex=
perten von Lord Vincent an, Mahan, auch neuere Reden von Mc.Kenna, Grey
hätten anerkannt, daß bei einem ſolchen Verhältnis eine England gegenüber=
ſtehende Nation keine aggreſſiven Abſichten haben könnte. Haldane meinte
darauf, wenn wir erſt einige Zeit Freund geweſen wären, dann würde es mög=
lich ſein, auf einen derartigen Gedanken einzugehen. Augenblicklich ginge
es nicht. England müßte mit ſeiner Flotte jeder möglichen Kombination ge=
wachſen ſein. Auf meine Gegenbemerkung, daß dann unſere Armee auch jeder
Kombination gewachſen ſein müßte, während ſie an Zahl doch kaum ſo ſtark
wäre, wie die jedes unſerer Nachbarn, ging er nicht näher ein und meinte,
das wäre etwas ganz anderes.

Auf die Frage Seiner Majeſtät, was ſie denn als ein Entgegenkommen
anſehen würden, ſtellte Haldane ſehr geringe Forderungen. Er kam zunächſt
mit einer gewiſſen Verlangſamung des Baues der Schiffe heraus und fragte,
ob wir nicht die Vermehrung auf zwölf Jahre verteilen wollten. Beſonderen
Wert legte er auf das Jahr 1912.

Schon um den Wert des Zugeſtändniſſes zu ſteigern, verſuchte ich ihm die
Schwierigkeiten klar zu machen, die ſich für uns aus einer weiteren Änderung
der Vorlage ergäben, da wir mit Rückſicht darauf, daß ſich die Stimmung in
England verbeſſert habe, unſer Programm jetzt ſchon um drei Schiffe ver=
mindert hätten. Es handle ſich eigentlich nicht um eine Vergrößerung der Flotte,
ſondern um eine organiſatoriſche Änderung, die durch die modernen Verhältniſſe
(Funkentelegraphie, Komplikationen neuerer Schiffe) und durch unſer Wehr=
ſyſtem an ſich bedingt ſei. Ich ſagte Haldane, daß er auch bedenken müſſe, wie
Seine Majeſtät durch die Thronrede bereits für die Novelle engagiert ſei.
Haldane gab dies zu und wiederholte, wir müßten unſer drittes Geſchwader
haben. Er wolle nur der Form wegen — es handele ſich nicht um eine tatſäch=
liche Summe — ein Zeichen unſeres Entgegenkommens („lubrication") haben.
Er gab auch zu, daß die Vermehrung des Flottengeſetzes um drei Schiffe in
20 Jahren materiell eigentlich überhaupt keine Rolle ſpiele.

Jetzt war zu entſcheiden, ob wir eine allgemein gehaltene Zuſage des Ent=
gegenkommens in bezug auf die Novelle geben ſollten für den Fall, daß ein poli=
tiſches Agreement zuſtande käme, oder ob wir das Maß des Entgegenkommens
ſchon bei dieſer Unterredung fixieren ſollten. Da Haldane ſelbſt nur den Vor=
ſchlag machte, das Tempo des Zuwachſes zu verlangſamen oder ein Schiff
wenigſtens weg zu laſſen, erſchien es richtig, dieſen Weg zu gehen und ſeinen
eigenen Vorſchlägen zuzuſtimmen. Haldane hat dann denjenigen
Vorſchlag aus eigener Initiative heraus perſönlich ausgeſprochen und ſpäter

niedergeschrieben, den ich meinerseits in dem Heft der Novelle mir vorher als einen möglichen bezeichnet hatte, nämlich das erste Schiff 1913, das zweite 1916, das dritte unbestimmt, jedenfalls nach 1917.

Nachdem Haldane sich hiermit befriedigt erklärt hatte, er also diese Konzession eingesteckt hatte, ging er mit seinen Forderungen weiter und berührte schließlich in vorsichtiger Weise die Frage, ob denn überhaupt das Flottengeset selbst ausgeführt werden müßte. Seine Majestät der Kaiser sagten darauf hin, es wäre Gesetz und müßte ausgeführt werden. Haldane zog sich darauf von dieser Frage zurück.

Ich habe aber nichtsdestoweniger den Eindruck gewonnen, daß sich die englische Aktion nicht so sehr gegen die augenblickliche, materiell doch geringfügige Novelle als gegen unsere Wehrhaftigkeit zur See überhaupt richtet.

Seine Majestät der Kaiser wiesen noch darauf hin, daß wir mit Rücksicht auf die erweiterten Flottenprogramme unserer kontinentalen Nachbaren allein schon genötigt wären, unsere Flottenentwicklung auf ihrer Höhe zu erhalten. Haldane machte hierzu gewisse Bemerkungen, daß England dafür sorgen würde, daß die französischen und russischen Flottenprogramme nicht zu sehr anschwellen würden. Auf meine konkrete Frage aber, wie es in dieser Beziehung mit Frankreich ständе, das für das Jahr 1912 drei große Schiffe auf Stapel lege, während wir evtl. in Erwägung ziehen wollten, nur zwei Schiffe zu bauen, ging Haldane nicht ein.

Haldane zeigte sich als ein äußerst geschickter Unterhändler. Charakteristisch war auch der Umstand, daß, wenn irgendwie die schlechte Behandlung Deutschlands durch England gestreift wurde, er stets ohne jede Verteidigung und Bemäntelung zugab, daß Deutschland sich darüber mit Recht hätte beklagen können.

Haldane sprach schließlich aus, daß er das politische Agreement so sehr wie möglich beschleunigen würde und daß England mit der Veröffentlichung seiner Estimates warten würde, bis unsere Novelle veröffentlicht sei.

Mit dem Besuch Haldanes war der Kampf gegen die Novelle aus den Ressortsphären der Wermuth, Valentini usw. auf das Gebiet der auswärtigen Politik verpflanzt und die Phalanz ihrer deutschen Gegner durch die englischen Staatsmänner verbreitert worden. Bei der Neigung unsrer weltfremden Politiker, immer den englischen Standpunkt, wie er von den dortigen Politikern[1] Metternich suggeriert wurde, als vernünftig und den unsrigen als unverständig anzusehen, gewannen die Bemühungen gegen die

---

1) *Die englischen Seeoffiziere hatten einen andern Gesichtswinkel, vgl. oben S. 178 ff.*

Novelle neues Leben. Es war unmöglich, den Kanzler dafür zu gewinnen,
daß er den Engländern offen sagte: wir lassen die Novelle nur für ein brauch=
bares Neutralitätsabkommen fallen. Aus vagen Hoffnungen auf ein allge=
meines politisches Abkommen sowie aus der irrigen Annahme heraus, daß auch
schon das Kolonialabkommen die Opferung der Novelle zur Voraussetzung
habe, faßte das Auswärtige Amt neue Entschlüsse, deren Ausführung außer
dem materiellen Schaden für die Entwicklung der Marine noch die Preisgabe
unsrer künftigen Bewegungsfreiheit und das Betreten der schiefen Ebene be=
deutet hätte, auf welcher wir die Bestimmung unsrer eigenen Macht den
dann immer begehrlicher werdenden Engländern überlassen haben würden.
Zu einem solchen freiwilligen Canossa lag kein Grund vor; ich mußte mich
wundern, wie leichthin das damalige Auswärtige Amt für diplomatische
Augenblicks= und Scheinerfolge die wichtigsten Imponderabilien unsres Da=
seins als Großmacht dahingeben wollte.

Erst wartete unser Auswärtiges Amt wohl auf eine Kundgebung vom
Foreign Office, und als nichts verlautete, ergriff Herr von Kiderlen die
Initiative. Seine Stimmung erhellt aus einem kürzlich veröffentlichten Brief,
in welchem er schreibt:

Ich bin wütend, daß man während meines Stuttgarter Urlaubs Haldane in Berlin
empfing, mit ihm unterhandelte, ohne mich zu benachrichtigen. Ich sagte dem Reichs=
kanzler gründlich meine Meinung und schrieb an Seine Majestät, den ich um eine
Audienz bat, um die Dinge so klarzustellen, wie ich sie sehe. Ich möchte, daß sich von
Tirpitz trennt.

Am 22. Februar bat mich Kiderlen um eine Unterredung, die folgender=
maßen verlief.

Der Staatssekretär des Auswärtigen Amtes drängte, die drei Schiffe
fallen zu lassen. Haldane habe gesagt, es sei sonst schwierig, das politische Agreement
zustande zu bringen.

Ich: Haldane hat mir gesagt, es käme darauf nicht an, ein Entgegenkommen auf
diesem Gebiete werde aber natürlich die Sache erleichtern. Haldane selbst hat den Vor=
schlag gemacht, wir sollten das erste Schiff zurückschieben. Der Kaiser hat diesem Vor=
schlage zugestimmt. Haldane hat dieses Zugeständnis angenommen und sich für be=
friedigt erklärt. Ich muß dies konstatieren, sowie ferner, daß Haldane den Two Power
Standard erwähnt hat, und daß ich gesagt habe, daß wir den Two-to-one Standard
nicht akzeptieren könnten.

Kiderlen: Die Sache liegt so, daß wir zu einem politischen Agreement kommen
werden. Schwierigkeit bereitet aber die Frage bezüglich der freien Hand, die England
behalten wolle für den Fall, daß wir die Angreifer wären. Ein solches Agreement be=
deutet gar nichts, dann ist meiner Ansicht nach das alte Verhältnis besser. Wenn wir
dagegen die Schiffe aufgeben, dann werden wir ein Agreement bekommen, das in einer

Floskel die Neutralität stärker zum Ausdruck bringt (Dänemark). Haldane hat behauptet, daß die Schiffsforderung einen schlechten Eindruck machen wird.

Ich: Ja, wenn Metternich die Verhandlungen führt, müssen solche Forderungen kommen.

Kiderlen: Nein, es ist auch die Forderung der englischen Regierung.

Ich: Ich möchte doch ein großes Bedenken aussprechen, daß wir auf eine solche politische Floskel hin eine Verstärkung aufgeben. Ich kann nicht verhehlen, daß ich schon bei der Besprechung mit Haldane ein sehr peinliches Gefühl gehabt habe. Wenn wir die Novelle zurückziehen, wird dies in Deutschland nicht verstanden werden. Etwas anderes wäre es, wenn auch von englischer Seite ein entsprechendes Zurückgehen ausgesprochen würde. In diesem Zurückgehen liegt eine stillschweigende Anerkennung des Two keels to one-Standard gegenüber Deutschland.

Kiderlen: Ich kann nicht einsehen, weshalb wir nicht die Novelle ohne die Schiffe einbringen können. Wir können uns ja vorbehalten, die Schiffe später einzubringen.

Ich: Unser ganzes Flottengesetz ist auf der Materialorganisation aufgebaut. Die Verhältnisse liegen anders wie bei der Armee. Bei der Marine ist das Material die Basis für eine Personalforderung.

Kiderlen: Sie können doch zunächst das Personal fordern.

Ich: Ich fordere doch das dritte Geschwader. Der größte Teil der Schiffe ist vorhanden. Die letzten Schiffe brauchen wir nicht sofort. Der Reichstag verlangt aber natürlich zu wissen, wann die letzten gebaut werden sollen. M. E. wird der gewünschte Schritt auch für den Kaiser sehr bedenklich sein, denn die Novelle ist bereits angekündigt. Eine Novelle ist eine Gesetzesänderung, und nur eine Materialforderung bedingt eine Gesetzesänderung, sonst wäre es nur ein Nachtragsetat.

Kiderlen: Dann wird aus dem politischen Agreement wohl nichts werden.

Ich: Das muß der Kaiser entscheiden, ich kann ihm diese Maßnahme nicht empfehlen. — Meiner Ansicht nach kann Sir Edward Grey die Entente mit Frankreich gar nicht aufgeben. Wenn das Agreement zustande kommt, wird er um so mehr öffentlich die Beibehaltung der Entente betonen.

Kiderlen: Wenn wir zu einem wirklichen Understanding kommen, dann fällt die Entente von selber fort.

Ich: Ich halte es aber nicht für möglich, daß ein wirkliches Understanding an einem Drittel-Schiff pro Jahr scheitert.

Die Novelle hat sich für uns auch als eine militärische Notwendigkeit ergeben. Sir John Fisher hat Admiral Lans gegenüber auf diesen schwachen Punkt unserer maritimen Rüstung hingewiesen. Hierin liegt ein Druck, unter dem ich schon seit Jahren gestanden habe. Bei der weiteren Entwicklung können wir das dritte aktive Geschwader nicht entbehren. (Hinweis auf die veränderten Verhältnisse, Funkentelegraphie usw.).

Kiderlen: Die Steuern, die gefordert werden müssen, sind nur für die Schiffe. Wenn die Schiffe gestrichen werden, läßt sich die Wehrvorlage ohne Steuern machen.

Ich: Die Kosten für die Marine betragen nur ein Viertel der Gesamtkosten.

Kiderlen: Wir wollen erst sehen, ob der Reichstag die Schiffe bewilligen wird.

Ich: Ja, natürlich, wenn die übrigen Reichsämter einen anderen Standpunkt einnehmen, ist es zweifelhaft, sonst wohl nicht.

Kiderlen: Wir machen so etwas nicht.

Der Chef des Marinekabinetts erstattete über diese Besprechung am
23. Februar dem Kaiser Meldung; bei dieser Gelegenheit stimmte Herr von
Müller meinem Standpunkt zu, daß das dritte aktive Geschwader in der
Novelle nicht ohne Kostenberechnung erscheinen könne und diese nicht ohne
Angabe der Baujahre der Schiffe möglich sei. Zugleich machte Müller aber
selbständig den Kompromißvorschlag, nur einen Schiffsneubau in die No=
velle zu nehmen, das Geschwader also „vorläufig" aus zwei Schiffen weniger,
als sonst zu einem Geschwader gehörten, zu bilden.

Dieser Weg, eine Durchbrechung der Abmachungen des Kaisers mit Hal=
dane, hätte nur Angst gezeigt und als „vorläufiger" zugleich Mißtrauen er=
weckt, ohne irgend etwas zu verbessern. Mit diesem immer weiteren Ab=
hacken wurde die Novelle der reine Hohn.

Der Kaiser schrieb am 24. Februar, ohne auf diesen Müllerschen Ge=
danken[1] einzugehen, an Staatssekretär von Kiderlen:

Aus dem Reichsmarineamt erfahre ich zu meinem Bedauern, daß die Unterhaltung
zwischen Ihnen und dem Staatssekretär des Reichsmarineamts leider ein negatives Re=
sultat gehabt hat. Euere Exzellenz haben der Befürchtung Ausdruck gegeben, daß
die Neutralitätsklausel im deutsch=englischen Agreement nicht zu erlangen sein werde,
falls in der Novelle die drei Linienschiffsneubauten — zur Ergänzung des dritten Ge=
schwaders nötig — bestehen blieben. Sie haben ferner dem Staatssekretär des Reichs=
marineamts nahe gelegt, auf die Schiffe zu verzichten, bis in späteren Zeiten sie nach=
gefordert werden könnten, und die Novelle ohne dieselben vorzulegen, was — sehr mit
Recht — der Staatssekretär abgelehnt hat. Das kann er ohne meine Autorisation gar
nicht, welche er nicht erhalten wird. Ich muß mich über das Ansinnen Euerer Ex=
zellenz sehr wundern, da es eine Frage wieder aufrollt, welche bereits von mir mit
Lord Haldane behandelt und die abgeschlossen wurde im Beisein des Staatssekretärs.
Ich habe ausdrücklich mit Lord Haldane vereinbart, daß die Marinenovelle nicht
angetastet werden kann noch darf in ihrem ganzen Prinzip. Wohl aber, daß ich ge=
willt sei, den Wunsch der englischen Regierung, den er vertrat, bezüglich des Bau=
tempos entgegenzukommen. Die vorgeschlagene Verlangsamung des Bautem=
pos ist von Lord Haldane glatt akzeptiert und für genügend erklärt worden. Dieser
Ausgang ist von mir dem Reichskanzler gemeldet und von ihm mit Dank entgegen=
genommen worden. Zumal deßhalb, weil die Novelle dabei aufrechterhalten
worden, da das die Hauptsache sei.
Seit dem Tage habe ich nicht die geringste Nachricht über irgendein Vorkommnis er=
halten, was in diesem Gespräch meinerseits mit Lord Haldane eine Änderung herbeizu=
führen bestimmt wäre. England schweigt sich bisher ganz aus, abgesehen von dem
Telegramm Metternichs, laut welchem sowohl Haldane wie später Grey ihm ihre vollste
Befriedigung über Verlauf des Besuches usw. ausgedrückt haben. Wie daher Euere Ex=
zellenz zu der Ansicht kommen, daß die Neutralitätsklausel ohne Fallenlassen

---

1) *Vgl. meine Kritik unten S. 299f.*

der drei Linienschiffe schwer oder gar nicht zu haben sein würde, ist mir unerfind= lich, da sie mit denselben von Halbane angenommen war.

Es müssen also Jhnen — vielleicht auf dem Privatwege — neuere Nachrichten zu= gegangen sein, die mir bisher nicht gemeldet worden sind. Jch mache daher Euere Ex= zellenz darauf aufmerksam, daß ich auf ausdrückliches Bitten und im Einverständnis mit dem Reichskanzler damals persönlich den marinepolitischen Teil der Verhandlungen — wie es scheint nicht ohne Erfolg — geführt habe und gewillt bin, auch ferner diese Angelegenheit persönlich, unabhängig in der Hand zu behalten, da sie leicht durch zuviel Diplomatie verfahren werden könnte. Jch befehle daher, daß mir um= gehend von Euerer Exzellenz alle — auch Privatnachrichten — mitgeteilt werden, die offiziell oder inoffiziell zu Jhrer Kenntnis kommen sollten.

Das vortreffliche Jnterview von Sir Robert Habsield, das mir vom Auswärtigen Amt vor drei bis vier Tagen geschickt wurde, ist der Niederschlag mehrerer Gespräche, die dieser hochbedeutende, hervorragende Engländer mit Krupp gehabt hat, in ähnlicher Weise wie Halbane hier. Er hat sogar an Krupp erklärt, daß das Verhältnis der deutschen zur englischen Flotte von 2 : 3, wie wir es uns dächten, für Englands Re= gierung und Volk vollkommen akzeptabel sei, und er werde dahin wirken.

Jm übrigen sollte man die Vorlage nicht mehr hinausschieben und nicht mit der Steuervorlage verquicken, was ich für einen Methodenfehler halte. Früher ist es nie geschehen.

Jn seiner Antwort an den Kaiser vom 24. Februar abends erklärte Kiderlen, daß ihm keine dem Kaiser nicht vorgelegten Mitteilungen zu= gegangen seien. Der mir von ihm nahegelegte Gedanke, die Linienschiffe erst in einem späteren Etat anzufordern, rühre ausschließlich von „späteren Äußerungen Lord Haldanes"[1] her. Hierüber bitte er sich mündlich äußern zu dürfen.

Die Nervosität des Kanzlers bei der Erwähnung des Flottenstärken= verhältnisses 2:3 hatte ich, schwer begreiflich wie sie mir erschien und erscheint, vor dem Haldanegespräch erneut erfahren[2]. Diese Nervosität stei= gerte die Ressort= und persönliche Empfindlichkeit des Kanzlers und führte zu einem Zwischenfall, der nicht nur die Kleinlichkeit seiner Geschäfts= behandlung zeigte, sondern zugleich seine unklaren Hoffnungen auf eine verschwommene Anbiederung mit England verriet; — er hat mir ja niemals gesagt, welche Flottenrelation er für die Engländer für tragbar hielt, er wußte es wohl selber nicht, aber sprach ich oder ein Herr meines Ressorts die klare und schon damals mehrfach von Engländern selbst ange= botene Relation 2:3 offen aus, so verfiel Bethmann in heftige Sorge. So schrieb er in jenen Tagen seines bangen Wartens auf den englischen Freund= schaftsvertrag am 19. Februar an den Kaiser in heftiger Erregung über einen

---

1) Gemeint ist wohl das Schlußgespräch Haldanes mit Bethmann Hollweg.
2) Vgl. oben S. 218.

Bericht des Marineattachés in London, wonach dieser im Gespräch mit
Sir John Jellicoe bei dem Admiral „den Eindruck erweckt habe, daß die
Bindung der englischen Regierung auf einen Standard von 2 : 3 ein
von der deutschen Politik erstrebtes Ziel sei":

Wenn Kapitän Widenmann am Schlusse seines Berichts bemerkt, daß das Gespräch von beiden Seiten als ein privates angesehen worden sei, so wird das den Admiral Sir John Jellicoe ebensowenig daran hindern, über die Unterredung amtlich Bericht
zu erstatten, wie der Marineattaché auf die Verwertung derselben in seiner amtlichen Berichterstattung verzichtet hat. Es müssen daher notwendigerweise bei der englischen Regierung unrichtige Vorstellungen über die Ziele entstehen, die die
deutsche Politik bezüglich der Frage einer Verständigung über die beiderseitigen Seerüstungen zurzeit verfolgt. Vor allem aber ist der Vorfall geeignet, dort verwirrend
zu wirken und das Vertrauen ernstlich zu erschüttern, das die Basis
und die weitere Voraussetzung für den günstigen Fortgang des in jüngster Zeit eingeleiteten Meinungsaustausches mit der englischen Regierung bildet.

Wir haben bisher England gegenüber amtlich stets den Standpunkt vertreten, daß
für das Maß unserer Flottenrüstungen der Umfang ohne Belang sei, den England seiner Flotte zu geben für richtig halte. Taktische Erwägungen haben uns bis
jetzt veranlaßt, an diesem Standpunkt festzuhalten, und Euere Majestät haben insonderheit bei den jetzt schwebenden Verhandlungen jede Limitation des gegenseitigen
Stärkeverhältnisses zurückgestellt. Ob und wann dieser Standpunkt zu verlassen und
der englischen Regierung amtlich der Wunsch zu erkennen zu geben sein würde, eine
bestimmte Relation für das Stärkeverhältnis der beiden Flotten zu vereinbaren, kann
lediglich unter dem Gesichtspunkte unserer gesamten Beziehungen zu England unter
Berücksichtigung der jeweiligen politischen Lage in beiden Ländern beurteilt und von
Euerer Majestät entschieden werden.

Euere Majestät werden mir darin beistimmen, daß die Einheitlichkeit der Leitung der auswärtigen Politik des Reichs auf das ernstlichste in Frage gestellt
werden muß, wenn von seiten der den auswärtigen Missionen zugeteilten militärischen
Agenten ohne Auftrag von der für diese Politik verantwortlichen Stelle den Entschließungen Euerer Majestät in einer Weise vorgegriffen wird, wie dies im vorliegenden
Fall durch Kapitän Widenmann geschehen ist. Ich bitte daher alleruntertänigst um die
Ermächtigung, sein Vorgehen mißbilligen[a] sowie ihm die Ermahnung aussprechen zu
dürfen, daß er sich in Zukunft innerhalb der Grenzen seiner dienstlichen Befugnisse halten werde. [b]

a) *Nein! Er ist Offizier und kann nur vom Obersten Kriegsherrn, nie vom Zivilvorgesetzten
mißbilligt werden.*

b) *Ich sehe in dem Gespräch Widenmanns durchaus gar keine Überschreitung seiner Grenzen
und dienstlichen Befugnisse.*

*Es sind einfach Dinge erörtert worden zwischen Bekannten und Fachleuten, die seit einem Jahr-
zehnt erörtert werden, und weder etwas Neues noch etwas für irgendeine Regierung Bindendes
oder Verpflichtendes enthalten. Auch kann dieses Gespräch nicht nachteilig auf etwaige Verhandlungen oder Verhandlungsabsichten einwirken, da es ganz ähnlich dem zwischen Tirpitz und Haldane
geführten ist. Es ist für England gut, zu wissen, daß wir keine illimitierten Baupläne haben und
über Relationen oder Standards kann man sich immerhin unterhalten, die Unterhaltung verpflichtet
zu nichts, weder von der einen noch anderen Seite, und klärt die Anschauungen.*

Der Chef des Marinekabinetts an den Staatssekretär des Reichsmarineamts.

Berlin, 21. Februar 1912.

...Ich kann persönlich auch nicht finden, daß Kapitän Widenmann seine Kompetenz überschritten hat, wie sich diese bei dem gänzlichen Mangel an Führung seitens des Botschafters entwickelt hat. Andrerseits kann man der Auffassung des Reichskanzlers, daß es sich hier um eine politische Frage erster Ordnung handelt, nicht widersprechen.

Antwort des Staatssekretärs des Reichsmarineamts.

Berlin, 21. Februar 1912.

Nach meiner Ansicht kann man dem Marineattaché in London das Recht und ich möchte sogar sagen die Pflicht zu derartigen „Privat"gesprächen mit höheren englischen Marineoffizieren nicht absprechen. Ich halte es sogar für politisch richtig, dem Attaché das Recht zu Meinungsäußerungen zu geben, die der Botschafter in seiner Stellung nicht machen kann. Natürlich bleibt es im Einzelfalle der allerhöchsten Entscheidung überlassen, ob er die Grenzen des politischen Taktes überschritten hat. Das Gegengewicht gegen diese freiere Meinungsäußerung liegt eben darin, daß man die Äußerungen des Attachés hüben und drüben nicht als politische Ansichten der maßgebenden Stellen einschätzt.

Über meinen Immediatvortrag am 24. Februar 1912 liegen mir folgende Aufzeichnungen vor:

Ich habe Gelegenheit genommen, für das Verhalten des Korvettenkapitäns Widenmann energisch einzutreten. Es wäre Widenmann kein Vorwurf zu machen, sondern im Gegenteil anzuerkennen, daß er sich eine Position geschaffen habe, um in dieser Weise mit englischen Persönlichkeiten wie Admiral Jellicoe sprechen zu können. Das Vorgehen des Reichskanzlers werde nur dahin führen, daß die Marine- und Militärattachés in ihrer Tätigkeit auch auf militärischem Gebiete ganz erheblich behindert würden.

Seine Majestät stimmten meiner Ansicht vollkommen zu.

Bezüglich der finanziellen Frage der Wehrvorlage habe ich folgendes ausgeführt: Ich habe Euerer Majestät seinerzeit gelegentlich der Vorlage meines Schreibens an den Reichskanzler zum Ausdruck gebracht, daß ich es grundsätzlich für falsch hielte, wenn eine Wehrvorlage unmittelbar mit einer Steuervorlage verquickt würde, daß also die Wehrvorlage falle, wenn in der Steuerfrage keine Einigung erzielt würde. Dies ist ein finanzieller Trick; wenn so seit Gründung des Reiches verfahren worden wäre, dann würden Euere Majestät weder eine genügend starke Armee noch eine Marine haben.

Vor dem Immediatvortrag habe ich Admiral von Müller gesagt, ich würde von der Novelle nicht anfangen, denn das sähe so aus, als ob ich Zweifel an der Festigkeit des Kaisers äußerte. Im übrigen aber (das habe ich auch Plessen gesagt) wäre ich der Ansicht, daß der Kaiser das wichtigste Pluskonto seiner Regierung, das er in den Augen des Volkes habe, auf das äußerste gefährdete, wenn er ein einseitiges Zurückgehen, also ein Zurückweichen vor England, zulasse. M. E. wäre es schon das Äußerste, was er Haldane konzediert habe; dieser sei aber in der Richtung auf Beseitigung des Flottengesetzes weitergegangen, sobald er diese Konzession eingesteckt hatte.

Pleſſen war abſolut meiner Anſicht und ſagte, er würde die nächſte Gelegenheit benutzen, um dem Kaiſer zu ſagen, er dürfe nicht zurück.

Der Verſuch, Widenmann zu rüffeln, wird durch ein Stimmungsbild
aus der Londoner Botſchaft ergänzt, das die damalige Leitung der
„Münchener Neueſten Nachrichten" durch ihren Berliner Vertreter dem
Reichsmarineamt um den 17. Februar vorlegen ließ.

Unſer Londoner Vertreter Gaupp ließ dieſer Tage einen Artikel los, der
folgendermaßen begann:

„Nachdem die deutſche Marineverwaltung über den Kopf des Reichskanzlers und
des Auswärtigen Amts hinweg alles daran ſetzt, über den Rahmen des Flottengeſetzes
hinauszugehen uſw."

Heute kam ein Brief von Gaupp. Inhalt: Beſchwerde, daß man ſeine Informationen
über die engliſche Uneigennützigkeit und Deutſchfreundlichkeit nicht genügend würdige.
Vielmehr ließe man ſich in München von den ſkrupelloſen Hetzereien des Reichsmarineamts gegen England völlig ins Schlepptau nehmen.

...Die deutſche Botſchaft in London iſt wütend auf Tirpitz. Botſchaftsrat von
Kühlmann hat Gaupp gegenüber von einer geradezu ſkrupelloſen Agitation des
Reichsmarineamts geſprochen, gegen die das Auswärtige Amt nicht ankäme. Es herrſcht
in der Londoner Botſchaft helle Wut über die vom Reichsmarineamt inſpirierten Artikel in Leipziger Illuſtrierten Zeitung, Deutſcher Revue, Grenzboten uſw. [1] Man macht
dem Reichsmarineamt den Vorwurf, die Flotte nicht als Mittel zum Zweck, ſondern
als Selbſtzweck zu betrachten, und es wäre gemein von uns, ſich dazu herzugeben,
Schleppenträger des Reichsmarineamts zu ſein, das uns ſeine „Waſchzettel" auf-
dränge...

Die deutſche Botſchaft in London ſteht völlig im anglomanen Fahrwaſſer. Nicht
England, ſondern das Reichsmarineamt iſt der Feind...

Die ganze Angelegenheit iſt ſo bezeichnend für das „Pflichtbewußtſein" der deutſchen
amtlichen Vertreter des Auslands.

Inzwiſchen hatte das engliſche Kabinett ſeine Beratungen über die
Haldanemiſſion beendet: und es lief nun folgender Bericht des Grafen
Metternich vom 22. Februar ein.

Sir Edward Grey erſuchte mich geſtern brieflich um eine Zuſammenkunft für heute
früh 10 Uhr in ſeiner Privatwohnung, um mit ihm und Lord Haldane die zwiſchen
den beiderſeitigen Regierungen ſchwebenden Verhandlungen zu beſprechen.

Die Beſprechung hat zur feſtgeſetzten Zeit ſtattgefunden. Lord Haldane war der
Wortführer, und der auswärtige Miniſter beſtätigte mir und kondenſierte von Zeit
zu Zeit, was der andere vorbrachte.

---

1) *Das Reichsmarineamt hat ſich der Preſſe gegenüber während der ganzen Flottenkriſis aufs äußerſte zurückgehalten. Dagegen hat das Auswärtige Amt einen großen
Preſſefeldzug gegen mich geführt, wie mir Herr Hirſch, der Inhaber der Hirſchſchen
Telegraphenagentur, die ſelbſt von Kiderlen perſönlich dazu aufgefordert worden war,
nach meinem Rücktritt berichtet hat.*

Die von Lord Haldane aus Berlin zurückgebrachten Vorschläge hätten dem Mini=
sterrat vorgelegen. Dieser wünsche bringend, daß es zu einer Einigung komme. Bei
weiterer Durchberatung und Feststellung der einzelnen Punkte würden zwar noch manche
Schwierigkeiten zwischen beiden Regierungen zu überwinden sein. Es habe sich z. B. in=
zwischen herausgestellt, daß die niederländische Regierung ein Vorkaufsrecht auf den
portugiesischen Teil von Timor besitze. Er zweifle aber nicht, daß sich die kleineren
Schwierigkeiten, die sich im Laufe der Verhandlungen ergeben würden, mit gutem
Willen auf beiden Seiten überwinden ließen.

Die Haupt= und einzige wirkliche Schwierigkeit, zu einem Abkommen zu ge=
langen, liege aber nach Ansicht des Kabinetts in folgendem: Der von Lord Haldane
mitgebrachte Entwurf zur Flottennovelle sei von der hiesigen Admiralität auf die tech=
nischen Seiten hin und in seinem Verhältnis zum Flottengesetz geprüft worden. Diese
Prüfung hätte ergeben, daß die Novelle, auch abgesehen von den drei Schif=
fen, eine ganz bedeutende Erweiterung des Flottengesetzes darstellt. Insbesondere
sei auch eine derartige Verstärkung an Mannschaften* vorgesehen, daß sie über das Be=
dürfnis der Bemannung eines dritten Geschwaders hinausgehe und darauf hinweise,
daß auch noch weitere Neuformationen, wahrscheinlich an Destroyers, gebildet werden
sollten.[1] Es läge ihm nun fern, an unseren Absichten eine Kritik üben zu wollen.
Unsere Novelle würde aber eine ganz bedeutende Mehrbelastung des englischen Marine=
budgets zur notwendigen Folge haben, und das englische Kabinett fühle, daß es ihm
kaum möglich sein werde, ein Abkommen von weittragender Bedeutung abzuschließen
und zu verteidigen, welches dazu bestimmt sei, eine neue und bessere Ära der
deutsch=englischen Beziehungen einzuleiten, wenn zu gleicher Zeit eine Er=
höhung der beiderseitigen maritimen Rüstungen stattfinde.** Wäre
es aber möglich, über diese Schwierigkeit hinwegzukommen, so sei er überzeugt, daß
ein befriedigendes Abkommen zustande käme.

Sir Edward Grey bestätigte die Worte seines Kollegen und fügte hinzu, er hoffe
auf jeden Fall, auch wenn kein Abkommen erzielt würde, daß der Besuch
Lord Haldanes in Berlin und der freie, offene Gedankenaustausch, den dieser dort ge=
habt habe, die Grundlage bilden werde auch für fernern offenen und vertrauensvollen
Verkehr zwischen den beiden Regierungen.[2]

Ich erwiderte zunächst auf die Frage der Flottennovelle eingehend, daß die Schlüsse,
zu denen die hiesige Admiralität gelangt sei, nicht mit meinen Informationen überein=
stimmten. Die beabsichtigte Personalvermehrung sei nicht einmal genügend, um
das dritte Geschwader zu bemannen, so daß aus der Reserveflotte ein Teil der Mann=
schaften auf das dritte Geschwader genommen werden müßte. Die Anzahl der zu
bauenden Torpedoboote sei weder im Flottengesetz festgelegt, noch solle sie meines Wis=
sens in der Novelle bestimmt werden. Die beabsichtigte Vermehrung des Personalbe=
standes soll den in unserem Rekrutierungssystem liegenden Mängeln einigermaßen ab=
helfen.

Für die englische Regierung schienen die Erwägungen, welche mit unserer Novelle

---

*) Also jetzt auch Personal. Das ist die Hauptsache.
**) Also gar keine Novelle.
1) Nein! Die Personalforderung war lediglich bedingt durch die höhere Bereitschaft
eines dritten Geschwaders.
2) Über den Einfluß Poincarés auf die Haltung Greys vgl. unten S. 310f.

zusammenhingen, im Mittelpunkte des Interesses zu stehen, für uns seien die politi=
schen Gesichtspunkte für das Abkommen maßgebend. Beides stehe in Wechselbeziehung.
Wir wünschten eine Vereinbarung zu treffen, durch die uns Sicherheit geboten werde,
ebensowie wir nicht auf seiten der Gegner Englands anzutreffen sein würden.

Lord Haldane bemerkte, daß keine Formel für Neutralität allen Fällen gerecht
werden könne. Das beiderseitige Versprechen, an keinem unprovozierten Angriff dritter
teilzunehmen, genüge aber im Verein mit den übrigen Abmachungen, um der Welt
unseren Willen zu zeigen, daß wir in einem Freundschaftsverhältnis zuein=
ander leben wollen. Aus diesem Anfang würden sich von selbst intimere Beziehungen
entwickeln.

Hierauf bemerkte ich, daß oft schwer sei zu entscheiden, wer der Angreifer und
wer der Angegriffene sei. Wer den Krieg zuerst erkläre, sei nicht notwendig der Angrei=
fer. Er könne in gerechter Verteidigung zum Kriege gezwungen werden und deshalb
doch zuerst angreifen. Da wir ganz offen redeten, so möchte ich als Beispiel anführen
die Situationen des letzten Jahres und auch der serbischen Krisis. Wir hielten in
beiden Fällen unsere Politik nicht für aggressiv. Hier sei man vielleicht anderer An=
sicht gewesen. Wir wollten aber durch ein Abkommen gerade vermeiden, daß wir uns
in Zukunft wieder gegenüberständen.

Lord Haldane gab zu, daß der Begriff des Angreifens nicht für alle Fälle zu
definieren sei, und daß selbst die Geschichte hierüber kein sicheres Urteil fälle. Es käme
aber hauptsächlich darauf an, durch ein Abkommen, wie es ihm vorschwebe, den Geist
des Vertrauens herzustellen;[1] hieraus werde sich alles weitere ergeben. Er beab=
sichtige in der Admiralität eine Aufzeichnung der von ihm erwähnten Punkte herstellen
zu lassen und mir zu übergeben. Sobald sie mir zugeht, werde ich nicht verfehlen, sie
einzureichen.

Ich habe meinen den beiden Ministern gemachten Bemerkungen vorausgeschickt, daß
ich zwar ohne Auftrag, aber gemäß den Absichten meiner Regierung spräche.

Nach Studium des Metternichschen Berichtes war der Chef des Marine=
kabinetts, wie er dem Kaiser am Abend des 25. Februar meldete, zu der
Überzeugung gekommen, daß die Stellungnahme des englischen Kabinetts
jedes Heruntergehen in der Flottennovelle über das vom Kaiser mit Lord
Haldane verabredete Maß ausschließe. Ob der Versuch des englischen Ka=
binetts, einen Druck auf die Personalforderungen auszuüben, noch ein Ent=
gegenkommen im Sinne seines (Müllers) Kompromißvorschlags vom 23. Fe=
bruar offenlasse, sei ihm jetzt zum mindesten zweifelhaft.

Diese Meldung, mit der der Kaiser sich ganz einverstanden erklärte (er
wollte an der Novelle in der Form vom 9. Februar festhalten), kannte ich noch
nicht, als ich dem Kabinettschef meine nachfolgende Stellungnahme am
Nachmittag des 26. Februar zugehen ließ.

---

1) Welches dadurch hergestellt werden sollte, daß wir unsere Bereitschaft vermin=
derten, die Engländer aber die ihrige mindestens voll aufrechterhielten.

1. Allgemeine Situation.

Schält man den Kern der Frage heraus, so ergibt sich nach meiner Ansicht folgendes:

Wir fordern von England eine Neuorientierung seiner Gesamtpolitik in dem Sinn, daß es seine bisherige Ententen aufgibt und wir an die Stelle Frankreichs treten.

England fordert von uns eine Neuorientierung unserer Flottenpolitik in dem Sinne, daß unsere Flotte England in keiner Weise mehr gefährlich werden kann.

Das Schwierige der Situation liegt darin

für uns, daß einzig und allein unsere Flottenpolitik uns die Garantie bietet, daß die englische Schwenkung aufrichtig und von Dauer ist, und daß wir bei der angestrebten Entente mit England künftig unsere „Gleichberechtigung" zu wahren vermögen;

für England, daß nach seiner Meinung die Entente mit Frankreich ihm die beste Sicherheit gegen ein zu mächtiges Deutschland gewährt.

Ich glaube heute nicht mehr, daß aus diesem Circulus Vitiosus herauszukommen ist, und daß große Chance vorhanden ist, zu einem beiderseits befriedigenden Abkommen zu gelangen. Auch in England scheint diese Ansicht die Oberhand zu gewinnen, denn sonst könnte Metternich nicht berichten:

„Sir Edward Grey führte aus:

Er hoffe auf jeden Fall, auch wenn kein Abkommen erzielt würde, daß der Besuch Lord Haldanes in Berlin und der freie offene Gedankenaustausch die Grundlage bilden werde auch für ferneren offenen und vertrauensvollen Verkehr zwischen den beiden Regierungen."

2. Der neueste Metternichsche Bericht:

England hält nur dann ein Abkommen im englischen Parlament für vertretbar, wenn von uns keinerlei Mehrforderungen für die Flotte gestellt werden. — Metternich schreibt: „Lord Haldane führte aus: Das englische Kabinett fühle, daß es ihm kaum möglich sein werde, ein Abkommen von weittragender Bedeutung abzuschließen und zu verteidigen, wenn zu gleicher Zeit eine Erhöhung der beiderseitigen maritimen Rüstungen stattfinde. — Sir Edward Grey bestätigte die Worte seines Kollegen."

Als Gegenleistung würde es uns voraussichtlich eine sehr dehnbare Neutralitätsklausel konzedieren und hinter unserem Rücken den Franzosen die Zusicherung geben, daß alles beim alten bleibt.

Die Engländer steigern also ihre Forderungen immer mehr, wenn sie Entgegenkommen bei uns finden und uns weich glauben.

Ob sich vorstehendes Abkommen vor dem eigenen Gewissen, vor der Geschichte und vor dem deutschen Reichstag vertreten läßt, ist mir sehr zweifelhaft. Ich persönlich könnte die Verantwortung für ein derartiges Abkommen Seiner Majestät gegenüber nicht übernehmen.

3. Ihr[1] neuester Vorschlag: Zunächst nur ein Schiff zu fordern, die beiden anderen vorzubehalten und die Geldbedarfsberechnung nur für drei Jahre aufzustellen.

---

1) *Müllers, siehe oben S. 292.*

Der Sinn eines solchen Vorgehens könnte nur der sein, daß wir unser eigenes weiteres Vorgehen bezüglich der Flotte von der Flottenvermehrung der Engländer ab= hängig machen wollen.

Im günstigsten Falle, wenn nämlich die Engländer in den nächsten drei Jahren nur zehn große Schiffe fordern (Verhältnis 2 : 3), stehen wir nach drei Jahren vor der= selben Schwierigkeit. Immerhin läßt sich hierüber reden.

Im ungünstigen Falle aber, daß die Engländer ihre Flotte stärker vermehren, befin= den wir uns nach drei Jahren in der Z w a n g s l a g e , die vorbehaltenen Schiffe nach= zufordern. Daß dadurch eine viel schärfere Komplikation in der inneren und äußeren Lage eintreten würde, als zurzeit bei einem Scheitern der Verhandlungen, scheint mir nicht zweifelhaft.

Bei Annahme Ihres Vorschlages tritt die Flottenpolitik, d. h. das bei weitem ge= fährlichste Gebiet, auch vor der breiten Öffentlichkeit in England und Deutschland in den Vordergrund der Agreementsverhandlungen. Die allgemeine Politik tritt ganz zurück; denn worin sollte denn auf diesem Gebiet f ü r d i e D a u e r v o n d r e i J a h r e n die Gegenleistung gefunden werden? Die Engländer können doch den Franzosen nicht er= klären: drei Jahre lang wollen wir es mal mit Deutschland versuchen, dann aber kehren wir evtl. reumütig zu euch zurück.

Bei der p r a k t i s c h e n A u s f ü h r u n g Ihres Vorschlages kommen drei Möglich= keiten in Betracht.

a) Die Novelle zum Flottengesetz (Alternat) und die Personalbedarfsberechnung für 1920 sieht drei Schiffe vor, der Bauplan und die Geldbedarfsberechnung sieht nur ein Schiff vor und schließt mit dem Jahre 1914 ab. Ich fürchte, daß in diesem Fall der Wert der gemachten Konzession seitens der Engländer sehr gering eingeschätzt wird und wir uns mit unseren Vorschlägen einen Absturz leisten. Ferner erscheint es mir un= wahrscheinlich, daß sich der Reichstag auf eine solche in der Luft schwebende G e = s e t z e s ä n d e r u n g einlassen würde.

b) Novelle zum Flottengesetz, Personalbedarf, Bauplan und Geldbedarf sehen sämt= lich nur ein Schiff vor.

Dann wird man den Vorbehalt nicht ernst nehmen. Man wird ihn nur für ein Feigenblatt halten, um das Nachgeben zu kaschieren. Das Prestige Seiner Majestät und der deutschen Regierung wird schweren Schaden erleiden.

c) Es wird auf eine Änderung des Schiffsbestandes im Flottengesetz vorläufig ver= zichtet und auch diese „v o r b e h a l t e n".

Das wäre ein verhängnisvoller Bruch mit dem Prinzip des Flottengesetzes, nämlich der g e s e t z l i c h e n F e s t l e g u n g unseres Schiffsbestandes, der wahrscheinlich nie wie= der gut zu machen ist.

Nach meiner Ansicht läßt sich keine der versprochenen drei Möglichkeiten praktisch durchführen.

Nach eingehendster Überlegung halte ich für richtig, bei dem Bauplan zu bleiben, den Seine Majestät in meiner Gegenwart mit Haldane besprochen hat: drei Linien= schiffe, davon eins nach 1917, und in der Novelle zum Flottengesetz eine Vermehrung des gesetzlichen Schiffsbestandes um drei Linienschiffe. Je schneller wir die Novelle veröffentlichen, desto mehr schränken wir den Engländern die Möglichkeit ein, immer größere Forderungen an uns zu stellen.

Ich bitte Sie freundlichst, Vorstehendes zur Kenntnis Seiner Majestät bringen zu wollen.

Admiral von Müller hat mein Schreiben dem Kaiser sogleich übermittelt, und es hat die Grundlage für das am gleichen Tage an den Reichskanzler gerichtete Handschreiben des Kaisers gebildet, das folgenden Wortlaut hat:

Berlin, 26. Februar 1912.

Mein lieber Bethmann!

Sowohl aus Kiderlens Worten, wie aus der Unterhaltung mit Ihnen habe ich das eine klar entnommen: Grey will nicht, bzw. er sucht sein face zu wahren. Er will die Entente Cordiale nicht fallen lassen usw., d. h. in ein landläufiges englisches Sprichwort übersetzt: „He wants to hunt with the hounds and run with the hare"*, ein Kunststück, das auch er nicht fertig bringt. Ich habe mir daher die Situation ernstlich durch den Kopf gehen lassen und auch nach allen Seiten hin erwogen und bin zu folgendem Resultat gekommen:

I. Gesamtsituation.

1. Wir fordern von England immerhin eine Neuorientierung seiner Gesamtpolitik insoweit, als es seine bisherige Entente aufgibt und wir mehr oder weniger an Frankreichs Stelle treten.

2. England fordert von uns eine Neuorientierung unserer Flottenpolitik dahin, daß unsere Flotte England in keiner Weise mehr gefährlich werden kann.

3. Das Schwierige der Situation für uns liegt einzig und allein unsere von mir entworfene und bisher rückhaltlos mit Erfolg verfolgte Flottenpolitik die Engländer zur Überlegung gebracht hat, ob es wünschenswert sei, zu uns umzuschwenken; und falls sie das tun, die alleinige und einzige Garantie dafür liefert, daß diese Schwenkung auch ehrlich und von Dauer ist, und daß wir ferner bei der anzustrebenden Entente mit England in Zukunft auch dem stärksten Kompazissenten gegenüber unsere volle Gleichberechtigung zu wahren stark sein werden.

4. Die Schwierigkeit für England liegt hingegen darin, daß nach wie vor — täuschen wir uns darin nicht — nach seiner Meinung die Entente mit Frankreich ihm die beste Sicherheit gegen ein übermächtiges Deutschland gewährt. Darin wird es jetzt durch lockende Allianzanerbietungen von Paris aus — wie Cassel es erzählte — nur noch bestätigt werden. Das ergibt

5. Einen circulus vitiosus, aus dem schwer ein Ausweg zu finden und auf den noch schwerer ein Agreement aufzubauen ist, das beide Teile befriedigt. Dies scheint auch schon in England erkannt zu werden. Einmal geht das aus der sehr auffallenden Bemerkung Greys an Metternich hervor, wo Grey ausführt: Auch wenn kein Abkommen erzielt würde, hoffe er auf jeden Fall, daß der Besuch Haldanes in Berlin und der freie offene Gedankenaustausch die Grundlage bilden werde für einen ferneren offenen und vertrauensvollen Verkehr zwischen den beiden Regierungen.

Zum zweiten wirft die „Nation" in dem mir gestern vorgelegten Artikel direkt Grey die oben von mir erwähnte Absicht vor, die Entente mit Frankreich nicht fallen lassen zu wollen und so trotz des Besuches Lord Haldanes in Berlin keine Änderung und Entspannung in der politischen Lage herbeiführen zu wollen.

---

*) Er möchte zugleich mit den Hunden jagen und mit dem Hasen laufen.

II. Der neueste Bericht Metternichs.

1. England hält nur dann ein Agreement im englischen Parlament für vertretbar, wenn von uns keine Mehrforderungen für die Flotte gestellt werden. Metternich meldet darüber: „und Haldane führte aus, das englische Kabinett fühle, daß es ihm kaum möglich sein werde, ein Agreement von weittragender Bedeutung abzuschließen und zu verteidigen, wenn zu gleicher Zeit eine Erhöhung der beiderseitigen maritimen Rüstungen stattfinde. Sir Edward Grey bestätigte die Worte seines Kollegen."

Wir bekommen als Gegenleistung voraussichtlich die Konzedierung einer immerhin dehnbaren Neutralitätsklausel, und hinter unserem Rücken — Bertie, Nicolson usw. — wird den Franzosen zugesichert, daß alles beim alten bleiben soll.

Also sobald die Engländer bei uns Entgegenkommen zu finden und uns weich vermeinen, steigern sie umgehend ihre Forderungen.

Ein solches Abkommen würde sehr schwer vor dem eigenen Gewissen zu vertreten und nicht wohl vor dem Reichstag vertretbar sein.

2. Ich habe die verschiedensten Modalitäten in der Behandlung der Frage der Novelle nach allen Richtungen hin auch mit Müller nochmals in streng vertraulicher Weise erwogen. Sie haben sich alle als ungangbar erwiesen. Es muß bei den von uns mit Haldane getroffenen Abmachungen als unserem letzten Worte verbleiben. Je länger die Einbringung der Wehrvorlage und Novelle hinausgeschoben wird, desto höher werden die englischen Anforderungen an uns sich steigern.   Wilhelm I. R.

Inzwischen hatte Graf Metternich am 24. Februar folgenden weiteren Bericht abgesandt:

Sir Edward Grey hat mir die gleichzeitig eingereichte und in der Admiralität angefertigte Aufstellung über die Flottennovelle[a] übergeben.

Ich sagte ihm heute, daß ich bei meiner neulichen Zusammenkunft mit ihm und Lord Haldane den Eindruck gehabt habe, daß auch abgesehen von der Novelle die von Lord Haldane uns gemachten Vorschläge jetzt nicht mehr in ihrem ganzen Umfange von der hiesigen Regierung akzeptiert zu werden schienen[b] und daß der Ministerrat wohl keine durchweg zustimmende Haltung den Vorschlägen gegenüber einnehme.

Der Minister gab dies zu, bemerkte indes, daß wir uns über alle aufgeworfenen Fragen zu beiderseitiger Zufriedenheit[c] einigen könnten.[d] Die hier vorge-

---

a) *Wenn Metternich sein Amt richtig verstanden hätte, so hätte er umgehend Grey schon vor acht Tagen sagen müssen, daß sein Vorschlag eine völlige Desavouierung der Verhandlungen von Lord Haldane mit Seiner Majestät bedeute und daß er einen solchen Vorschlag weiterzugeben sich weigere. Er habe ein political agreement zu verhandeln, nicht einseitig über unsere Flottennovelle; denn das bedeute einen Eingriff in die freie Selbstbestimmung Deutschlands und eine Ingerenz in die Befugnisse des Obersten Kriegsherrn!*

b) *Haldane und ich, wir sind total desavouiert!*

c) *Nach dem bisherigen Verfahren keine.*

d) *?*

nommene Prüfung habe nur ergeben, daß die Verhandlungen über die einzelnen Punkte langwierig sein würden."ᵃ Die Hauptsache bleibe die Frage, ob wir uns über die Novelle verständigen könnten.ᵇ Denn ohne eine Verständigung über diesen Punktᶜ glaube das englische Ministerium nicht, daß ein Abkommen die gewünschte Wirkung einer Annäherung zwischen beiden Völkern haben werde. Die englischen Minister seien daher der Ansicht, daß zunächst versucht werden solle, eine Einigung über die Novelleᵈ und über die abzugebende politische Erklärung (keine Teilnahme an einem unprovozierten Angriff) zu erzielen,ᵉ und die anderen Punkte ferneren Beratungen zu überlassen.ᶠ

a) *Scheint so! Das war doch von Anfang an so!*
b) *D. h., ob wir sie fallen lassen wollen.*
c) *Ist ja deutlich genug.*
d) *Und auch die von Haldane und mir besprochene Basis!*
   Es muß noch einmal für unsere Diplomatie und ihr Verhandeln hervorgehoben werden: die Engländer haben den ersten Schritt zu einem Agreement gemacht. Sie haben mit Einverständnis des Gesamtkabinetts durch Haldane Vorschläge gemacht (Bautempo-Verlangsamung), die wir schweren Herzens akzeptiert haben. Wir haben ein Neutralitätsabkommen vorgeschlagen. Das ist nicht bisher von ihnen akzeptiert worden. Jetzt stoßen sie die von uns akzeptierte Haldanesche Basis sans façon um, verlangen mehr oder weniger ein Fallenlassen der Novelle, ohne uns auch das Geringste in bezug auf die Neutralität Bindende anzubieten. Ein solch einseitiges Abgehen ist absolut unannehmbar. Erst sollen sie uns den Entwurf des Neutralitätsabkommens schicken, dann werden wir darüber befinden, was wir tun werden.
e) *Also es geht um die Novelle los, genau so wie ich von Anfang an den Verdacht gehabt.*
f) *Es wird im Sinne meines Briefes vom 26. und 27. an den Reichskanzler offen von Grey zugegeben, daß Haldane desavouiert ist, seine mit mir abgemachten Punktationen verlassen sind. Anstatt einer Verhandlung über ein politisches Agreement (tractat) zwischen zwei gleichberechtigten Nationen, soll eine „Verständigung" bzw. „Einigung" über von einem von den beiden Kontrahenten bei sich einzuführende Gesetzesvorlagen stattfinden, in dem Sinne, daß ihre Durchführung, weil dem anderen Kontrahenten unbequem — verhindert werden soll. Also eine freche Ingerenz in das freie Selbstbestimmungsrecht einer großen Nation seitens einer anderen. Das ist nicht mehr verhandeln, sondern Zwang ausüben, uns Sommationen stellen. Ich lasse mich auf nichts dergleichen ein. — Meine Verhandlungsbasis ist die mit Lord Haldane abgemachte, dessen Programm seinerzeit — auf sein ausdrückliches Betonen vom englischen Gesamtkabinett gebilligt war. Ich gehe davon nicht ab. Jede Detailbesprechung meiner Novelle lehne ich a limine ab. Sie hat nichts mit dem Agreement zu tun.*
   Für die Behandlung der Wehrvorlage würde es sich am besten empfehlen, sich im Reichstage über ihren Stand interpellieren zu lassen. Als Antwort darauf, eine kurze generelle Skizzierung derselben mitzuteilen, mit dem Hinzufügen, daß über die Deckungsfrage die Vorarbeiten im Gange seien, welche demnächst zum Abschluß gebracht werden würden. Sobald das erfolgt sei, würde auch die Deckung dem Reichstage nebst Wehrvorlage zugehen. Auf diese Weise wird die spannende Ungewißheit und Sorge, welche in steigendem Maße sich aller Schichten unseres Volkes bemächtigt hat und wie ein Alp auf allen lastet, erleichtert. Wilhelm, I. R.

Das nachfolgende von Sir Edward Grey am 24. Februar 1912 dem Grafen Metternich übergebene Memorandum wurde mir am 2. März 1912 ohne Anschreiben von Staatsfekretär von Kiderlen übersandt, nachdem der Reichskanzler die Übersendung zugesagt und Korvettenkapitän Karl von Müller im Auswärtigen Amt mündlich darum gebeten hatte.

1. The increases under the new Navy Law comprise 3 capital ships, 15 000 men and 13 000 000 of money, of which the men are to be spread over 9 and the ships and money over 6 years. These great augmentations are to be devoted to developing the already high efficiency of the German Navy and its immediate readiness for offensive and defensive operations at all seasons of the year. The Admiralty compute, from the materials so courteously supplied them, that nearly 4/5 ths of the whole German Navy will by these means be kept in permanent full commission. These increases go far beyond the standard of Naval strenght prescribed by the 1900 Fleet Law and its subsequent amendments. They are more than is necessary either to provide for the increased complements of modern ships or for the institution of such a Training Squadron as would be adepted to relieving the First and Second Squadron of the High Sea Fleet from their present burden of training recruits during the winter months, which, it appears, the formation of a Third Active Squadron is to effect. The Admiralty hesitate very much to dogmatise upon matters which require a more intimate knowledge than they possess of the manning system of the German Navy, but, so far as they can tell, it would not be impossible to provide for the commissioning of the Third Squadron out of the large annual increases in personal at present being made: and the numbers required to meet the increased complements of modern ships would not appear to exceed 4000 men, according to Appendix 3 of the Novelle.

2. All increases of whatever kind in the strength of the German Navy will of course require corresponding measures of due proportion here. If the new Law were carried out in its present form, the Admiralty would find it necessary to add at least 4000 men to the Fleet each year for the next 6 or 7 years, to maintain in full permanent commission four Battle Squadrons of 8 ships each and to keep two other Battle Squadrons ready at very short notice without a mobilisation, as well as two further Battle Squadrons (making eight in all) dependent upon the calling out of the reserves. They would also deem it necessary to raise their Flotillas to the number of 9 in the next 5 years; and to lay down two keels to one for every capital ship added to the German Navy above the existing Law. These measures would, so far as can be foreseen, involve an additional expenditure of £ 18 500 000 spread over the next 6 years, together with a certain further concentration of the Fleet in Home Waters. It is difficult to understand how the public opinion of both countries could be brought to regard these serious measures and

countermeasures as appropiate to the coincident reestablishment of cor-
dial relations.

3. If the British Government, in asking Parliament to sanction some
modified increases much less than the above, were able to make
it clear that the new German Navy Law did not go beyond the limits
of the old law and the memoranda accompagnying the naval Estimates
of 1906 and 1908, except in so far as was necessary to provide for the
increased complements of modern ships or the necessities of a new training Squadron, to relieve the existing High Sea Fleet of training duties,
it is possible that the difficulties might be surmounted. The illustration
of the extent, to which the new law seems to go beyond the limits above
defined, the construction of 3 additional Battle ships to be begun within
the next 6 or even 9 years, the provision of full crews for all the torpedo
boat destroyers and submarines, the proposals for additional submarines
on a very large scale and the addition to personel of 11 000 men more
than are needed for the increased complements above referred to, may
with great respect be mentioned.

Überfetzung.

1. Die Verftärkungen gemäß dem neuen Flottengefetz umfaffen 3 Schlachtschiffe,
15 000 Mann und 13 Millionen Geld, wovon fich das Perfonal über 9 und die Schiffe
und das Geld über 6 Jahre erftrecken follen. Diefe großen Vermehrungen follen der
Entwicklung der bereits hohen Schlagfertigkeit der deutfchen Marine und ihrer
fofortigen Bereitfchaft zu offenfiven und befenftven Unternehmungen in allen Zeiten des
Jahres dienen. Die Admiralität berechnet aus dem ihr fo gefällig gelieferten Material,
daß nahezu vier Fünftel der gefamten deutfchen Marine durch diefe Mittel dauernd voll
in Dienft gehalten werden. Die Verftärkungen gehen weit über das Maß der Flottenftärke
hinaus, welche durch das Flottengefetz von 1900 und feine fpäteren Ergänzungen vor-
gefchrieben wurde. Sie find mehr, als notwendig ift zur Befchaffung der vergrößerten Befatzungen neuefter Schiffe oder zur Aufftellung eines Schulgefchwaders,
wie es wohl geeignet wäre, um das Erfte und Zweite Gefchwader der Hochfeeflotte von
ihrer gegenwärtigen Bürde der Rekrutenausbildung während der Wintermonate zu befreien, was anfcheinend die Bildung eines dritten aktiven Gefchwaders bewirken foll.
Die Admiralität zögert fehr, Behauptungen über Fragen aufzuftellen, die eine tiefere
Kenntnis verlangen, als fie von der Bemannungsweife der deutfchen Marine befitzt.
Aber fo weit fie es beurteilen kann, würde es nicht unmöglich fein, die Indienftftellung
des Dritten Gefchwaders mit Hilfe der ftarken jährlichen Perfonalvermehrungen zu-
wege zu bringen, die gegenwärtig vorgenommen werden; und die zur Befchaffung der
vergrößerten Befatzungen der neueften Schiffe erforderlichen Perfonalftärken dürften
offenbar nicht über 4000 Mann hinausgehen gemäß Anlage 3 der Novelle.

2. Jede Verftärkung der deutfchen Marine, welcher Art fie auch fein mag, wird
hier natürlich entfprechende Maßnahmen von angemeffenem Verhältnis erfordern. Wenn das neue Gefetz in feiner gegenwärtigen Faffung durchgeführt würde, fo

würde die Admiralität es für notwendig befinden, für die nächsten sechs oder sieben Jahre das Flottenpersonal um mindestens 4000 Mann jährlich zu vermehren, um vier Linienschiffsgeschwader zu 8 Schiffen dauernd voll in Dienst zu halten und zwei weitere Linienschiffsgeschwader innerhalb sehr kurzer Frist ohne eine Mobilmachung bereitzustellen, sowie zwei weitere Linienschiffsgeschwader (zusammen also acht), abhängig von der Einberufung der Reserven. Die Admiralität würde es außerdem für notwendig erachten, ihre Flottillen in den nächsten fünf Jahren auf die Stärke von neun zu bringen und für jedes Schlachtschiff, das der deutschen Marine über das bestehende Gesetz hinaus hinzugefügt wird, zwei Kiele gegen einen auf Stapel zu legen. Diese Maßnahmen würden, soweit vorausgesehen werden kann, eine Ausgabenvermehrung von 18 500 000 ₤ verursachen, die sich über die nächsten sechs Jahre erstrecken würden, zusammen mit einer sicheren weiteren Zusammenziehung der Flotte in heimischen Gewässern. Es ist schwer zu verstehen, wie die öffentliche Meinung beider Länder dazu gebracht werden könnte, diese ernsten Maßnahmen und Gegenmaßnahmen als geeignet anzusehen zur gleichzeitigen Wiederherstellung herzlicher Beziehungen.

3. Wenn die englische Regierung das Parlament um Bewilligung einiger beschränkter, viel geringerer Verstärkungen als die obigen ersucht und dabei imstande wäre, darzulegen, daß das neue deutsche Flottengesetz nicht über die Grenzen des alten Gesetzes und die Denkschriften zu den Marineetats von 1906 und 1908 hinausgehe, ausgenommen insoweit, als nötig sei, um die vergrößerten Besatzungen neuerer Schiffe zu beschaffen oder das Bedürfnis nach einem neuen Schulgeschwader zu befriedigen zur Entlastung der vorhandenen Hochseeflotte von den Ausbildungspflichten, so ist es möglich, daß die Schwierigkeiten überwunden werden könnten. Zur Erläuterung des Umfanges, in welchem das neue Gesetz über die oben bezeichneten Grenzen hinauszugehen scheint, darf ergebenst erwähnt werden: der Bau von drei weiteren Linienschiffen, die innerhalb der nächsten sechs oder gar neun Jahre begonnen werden sollen, die Bereitstellung voller Besatzungen für alle Torpedobootszerstörer und U-Boote, die Vorschläge für weitere U-Boote in einem sehr großen Umfange und die Personalvermehrung um 11 000 Mann mehr, als für die obenerwähnten vergrößerten Besatzungen nötig sind.

Diese Drohung mit Gegenmaßregeln konnte zwar auf den Marinesachverständigen keinen Eindruck machen, war aber darauf berechnet, unsere Politiker einzuschüchtern. Der Ton der Note, die Aufforderung zum Fallenlassen der Novelle zeigte, was sich England herauszunehmen für möglich hielt, seit es Bethmann und seinen Kampf gegen unsere Machtbildung durchschaut hatte.

Inzwischen schlug Bethmann vor, überhaupt keine Bautermine anzugeben. Dann war es überhaupt keine Novelle, denn dann bewilligte der Reichstag nichts!!

Handschreiben Seiner Majestät des Kaisers an den Reichskanzler.

Berlin, 27. Februar 1912.

Ich habe soeben mit Müller über Ihre Vorschläge gesprochen. Er hat dieselben etatsrechtlichen Bedenken wie ich, daß eben die Festlegung der ersten

Baurate bei Einbringung der Novelle notwendig ist. Er wird aber sofort mit Exzellenz Tirpitz sich ins Benehmen setzen, um sich zu orientieren. Bezüglich der Mannschaftsfrage bestätigte er meine Ihnen gemachten Erklärungen. Es werden eben alte Löcher, die Wermuths Sparteufel offen zu lassen gezwungen hatte und die jetzt sehr fühlbar geworden sind, nachträglich mit zugemacht und die Typenvergrößerung hat eben auch einen Mehrbedarf an Mannschaften erfordert.

Was das englische Memoire betrifft, ist Admiral von Müller vollkommen meiner Ansicht, daß es absolut von allem absieht, was ich mit Halbane verabredet habe, daß er völlig von Grey desavouiert wird und daß es eine verkappte sommation ist, die Novelle überhaupt fallen zu lassen. Daher sei es inakzeptabel und ein Stück grandioser britischer Unverschämtheit. Es kommt also darauf hinaus, daß England uns zwingen will, durch Verzicht auf die Novelle uns eine recht zweifelhafte Neutralitätserklärung — deren Ehrlichkeit sehr anfechtbar ist, — von ihm zu erkaufen unter Preisgabe unserer Defensivchance gegen England! Ich muß als Kaiser im Namen des deutschen Reiches und als oberster Kriegsherr im Namen meiner bewaffneten Macht ein solches Ansinnen als mit unserer Ehre unvereinbar ein für allemal zurückweisen.

Müller meldete soeben nach Rücksprache mit Tirpitz, daß ein Offenlassen des dritten Schiffes möglich ist, da dasselbe schon in der Novelle als offenstehend bezeichnet worden ist, dagegen die beiden anderen Schiffe müßten zur etatsrechtlichen Feststellung des Geldbedarfs mit festen Terminen angefordert werden.

Die einzubringende Novelle schlägt ferner Tirpitz vor auf der Basis der mit Halbane vereinbarten Daten; dadurch würde England gegenüber ein Entgegenkommen unsererseits klar dokumentiert, trotzdem man dort die Basis ohne Grund verlassen hat.

Im übrigen kann ich nur nochmals auf das allerentschiedenste und dringendste wünschen — der Wunsch wird von allen, nicht nur militärischen, sondern auch politischen und Ministerialkreisen geteilt, wie ich mich persönlich überzeugen konnte — die gesamten Wehrvorlagen (Heer und Marine gemeinsam) möglichst umgehend endlich einzubringen, da ein längeres Zögern nicht zu verantworten ist und zu schweren Komplikationen führen kann.

Es ist mir vom politischen Standpunkte aus unbegreiflich, wie z. B. das Auswärtige Amt bei der Beurteilung der Verhandlungen mit England nur immer den englischen Standpunkt im Auge hat: d. h. die englische Neutralitätserklärung wird als etwas Großes behandelt, hingegen unsere gar nicht in ihrem gewaltigen Gegenwert für England eingeschätzt. Das ist mehr als Bescheidenheit, das ist beinahe Kleinmut; den deutschen Kaiser mit seiner ge-

fürchteten, geachteten, wachsenden Macht an seiner Seite zu wissen anstatt als
Gegner, ist für England ebenso wichtig als umgekehrt. Also wollen wir im
Vollgefühl unseres Wertes fest auf unserm Standpunkt verharren und ihnen
auch mal die Zähne zeigen.

England hat das Agreement vorgeschlagen und die ersten Schritte
getan, wir haben Entgegenkommen bewiesen, an ihnen ist es, die Sache
zu vollenden. Aber nicht mit einem Stückchen unserer nationalen Sicherheit zu
erkaufen. Dafür bin ich nicht zu haben.

Meldung des Reichskanzlers an den Kaiser (mit Randbemerkung Seiner Majestät).

Berlin, 28. Februar 1912.

Euerer Majestät melde ich alleruntertänigst, daß der Gesetzentwurf über die
Deckung der Wehrvorlagen morgen früh fertig wird. Ich werde dafür sorgen,
daß dem Befehle Euerer Majestät entsprechend der wesentliche Inhalt der
Wehrvorlagen ohne Rücksicht auf die Deckungsfrage authentisch bekannt wird,
und zwar wird das in den nächsten Tagen geschehen. Zuvor wird das nach den
Direktiven Euerer Majestät verfaßte Memorandum durch Metternich dem Lon=
doner Kabinett überreicht sein müssen. Es geht morgen ab.[1] Ich wähle die
Form eines Memorandums und nicht einer Depesche, um den Engländern in
allen Einzelheiten den Widerspruch mit den Haldaneschen Eröffnungen vor
Augen zu führen.ᵃ

a) *Na endlich!*
                                        Alleruntertänigst
                                        Bethmann Hollweg.

Bericht des deutschen Botschafters in London, Grafen Metternich (mit Rand= bemerkungen des Kaisers).

London, 1. März 1912.

Lord Haldane speiste gestern bei mir, und unsere Besprechungen setzten sich bis
gegen Mitternacht fort.

Sir Edward Grey, so begann der Kriegsminister, habe ihm gesagt, ich schiene aus
unseren letzten Unterredungen die Folgerung zu ziehen, daß die englische Regierung
von ihrem ursprünglichen, in den Verhandlungen über ein Abkommen mit uns einge=
nommenen Standpunkte abweichen wolle, dies sei nicht der Fall.ᵃ Sir Edward Grey
sowohl wie das gesamte Ministerium hätten den ernsten Wunsch, mit uns ein Ab=
kommen zu vereinbaren über die Flottenfrage,ᵇ die politische Formel, den Geheimver=

a) *? ! !*
b) *Kommt zuletzt.*

---

1) *Vgl. indes unten S. 315.*

trag von 1898, die Bagdadbahn und die Abtretung von Sansibar und Pemba. Die Re=
gierung stehe auf demselben Standpunkte, den er, Lord Halbane, in Berlin eingenommen
habe.[a]

Ich erwiderte, Sir Edward Greys Eindruck sei richtig, und gab hierfür meine Gründe
an: 1. Lord Haldanes Einverständnis in Berlin mit einer Flottennovelle, und
nur Beanstandung der drei Capital Ships. Jetzt, Beanstandung fast der gesamten
Novelle.

2. Lord Haldanes Anerbieten der Revision des Geheimvertrages von 1898 ohne
Bedenken. Jetzt, Bedenken wegen Timors und Hinausschieben der kolonialen Ver=
handlungen auf die lange Bank.

3. Anerbieten Lord Haldanes in Berlin, Sansibar und Pemba abzutreten gegen
Befriedigung der englischen Wünsche in der Bagdadbahnfrage. Jetzt, Erhebung von
Schwierigkeiten hinsichtlich der beiden Inseln und Darstellung der Bagdadbahn=Kon=
zession als geringfügig.

Lord Halbane entgegnete, der Entwurf zur Flottenvorlage sei ihm im letzten
Augenblick vor seiner Abreise freundlicherweise überlassen worden. Er habe die Trag=
weite desselben nicht übersehen können, da er kein Fachmann sei. Das Ergebnis der
Prüfung durch die hiesige Admiralität habe allerdings im Kabinett eine Enttäuschung
hervorgerufen, insofern als den Ministern dadurch erst die Absicht einer bedeutenden
Vermehrung unserer Rüstungen zur See über das Flottengesetz hinaus klar geworden
sei. Daher entstammten seine und Sir Edward Greys mir gemachten Äußerungen,
daß die öffentliche Meinung es kaum verstehen und gutheißen würde, wenn die eng=
lische Regierung ein Abkommen mit uns träfe, welches den Verlust englischen Terri=
toriums einschlösse, und zu gleicher Zeit die beiderseitigen maritimen Rüstungen in die
Höhe geschraubt würden.[b] Entfernten wir uns dagegen nicht weit von dem Rahmen
des Flottengesetzes, so werde die öffentliche Meinung ein Abkommen auf breiter Grund=
lage zwischen uns verstehen, da der allgemeine Wunsch hier nach Verständigung dränge.
Die Schaffung eines Übungsgeschwaders würde hier verstanden werden, die bedeutende
Vermehrung des Personalbestandes[c] über dieses Bedürfnis hinaus mit daraus folgen=
der entsprechender Mehrbelastung des englischen Budgets würde dagegen von der
öffentlichen Meinung als Wettrüsten aufgefaßt werden.

Mit der Bitte um strenge Geheimhaltung teilte mir der Minister mit, daß das eng=
lische Kabinett beschlossen habe, den Marineetat in etwa 14 Tagen in seiner ursprüng=
lichen Form, also ohne Rücksicht auf eine deutsche Novelle, einzubringen.[d] Derselbe um=
fasse vier Capital Ships und enthalte Verminderungen gegen das Vorjahr. Je nach
dem Ausfall unserer Flottennovelle würde dann ein Nachtragsetat eingebracht
und eine stärkere Konzentrierung der Flotte durch Heranziehung von Schiffen aus dem
Mittelmeergeschwader[e] vorgenommen werden. Kein vernünftiger Mensch in England
und gewiß kein englischer Minister bestreite uns, wie ich wisse, die Berechtigung zu
bauen und zu rüsten in dem Maße, wie wir es für gut hielten.[f] Er habe nur auf die
Schwierigkeiten hinweisen wollen, mit denen jede englische Regierung in der Flotten=

a) *Nach Metternichs letzter Meldung war das nicht der Fall.*
b) *I*
c) *Hat er ausdrücklich als nebensächlich bezeichnet.*
d) *Das hätten wir seit Monaten tun müssen. Der Reichskanzler hat sich geweigert.*
e) *Also Mobilmachung.*
f) *I*

frage zu rechnen habe, auf den Rückschlag auf die öffentliche Meinung, und daß sich daher das englische Marineprogramm proportional nach dem der anderen Mächte richten müsse.

Im übrigen könne er nur wiederholen, daß die englische Regierung bereit sei, uns in unserer Kolonialpolitik nach besten Kräften zu unterstützen gemäß den in Berlin gezeichneten Linien. Er habe kein festes Abkommen nach Berlin mitgebracht, sondern nur die Grundlagen zu einem solchen. Daher sei es ganz erklärlich, wenn, wie Sir Edward Grey mir gesagt habe, bei dem Eingehen auf Einzelheiten sich noch manche Schwierigkeiten herausstellen würden. Es sei aber hier der Wille und der Wunsch vorhanden, sie zu überwinden. Er hoffe, daß ich schon bald Gelegenheit haben würde, mit dem Kolonialsekretär, Mr. Harcourt, an der Hand der Karte die ferneren Möglichkeiten eines kolonialen Ausgleichs zu besprechen. Für die Überlassung von Sansibar und Pemba wäre allerdings wünschenswert für die hiesige Regierung, wenn sie irgendwo auf deutschem Gebiet einen Gegenerwerb an Land aufweisen könnte. Ein solches Stück Land, das für uns keinen besonderen Wert habe, ließe sich vielleicht in unserem afrikanischen Kolonialbesitz finden.[a] Anstatt um Abtretung handle es sich dann um Umtausch. Alles dies seien Fragen, die mit gutem Willen zu lösen seien. Die englische Regierung biete uns ihre volle Unterstützung zur Erwerbung eines breiten Gürtels durch Afrika von Meer zu Meer an.[b]

Über die politische Formel würde sich auch eine Vereinbarung finden lassen. Allerdings wolle man hier die französische Freundschaft erhalten, und es liege nicht im englischen Interesse, if we did eat up France.[c] Ebensowenig liege es aber im englischen Interesse, eine aggressive französische Politik zu unterstützen.[d] Die englische Regierung beabsichtige vielmehr, zugleich mit einer Verständigung mit Deutschland die Franzosen klar und unzweideutig wissen zu lassen, daß sie bei einer Revanchepolitik, die auf Wiedererlangung von Elsaß-Lothringen gerichtet sei, auf englische Unterstützung nicht zu rechnen hätten.[f]

a) *Nein!*
b) *Sowohl Frankreich wie Portugal denken nicht daran und können nicht gezwungen werden.*
c) *Aha! Cambon hat sich schon fühlbar gemacht!*
d) */*
e) *Das haben sie also bisher nicht getan.*
f) *Der Vorschlag ist doch ein Verlassen der Basis vom 9. Februar, die ich nicht zu verlassen gewillt bin. Umsoweniger als das Mittelmeergeschwader auch noch in die Nordsee kommen soll. Das wird hier als solche Drohung aufgefaßt werden, daß damit bei uns völlig vernichtet wird. Diese Verschiebung muß unterbleiben. Ich bitte bestimmt zu erklären in London an Metternich und durch ihn an Haldane, daß ein Heranziehen des Mittelmeergeschwaders nach der Nordsee von uns als Kriegsfall*[l] *angesehen und mit der verstärkten Novelle in alter Fassung und der Mobilmachung beantwortet werden wird.*

Es wäre von größtem Interesse, genau zu erfahren, was zwischen dem Haldanebesuch und diesem Gespräch Haldanes mit Metternich zwischen Grey und Poincaré verhandelt worden ist, der — auch eine Folgewirkung der

1) *Der Kaiser hat unter „Kriegsfall" hier zweifellos „Kriegsdrohung" gemeint. In einer gleichzeitig mit dieser Randbemerkung (5. März) an Graf Metternich abgegangenen kaiserlichen Depesche heißt es denn auch statt „Kriegsfall" „Kriegsdrohung", und in einer weiteren Depesche vom gleichen Tag an den Kanzler ist auch „Kriegsdrohung" gestrichen. Vgl. unten S. 317.*

Kiderlenschen Politik — im Januar 1912 Caillaux in der Leitung der fran=
zösischen Politik abgelöst hatte. Aus einem Bericht Iswolskis an Sasonow
wissen wir, daß Grey den deutschen Vorschlag Poincaré migeteilt hat, der
sich „in der kategorischsten Weise gegen eine solche Verpflichtung Englands
aussprach, die mit einem Schlag den gegenwärtigen Beziehungen Englands
und Frankreichs ein Ende bereiten würde." Infolge dieses Einspruchs habe
das britische Kabinett den deutschen Vorschlag zurückgewiesen. [1]

Den Bericht des Botschafters ergänzt ein Brief des Marineattachés in
London vom 2. März, der — erstaunlicherweise noch keine Einsicht in das
englische Memorandum erhalten hatte.

... Die Nachrichten über die englische Schwenkung haben mich nur noch in meiner
mehrfach geäußerten Ansicht bestärkt, daß nämlich allen englischen Lockspeisen gegen=
über die äußerste Vorsicht geboten ist. Erstaunt hat mich doch, daß das englische
Kabinett so bald nach der Haldaneschen Friedensouvertüre die Maske fallen und
schonungslos durchblicken läßt, was das Liebeswerben bezweckt. Ich habe daraus nur
den englischen Wunsch herausgelesen, inzwischen das erwachte deutsche Nationalgefühl
wieder einschlafen zu sehen, um die Zeit zu gewinnen, um unsere Schwächlinge,
Zweifler und sonstigen inneren Feinde weiter gegen die Novelle bearbeiten zu können.

Haldane scheint mir als Bestes von Berlin den Eindruck mit nach Hause gebracht
zu haben, daß beim Kaiser trotz anderer Einflüsse der Entschluß zur Fortführung
unserer Flottenpolitik vorhanden ist. Das englische Kabinett muß also zu anderen
Mitteln greifen, und Haldane legt das für Berlin bestimmte Gesicht wieder ab und be=
arbeitet in Gemeinschaft mit Grey den schwachen Metternich. Wenn dieser über
den Schwerpunkt der Berliner Verhandlungen, soweit die Novelle in Frage kommt,
wirklich unterrichtet und vom Reichskanzler mit Instruktionen versehen worden wäre,
die das Minimum unserer Forderungen auch gegen Englands Ideen formulierten,
dann hätte er meiner Auffassung nach Haldane und Grey sofort entgegentreten und die
Weitergabe ihrer Unverschämtheiten ablehnen müssen. Da man aber an der Themse den
Zwiespalt der Ansichten über diesen Punkt in Berlin genau kennt und weiß, daß Met=
ternich im englischen Sinn berichtet, so scheut man sich natürlich nicht, ihn zum Sprach=
rohr und natürlich auch Fürsprecher solcher Vorschläge zu machen, für die, nach dem
Haldaneschen Besuch dem englischen Botschafter in Berlin hoffentlich der Stuhl vor
die Tür gesetzt worden wäre.

Für uns darf daher nach dieser erfreulichen Demaskierung nur das maßgebend
bleiben, was Haldane in Berlin gesagt hat. Hatte er, was man doch
wohl annehmen muß, Vollmacht, dann haben wir keinen Grund von dem abzugehen,
was er über die Einschätzung der Novelle dort ausgesprochen hat. Hatte er keine Voll=
machten, so weit zu gehen, sondern sollte er nur auf den Busch klopfen, so haben wir
erst recht keinen Grund von seinen Andeutungen abzugehen, da die erst später in Lon=
don geänderte Auffassung für uns ungünstiger ist. — Ich fürchte aber, daß diese ge=
änderte Auffassung bereits als eine ungünstige Folge der nur als erwägenswert gemach=
ten Konzession (Verschiebung der Vermehrungsbauten von 1912, 1914, und 1916 auf
1913, 1916 und nach 1917) anzusehen ist. Durch die Andeutung, daß man diese

---

1) *Livre Noir 1,* 365 f.

Konzession überhaupt in Erwägung ziehen könne, ist dem englischen Kabinett sofort der Kamm geschwollen.

Trotzdem kann man den so auffallend schnellen Szenenwechsel mit gänzlicher Demaskierung meiner Auffassung nach nur auf zweierlei Weise erklären.

1. England will den Bruch herbeiführen, da es den jetzigen Augenblick für günstig hält.

2. England verliert die Nerven und will, gezwungen durch die allgemeine Konstellation, nochmals das alte Mittel des Bluffs, allerdings verbunden mit Lockspeisen, anwenden.

Gegen beides gibt es nur ein Mittel: Durchhalten und Weiterrüsten.

Zu 1. Obwohl ich im jetzigen Augenblicke nicht an die Gefahr eines beabsichtigten Bruches glaube, so darf man diesen Gedanken trotzdem nicht leichtfertig von der Hand weisen. Die lange Reihe von Brüskierungen und Vergewaltigungen, die in der englischen Seekriegsgeschichte zu finden sind, lehrt nur zu deutlich, daß die englischen Kabinette aller Zeiten und aller Schattierungen kein Mittel gescheut haben, das ihnen zur Erhaltung des britischen Weltreiches geeignet erschien.

Ich halte, wie gesagt, diese Absicht nicht für wahrscheinlich, da die Aussichten für einen Bündniskrieg seit Beilegung der Marokkofrage ungünstiger geworden sind. Dagegen wird in London durch die Ernennung des Sir John French zum Chef des Generalstabes die Lust zur Teilnahme an einem Kontinentalkriege zunehmen. Der Einfluß dieses Offiziers in französischen militärischen Kreisen ist bekannt; und er ist besser wie irgendein anderer englischer Offizier in der Lage, das militärische Kräfteverhältnis und die Kriegsstimmung auf dem Kontinent zu beurteilen (Reval, Altengrabow, französische Manöver 1911).

Die innerpolitische Lage spielt in Entschlüssen der äußeren Politik gar keine Rolle; jedenfalls keine pazifizierende. Alle Spekulationen auf Kohlenstreik und parteipolitische Verhältnisse wären meiner Auffassung nach ganz falsch. Im Falle einer äußeren Gefahr würde sich alles auf das schnellste arrangieren und sammeln.

Zu 2. Ich bin eher zu der Annahme geneigt, daß die allgemeine Weltlage es dem englischen Kabinett ratsam erscheinen läßt, mit uns zur Verständigung zu kommen, bzw. uns durch eine Scheinverständigung abzulenken und kalt zu stellen. Daher die Scheinangebote, die man aber bei uns nicht als „Konzessionen für geschehenes Unrecht" auffassen sollte, wie Kühlmann es tut und ein Teil der englischen und deutschen Presse uns glauben machen möchte, sondern als „Kaufpreis für unsere zukünftige Freundschaft". England zahlt nur, wenn es selbst dabei gewinnt. Sein Gewinn kann aber nur darin liegen, wenn es jetzt die „Novelle" verhindert und durch das Zeigen eines freundlichen Gesichtes bei uns den Glauben an die Notwendigkeit einer starken Flotte untergräbt. Die „Novelle" ist die akute Gefahr, gegen die man sich zunächst wendet; ist sie beseitigt, so ist auch die chronische Gefahr, das verhaßte Flottengesetz, geschwächt, und man wird auf weitere Mittel sinnen, es vollends zu beseitigen.

Die englische Demaskierung ist daher nur dann verständlich, wenn man sich stets vor Augen hält, für welche Adresse sie bestimmt ist. Um so mehr gilt daher „Durchhalten". Der Preis, den England zu zahlen gewillt sein wird, wird steigen, je fester unser Wille ist. Ich halte daher baldige Verkündigung der „Novelle" und möglichst kurze Osterferien des Reichstages für notwendig, damit England unseren Ernst erkennt.

Wenn darüber die Verhandlungen trotzdem weitergeführt werden sollen, so halte ich es generell für ein Unglück, wenn dies in London geschieht. Metternich läßt sich die Butter vom Brote nehmen und ist durch seine furchtsame, unsichere Manier nicht der Mann, das Vertrauen einzuflößen, von dem das englische Kabinett stets faselt. Metternich hat sich gerade in Flottensachen schon zuviel von Grey und Konsorten bieten lassen, als daß er überhaupt noch als Vertreter dieses vitalen deutschen Interesses angesehen werden kann.

Ich finde, man soll Grey beim Worte nehmen. Er hat gesagt, er hoffe auf jeden Fall, auch wenn kein Abkommen erzielt werde, daß der Besuch Halbanes in Berlin und der freie offene Gedankenaustausch usw. die Grundlage bilden werde, auch für freieren offenen und vertrauensvollen Verkehr zwischen den beiden Regierungen. Wir haben offen und vertrauensvoll die Novelle mit Halbane besprochen. Er hat in Berlin erst so geredet und redet Metternich gegenüber ganz anders. — Wenn wir nicht zu einem energischen Entschluß kommen, so sind wir in kürzester Zeit in derselben Lage wie im März 1909 bzw. Juli 1910: Offenheit und Entgegenkommen auf unserer Seite; Lüge und Vergiftung der öffentlichen Meinung der ganzen Welt durch das englische Kabinett. — Sobald die Verhandlungen englischerseits jetzt verschleppt werden, sollte der Reichskanzler meiner Auffassung nach im Reichstage die neuerliche geschichtliche Entwicklung und das nebenherlaufende englische Ränkespiel offen klarlegen. Dann sind wir im Recht und bringen die „Novelle" nach Hause; England wird zwar grollen, aber wir gewinnen Zeit...

Hoffentlich hält der Kaiser durch und verlangt die Einbringung der Wehrvorlage noch vor der Abreise nach Korfu.

PS. Ich habe eben Metternich nach den englischen Aufstellungen[1] gefragt. Er sagte mir, daß er sie vor etwa acht Tagen erhalten und sofort nach Berlin geschickt habe. Er sagt, er habe keine Stellung dazu genommen, Abschriften sind nicht auf der Botschaft. Daß Metternich keine Stellung genommen hat, will ich ihm schon am ersten glauben, denn allein reicht er oder dies gar nicht können. Jedenfalls kann ich zunächst nichts weiter unternehmen und bitte mir das englische Elaborat zuzusenden. Ich habe dem Botschafter gesagt, daß ich es sehr bedaure, daß er mir das englische Machwerk nicht gegeben habe, denn erstens wäre es ja mein Ressort, in das es gehöre, und zweitens hätte ich ihm eine Stellungnahme geben können.

Diese Ausschaltung des Attachés, des in erster Linie in London zur Stellungnahme berufenen Organs, gab der ganzen Komödie der Irrungen einen besonders charakteristischen Zug.

Auf Anstoß Ballins beim Kaiser drückte mir der Kabinettschef den Wunsch aus, ich möchte mich mit dem Kanzler verständigen, den meine Bemerkungen vom vorigen Herbst über den „Echec" und die notwendige „Tat" erbost hätten. Ich erklärte meine Bereitwilligkeit zu einer Aussprache und suchte den Kanzler am 2. März auf. Nachdem wir eine im ganzen übereinstimmende Auffassung der augenblicklichen Lage festgestellt hatten, wurde über Zeitpunkt und Form der Veröffentlichung der Novelle gesprochen, wobei

---

1) Oben S. 304.

der Kanzler wegen mannigfacher Bedenken noch immer zu keinem endgül=
tigen Entschlusse kam.

In der Sitzung des Staatsministeriums vom 4. März stellte der
Kanzler die Marinevorlage in einen ungünstigen Gegensatz zur Armeevor=
lage. Jene „habe einen friedengefährdenden, die Heeresvorlage einen frieden=
sichernden Charakter". Trotzdem vertrat der Kanzler beide Vorlagen, aber
er hetzte gleichzeitig gegen die meine.

Am 4. März 1912 suchte Korvettenkapitän von Müller (der spätere „Em=
den"=Müller) in meinem Auftrag das Auswärtige Amt auf und schrieb
dann an Kapitän Widenmann nach London folgenden Brief, den ich mit
Randbemerkungen versah.

Ich war heute bei dem Unterstaatssekretär Zimmermann, um ihm im Auftrage Seiner Exzellenz zu sagen, daß Seine Exzellenz über das Memorandum der englischen
Admiralität ganz außer sich wäre. Zimmermann schien nicht die gleiche Auffassung zu
haben, gab aber bezüglich der englischen Ausführungen über die Personalvermehrung
zu, daß dies eine Unverschämtheit sei, und sagte, in dieser Beziehung werde man bei der
englischen Regierung vorstellig werden. Das Auswärtige Amt scheint doch die Absicht
zu haben, über das Memorandum mit der englischen Regierung zu verhan=
deln.* Das geht auch daraus hervor, daß der Gesandte von Stumm vorhin hier war,
um einige Aufklärungen zu erlangen für eine Orientierung Metternichs, die sich auf
das Memorandum bezogen. Stumm hatte nach dem, was er mir sagte, gar keine Emp=
findung dafür, daß das Memorandum eine Unverschämtheit sei, er meinte, es wäre doch
ganz natürlich, daß man sich über die strittigen Punkte unterhielte. Zimmermann be=
begründete das Vorgehen Englands damit, daß es eben ein Entgegenkommen in der
Novelle als Vorbedingung für ein politisches Agreement ansehe. Auf meine Einwen=
dung, daß wir den Engländern doch schon sehr entgegengekommen wären, daß wir in
der Novelle der Forderung Haldanes, die dieser selbst aufgeschrieben habe, nachgegeben
hätten, sagte Zimmermann, Haldane habe sich über das Zugeständnis im Auswärtigen
Amt nicht befriedigt ausgesprochen, habe sich vielmehr skeptisch geäußert.** Als weiteres
Nachgeben bezeichnete Zimmermann nachher das Fallenlassen der drei Schiffe.

Zimmermann sagte ferner: Die Sachlage ist meiner Ansicht nach jetzt so: Entweder
wir geben in der Novelle noch weiter nach, oder das politische Agreement kommt nicht
zustande. Tritt letzterer Fall ein, so wird es sicherlich zum Kriege mit Frankreich kom=
men,*** wo sich schon jetzt ein bedenklicher Chauvinismus breit macht. Frankreich wird
nicht warten, bis unsere Heeresverstärkung durchgeführt sein wird; sie glauben sich jetzt
uns überlegen.

Auf meine Bemerkung, wenn ein Krieg nicht zu vermeiden ist, kommt es eben zum
Kriege, sagte Zimmermann, die Schwierigkeit liege darin, daß, wenn die Situation

---

*) Nicht.
**) Seine Majestät, Ballin und ich haben das Gegenteil gehört.
***) Nicht.

kritisch würde, Seine Majestät nicht durchhalten würde; mit diesem unsicheren Faktor müßten sie eben rechnen. (Diese Bemerkung könne er natürlich nur ganz vertraulich machen.) Auf meine Erwiderung, wie denn überhaupt eine Politik geführt werden könnte, wenn die Möglichkeit eines Krieges von vornherein ausgeschaltet würde, sagte Zimmermann, sie hofften eben durch ein politisches Agreement mit England erfolgreiche Politik ohne Krieg* führen zu können. Komme das politische Agreement zustande, so wird dies von günstigem Einfluß auf die Stimmung in Frankreich und Rußland sein, und es wird vor allen Dingen auch unsere weiteren Verhandlungen in der Marokko= angelegenheit erleichtern.**

Das Memorandum für die englische Regierung, welches der Kanzler entgegen seiner ersten Zusage¹ erst am 5. März dem Kaiser unterbreitete, nahm Rücksicht 1. auf meinen Wunsch, daß nicht auf Einzelheiten der eng= lischen Note eingegangen werden möchte, 2. auf die Möglichkeit, daß man in die Lage kommen könnte, es veröffentlichen zu müssen. Es lautet:

Die großbritannische Regierung hatte hier wissen lassen, daß sie zu Verhand= lungen mit der kaiserlichen Regierung bereit sei.

Die kaiserliche Regierung hat sich zwar zu Verhandlungen ebenfalls bereit erklärt, jedoch sofort hervorgehoben, daß die Marinevoranschläge für das laufende Jahr 1912 in dem gegenwärtigen Flottenprogramm als eingeschlossen gelten müßten, da alle Vorbereitungen bereits zum Abschluß gelangt seien.

Die großbritannische Regierung hat daraufhin erwidern lassen, daß durch eine deutsche Flottennovelle eine sofortige erhebliche Erhöhung des gegenwärtigen eng= lischen Marinebudgets bedingt werde, das auf der Annahme basiere, daß das deutsche Flottenprogramm eine Veränderung nicht erfahren werde. Bei dieser Sachlage würden die Verhandlungen schwierig, wenn nicht unmöglich sein. Wenn aber die deutschen Ausgaben für Flottenzwecke durch Veränderung des Bautempos oder auf irgend= eine andere Weise so abgeändert werden könnten, daß eine erhebliche Erhöhung der Ausgaben nicht erforderlich werde, um dem deutschen Programm zu begegnen, so sei die englische Regierung bereit, die Verhandlungen fortzusetzen, da sie daraus schließen würde, daß die Möglichkeit vorliege, die Frage der Ausgaben für Rüstungen zur See zu diskutieren und Aussicht dafür vorhanden sei, zu einer Einigung zu gelangen.

---

*) Wie vor 1806.

**) So weit sind wir schon gekommen. Man zeigt Krieg an als Folgen der Novelle. Befür= wortet dabei trotzdem Korfu und Sichzeigen in Cowes. Der Plan, der seit Herbst von der Wilhelm= straße e tutti quanti unentwegt weiter verfolgt wird. Mit dem Memorandum haben die Eng= länder vorgeschlagen, jetzt werden sie wieder etwas zurückgehen und Versprechungen machen! Die gewandten Engländer haben uns gehörig über die Löffel barbiert.

1. Amtliche Mitteilung, daß keine Rüstungsverhandlungen stattfinden sollten.

2. Haldane zuerst ebenso, fühlt sich bei uns heran und berührt sogar den Kernpunkt, d. h. das Flottengesetz.

3. Grey wirft gegen Metternich alles um, sagt: An politischem Agreement haben nur wir Interesse, England lediglich am Zurückziehen der Novelle.

4. Trotz dieser Unverschämtheit wird vom Auswärtigen Amt und Reichskanzler weiter über Flottennovelle verhandelt.

5. Welches wird der Schluß sein?

1) *Siehe oben S. 308.*

Die kaiserliche Regierung hat folgende Antwort erteilt:
„Wir sind bereit ... (wie oben S. 280 f.)

Daraufhin ist Lord Haldane in Berlin eingetroffen und hat, zwar ohne Vollmacht zu bindenden Abmachungen, aber im Auftrage des gesamten englischen Kabinetts erklärt, daß die englische Regierung bereit sei

1. ein allgemeines, eine aggressive Politik Englands und Deutschlands gegeneinander ausschließendes politisches Abkommen mit der kaiserlichen Regierung abzuschließen;

2. etwaige Bestrebungen der deutschen Politik auf die Erwerbung der portugiesischen Kolonie Angola sowie von Teilen des Kongostaates zu unterstützen;

3. Sansibar und Pemba an Deutschland abzutreten.

Lord Haldane hat andererseits gefordert:

1. Verlangsamung des Bautempos für die drei in der deutschen Flottennovelle vorgesehenen Linienschiffe;

2. Verzicht auf die deutschen Ansprüche auf Timor, wie sie sich aus dem Vertrage mit der englischen Regierung vom Jahre 1898 ergeben;

3. Berücksichtigung der Wünsche der königlich großbritannischen Regierung hinsichtlich der Bagdadbahn.

Die kaiserliche Regierung hat die Anerbietungen Lord Haldanes angenommen. Für das politische Abkommen wurden von beiden Seiten unverbindlich Formeln aufgestellt, ohne daß dabei ein unüberbrückbarer Gegensatz zutage getreten wäre. Was die Forderungen der königlich großbritannischen Regierung betrifft, so ist die kaiserliche Regierung dem Wunsch nach Verlangsamung unseres Bautempos durch das Anerbieten entgegengekommen, erst in den Jahren 1913, 1916, 1919 die drei Neubauten von Linienschiffen vorzunehmen. Die Berücksichtigung der von England ausgesprochenen Wünsche wegen Timors und der Bagdadbahn wurde zugesagt.

Lord Haldane hat im Laufe seiner Besprechungen mit dem Reichskanzler ausdrücklich anerkannt, daß für die kaiserliche Regierung die Einbringung einer ein drittes aktives Geschwader vorsehenden Flottennovelle eine Notwendigkeit sei. Gegen die Mannschaftsvermehrungen hatte Lord Haldane nichts einzuwenden. Er erklärte wiederholt, daß England lediglich am Bautempo der Linienschiffe wegen seiner eigenen erheblichen Mehrkosten interessiert sei.

Mit diesen Erklärungen des Ministers ist es schwer vereinbar und es bedeutet eine Verschiebung der Grundlage, auf der die Verhandlungen bis jetzt geführt worden sind, wenn nunmehr die großbritannische Regierung an den in der Flottennovelle in Aussicht genommenen Mannschaftsvermehrungen und den Neuforderungen für Unterseeboote Kritik übt. Als eine Abweichung von dem Standpunkt, der bei der Entsendung von Lord Haldane maßgebend zu sein schien, muß es die kaiserliche Regierung ferner empfinden, daß Sir Edward Grey in seiner Unterredung mit dem Grafen Metternich am 24. Februar bezüglich der von dem Kriegsminister bedingungslos angebotenen Abtretung von Sansibar und Pemba Vorbehalte gemacht, sie auch als Landabtretung bezeichnet hat, obgleich es sich nur um ein Protektorat handelt, und den Wert der englischerseits von der kaiserlichen Regierung geforderten und von dieser zugesagten Zugeständnisse bezüglich der Bagdadbahn und Timors herabzusetzen bemüht gewesen ist. Vor allem aber hat die gleichzeitige Herbeiführung eines Einvernehmens über das in Aussicht genommene Neutralitätsabkommen für die kaiserliche Regierung stets die

Vorausſetzung für etwaige Vereinbarungen über das Bautempo der Flottennovelle ge=
bildet.

Wenn die kaiſerliche Regierung deſſenungeachtet an dem Lord Haldane in Ausſicht
geſtellten Entgegenkommen feſtzuhalten bereit und geſonnen iſt, in der Flottennovelle
Neubauten von Linienſchiffen lediglich für die Jahre 1913 und 1916, alſo ein drittel
Schiff im Jahr anzufordern und für das dritte Schiff ein beſtimmtes Baujahr zunächſt
überhaupt nicht in Ausſicht zu nehmen, ſo gibt ſie ſich dabei der Hoffnung hin, daß
die königliche Regierung mit einem Vorſchlag bezüglich des im Prinzip vereinbarten
politiſchen Abkommens hervortreten und damit die Möglichkeit zu einer Fortſetzung
der Verhandlungen bieten wird.

Am 5. März depeſchierte der Kaiſer aus Wilhelmshaven an den Kanzler:

Memorandum muß morgen den 6. März übergeben werden, alſo am 6. März
abends iſt die Veröffentlichung der Wehrvorlage zu machen. Geſchieht das
nicht, werde ich dem Kriegsminiſter und dem Staatsſekretär des Reichsmarine=
amts Befehl erteilen, ihrerſeits die Vorlagen zu veröffentlichen. Meine und
des deutſchen Volkes Geduld iſt zu Ende.

Gleichzeitig telegraphierte der Kaiſer an den Botſchafter in London:

Aus Ihrem Geſpräch mit Haldane — geſtern vorgelegt — geht hervor, daß
er, trotz aller Verſicherungen des Gegenteils, ebenſo wie das Kabinett unſere
Verhandlungsbaſis fallen gelaſſen. Zu ihrer Orientierung: Ich bleibe bei
dieſer Baſis! d. h. Anerkennung der Novelle, nur verlangſamtes Bautempo.
Perſonalvermehrung kommt nicht in die Verhandlungen. Sollte England ſeine
Schiffe aus dem Mittelmeer zurückziehen nach England — Nordſee —, wird
das hier als Kriegsdrohung aufgefaßt werden und mit einer verſtärkten Novelle
— Dreiertempo — und evtl. Mobilmachung beantwortet werden.[1]

Zweites Telegramm des Kaiſers an denſelben. Vom gleichen Tage:

Umgehend melden, ſobald Sie Schreiben übergeben haben.

Der Reichskanzler drahtete am Abend des 6. März an den Kaiſer
zurück, daß er nur die Tatſache der Übergabe des Memorandums abwarten
und alsdann die Novelle veröffentlichen werde. Vorher zu veröffentlichen
könne er die Verantwortung nicht tragen. Weitere Konſequenzen der De=
peſche an Metternich würden brieflich folgen.

Seine Majeſtät teilte mir am 7. März die Nachricht der Übergabe des
Memorandums mit.

---

1) Vgl. oben S. 310, Anm. 1.

Am 7. März lief ferner das Abschiedsgesuch des Kanzlers ein, fußend auf dem Inhalt der beiden Depeschen, bei deren Abfassung dem Kaiser nicht nur die Geduld gerissen, sondern auch das Temperament etwas durchgegangen war. Der Kanzler konnte gewiß sein, daß ein auf diese Entgleisung sich beziehendes Abschiedsgesuch nicht angenommen würde. Er glaubte trotzdem dieses Gesuch mit großer Ausführlichkeit begründen zu müssen, und gewann durch diesen Zwischenfall zunächst eine Befestigung seiner Stellung.

Abschiedsgesuch des Reichskanzlers.

Eure Kaiserliche und Königliche Majestät!   Berlin, 6. März 1912.

Aus mehrfachen Anordnungen Eurer Majestät in den letzten Tagen habe ich ersehen, daß Eure Majestät nicht nur sachlich mit der Art, wie ich die Politik führe, unzufrieden sind, sondern auch Mißtrauen in die Loyalität meiner Handlungsweise setzen. Anders kann ich mir es nicht erklären, daß Eure Majestät am vorigen Sonnabend die Frage der Absendung und Übergabe des für England bestimmten Memorandums nicht durch eine Anfrage bei mir, sondern unter Umgehung meiner Person direkt bei Eurer Majestät Botschafter in London festgestellt haben. Das Telegramm von gestern abend enthält den Vorwurf, daß ich die Geduld Eurer Majestät und des deutschen Volkes durch Hinauszögern der Veröffentlichung des Inhalts der Wehrvorlagen mißbrauche. Da ich Eurer Majestät zugesagt habe, daß ich diese Veröffentlichung veranlassen würde, sobald das Memorandum in London übergeben sein werde, kann ich in diesem Vorwurf und dem in Aussicht gestellten Befehle Eurer Majestät an den Staatssekretär des Reichsmarineamts und an Eurer Majestät Kriegsminister, die Veröffentlichung ihrerseits zu bewirken, falls ich sie heute nicht vornähme, gleichfalls nur einen Zweifel in meine persönliche Aufrichtigkeit erblicken. Dabei darf ich ehrfurchtsvoll einschalten, daß ich lediglich auf die Annahme hin, Graf Metternich würde in der Lage sein, das Memorandum heute zu übergeben, die Veröffentlichung nicht vornehmen konnte, sondern die telegraphische Anzeige des Botschafters, daß die Übergabe erfolgt ist, abwarten mußte. Zu dieser telegraphischen Meldung ist Graf Metternich bei Übersendung des Memorandums angewiesen. Endlich darf ich alleruntertänigst bemerken, daß der von Eurer Majestät intendierte Befehl an den Großadmiral von Tirpitz und an den General von Heeringen diesen Herren gegenüber konstatieren würde, sie seien zur Vornahme von verfassungsmäßig dem Reichskanzler vorbehaltenen Amtshandlungen befugt, wenn sie der Reichskanzler seinerseits nicht vornähme. Veröffentlichungen durch den Staatssekretär des Reichsmarineamts und den Kriegsminister sind nur möglich, wenn der Reichskanzler die Verantwortung dafür sowohl England wie den Bundesstaaten gegenüber übernimmt.

Legen es mir schon diese Vorgänge nahe, um meinen Abschied zu bitten, so ergibt sich die zwingende Notwendigkeit dazu aus folgendem:

Eure Majestät haben Sich unter meiner alleruntertänigsten Zustimmung dazu entschlossen, mit England über die Herstellung einer politischen Verständigung in Verhandlung zu treten. Momentan haben diese Verhandlungen dadurch eine ungünstige Wendung genommen, daß England die Verhandlungsbasis verschoben hat. England behauptet, Anlaß dazu in unseren den Engländern mitgeteilten neuen Flottenplänen ge-

funden zu haben. Trotzdem haben wir nach meinem ehrfurchtsvollen Dafürhalten die
Pflicht zu versuchen, die Verhandlungen vorsichtig fortzuführen, damit entweder ein etwai=
ges Mißlingen nicht sofort und kraß in die Erscheinung tritt, oder damit die Möglichkeit
offen bleibt, die Verhandlungen wenn nicht jetzt, so doch nach Ablauf einiger Zeit zu
einem erfolgreichen Ende zu führen. Vor allem müssen wir die Schuld am Mißlingen
England zuschieben. Tun wir das nicht, so wird nicht nur unfer Verhältnis zu England
in verhängnisvoller Weise verschärft, sondern es wird auch der in Frankreich schon jetzt
stark angefachte Chauvinismus zu den kühnsten Hoffnungen ermutigt. Frankreich wird
so herausfordernd und übermütig werden, daß wir gezwungen sind, es anzugreifen. In
einem solchen Kriege wird Frankreich automatisch die Hilfe Rußlands und zweifellos
auch die Englands haben, während für unfere Bundesgenossen der Bündnisfall nicht
eintritt, wir vielmehr genötigt sind, uns ihre Hilfe oder Neutralität zu erbitten. Ich
kann es nicht verantworten, unfererseits auf eine solche Situation hinzuarbeiten. Wird
uns ein Krieg aufgenötigt, so werden wir ihn schlagen und mit Gottes Hilfe nicht
dabei untergehen. Unfererseits aber einen Krieg heraufbeschwören, ohne daß unfere Ehre
oder unfere Lebensinteressen tangiert sind, würde ich für eine Verfündigung an dem
Geschicke Deutschlands halten, selbst wenn wir nach menschlicher Voraussicht den völligen
Sieg erhoffen könnten. Aber auch das ist, jedenfalls zur See, nicht der Fall. Eurer
Majestät Marine wird sich auf das heldenmütigste schlagen, aber nach den Mitteilungen,
die mir der Staatssekretär des Reichsmarineamts wiederholt gemacht hat, kann auf
ihren Sieg über die englische und französische Flotte nicht gerechnet werden. [1]

Die Inftruktionen, die ich Eurer Majeftät Botschafter in London erteilt habe, gehen
deshalb dahin, dem Befehle Eurer Majeftät gemäß mit aller Entschiedenheit zu betonen,
daß nicht die Personalverftärkungen und die Unterseeboote, sondern lediglich die Frage
des in der Flottennovelle für die neuen Linienschiffe vorgesehenen Bautempos für uns
diskutabel gewesen, durch die von Eurer Majeftät festgelegten Baujahre 1913 und 1916
aber auch erledigt sei. Dahingegen ist Graf Metternich angewiesen, trotz der peinlichen
Überraschung, die uns die Verschiebung der Verhandlungsbasis durch England bereitet
hat, unfere Bereitwilligkeit zur Weiterverhandlung über das politische Agreement auf
der mit Lord Haldane verabredeten Grundlage auszusprechen. Auf diesem Wege soll
verfucht werden, einem jähen Abbruch der Verhandlungen mit allen feinen Konfe=
quenzen vorzubeugen.

Eure Majeftät haben in die so schwebenden Verhandlungen durch das heute früh an
Graf Metternich aufgegebene Telegramm eingegriffen, ohne mich vorher zum Worte
zu verftatten. Die Form der direkten Mitteilung an den Grafen Metternich gibt diefem
davon Kenntnis, daß Eure Majeftät den Reichskanzler in der Führung der auswärtigen
Politik ausgeschaltet haben. Das macht die Fortführung der Geschäfte durch mich un=
möglich. Sachlich haben Eure Majeftät dem Botschafter zu erkennen gegeben, daß die
Zurückziehung englischer Schiffe aus dem Mittelmeer nach der Nordfee von Eurer Ma=
jeftät als Kriegsdrohung aufgefaßt werden und mit einer verftärkten Novelle — Dreier=
tempo — und eventueller Mobilmachung [2] beantwortet werden würde.

Eure Majeftät sind hiernach entschlossen, eine Politik zu führen, für die ich aus den
dargelegten Gründen die Verantwortung nicht zu übernehmen vermag, und jedenfalls

---

1) *Für Frühjahr 1912 zutreffend, war diefe Überzeugung des Kanzlers im Herbft 1914,
wo wir acht Großkampfschiffe mehr befaßen, nicht mehr am Platz und ist zu unfrem Ver=
hängnis geworden. Ich konnte deshalb 1914 diefe Auffaffung des Kanzlers bekämpfen.*

2) *Vgl. oben S. 310.*

dann nicht, wenn Eure Majeſtät den Entſchluß über ſo einſchneidende Maßregeln wie die etwaige Mobilmachung einem Botſchafter direkt mitteilen, ohne mich vorher angehört zu haben.

Kraft des mir von Eurer Majeſtät übertragenen Amtes trage ich vor Gott, vor dem Lande, vor der Geſchichte und vor meinem Gewiſſen die Verantwortung für die von Eurer Majeſtät befohlene Politik. Auch Eure Majeſtät können mir dieſe Verantwortung nicht abnehmen. Da Eure Majeſtät es mir nicht ermöglichen, ihr gerecht zu werden, bitte ich Eure Majeſtät alleruntertänigſt, mich aus meinen Ämtern zu entlaſſen.

Alleruntertänigſt   Bethmann Hollweg.

Am 7. März ging das engliſche Memorandum unſerm Marineattaché Kapitän Widenmann endlich dienſtlich zu. Ihm war vollkommen klar, daß die Novelle von den Engländern längſt erwartet war; hatte ihm doch vor Jahren z. B. der engliſche Marineattaché Dumas vorausgeſagt, daß dieſe Novelle käme, mit den Worten: „Gewiß, Sie werden das Loch im Flotten= geſetz ſtopfen." Trotzdem hatten die Engländer nun angeſichts der guten Gelegenheit, die ihnen die Pſychologie des Kanzlers bot, das Flottengeſetz zu ſtürzen verſucht, und als ſie begriffen, daß ſie dies nicht durch die Strei= chung der Schiffe erreichen würden, wechſelten ſie die Taktik und griffen — mit dem gleichen Ziel — die Perſonalvermehrung an. Aus Widenmanns Be= richt vom 7. März ſei die weſentliche Stelle wiedergegeben:

Der Schwerpunkt des Memorandums liegt auf dem Punkt 3, der meiner Anſicht nach die ſeitens Englands geſtellte Falle und eine Drohung enthält.

Vom rein militäriſchen Standpunkt müßten der engliſchen Admiralität die höheren Indienſtſtellungen und die damit verbundene Perſonalvermehrung am bedenklichſten erſcheinen, denn in ihnen liegt ein größerer Kraftzuwachs der deutſchen Flotte als in der relativ unbedeutenden Vermehrung des Sollbeſtandes der Schiffe. a Trotzdem ſagt das Memorandum, daß keine Schwierigkeiten entſtehen würden, falls die durch die Änderung des Beſatzungsetats und die Indienſtſtellung des dritten Geſchwa= ders bedingte Perſonalvermehrung allein vorgenommen würde. b

Wenn man dieſem Gedanken auf den Grund geht, ſo heißt das: Die Vermehrung des Schiffsſollbeſtandes iſt in den engliſchen Augen das Belaſtende. Damit läßt England die Maske endlich fallen und wendet ſich gegen die marine=politiſche Bedeutung der Novelle.

Die Novelle iſt die akute, c das Flottengeſetz ſelbſt die permanente ſeitens Deutſch= lands drohende Gefahr. d Das Flottengeſetz ſoll durch Vereitelung der Novelle zu Fall gebracht werden. e

... England will uns, nur damit die drei Vermehrungs=Linienſchiffe nicht gebaut werden, erlauben,f die Indienſthaltungen ſo zu vermehren, daß wir etwa das Verhält=

a) *Richtig.*
b) *Alte Haldaneſche Standpunkt.*
c) *Die Haldane nach Berlin brachte.*
d) *Richtig.*
e) *Ja, war auch nicht mehr weit davon entfernt.*
f) *Unverſchämtheit!*

nis 3:2 erreichen. Es weiß genau, daß diese Konzessionen in der englischen Form nur eine Scheinkonzession ist. Denn wenn das in dem heutigen Bauplan für die Jahre 1912 bis 1917 festgelegte Zweiertempo erst fünf Jahre lang gewirkt haben wird, so kalkuliert England, dann wird es im Jahre 1918 für Deutschland sehr schwer, wenn nicht unmöglich werden, auf das Dreier-Tempo automatisch zurückzugehen.

Erreicht England dies, dann ist das Flottengesetz gestürzt.[a]

Es wird sich jetzt darum handeln, daß die deutschen Volksvertreter soviel nationalen Geist besitzen, diese englische Falle zu vereiteln.

Hiergegen können meiner Ansicht nach die von England versteckt angedrohten Schwierigkeiten — die auf marinepolitischem Gebiete kennen wir ja jetzt — nicht so schwerwiegend sein, daß nicht der schon seit Jahren mit England geführte latente Kampf auch noch ferner versucht werden sollte. Der Kampf wird um so leichter werden, je schwerer alle einzusetzenden deutschen Machtmittel wiegen. Er wird durch Anerkennung der Gleichberechtigung Deutschlands seitens Englands besiegelt werden, sobald das Risiko eines offenen an Stelle des latenten Kampfes für England zu groß wird.

a) *Richtig.*

Der Botschafter in London an den Reichskanzler (mit Randbemerkungen des Kaisers).

London, 7. März 1912.

Der Marineattaché geht in seinem Bericht von der Annahme aus, daß der englischen Admiralität die höheren Indienststellungen und die damit verbundene Personalvermehrung weniger bedenklich erscheine, als die Vermehrung des Sollbestandes der Schiffe, und er knüpft an diese Voraussetzung weitere Folgerungen.

Das Memorandum der Admiralität betont hauptsächlich die **Personalvermehrung.**[a] Die englische Regierung legt jetzt, nachdem ihr das Gutachten der Admiralität bekannt ist, den **größeren Wert auf die Personalvermehrung.**[b]

a) *Sie will durch diese scheinbare Konzession — drittes Geschwader und Personal — uns am Bau der drei Extraschiffe hindern, um ein Äternat im Zweiertempo festzulegen und unsern Schiffsbestand pro futuro um ein Drittel herabzusetzen.*

b) *Ist uns einerlei! Sie hat jahrelang bis vor 14 Tagen das Gegenteil behauptet, und doch nichts damit erreicht. Ins Personal bin ich resolviert mir ebensowenig hineinreden zu lassen, als Frankreich oder Rußland sich jemals unterstanden haben, bei einer Militärvorlage uns die Anzahl der Bataillone, Eskadrons oder Batterien vorzuschreiben! Umgekehrt haben wir es auch nie getan! Nachdem England einsieht, daß der Vorstoß gegen Bauzeit und Material nicht genügend wirkt, stößt es jetzt gegen unsern Personalbedarf vor, der ihnen bisher gänzlich egal war! Es geht eben doch gegen das Flottengesetz, dessen Bestand zu erschüttern man ja regierungsseitig schon bereit war. Man war auf dem besten Wege, England den Gefallen zu tun!*

Am 9. März schrieb der Londoner Marineattaché selbst in einem Privatbrief an das Reichsmarineamt:

Metternichs Ansicht stimmt natürlich nicht mit der meinigen überein. Als er mir das Memorandum übergab, las er es mir selbst vor und sagte zu Punkt drei des-

selben: „Das ist die Hand, die uns England hinhält, die sollten wir nicht zurückstoßen."
Daß ich anderer Ansicht bin, wissen Sie aus dem Bericht.

Nun haben Metternich und Kühlmann in diesen Tagen über dem Memorandum
gesessen und das Gegenmemorandum des Reichsmarineamts (so nannte es Kühlmann,
ich selbst weiß nichts von einem solchen[1]) studiert. Kühlmann reist heute abend nach
Berlin und soll, wie er mir sagte, im Auftrag Metternichs dahinwirken, daß wir, um
die Engländer zu beruhigen, detaillierte Angaben an sie machen, wie die 15 000 Mann
der Novelle errechnet sind. Ich sagte Kühlmann, daß ich es äußerst bedauern und für
würdelos halten werde, wenn das geschehe, da es schon eine englische Unverschämtheit
sei, uns großmütig 4000 von den geforderten 15 000 zu konzedieren. Wenn man sich
hierüber erst auf eine Diskussion einlassen werde, werde zwar England sicherlich nachgeben (siehe Punkt 3 des Memorandums), aber eine Gegenkonzession fordern. Kühlmann sagte darauf, daß England hierzu auch ein Recht habe, denn unsere Novelle
müsse Gegenforderungen Englands zur Folge haben. Wir würden von England alles
erreichen, wenn wir die Novelle auf 1913 verschieben würden. Das Kabinett habe Metternich gesagt, „es komme ihnen nur darauf an, in diesem Jahre Geld für die Lloyd
Georgeschen Ideen zu sparen; das könne es aber nicht, wenn es durch die Novelle zu
Flottenausgaben gezwungen würde". — D. h. also, wir sollen, und Metternich
befürwortet dies, trotz der Erfahrungen des Herbstes England in die Hand arbeiten und, ohne die Falle zu sehen, unsere eigenen Interessen zurückstellen. — Auf
meine Frage, was uns denn England anbieten werde, wenn wir wirklich kurzsichtig
genug sein würden, auf die Falle einzugehen, meinte Kühlmann: größere Konzessionen
in Afrika und für die Bagdadbahn. Das ist also die alte Tonart: Etwas Reales (Zuwachs unserer Machtmittel) soll gegen ein Stück Papier eingetauscht werden.

„Aufgeschoben" bedeutet hier „aufgehoben". Wir verlieren die Novelle, wenn sie
nicht jetzt kommt, und jedes Entgegenkommen unsererseits verstärkt die Begehrlichkeit
Englands.

Metternich und Kühlmann stehen eben auf dem bedauerlichen Standpunkt, daß die
Marokkofrage mit allen Folgen abgeschlossen war, bevor wir mit der Novelle kamen; daß also der „reine Tisch" durch die Novelle wieder beschmutzt und England so
sehr gereizt werde, daß es zu Gegenforderungen berechtigt sei. In Wirklichkeit liegt
aber doch die Sache so, daß man erst von dem „reinen Tisch" reden kann, wenn
unsere Nation durch die Novelle, die eine Konsequenz der englischen Eingriffe in unsere Marokkoverhandlungen ist, befriedigt sein wird. Wenn die Novelle durch ist, soll
man den Strich unter die Marokkorechnung machen und ein neues Konto mit England
anlegen, aber nicht einen Augenblick früher. Wenn unser Reservefond auf diese Weise
angewachsen sein wird, können wir das neue Konto mit größerer Sicherheit beginnen.

Wenn nur Metternich von hier fort wäre. Er ist ein nationales Unglück für uns.

Inzwischen hatte das Abschiedsgesuch des Kanzlers den Kaiser umge-
worfen, wie ich im Gespräch mit Admiral von Müller am 9. März erfuhr.

Admiral von Müller erklärte mir, Seine Majestät hätte sich mit dem Reichskanzler von neuem verständigt. Seine Majestät glaubte einen Sieg über den Reichs-

---

1) *Gemeint ist sicherlich oben S. 299 f.*

kanzler davongetragen zu haben, in Wirklichkeit wäre Seine Majestät aber umgefallen. Der Reichskanzler wolle jetzt, daß in gleicher Weise, wie jetzt der Zeitpunkt des Baues des einen Schiffes vorbehalten sei, der Zeitpunkt für alle drei Schiffe offen bleiben solle. Im übrigen wollte er die Vorlage so einbringen, wie sie wäre, als Gesetz; auch solle das Geld für die zwei Schiffe in der Geldbedarfsnachweisung vorgesehen werden. Er wünsche, daß der Zeitpunkt für die drei Schiffe vorbehalten bliebe, um ein Pressionsmittel bei den Verhandlungen mit England in der Hand zu behalten.

Ich erklärte ihm, meiner Ansicht nach käme das einem definitiven Fallenlassen der drei Schiffe gleich und damit einer grundsätzlichen Änderung unserer Flottenpolitik. Seine Majestät würde dies anerkennen und mir in Gnade den Abschied bewilligen.

Admiral von Müller sagte hierauf, das würde der Kaiser in Gnade nicht tun, worauf ich ihm erwiderte, daß ich dann leider in Ungnade gehen müßte.

Im Laufe des weiteren Gesprächs über die Details der Vorschläge schien Admiral von Müller selbst seine Ansicht über die Frage zu ändern, und ich konnte aus seinem Gespräch entnehmen, daß er voraussichtlich bei dem Vortrage des Kaisers die von mir vertretene Stellung nehmen würde. Ich sagte ihm eine schriftliche Stellungnahme für den nächsten Morgen zu, die aus einem offiziellen Brief und einer Notiz bestand, die den folgenden Wortlaut hatte:

„Der Ausspruch, mit Zurückhalten der drei Schiffe ein Pressionsmittel ausüben zu können, ist absurd, inhaltlos und ein Vorwand."

„Nach den ganzen Vorgängen (Staatsministerium, Unterredung mit Kiderlen, Zimmermann) will man auf Kosten der drei Schiffe das Agreement zustande bringen."

Mein Brief an Müller vom 10. März lautete:

Ich habe die Frage der Bezahlung eines politischen Agreements durch den Verzicht auf die drei Linienschiffe nach jeder Richtung eingehend erwogen. Ein solcher Verzicht hat nicht nur eine militärische, sondern die grundsätzliche Bedeutung einer Änderung unserer Flottenpolitik. Die mir von Ihnen mitgeteilte Absicht des Reichskanzlers, den Engländern, um zunächst erst einmal ein politisches Agreement zu erreichen, den eventuellen Verzicht auf die drei Schiffe als Lockspeise hinzuhalten und nach Abschluß des Agreements die Schiffe trotzdem zu fordern, ist nach meiner Ansicht unausführbar. Man mag die Form des Verzichts auf die Linienschiffsneubauten noch so geschickt frisieren, jeder Kenner wird sich sagen, daß wir vor England die Segel streichen und unsere bisherige Flottenpolitik neu orientieren. Ob die politische Situation Deutschlands dies notwendig macht, das verantwortlich zu entscheiden, ist Sache des Reichskanzlers und Seiner Majestät. Ich persönlich bin von der Notwendigkeit der jetzigen Flottenpolitik England gegenüber innerlichst so fest überzeugt und außerdem vor der Offentlichkeit derart engagiert, daß Seine Majestät es selbst für ausgeschlossen halten wird, daß ich eine derartige Schwenkung mitmachen und vertreten kann. Die Interessen Seiner Majestät und des Reichs werden durch mein Fortgehen nicht leiden, letzteres tritt gegen die große politische Frage einer geänderten Flottenpolitik vollständig in den Hintergrund.

Ich erhielt darauf am 10. März um ½1 Uhr von Admiral von Müller Telephonnachricht aus dem Schloß, daß Seine Majestät zwar sehr aigriert gegen mich sei, aber schließlich auf seine Empfehlung hin zugestimmt hätte, daß die Novelle so bleiben sollte, wie sie wäre, und daß er ihn beauf=

21*

tragt hätte, zum Reichskanzler zu gehen und ihn in diesem Sinne zu be=
stimmen. Er (Müller) nähme an, daß der Reichskanzler auf seiner Forde=
rung nicht beharren werde. Der Kaiser ließe mir sagen, ich solle bei dem Früh=
stück um ein Uhr, zu dem ich geladen war, nicht davon zu reden anfangen, er
wäre zu erregt.

Bei dem Frühstück habe ich über die Situation nur mit der Kaiserin und
dem Grafen Eulenburg[1] gesprochen.

Am 10. März 1912 bat mich der Reichskanzler telegraphisch, an der Besprechung
über die Wehrvorlagen und ihre Deckung im Bundesrat am 14. März teil=
zunehmen. Ich ließ den Chef des Marinekabinetts fragen, ob es sich um die
bisherige Novelle hierbei handle. Admiral von Müller antwortete: „Es bleibt
bei der Novelle in der bisherigen Form". Auf eine Bemerkung: „Der Reichs=
kanzler ist also auch hiermit einverstanden", erwiderte er: „Ja, er will sich
fügen."

Gespräch mit Seiner Majestät dem Kaiser am 11. März 1912.

Ich wurde am 11. März abends 9 Uhr zum Kaiser gerufen. Seine Majestät kam
mir im Vorzimmer entgegen mit den Worten: „Wir haben gesiegt." Der Reichs=
kanzler habe heute abend ihm schriftlich erklärt, daß er die Novelle den Haldaneschen
Abmachungen gemäß übernehmen wolle. Ihre Majestät die Kaiserin wäre heute vor=
mittag zum Reichskanzler gefahren und hätte ihm gesagt, sie mische sich nicht in Poli=
tik, aber jetzt könne sie es auch nicht mehr ertragen, der Reichskanzler müsse zum Ent=
schluß kommen und dürfe vor England nicht zurückweichen. Ferner habe Sir Ernest
Cassel Ballin mitgeteilt, Churchill wäre nur wütend gewesen, daß Haldane hierher
geschickt worden wäre, im übrigen wäre ihm die Novelle ganz egal, auch mit den drei
Schiffen, an den Schiffen läge ihnen überhaupt gar nichts.

Seine Majestät sagte darauf: „Also was wir immer dem Reichskanzler gepredigt
haben." Der Reichskanzler müsse eben pathologisch genommen werden, er sähe
einen Strich auf dem Wege, über den hinüberzugehen er den Entschluß nicht fassen
könne. Andererseits sei er eine Vertrauensperson des ganzen Auslands, und des=
halb müsse er gehalten werden.

Ich wollte dem Kaiser daraufhin etwas sagen, Seine Majestät fürchtete aber an=
scheinend, daß ich nun entweder das dritte Schiff wieder fordern würde, oder daß ich
auf das letzte Umfallen des Kaisers zurückkommen würde, und unterbrach mich mit den
Worten: „Wir wollen davon nicht mehr reden."

Dann sagte ich zu dem Kaiser, ich hätte noch zwei Bitten: Erstens möchte der Kai=
ser das Auswärtige Amt jetzt doch wissen lassen, daß es seine Pressetrabanten, die
gegen die Novelle schrieben, zurückziehe. Seine Majestät sagte, das hätte er Zimmer=
mann gegenüber schon getan. Zweitens solle Seine Majestät nicht erstaunt sein, wenn
wegen des Ausfalls des dritten Schiffes noch ein Lärm entstünde.

Seine Majestät sprach sich im Laufe der Unterhaltung dahin aus, daß Admiral
von Müller, indem er ausgleichend wirkte, die Sache geradezu großartig zurecht ge=

---

1) *Minister des königlichen Hauses, der auch über die Situation entsetzt war.*

kriegt hätte. Ferner erzählte der Kaiser, daß B a s s e r m a n n in einem Briefe (an Ball= lin?), den er (Seine Majestät) trotz Bassermanns sonstigen Eigenschaften sehr hübsch gefunden hätte, zugesichert habe, sich wegen der Wehrvorlagen nicht mit den Konser= vativen zu zanken, sondern daß er alles tun würde, daß die Vorlagen im ganter durch= gingen.

Ich bat Seine Majestät, der K a i s e r i n sagen zu wollen, daß ich ihr im Geiste die Hand küßte, worauf der Kaiser sagte, daß die Kaiserin mich selber sprechen wolle. Ihre Majestät erhob sich bei meinem Eintreten und kam mir lebhaft entgegen. Ich sagte ihr, ich küßte ihr im Namen Deutschlands die Hand, wir alle müßten, was wir an unserer Kaiserin hätten.[1]

Am 12. März erhob der Kanzler neue Einwendungen in einem Schreiben an den Kaiser, das ich mit dessen Randbemer= kungen wiedergebe.

In dem ehrerbietigst beigefügten Begleitbericht vom 7. d. M.[2] weist Graf Metternich bereits darauf hin, daß die in unserer Flottennovelle in Aussicht genommene P e r s o = n a l v e r m e h r u n g in dem Memorandum der englischen Admiralität mehr betont wird als die geplanten Neubauten an Linienschiffen.ᵃ Es liegt auf der Hand, daß der Umstand, einen sehr hohen Prozentsatz unserer Streitkräfte zur See dauernd voll im Dienst sich gegenüber zu wissen — ob es „beinahe" 80%, wie die englische Admiralität annimmt, oder 75%, wie Kapitän Widenmann ausrechnet, dürfte uner= heblich sein — in England noch größeres Unbehagen hervorrufen muß als eine Ver= mehrung unserer Schiffsbauten. Vor allem erscheint eine solche Perspektive wenig ge= eignet, der öffentlichen Meinung in England eine Schwenkung der englischen Politik verständlich und annehmbar zu machen, wie sie von Euerer Majestät als Ergebnis der jüngst eingeleiteten Verhandlungen erstrebt wird. Ich vermag daher auch die weitere Folgerung, zu der Kapitän Widenmann in seinem Berichte kommt, nicht als zutref= fend anzuerkennen, daß es die englische Regierung darauf absieht, unser altes F l o t = t e n g e s e tz zu Fall zu bringen.ᵇ Der englischen Regierung ist nicht unbekannt,ᶜ daß unsere Flottennovelle von 1908 den Ersatz der Linienschiffe und Kreuzer nach 20 Jahren vorsieht, so daß der Übergang vom Zweiertempo zum Dreiertempo von 1918 ᵈ an auto= matisch eintritt. Dieses Gesetz würde aber nur unter Zustimmung Euerer Majestät und der verbündeten Regierungen abgeändert werden können. ᵉ Eine Gefahr, daß wir in einer englischen Falle gefangen werden könnten, liegt somit nicht vor.

a) *Genau das, was Churchill an Cassel geschrieben hat. Das Umgekehrte der ursprünglichen Stellungnahme Haldanes und der Einladung der englischen Regierung! Beweist also, daß auf dem Umweg über die Erlaubnis der Erhöhung des Personalbestandes das Dreiertempo ausgemerzt und darauf die Novelle und durch sie das Gesetz zu Fall gebracht werden soll.*

b) *Natürlich.*

c) *Nicht nur nicht das, sondern sie will eben diesen Übergang verhindern durch die Festlegung der Novelle auf Zweiertempo, damit dadurch nachher ein Zweieräternat geschaffen wird.*

d) *1917.*

e) *Denke nicht daran.*

---

1) *Die hohe Frau hatte aus eigenster Initiative gehandelt, als sie die Ehre ihres Mannes durch die endlosen Schwankungen des Kanzlers als gefährdet empfand. Meine angebliche Veranlassung ihres Schrittes und die dabei mir in den Mund gelegten Worte sind reine Erfindung.*

2) *Oben S. 321.*

Wenn Kapitän Widenmann ferner die englische Ankündigung, für jeden Vermehrungsbau der Novelle zwei englische anfordern zu wollen, für eine leere Drohung erklärt, sobald der Sollbestand an englischen Linienschiffen feststeht, so darf ich alleruntertänigst darauf hinweisen, daß in dem englischen Memorandum mit keinem Wort von einem bestimmten Sollbestand, sondern nur von den Maßnahmen die Rede ist,[a] die die englische Admiralität bezüglich des Bereitschaftszustandes ihrer Flotte zu treffen gesonnen ist. Wenn durch Neubauten im Verhältnis 2 : 1 ein über den Bedarf der dort bezeichneten acht Geschwader hinausgehender Bestand an Linienschiffen entstehen sollte, so wird der Überschuß unschwer in der Materialreserve oder anderweitig Unterkunft finden. Ich würde es für einen schweren Fehler halten, wollten wir uns mit der Annahme, daß es sich nur um leere Drohungen handelt, darüber hinwegtäuschen, daß die englische Regierung zurzeit jedenfalls noch fest entschlossen ist,[b] unseren Rüstungen zur See mit Gegenrüstungen zu begegnen, die das englische Übergewicht zur See uns gegenüber zu sichern bestimmt sind.[c]

a) *Kommt auf eins heraus! Wenn die Maßnahmen einen faktischen Sollbestand von 64 — Linienschiffen — vorsehen.*

b) *Sie will vor allem die Novelle und das Gesetz fällen!*

c) *Kann uns ganz gleichgültig sein! Solange wir an unserem Programm festhalten und den Engländern keine Ingerenz auf Details unserer Novelle zugestehen, welche dieselbe nachteilig abschwächen ohne englische handgreifliche Gegenleistungen. Unser Programm genügt unseren Bedürfnissen, was England dagegen tut ist egal. Jedenfalls geht daraus hervor, daß England daraus keinen Kriegsgrund machen will, wovor man hier seit November die höchste Angst hatte.*

Am 13. März fragte mich der Kriegsminister, ob wir die Kabinettsfrage stellen sollten, da der Kanzler Miene machte, die Veröffentlichung der Wehrvorlagen erneut zu vertagen. Ich erklärte mich absolut bereit dazu und fügte hinzu, daß ich schon am 9. März genötigt gewesen sei, die Kabinettsfrage zu stellen. Es scheine, daß der Kanzler die Stimmung immer mehr abflauen lassen wolle. Nachdem schon am 8. März die „Kölnische Volkszeitung“ die Änderungen des Flottengesetzes mitgeteilt hatte, die sich aus den Neuforderungen ergäben, war der Kanzler immer noch geneigt, die Novelle fallen zu lassen.

Der Kanzler setzte am 14. März seine briefliche Einwirkung auf den Kaiser fort.

Berlin, 14. März 1912.

Die große englische Presse ist zur Genüge geschult, um zu wissen, welche Fragen der auswärtigen Beziehungen sie zu einem gegebenen Zeitpunkt im Interesse des Landes in den Kreis ihrer Betrachtungen ziehen soll und welche sie zu übergehen hat. Sie unterscheidet sich in dieser Beziehung vorteilhaft von der deutschen. Sie bedarf für die Regelung ihrer Sprache somit keiner Aufforderung der Regierung, die auch gar nicht den Einfluß auf die oppositionelle Presse besitzt, der in dem Bericht des Kapitän Widenmann vorausgesetzt wird. Durch ohne mein Vorwissen erfolgte vorzeitige Mitteilung der geplanten Flottennovelle an Redaktionen deutscher Blätter von seiten des Reichsmarineamts sind Einzelheiten über ihren Inhalt in unseren Zeitungen durchgesickert. Die englische Presse enthielt sich zunächst im allgemeinen der Kritik, weil sie eine Polemik vermeiden wollte. Seit einigen Tagen wird aber die Novelle in unserer Presse vielfach als fait accompli behandelt, und damit entfällt naturgemäß auch für die englische Presse der Grund zu der Zurückhaltung, die sie sich bis dahin auferlegt hatte. Als ein Scare[1] läßt sich die Sprache der englischen Blätter bis jetzt aber durchaus nicht charakterisieren. Nur für den durchaus unwahrscheinlichen Fall, daß die englische Regierung keine Gegenmaßregeln dem Parlament unterbreiten sollte, würde eine allgemeine Agitation entstehen, um die Regierung zu einer Verstärkung der Seestreitkräfte zu zwingen. Diese Agitation wird aber ebensowenig wie im vorigen Jahre darauf berechnet sein, einen Scare in D e u t s c h l a n d hervorzurufen. Sie wird vielmehr bezwecken, was der Marineattaché ganz zu verkennen scheint,[a] das englische Volk und die englische Regierung auf durch unsere Flottennovelle drohende Gefahren aufmerksam zu machen und für Marinezwecke opferwillig zu stimmen.

Ich darf schließlich noch alleruntertänigst berichten, daß, nach mündlicher Meldung des vorgestern in Privatangelegenheiten zu einem kurzen Urlaub hier eingetroffenen Botschaftsrat von K ü h l m a n n, Sir Edward Grey eine Antwort auf unser Memo= randum, betreffend Flottennovelle und ein allgemeines Abkommen, in Aussicht ge= stellt hat, sobald die Feststellung im Ministerrat erfolgt ist.[b]

a) *Donnerwetter, das ist stark !*
b) *Wir müßten nur bald veröffentlichen. Standpunkt nach wie vor hoffnungslos !*

Wilhelm I. R.

Am 15. März 1912[2] übersandte das Reichsmarineamt dem Auswärtigen Amt den Entwurf der Marinevorlage. Am folgenden Tage erhielt ich fol= gendes Schreiben des Reichskanzlers:

Der dem Staatssekretär des Auswärtigen Amts übersandte Entwurf der Marine= vorlage enthält in der Begründung den Satz, daß die e r s t e S c h l a c h t voraussichtlich s e h r b a l d n a c h d e r K r i e g s e r k l ä r u n g stattfinden wird. Im Hinblick auf die unheilvolle Wirkung, die dieser Hinweis auf die öffentliche Meinung Englands haben würde, beehre ich mich Euere Exzellenz zu ersuchen, diesen Satz aus der Begründung zu entfernen und auf eine anderweitige Formulierung Bedacht zu nehmen.

Kapitän von Trotha telephoniert an das Reichsmarineamt:

16. März, 4 Uhr nachm.

Der Kabinettschef ist soeben von seiner Unterredung mit dem Reichskanzler zurück= gekehrt. D e r R e i c h s k a n z l e r l e h n t e s a b, die Novelle noch h e u t e z u v e r= ö f f e n t l i c h e n. Er sagt, er müsse vorher noch einen telegraphisch angekündigten Be= richt Metternichs abwarten, der über einen erneuten Ministerrat in England berichte. Admiral von Müller hat sich „den Mund fusselig" geredet, aber gar nichts erreicht. Er fährt jetzt ins Schloß zum Kaiser.

_____

1) *Panik (wie 1908).*
2) *An welchem Tag Wermuth verabschiedet wurde.*

Telegramm des Chefs des Marinekabinetts an den Staatssekretär des Reichsmarineamts.

Berlin, 16. März 1912.

Seine Majestät der Kaiser haben auf Vorschlag des Reichskanzlers genehmigt, daß die Veröffentlichung der Marinenovelle vorläufig aufgeschoben wird. Es soll der heute in London beratene Entwurf eines Neutralitätsabkommens abgewartet werden.

Notiz des Kabinettschefs von Müller.

18. März 1912.

Der gestern noch eingegangene englische Vorschlag ist völlig unannehmbar. Verklausulierte Neutralität unter Bedingung der Aufgabe der Novelle. Der Zweck der ganzen Aktion — Vernichtung der Novelle — ist damit aufs klarste zum Ausdruck gekommen. Natürlich wird der englische Vorschlag abgelehnt.

Als die Engländer den Eindruck gewonnen hatten, daß sie von Beth=
mann Hollweg alles erreichen konnten, ohne irgendeine Gegenleistung
(Neutralitätsformel), forderten sie, daß 1. die kleine Novelle (2 Schiffe
in 20 Jahren!) ganz gestrichen, 2. Bethmann Hollweg im Amt belassen
werde. Dann wollten sie (zwar kein Neutralitätsversprechen geben, aber)
eine freundliche Bemerkung für Deutschland machen, das sie nicht „angreifen"
wollten, falls Deutschland nicht „herausfordert". Bethmann selbst war über
das Ansinnen der Engländer denn auch entsetzt und ließ nunmehr dem ver=
stümmelten Rest der Novelle seinen Lauf.
Am Morgen des 18. März fuhr der Kaiser zum Kanzler. Er fand den
Kanzler förmlich zusammengebrochen und empfahl ihm, zunächst einmal
ein Glas Portwein zu trinken. Der Kaiser hatte das Gefühl, an Bethmann
Hollweg keinen Halt mehr zu finden. Diese Vorgänge haben insofern eine
größere geschichtliche Tragweite, als sie der Stellung des Kabinetts=
chefs von Müller, die schon vorher durch ähnliche Ereignisse gewachsen
war, zu einer sein Ressort und sein militärisches Urteil übersteigenden Be=
deutung verhalfen. Der Kaiser empfand das Verhältnis zu mir durch die
jahrelangen Quertreibereien als erschwert; am Kanzler hatte er nichts
mehr; Müller hielt sich in dem wankenden Staatsgefüge für unentbehrlich;
er wurde jetzt, wie seine nähere Umgebung es empfand, „Reichskanzler
hinter der Hand". Hier liegt die Wurzel der unnormalen Verhältnisse im
Kriege. Der Kaiser hielt sich an Müller und dieser verwuchs mehr und mehr
mit der Persönlichkeit Bethmanns, von dem Müller bei Kriegsausbruch
noch angenommen hatte, er könne unmöglich Kanzler bleiben. Das Versagen
des Kanzlers war schon 1911/12 offenkundig geworden. Müller, der, selbst ein

mehr gefühlsmäßig eingestellter Mensch, seiner hohen Verantwortung als unsichtbarer Berater des Monarchen nicht mehr gewachsen war, trägt durch einen gewissen Mangel an Klarheit und Festigkeit wesentlich die Schuld daran, daß der Kaiser den Kanzler trotz seiner durchschauten Unzulänglichkeit im Amt behalten hat, eben den Kanzler, der im Krieg der Zerstörer der Marine und damit der deutschen Macht geworden ist.

Als ich mit Admiral von Müller am 18. März zum Kaiser fuhr, waren mir die englischen Forderungen und ihre Folgen noch nicht bekannt. Was ich darüber erfahren habe, findet sich in folgender gleichzeitiger Aufzeichnung.

Ich stand bei der Hinfahrt mit Admiral von Müller zum Kaiser unter dem Eindruck, daß Reichskanzler und Kiderlen möglicherweise die Kabinettsfrage stellen würden, denn ihre Politik hat sie tatsächlich völlig in eine Sackgasse gebracht; wenn sie jetzt durchgehalten würde, dann müßte sie die Situation vor Beginn der englischen Parlamentsverhandlungen noch mehr verschärfen.

Ich sagte Admiral von Müller, daß ein völliges Abbrechen der Verhandlungen in diesem Augenblick mir kaum ratsam erschiene, daß wir nicht ab irato jetzt Entschlüsse fassen sollten; ich machte ihn schließlich darauf aufmerksam, daß, wenn es unter diesen Verhältnissen zu meinem Abschied käme, ich Seiner Majestät dringend empfehlen würde, dies in einer ausgesprochenen gnädigen Weise zu tun, weil anderenfalls mein Abschied in maßloser Weise innerpolitisch ausgeschlachtet werden würde.

Admiral von Müller hält diese Entwicklung nach den Vorgängen für ausgeschlossen, die Forderungen der Engländer wären so maßlos gewesen, daß sie für den Kaiser ganz unannehmbar gewesen wären; dies wäre in großer Ruhe zwischen dem Kaiser und ihm im Schloß besprochen worden. Sir Edward Grey habe Metternichs Vorschlag nicht angenommen, weil er das Wort „Neutralität" nicht haben wollte, das könne er mit Rücksicht auf die Franzosen nicht; sie wären wieder auf das Wort „unprovoked attack" zurückgekommen; sie hätten aber außerdem erklärt, daß sie auch bisher nicht annehmen könnten, wenn nicht 1. wir die Novelle zurückzögen und uns auf das Maß beschränkten, wie es im Flottengesetz vorgesehen wäre; und 2. sie eine gewisse Zusicherung hätten, daß der Kanzler in seinem Amte bliebe.

Ballin habe sich auch völlig getäuscht über den Drang Greys, mit uns zu einem Understanding zu kommen. Die Engländer wären der Ansicht, daß ich der Mann wäre, der zum Krieg triebe. Admiral von Müller fügte gleich hinzu, das wäre ja ungerecht, insofern als ich gesagt hätte, daß, wenn die Engländer wirklich eine andere Orientierung ihrer Politik vornähmen, dann die Frage der Novelle eine andere wäre. — Wahrscheinlich sind diese Punkte auch in dem gestrigen Gespräch zwischen Kaiser, Valentini und Müller zur Sprache gekommen.

Seine Majestät empfing uns beide in sehr vergnügter und, wie er sagte, ganz erlöster Stimmung; er erzählte mir, gestern abend hätte der Reichskanzler ihm bereits auf den Metternichschen Bericht hin empfohlen, die Agreementsverhandlungen gänzlich abzubrechen, er hätte den Bericht aber nicht ganz gelesen gehabt.

Er sei nun heute persönlich zum Reichskanzler gegangen, der ganz geknickt gewesen sei über diesen Ausgang, den seine Politik genommen hätte, ein ganz gebrochener Mann, der ihm ordentlich Mitleid eingeflößt hätte. Er hätte dann dem Reichskanzler den Vorschlag gemacht, die Agreementsverhandlungen nicht in dieser schroffen Form abzulehnen; sondern statt dessen den Engländern ein absolutes Schutz= und Trutzbündnis anzutragen, und daß er sich besonders freuen würde, wenn Frankreich diesem Schutz= und Trutzbündnis beitreten würde. In gleicher Weise sollte der Botschafter in Paris verständigt werden. Auf diese Weise werde ihnen das Odium zugeschoben, da sie das Angebot wahrscheinlich nicht annehmen würden. Nähmen sie es aber an, dann ließe sich ja eher über eine Rüstungsbeschränkung sprechen.

Der Reichskanzler hätte gleich zugestimmt, er hätte sich eben getäuscht in dem englischen Kabinett, und der Kaiser fügte dem hinzu, daß die alten Herren von der Bismarck'schen Zeit wie Bethmann und Kiderlen sich eben aus dem engen europäisch=kontinentalen Leben nicht mehr herausarbeiten könnten.

Der Kaiser fügte noch hinzu, dem Kanzler wäre die Nennung seiner Person besonders unangenehm gewesen, und Haldane hätte erklärt: Admiral von Tirpitz is a dangerous man.*

Seine Majestät hätte ferner den Reichskanzler ersucht, Metternich mitzuteilen, daß er im höchsten Maße befremdet sei, wie Metternich derartige Vorschläge überhaupt hätte in Empfang nehmen können, und er bestehe jetzt darauf, daß Metternich abge=löst würde, sobald die jetzigen Wogen etwas heruntergegangen seien. Er habe mit dem Reichskanzler abgemacht, daß die Wehrvorlagen heute noch veröffentlich werden sollten. Im übrigen habe er bei dieser Unterredung ein Glas Portwein getrunken und auf das ewige Leben des Reichskanzlers angestoßen.

Seine Majestät erzählte mir ferner, daß er mit Freiherrn von Hertling eingehend über die Angelegenheit gesprochen habe, und daß Hertling auf das energischste betont habe, daß ein Zurückweichen vor England, wie es uns hier zugemutet worden wäre, im ganzen deutschen Volk Entrüstung hervorrufen würde.

Ich habe dann Seiner Majestät gesagt, daß zur Erklärung des Verhaltens des Reichskanzlers doch in Betracht gezogen werden müsse, daß er im Auswärtigen Amt besonders geschulte Experten hätte, denen doch gerade nach der politischen Richtung hin eine Hauptverantwortung mit zufiele.

Seine Majestät sagte dann, man müsse die Herren nach der furchtbaren politischen Schlappe, die sie erlitten, mit möglichster Milde behandeln, ein Ausspruch, dem ich lebhaft zustimmte.

Ich habe dann Seine Majestät, da ich ihn vielleicht nicht mehr in eigenem Vortrage sprechen könne und heute die Veröffentlichung stattfinden solle, darauf aufmerksam gemacht, daß, wenn der Bautermin der im Bauplan zurückgestellten Schiffe nicht näher bezeichnet würde, dies zweckmäßiger sei; erstens könnte man sich, wenn im Reichstage auf diesen Punkt gestellt, hinter die Geldfrage zurückziehen und die politischen Gründe unter den Tisch fallen lassen, was meiner Ansicht nach sehr wünschenswert wäre, und sobann sei es doch richtig, daß Seine Majestät im Falle weiterer Unverschämtheiten der Engländer die Beantragung dieser Schiffe innerhalb der sechs Jahre als Gegenmaßregel in der Hand behielte. Ich wies kurz auf die Churchillschen Drohungen hin. Seine Majestät war einverstanden.

---

*) Ein gefährlicher Mann.

Abmiral von Müller machte den Vorschlag, ich solle zum Reichskanzler gehen, ich empfahl aber, daß Abmiral von Müller dies übernehmen solle, weil der Reichs= kanzler durch den ganzen Verlauf der Angelegenheit aigriert über mich sein würde. Seine Majestät stimmte dem zu, der Reichskanzler sei eben „s o r e" gegen mich.

Auf der Rückfahrt zum Reichskanzler hin habe ich Abmiral von Müller gebeten, er möchte den Reichskanzler doch etwas beruhigen gegen mich. Ich sei verpflichtet gewesen, für das Prinzip, das ich gewissermaßen bei der Marineentwicklung verfolgt hätte und das ja auch das Prinzip des Kaisers gewesen sei, einzutreten. Abmiral von Müller sagte mir dies zu.

Entwurf eines Handschreibens des Kaisers an den englischen König.

My dear Georgie,   18. März 1912.

I am most distressed that the negotiations, which are taking place between our two Governments respecting the agreement, seem to have come to a dead-lock. If I may roughly sketch the line, along which the affairs have run, it will perhaps be of some use to help to further them.

Originally your Government approached mine with the invitation to ne-gotiate an agreement. The base proposed was: a political understánding ex-pressed by a neutrality clause, mutual help in colonial matters and a re-duction of the "tempo" in building of capital ships over a certain lapse of years. My Government, at my orders, accepted this base of the invitation, where upon Lord Haldane was sent over here to establish the base for the ne-gotiations of the agreement. The political part was treated between him and the Chancellor. The naval part between him and me. We agreed that the "tempo" as submitted to me in the name of Your Government was to be every 3 years one ship extra, i. e. 1913—1916—1919. Lord Haldane declared himself satisfied and I accordingly had the naval estimates recast on these lines, adopting the formula agreed upon by Lord Haldane and me. In lea-ving His Lordship told me, we could expect the draft of the agreement in 5 or 6 days after his return to London. After a lapse of about 16 or 17 days my Government was informed that difficulties had arisen not so much about the ships as the number of men asked for by the estimates.

Later on the shipbuilding question was quite discarded and the personel came into the foreground. Numbers were compiled in the Admiralty widely differing from the German scales and causing uneasiness, created by the mis-taken idea of a "mobilisation" on the German part. Finally yesterday the porposals submitted to my Government arrived containing 3 main points. First the expression "neutrality" is refused for fear of giving umbrage to France — so Sir E. Grey informed the German ambassador. Secondly it is stipulated, that the naval Estimates should be reduced, so as to fit in to the naval law, i. e. the "Novelle" is to drop. Thirdly, that the agreement could only be made with his Exc. the Chancellor H. v. Bethmann as long as he re-mained in office and provided I followed the policy dictated by him.

These proposals the Chancellor declared unacceptable, as they represent a quite new standpoint. By them your Government has left the base, which it had originally proposed — and accepted here — has disavowed Lord Haldane's proposals and the negotiations between him and me and hereby annulled the agreement. Here the matter stands. I think there is a solution possible and that is why I adress myself to You. Sir E. Grey — as I before said — told the German ambassador that he was anxious not to give France offence by his negotiations with Germany as he wished to remain on friendly terms with that country. Besides he remarked that it was his fervent wish that Europe should cease to be split up into two camps — Triplice and Entente. This is my fervent wish too! I therefore propose a solution that instead of the agreement, your Government has itself annulled, we should make an offensive and defensive alliance — as you have with Japan — with France as a partner and open to the other powers to enter ad libitum. This would unite the Great Powers of Europe and consolidate peace. In this case I should be able to make reductions in the "Novelle" meeting your Government's wishes, which my Government would be able to advocate before Parliament and Public, whereas this is impossible with the proposed agreement.

With respect to the intimation in the despatch, that Sir E. Grey could only conclude the agreement with the present Chancellor, Your Minister labours under an illusion. The Chancellor as well as the Foreign office are both purely officials of the Emperor. It is the Emperor, who gives them the directions as to which policy is to be pursued and they have to obey and follow his will. Consequently Your Government may rest quite assured that whoever is my Chancellor or Foreign office Secretary will always be instructed by the Emperor as the present Chancellor is. I am full of hopes that the Alliance will be concluded and my officials will do their best to work for this end. I have ordered instructions to be sent to my ambassadors at London and Paris. Willy.

Übersetzung.

Mein lieber Georg!   18. März 1912.

Ich bin sehr niedergeschlagen, daß die Verhandlungen, die zwischen unseren beiden Regierungen über das Abkommen im Gange sind, in eine Sackgasse geraten zu sein scheinen. Wenn ich kurz die Linie skizzieren darf, in der die Dinge gelaufen sind, so wird das vielleicht von einigem Nutzen sein, sie fördern zu helfen.

Ursprünglich trat Deine Regierung an die meinige heran mit der Einladung, über ein Abkommen zu unterhandeln. Die vorgeschlagene Grundlage war: eine politische Verständigung, ausgedrückt durch eine Neutralitätsklausel, gegenseitige Hilfe in kolonialen Dingen und eine Verlangsamung im Bautempo der Schlachtschiffe für eine gewisse Spanne von Jahren. Meine Regierung nahm auf meinen Befehl diese Grundlage der Einladung an, worauf Lord Haldane herübergeschickt wurde, um die Grundlage für die Unterhandlungen über das Abkommen zu legen. Der politische Teil wurde zwischen ihm und dem Reichskanzler behandelt, der Marineteil zwischen ihm und mir. Wir kamen überein, daß das Tempo, wie mir im Namen Deiner Regierung unterbreitet, sein sollte: alle drei Jahre ein Schiff extra, d. h. 1913 — 1916 — 1919. Lord Haldane erklärte sich für befriedigt, und ich ließ demgemäß den Marinehaushalt nach diesen Richtlinien umarbeiten, indem ich die Formel annahm, die von Lord Haldane und mir vereinbart war. Beim Abschied sagte mir Seine Lordschaft, wir könnten den Entwurf des Abkommens in 5 oder 6 Tagen nach seiner Rückkehr nach London erwarten.

Nach Verlauf von etwa 16 oder 17 Tagen wurde meine Regierung benachrichtigt, daß Schwierigkeiten erwachſen ſeien, nicht ſo ſehr über die Schiffe als vielmehr über die Stärke des Perſonals, die im Haushaltsplan gefordert ſei.

Später wurde die Schiffbaufrage ganz fallen gelaſſen, und das Perſonal trat in den Vordergrund. Es wurden Perſonalſtärken in der Admiralität zuſammengeſtellt, die weit von den deutſchen Maßſtäben abwichen und Unbehagen verurſachten, veran= laßt durch den irrtümlichen Gedanken an eine „Mobilmachung" auf deutſcher Seite. Schließlich kamen geſtern die meiner Regierung unterbreiteten Vorſchläge an, die drei Hauptpunkte enthielten. Erſtens wird der Ausdruck „Neutralität" abgelehnt aus Furcht, Frankreich Anlaß zum Argwohn zu geben — ſo ließ Sir E. Grey dem deutſchen Bot= ſchafter wiſſen. Zweitens wird ausbedungen, daß der Marinehaushaltplan ſo herab= geſetzt werde, daß er ſich dem Flottengeſetz einfügt, d. h. die „Novelle" ſoll fallen. Drittens, daß das Übereinkommen nur mit Seiner Exzellenz dem Reichskanzler, Herrn v. Bethmann, getroffen werden könne, ſolange er im Amt bleibe, und unter der Vor= ausſetzung, daß ich der von ihm diktierten Politik folgte.

Dieſe Vorſchläge erklärte der Reichskanzler für unannehmbar, da ſie einen ganz neuen Standpunkt darſtellen. Durch ſie hat Deine Regierung die Grundlage verlaſſen, welche von ihr urſprünglich vorgeſchlagen — und hier angenommen — war, hat Lord Haldanes Vorſchläge und die Unterhandlungen zwiſchen ihm und mir verleugnet und hierdurch das Abkommen aufgehoben. So ſteht die Sache. Ich meine, es iſt eine Löſung möglich, und darum wende ich mich an Dich. Sir E. Grey hat, wie ſchon er= wähnt, dem deutſchen Botſchafter geſagt, er ſei ängſtlich darauf bedacht, bei Frank= reich keinen Anſtoß zu erregen durch ſeine Unterhandlungen mit Deutſchland, da er auf freundſchaftlichem Fuß mit jenem Lande zu bleiben wünſche. Nebenbei bemerkte er, es ſei ſein glühender Wunſch, daß Europa nicht mehr in zwei Lager geſchieden ſein möge — Dreibund und Entente. Dies iſt auch mein glühender Wunſch! Ich ſchlage deshalb eine Löſung vor, daß wir ſtatt des Abkommens, welches Deine Regierung ſelbſt auf= gehoben hat, ein Offenſiv= und Defenſivbündnis abſchließen — wie Ihr es mit Japan habt — mit Frankreich als Teilnehmer und offen für die anderen Mächte, zum Ein= tritt nach Belieben. Dies würde die europäiſchen Großmächte einigen und den Frieden befeſtigen. In dieſem Falle würde ich imſtande ſein, an der „Novelle" Abſtriche zu machen, welche den Wünſchen Deiner Regierung entſprechen würden und die meine Re= gierung vor dem Parlament und der Öffentlichkeit zu vertreten vermöchte, wogegen dies bei dem vorgeſchlagenen Abkommen unmöglich iſt.

Was die Andeutung in dem Telegramm anlangt, daß Sir E. Grey das Abkommen nur mit dem gegenwärtigen Kanzler abſchließen könne, ſo leidet Dein Miniſter an einer falſchen Vorſtellung. Der Reichskanzler ſowohl als auch das Auswärtige Amt ſind beide lediglich Beamte des Kaiſers. Der Kaiſer gibt ihnen die Richtlinien, nach denen die Politik zu verfolgen iſt, und ſie haben ſeinem Willen zu gehorchen und zu folgen. Demgemäß kann Deine Regierung ganz beruhigt darüber ſein, daß, wer auch mein Kanzler oder Staatsſekretär des Auswärtigen Amts iſt, er ſtets durch den Kaiſer ſeine Anweiſungen erhalten wird, wie es der gegenwärtige Reichskanzler tut. Ich bin voller Hoffnung, daß das Bündnis zuſtandekommen wird, und meine Beamten werden ihr Beſtes tun, für dieſes Ziel zu arbeiten. Ich habe angeordnet, daß meinen Botſchaftern in London und Paris Anweiſungen geſandt werden ſollen. Willy.

Am 22. März gab die „Norddeutſche Allgemeine Zeitung" endlich Inhalt und Zweck der Wehrvorlagen bekannt, die am 15. April dem Reichstag vor= gelegt wurden. Reſolutionen vaterländiſcher Verbände, welche mich wegen der Unzulänglichkeit der Flottenvorlage angriffen, blieben unbeachtet, und am 14. Mai wurde ſie mit den Stimmen des Zentrums, der Nationalliberalen, Konſervativen und Demokraten angenommen.

Es verging nicht lange Zeit nach Beendigung der Kriſis, als die Anzeichen ſich mehrten, daß unſre Beziehungen zu England ſich durch unſer Feſtbleiben nicht verſchlechtert hatten, im Gegenteil. So ſchrieb am 17. April B a l l i n an den Marinekabinettschef:

> Sie haben mir vor einiger Zeit auf Befehl Seiner Majeſtät des Kaiſers die Abſchrift eines Berichtes des Admiralſtabes der kaiſerlichen Marine überſandt über die von Winſton Churchill behauptete bedrohliche Anweſenheit des Mutterſchiffes der deut= ſchen Unterſeeboote in engliſchen Gewäſſern. Euere Exzellenz haben mir dabei mitgeteilt, daß es mir anheimgegeben wurde, gelegentlich Winſton Churchill über den Inhalt die= ſes Berichtes auf privatem Wege zu informieren.
>
> Ich habe das getan, und ich bitte Sie nunmehr, Seiner Majeſtät dem Kaiſer die Antwort vorzulegen, welche mir darauf zugeht. Dieſe Antwort iſt an Sir Erneſt Caſſel gerichtet. Der Brief und ſein Inhalt laſſen erkennen, daß ſie vorher mit den Miniſter= kollegen beraten worden ſind und daß, wie es immer geht, wenn eine Mehrzahl von Perſonen an einem Brief arbeitet, ſchließlich das Produkt in Form, Adreſſe und In= halt nicht ganz das geworden iſt, was man hätte wünſchen müſſen. Immerhin ſcheint es mir ein beachtenswertes und loyales Schriftſtück zu ſein.

My dear Cassel,   Admiralty, White Hall 14. April 1912.

I am deeply impressed by the Emperors great consideration. I only mentioned the incident to Ballin as an example to show the kind of anxieties and
the strain to which the naval situation gives rise. I am very glad to know
that it was free from any sinister significance and I take this opportunity of
saying again that we have been throughout equally innocent of any offensive
design. I suppose it is difficult for either country to realise how formidable
it appeare to the eyes of the other. Certainly it must be almost impossible
for Germany with her splendid army and warlike population, capable of
holding their native soil against all comers, and situated inland with road
and railway communication upon every side, to appreciate the sentiments
with which an island State like Britain views the steady and remorseless development of a rival naval power of the very highest efficiency.

The more we admire the wonderful work that has been done in the swift
creation of German naval strength, the stronger, the deeper, and the more
preoccupying these sentiments become.

Patience, however and good temper, accomplish much: and the years pass,
many difficulties and dangers seem to settle themselves peacefully. Mean-
while there is an anxious defile to be traversed, and what will help — more

perhaps, than anything else — to make the yourney safe for us all, is the sincere desire for good will and confidence, of which Ballins letter and its enclosure are a powerful testimony. — Yours ever

Winston S. Churchill.

Übersetzung.

Mein lieber Cassel! Admiralität, White Hall, 14. April 1912.

Ich bin durch des Kaisers große Rücksichtnahme tief bewegt. Ich erwähnte den Vorfall Ballin gegenüber nur als Beispiel, um die Art der Besorgnisse und die Spannung zu zeigen, welche durch die Lage zur See entstehen. Ich freue mich sehr zu wissen, daß er frei von jeder schlimmen Bedeutung war, und ich ergreife diese Gelegenheit, um wiederum zu sagen, daß wir durchaus gleich unschuldig an irgendeinem Offensivplan gewesen sind. Für jedes der beiden Länder, glaube ich, ist es schwierig, sich richtig vorzustellen, wie furchtbar es in den Augen des anderen erscheint. Für Deutschland mit seiner glänzenden Armee und kriegerischen Bevölkerung, die imstande ist, ihren vaterländischen Boden gegen jeden, der kommen mag, zu halten, binnen Landes gelegen, mit Straßen- und Eisenbahnverbindungen auf jeder Seite, muß es sicherlich fast unmöglich sein, die Gefühle richtig zu würdigen, mit denen ein Inselstaat, wie Britannien, die stetige und unerbittliche Entwicklung eines Nebenbuhlers in der Seemacht von höchster Leistungsfähigkeit ansieht.

Je mehr wir das wundervolle Werk, das mit der raschen Schöpfung der deutschen Flottenstärke geleistet worden ist, bewundern, desto stärker, desto tiefer und desto voreingenommener werden diese Gefühle.

Geduld und gute Stimmung vermögen jedoch viel; und im Laufe der Jahre scheinen sich viele Schwierigkeiten und Gefahren friedlich und von selbst zu lösen. Inzwischen gilt es, einen besorgniserregenden Engpaß zu durchschreiten, und alles — mehr vielleicht als irgend etwas sonst — helfen wird, die Reise für uns alle sicher zu machen, ist der aufrichtige Wunsch nach Wohlwollen und Vertrauen, wovon Ballins Brief und seine Beilage mächtige Zeugnisse sind.

Stets der Ihrige
Winston S. Churchill.

Selbst Herren des diplomatischen Dienstes lernten damals um, wie am 17. April Kapitän Widenmann aus London berichtete.

Kühlmann ließ mich heute in seiner Eigenschaft als chargé d'affaires kommen, um mir folgendes zu sagen:

„Er habe durch Gespräche, die er in der letzten Zeit mit Regierungsmitgliedern gehabt, den Eindruck gewonnen, daß man sich in leitenden Kreisen Englands, trotz des ursprünglichen und ja auch verständlichen Sträubens nunmehr mit der Wehrvorlage und vor allem auch mit der Flottennovelle abgefunden habe und unter völliger Ausschaltung dieser Frage bestrebt sei, an der Erreichung besserer Beziehungen mit Deutschland weiter zu arbeiten. Er persönlich habe bisher stets befürchtet, daß die Wehrvorlage alle diplomatischen Anstrengungen, die obiges Ziel erstrebten, über den Haufen werfen und jahrelange sorgsame Annäherungsarbeit zerstören werde. Da diese Befürchtung sich nun aber glücklicherweise nicht zu bewahrheiten scheine, so glaube er, daß es von Bedeutung sei, die Reichstagsverhandlungen über die Wehrvorlage möglichst zahm zu halten, damit in England keine Erbitterung entstehe. Gerade letzteres sei ihm auch von hiesigen Politikern als wünschenswert bezeichnet worden. Je würdiger und geräuschloser die Reichstagsverhandlungen gehalten werden könnten, um so dienlicher werde dies der Fortsetzung der im Gange befindlichen Annäherungsversuche sein."

Ich gratulierte Kühlmann zunächst dazu, daß er sich endlich zu dem vom Staatssekretär betonten und von ihm und dem ganzen Auswärtigen Amt bekämpften Ansicht durchgerungen habe, daß man in England nicht t r o tz der deutschen Flotte, sondern w e g e n ihrer anfange sich zu bequemen, auf sie Rücksicht zu nehmen. Das sei eine höchst erfreuliche Tatsache und zeuge von zunehmender Einsicht. — Ich sagte weiter, daß ich seine Ansicht wegen der Haltung des Reichstags zwar privatim weitergeben wolle, aber nicht wisse, wie er sich die praktische Durchführung seiner Idee vorstelle. Kühlmann meinte, daß es vor allem darauf ankomme, daß Redner wie H e y d e b r a n d und B a s s e r m a n n nicht auffallend gegen England würden.

Ich sagte ihm, daß dafür wohl kein Mensch eine Garantie übernehmen könne, und daß es mir nach C h u r c h i l l s „Luxusrede" und seinen Drohungen und Einschüchterungsversuchen im Parlament auch gar nicht erwünscht erscheine, wenn bei uns geschwiegen würde. Ich wäre allerdings sehr dafür, daß wir mehr Würde zeigten, und daß z. B. Reichstagsmitglieder wie Haußmann, den man nur als vaterlandslosen englischen Agenten bezeichnen könne, und seine Hintermänner[1] aufhörten, englische Handlangerdienste zu tun, daß ich es aber für durchaus wünschenswert hielte, wenn auf Churchills Äußerungen eingegangen werde. Man werde in England diese Pille, die man sich selbst gedreht habe, schlucken müssen, ohne daß wir Veranlassung hätten sie zu versüßen. England dürfe uns nur mit seinem eigenen Maße messen, wenn man etwas erreichen wolle. — K ü h l m a n n blieb dabei, daß es erwünscht sei, England nicht von neuem zu reizen. — Ob Kühlmann die Ansicht des Auswärtigen Amts vertritt oder nur persönlich die Fahne nach dem Winde hängt, was ihm nach seiner „portugiesischen Entgleisung" wünschenswert erscheinen mag, kann ich nicht übersehen. Die Schwenkung ist jedenfalls erstaunlich.

Am 23. April schrieb mir Admiral von M ü l l e r aus Korfu:

Im übrigen ringt sich hier immer mehr die Überzeugung durch, daß die Besprechungen mit England, welche durch den Halbaneschen Besuch eingeleitet wurden, nützlich gewesen sind. Sie haben den Engländern gezeigt, daß wir Unheimliches nicht im Schilde führen, andererseits aber auch, daß wir uns nicht durch vage Versprechungen im Ausbau unserer Rüstungen irre machen lassen, und beides ist eine gute Basis für ein gegenseitiges Verstehen.

Am 5. Mai schrieb Kapitän W i d e n m a n n aus London:

Es ist so gekommen, wie ich mir immer dachte und wie es auch dem englischen Charakter entspricht, der nicht über Unabänderliches lange lamentiert, sondern dessen Stärke darin besteht, sich schnell mit Tatsachen abzufinden und solche Konsequenzen zu ziehen, die die geringsten Opfer fordern. Die Wehrvorlage interessierte hier am meisten in dem Stadium, in dem man ahnte oder wußte, daß innerhalb der Berliner Regierung um sie gekämpft wurde. Was in dieser Phase von hier aus geschehen konnte, ist, wie Sie wissen,

---

1) Damit spielte Widenmann auf das Auswärtige Amt an, das den Abgeordneten Haußmann, das Hirschsche Preßbureau u. a. öffentlich gegen mich schreiben ließ.

geschehen. Jetzt hat man eingesehen, daß die Mehrheit trotz Haußmann und Sozialdemokratie dafür ist, daher sind die verantwortlichen Stellen vernünftig genug, die Situation so zu nehmen, wie sie ist.

Einzelne professionelle Schreier wie Maxse, Garvin, Hurd und Northon Smith von der Imperial Marine League und andere, müssen natürlich auch jetzt noch in Superlativen gegen die Vorlage eifern, aber das hat keine Bedeutung. Die Regierung hat auf Anfrage im Parlament erklärt, daß die Verhandlungen mit Deutschland im günstigen Fortgange sind; dasselbe hat Haldane vor verschiedenen Herren privatim gesagt: ob dabei wirklich etwas Positives herauskommt, weiß ich nicht. Die Hauptsache ist aber, daß trotz Wehrvorlage der Verkehr zwischen den Regierungen nicht schlechter, sondern scheinbar besser geworden ist. Das ist auch typisch englisch, denn je bestimmter der Ton des Konkurrenten, um so liebenswürdiger wird der Engländer.

Unbegreiflich ist daher, wie der Reichskanzler im Plenum und Kiderlen in der Kommission erklären können, daß die politische Lage die Wehrvorlage zwar nicht nötig erscheinen lasse, daß die Regierung sie aber trotzdem fordere. Der Leitartikel der „Times" vom 23. April hat daher sofort den Nagel auf den Kopf getroffen mit seinen verschiedenen „Warums". Das schlechte Gewissen vom letzten Herbst her schlägt jedoch hier noch so stark, daß man nicht auf eine Beantwortung dieser „Warums" von unserer Seite ernstlich dringt. Trotzdem liegt in diesen Erklärungen unserer eigenen Regierung von vornherein die Möglichkeit, uns, wenn es gelegentlich passen sollte, wieder mit unseren eigenen Worten als die Weltstörenfriede zu malen.

Kühlmann gegenüber, der mich als Geschäftsträger nach meiner Ansicht über die Aufnahme der Wehrvorlage hier fragt, habe ich kein Blatt vor den Mund genommen. Er gab mir zwar nicht zu, daß ich damit Recht habe, im übrigen aber äußerte er mir gegenüber gerade heute, daß unsere Geschäfte mit England günstiger ständen wie je. Da meine in Berichtform ausgesprochenen harmlosen Hinweise auf historische Tatsachen aber an anderer Stelle als ungebührliche Kritik empfunden werden, so habe ich zunächst Abstand genommen, über die Aufnahme hier zu berichten. Ich beabsichtige jedoch im Anschluß an die erledigte Zweite Lesung im Plenum kurz vor meinem Weggange von hier auch diesen Punkt noch zu erwähnen.

Seit gestern ist der Botschafter zurück und gleichzeitig bringen hiesige Zeitungen die Nachricht von seinem baldigen Fortgange. Nächst dem Durchgehen der Wehrvorlage würde ich dies, wenn es zur Tatsache wird, als ein hohes Glück für Deutschland betrachten. Metternichs politische Ansicht hat meiner Meinung nach während seines ganzen Hierseins dauernd Schiffbruch gelitten, am stärksten aber in der Voraussage der Konsequenzen der Wehrvorlage. Man kann daher nur immer wieder fragen: quousque tandem? Ich will Erich von Müller[1] wünschen, daß er einen neuen Botschafter vorfindet, wenn er hier einzieht; seine Stellung wird damit wesentlich leichter werden.

Am 9. Mai hat Graf Metternich seinen Abschied erhalten. Seiner Urteilsbildung habe ich selten zustimmen können; er gab meist nur weiter, was ihm die Engländer eingeblasen hatten. Darin aber muß ich dem Botschafter meine Hochachtung bezeugen, daß er seine Meinung stets herausgesagt hat ohne Rücksicht darauf, daß er sich dadurch beim Kaiser mißliebig machte.

---

1) *Als Nachfolger des Briefschreibers in Aussicht genommen.*

Mit dem Ausgang der langwierigen und quälenden letzten Flottenkrisis,
von der nur die wichtigsten Phasen hier wiedergegeben wurden, war unter
militärischem Gesichtspunkt das Unerläßlichste, die Steigerung der Bereitschaft, gerettet. Unter politischem Gesichtspunkt war die Scharte von
Agadir durch die vollzogene Tatsache der Wehrvorlagen einigermaßen aus-
gewetzt, wennschon es den Engländern gelungen war, einen tiefen Einblick
in die Zerfahrenheit unserer Reichsleitung zu gewinnen. Ein Diplomat
(Cambon?) sagte damals, wie Haldane[1] berichtet: In this highly organised
nation, when you have ascended to the very top story, you find not
only confusion but chaos.[*]

Die Unentschlossenheit des Kanzlers, auf welche diese peinliche und klein-
liche Krisis zurückging, bildete eine Verstärkung der uns umgebenden Gefahren, da man auch bei künftigen Krisen ein „Chaos" erwarten mußte. Es
war ein Verhängnis, daß der Kaiser diese Persönlichkeit im Amt behielt,
obwohl er von ihr einen fast „pathologischen" Eindruck erhalten hatte. Mir
selbst war es am wenigsten möglich, Schritte zur Beseitigung des Kanzlers
zu unternehmen, dessen Unzulänglichkeit allgemein erkannt worden war.
Gerade ich mußte mich zurückhalten, um nicht Mißdeutungen ausgesetzt zu
sein. Mein Urteil über Bethmanns Befähigung war ja bekannt.

Die Stärke des Reichs war aber in jenen Jahren so groß, daß sie auch ein
erhebliches Maß von Unvermögen an leitender Stelle ertragen zu können
schien. Wir gingen alles in allem mit besseren Aussichten auf ebenbürtige
Anerkennung durch England aus dieser Krisis heraus, als wir sie je gehabt
hatten. Im Februar 1912, auf der Höhe seines Kampfes und seiner Ver-
dächtigungsneigung gegen mich hatte Herr von Kiderlen geschrieben: „Ich
bin ein Gegner von Tirpitz, weil ich fürchte, daß seine Politik uns den Krieg
mit England bringen wird." Im Dezember 1912 aber, als diese „Tirpitzsche
Politik" durchgesetzt war, schrieb derselbe Kiderlen: „Jetzt sind die Engländer
so zahm, daß sie mir aus der Hand fressen." Der Ausdruck war wohl im Dezember ebenso stimmungsmäßig übertrieben wie im Februar. Immerhin:
Kiderlen konnte mit dem Ergebnis der von ihm vergeblich bekämpften und
verdächtigten Politik anscheinend doch recht zufrieden sein.

1) *Discount Haldane, Before the war (1920)* S. 71.
*) „Wenn Sie in diesem hochorganisierten Volk zur Spitze aufsteigen, finden Sie nicht nur
Konfusion, sondern Chaos."

V.

Die deutsch-englische Entspannung (1912/14).

ie von mir als Staatsfekretär vertretene Auffassung über die Notwendigkeit deutscher Macht- und Weltpolitik wird von mancher Seite deshalb als Jrrweg bezeichnet, weil England doch noch beizeiten den K r i e g gemacht habe, in dem wir unterlegen sind. Jndes wenn England den Krieg mit uns der Flotte wegen wollte, so würde es gewiß damit nicht gewartet haben, bis diese zu einer Stärke angewachsen war, die den Krieg für England zu einem sehr gefährlichen Unternehmen machte. So weit war es aber bereits im Jahre 1914, und nur die kontinentale Einstellung unserer Reichsleitung hat diese Gefahr für England sich nicht auswirken lassen, sowohl in der Verwendung der Schlachtflotte als später im U=Boot=Krieg. Jm übrigen hatte unsere Politik im Jahre 1914 eine Lage geschaffen, die uns zu Wasser und zu Lande sofort den Angriffen der Heere und Flotten der europäischen Groß= mächte und Japans aussetzte. Damit erlangte England eine militärische und maritime Überlegenheit, eine Aussicht auf den Sieg, wie sie in diesem Grade kaum jemals wiederkommen konnte. Während der verhängnisvollen Juli= wochen 1914 war es für mich unbegreiflich, daß Bethmann am Zugriff Englands zweifelte, wenn Poincaré infolge des serbischen Konflikts die Russen in den Krieg hineinreißen konnte.

Wie ein kurzer Traum liegen jetzt die Jahre 1912—14 zwischen der voran= gegangenen Zeit unserer Ohnmacht zur See einerseits und der Vernichtung unserer Weltstellung im Kriege andererseits. Es war aber kein Traum, son= dern volle Wirklichkeit, daß wir in jenen Jahren begonnen hatten, in den Rang einer von England anerkannten Weltmacht hineinzuwachsen, eine Entwicklung, die im Juli 1914 jäh und ohne zwingende Notwendigkeit in= folge grober diplomatischer Fehler unterbrochen wurde. Wenn es auch nichts nützen kann, einem entschwundenen Glück nachzutrauern, so ist doch in den langen Zeiten des Unglücks, welche ja in unserer deutschen Geschichte so sehr die glücklichen Perioden überwiegen, der Rückblick auf die Höhe=

22*

punkte nicht nur ein Troſt, ſondern auch eine Quelle der Erkenntnis unſerer
wirklichen Aufgaben und Leiſtungsmöglichkeiten.

Die Völker Europas hatten ſich ſeit Jahrhunderten daran gewöhnt, das
in der Mitte des Erdteils liegende Deutſchland als ein Objekt anzuſehen,
von dem gelegentlich etwas geholt werden könnte. Keines dieſer Völker, wenn
ich von dem damals gleichfalls zerriſſenen Italien abſehe, wünſchte eine Ver=
einigung der deutſchen Kraft. Alle ſuchten vielmehr ſie zu verhindern, E n g =
l a n d nicht minder als die anderen. Es hatte Friedrich den Großen ſchmählich
im Stich gelaſſen, nachdem es Preußen genügend ausgenutzt hatte. Als die
deutſchen Stämme nach Niederwerfung Napoleons eine größere Einigkeit
erſtrebten, wurde ihnen dies durch das verbündete England in Gemeinſchaft
mit dem bisherigen Feinde Frankreich unmöglich gemacht. Dieſe grundſätz=
liche Haltung Großbritanniens gegen den naturgemäßen Zuſammenſchluß
der deutſchen Stämme hat ſich 1848, 1864 und ſogar 1870 wiederholt. Als
machtloſes Volk der „Dichter und Denker" wurden wir mit einem gewiſſen
hochmütigen Wohlwollen behandelt, jede ſelbſtändige Machtäußerung un=
ſeres Volkes aber als ungehörig angeſehen, eine geſamt=deutſche Flagge zur
See, wie ſie 1848/49 eingeführt werden ſollte, als Piratenflagge bezeichnet.
Die Lebensarbeit Bismarcks in der Errichtung des Kaiſerreichs wurde ge=
zwungenermaßen, aber ungern hingenommen. Der Mann war zu groß,
handelte zu ſchnell und beſaß die ſeltene Fähigkeit, ſeine Erfolge in richtigen
Grenzen zu halten. Das verhinderte freilich nicht, daß dieſe Erfolge zur ſo=
liden Unterlage der Mißgunſt und Stimmungsmache dienen mußten, zu
welcher das engliſche Volk durch ſeine Politiker aufgepeitſcht wurde, als die
lange gebundenen inneren Kräfte Deutſchlands deutlich ſichtbar wurden.

Wir brauchten zur ruhigen Entfaltung Frieden, und um dieſen zu er=
halten, galt in der deutſchen Politik der bismarckſchen wie der nachbismarck=
ſchen Zeit als Grundſatz, die Spannung zwiſchen den großen Mächten Euro=
pas möglichſt zu beſeitigen oder doch zu mildern. Dagegen wünſchte Eng=
land ſelbſt zu Salisburys Zeiten dieſe Spannung zu erhalten, um in Aſien
und Afrika freiere Hand zu haben. Dadurch wurde neben dem wirtſchaft=
lichen Wettbewerb ein weiterer nicht überbrückbarer Gegenſatz der engliſchen
und deutſchen Intereſſen geſchaffen. Unſere Diplomaten haben bei
ihrem geſamten Verhalten England gegenüber nur ſelten dieſe diametralen
Gegenſätze zur vornehmſten Grundlage ihrer Überlegungen genommen.
England und die transatlantiſchen Länder kannten ſie im allgemeinen
wenig und betrachteten die dort auftretenden Fragen mit ſtark europäiſch=
kontinentaler Einſtellung. Das Viereck Paris—Berlin—Petersburg—Wien,
und entfernter ſchon London, bildete noch immer das Zentrum ihrer Welt,

und in der Laufbahn das Ziel ihrer Wünsche. Dazu kam eine zu geringe Auswahl für den Nachwuchs; die „hohe Politik" war einer gewissen Clique vorbehalten, die mit angeborenen oder angeheirateten äußeren Vorzügen nicht immer auch die Kräfte einer alten Tradition oder persönlicher Lei= stungen verband. Die personelle Entnahme aus dem größeren Konsulats= korps in die Diplomatie herüber wurde möglichst erschwert und im wesent= lichen transatlantisch verbraucht. Solange Fürst Bülow im Amte war, wurde die ungleichwertige Besetzung der diplomatischen Stellungen zu einem ge= wissen Grad aufgewogen durch Tradition. Als aber an seine Stelle ein aus= schließlich in der inneren Bureaukratie aufgewachsener Herr trat, dem neben handwerksgemäßer Schulung auch universeller Blick in verhängnisvollem Maße abging, wurde die Unzulänglichkeit seiner diplomatischen Gehilfen eine stärkere Gefahr. Dabei bestand bei ihnen der berechtigte Wunsch, etwas zu leisten und Erfolge aufzuweisen. Das führte zuweilen zu Augenblickspolitik und zum Arbeiten für den Schein der Gegenwart.

In den Jahren 1912/14 überbrückte sich indes mehr der sachliche Gegen= satz, der zwischen unserer Diplomatie und der mir unterstellten Verwaltung geklafft hatte. Die Diplomatie hatte sich überzeugt, daß sich auf dem Boden des Flottengesetzes arbeiten lasse, und soweit sie davon nicht innerlich überzeugt war, mußte sie sich doch äußerlich damit abfinden. Und als seit Herbst 1912 sich ein offenkundig besseres Verhältnis zwischen Berlin und London an= bahnte, schien es müßig, darüber zu streiten, ob dieser Erfolg mehr der Ge= schicklichkeit unserer Diplomaten oder der realen Tatsache unserer Macht= bildung zur See zu verdanken sei. Der Erfolg als solcher war da und von niemandem zu verkennen. Vielleicht war die Kunst Kühlmanns und anderer Diplomaten bei dieser Entspannung nicht so wesentlich, wie sie selber dachten. Wichtiger war wohl, daß England anfing, an der Milderung der gespannten europäischen Lage ein eigenes Interesse zu haben, weil es im Gegensatz zu früher nunmehr selbst bei dieser Spannung etwas riskierte. Die deutsche Flotte hatte die bis dahin diametral zueinander laufenden Linien der deutschen und der englischen Europapolitik zu einer gewissen Konvergenz gebracht. Diese einzige mögliche Fortsetzung Bis= marckscher Politik konnte natürlich nur gelingen, weil unser Ziel der Frieden und auch unsere Flotte ein Friedensinstrument war. In seiner Rede vom 10. November 1914 hat Lloyd George gesagt: „When this war broke out, we were on better terms with Germany than we had been for fifteen years."* Nachdem Graf Wolff=Metternich schon am 3. März 1909 einmal ge=

---

*) Als dieser Krieg ausbrach, standen wir in besseren Beziehungen zu Deutschland als wir es fünfzehn Jahre lang getan hatten.

legentlich das Zugeständnis entschlüpft war: „Die englische Regierung hat sich mit unserem Flottengesetz und dem daraus resultierenden Bauprogramm als mit einem gegebenen Faktor, an dem nichts zu ändern sei, abgefunden," mußte selbst Kühlmann am 8. Januar 1912 der deutschen Flottenpolitik das un= freiwillige Zeugnis ausstellen: „Wenn England uns jetzt so weit entgegen= kommen will, so ist dies dem Druck der deutschen Entwicklung und dem Druck der deutschen Macht zu danken." [1]

Was die Lage der Marine anbetraf, so war ihre Entwicklung bereits 11 Jahre lang wirksam vor sich gegangen, als Bethmann ins Amt kam. Bei der systematischen Einkreisung des sich zur Ebenbürtigkeit aufreckenden Deutschland konnten vor 1912 billige Gegenwartserfolge unserer Diplo= matie nur durch Verbrüderung mit England erreicht werden, deren Vorbe= dingung das Fallenlassen des Flottengesetzes war; denn in diesem sah Eng= land ein künftiges Hemmnis seiner Monopolstellung, deren Höhepunkt ihm noch nicht erreicht schien. Nicht Fürst Bülow, aber unsere Diplomatie war diesen englischen Bestrebungen seit Jahren offenkundig entgegengekommen. Mit Bethmann nahm aber die Reichsleitung selbst die Erfüllung des eng= lischen Wunsches in die Hand, der den Aufstieg Deutschlands politisch und — wenn auch langsamer — wirtschaftlich unabsehbar zurückwerfen mußte. In der Zeit von 1906—09 hatte die englische Politik offen Sturm gelaufen gegen das Gesetz selbst. Dann erkannte man in London, daß diese Methode das Gegenteil des beabsichtigten Erfolges zeitigte und suchte nun das gleiche Ziel auf Seitenwegen zu erreichen. Das war auch noch der Sinn des Be= suches Lord Halbanes gewesen; denn für den Ersten Lord der Admiralität, Churchill, war der Fortfall der in Frage stehenden kleinen Novelle nur ein Mittel gewesen, um das Flottengesetz selbst zu brechen. Bei dieser Gelegen= heit erkannte Halbane zugleich, welchen Resonanzboden er beim Reichs=

---

1) Herr von Jagow sagt in seinen „Ursachen und Ausbruch des Weltkrieges" S. 62 f.: „Während in der bosnischen und den beiden Marokkokrisen die englische Politik eher kriegerisch gewesen war, machte sich auf der Londoner Botschafterkonferenz, parallel mit den Berliner Bemühungen, das Bestreben Sir E. Greys geltend, durch mäßigenden Ein= fluß den Frieden zu erhalten." Noch weiter geht Lord Haldane in seinem Buch Before the war (1920) S. 112: „Candour became (trotz unserer Novelle von 1912) the order of the day, minor difficulties were smoothed over, and a treaty for territorial rearrangements was finally agreed on."* Erst als die Wilhelmstraße nach dem Juli 1914 die öffentliche Meinung von ihren eigenen Fehlschlüssen in der Balkanpolitik ablenken wollte, vergaß man wieder, daß die Flottenfrage schon im Abflauen begriffen war. Nicht die Serben usw., sondern die „böse Flotte" sollte eben am Krieg schuld sein!
*) Aufrichtigkeit wurde das Gebot der Stunde, kleinere Schwierigkeiten wurden hinweg= geräumt und schließlich wurde ein Vertrag über territoriale Neuordnungen geschlossen.

kanzler und bei dem durch die Steuerfurcht des deutschen Reichstags be=
herrschten Reichsschatzsekretär fand, falls er die öffentliche Meinung Deutsch=
lands geschickt behandelte.

Jedoch dem Ansturm von 1912 hatte das Flottengesetz widerstanden und
sich noch mehr befestigt. Eine Vergrößerung unserer Flotte durch eine No=
velle kam nicht mehr in Frage. Andererseits war England an seine höchste
Bauleistung herangekommen, indem es jährlich 4 und gelegentlich 5 große
Schiffe auf Stapel legte. Technisch und finanziell wäre England außerstande
gewesen, falls wir durchschnittlich jährlich 3 Schiffe bauten, dies im Verhält=
nis 1 : 2,10 zu beantworten.[1] Somit lag es in unserer Hand, das anerkannte
Stärkeverhältnis von 2:3, bzw. 10:16 zu stabilieren.

Wir hatten durch das Herabgehen vom Vierertempo im Jahre 1912 den
unzweideutigen Beweis geliefert, daß wir nicht beabsichtigten, mit England
Konkurrenzbau zu betreiben. Diese unwiderlegliche Tatsache entzog seit
1912 der englischen Flottenhetze den Boden, und dies just in einem Zeit=
punkt, als die englischen Marine=Sachverständigen anfangen mußten, den
Seekrieg mit Deutschland ernst zu nehmen und deshalb nur noch in einem
wirklichen Notfall ins Auge zu fassen. So hatten die Mätzchen, mit denen
Churchill auch jetzt gegen unsere Marineverwaltung arbeitete, sein „Marine=
feiertagsvorschlag" und Ähnliches größtenteils nur noch innere parlamen=
tarische Gründe und keine breitere Wirkung. Gefährlich konnten sie nur
werden, wenn unsere eigene Reichsleitung sie aufnahm.

Dem englischen Publikum war die ewige Deutschenhetze langweilig ge=
worden, seitdem der Glaube, daß Deutschland über England herzufallen be=
absichtige, sich mehr und mehr verflüchtigt hatte. Mit dem bestehenden
Flottengesetz hatte man sich praktisch abgefunden. Alle amtlichen und pri=
vaten Nachrichten, die wir in jenen Jahren über die Beruhigung der eng=
lischen Gefühle erhielten, stimmten darin überein. Man braucht nur die dama=
ligen Reden der Staatsmänner beider Nationen, die Äußerungen der Presse
und privater Kreise zu vergleichen, um den Abstand zu früheren Jahren zu
ermessen. Auch Bethmann Hollweg hatte eingesehen, daß unser Flottenkurs
richtig gewesen war. Man sprach jetzt im Ernste nicht nur von deutsch=eng=
lischer „Entspannung", sondern sogar von „Annäherung", und die Ner=
vosität, die sich deshalb mehrfach in Paris und in Petersburg erhob, war nicht
ganz ohne Grund, wenngleich man natürlich in Berlin niemals die Grund=

---

1) *Dieses Stärkeverhältnis von Two Power + 10% wurde von englischen Marine=
politikern als das anzustrebende bezeichnet; hierauf war die englische Flottenpropa=
ganda eingestellt. Innerlich und in steigendem Maße auch nach außen hin hatte die
Admiralität sich mit der Relation 2 : 3 abgefunden, indes jene Propagandaformel nie=
mals völlig abzuschütteln gewagt.*

tatsache hätte vergessen dürfen, daß in dem Wunsche uns zu vernichten
alles einig war. Nur der Glaube an die Ausführbarkeit dieses Wunsches
war mehr und mehr erloschen und damit für die praktischen Engländer der
Wink zu einer neuen Einstellung gegeben.

Am 26. September 1913 hat Bethmann Hollweg, wie ich dem Buche
Lord Haldanes entnehme, diesem brieflich seine Freude darüber ausgedrückt, daß seit Februar 1912 Deutschland und England bei einer
Reihe von Gelegenheiten im Geist einer Welt-Entente zusammengewirkt
hätten.

Ein kleines Stimmungsmerkmal war neben vielem anderen der Besuch,
den ich am 13. Oktober 1913 mit Zustimmung des Auswärtigen Amtes von
John Leyland, einem der ersten Marineschriftsteller Englands, empfing.
Sein Gespräch durchzog die deutliche Absicht, die verschiedenen Unhöflichkeiten Englands gegen uns in den vergangenen Jahren zu entschuldigen.
Nach seiner Meinung wäre gegen unsere Flottenentwicklung so, wie sie sich
gestaltet hätte, nichts einzuwenden: „Es sei daher merkwürdig gewesen, daß
sogar eine offizielle Persönlichkeit in England von der deutschen Flotte als
einem Luxus gesprochen hätte." Ich bestätigte diese Merkwürdigkeit mit den
Worten: „Ja, es war Mister Churchill, welcher mir diese Gunst (favour) erwies, gerade in dem Augenblick, als ich beabsichtigte, eine Flottennovelle in
den Reichstag zu bringen," worauf Leyland erwiderte: „Well, Mr. Churchill is a rather changeable and inconsistent man."* Es war Leyland pein-
lich, daß seinerzeit von der britischen Admiralität jene falschen Gerüchte über
eine geheime deutsche Baubeschleunigung in Umlauf gesetzt worden waren.
Er bemühte sich weiter nachzuweisen, daß die Schiffe, welche in England
für den „World Wide Service" bestimmt wären (koloniale und Mittelmeer-
schiffe) für Deutschland nicht in Frage kämen, eine Auffassung, die ich vom
maritim-militärischen Standpunkt freilich nicht zugeben konnte. Churchill
war mit diesen Schiffen nämlich über die Verhältnisstärke von 16:10 hin-
übergehüpft. Als die Kolonialfrage gestreift wurde, nahm Leyland die
Gleichberechtigung Deutschlands sofort praktisch und konkret an, und sprach
von einem Kolonialabkommen. Er hätte schon zu dem Direktor der Deutschen Bank von Gwinner gesagt: „that Germany must have a share in a
new partition"**, die vielleicht irgendwie bevorstünde. Meinerseits überging
ich diesen Punkt. Leyland schüttelte den Lord Fisher mit der Bemerkung ab,
dieser wäre jetzt nur Dorsitzender der „Royal Commission of Oil". Er verab-
schiedete sich mit dem Hinweis, daß er sich bemühen würde, den loyalen und

---

*) Nun ja, Herr Churchill ist ein ziemlich unbeständiger und widerspruchsvoller Mann.
**) Deutschland einen Anteil an einer neuen Verteilung haben müsse.

friedlichen Standpunkt, den er hier gefunden hätte, dem englischen Volk zu übermitteln.

Im Jahre 1911/12 war es für die Marineverwaltung sehr schmerzlich ge= wesen, daß der Reichskanzler damals durchgesetzt hatte, den Ersatz von drei veralteten Kreuzern zu streichen. Abgesehen von dem erheblichen militä= rischen Nachteil, der im Falle eines baldigen Krieges gerade durch den Aus= fall dieser Spezialschiffe für die Gesamtleistung unserer Flotte entstand (was sich leider im Kriege sehr fühlbar gemacht hat), war durch diese Ver= kürzung noch eine andere Sorge eingetreten. Bethmann hatte insonderheit mit der finanztechnischen Hilfe von Wermuth alles getan, um jede Er= höhung des Marineetats zu erschweren. Bis zur vollen Fertigstellung der Flotte mußte sich doch selbstverständlich der Marineetat von Jahr zu Jahr notwendig erhöhen. Das System Wermuths brach nun mit dem herkömm= lichen und gerechten Grundsatz, größere Landbauten, deren Wirksamkeit sich auf Generationen erstreckt, auf Anleihe und entsprechende Amortisation zu nehmen. Er setzte sie auf Steuern. Das geschah sogar mit den Resttraten des Nordostseekanals. Zwei nicht ganz veraltete und für Schulzwecke noch recht brauchbare Linienschiffe hatten wir auf Drängen des Kaisers für 17 Mil= lionen an die Türkei verkauft. Der Erlös wurde von Wermuth als „Reichs= einnahme" der Marine weggenommen, während wir sie für dringende Lücken wie Artillerieverbesserungen, U=Boote, Flugzeuge usw. bitter nötig hatten. Kurz, es sollte systematisch für den Reichsetat ein Zustand geschaffen werden, der in dem Zeitpunkt, wo nach dem Flottengesetz das normale Dreiertempo wieder einsetzte (im Jahre 1918), diesen Aufstieg nur unter außerordentlich erschwerten Steuerforderungen noch zuließ. Das Flotten= gesetz war ja Lex imperfecta und blieb ein Stück Papier, wenn der Reichs= tag das erforderliche Geld nicht bewilligte. Dann konnte es mit Hilfe der Reichsleitung gelingen, das Flottengesetz zu ändern und den Ersatz der großen Schiffe auf zwei im Jahr zu beschränken. Damit war dann der Wunsch Englands, sein „Two Power + 10% Standard" ohne weiteres er= füllt, denn vier Schiffe gegen zwei deutsche konnte England ja bauen. Für Deutschland war deshalb die gesetzlich vorgesehene Rückkehr zum Dreier= tempo Erfordernis, denn nur dies Tempo führte den Risikogedanken durch und machte es England unmöglich, mit Verdoppelung zu antworten. Wurde das Dreiertempo nicht eingehalten, so war unsere ganze Flottenpolitik falsch.

Ich kann nicht übersehen, wie die britische Admiralität zu ihrer genauen Kenntnis dieser für unsere Flottenentwicklung bestehenden Gefahr gekom= men ist. Es genügt die Tatsache, daß sie hierüber orientiert war und danach handelte.

Die dadurch gebliebene Sorge wurde im Marineamt und auch bei unseren ausgezeichneten Attachés in London stark empfunden. Ich selbst war der Ansicht, die auch von meinen finanztechnischen Gehilfen geteilt wurde, daß jene mögliche Gefahr künftiger Bewilligungsschwierigkeiten unser macht= politisches Ziel nicht mehr entscheidend bedrohte, nachdem wir einmal eine starke Flotte aufgebaut hatten und eine so fühlbare Besserung unsres Ver= hältnisses zu England eingetreten war. Infolgedessen beschränkten wir unsere Ansprüche auf das Äußerste, um nicht durch die Forderung von ein paar Ersatz= schiffen eine neue Erregung hervorzurufen. Die deutsch=englische Spannung mußte sich nach menschlichem Ermessen von Jahr zu Jahr mildern, und wie dann die Lage 1918 war, konnte man nicht im voraus übersehen. Im übrigen verstärkte sich unsere Marine, wenn auch der Ersatz der veralteten Schlachtkreuzer schmerzlich entbehrt wurde, im ganzen gerade jetzt mit jedem Jahre. Andere Kriegsmittel, wie Unterseeboot und Flugmaschine, traten außerdem stärker her= vor. Die innere Festigung unserer jungen Marine machte Fortschritte, und die Nachteile unserer sehr schnellen Entwicklung verschwanden allmählich auch in personeller Beziehung. In die Wagschale fiel ferner vor allem, daß der gewaltige politische Trumpf, den wir durch die Wehrmacht zur See geschaffen hatten, auch von unseren Diplomaten und den Ohnmachtspolitikern nicht mehr bezweifelt werden konnte. Blieb es nach Maßgabe unserer politischen Notwendig= keiten im Jahre 1918 dann richtig, das Dreiertempo zu erhalten, so wären voraussichtlich auch neue Steuern kein Hindernis mehr gewesen. Dazu brauchte es dann nur Geldbewilligung im Rahmen des Flottengesetzes, aber keinerlei Erweiterung des Gesetzes selbst. Aus diesem Gesichtspunkt heraus sagte ich auch in der Kieler Woche 1914 zu unserem Botschafter in London, eine Flottennovelle hätten wir nicht mehr nötig. Die „Lex imperfecta" hatte ihre Schuldigkeit getan.

Die Rüstung zur See war die einzige methodische Weltpolitik, die wir getrieben haben. Sie ist nicht genügend durch ihre natürliche Ergänzung, eine entsprechende Bündnispolitik, gestützt worden, und doch ergab sie schon 1914 nahezu endgültige Sicherheit für unsere Weltstellung. Der Kraftstrom, der namentlich von 1912 an aus dem Machtgewinn zur See in unsere Politik einfloß, wurde immer spürbarer, das weltpolitische Arbeiten wieder leichter. Der Hebel unserer Weltpolitik war die Nordsee; er wirkte schon auf dem ganzen Erdball, ohne daß wir unmittelbar irgendwo anders anzusetzen brauchten.

Die Kolonialabkommen mit England, deren Entstehung die nachfol= genden Blätter streifen, gaben bereits eine kleine Probe auf das Exempel. Schließlich war auch die Entente cordiale Englands mit Frankreich 1904 und mit Rußland 1907 auf Kolonialabkommen gegründet worden. Wir haben

niemals die Möglichkeit außer acht gelassen, daß das afrikanische Kolonialabkommen von 1913, das uns nur Ansprüche zubilligte, dazu dienen sollte,
uns Sand in die Augen zu streuen, so wie ja bereits in den neunziger Jahren
ein deutsch-englisches Abkommen über die portugiesischen Kolonien durch
den Windsor-Vertrag bedenklich entwertet worden war, in welchem England den Portugiesen ihre Kolonien garantierte. Indes bin ich nicht der
Ansicht, daß das weltpolitische Vertragspaar von 1913/14, das mittel-
afrikanische und das Bagdadabkommen, im Gesamtzusammenhang der
Dinge hinsichtlich seiner Ernsthaftigkeit Zweifeln unterliegt. Eine volle Gewähr für die neue Ära deutsch-englischer Zusammenarbeit gab aber weiterhin die Dauerkrisis, welche seit dem Herbst 1912 auf dem Balkan eingetreten war. Es bestand seit dem Oktober 1912 die unmittelbare Gefahr, daß
die europäischen Großmächte infolge ihrer Bündnissysteme automatisch in
die Wirrsale der Balkanvölker hineingerissen und mehr oder weniger gegen
ihren Willen in einen Weltkrieg verstrickt würden. In dieser Krisis zeigte
sich mit voller Deutlichkeit, daß London und ebenso selbstverständlich Berlin
gegen die Möglichkeit eines Weltkrieges auf der Hut zu sein für die erste
Pflicht der Staatspolitik hielten, wohinter selbst die Schonung von Empfindlichkeiten der beiderseitigen Bundesgenossen zurückzutreten hatte. So ergab
sich zwangsläufig ein deutsch-englisches Zusammenarbeiten, das sein Haupt-
organ in der Londoner Botschafterkonferenz fand. In Paris war man
mit London, in Wien war man mit Berlin unzufrieden, weil die englische
Politik die Russen daran verhinderte, die Serben zum Generalangriff auf
die österreichisch-ungarische Monarchie loszulassen, und weil andererseits
die deutsche Politik die Österreicher bremste, wenn ihnen angesichts der serbischen Herausforderungen die Geduld zu reißen drohte und eine gründliche Züchtigung Serbiens im Sinne der Conradschen Ideen unaufschiebbar
erschien. Serbische wie russische wie auch österreichisch-ungarische Interessen
hatten sich eben mehr und mehr dem Hauptinteresse Europas, der Friedens-
erhaltung, zu fügen, und die beiden stärksten Mächte zwangen die weniger
starken, einschließlich auch der französischen Revanchelust, sich ihrer gemeinsamen Friedenspolitik anzuschließen. In diesem System, welches für die
Zukunft Europas die größten Aussichten eröffnete, war die deutsche Flotte
ein unentbehrlicher Faktor. Auf ihr in erster Linie beruhte das neue europäische Gleichgewicht, welches sich seit 1912 am Horizont abzeichnete und
das durch die diplomatischen Fehler des Juli 1914 für immer vernichtet worden ist, weil diese Fehler die Kriegslust in Belgrad, Paris, Petersburg und
Wien unvorsichtigerweise zu entfesseln erlaubten. So bildet das nachstehende
Kapitel einen wesentlichen Beitrag zur Vorgeschichte des Krieges. Es zeigt, wie

die deutsche Marinepolitik, die in tragischer Weise mit der Zukunft des ganzen deutschen Volkes gemeinsam durch den Juli 1914 abgeschnitten worden ist, die Ebenbürtigkeit Deutschlands mit England zu begründen begonnen hatte. Aber eine Reichsleitung, die noch nicht weltpolitisch zu denken verstand, setzte in einem schwachen Augenblick alles aufs Spiel, als die Konstellation die denkbar ungünstigste war.

In den „Erinnerungen" habe ich mein Urteil über den ausgezeichneten Nachfolger des Grafen Metternich, Freiherrn von Marschall, niedergelegt, dem der Tod nur ein so kurzes Wirken als Botschafter in London gegönnt hat. Vor seiner Abreise nach London suchte der Botschafter mich auf.

Notizen über die Unterredungen mit Freiherrn von Marschall
am 15. und 16. Juni 1912.

Marschall machte dem Kaiser gegenüber einen erheblichen Vorstoß gegen Kiderlen, indem er sagte, die Botschafter wären im vorigen Jahr bei der Marokkokrisis gänzlich unorientiert gewesen. Grey hätte Anfang Juli[1] direkt die Frage gestellt, ob wir etwas in Agadir wollten, denn seitens Englands sei man dort interessiert (oder engagiert). Wenn ein fremder Minister des Auswärtigen das einem Botschafter sagt, dann mußten die Engländer Verdacht schöpfen und in hohem Maße indigniert sein, wenn sie drei Wochen lang ohne Antwort blieben. Diese Methode des Nichtorientiertseins werde sich auch nicht ändern. Seine Majestät sagte darauf, das wäre richtig; Schoen[2] habe sich an den hiesigen serbischen Gesandten, einen alten Freund gewandt, und ihn gebeten, ihn doch zu orientieren über das, was man in der Wilhelmstraße beabsichtige. Er würde dem Reichskanzler in Kiel sagen, daß die Botschafter besser orientiert werden müßten. — Seine Majestät verstand offenbar den scharfen Angriff gegen Kiderlen nicht.

Ich fügte hinzu, daß mir Metternich gesagt hätte, er hätte bis Ende Juli nicht gewußt, daß wir in Marokko nichts wollten.

Der Botschafter äußerte sich dann weiter sehr zuversichtlich, er erwarte, daß wir zu normalen Verhältnissen zu England zurückkommen würden.

Bei dem Gespräch mit mir am Tage darauf war er durchaus liebenswürdig und entgegenkommend. Wenn er auch gewiß nicht alles sagte, was er dachte, habe ich doch den Eindruck gehabt, daß das, was er sagte, seiner Überzeugung

---

1) Nach den Angaben des Auswärtigen Amtes allerdings erst am 21. Juli.
2) Botschafter in Paris.

entspräche — im Gegensatz zu den anderen Diplomaten. Ich habe ihm erklärt: das Prinzip des Hauptflottengesetzes (1900) und die Umdrehung, die die Engländer mit der Stelle des „preamble" vornähmen,[1] ferner, daß die beiden anderen Flottengesetze 1906 und 1908 nur Folgeforderungen von Nicht= bewilligungen 1900 wären, ich habe dies näher ausgeführt. Flottengesetz 1912 ginge über das alte Flottengesetz materiell hinaus, ohne daß im Prinzip unser Vorgehen geändert würde. Ich führte weiter aus, daß im vorigen Herbst starke nationale Volksstimmung bei uns gewesen wäre, die m. E. rationellen Abfluß erfordert hätte. Deutsches Volk glaubte, ob mit Recht oder Unrecht sei dahin= gestellt, daß wir an Prestige verloren hätten; Ausland m. E. dasselbe, nach Äußerungen der ganzen amerikanischen und übrigen Weltpresse. Überall Auf= fassung: „England stopped you." Dieser Tatsache mußte eine andere Tat= sache gegenangesetzt werden. Krieg nicht richtig, blieb nur Wehrvorlage. Auf= fassung in der Wilhelmstraße, daß nationale Bewegung in Deutschland durch künstliche Mittel hervorgerufen, unrichtig.

Der Botschafter bestätigte letzteres lebhaft. Jeder Bauer und jeder Tage= löhner wären im Zorn gegen England gewesen, weil sie England kein Recht zu= sprächen, sich in unsere Verhandlungen mit Frankreich zu mischen. Es sei richtig, daß starke Volksbewegung hätte ausgenutzt werden müssen. Er habe das auch Reichskanzler im vorigen Herbst vergebens gesagt. — Ich hatte im ganzen den Eindruck, daß er mit Reichskanzlerpolitik wenig einverstanden gewesen wäre. Ich: Wir wären bei Wehrvorlage im vorigen Herbst, die durchaus an= gängig war, zu anderen Wahlen gekommen, der Block Bebel—Bassermann wäre gesprengt worden. Dann die Vorgänge im Winter meinerseits gestreift. Inhalt Gespräch Haldanes etwas eingehender besprochen. Verstärkte Forde= rungen der Engländer, weil sie den Eindruck eines Empressements unsererseits bekommen hätten. Letzte Forderung bez. Reichskanzler=bleiben=Bethmanns meinerseits nur angedeutet[2]. Botschafter hierüber nicht orientiert, meint, „sie haben wohl verlangt, daß Sie fortgehen?" Ich sagte, nein, es wären auch andere Personalfragen dabei berührt worden.

Botschafter äußerte sich abfällig, daß wir überhaupt über Rüstungs= fragen und koloniale Abtretungen an uns in Verhandlungen mit England ein= getreten seien. England gönnte uns nichts, würde uns auch nichts geben. Habe 1898 portugiesische Kolonien mit uns geteilt, 1899 Portugiesen ihren Kolonial= besitz garantiert, jetzt dito, Zanzibar keinen Wert, höchstens Affektionswert. —

---

1) *Aus der im Vorwort des Flottengesetzes erwähnten Notwendigkeit deutscher Ver= teidigungskraft auch gegen den stärksten Gegner hatte die englische Flottenpropaganda unsere Angriffsabsicht konstruiert.*
2) *Vgl. oben S. 328 f.*

Die Tatsache des vorstehend aufgezeichneten Gesprächs scheint im Aus=
wärtigen Amt eine gewisse Aufregung hervorgerufen zu haben. Wenigstens
äußerte der damalige Botschafter in Rom, der spätere Staatssekretär des
Auswärtigen Herr von Jagow, im Juli 1912 zu unserem dortigen Marine=
attaché: „Marschall hat nun leider von Tirpitz seine Instruktionen für London
mitbekommen. Das sind doch unhaltbare Zustände im Deutschen Reich!"
Dagegen ließ ich am 28. Juni Marschall durch den Marineattaché wissen, daß
er erforderlichenfalls auf meine Unterstützung rechnen könne. Diese Stimmung
schien gegenseitig zu sein; am 7. Juli schrieb der Marineattaché an einen
Herrn im Reichsmarineamt:

Ich habe das Gefühl, als ob M a r s c h a l l der Mann ist, den wir hier brauchen.
Bei verschiedenen Gelegenheiten, wenn er zu mir über die deutsch=englischen Beziehungen
sprach, glaubte ich den Staatssekretär selbst reden zu hören. Ich kann mir nicht denken,
daß dies mir gegenüber Pose ist. Über Metternich sagte er mir gestern: „Ich verstehe
überhaupt nicht, was mein Vorgänger hier getan und wie er den ganz falschen Stand=
punkt gegen eine energische Marinepolitik hat einnehmen können. Ich stimme völlig
mit Ihrem Staatssekretär über die Notwendigkeit einer starken Flotte gerade England
gegenüber überein." — Ich hoffe, daß die Zeit, in der man uns die Butter vom Brote
ohne Einspruch unseres Botschafters wegnehmen konnte, unter Marschall zu Ende ist.

Die große Mehrzahl der in diesem Werk veröffentlichten Äußerungen
unsrer Londoner Attachés sind nicht Berichte im technischen Sinn des Wortes,
sondern private Briefe an einen Herrn im Zentralbureau des Reichsmarine=
amts, zu dessen und zu meiner persönlichen Information. Die o f f i z i e l l e n
B e r i c h t e des Attachés dagegen gingen über den Botschafter an Auswärtiges
Amt, Reichskanzler, Kaiser und Reichsmarineamt; diese Berichte unterlagen
aber der Zensur des Botschafters, der nur passieren zu lassen brauchte, was
seiner eigenen Ansicht entsprach. Diese offiziellen Berichte gaben also nur selten
die vollständige Meinung ihres Verfassers so wieder, wie der nachstehend
veröffentlichte, der unter besonders günstigen Umständen verfaßt wurde.

Schlußbericht des Marineattachés in London, Kapitän Widenmann, vor seiner
Ablösung.

London, 28. Juli 1912.

Als das erste deutsche Flottengesetz des Jahres 1898 geschaffen wurde, betrachtete
jedermann in England die deutsche Flotte noch als eine quantité négligeable.

Einige Jahre darauf, und vollends als der dem F l o t t e n g e s e t z von 1900 zu=
grunde liegende Risikogedanke in England zu wirken anfing, trat der Zeitpunkt ein, wo
in der Presse und in öffentlichen Gesprächen die Idee erörtert wurde, ob man richtiger
der deutschen Flottenpolitik Halt gebieten und im Weigerungsfalle die deutsche Flotte
vernichten solle, ehe sie zu stark werde. Arthur Lee durfte sogar als Zivillord der Admi=
ralty so weit gehen, diesen Gedanken als Vertreter der konservativen Regierung im

House of Commons auszuſprechen. Die deutſche Flotte war noch nicht ſtark genug, daß man damals dieſen engliſchen Affront hätte mit dem nötigen Nachdruck in die Schran=
ken weiſen können.

Als in den Schlachten vor Port Arthur und bei Tſuſchima die materiell kleinere, aber moraliſch höher ſtehende japaniſche Flotte die ruſſiſche Seemacht von den Meeren weggefegt hatte, fing man an in England nachdenklich zu werden, und von einem Ulti=
matum gegen Deutſchland hörte man, wenigſtens öffentlich, nichts mehr.

Man hoffte zwar noch durch den Dreadnoughtbluff dem deutſchen Volke begreiflich machen zu können, daß ſeine Flottenpolitik vergeblich ſein werde. Aber obwohl Campbell Bannerman noch von dem deutſchen Flottengeſetz als einem paper programme ſprach, hatten ſeine zur zweiten Haager Konferenz abgeſandten Delegierten den Auftrag, für den Gedanken der limitation of armaments zu werben. Zum Heile Deutſchlands fanden die liberalen Lockungen keine Gegenliebe.

Militäriſch hatte inzwiſchen die deutſche Flotte die Wirkung gehabt, die Fiſherſche Neubislokation nötig zu machen, aus der hervorging, daß man in dieſer jungen Flotte nicht mehr die quantité négligeable erblickte, ſondern den Machtfaktor zu empfinden begann, der möglicherweiſe Englands unbeſtrittene Seeherrſchaft ſchon im Frieden in Frage ſtellen könnte.

Die militäriſche Friedenswirkung der deutſchen Flotte trat durch die No=
vellen 1906 und 1908 noch deutlicher zutage . . .

In England ſtieg die Nervoſität, um nicht zu ſagen Angſt vor der deutſchen Flotte ſo ſehr, daß der übrigen Welt im Frühjahr 1909 ſeitens der engliſchen Nation ein Schauſpiel geboten wurde unwürdig der ſtolzen Traditionen dieſer erſten Seemacht. Durch das „Scare=Programm" wurden in einem Jahre allein acht Capital Ships bewilligt. [1]

Fragt man ſich, ob dieſe Angſt berechtigt war, ſo muß man ſagen: militäriſch zweifellos nicht, denn die materielle Überlegenheit der engliſchen Flotte war ſo gewaltig, daß ſie damals die deutſche Flotte hätte jederzeit erdrücken können. Was fürchtete man aber in England? Den Geiſt, der in der Flotte lebte, und vor allem die unweigerliche Logik des Geſetzes, das dieſe Flotte ſchon ſoweit geſchaffen hatte und das befürch=
ten ließ, daß dieſe Flotte bis zum letzten Buchſtaben des Geſetzes werde gebaut werden.

Schon während des Scares mochte man in England beginnen einzuſehen, daß man auf dieſem Wege zwar an Preſtige einbüßen müſſe, aber die deutſche Flotte nicht beſeitigen könne. Sir Edward Grey holte daher den Gedanken der „Limitation of Ar=
maments" wieder hervor, indem er von einem Flottenagreement zu ſprechen begann, um mit dieſem Mittel zu arbeiten, ehe es zu ſpät ſein würde, d. h. ehe das Jahr 1912 erſcheine.

Vor dieſem Jahre hatten die engliſchen Staatsmänner inſofern eine inſtinktive Angſt, als ſie argwöhnten, in ihm könne eine neue deutſche Flottennovelle gebracht werden. Der nach dem Bauplan (1908) abzuſehende Übergang vom Vierer=
auf das Zweiertempo im Jahre 1912 hatte ihnen dieſen Argwohn nahegelegt. Bei den Kennern des deutſchen Flottengeſetzes in der Admiralty fing es gleichzeitig an zu däm=
mern, daß das Flottengeſetz durch den Bauplan 1908 eine Achillesferſe oder, wie ſie es nannten, ein „Loch" erhalten habe. Auf den Abfall zum Zweiertempo im Jahre 1912 gründete ſich daher der engliſche Plan, ein Bauverhältnis dreier engliſcher zu zwei deut=

---

1) Eine Maßregel, die wohl e i n m a l getroffen werden konnte, die ſich aber bei den ſchnell wachſenden Koſten der Großkampfſchiffe auf keinen Fall öfters wiederholen ließ.

schen Capital Ships anzustreben. Die Admiralty wußte, daß das Zweiertempo im Verein mit zwanzigjähriger Lebensdauer das Flottengesetz verkrüppeln mußte.

Sir Edward Grey deutete daher in seiner großen Rede vom 13. März 1911 öffentlich an, daß das Verhältnis 3 : 2 der liberalen Regierung annehmbar sei und daß es der Sonderstellung Englands Rechnung trage. Er wollte offenbar damit auf die damalige friedliche Stimmung in Deutschland wirken, wo man anfing, seit dem Tode des Königs Edward die von England drohende Gefahr geringer zu bewerten.

Eins war in England aber bisher verkannt oder richtiger nicht erkannt worden, daß nämlich trotz gesteigerter Friedensliebe in Deutschland der Wille nach einer Weltstellung Nationaleigentum geworden, und daß die Erkenntnis bei derselben deutschen Nation festgewurzelt ist, daß Weltstellung ohne Flotte ein Unding ist.

Diese Erkenntnis sollte England durch die Marokkokrise des Vorjahres jäh erhalten. Die Verhandlungen um die Wehrvorlage und die englischen Ouvertüren, die darauf abzielten, die Flottennovelle möglicherweise noch zu verhindern, sind bekannt. Glücklicherweise haben auch bei dieser Gelegenheit wieder die englischen Lockungen keine Gegenliebe gefunden.

Die großen Debatten im englischen Unterhause vom 10., 22., 24. und 25. Juli haben den Beweis erbracht, daß die deutsche Flottenpolitik die richtige war, indem das offizielle England sich mit ihr von neuem und ausdrücklich abgefunden hat.

England beginnt den nationalen Willen Deutschlands zu würdigen.

Es ist lange her, daß Sir Edward Grey oder ein anderer englischer Staatsmann von den deutsch-englischen Beziehungen als „excellent" gesprochen hat, wie jetzt (Off. Rep. 10. Juli, S. 1985).

In seiner Rede vom gleichen Tage betont Sir Edward Grey: „foreign policy and naval strategy do and must depend on each other."* Wenn dies für England gilt, wird Deutschland das gleiche Recht auch für sich in Anspruch nehmen können und hat es durch Festhalten an seiner Flottenpolitik bereits getan.

Churchill, der schon zu verschiedenen Malen seine Bewunderung für die Logik der deutschen Flottenpolitik bekundet hat, hat dem neuesten Schritt dieser Politik dadurch die größte Anerkennung gezollt, daß er die Novelle persönlich am 22. Juli im House of Commons interpretiert hat. Daß er bei der Gelegenheit seiner früheren vor Durchbringung der Novelle beliebten Einschüchterungspolitik untreu wird und die Entlastung der Nordsee zwecks Neubesetzung des Mittelmeers ankündet, ist bekannt (Bericht 432/1912). Es liegt hierin eine stillschweigende, aber darum um so deutlichere Abfindung mit dem Unabänderlichen des deutschen Flottenbaues.

Die politische Wirkung der Novelle ist bereits eingetreten, obwohl die militärische naturgemäß erst mit der Entwicklung des dritten Geschwaders und der dazugehörigen Kreuzerverbände erwartet werden kann.

Während Asquith in seiner Rede vom 25. Juli nochmals die Erklärungen Sir Edward Greys über das neuerliche gute Verhältnis zu Deutschland unterstrich, — wie von einigen Seiten behauptet wird, zum Teil, um den Eindruck der Churchillschen Rede vom Tage vorher zu verwischen, — und während seine Äußerungen den Glauben erwecken könnten, als ob der gute Wille Englands allein an diesem Wechsel Schuld trage, weist Bonar Law auf den wahren Grund hin. „We have the command of

---

*) Auswärtige Politik und Seestrategie sind in der Tat und notwendig voneinander abhängig.

no sea in the world except the North sea at this moment."* Er vergleicht Englands Stellung mit der des Römischen Reiches, als es seine Legionen zurückrief, um Rom zu schützen. Wenn dies auch eine auf Parteirücksichten aufgebaute Übertreibung ist, so spricht doch aus ihr die Wirkung der deutschen Flottenpolitik. Und während Sir Edward Grey im Verlaufe derselben Debatte den Absatz aus der Begründung des Flottengesetzes 1900 über den Risikogedanken wörtlich zitiert, wiederholt er die bereits früher von ihm ausgesprochene Ansicht, daß die deutsche Flotte nicht aggressiv ist, daß sie vielmehr von Deutschland als Zeichen seiner Macht gewollt sei.

Das Machtmittel im Frieden ist die deutsche Flotte schon heute, sie wird es solange bleiben, als man ihr nicht ihre Wurzel nehmen wird, nämlich das Flottengesetz in seiner jetzigen Form.

Augenblicklich hat England eingesehen, daß die deutsche Nation nicht gewillt ist, ein Rütteln an diesem Gesetze zu erlauben. Es sieht sich daher nach anderen Mitteln um, um seine Position zu verbessern. Ebenso wie in dem Scare-Jahre 1909 die Kolonien einsprangen, so scheint man jetzt von Kanada eine gleiche Rolle zu erwarten. Welche materielle Form die kanadische Hilfe einnehmen wird, kann man heute noch nicht sagen, da die kanadischen Minister schweigen. Jedenfalls wird England aber einen Preis zahlen müssen. Denn während die Kolonien noch im Jahre 1911 von der Imperial Conference abzogen, ohne eine Stimme in Reichsfragen erhalten zu haben, wetteifern jetzt die englischen Redner aller Parteien und aller Schattierungen darin, die Notwendigkeit der Mitbestimmung seitens der Kolonien zu betonen.

Wie weit und vor allem wie lange Zeit ein auf dieser Mitbestimmung basiertes militärisches Zusammengehen der Kolonien mit dem Mutterlande möglich sein wird, ist heute nicht zu entscheiden. Die Geschichte lehrt jedoch, daß Tochtervölker, die sich selbst schützen können, auch eigene Machtpolitik treiben, vor allem, wenn die eigenen Interessen mit denen des Mutterlandes nicht mehr parallel laufen. Die Unterstützung der Gründung und Entwicklung von Kolonialmarinen, die zwar zunächst einen scheinbaren Machtzuwachs für England bringen mögen, wird daher auf die Dauer nicht verhüten können, daß England schließlich doch wieder auf sich allein angewiesen sein wird.

Die Rivalität zwischen England und Deutschland wird daher letzten Endes immer wieder durch die Kraft dieser beiden Völker und ihren Willen zur Macht allein bestimmt werden. Und da es in der Natur der Dinge liegt, daß England gegenüber nur der Staat mitreden kann, der Seegeltung besitzt, so muß für Deutschland der Greysche Grundsatz von dem engen Zusammenhang der Politik und Strategie notwendig auf Vermehrung der Seegeltung hinführen. Erst wenn die Richtigkeit des Gedankens, daß die Flotte im Frieden und Kriege das einzige Machtmittel gegenüber England ist, von allen Teilen der deutschen Nation nicht nur im Affekt, sondern dauernd und bewußt als richtig erkannt ist, erst dann wird Deutschland seine Stellung England gegenüber dauernd behaupten können. Es wird Deutschland um so leichter werden, dies Ziel zu erreichen, je entschlossener es auf dem Wege gesetzmäßig festgelegter Flottenpolitik weitergeführt wird.

---

*) Wir haben augenblicklich in keinem Weltmeer die Herrschaft, abgesehen von der Nordsee.

Ich hatte Kapitän Widenmann ersucht, nach seiner Ablösung mich in St. Blasien aufzusuchen. Von dort reiste er zur Meldung bei Seiner Majestät und schrieb mir am 6. August von Bord S. M. S. „Hohenzollern":

1. Dem in St. Blasien erhaltenen Auftrage gemäß hatte ich in Berlin mit dem Vizeadmiral von Capelle über die Frage gesprochen, ob es dienlich erscheine, Seiner Majestät gegenüber über die mit dem Reichskanzler schwebenden Differenzpunkte Andeutungen zu machen. Admiral von Capelle war der Ansicht, daß es richtiger sei, diese Fragen zu vertagen. Er wollte Euerer Exzellenz seine Gesichtspunkte durch den Kapitän von Müller melden lassen. Ich habe daher keinen Versuch gemacht, diese Punkte in dem Gespräche mit Seiner Majestät zu berühren.

2. Gelegentlich meiner Abmeldung äußerte Seine Majestät, daß er fest entschlossen sei, an der von ihm inaugurierten und im vergangenen Winter trotz englischer Machinationen fortgeführten Flottenpolitik festzuhalten. Seine Majestät sagte, daß er auf Grund meines Schlußberichtes und der zustimmenden Stellungnahme Herrn von Marschalls überzeugt sei, daß man sich in England mit unserer Novelle wohl oder übel abgefunden habe, und daß man aus der politischen Haltung Englands herausfühlen könne, daß die Rücksichtnahme auf Deutschland zunähme.

Bei dieser Gelegenheit kam ich überhaupt nicht dazu, eine Meinung zu äußern, da Seine Majestät zu einem Vortrag über den Neubau der Jacht abberufen wurde.

3. Nach der Abendtafel zog Seine Majestät mich in Gegenwart des Reichskanzlers in ein Gespräch, indem er sagte: „Nun erzählen Sie mal dem Reichskanzler, wie Sie die Situation jetzt ansehen."

Ich hielt mich im großen und ganzen an die in meinem Schlußbericht niedergelegten Gedanken, indem ich besonders darauf hinwies, daß Churchill in seiner Rede vom 22. Juli den Mund zwar reichlich vollgenommen, aber durch die Ankündigung der Mittelmeerbesetzung bewiesen habe, daß seine Handlungen mit seinen zum Teil drohend klingenden Worten nicht schritthalten könnten. Daß vielmehr er sich ebenso wie das übrige offizielle England mit dem Flottenbau Deutschlands immer mehr abfinde.

Der Reichskanzler hatte offenbar das Bestreben das Gespräch abzulenken und verbreitete sich in längerer Rede über Churchills persönliche Stellung im Kabinett, sowie über seine Charaktereigenschaften.

Ich versuchte das Gespräch dadurch wieder auf die deutsch-englischen Flottenbeziehungen zu bringen, daß ich darauf hinwies, wie alle englischen Kabinettsmitglieder es verstanden hätten, Churchill von Marschall fernzuhalten. Und daß letzterer, wie er mir selbst gesagt, sowohl dem König wie Asquith und Sir Edward Grey gegenüber betont habe, daß Reden wie die Churchillsche nur dazu beitragen würden, in Deutschland wiederum Argwohn und Erbitterung gegen England zu säen.

Wiederum versuchte der Reichskanzler durch eine längere Ausführung über Churchills politische Unstetigkeit von dem Gegenstande auf die Person abzulenken.

Nur indem ich die Überzeugung aussprach, daß Marschall sich dem Ränkespiel Churchills gewachsen zeigen und sich nicht von ihm verleiten lassen werde, über Flottenabkommen zu verhandeln, konnte ich das Gespräch wieder auf den Kern der Frage zurückbringen. Ich betonte, daß seitens Churchills insofern Gefahr drohe, als er am offensten über den Wert des Flottengesetzes spreche, wodurch in mir wiederum der Eindruck bestärkt werde, daß er nur darauf sinne, dieses Gesetz auf irgendeine Weise auch jetzt noch zu beseitigen. Diese seitens des offiziellen Englands drohende Gefahr sei durch

die gesamte Amtstätigkeit des Grafen Metternich gesteigert worden und werde
wiederum eintreten, sobald in Deutschland, durch englische Vorspiegelungen verursacht,
der in dem Flottengesetze liegende friedliche Machtfaktor jemals auf seinen wahren Wert
hin verkannt werden könne. Solange Herr von Marschall jedoch an seiner mir gegen=
über häufig betonten Absicht festhalten werde, die Flotte als Handelsobjekt aus den
Verhandlungen mit England ganz auszuschalten, solange werde die Gefahr nicht ein=
treten, daß dieser einzige Machtfaktor, den wir England gegenüber hätten, verkümmere.

Hier griff Seine Majestät in das Gespräch ein, indem er erklärte, er
werde es niemals dulden, daß von irgendeiner Seite mit dem Gedanken gear=
beitet werde, die deutsche Flottenpolitik zu ändern. Es sei sein fester Entschluß,
sein Lebenswerk, „die Flotte auszubauen", zu Ende zu führen, und er danke
allen denen für die Hilfe, die gerade im letzten Winter geleistet worden sei,
um die Novelle durchzuführen.

Hiermit war das Gespräch zu Ende.

4. Ich habe den Eindruck gewonnen, als ob Seine Majestät augenblicklich
fester wie je entschlossen ist, seine Flottenpolitik weiterzuführen, ebenso wie
ich befürchte, daß seitens des Reichskanzlers der Versuch fortgesetzt werden
wird, immer wieder auf die Gefahren hinzuweisen, die auf dieser Bahn seitens
Englands drohen. Ob es dem Reichskanzler jemals gelingen wird, seiner An=
sicht, daß es ratsamer ist, nachzugeben, Übergewicht zu verschaffen, kann ich
nicht entscheiden.

5. Ich war erstaunt, von dem Gesandten von Treutler, der als Vertreter des
Auswärtigen Amts an Bord war, unaufgefordert zu hören, daß er den Reichsmarine=
amts=Standpunkt teile und sich freue, daß Marschall mit der Metternichschen Po=
litik gebrochen habe, soweit die Flotte England gegenüber in Frage komme.

Nach dem baldigen Tod des Freiherrn von Marschall (24. September 1912
schrieb der neue Marineattaché, Korvettenkapitän E. von Müller:

Unsere Diplomaten sind eifrig am Werke, ich meine damit natürlich nur Kühl=
mann (alles andere hier ist null). Kühlmanns Kolonialabkommen ist in ge=
nauer Formulierung mit Kolonialamt und Foreign Office hier abgeschlossen; es fehlt
nur die Entscheidung aus Berlin, daß es angenommen wird. Es sieht eine Einigung in
der afrikanisch=portugiesischen Kolonialzone vor und würde uns den erstrebten Quer=
riegel durch Afrika via Kongostaat und Portugiesisch=Westafrika näherrücken. Die eng=
lische Regierung (die den Entwurf im Ministerrat besprochen hat, auch die Opposition,
Landsdowne, war dabei) ist sehr für das Abkommen, der Kolonialsekretär Harcourt ist
ein Förderer des Gedankens, so daß voraussichtlich früher oder später etwas aus der
Sache wird. Ich werde Kühlmann, der mir gegenüber anscheinend durch Offenheit gu=
ten Eindruck machen will, nochmals näher ausnehmen — er redet gern, besonders über
dieses sein Steckenpferd — und dann Genaueres schreiben. Denn erfahrungsgemäß
setzt, wenn die Tintendiplomaten etwas erreichen wollen, die Konzessionsmacherei ein,
und da umsonst England niemand etwas gibt — selbst nicht etwas, was es selber nicht

besitzt — wird man auf der Hut sein müssen, daß keine Bedingungen gestellt und
von unseren Diplomaten vertreten werden, die wir — die kaiserliche Marine — nicht
akzeptieren können. Ohne Zweifel ist die Neigung zu Konzessionen auf dem Gebiet der
Flotte noch heute in diplomatischen Zirkeln ebenso wirksam wie zuvor. — Wenn Sie
erfahren, wer Botschafter wird, schreiben Sie mir bitte. St… wäre m. E. vom Übel:
Ein aufgeblasener Fainéant, dem ich nichts zutraue. Typ eines „Diplomaten" — im
schlechten Sinne, d. h. dem auf unser „Corps diplomatique" leider anzuwendenden.

In seinem Berichte vom 11. Oktober 1912 verbreitet sich der Marine=
attaché über englische Innenpolitik und die Schwierigkeiten der liberalen
Regierung und fährt dann fort:

…Kühlmann ist über den Tod Marschalls und die Unergiebigkeit seiner vorgesetz=
ten Zentralbehörde sehr unglücklich. Er hatte von Marschall gehofft, daß er die Ver=
handlungen über eine Einigung in der afrikanischen Kolonialfrage aufnehmen und sie
zum Abschluß bringen werde. Zu dieser Hoffnung berechtigten ihn nach seiner eigenen
Aussage die Geneigtheit der englischen Regierung und des englischen Kolonialamtes,
mit denen er die ganze Sache bis ins Detail besprochen hat. Er hält den jetzigen
Augenblick für unwiederbringlich günstig …

Der Balkankrieg brachte bald eine unausweichliche Gelegenheit, die
Besserung unseres Verhältnisses zu England auf die Probe zu stellen. Die Reihe
der damaligen Berichte gibt ein gutes Stimmungsbild dieser Entwicklung.

Der Marineattaché in London für das Reichsmarineamt.

15. Oktober 1912.

Wie ich soeben höre, beabsichtigt die Regierung, das Mittelmeer stärker
zu besetzen. Sir Edward Grey hatte gestern eine lange Konferenz mit dem
Premierminister, danach war Churchill zweimal kurz hintereinander bei As=
quith. Churchill wollte einen starken Verband vorübergehend ins Mittelmeer
detachieren. Das Foreign Office hat sich dem widersetzt und wünscht nur eine
Verstärkung durch einzelne Schiffe, die sich einzeln (einschließlich der schon
im Mittelmeer vorhandenen) an verschiedenen Orten zeigen sollen, damit eine
Beunruhigung vermieden werde. Das Foreign Office wird, wie ich höre, diese
Absicht durchsetzen, der Churchillsche Vorschlag soll nicht zur Ausführung
kommen.

Zum „Marconiskandal" erfuhr ich gestern aus guter Quelle, daß voraussicht=
lich alle Anschuldigungen, die gegen Mitglieder der Regierung (Sir R. Isaacs und
Samuel) erhoben worden sind, von dem „Select Committee" als unbegründet befunden
werden dürften. Trotzdem sei es nicht zweifelhaft, daß unsaubere Transaktionen statt=
gefunden hätten, und daß sowohl der Attorney=General Isaacs, wie der Postmaster=
General Samuel (die Namen sind „schon faul"!) Aktien haben oder gehabt haben —
natürlich nicht auf ihren Namen lautende. Nach dem Abkommen mit der Marconi=

Company ſollen pro Funkentelegraphenſtation 63 000 £ (zirka 1 300 000 Mark) als Preis feſtgeſetzt worden ſein, während ein Angebot von einer anderen Firma für 23 000 £ (zirka 500 000 Mark) vorgelegen habe.

Schließlich habe ich noch gehört, daß die engliſche Regierung nicht die Abſicht habe, bei Gelegenheit der Balkanwirren dauernd oder vorübergehend einen Platz des öſtlichen Mittelmeeres oder im Archipel (Sudabay) zu beſetzen — daß das Foreign Office vielmehr dieſen ihm untergeſchobenen Plan weit von ſich weiſe.

Derſelbe für dasſelbe.

London, 18. Oktober 1912.

... So wie ſich die Verhältniſſe hier darſtellen, iſt England nicht der Urheber des Balkankonfliktes; der Kriegsausbruch kam hier vielmehr zu ungelegener Zeit. Die Ententegenoſſen ſind beide gegenwärtig mit England nicht zufrieden — Frankreich wegen des Rückhaltes, den Spanien in der Marokkofrage bei England findet — Rußland wegen der tauben Ohren, auf die Saſonow bei ſeinem Beſuch hier geſtoßen iſt. Er hat, wie ich aus guter Quelle höre, über Dardanellen, Perſien und China ſprechen wollen und iſt zu nichts gekommen. Auch äußerlich iſt ſein Beſuch merklich kühl verlaufen — keine Einladung, Empfang durch einen Unterſtaatsſekretär, Grey „out of town" uſw.

Nachdem Saſonow von Paris abgereiſt war — auf dem Rückwege nach Berlin und Petersburg — ging in Frankreich die bis dahin zurückgehaltene Mißſtimmung über England in die Preſſe über.

Das Ergebnis dieſes Mißtons in der Tripleentente iſt, daß England ſich um eine Verſtändigung — einen Gedanken- und Abſichtenaustausch — mit Deutſch= land bemüht. Die hieſige Botſchaft hält das für eine vorzügliche Gelegenheit, zu beſſeren Beziehungen zu gelangen, zunächſt einmal überhaupt vertrauens= vollere Beziehungen als bisher im offiziellen Verkehr mit dem Foreign Office anzuknüpfen. Kiderlen ſcheint indeſſen keinen Wert auf das Ergreifen dieſer Gelegenheit zu legen und mehr zum Zuſammengehen mit Frankreich zu neigen. (Leitartikel von Reventlow, Deutſche Tageszeitung vom 15. d. M. iſt von Kiderlen „angeregt".) Das würde die Kombination:

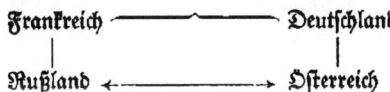

Frankreich ——————— Deutſchland

Rußland ←——————→ Öſterreich

ergeben, in der es Aufgabe der unter ſich einigen Mächte Frankreich und Deutſch= land wäre, ihre beiden Bundesgenoſſen, deren Intereſſen aneinandergeraten können, ruhig zu halten. [1] Englands Gewicht fällt wegen ſeines Gegenſatzes zu Rußland gegenwärtig auf unſere Seite.

---

1) *Die Rechnung iſt ohne Poincaré gemacht.*

Zur Stellung Kiderlens ist noch zu sagen, daß er mit französischen und Balkanfragen vertraut sein, allem Englischen aber fremd gegenüberstehen soll.

Das Anerbieten Englands (Greys) zum Absichtenaustausch ist ungefragt und aus eigenem Antrieb vertraulich gemacht worden — ebenso ist ungefragt die vertrauliche Mitteilung gemacht worden, daß England am Kriegsausbruch unbeteiligt sei und daß die Lokalisierung des Brandes seinen Wünschen entspreche. Ich bitte diese Mitteilung, die mir unter dem Siegel strengster Diskretion gemacht wurde, diskret zu behandeln.

Die Absicht Englands, sich in den Besitz Kretas zu setzen, die der englische Botschafter in Wien ausgesprochen haben soll, liegt sicherlich vor — daher die Bitterkeit der Griechen gegen England (der König der Hellenen hat sich einem Londoner Deutschen gegenüber gehen lassen) — die Griechen haben Kreta für sich erhofft. Die Gelegenheit, jetzt einen solchen Schritt zu tun, ist England aber unerwünscht, weil es dann kein Recht und keinen Grund mehr hätte, sich ähnlichen Plänen anderer Staaten (Rußland Dardanellenöffnung — Österreich Valona) zu widersetzen. Wenn Rußland früher oder später die Dardanellenöffnung erreicht, wird England Kreta ohne Zweifel besetzen.

Von Kriegsvorbereitung ist aus Presse und Unterhaltungen nichts zu bemerken. Ich höre nur, daß in der Admiralität mehr gearbeitet werde als sonst.

Die erste Verstärkung des Mittelmeergeschwaders, die gegen das bisherige Programm ist, besteht im Ausreisen des „Warrior" anfangs November mit „Inflexible" zusammen.

Besuch in Portsmouth. Werften oder Schiffe habe ich nicht gesehen, auch nicht versucht zu sehen. Ich verfahre darin ganz nach Widenmanns Vorgang.

Am 30. Oktober will ich nach Sheffield fahren; auch dies ist eine private Einladung, die ich angenommen habe, weil ich vielleicht privatim etwas zu sehen bekomme, außerdem weil Churchill als Hauptgast dort sein wird.

Neuer Botschafter (Fürst Lichnowsky). Die englische Presse äußert sich günstig, auch über seine Publizistik. Wie sich seine Auffassung der Flottenfrage in praxi gestaltet, wird man abwarten müssen. Umsonst wird England sich nicht auf freundschaftliche Verhandlungen einlassen und die Aussicht, der Verwirklicher eines kolonialen Abkommens mit England zu werden, durch das „die deutsche Politik endlich einen tatsächlichen Erfolg erzielt", macht unsere Diplomaten stets zu Konzessionen auf anderem Gebiet, insbesondere in Flottenfragen, geneigt.

Wie mir Kühlmann erzählte, ist das Kolonialabkommen Punkt für Punkt formuliert. Es mangelt nur der Entschluß zum Zugreifen, für den nach Kühlmanns Ansicht, ebenso wie für die Anbahnung eines freundlicheren Verhältnisses durch Absichtenaustausch in der Balkanfrage, jetzt der gegebene Augenblick ist.

Die Situation auf dem Balkan stellt, wie schon oben ausgesprochen (und wie mir Kühlmann bestätigt), die in der Orientpolitik sehr empfindliche Triple=entente auf eine fatale Probe, die, wenn es erst zu den Friedensverhandlungen und zur „Liquidation" kommt, noch verschärft wird. Deshalb bemühen sich so=wohl Frankreich wie England um einen Gedankenaustausch mit Deutschland, dem dritten mehr oder minder Unbeteiligten. Kühlmann, b. h. die Botschaft London, propagiert beim Auswärtigen Amt heftig und dringend die Verständi=gung mit E n g l a n d und konstatiert mit Bedauern die Neigung des Auswärtigen Amtes nach der französischen Seite. Sollte das Auswärtige Amt so vorsichtig sein, sein Blatt überhaupt nicht aufzudecken, so würde das m. E. bis zum Augenblick des Handelns das günstigste sein. Kühlmann widersprach dieser meiner in der Unterhaltung gemachten Bemerkung mit der Begründung, daß durch Zögern und Abwarten die Aufrichtigkeit unseres guten Willens zu freundlicherem Verkehr im englischen Urteil angezweifelt werden könne. Die Flottenfrage ist bei diesen Besprechungen, wie mir Kühlmann versichert, nicht berührt worden.

Notiz über meine Besprechung mit Fürst Lichnowsky am 25. Oktober 1912.

Ich hatte den Eindruck, daß Fürst Lichnowsky selbst das Gefühl gehabt hat, daß die Interviews[1] nicht zweckmäßig gewesen seien und daß es richtiger wäre, daß die Marine überhaupt nicht erwähnt würde.

Mit Kiderlen war er nicht zufrieden, mit Reichskanzler stände er sich sehr gut. Er bedauerte, daß ich mit Kiderlen nicht mehr zusammen arbeitete. Ich sagte ihm, an mir läge es nicht, Kiderlen habe sich von vornherein gänzlich ab=lehnend verhalten, ihm (Fürst Lichnowsky) ginge es ja jetzt ebenso. Auf meine Bemerkung, daß ich als Botschafter die Drohung, daß wir evtl. mehr bauen würden, nicht aus der Hand geben würde, hat er nichts gesagt. Er sagte nur, vorläufig wäre ja keine Novelle beabsichtigt, und was später würde, könne man der Zukunft überlassen. Im übrigen anerkannte er, daß die Verstärkung der Flotte doch ein großer politischer Machtfaktor sei.

Auf seine Frage nach dem Marineattaché, Korv.=Kapt. Erich von Müller, habe ich diesen sehr empfohlen. Er sagte[2], dieser müsse sich bei seiner Berichterstattung auf maritimem Gebiet halten, er dürfe keine politischen Berichte schreiben. Ich erwähnte, daß Metternich politische Geschäfte auf Kosten der Flotte hätte machen wollen. Ein maritimes Agreement müsse ein gegenseitiges sein, Metter=nich habe ein einseitiges im Auge gehabt. Fürst Lichnowsky erkannte das an.

---

1) *Es handelt sich um die Interviews, die Lichnowsky bei Antritt seiner Stellung gegeben und in denen er die Flottenfrage berührt hatte.*
2) *Sicherlich vom Kanzler und dem Auswärtigen Amt darauf hingewiesen.*

Der Marineattaché in London für das Reichsmarineamt.

London, 16. November 1912.

... Rede Churchill (Guildhall, 9. November 1912; Bankett für den neuen Lordmayor, welche Gelegenheit auch der Premierminister zur öffentlichen Stellungnahme zur Balkanlage benutzt hat).

Zweck der Rede ist offenbar, im eigenen Lande das Vertrauen zur Flottenpolitik Churchills zu stärken, das durch die Entblößung des Mittelmeers und jetzt durch seine Wiederbesetzung und die Schwächung der Nordseestellung erschüttert ist — und andererseits Deutschland mit der von früher her bekannten „Offenheit" (die man „auf deutsch" Bluff nennt) zu sagen, daß man, wenn man sich auch schließlich mit dem Flottengesetz abgefunden hat, noch zahlreiche Hilfsquellen und Möglichkeiten hat, um jede Rivalität für Deutschland aussichtslos zu machen . . .

Ich hatte am Tage nach seiner Ankunft eine Unterredung mit dem neuen Botschafter, bei der er mir auseinandersetzte, daß er sich mit dem Staatssekretär sehr eingehend unterhalten habe, daß er „in der Hauptsache" ganz dieselben Ansichten vertrete, wie der Staatssekretär, und daß er persönlich zum Staatssekretär die besten Beziehungen unterhalte. Er bäte mich, nicht wie mein Vorgänger politische Berichte zu schreiben, da er sonst dazu zustimmende oder widersprechende Stellung nehmen müßte. Auf dem „schroffen" Standpunkt seines Vorgängers stehe er nicht. Wenn ich etwas Politisches, die Marine betreffend, berichtet haben wolle, solle ich mich vertrauensvoll an ihn wenden.

Ich habe dem Botschafter meine Ansicht unter Zugrundelegung des Widenmannschen Schlußberichts dahin abgegeben, daß man sich in England „bis auf weiteres" mit unserer Flotte und dem Flottengesetz abgefunden habe, nachdem man erkannt habe, daß weder durch Bluffs noch durch einseitige Abkommen etwas dagegen zu machen sei und daß es (— dies im Sinne Ihres Briefes) das beste sei, überhaupt nicht über die Marinefrage zu sprechen.

Daß wir uns nicht „blindlings" auf die immerhin fühlbare Entspannung verließen, mag durch meinen Brief an Admiral von Eisendecher vom 25. November 1912 belegt werden.

Sie sagen, wir müssen mit unseren Vettern auf der anderen Seite des Kanals ins reine kommen. In dem Wunsche hierfür stimme ich Ihnen ganz bei, solange aber die Engländer mit dem auf dem Sprunge stehenden Frankreich „verbündet" sind, solange sie sich nicht einmal dazu verstehen, ein Neutralitätsversprechen abzugeben, im Falle, daß wir angegriffen werden, sehe ich keine Aussicht zur Verständigung. Die Allianz mit Frankreich ist die Festlegung ihrer Feindschaft mit Deutschland und wehe uns, wenn wir uns hierüber selbst einen Schleier ziehen. Ich weiß, daß gerade die Orientkrise und der dortige Krieg viele der Knowing men* in England stutzig gemacht hat, aber auf der anderen Seite ist eine starke aktive Partei vorhanden, die den Krieg mit Deutsch= land propagiert, zudem sind die Engländer augenblicklich durch Verträge ge= bunden. Die Engländer tun auch nichts, um unser gerechtes Mißtrauen zu be= seitigen. Wozu mobilisieren sie in diesem Augenblick ihre Flotte, wo wir uns bisher mäuschenstill verhalten haben? Sie zwingen uns schließlich zu Gegen= maßregeln. Auch die Russen rüsten, von den Franzosen nicht zu reden. Alles ist hier sehr ernst gestimmt. Ich selbst habe immer noch die Zuversicht auf Entspan= nung ausgesprochen.

Indes lag die Gefahr eines deutsch=englischen Krieges als Folge der Balkankriege doch nur dann im Gebiet des unmittelbar Möglichen, wenn zwischen Österreich=Ungarn und Serbien Unheilbares geschah. Die Lage nahm damals schon die Züge an, welche sie im Juli 1914 gehabt hat.

In dieser Hinsicht scheint mir folgender Bericht des Fürsten Lichnowsky vom 3. Dezember 1912 bezeichnend, den ich mit den Randbemerkungen des Kaisers wiedergebe, der sich, da er von Österreich stark gedrängt wurde, in seinem Wunsch, dem Bundesgenossen zu helfen, durch England heim= tückisch gehemmt glaubte, sich aber bald darein ergeben hat.

Lord Haldane besuchte mich heute, um mit mir die politische Lage zu be= sprechen. Während der längeren Unterredung betonte er wiederholt die Not= wendigkeit, in der orientalischen Krisis zu einem Ausgleich der Gegensätze zu gelangen, da es unabsehbar sei, welche Folgen eine kriegerische Verwicklung, in die eine oder mehrere der Großmächte hineingezogen würden, haben könnte. England sei unbedingt friedlich und kein Mensch wolle hier den Krieg, schon aus wirtschaftlichen Gründen. Aber bei einem allgemeinen europäischen Wirrwarr, der sich doch aus dem Einmarsch Österreichs in Serbien ergeben könnte, falls Serbien nicht gutwillig die besetzte Adriaküste räumte, sei es kaum wahrschein= lich,ᵃ daß Großbritannien werde der stille Zuschauer bleiben können.

Ich entgegnete, ich wolle nicht die Frage an ihn richten, ob das soviel hieße, als ob England alsdann gegen uns feindlich vorgehen würde. Er erwiderte, daß das gewiß nicht die notwendige, wohl aber die möglicheᵇ Folge eines Krieges sein würde zwischen beiden kontinentalen Gruppen. Die Wurzeln, so drückte er sich aus, der englischen Politik lägen in der hier allgemein verbreiteten Emp= findung, daß das Gleichgewicht der Gruppenᶜ einigermaßen aufrechtzu=

a) *Erwartet niemand. Die helfen den Galliern.*
b) *Natürlich.* c) ·*Wird sich ändern!*

*) Eingeweihten.

erhalten fei. England würde daher unter keinen Umständen eine Niederwerfung der Franzosen dulden können,[a] die er, ein großer Bewunderer unseres Heer=wesens und unserer militärischen Einrichtungen, mit einiger Sicherheit voraus=sieht. England könne und wolle sich nicht nachher einer einheitlichen kontinen=talen Gruppe unter Führung einer einzigen Macht gegenübersehen.[b]

Sollte also Deutschland durch Österreich in den Zwist hineingezogen werden, und dadurch in Krieg mit Frankreich geraten, so würden in England Strö=mungen entstehen, denen keine Regierung widerstehen könnte und deren Folgen ganz unberechenbare wären.[c] Die Theorie von dem Gleichgewicht der Gruppen[d] bilde eben für Englands Außenpolitik ein Axiom und habe auch zu der Anleh=nung an Frankreich und Rußland geführt. Er könne mir verbürgen, daß man hier das beste Verhältnis mit Deutschland wünsche[e] und die Aufnahme, die z. B. die Ausführungen Euerer Exzellenz und des Herrn von Kiderlen im Reichs=tage sowie meine neuliche Rede beim Festmahl der Royal Society gefunden,[f] müßten mir die Richtigkeit dieser Ansicht beweisen. Auch würde uns niemand hier den Krieg machen wollen, solange keine europäischen Verwicklungen ein=träten.[g] Die Folgen eines europäischen Krieges aber seien ganz unberechenbar, und er könne alsdann für gar nichts einstehen.[h]

Lord Halbane kam auch auf die Politik Sir E. Greys und seinen Vor=schlag zu sprechen. Er ist bekanntlich mit dem Foreign Secretary intim be=freundet und dieser wohnt sogar zeitweise bei ihm. Er bestätigte mir, daß Sir Edward nach Möglichkeit danach trachte, eine vermittelnde Haltung einzu=nehmen und es vermeide, als Parteigänger der Ententegruppe in dieser Krisis zu erscheinen.[i] Lord Halbane meint, die angeregte Vorbesprechung werde Russen und Österreicher zwingen, mit greifbaren Anträgen hervorzutreten, was bisher nicht geschehen, und befürwortet die Wahl von London als den geeig=netsten Ort. Inzwischen müsse aber alles vermieden werden, was zu einer scharfen Sonderung der Gruppen (harden the groups) führen könnte.[k] Die=selben müßten sich vielmehr möglichst in „Gelatine" verwandeln.[l]

a) *Sie werden es doch müssen.*
b) *Das ist eigentlich eine versteckte Drohung oder Kampfansage!*
c) *Richtig, haben wir schon berechnet.*
d) *Sie ist ein Blödsinn und wird England ewig zu unserem Feinde machen.*
e) *Bei solchen Auffassungen gänzlich nutzlos.*
f) *Alles Quatsch! Ohne ernste Folgen.*
g) *Die werden eintreten.*
h) *Ich auch nicht!*
i) *Er bleibt aber doch Parteigänger der Gallo-Slaven gegen die Germanen!*
k) *Quatsch!*
l) *Weil England zu feige ist, Frankreich und Rußland offen in diesem Falle sitzen zu lassen und zu sehr neidisch ist auf uns und uns haßt, deswegen sollen andere Mächte ihre Interessen nicht mit dem Schwert verteidigen dürfen, da es dann trotz aller Versicherungen, trotz Marschall und Lichnowsky doch gegen uns gehen will, das richtige Krämervolk. Das nennt es Friedenspolitik! Balance of Power! Der Endkampf der Slaven und Germanen findet die Angelsachsen auf Seiten der Slaven und Gallier.*

Prinz Heinrich von Preußen an den Kaiser (mit Randbemerkungen des Kaisers).

Kiel, 11. Dezember 1912.

Gestern Abend von England zurückgekehrt, beeile ich mich, mich meines Auftrages zu entledigen, welchen Georgie mich bat Dir zu übermitteln:

1. Soll ich Dir sagen, daß man mit der Wahl und Entsendung des Botschafterpaares Lichnowsky außerordentlich zufrieden ist, daß es keinem Zweifel unterläge, daß der Botschafter nach Haltung, Wesen und Gesinnung dazu beitragen würde, die Beziehungen zwischen unseren beiden Ländern zu bessern, er erfreue sich bereits jetzt schon einer gewissen Popularität, wie ebenfalls die Fürstin. — Dieser Anschauung bin ich auch außerhalb des Sandringhamer Kreises begegnet und ich habe die Empfindung, daß Lichnowsky bereits festen Boden unter den Füßen hat.

2. Vermöge des guten Zusammenarbeitens beider Auswärtigen Ämter, während der Balkankrise, sei das Verhältnis zwischen beiden Regierungen zweifellos besser, als seit Jahren; wörtlich: „better, than it has been since years."

Die Namen des Kanzlers sowie des Staatssekretärs des Auswärtigen Amtes wurden lobend und in Anerkennung ihrer Verdienste um Erhaltung des Friedens rückhaltlos erwähnt. — Beide Persönlichkeiten erscheinen als sympathische Figuren, denen man zu Dank verpflichtet sei, denen man gern Vertrauen schenke und mit denen gut arbeiten sei.

Die ernstlichen Friedensbestrebungen Deiner Regierung würden im vollsten Maße anerkannt.

3. Wenn Du selbst, Georgie, sowie Nicky zusammen bestrebt wären, den Frieden aufrechtzuerhalten, so wäre keine ernsthafte Gefahr vorhanden.

England hege keinerlei kriegerische Gedanken, es wünsche die Erhaltung des Friedens, Vermeidung eines europäischen Konfliktes, ebenso wie Deutschland.

4. Wenngleich der Gedanke, daß die Botschafterkonferenz in London stattfände, an sich ein sympathischer sei, so würde man gern bereit gewesen sein, auf eine solche mit ihrem Sitz in Berlin einzugehen." Wien wäre wegen der Nähe des Schauplatzes nicht möglich gewesen, auch schiene Paris vollkommen ausgeschlossen deswegen, weil zu viele ehemalige Minister dort Botschafterposten inne hätten. [b]

Soweit meine direkten Aufträge, deren ich mich hiermit entledige.

Im Verlauf des weiteren Gespräches wurde der leidigen Flottenfrage Erwähnung getan, der ich damit begegnete, daß ich sagte, mir sei unerfindlich, weshalb man geneigt sei, im Bau deutscher Kriegsschiffe eine Bedrohung Englands zu erblicken, uns sei es vollkommen gleichgültig, was England baue, wir

a) *Mir ist nichts davon bekannt.*

b) *Genau das Gegenteil hat Kiderlen mir heute von Grey aus London gemeldet!!*

würden weiter bestrebt sein, das zu tun, was wir auf diesem Gebiete für richtig
und nützlich hielten, um unsere eigenen Interessen zu wahren. — Schließlich
meinte Georgie, daß das bisherige gegenseitige Mißtrauensverhältnis lediglich
eine Folge der sogenannten Bülowschen Politik sei. — Man hätte seinerzeit
englischerseits ein Bündnis England—Deutschland—Vereinigte Staaten ange=
regt und besprochen,[a] dem anfänglich der damalige Kanzler nicht abgeneigt
gewesen zu sein schien, das aber in der Folge abgelehnt wurde. — Dieser Um=
stand hätte die heutige Mächtegruppierung zur endlichen Folge gehabt. —
Relata refero![b]

Wenn ich meine Gesamteindrücke schildern darf, so gehen sie dahin, daß
England friedliebend ist und jeden Konflikt mit uns zu vermeiden suchen wird,
es wird lieber gut als schlecht mit uns stehen wollen. Sollte ein ernster euro=
päischer Konflikt entstehen, welcher zur Folge haben müßte, daß Deutschland
seine Bündnistreue Österreich gegenüber hält, so würde nach dem heutigen
Stand der Dinge vielleicht mit einer Neutralität,[c] nicht aber mit einem Mit=
gehen Englands auf deutscher Seite zu rechnen sein, denn England wird, wie
immer, bestrebt sein, das Mächteverhältnis auf dem Kontinent nach Möglich=
keit zu regulieren und vermutlich seine Kräfte zugunsten des Unterliegenden,
also Schwächeren[d] einsetzen. — Daß Deutschland handeln müsse, wie in der
Kanzlerrede zum Ausdruck gebracht wurde, fand allgemeine Anerkennung, nur
meinte man, England befände sich, wo nicht in einem gleichen, so doch immer=
hin in einem ähnlichen Verhältnis Frankreich gegenüber.

Immerhin unterlasse ich nicht zu betonen, daß ich eine günstigere Stimmung
fand als im verflossenen Jahre.

Georgie und May beauftragten mich mit den herzlichsten Grüßen an Dich;
eine entfernte Möglichkeit eines Besuches im Mai scheint mir nicht ausge=
schlossen, doch sollen hierüber noch Erwägungen angestellt werden.

a) *Niemals! Davon weiß ich nichts!*
b) *Grey scheint dem braven König die Hucke ordentlich vollgelogen zu haben.*
c) *Bereits erledigt! Es geht mit Frankreich!*
d) *Also Frankreichs.*

Der Marineattaché in London für das Reichsmarineamt.

London, 2. Januar 1913.

...Lichnowsky geht bisher um den Kernpunkt unseres Verhältnisses zu Eng=
land — die Flottenfrage — mit großer Vorsicht herum. Gegenwärtig scheint mir
das selbst das Beste — ich halte deshalb ebenfalls zurück, bis es nötig wird,
aus der Reserve hervorzutreten. Geht die kanadische Beisteuer von drei großen
Schiffen als reines Geschenk an das Mutterland (zur beliebigen Verwendung)

im kanadischen Parlament und Senat durch, was noch nicht sicher ist, und kommt England mit diesen drei Schiffen und dem Malayenschiff auf durch= schnittlich fünf Neubauten pro Jahr für die nächste Zeit, so bleibt uns m. E. gar nichts anderes übrig, als sofort das lückenlose Dreiertempo einzuführen — zunächst durch Bau des „in der Luft hängenden" dritten Vermehrungsbaus der letzten Novelle im Jahre 1914 — und durch Bewilligung zweier weiterer Schiffe für 1915 und 1917 — wenn wir die Proportion 16 : 10 auch nur an= nähernd im Ausbau der beiden Flotten aufrechterhalten wollen, und wenn wir dem Großsprecher Churchill und seinen Landsleuten beweisen wollen, daß wir uns durch seinen Versuch, „uns zu beweisen, daß England sich nicht überholen lasse," nicht bluffen lassen, sondern sine ira et studio an dem von uns für richtig gehaltenen Verhältnismaß festhalten. Sehr erwünscht würde es m. E. auch sein, wenn wir eine Beschleunigung unseres Schiffbaues durchführen könnten. Wir sind durch die drei Jahre, die wir im Mittel zur Fertigstellung eines Schiffes brauchen, gegen die englischen zwei Jahre erheblich im Nachteil. [1]

Der Marineattaché in London für das Reichsmarineamt.

London, 18. Januar 1913.

...Die auswärtige Politik Englands zeigt bei der immer gefähr= licher werdenden Spannung zwischen Rußland und Österreich eine Neigung, sich von kontinentalen Verwicklungen frei zu halten, um im Falle eines Konfliktes des Platzes des „tertius gaudens" sicher zu sein. Die nach dem Besuch Sasonows und vor Beginn der Botschafterkonferenz nötige Annäherung an Rußland ist vorsichtig eingeleitet worden; sie äußert sich bei der gegenwärtig sehr zuge= spitzten Verhandlung um die Abgrenzung Albaniens in einer zurückhaltenden Unterstützung der russischen Wünsche, Albanien zu beschränken. Österreich wider= setzt sich dem hartnäckig und die Lage wird vom Botschafter jetzt als ernster angesehen als während der ganzen letzten Zeit. — Der russische Botschafter [2] (Vetter Lichnowskys und deutscher Abkunft) hat eine schwierige Aufgabe. Er wird von Rußland aus bereits heftig angegriffen wegen allzu deutsch= und österreichfreundlicher Haltung, hält ein Nachgeben in der alba= nischen Frage für unmöglich und hat sein verwandtschaftliches Verhältnis be= nutzt, um unserem Botschafter privatim dringend zu raten, seinen Einfluß in Berlin dahin zu verwenden, daß man Österreich nachgiebig stimme. Wenn Rußland nachgäbe, so bedeute das den Fall des jetzigen Kabinetts und den Krieg. Der Botschafter hat daher nach Berlin berichtet, daß eine mäßigende

---

1) *Die hier vorgeschlagene Maßnahme ist vom Reichsmarineamt nicht beabsichtigt gewesen und nicht aufgenommen worden.*
2) *Graf Benckendorff.*

Einwirkung auf Österreich **unbedingt nötig sei.** Er hat gleichzeitig ge=
beten, nicht bekannt werden zu lassen, daß der Anstoß von ihm komme und auf
den Verlauf der letzten Botschafterkonferenzen zurückzuführen sei ...

Der Einfluß, den sich England auf den Gang der Friedensverhand=
lungen durch die Wahl Londons als Verhandlungsort für Friedensdelegierte
und Vertreter der Großmächte gesichert hat, zielt vorläufig „ehrlich" auf Eini=
gung ab; dies aber hauptsächlich, um keiner einzelnen Großmacht eine Sonder=
stellung, einen besonderen Einfluß und möglicherweise einen positiven Gewinn
einzuräumen. Aus diesem Motiv heraus hat England auch vertraulich erklärt,
daß es keine Besetzung der Sudabay oder Kretas und keine spätere Akquisition
beabsichtige, solange keine andere Macht dergleichen Pläne hege. Um so emsiger
ist England aber tätig, sich in der asiatischen Türkei — in Armenien, wohin
vier „advisers" abgegangen sind, und in Syrien, wo sich von Ägypten kom=
mend, eine antitürkische Bewegung bemerkbar macht, — für den Fall einer
Auflösung auch des asiatischen Osmanenreiches Einfluß auf die Bevölkerung
und die Wirtschaft zu sichern. Seine „Ehrlichkeit" als Makler ist weitsichtig
und es wartet ruhig mit dem Einstreichen der immer größer werdenden
„Spesen".

Für den Fall europäischer Verwicklungen hat die englische Marine um=
fassende Vorbereitungen getroffen, um die Bereitschaft aller, auch der
Reserveverbände, zu erhöhen, Magazine und Munitionslager aufzufüllen und
um im Bedarfsfalle möglichst wenig Schiffe in Reparatur zu haben. Diese
Vorbereitungen, die im November 1912 begannen, sind in der Hauptsache vor
Weihnachten zum Abschluß gekommen. Kohlenbestellungen, außerhalb des
Normalbedarfs, sind indessen noch im Gange; auch die Munitionsfabriken
sollen noch mit Hochbetrieb arbeiten. Letzteres, ebenso wie die sehr gesteigerte
Tätigkeit der Werften, kann aber auch mit den Neubauten zusammenhängen.

Die Personalfrage ist nach allem, was ich von jüngeren englischen Offizieren
höre, in der Tat eine schwere Kalamität. Die Leute werden hin und her geworfen,
um bald hier, bald dort einen Bedarf an Personal zu decken, es fehlt überall, auch auf
den Schiffen der Ersten Flotte, an Leuten, und die Unzufriedenheit sei in der Tat vor=
handen, von der die Presse gegenwärtig so viel schreibt. Das Ergebnis ist, daß zahl=
reiche Abgänge zu verzeichnen sind; die Wirkung der gegenwärtig nicht schlecht arbeiten=
den Rekrutierung auf den Gesamtbestand wird dadurch gemildert.

Der Botschafter ist durch die Konferenzen so in Anspruch genommen, daß er sich bis=
lang mit der Flottenfrage nicht befaßt hat. Seine Begriffe in Marineangelegenheiten
sind außerordentlich „vage", und er ist in dieser, wie in seiner eigenen und speziellen
Materie, allem Eindringen in Details abgeneigt. An seine Fähigkeiten sind bisher noch
keine Anforderungen gestellt worden, und sein Urteil über das Verhältnis Englands zu
Deutschland im Fall imminenter kriegerischer Konflikte geht dahin, daß nur eine Be=
drohung Frankreichs durch Deutschland England gegen uns auf dem Plan erschei=

nen laffe, ba bie Eriftenz Frankreichs im Intereffe bes Gleichgewichts für unerläßlich
gehalten werbe; baß in allen „fonftigen" Fällen Englanb aber nicht eingreifen werbe.
Ich kann mir nun leiber bie „fonftigen" Fälle ohne Frankreich gar nicht benken.[1]

Derfelbe für basfelbe.

London, 24. Januar 1913.

...Bei einer Unterrebung, bie ich geftern mit bem Botfchafter hatte, fagte mir
biefer, baß er ben Einbruck habe, baß Ofterreich auf Grunb bes „Blankowech=
fels", ben man ihm in Berlin ausgeftellt habe, bie Situation zu forcieren beab=
fichtige, b. h. zum Krieg bränge. Sollte bie Botfchafterkonferenz nicht zu
einer Einigung führen, fo ift nach Anficht bes Botfchafters bie unmittelbarfte
Kriegsgefahr ba. Leiber ift ber Botfchafter feft überzeugt, baß Englanb (b. h.
Grey) mit allen Mitteln auf frieblicher Einigung abziele, ba es befürchte, in
einen Krieg mit verwickelt zu werben. Ich glaube bagegen, baß Englanb fich
zunächft aller aktiven Betätigung enthalten würbe, um als allein Ungefchwäch=
ter zum Schluß ben profitablen Ausfchlag zu geben — gegen Deutfchlanb. Der
Botfchafter meint, ber erfte Sieg Deutfchlanbs über Frankreich werbe Englanb
zum Eingreifen — zunächft zum Haltgebieten — veranlaffen.

Die Tatfache, baß ber in Frankreich als Nachfolger Delcaffés vorgefehene Abmiral
be Lapeyrère Flottenchef geblieben ift, foll auf englifchen Einfluß zurückzuführen fein.
Englanb habe vorgefchlagen, ben beften Abmiral — bas fcheint Lapeyrère zu fein —
bis auf weiteres im Kommanbo zu laffen. Der Befuch Churchills in Paris, feine Zu=
fammenkünfte mit Delcaffé unb bas gegenwärtig fehr häufige unb eilige Hin= unb
Herreifen bes franzöfifchen Marineattachés zwifchen London unb Paris beuten barauf
hin, baß irgenb etwas vorgeht.[2]

Derfelbe für basfelbe.

London, 29. Januar 1913.

...Die Gerüchte, bie über ein Abkommen zwifchen Englanb, Rußlanb unb Frankreich
über ihre „Intereffenfphäre" in ber afiatifchen Türkei umlaufen, fcheinen fich zu ver=

---

1) *Der beutfche Militärattaché in London, Oftertag, hatte in einem Bericht bie Mög=
lichkeit eines Überfalls ber englifchen Flotte auf bie beutfche im Stil Sir Sir John Fifhers
(„Kopenhagen" ohne Kriegserklärung) erörtert. Herr v. Kühlmann in einem Bericht
vom 4. Januar 1913 fich gegen einen folchen „burchaus unbegründeten Verbacht" eines
„ebenfo ruchlofen als törichten Völkerrechtsbruches" gewanbt. Dazu bemerkte ber Kaifer:*
Der Hiatus in ber Berichterftattung zwifchen Zivil unb Militär ift hiftorifch. Er wieberholt
fich in folchen Lagen ftets. Die Ziviliften wollen niemals bie volle Gefahr zugeben ober einfehen,
bie bie Militärs warnenb hervorheben. Sobalb bie Beziehungen zweier Länber anfangen auch nach
militärifchen Möglichkeiten beurteilt werben zu müffen, fo werben bie militärifchen Geſichtspunkte
ftets von ben piquierten Ziviliften bemängelt unb befpöttelt. Beim Ausbruch bes ruffifch-japanifchen
Krieges war es genau fo, bis bie Torpeboboote in Port Arthur erfchienen. Da fahen bie Diplomaten
es ein, unb ba war es zu fpät! Bei mir foll fo etwas nicht paffieren. Oftertag hat vollkommen
recht, unb wir müffen banach hanbeln.   Wilhelm.

2) *Es hanbelt fich hier wohl um bie Dislozierung von englifchen Schiffen nach Eng=
lanb unb franzöfifchen nach bem Mittelmeer, aus ber Churchill in feinem Kriegsbuch
einen großen Staatsakt macht (vgl. oben S. 45).*

dichten. Die „Times" brachte zwar kürzlich eine recht kalte Ablehnung der von fran=
zösischen Blättern verbreiteten Nachricht, daß England (Sir E. Grey) die französischen
Albanoninteressen völlig anerkenne usw.; und die Mehrzahl der maßgebenden hiesigen
Blätter verneint die Absicht Englands auf Besitz in der asiatischen Türkei. — Aber
auf der anderen Seite wird die russische Aktivität in Armenien nicht nur gebilligt,
sondern unterstützt, und einer energischen Forderung Rußlands wird, selbst wenn sie
sehr unbequem ist, nichts Hinderliches in den Weg gestellt. Denn das würde nichts
nützen. Was Rußland im Herbst bei Sasonows Besuch nicht erreicht hat, bekommt es
jetzt, und die Engländer bemerken zu spät, daß man im Herbst die Gelegenheit versäumt
hat, zu einer Entwicklung freundlich ja zu sagen, die man doch nicht hindern kann. —
Aber man ist hier wenigstens geschickt genug, um so etwas mit Würde und ohne
Prestigeverlust zu tun.

Geht aber Rußland zu Acquisitionen über (Armenien) — ein Fall, den Sir E. Grey
in hypothetischer Form mit fremden Diplomaten bereits erörtert hat — so wird auch
England zugreifen, wo es ihm nützlich erscheint, und Frankreich wird durch Kompen=
sationen befriedigt. Allerdings ist für England die Wahl eines Objekts zur Aneignung
— abgesehen von Kreta und der Küste des Persischen Golfes — schwierig. Denn Eng=
land will unter allen Umständen vermeiden, direkt an Rußland zu grenzen, und man
kann die Erhaltung Persiens als Pufferstaat als eine Maxime der englischen Politik
betrachten.

Wie Deutschland sich mit einer Aufteilung der asiatischen Türkei abfinden kann,
ohne einen auf friedlichem Wege nicht reparablen Verlust an Ansehen im Rate der
Völker zu erleiden, vermag ich nicht zu erkennen. Nach der energischen Rede Wangen=
heims scheint man auch das Desinteressement im nahen Osten, das die hiesige Botschaft
vertritt, nicht vorzuhaben. Der Botschafter sieht in den wirtschaftlichen und sonstigen
deutschen Unternehmungen in Anatolien und Mesopotamien kein national oder staats=
politisch wichtiges Objekt; und in Kühlmanns Kopf spuken wieder die afrikanischen
Kolonien, er meint, daß ein Desinteressement im nahen Osten als Kompensation von
uns für in anderen Gegenden (natürlich in Afrika) zu erlangende Konzessionen benutzt
werden müsse. Sooft die Engländer seine Aufmerksamkeit von irgend etwas ablenken
wollen, zaubern sie ihm das Traumbild der afrikanischen Kolonien, die ihnen gar
nicht gehören, vor die Augen. Und er fällt jedesmal darauf hinein.

In der Botschafterkonferenz hat Rußland (nach Lichnowskys Ansicht auf engli=
schen Druck hin) nachgegeben und sich mit den österreichischen Forderungen (Skutari
zu Albanien) abgefunden; nun fordern die Österreicher in der weiteren Abgrenzung Al=
baniens wieder mehr. Dem von England durchgesetzten Nachgeben Rußlands dürften
Versprechungen an anderer Stelle (Armenien) die Wage halten.

Gegen Ende 1912 hat sich eine neue große Wehrvorlage verdichtet. Der
Kaiser erteilte mir durch Admiral von Müller und General von Plessen den
Auftrag, mich bei dieser Wehrvorlage zu beteiligen. Er hatte offenbar die
Absicht, die drei vom Reichskanzler im Jahr 1911/12 uns abdividierten
Kreuzer bei dieser Gelegenheit wieder zu fordern, und so erhielt ich den
kaiserlichen Befehl, mich mit dem Reichskanzler hierüber in Verbindung zu
setzen. So sehr ich es für einen Fehler gehalten hatte, daß wir im Jahre 1911

die ausgezeichnete Gelegenheit, diese Lücke auszufüllen, nicht benützt hatten, so bestanden doch verschiedene Bedenken, ein Jahr später wieder mit einer besonderen kleinen Forderung zu kommen. Ich erklärte deshalb am 14. Dezember, daß ich wegen des politischen Charakters der Frage Seiner Majestät nicht aus eigener Initiative Vortrag halten könne und dem Reichskanzler daher meinerseits noch nichts gemeldet hätte. Unter dem Eindruck der dringenden Erwünschtheit eines Ersatzes dieser gänzlich veralteten und als Schulschiffe eingestellten Kreuzer war ich allerdings der Ansicht, daß, sobald alles verfügbare Geld durch eine sehr große Armeevorlage abgegrast würde, die Ergänzung der Novelle vom Vorjahre doch ernsthaft ins Auge gefaßt werden müsse, wenn auch der Armee ohne Konkurrenzneid der Vortritt zu lassen sei.

Ich habe dann auch im Vortrag bei Seiner Majestät die Frage nicht berührt. Deswegen erhielt ich vom Reichskanzler den Auftrag, am selben Abend mit dem Kriegsminister zusammen bei ihm vorzusprechen. Ich hielt mich zunächst ganz zurück, und der Kriegsminister wollte auch nur kleinere Forderungen stellen. Auf eine Frage des Reichskanzlers, wann denn eine wirkliche Armeevergrößerung in Frage käme, nannte Kriegsminister von Heeringen den 1. Oktober 1913. Er meinte, daß eine Vermehrung von etwa 60000 Mann erforderlich wäre, die einen Aufwand von 300 bis 500 Millionen nach sich zögen. Ich betonte unter Hinweis auf die abgekürzte Novelle vom vorigen Jahr, daß sich eine Gelegenheit jetzt biete, den Ersatz von drei veralteten Kreuzern nachzuholen, wodurch die im Flottengesetz festgelegte Schiffszahl nicht vermehrt würde. Ich wies ferner darauf hin, daß das von Wermuth veranlaßte Verfahren, auch für Dauerbauten keine Anleihen, sondern Steuern zu nehmen, von mir nicht gebilligt werden könne.

Der Reichskanzler klagte zunächst, daß Gerüchte über Wehrvorlagen wieder umliefen. Das war natürlich auf die Marine gemünzt. Sowohl der Kriegsminister wie ich konnten den Beweis liefern, daß unsere Ämter mit diesen Gerüchten nichts zu tun hatten. Der Reichskanzler betonte wiederum, daß solche Wehrvorlagen die akute Kriegsgefahr in hohem Maße steigern müßten, denn dann würden die Gegner doch nicht warten. Ich hatte den Eindruck, daß der Reichskanzler seine ganzen Anstrengungen darauf konzentrieren würde, daß die Wehrvorlage, auch die landmilitärische, jetzt nicht gemacht würde.

Ich erfuhr ferner vom Marinekabinettschef, daß nach dem letzten Immediatvortrag, in welchem ich den Kreuzerersatz nicht erwähnt hatte, Seine Majestät zu Admiral von Müller geäußert hatte, der Zustand, daß Schulschiffe noch angerechnet würden, wäre für die Marine unhaltbar; der Kaiser habe sich bei dieser Gelegenheit darüber beklagt, daß ich im Vorjahre nicht genügend durchgehalten hätte. Auf meinen sehr energischen Einspruch hin, der die tatsächlichen Vorgänge[1] in Erinnerung rief, bestätigte der Kabinetts= chef, daß ich im vorigen Jahr das Möglichste getan hatte.

Von mir am 19. Dezember 1912 diktierte Notizen.

Gestern zum Kabinettschef gerufen durch Telegramm aus Potsdam, welches Flügel= adjutant mit Brief ankündigte, der mir und Chef des Admiralstabes vorgelesen werden sollte. Flügeladjutant sollte dann weiter zum Chef des Marinekabinetts gehen. Brief enthielt ein Schreiben des Reichskanzlers an den Kaiser über die politische Lage: die Botschafterkonferenz sei im allgemeinen unter günstigen Auspizien begonnen; auch England gegenüber ließe sich das Verhältnis gut an, denn die Haldanesche Unterredung mit Lichnowsky ließe erkennen, daß England nicht unbedingt bei einem Kriege Frankreich=Rußland mit uns auf französische Seite treten würde, sondern nur, daß es ein Niederwerfen Frankreichs nicht dulden könne (zu dieser Auffassung hatte Seine Majestät abfällige Bemerkungen gemacht).

Reichskanzler führte aus, daß gerade unter diesen Umständen Tätigkeit des Wehr= und Flottenvereins, die neue Wehrvorlagen an die Wand malten, in hohem Maße schädigend seien; es wäre ihm eine Reihe von Zeitungsnachrichten übermittelt, welche eine neue Flottennovelle behandelten.[2] Er (Reichskanzler) bäte daher den Kaiser, den Staatssekretär des Reichsmarineamts anzuweisen, daß er in keiner Weise nach dieser Richtung hin tätig sei; er bäte außerdem noch um eine Audienz beim Kaiser.

Der Chef des Marinekabinetts an den Staatssekretär des Reichsmarineamts.

Berlin, 4. Januar 1913.

Seine Majestät der Kaiser haben mir bei dem heutigen Immediatvortrage befohlen, Euerer Exzellenz zu übermitteln, daß Seine Majestät beim nächsten Immediatvortrage Euerer Exzellenz — also voraussichtlich am 11. b. M. — Vorschläge bezüglich eines schnelleren Bautempos der großen Schiffe entgegen= nehmen wollen. Seine Majestät sind der Ansicht, daß der Zeitpunkt gekommen sei, das Dreiertempo durchzuführen, zunächst indem für das kommende Etats= jahr erste Raten für ein Linienschiff und zwei große Kreuzer gefordert werden. An der Bewilligungsfreudigkeit der Volksvertretung zweifeln Seine Majestät nicht. Euere Exzellenz sollen vor dem Immediatvortrage mit dem Reichskanzler und dem Kriegsminister über die allgemeinen Rüstungsforderungen in Verbin= dung treten.

Es ist nicht zu den hier befohlenen Schritten gekommen, denn schon am 6. Januar schrieb mir der Chef des Marinekabinetts:

Seine Majestät der Kaiser haben gestern mit dem Reichskanzler die Frage der außerordentlichen Wehrvorlagen besprochen. Der Reichskanzler hat dabei

---

1) *Siehe oben S. 268, 276.*
2) *Daran war das Reichsmarineamt völlig unbeteiligt.*

erklärt, eine sehr große Militärvorlage (300—400 Millionen) einbringen zu wollen und Seine Majestät gebeten, unter diesen Umständen und unter Be= rücksichtigung der politischen Beziehungen zu England, von einer über den Plan hinausgehenden Mehrforderung an Schiffen abzusehen. Eine Durchführung des Dreiertempos, dessen Berechtigung der Reichskanzler im Prinzip anerkenne, müsse auf das nächste Jahr hinausgeschoben werden.

Seine Majestät der Kaiser glauben sich den Gründen des Reichskanzlers nicht verschließen zu können und lassen Euere Exzellenz hiervon unter Bezug= nahme auf den für nächsten Sonnabend befohlenen Immediatvortrag in Kennt= nis setzen.

Meine Erfahrungen mit Kiderlen=Wächter waren, wie man sich er= innert, nicht günstig und ich hatte den Eindruck gewonnen, daß dieser Staats= mann von sich und anderen stark überschätzt wurde. Ich glaubte manchen seiner Fehler darauf zurückführen zu können, daß ihm England ein verhältnis= mäßig fremdes Gebiet war, wie so manchem seiner in kontinentaler Politik bewanderten Kollegen aus dem Auswärtigen Amt. Nach Kiderlens plötzlichem Tode (30. Dezember 1912) suchte am 13. Januar 1913 der mir persönlich als ehrlicher und deutschfreundlicher Mann bekannte rumänische Gesandte Dr. Bel= diman mich im Reichsmarineamt auf, um mir Eröffnungen zu machen, aus denen ich entnahm, daß Kiderlen auch auf seinem eigentlichsten Gebiete, der Balkanpolitik, versagt hatte und Deutschlands diplomatische Lage dort empfind= lich verschlechtert war.

Beldiman fing damit an, er sei aufs höchste erstaunt darüber, was jetzt aus Kiderlen=Wächter gemacht werde. Kiderlen habe nur eine besondere Eigenschaft be= sessen, eine geradezu unglaubliche Frechheit. Er hätte geglaubt, dadurch, daß er mit der Faust auf den Tisch schlage, könne er alles erreichen. Damit sei er schließlich ganz in die Hände der französischen Regierung gekommen, der nichts lieber gewesen sei als solch ein Leiter der auswärtigen deutschen Politik.

Im besonderen führte Beldiman hierzu folgende zwei Angelegenheiten aus:

1. Bei Beginn der Marokkoverhandlungen habe Kiderlen ganz maßlose Forderungen an die französische Regierung gestellt, Mogador, Französisch=Kongo usw.[1] Die Fran= zosen seien zunächst drei Tage lang sehr erschreckt gewesen, dann hätten sie die Si= tuation mit England beraten und die Richtung ihres gemeinsamen Handelns festgestellt. Dann sei der Gegenvorschlag erfolgt. Im weiteren Verlauf der Verhandlungen habe Kiderlen eine geradezu bewundernswürdige Dickfelligkeit gezeigt, sei aber doch in eine sehr schlimme Lage geraten, weil er dem Reichstag die Wahrheit nicht sagen durfte. Die Franzosen hätten die Dokumente über unsere anfänglichen Forderungen aber noch in der Hand und damit die Gelegenheit, die jetzt in Deutschland verbreitete Darstellung

---

1) *Dieser Behauptung widersprechen die Angaben des Auswärtigen Amts.*

über die Erledigung der Marokkokrisis über den Haufen zu werfen. Nur in dem offi=
ziellen Gelbbuch sei alles, was unsere Regierung kompromittiere, weggelassen. Die
Lage für uns sei daher furchtbar.

2. Noch mehr sei Kiderlen in die Hand der französischen Regierung dadurch geraten,
daß er die unglaubliche Frechheit besessen hätte, sich in französisch Chamounix mit
einer russischen Diplomatendame aufzuhalten, mit der er zusammen gewohnt hätte und
die sich als Frau von Waechter eingeschrieben hätte. Die Franzosen hätten das natür=
lich bald herausbekommen und hätten die beiden mit Fernphotographie dauernd photo=
graphiert. Der „Matin" hätte dann eine Glanznummer präpariert. Schoen habe eine
gewaltige Stange Goldes dafür zahlen müssen, dem „Matin" den Artikel vor seinem
Erscheinen abzukaufen, was nur mit Hilfe der französischen Regierung gelungen sei.
Die Drucksätze und Klischees seien vernichtet worden. Cambon habe sich aber ein Exem=
plar davon behalten und habe dieses dem spanischen Botschafter Polo de Bernabe ge=
zeigt.[1]

Beldiman fuhr fort, er könne es daher durchaus nicht begreifen, weshalb man
aus Kiderlen soviel mache. Er hätte Deutschland maßlos hereingeritten. Auch in der
Balkankrise habe er völlig versagt. Im Sommer seien hier dauernd Berichte aus Bu=
karest eingelaufen, die vor dem auf dem Balkan zu erwartenden Kriegsausbruch warn=
ten. Kiderlen habe zurückgeschrieben, daß sei alles Bosch und Bluff, habe der Türkei
den Rat gegeben, abzurüsten, und Rumänien abgehalten, irgend etwas zu tun. Rumä=
nien hätte darauf verzichtet, auf das Anerbieten des Königs Ferdinand von Bulgarien,
sie möchten sich doch am Kriege beteiligen, einzugehen, trotzdem ihnen Bulgarien ver=
sprochen hätte, am Ende des Krieges auch das von ihnen gewünschte Stück der Do=
brudscha abzutreten. Das hätte Rumänien mit Rücksicht auf seine Stellung zu Deutsch=
land abgeschlagen. So seien sie hereingefallen, und als der Krieg doch ausbrach und
sie nicht vorbereitet waren, in einer schrecklichen Klemme waren. Deshalb sei er eines
Tages zu Kiderlen gegangen, um mit ihm die Möglichkeit zu besprechen, wie sie sich
mit Anstand aus der Affäre ziehen könnten. Er habe ihn um Unterstützung ihrer An=
sprüche und um Rat gebeten, wie sie sich Bulgarien gegenüber verhalten sollten. Kiderlen
habe ihm dabei den Eindruck gemacht, als ob er unter Alkohol stände. Denn er habe ihm
ohne weiteres den Vorwurf gemacht, daß er (Beldiman), der er doch bekanntermaßen

---

1) In seinem 1919 erschienenen Buche „Agadir" fügt der ehemalige französische Mi=
nisterpräsident Joseph Caillaux einige weitere Züge in dieses Bild. Kiderlen teilte
während der Agadir=Krise seiner „Mascotte", wie er sie nennt, einer russischen Baronin,
die geheimsten politischen Vorgänge in Briefen mit, die dem ausländischen Auf=
enthaltsort der Dame mit der gewöhnlichen Post geschickt wurden und — in franzö=
sischen Besitz gelangten. In dieser für einen Staatsmann eigenartigen Korrespondenz
erklärte Kiderlen die Dame „für die einzige, absolut einzige Instanz, vor der ich meine
Politik verteidigen will", während ihm die Kritik der deutschen Presse einerlei sei. Diese
mehr als offenherzigen Briefe, aus denen übrigens kaum an einer einzigen Stelle poli=
tische Feinheit oder Originalität hervorblickt, müssen nach ihrer Veröffentlichung durch
Caillaux alle Verehrer Kiderlens stark enttäuscht haben, und sollten künftigen Ver=
tretern deutscher Politik und — Ehre als Warnung dienen. Im August 1911 besuchte
Kiderlen sodann die Baronin in Genf und unternahm mit ihr mitten in der Krisis einen
Vergnügungsausflug auf französisches Gebiet. Caillaux war erst verblüfft, als er diese
Nachricht erhielt, ließ sodann aber das Paar ironischerweise in Chamounix offiziell
durch den Präfekten begrüßen und veröffentlicht die bei der beschleunigten Rückfahrt
aufgenommenen Augenblicksphotographien in seinem Buche. Er hatte den deutschen
Staatssekretär in eine persönliche Klemme gebracht und nutzte diese Verlegenheit für
seinen politischen Zweck aus.

seit 16 Jahren die Allianz mit Deutschland betrieben habe, jetzt ein Techtelmechtel mit Frankreich zu machen suche. Im übrigen könne er nur sagen, daß ihn das Verhältnis zwischen Bulgarien und Rumänien gar nichts anginge. Das sei ihm (Beldiman) zuviel gewesen, und er habe sich das nicht gefallen lassen können, wenn er seine Stellung wahren wollte. Deshalb habe er Kiderlen den anliegenden Brief geschrieben. Daraus sei dann ein längeres Hin= und Herverhandeln entstanden, in dem Zimmermann schließ= lich einen etwas verklausulierten Rückzug Kiderlens produziert hätte. Er müsse dazu be= merken, daß seit 16 Jahren die geheimsten Beziehungen zwischen Rumänien und dem Deutschen Reich durch seine Finger gegangen seien. Daß er Verkehr mit dem französi= schen und mit den anderen Botschaftern suche, sei eine Pflicht seiner Stellung; daß aber Kiderlen diesen Verkehr als gegen Deutschland gerichtet auslege, sei unerhört.

Beldiman führte ferner aus, er könne sich des Eindrucks nicht erwehren, daß Kiderlens Wirken unheilvolle Folgen für die deutsche Politik habe. Trotz seines Rufes als ausgezeichneter Staatsmann habe er die Situation gar nicht übersehen. Daher habe Deutschland eine furchtbare Niederlage erlitten, denn die Stellung Deutschlands auf dem Balkan sei unwiederbringlich verloren, während England, das die Bindung Deutsch= lands mit der Türkei stets als größte Gefahr betrachtet hätte, alles gewonnen habe. Die Einkreisung Deutschlands sei jetzt geographisch geschlossen, das letzte Glied der Deutschland umfangenden Kette eingefügt. Daß England, nachdem es diesen unge= heuren Erfolg errungen, jetzt Deutschland gegenüber eine freundliche Miene aufsetze, sei selbstverständlich, denn es habe ja seine politischen Ziele erreicht. Aber Deutsch= land dürfe sich nicht mucksen und rühren. Wenn es sich rühre, habe es England sofort gegen sich.

Ich habe aus der vorstehenden Unterredung den Eindruck gewon= nen, als ob Beldiman mir andeuten wolle, daß die Politik Rumä= niens anders orientiert werden müsse.

Anlage: Der rumänische Gesandte Dr. Beldiman an Staatssekretär von Kiderlen.

Berlin, 18./31. Oktober 1912.

Euere Exzellenz bitte ich um die Erlaubnis, — um möglichen Mißverständnissen vorzubeugen — mit Bezug auf unsere heutige Unterredung, folgendes Tatsächliche ergebenst festzustellen:

Gegenstand meines heutigen Besuches war, wie ich schon gestern abend mit Unter= staatssekretär Zimmermann besprochen hatte, eine sehr vertrauliche Fühlungnahme über die Frage, ob im Hinblick auf die zunehmende Wahrscheinlichkeit territorialer Ver= änderungen auf der Balkanhalbinsel nicht die Anbahnung einer direkten Verstän= digung zwischen Rumänien und Bulgarien ins Auge zu fassen wäre. Euere Exzellenz bemerkten, ich hätte diese Frage bereits bei dem französischen Bot= schafter angeregt.

Demgegenüber muß ich ausdrücklich auch schriftlich wiederholen, daß ich Cambon — außer der heutigen zufälligen und kurzen Begegnung im Wartezimmer des Auswärtigen Amts — zuletzt gerade vor einer Woche, am Donnerstag, den 24. d. M., besucht hatte, wie ich zufälligerweise darum noch feststellen kann, weil ich von dem darauffolgenden Freitag bis gestern abend wegen eines Gichtanfalles das Haus nicht mehr verlassen habe. Bei diesem Besuche konnte selbstverständlich meinerseits die Frage einer möglichen direkten Verständigung Rumäniens mit Bulgarien nicht angeregt werden; auch ist überhaupt von einer solchen gar nicht die Rede gewesen. Sondern Cambon berührte in akademischer Weise die jetzt an der Tagesordnung aller diplomatischen Konversationen befindliche Frage der territorialen Kompensationen auf der Balkanhalbinsel, ebensowie dies auch andere Botschafter gesprächsweise mit mir getan hatten. Denn daß es sich hierbei für Rumänien nur um eine Gebietserweiterung an der Dobrudschagrenze handeln könnte, gehört nachgerade zu den diplomatischen Banalitäten.

Auf einem ganz anderen Brette steht es aber, wenn ich unter den äußerst schwierigen Umständen der gegenwärtigen Orientkrisis es in unserem Interesse für wünschenswert und nützlich halte, mit der uns, wie ich glaube, am nächsten stehenden Reichsregierung über naheliegende Eventualitäten in vertraulichen Gedankenaustausch zu treten. Und daß dieses Bedürfnis auch in Bukarest besteht, hatten Euere Exzellenz aus den erwähnten Telegrammen meines Kollegen von Waldthausen ersehen. Es muß mir daher einen eigentümlichen Eindruck machen, wenn ich bei diesem Anlaß in die Lage versetzt werde, mich darüber zu rechtfertigen, ob ich streng vertraulich mit dem Auswärtigen Amt zu behandelnde Fragen schon vorher mit dem französischen Botschafter besprechen könnte. Nach meiner über sechzehnjährigen Mission in Berlin, in der die wichtigsten und geheimsten Angelegenheiten der deutsch-rumänischen Beziehungen durch meine Hände gegangen sind, durfte ich wohl annehmen, daß meine Vertrauenswürdigkeit nicht mehr in Frage gestellt werden könnte, und daß persönlich gute Beziehungen zu den Botschaftern, die zu pflegen meine amtliche Pflicht ist, nicht Anlaß zu Zweifeln geben dürften.

Sachlich lag noch ein besonderer Grund vor, die obige Frage in Anregung zu bringen. Wie Euere Exzellenz und Unterstaatssekretär Zimmermann wissen, ist im Laufe der letzten Jahre von bulgarischer Seite, und auch persönlich vom König Ferdinand, wiederholt der Versuch gemacht worden, mit Rumänien ein geheimes Einverständnis herzustellen, durch welches unsere Neutralität im Falle eines bulgarisch-türkischen Krieges mittelst Zusicherung von Gebietsabtretungen nach der Dobrudschaseite garantiert würde. Entsprechend der allgemeinen Richtung unserer Politik, die auf einem intimen Einvernehmen mit unseren Verbündeten in Berlin und Wien beruht, konnten wir auf derartige Anerbietungen nicht eingehen, weil dies höchst wahrscheinlich den Ausbruch des Konfliktes zwischen Bulgarien und der Türkei beschleunigt hätte. Im Gegenteil haben wir, ganz im Sinne der Erhaltung der Türkei und des bestehenden Zustandes im Osten und ebenfalls ganz im Einvernehmen mit unseren beiden Verbündeten, unsere Beziehungen zu der Türkei derartig gestaltet und nach außen markiert, daß sie mitunter fast wie eine Drohung gegen Bulgarien aussahen und jedenfalls geeignet waren, letzteres in Schach zu halten. Wenn sich nun offenbar umfassende Veränderungen auf der Balkanhalbinsel vorbereiten, welche die Voraussetzung unserer bisherigen Politik über den Haufen werfen, so lag es für Rumänien nahe, über eine so wichtige Angelegenheit einen vertraulichen Meinungsaustausch in Berlin anzuregen.

Ich kann nur mein Bedauern aussprechen, daß dies als eine Belästigung empfunden worden ist.

Staatssekretär von Kiderlen an Dr. Beldiman.

Berlin, 1. November 1912.

Euere Exzellenz wollen mir gestatten in Beantwortung Ihres gefälligen Schreibens vom gestrigen Tage und zur Richtigstellung einer daselbst zum Ausdruck gebrachten irrtümlichen Annahme zu bemerken, daß ich Ihnen keinen Anlaß zu der Vermutung gegeben zu haben glaube, daß ich Ihre vertraulichen Äußerungen über die rumänisch-bulgarischen Beziehungen als eine Beläſtigung empfunden habe. Ich habe vielmehr, wie ich dies bis jetzt ſtets getan habe, Ihren Ausführungen mit Intereſſe gefolgt und Sie verſichert, daß die verbündeten Mächte, wenn der Augenblick dazu gekommen ſein werde, ſich der Intereſſen Rumäniens annehmen werden.

Euere Exzellenz haben dann an mich wiederholt die Frage gerichtet, ob ich Rumänien rate, ſich direkt mit Bulgarien zu verſtändigen. Ich habe Euerer Exzellenz darauf erwidert, daß es mir zweifelhaft erſchiene, ob Bulgarien jetzt auf ſolche Verhandlungen eingehen werde, daß ich den Verſuch dazu aber der königlich rumäniſchen Regierung überlaſſen müſſe. Ich erinnere mich noch, den Ausdruck gebraucht zu haben: „Meinen Segen haben Sie, mehr kann ich Ihnen nicht geben." Erſt als Euere Exzellenz wiederholt darauf beſtanden, daß ich mich darüber äußere, ob ich Rumänien im jetzigen Moment zu direkten Verhandlungen rate, habe ich dies abgelehnt, da ich eine Verantwortung durch Erteilung von Rat um ſo weniger übernehmen kann, als ich keinen Einfluß auf die Verhandlung zwiſchen Dritten habe.

An dieſer Auffaſſung muß ich nach wie vor feſthalten.

Was meine Bemerkung über Ihre Unterhaltung mit Cambon betrifft, ſo kann ich nur wiederholen, daß mir der Botſchafter bereits vor einer Woche — was mit dem von Ihnen angegebenen Zeitpunkt Ihres Beſuches beim Botſchafter übereinſtimmt — die Bemerkung machte, daß nach den Äußerungen des königlich rumäniſchen Geſandten auf eine direkte rumäniſch-bulgariſche Verſtändigung zu ſchließen ſei. Euere Exzellenz werden mir zugeben, daß mich dieſe Koinzidenz frappieren mußte.

Dr. Beldiman an Staatsſekretär von Kiderlen.

Berlin, 3. November 1912.

Euerer Exzellenz beſtätige ich mit verbindlichem Dank den Empfang des gefl. Schreibens vom 1. d. M. und erlaube mir ergebenſt die Feſtſtellung zu wiederholen, daß in meiner Unterredung mit dem franzöſiſchen Botſchafter am 24. Oktober von einer direkten rumäniſch-bulgariſchen Verſtändigung auch nicht andeutungsweiſe die Rede geweſen iſt. Für etwaige Schlüſſe, die Cambon aus der Unterhaltung mit mir gezogen haben mag, kann ich natürlich nicht verantwortlich ſein.

Im Januar 1913 iſt Herr von Jagow Staatsſekretär des Auswärtigen geworden. Mit welchen Anſichten er das Amt antrat, mögen die Mitteilungen veranſchaulichen, die um Neujahr 1913 von unterrichteter Seite aufgezeichnet worden ſind. Jagow war damals noch Botſchafter in Rom.

Jagow iſt durch alle ſeine Kenntniſſe und Informationen der Anſicht, daß die ruſſiſche reſp. ſlaviſche Gefahr zu Lande größer iſt, als man allgemein annimmt. Deshalb müßten wir militäriſch noch mehr für die Armee tun, um jeder Möglichkeit des Krieges zuvorzukommen reſp. die auch im Hinblick auf den Chauvinismus Frankreichs beſtehenden Gefahren zu verringern.

Mit England müßten wir auch aus diesem Grunde jetzt versuchen, zu einer Rückversicherung, Neutralitätsvertrag usw. zu gelangen. Hierfür ist das einzige Mittel, jetzt in den Marinerüstungen nichts mehr zu ändern und gleich= gültig, ob 1914 und 1915 und evtl. auch 1917 nur zwei große Schiffe gebaut würden, den Bau der großen Schiffe nach der bisherigen Aufstellung ruhig und fest durchhalten und dann gemäß Flottengesetz von selber zum Dreiertempo übergehen.

Jagow ist ein großer Freund der stillen kulturellen Ausbreitung des Deutschtums durch Schulen usw., führt zum Vergleich an, wie ungeheuer mehr in dieser Beziehung relativ Italien tut. Hierfür müßten wir unbedingt mehr Mittel flüssig machen, anstatt noch ein oder zwei Dreadnoughts mehr zu bauen.

Botschafter von Marschall hat nach Jagows Ansicht zuletzt va banque gespielt. Nach vielerlei hiesigen diplomatischen Indiskretionen war seine Stellung in Konstan= tinopel zuletzt unhaltbar geworden — er hatte ganz auf die falsche Karte gesetzt und wurde in dortigen eingeweihten Kreisen mehr und mehr lächerlich.

Den großen Bericht aus London vor Marschalls Tode „unsere Position sei überhaupt sehr günstig — unsere Politik sei gar nicht so schlecht — die Engländer hätten Angst vor uns…" bezeichnet Jagow im Verein mit dem Kanzler als „unglaublich und nur auf Seine Majestät gemünzt."

Jagow hält mit Rücksicht auf die Gerüchte von einer neuerlichen englisch= russischen Annäherung (Verständigung bereits über asiatische Türkei, Armenien und Syrien), englisch=französische Verständigung über Syrien, großes Flottenbudget Eng= lands 1913… unsere Situation nach wie vor für außerordentlich ernst. Die Aufgabe „an der Aufteilung des nahen und fernen Ostens mittelst unserer Rüstungspolitik teil= zunehmen", wird sich immer schwieriger gestalten, und wir können jeden Augenblick vor eine erneute „Marokkofrage" gestellt werden, d. h. die anderen verhandeln über unseren Kopf weg, und wir behalten nur Frieden, wenn wir uns das gefallen lassen.

Jagow bezeichnet Tirpitz ausdrücklich als einen der bedeutendsten, vielleicht den bedeutendsten der lebenden Staatsmänner, macht es ihm aber ganz besonders zum Vorwurf, die Haldanesche Aktion voriges Jahr zerstört zu haben. Als Haldane in Berlin war, hätten wir alles mögliche erreichen können, — vor allem einen Neu= tralitätsvertrag[1] mit England. Tirpitz habe die Verständigung hintertrieben, Haldane gegenüber seine tatsächlichen Absichten nicht aufgedeckt, die Personalvermeh= rung gar nicht resp. kaum erwähnt und gehofft, die Engländer zu täuschen.[2] Man habe Haldane zwar in Berlin formell gesagt, was die Novelle enthalte, aber so, daß er glauben mußte, es handelte sich um zwei neue Schiffe und einige Bagatellen.[3] Haldane habe als Laie auch das ihm gegebene gedruckte Exemplar nicht ordentlich ver= stehen können, dann habe aber in London die Admiralty sofort die große Tragweite der Novelle, insbesondere die Personalvermehrung als wichtigsten Punkt erkannt, und

---

1) *War unerreichbar.*
2) *Dann würde ich nicht Haldane den gedruckten Novellenentwurf gegeben haben.*
3) *Diese Darstellung hat Jagow von englischer Seite glatt übernommen, sie ist durch= aus unrichtig. Es ist im Gegenteil gesagt worden, es handle sich um die Aktivierung eines dritten Geschwaders. Siehe auch meine Erinnerungen S. 185 ff.*

alles sei mit einem Schlage zerstört worden.[1] Als Seine Majestät der Kaiser doch noch zögerte, die schwere Verantwortung auf sich zu nehmen, hat Tirpitz sich nicht gescheut, die Kaiserin mit hineinzuziehen und einmal wörtlich zu ihr gesagt: „Majestät, es handelt sich um die Krone Ihrer Kinder!"[2] Darauf habe dann auch Ihre Majestät die Kaiserin im Sinne von Tirpitz auf Seine Majestät den Kaiser eingewirkt, und schließlich sei so Seine Majestät auf die Seite von Tirpitz getreten.[3] Tirpitz trage die Schuld, daß diese letzte Gelegenheit, uns mit England zu verständigen, verpaßt worden sei. Nun hätten wir England Rußland endgültig in die Arme getrieben. Haldane sei unlängst zum deutschen Botschafter (Lichnowsky) gekommen und habe ihm offen gesagt, diesmal würde bei einem europäischen Konflikt England sicher gegen Deutschland losschlagen.[4]

Es sei ein Jammer, daß Tirpitz einen so großen Einfluß ausübe gegenüber Reichskanzler und Auswärtigem Amt. Unerhört sei es, daß er ein Nachrichtenbureau unterhalte, das gegen die Regierung Stellung nehme.[5]

Tirpitz habe sein Wort nicht gehalten, das er 1910 feierlich gegeben habe, nämlich keine Flottennovelle mehr einzubringen. Er habe damals schon ganz genau gewußt, daß er es doch tun würde, alles vorbereitet und den Kaiser beeinflußt.

Das einzige Mittel, den drohenden Konflikt, in den wir bei weiterer energischer Politik hineingezogen werden müßten, zu vermeiden, erblickt der Botschafter darin, daß diesmal trotz des evtl. recht erheblichen neuen englischen Flottenprogramms Tirpitz fest bliebe, seine Versprechungen hielte und offiziell keine neuen Flottenforderungen einbrächte. Er könne damit einen Teil des ihm in weiten Kreisen verlorengegangenen Vertrauens wieder einbringen, sich wahrhaft staatsmännisch zeigen .. Aber er, der Botschafter, glaube nicht daran, daß Tirpitz der Versuchung widerstehen würde, seine ursprünglichen Forderungen vom Herbst 1911 wieder herzustellen und noch mehr für die Marine durchzusetzen und damit aufs neue Konfliktstoff in der gefährlichsten Weise wegen ein paar Schiffen mehr anzuhäufen.

---

1) *Da wir Dreadnoughts bauten, so war die Personalvermehrung den Engländern schon vorher bekannt. Haldane hatte sie als selbstverständlich anerkannt, da er ausdrücklich zugab, daß wir bei unsrer aktiven Wehrpflicht ein drittes Geschwader haben müßten. Die entsprechende Personalvermehrung bezeichnete Haldane als für England gleichgültig.*

2) *Vgl. oben S. 324 f.*

3) *Durchaus falsch. Ich habe die von mir hoch verehrte Kaiserin niemals in die Wirren der Politik hineingezogen.*

4) *Zu dieser Auffassung Jagows bemerkte ein Offizier aus meiner engeren Umgebung: „Sehr schwarz gemalt. Haldanes Gespräch mit Lichnowsky ist hier in verschiedener Weise aufgefaßt worden. Seine Majestät sah darin eine Drohung, der Reichskanzler das Gegenteil. Ich glaube, letzterer hat recht. Nachdem unsere Regierung zuerst in dem bekannten Artikel der „Norddeutschen Allgemeinen Zeitung" zu stark abgeblasen hatte, mußte die Reichskanzlerrede im Reichstage, um dies wieder gutzumachen, Töne anschlagen, die vielleicht zu scharf waren. Das wieder mußte England veranlassen, Rußland etwas den Rücken zu stärken, und dies ist durch die Sendung Haldanes zu Lichnowsky geschehen. Die Tatsache, daß England in einem großen europäischen Kriege auf der Seite Frankreichs stehen wird, ist übrigens zu offenkundig, als daß sie noch einer besonderen Erklärung des englischen Kabinetts bedarf."*

5) *Das ist nie geschehen.*

Der Botschafter hält es für viel richtiger, wenn wir wirklich noch mehr für unsere Rüstung tun müßten, dies nunmehr der Armee zuzuwenden.

Das größte Hemmnis für eine stetige starke deutsche Politik erblickt der Botschafter aber darin, daß Seine Majestät den verschiedenen Einflüssen so zugänglich sei und seine Ansichten wechsle. Dem Erzherzog Franz Ferdinand gegenüber habe er ablehnend auf Grund des Lichnowskyschen Berichts von „Frieden erhalten um jeden Preis" gesprochen, dagegen in Donaueschingen wieder recht kräftige Töne angeschlagen, als unter anderem die Rede auf deutschen Schutz in Smyrna kam.

Der Reichskanzler könne nicht anders handeln, als er es täte. Tirpitz habe ihm während der Marokkokrise auf seine ausdrückliche Frage geantwortet: „Die Marine sei nicht fertig", wie könne er da eine starke Politik machen und die Rüstung immer weiter ins Unabsehbare[1] steigern unter immer unhaltbarer werdender innerpolitischer Situation, wenn die Marine selbst nach soviel Jahren immer mehr verlange und selbst ihren politischen Zweck (nämlich diplomatischen resp. wirklichen Einsatz zur Erlangung politischer Vorteile bei Auseinandersetzung mit England) ablehne?[2]

Der Botschafter glaubt, daß auch heute noch nicht Tirpitz die Versicherung abgeben würde „die Marine ist bereit" und damit sei die Flottenpolitik verurteilt, da England relativ jetzt sicher Deutschland nicht mehr steigen lassen würde.[3] Den Einwand, daß Tirpitz etwa formell nicht zu solcher Versicherung berufen sei, lasse er keinesfalls gelten — jeder Eingeweihte wisse, daß der Staatssekretär des Reichsmarineamts in erster Linie dafür maßgebend sei.[4]

---

1) *Nicht ins Unabsehbare, sondern nur bis zum Dreiertempo.*

2) *Die Flotte sollte bekanntlich 1920 fertig sein. Trotzdem war sie bereits 1914 stärker als sie schien. Das Auswärtige Amt aber benutzte meine Erklärungen in dieser Beziehung stets, um damit den Nachweis zu erbringen: „Also ist das ganze Flottengesetz falsch und wir müssen es abbauen". Eine Politik, welche unmittelbar auf einen Krieg hinarbeitete, würde ich an sich nie unterstützt haben, insonderheit solange die politische Einkreisung bestand. Diese konnte bei richtiger Behandlung der Flotte als Machtinstrument wohl mit der Zeit beseitigt oder doch gemildert werden. Die meisten unsrer Diplomaten waren Ohnmachtspolitiker wie ihr Chef Bethmann, solange bis sie im Juli 1914 plötzlich auf jede Gefahr hin einen diplomatischen Erfolg haben wollten.*

3) *Die Auffassung, daß England unsre Macht zur See durch eigene Rüstung immer wieder eliminieren könnte, war gegenüber dem vollendeten Flottengesetz vollkommen irrig. England konnte auch nicht unbegrenzt bauen. Deshalb wirkte diese englische Drohung, uns beliebig zu übertrumpfen, auf das Reichsmarineamt nicht; wohl aber bildete sie ein angenehmes Argument für Bethmann und seine Freunde.*

4) *Wenn ich gesagt hätte, die Flotte sei fertig, so wäre das eine nicht zutreffende Angabe gewesen, und ich konnte zudem nicht wissen, was unsere Politik damit machte. Friedenspolitik war für uns das Gegebene unter Aufrechterhaltung des vollen Flottengesetzes als Machtfaktors. Bezüglich des an sich sehr wünschenswerten Ersatzes der drei gänzlich veralteten Kreuzer habe ich mich in Anbetracht der großen Armeevorlage auch dem Kaiser gegenüber, der mich drängte, zurückgehalten.*

Es war für unsere Diplomaten bezeichnend und für unsre Politik ver=
hängnisvoll, daß man in der Wilhelmstraße — wie dieses Beispiel zeigt —
dazu neigte, die ausländische Lesart mit allen ihren Entstellungen unge=
prüft zu übernehmen. Diese Neigung entspringt einem deutschen Erbfehler
und hat unsern Zusammenbruch überlebt. Mit unergründlichem Miß=
trauen gegen die positive Leistung des eigenen Marineamts und mit nicht
nur unklaren, sondern geradezu englisch angefärbten Allgemeinvorstellungen
über die Lage zur See wurde die eigene Wehrmachtbildung politisch verrufen
und später — im Ernstfall — militärisch falsch bzw. möglichst gar nicht verwendet.

Am 6. Februar 1913 übersandte mir Staatssekretär von Jagow den nach=
folgenden Entwurf seiner vertraulichen Erklärung in der Reichstagsausschuß=
sitzung vom 7. Februar.

Eine der letzten Erklärungen, die mein verstorbener Amtsvorgänger — irre
ich nicht, überhaupt die letzte — im Plenum des Reichstages abgegeben hat, be=
zog sich auf unsere Beziehungen zu England. Herr von Kiderlen hob damals her=
vor, daß während der ganzen letzten Krisis[1] unsere Beziehungen zu Eng=
land besonders vertrauensvolle gewesen seien. Er wies auf die guten Dienste
hin, die die offenen, von vollem Vertrauen getragenen Aussprachen zwischen
London und uns während aller Phasen dieser Krisis der Verständigung aller
Mächte geleistet haben, und sprach die Erwartung aus, daß sie dies auch weiter
tun würden. Es gereicht mir zu besonderer Genugtuung, bei dem ersten Anlaß,
der sich mir bietet, an dieser Stelle das Wort zu ergreifen, feststellen zu können,
daß diese Erwartung sich voll und ganz erfüllt hat. Der intime Gedanken=
austausch, in dem wir andauernd mit der englischen Regierung stehen, hat sehr
wesentlich mit dazu beigetragen, Schwierigkeiten mancher Art zu beheben, die
in den letzten Monaten entstanden waren. Wir haben jetzt gesehen, daß wir nicht
nur Berührungspunkte sentimentaler Art mit England haben, sondern auch
gleiche Interessen vorhanden sind. Ein Prophet bin ich nicht, aber ich gebe mich
der Hoffnung hin, daß wir auf dem Boden gemeinsamer Interessen, dem
fruchtbarsten in der Politik, auch weiter mit England arbeiten und vielleicht
ernten können. Ich möchte Sie aber darauf aufmerksam machen, meine Herren,
daß es sich hier um eine zarte Pflanze handelt, die man nicht durch zu frühes
Berühren und Besprechen am Erblühen behindern darf. Ich appelliere daher
an Ihr patriotisches Gefühl und Ihre hohe politische Einsicht, indem ich an Sie
die Bitte richte, in den Debatten im Plenum und auch bei den Verhandlungen
im Schoße der Kommission, soweit sie den Weg in die Öffentlichkeit finden, sich
bei etwaigen Erörterungen über unser Verhältnis zu England möglichste Zu=

---

1) *Balkankrisis.*

rückhaltung aufzuerlegen und es insbesondere zu vermeiden, die Stelle zu be=
rühren, an der unsere englischen Freunde am verwundbarsten sind: die Frage
unseres gegenseitigen Kräfteverhältnisses zur See. Marinedebatten bilden nun
einmal für die Volksstimmung hüben und drüben eine Art Brausepulver. Alle
Zeichen sprechen dafür, daß der praktisch nüchterne Verstand des englischen
Volkes im Begriff steht, sich mit der Erstarkung Deutschlands zur See als einer
unabänderlichen Tatsache abzufinden. Ich möchte Ihnen daher das englische
Sprichwort zurufen: „let sleeping dogs lie."*

Trotz unserer Bemühungen, im Reichstag jede Debatte über unser Ver=
hältnis zu England zu vermeiden, war doch zwischen Zentrum und Sozial=
demokraten vereinbart worden, gerade dieses Thema zu behandeln. Für die
politische Seite der Frage verwies ich bei dieser Verhandlung im Haushalts=
ausschuß auf das Auswärtige Amt. Ich wurde dann sofort aufgefordert, mich
über den Vorschlag Churchills, der uns ein Stärkeverhältnis von 10:16
anbot, zu äußern. Ich nahm diesen Vorschlag glatt an. Der Unterschied
zwischen der Relation 2:3 und 10:16 erschien mir unerheblich. Auch die
Hintertüren, die sich Churchill gelassen hatte, ließ ich unerwähnt, indem ich
mich auf das Vorlesen der Churchillschen Rede beschränkte, ohne sie zu er=
läutern. In dem Ausschuß war doch genügendes Verständnis für die Be=
deutung der Frage, und mein Vorschlag, als Vergleichsformel nicht Schiffe,
sondern Geschwader zu nehmen, wurde aufs lebhafteste begrüßt. Indem ich
den Churchillschen Vorschlag als Verhältnis von 5:8 Geschwadern an=
nahm, erlangte ich den außerordentlichen Vorteil, daß unser Flottengesetz
damit weiter stabiliert wurde, denn in Wirklichkeit war es für England außer=
ordentlich schwer, über acht Linienschiffsgeschwader hinauszugehen. Um so
mehr konnte ich die „Kolonialschiffe", mit denen sich Churchill ein gewisses
Plus zu sichern gedachte, außer Betracht lassen. Unsere bisher von der Diplo=
matie festgehaltene Formel aber, „daß wir nur nach eigenem Bedürfnis
bauten", war mir, wie der Leser sich aus den Verhandlungen seit 1908 erinnert,
nicht mehr zweckmäßig erschienen. Denn die englischen Chauvinisten folgerten
aus dieser viel zu unbestimmten Formel, daß wir eine Flotte bauten, die der eng=
lischen gleich oder überlegen sein sollte, und steigerten damit die Gegenaktion.

Jetzt war durch die klare Formel 10:16 (oder von 5:8 Geschwadern) der
uneingeschränkte Beweis erbracht, daß wir weder eine Überlegenheit über
England anstrebten, noch überhaupt Konkurrenzbau betrieben. Dieser
Vorgang im Haushaltsausschuß machte in der ganzen Welt großen Eindruck

---

*) Laß Hunde, die schlafen, in Ruhe!

und fiel bei der augenblicklichen politischen Lage auf besonders günstigen Boden. Ich habe in einem meiner nächsten Vorträge dem Kaiser als Leitsatz für unser weiteres Vorgehen vorgeschlagen, daß ein formelles Abkommen mit England über die Flotte nicht zweckmäßig sei, denn das müßte zu allerhand Auslegungen und Mißverständnissen führen. Wir sollten nichts übereilen und den Engländern von unserer Seite nichts aufdrängen. Ein stillschweigendes Übereinkommen, wie das oben gezeichnete, wäre ausreichend und sehr nütz= lich. Ich war der Meinung, daß die ausgesprochene Möglichkeit, den Eng= ländern ein formelles Versprechen über die Abgrenzung unserer Flotte zu geben, zunächst günstiger sei, als ein formeller Vertrag. Über gelegentliche Mehrbauten der Engländer, wie Kolonialschiffe, brauchten wir uns nicht gleich aufzuregen. Andererseits mußten dann auch die Engländer damit rechnen, daß wir Unhöflichkeiten ihrerseits mit Mehrbauten beantworten konnten. Die Krisis von 1911/12 hatte mir bewiesen, daß die Engländer, als sie unsere Marinevorlage zur Antwort auf Lloyd Georges Backpfeife be= kamen, dies Verhalten Lloyd Georges bedauerten.

Wenn sich das Verhältnis der Geschwader wie 5:8 bei beiden Nationen erst voll eingebürgert hätte, würde unser Flottengesetz in der öffentlichen Mei= nung endgültig als rocher de bronce stabiliert worden sein. Es erschien mir für die Entwicklung unseres Verhältnisses zu England das Richtigste, ein klares und in sich begrenztes Programm stetig zu verfolgen, ohne Schwäche= anwandlung und überbetonten Verständigungseifer, aber auch ohne den Eindruck zu erwecken, als ob wir unser selbstgestecktes Ziel gern irgendwie übertrumpfen möchten, es sei denn auf eine englische Herausforderung hin. Jetzt waren wir also soweit, daß die britische Admiralität selbst das Verhältnis 10:16 für angemessen erklärte und sich damit abfand. So war ein Haltpunkt für beide Länder erreicht, der nach menschlichem Ermessen für immer die Gefahr beseitigte, daß unsere Flottenpolitik noch einmal zu einer deutsch= englischen Krisis führen könnte. Damit wurde nach Erreichung des außen= politischen Marineziels der innere Ausbau unserer noch zu jungen Marine im wesentlichen zur einzigen Aufgabe, die ich meinem Nachfolger zu über= lassen gedachte. Die deutsche Marine hatte sich gegen England und Bethmann Hollweg endgültig durchgekämpft.

Der Marineattaché in London für das Reichsmarineamt.

London, 14. März 1913.

Die Navy Estimates* sind gestern Abend erschienen; sie gehen heute mit diesem Brief nach Berlin ab. Auf die Rede, mit der Churchill am 26. d. M. die

*) Marine=Haushaltspläne.

Estimates im Parlament einbringen wird, wird die Erklärung des Staatsfekre=
tärs in der Budgetkommiſſion über die Annehmbarkeit der Propoſi=
tion 16 : 10 von erheblichem Einfluß ſein, denn ſie erleichtert Churchill die
Begründung der geringen und nur ſcheinbaren Steigerung des Marinebudgets,
das von der Oppoſition bereits als ungenügend angegriffen wird. Indeſſen ſind
dieſe Angriffe milde und Churchill erwartet — wie er mir ſelbſt ſagte — keine
große Preßagitation der „Big Navy"=Preſſe. Er wird es daher nicht nötig
haben, durch die bisher üblichen, gegen Deutſchland gerichteten Schlagworte die
Oppoſition zu beſchwichtigen. Es kommt dazu, daß ein großer Teil der öffent=
lichen Meinung die ewige Exemplifikation auf Deutſchland ſatt iſt und ſich durch
den friedlichen Ton im Verkehr zwiſchen den beiden Nationen e h r l i c h erleichtert
fühlt; zumal die „City", die Geſchäftswelt, ſchöpft in dieſen für ſie unerquick=
lichen Zeiten ihren einzigen Troſt aus der Beſſerung der Stimmung zwiſchen
Deutſchland und England, und ſchließlich ſcheint auch der Premierminiſter und
das Foreign Office (Grey) Churchill gegenüber zum Ausdruck gebracht zu
haben, daß es nicht für opportun gehalten werde, wenn er Deutſchland wieder
als den „Bogy"* hinſtellt. Ich entnehme das letztere einer Äußerung des Unter=
ſtaatsſekretär im Foreign Office, Sir A. Nicholſon, der mir ſagte, der kon=
ziliante Ton der Erklärung des Staatsſekretärs werde der Marinedebatte in
England viel von ihrer Schärfe nehmen. Churchill ſelbſt zeigt auch guten Willen.
Er verſprach mir geſtern nach einem Diner, er wolle mir die „General Lines"
ſeiner Rede zu den Eſtimates einige Tage vorher geben, damit ich den Staats=
ſekretär unterrichten könne.

Generaldirektor Ballin, der gerade hier iſt und mit Churchill öfters zu=
ſammen war, erzählte mir heute, Churchill habe mit ihm bereits über dieſe
ſeine Rede geſprochen. Er habe die Abſicht, darin einen „Naval Holiday" vor=
zuſchlagen, worunter zu verſtehen ſei, daß Deutſchland und England in einem
der kommenden Jahre zunächſt für ein Jahr keine Neubauten auf
Stapel legten. Ich habe Ballin gegenüber, der von Churchill und ſeinem
Plan ſehr eingenommen war, nur ganz oberflächlich einige Bedenken gegen
dieſen „phantaſtiſchen" Plan geäußert, hinter dem ſich m. E. ein ſehr ſchlau und
realiſtiſch erfaßter Anſchlag gegen die Stabilierung des Flottengeſetzes verbirgt.
Ballin hält Churchill für aufrichtig und zuverläſſig, ſolange ihm ebenſo ent=
gegengetreten werde. Ich kenne Churchill noch zu wenig, um ihn darin beur=
teilen zu können, halte uneingeſchränktes Vertrauen in militäriſchen und po=
litiſchen Fragen aber j e d e m Engländer gegenüber für nachteilig; beſonders
bei einem P o l i t i k e r (wie Churchill).

Rein perſönlich gibt Churchill ſich mir gegenüber ſtets freundlich und wohl

---

*) Popanz.

auch offen. Ich fragte ihn gestern über die Erklärung, die er in Paris bez. der Stellung Englands und Frankreichs in einem Kriege gegen Deutschland abgegeben haben solle. Er behauptete, die ganze Geschichte sei von französischen Blättern, die er durch Ablehnen ihrer Berichterstatter erbost habe, erfunden; englische Blätter hätten sie einfach übernommen, ohne ihn zu fragen, was sie bei solchen Gelegenheiten nur selten täten. Es sei überhaupt für einen Minister (wenn er nicht direkt zu einem Zeitungsklüngel gehöre) oder für eine Behörde ausgeschlossen, auf die Presse einen Einfluß auszuüben, da die Zeitungsbesitzer mächtige und reiche Leute oder Cliquen seien, die keine Winke annähmen, wenn sie ihnen nicht paßten oder ihrer Ansicht nicht entsprächen. Nach meinen bisherigen Erfahrungen scheint mir das zu stimmen. Alle „Marineschreiber", die ich kennen gelernt habe, stehen z. B. in keinerlei Berührung mit der Admiralität.

Die Balkansituation wird vom Botschafter auf Grund der letzten Konferenzen als günstiger beurteilt. Anderer Ansicht sind die hiesigen Mitglieder der österreichischen Botschaft, die das Verpassen des Augenblicks zum Losschlagen gegen Serbien (im Herbst 1912) als den Ausgangspunkt endloser Schwierigkeiten betrachten, da ein erstarkendes Serbien — mit russischem Rückhalt, — eine starke Gefahr für sie sei. — Eine Einigung zwischen Bulgarien und Rumänien soll bevorstehen.

Der Botschafter macht in großem Stil Haus; die Entfaltung großen Prunkes in bezug auf reich liriertes Personal, prächtiges Tafelgeschirr usw. macht in England, wo Pomp, zumal in Verbindung mit einem großen Namen sehr geschätzt wird, mehr Eindruck als z. B. in Berlin. Eine sehr weitgehende Gastlichkeit macht die Botschaft — im Gegensatz zu früheren Zuständen — in weiten Kreisen bekannt. Das Diner für den König war wohlgelungen und als „Ouvertüre" der geselligen Rolle, die der Botschafter zu spielen gedenkt, ein Erfolg. Für uns Mitglieder der Botschaft ist das natürlich sehr wertvoll; denn man trifft auf diese Art in der Botschaft Leute, die der gewöhnlichen Massengeselligkeit Londons ganz fern bleiben, die ihr Menschenmaterial hauptsächlich aus den hierzulande so zahlreichen „Nichtstuern" rekrutiert.

In seiner politischen Stellungnahme ist Lichnowsky ganz vom Auswärtigen Amt abhängig. Er hat anfangs einige Selbständigkeit entfaltet, indem er ein paar die deutsch=englischen Beziehungen betonenden Reden hielt. Er hat darauf einige Ermahnungen aus Berlin bekommen (er hat mir das selbst gesagt), nicht über deutsch=englische Beziehungen zu sprechen. Diese würden von Berlin aus geregelt. Er ist hiernach ungemein ängstlich bemüht, alles zu vermeiden, was dem Auswärtigen Amt mißfallen könnte und äußert das uns Militärattachés gegenüber stets bei Weitergabe unserer Berichte, in denen ihm schon das Wort

„Politik" oder „politisch" Unbehagen weckt. Wegen eines von ihm weiter=
gegebenen Berichts von Ostertag [1] (über den Truth=Artikel, den ich am 13. Fe=
bruar vorgelegt habe) hat das Auswärtige Amt ihn auf sein Zensurrecht hin=
gewiesen; und die Weitergabe eines militärischen Berichts über die Frage der
Unterstützung Frankreichs durch ein englisches Expeditionskorps (Erklärung As=
quiths im Parlament am 10. März) hat er verweigert. Ostertag rechnet mit
baldiger Ablösung und hat deshalb von dem einzig möglichen Weg — der Be=
schwerde — abgesehen. Er hat das dem Botschafter, mit dem sich all diese
Dinge ohne alle Schärfe und sehr freundschaftlich verhandeln lassen, ausein=
andergesetzt. Lichnowsky denkt selbst ganz anders wie das Auswärtige Amt;
will sich aber keiner Mahnung mehr exponieren. Wir haben ihm gesagt, er solle
sich doch diese — von Stumm ausgehenden — Briefe nicht gefallen lassen; er
hat aber die leicht zur Schwäche werdende Neigung, Reibungen und Unannehm=
lichkeiten zu vermeiden.

Das persönliche Verhältnis zu ihm ist das denkbar beste.

Churchill hatte ein gewisses Interesse daran, die Flottenfrage nicht zur
Ruhe kommen zu lassen. Er begnügte sich deshalb nicht mit der glatten An=
nahme seines 10:16=Vorschlages, sondern betrieb den Gedanken eines
Naval Holidays, d. h. eines Flottenfeierjahres, in dem die Schiffsbauten
ganz ausfallen sollten. Dieser Vorschlag war an sich undurchführbar schon
aus dem einfachen Grunde, weil sich diesem Verfahren hätten alle Flotten
der Welt anschließen müssen, was weder Rußland und Frankreich, noch der
Mehrheit der kleinen Marinen paßte. Ich kann mir nicht vorstellen, daß
Churchill ernsthaft an die Durchführbarkeit des Gedankens geglaubt hat, zu
dem selbst die englische Presse ablehnend Stellung nahm. Aber er suchte wohl
nach einer Gelegenheit, uns das Odium der Ablehnung zuzuschieben. Wir
behandelten die Frage dilatorisch, sie wurde in keinem Land ernst genommen
und verlief von selbst im Sande.

Derselbe für dasselbe.

28. März 1913.

Die Churchillsche Rede hat nun den angekündigten „Naval Holiday"
wirklich gebracht; aber selbst die hiesige Presse nimmt den Vorschlag äußerst
skeptisch auf. Bezüglich der deutschen Presse wäre es eigentlich das beste ge=
wesen, wenn sie den Vorschlag ganz und gar ignoriert hätte. Da man das aber
von den Zeitungsschreibern nicht verlangen kann, war es ganz gut, daß die

---

1) Militärattaché.

ebenso phantasievolle wie listige Idee Churchills wenigstens ziemlich allgemein und von vornherein abgelehnt worden ist. Ich war im Parlament, als Churchill sein rhetorisch sehr geschickt vorgetragenes und äußerst sorgfältig präpariertes Exposé von Stapel ließ. Wie bekannt, hat er einen Sprachfehler, (er kann wie ein Chinese kein R und auch kein S aussprechen) — das vergißt man aber bald, denn er hat bei klarer Stimme einen geschickt mobulierten Vortrag. Übrigens ist es eine amüsante Anomalie der hiesigen Parteiverhältnisse, daß der Regierungsvertreter seinen eigenen Parteien gegenüber (Liberalen, Labour, irischen Nationalisten) die Größe der Estimates rechtfertigen und entschuldigen muß — und der Opposition gegenüber die Kleinheit. Er hat daher praktisch nie einen Widerstand wegen zu großer Forderungen zu gewärtigen, sondern höchstens Vorwürfe wegen zu kleiner. — Der Entwurf der Rede hat schon vor 14 Tagen Sir Edward Grey zur Prüfung vorgelegen. Mir hat Churchill — wie ich so halb und halb erwartet hatte — sein Versprechen n i c h t gehalten; er wollte mir einen Auszug aus seiner Rede vorher geben — ebenso wie er mir die Navy Estimates selbst einen Tag früher zustellen wollte. Beides hat er nicht getan. Ich habe überhaupt kein Exemplar der Estimates von der Admiralität bekommen und darf einer exakten Reziprozität wegen vorschlagen, daß auch Watson[1] nicht aus Courtoisie ein Exemplar unseres Etats vom Reichsmarineamt bekommt. Ich bekomme von der Admiralität absolut n i c h t s.

Der Holidayvorschlag nun, der uns sehr freundlich die Initiative zuschiebt, könnte der Vorläufer eines wiederholten „A g r e e m e n t s = V e r s u c h e s" werden. Daß verschiedene Seiten seinen Worten diesen Sinn unterschieben würden, hat Churchill jedenfalls beabsichtigt.

Wie Churchill selber zugibt, ist sein „Estimate" das Maximum dessen, was aller Wahrscheinlichkeit nach die Schiffbaufirmen in der Lage sein werden, „einzunehmen" (to earn — ein sehr elliptisches Wort!). Kurz danach äußerte Churchill die meiner Ansicht nach leere Drohung mit Supplementary Estimates, falls die Baufortschritte größer sein sollten als erwartet, und im Anschluß daran kommt der Holidayvorschlag. Es ist schlecht verhüllt, daß der Vorschlag das Kind eines Wunsches ist, eines Wunsches, den die gegenwärtigen englischen Schiffbauindustrieverhältnisse[2] und die Rekrutierungsfragen nahegelegt haben. Ich halte deshalb den Vorschlag für einen Fühler, und ich glaube, daß dieser Fühler sich wiederholen wird, wenn der König und die Königin am 24. Mai nach Berlin kommen, worüber streng vertrauliche Verhandlungen noch schweben. Der König selbst würde möglicherweise der Träger des Fühlers sein; nach seiner Unterhaltung mit Prinz Heinrich (vor Weihnachten) halte ich das nicht

---

1) *Britischer Marineattaché in Berlin.*
2) *England hatte das äußerste Maß seiner industriellen Leistungsfähigkeit erreicht.*

für ausgeschlossen, unter den jetzt „gebesserten" politischen Verhältnissen. Der Botschafter fragte mich kürzlich, da er einen Privatbrief an Jagow schrieb, nach der Agreementsfrage. Ich habe ihm geraten zu schreiben, daß alle noch so schönen Agreements schließlich zum Disagreement führen würden und deshalb am besten unterblieben. Schließlich haben wir es auch nicht mehr nötig, „beflissen" zu sein England gegenüber, wozu Lichnowsky neigt. Er war aber derselben Ansicht, vor allem froh, einer Aufrollung der Marinefrage zu entgehen, die ihm, da er schimmerlos ist, nicht liegt. Außerdem hat ihm das Auswärtige Amt „die Marinegeschichte" seines Vorgängers in den schwärzesten Farben geschildert. — Er ist völlig Marionette in der Hand des Auswärtigen Amtes. — Fragt wegen jeder Kleinigkeit und steckt jede Arroganz (Stumms) glatt ein. Schade!...

Während eines Urlaubsaufenthaltes in Italien erhielt ich von meinem Vertreter, Admiral von Capelle, Berichte, aus denen hervorging, daß die Rückwirkung der Churchillschen „Holiday"=Rede bei der ruhigen Situation und der gefestigten Stellung unsrer Marine nicht mehr bedenklich werden konnte. Die Zeiten hatten sich gegenüber 1908 zu unsern Gunsten verändert.

Eine politische Persönlichkeit, die sich um ein besseres Zusammenarbeiten zwischen dem Auswärtigen Amt und dem Reichsmarineamt bemühte, hat im April 1913 über die damaligen Ansichten unsres Londoner Botschafts= rates, Herrn von Kühlmann, des seit Herrn von Eckardstein tätigsten Mak= lers einer deutsch=englischen Verständigung, folgende Aufzeichnungen ge= macht. Sie zeigen, daß mein Verhalten im Winter 1911/12 die Bemühungen dieser Politiker nicht vereitelt hat.

1. Afrikanische Kolonien. — Herrn von Kühlmanns politisch leitender Gedanke ist, für Deutschland in einem Einverständnis mit England auf Kosten kleinerer Staaten ein vergrößertes Kolonialreich zu schaffen. Die besten Chancen dafür bietet Mittelafrika. Herr von Kühlmann ließ durchblicken, daß er der eigentliche Vater der Ziele der Kiderlenschen Verhandlungen im Sommer 1911 gewesen ist.

Diesbezügliche Verhandlungen hat Herr von Kühlmann seit Beginn seiner Londoner Tätigkeit gepflogen. Sie standen vor einem ersten Abschluß im Augenblick der Haldaneschen Mission. Diese stellte sich auf eine breitere Basis und versprach einen schriftlichen Neutralitätsvertrag[1] für den Fall einer zeitig unbe= grenzten Hinausschiebung der deutschen Flottennovelle.

---

1) *Ein einigermaßen brauchbarer Neutralitätsvertrag ist uns niemals angeboten worden, sondern nur wertlose Worte. Wäre ersteres geschehen, so hätte ich auch Haldane gegenüber die Novelle von 1912 ganz geopfert, wie ich dem Kaiser vorher gesagt hatte.*

Kühlmann ist selbst von dem unbedingten Nutzen eines Neutralitätsver=
trages mit England nicht überzeugt, glaubt jedoch, daß immerhin eine
schriftliche englische Abmachung soviel bedeute, daß man dafür ein poli=
tisches Entgegenkommen zeigen mußte.

Erst in der Folgezeit des Mißerfolgs der Haldaneschen Mission wurden die
zeitweise ganz unterbrochenen afrikanischen Verhandlungen wieder aufgenom=
men. Sie sind heute in der Hauptsache beendet. In ca. vier Monaten ist der Ab=
schluß eines afrikanischen Kolonialabkommens mit England zu er=
warten, das die portugiesischen Kolonien in englische und deutsche Interessen=
sphären teilt, ebenso vom Kongostaat einen genügend breiten Streifen dem
deutschen Einfluß zuweist, so daß faktisch für die Zukunft die Bil=
dung eines mittelafrikanischen großen deutschen Kolonial=
reiches gesichert ist.

Dieses Abkommen ist erzielt worden, ohne irgendwie die Re=
lation der beiden Flotten dabei zu berühren.

Herr von Kühlmann sagte wörtlich: „Sie unterschätzen mich, wenn Sie
glauben, ich könnte so töricht sein, für afrikanischen Kolonialbesitz Schiffe daran
zu geben!"

Kühlmann verspricht sich sehr viel von der Wirkung dieses Kolonialab=
kommens. England und Deutschland sind dadurch enger aneinander gerückt
— es bezeichnet nach außen deutlich das Abschwenken Englands von der festen
Stellung innerhalb der Tripleentente.

2. England—Deutschland. — England hat vor und bei Beginn der
Balkankrise sich mit der deutschen Politik dahin geeinigt, den Frieden auf jeden
Preis zu erhalten. England wollte Rußland, Deutschland sollte möglichst Öster=
reich bearbeiten. England hat sogar Italien ermutigt, den Dreibund zu erneuern.
England die erste Flotte der Welt, Deutschland die zweite in Europa, daneben
die erste Armee in Europa — gemeinsame Geschäfte, ohne Hineinbeziehung
der Rüstungsfrage.

3. Kühlmann mißtraut dem Reichsmarineamt in bezug auf die Einbrin=
gung von neuer Flottennovelle. Er besorgt einen Ausbau und öffentliche
Erziehung der deutschen Flotte zur Angriffswaffe gegen England. Damit würde
solches Mißtrauen in England geschaffen, daß es unmöglich wäre, eine gedeihliche
Politik zu machen. Er wünscht, daß der Marinestaatssekretär mit 60 Schiffen zufrie=
den wäre,[1] dann würde alles im Laufe der Zeit gut werden — nur ja nichts tun,
um erneut das englische Mißtrauen zu erwecken. Alles käme darauf an, in England
Vertrauen zu erwecken, daß wir nunmehr das gesetzlich festgelegte Maß
nicht überschreiten würden — die Engländer könnten später doch keinesfalls
gegen 60 große moderne Kampfschiffe ihre bisherige Überlegenheit aufrechterhalten —

---

1) *Das war ich auch.*

25*

also würde unsere Position doch mit jedem Jahre besser, und wir sollten jetzt nicht mehr an dem Flottengesetze rühren.

Kühlmann bestritt auf das entschiedenste, daß nach seiner Kenntnis vom Auswärtigen Amt etwa daran gearbeitet würde, die Durchführung des Flottengesetzes aufzuhalten. Er wiederholte mehrfach, daß er das auch für falsch halten würde. So wenig wie möglich von der Rüstungsfrage sprechen, wäre das Richtige.

4. Über die Persönlichkeit des Herrn von Tirpitz sagt Kühlmann, daß von Rechts wegen eben Tirpitz als „stärkster Mann" Reichskanzler sein müsse — denn darauf sei die Stellung durch Bismarck zugeschnitten. So sei es im Laufe der Zeit immer schlimmer geworden, indem kein anderer Minister — der Reichskanzler am allerwenigsten — dem Marinestaatssekretär gewachsen sei. Hierdurch habe dieser einen Einfluß auf die Allgemeingeschäfte des Reiches erlangt, welcher der Verfassung nach unstatthaft und speziell auch für die allgemeine Führung der auswärtigen Politik des Reiches schädlich sei. (Bei der hohen Selbsteinschätzung Kühlmanns . ist es natürlich, daß er während der letzten Zeit in dem Marinestaatssekretär denjenigen sah, der ihm zeitweise die Durchführung der eigensten „afrikanischen Kolonialidee" vereitelt hat.

5. Churchills Holiday. — Herr von Kühlmann behauptet aus bester Quelle zu wissen, daß Churchill seinen Vorschlag selbst nicht ernst gemeint habe. Churchill habe ihn politisch lediglich wegen des linken Flügels der Liberalen aus innerpolitischen Gründen gemacht. Was der Reichskanzler in seiner Rede bzgl. „Abwarten englischer Vorschläge" usw. gesagt habe, sei eine quittierende Redensart.

Kühlmann glaubt nicht, daß etwaige englische diplomatischen Vorschläge auf ein Abstoppen der Ausführung des deutschen Flottengesetzes lauten werden. Die einsichtigen Engländer seien sich darüber klar, daß eine solche Zumutung auf soviel Widerstand stoßen würde, daß sie nutzlos resp. schädlich sei. Etwaige Verhandlungen müßten und würden sich auf der Basis einer unbedingten Beschränkung auf das jetzige Flottengesetz bewegen. Daß der König im Mai mit eventuellen positiven Vorschlägen an Seine Majestät herantreten würde, hält Herr von Kühlmann für ausgeschlossen.

Ein auf den jetzigen Reden aufbauendes stillschweigendes Innehalten der beiderseitigen Bauprogramme hält Herr von Kühlmann für das Wahrscheinlichste und auch Beste.

6. Allgemeinpolitisch hält Herr von Kühlmann augenblicklich unsere Position für durchaus günstig und auf dem aufsteigenden Ast. Kühlmann gibt zu, daß er sich in den düsteren Prophezeiungen bez. der Nachwirkung der Flottennovelle 1912 in England getäuscht habe — er habe in seiner Berichterstattung das auch offen zugegeben.

Zum Schluß versicherte mir Kühlmann, wie sehr ihn meine Mitteilung interessiert habe, daß Herr von Tirpitz nicht daran denke, irgendeine Änderung resp. Beschleunigung des Flottengesetzes (er hatte von der Möglichkeit eines

jährlichen Beschleunigungsprogrammes von vier Schiffen gehört!) herbeizu=
führen.

Kühlmann war bestürzt, zu hören, daß wir uns jetzt ganz plötzlich, anscheinend
auf allerhöchsten Wink, zum eifrigen Fürsprecher der g r i e c h i s c h e n Wünsche bezüg=
lich der südalbanischen Grenze gemacht hätten. Anstatt die gegebene einfache und klare
politische Linie: Stärkung des Dreibundes mit geschäftemachender Anlehnung an Eng=
land, Ausspielen der Balkanstaaten inklusive Griechenland gegeneinander zur Verhütung
nochmaliger Blockbildung — weiter zu verfolgen, spukten schon wieder unklare Ideen
„wie Stützung des Griechentums gegen den slawischen Ansturm" usw. in die Politik
Deutschlands hinein, die uns wieder aufs neue als unzuverlässige Kandidaten kenn=
zeichne. Was gehe uns bloß die g r i e c h i s c h e Nordgrenze an! Zu I t a l i e n müßten
wir jetzt energisch stehen! Schon sei Italien ernstlich verstimmt, das dieses Verhalten
Deutschlands als schlechten Lohn für die vorzeitige Erneuerung des Dreibundes kenn=
zeichne. Fort mit den Irrlichtereien, daß Deutschland sich auf Griechenland, Rumänien
und die Türkei in Zukunft s t ü t z e n müsse, — das seien schwanke Rohre, um sich dar=
auf zu stützen! Kühlmann will von London aus so gut wie möglich einer solchen fal=
schen deutschen Politik entgegenwirken.

Zur Erläuterung dieses letzten Absatzes sei folgende Stelle aus einem Brief
unsres Botschafters in Konstantinopel, Freiherrn von W a n g e n h e i m, an
das Auswärtige Amt, vom Winter 1913/14 angefügt:

Die kaiserlichen Pläne entspringen nur dem Wunsche, den Korfubesitz ungestört
genießen zu können. Dieser Wunsch bestrahlt alles. Die dynastischen Ideen mit der
griechischen Königsfamilie, die früher gar nicht bestanden — im Gegenteil —, sind nur
Reflexe davon. In Korfu werden ihm potemkinsche Dörfer vorgeführt; dort sieht er ge=
putzte Menschen, fingierten Wohlstand (alles das wird mit 300—400 000 Franken für
ihn bereitet) und glaubt — will vielmehr glauben — daß dies „Griechenland" ist. Er
will nicht hören und verstehen, daß dies kleine Land niemals in der Lage sein wird, die
Stiche und Stöße ertragen zu können, die ihm eine Gegnerschaft der Tripleentente ein=
bringen muß. Im Hintergrund stehen für ihn wahrscheinlich auch neue Flottenpläne;
die wären jedenfalls die logische und notwendige Folge einer solchen neugerichteten
Orientpolitik. Was wir anstreben müssen, ist ein Bündnis der Türkei mit Bulgarien
unter Anlehnung an den Dreibund. Das ist in 24 Stunden zu machen und würde eine
magnetische Anziehungskraft auf das zunächst widerstrebende Rumänien ausüben. Vor=
teile, die fast ein Zwang, lägen hier für Rumänien zutage und würden die neue rumä=
nisch=russische Politik bald erledigen.

Eine solche Konstellation Rumänien—Bulgarien—Türkei unter Anlehnung an den
Dreibund wäre ein neues, brauchbares P i v o t u n s e r e r O r i e n t p o l i t i k.

Wir müssen endlich in letzter Stunde die Dinge sehen, wie sie s i n d, nicht wie sie
sein k ö n n t e n. Alle Großmächte arbeiten jetzt emsig an der künftigen Balkankonstel=
lation, weil sie fühlen, daß hier etwas für ihre eigene Zukunft Bestimmendes geschaf=
fen wird. Nur wer mit der ersten „Tat" auf dem Plan erscheint, wird gewinnen.

Über die Stellungnahme des R e i c h s k a n z l e r s zu diesem Schreiben teilte
der Marineattaché in Konstantinopel, Korvettenkapitän H u m a n n, in einem
Privatbriefe mit:

Reichskanzler hat diesen Ausführungen zugestimmt. Ist aber zu schwach, um dem Kaiser seine Korfufreude zu verderben. Vom menschlichen Standpunkt und angesichts des täglichen Zusammenlebens begreiflich. Aber seinen Pflichten als Kanzler des Reiches wird er nach Ansicht Wangenheims damit nicht gerecht. Korfu müßte, wie die Dinge liegen, eigentlich eine Kabinettsfrage für ihn werden.

Reichskanzler weist Wangenheim wiederholt mit Sorge darauf hin, daß die vom Kaiser jetzt angestrebte Griechenpolitik auf neue Flottenpläne führen müsse.[1] Bittet Wangenheim bezugnehmend auf ein Vorkommnis bei Tisch, Scherze in dieser Richtung bei Seiner Majestät zu vermeiden. Tirpitz habe scheinbar wieder allerlei im Schilde, diesmal mit Kreuzern. Sein gefährlichster Helfershelfer sei Marineattaché London, ein Scharfmacher, dessen Berichte weit über Ziel schießen und ihm häufig recht unangenehm seien.

In einem andern Bericht Humanns aus derselben Zeit heißt es:

Der Kaiser arbeitet auf ein Bündnis Türkei mit Griechenland unter Anlehnung an Dreibund. Ist der Ansicht, daß Dreibundflotte im Mittelmeer der Tripelentente vollständig gewachsen und darum Dreibund jederzeit in der Lage, Griechenland zu schützen. Die tatsächlichen Bedürfnisse der Türkei bei solcher Art Allianz läßt er ganz aus dem Auge. Die braucht in erster Linie Schutz gegen Rußland und weiß sehr gut, daß griechische Truppen niemals gegen Rußland marschieren werden. Sie braucht ferner freie Hand gegen die Griechen und ihre großgriechische Propaganda in Anatolien, die sie mit Keulen totschlagen will und auch muß. Venizelos hat bei seinem Hiersein (Korfu) dem Kaiser ziemlich unverblümte Absage gegeben. Hat schließlich den „Versuch zu einem Hinneigen zum Dreibund" zugesagt; also nichts als Redensarten. Jede Bindung wurde bestimmt abgelehnt.

Der Marineattaché in London für das Reichsmarineamt.

London, 26. April 1913.

... Die politische Lage wird vom Botschafter nach der gestrigen Konferenz als sehr kritisch angesehen. Er sagt, er wisse nicht, was geschieht, wenn der Montenegriner Skutari nicht wieder räumt — was nach Ansicht des österreichischen, zur Unterstützung seines Botschafters hierher kommandierten Balkansachverständigen der Montenegriner gutwillig unter keinen Umständen tun wird. Österreich verlangt ein Mandat von den Mächten, ihren Beschluß mit Gewalt durchzuführen. Grey ist abwesend und kommt erst Montag 28. zurück. Asquith, der die gestrige Konferenz geleitet hat, war absolut gegen ein solches Mandat, selbst wenn die Italiener teilnähmen, was noch sehr zweifelhaft ist. Der Russe — Benckendorff — fuhr sich bei Erwähnung dieses Planes (nach Erzählung des Botschafters) nur in höchster Erregung durch seine (nicht mehr vorhandenen) Haare und erklärte schließlich, daß er die Ausführung dieses Gedankens für ausgeschlossen halte. Frankreich befindet sich natürlich im Gefolge seiner Ententefreunde. Die Landung von Matrosen der internationalen Geschwaders in Antivari und

---

1) *Aus dieser Bemerkung ergibt sich, daß der Reichskanzler die von mir geführte Marinepolitik gar nicht verstanden hat. Niemand im Reichsmarineamt hat damals an neue Flottenpläne gedacht. Der vom Kanzler 1911/12 verhinderte Ersatz der drei veralteten Kreuzer (siehe oben S. 368 f.) bildete für uns keinen Gegenstand groß genug, um erhebliche politische Nachteile dafür einzutauschen.*

San Giovanni di Medua wurde von Österreich als nutzlos hingestellt, denn sie habe keine Wirkung auf Montenegro, die Landungskorps würden nach drei bis vier Wochen wieder zurückgezogen werden müssen, und die „Großmächte“ hätten sich dann einer weiteren Blamage ausgesetzt. Die russische Tendenz, Zeit zu gewinnen und dadurch alle „coercive steps“, wie seinerzeit die Blockade, wirkungslos zu machen, wird sich wahrscheinlich auch jetzt wieder durchsetzen; alles mit der Begründung, daß bei Anwendung energischer Mittel die öffentliche Meinung in Rußland nicht mehr zu halten sein werde. Diese Haltung Rußlands und die Verbindung, die nicht verantwortliche Kreise mit Montenegro aufrechterhalten, machen es auch nach Ansicht des Botschafters höchst unwahrscheinlich, daß Nikolaus freiwillig Skutari wieder aufgeben wird. Der Österreicher ist der Meinung, daß in diesem Falle der alte Kaiser und die zu aller möglichen Nachgiebigkeit geneigte österreichische Diplomatie die Stimme der Armee nicht mehr werde überhören können — und daß man selbständig handeln werde, wobei man auf Italiens (und auch Deutschlands) Zustimmung und bei Italien evtl. auf Mitwirkung hofft. Die „Einstimmigkeit“ der Mächte, „keine übereilten Schritte zu tun“, ist also recht problematisch. Übrigens scheint Lichnowsky in der Konferenz über die Unfruchtbarkeit der bisherigen Botschafterkonferenz einige deutliche Worte gesagt und ausgedrückt zu haben, daß er nicht gesonnen sei, noch weiter mitzumachen, wenn der Botschafterkreis sich mit seinen Vorschlägen und Beschlüssen noch ferner zum Narren mache....

Derselbe für dasselbe.

London, 30. April 1913.

Der Botschafter traf gestern bei einem Diner mit Churchill zusammen, der ihn nach dem Essen ansprach und in ein längeres Gespräch über den „Holiday“ zog. Es sei ihm mit diesem Vorschlag durchaus ernst. Die Kosten des Wettrüstens würden zu hoch, ein großes Schlachtschiff koste schon ca. drei Millionen £; das steigere sich immer weiter. Das Geld könne man besser für andere Zwecke verwenden, wenn man zu einer Einigung über eine Rüstungseinschränkung komme. Außerdem sei unsere Flotte der einzige Grund, der wirklich intime Beziehungen zwischen Deutschland und England verhindere. Churchill verglich dabei unsere Flotte mit Elsaß-Lothringen (!), das in derselben Weise einem guten Verhältnis zwischen Deutschland und Frankreich im Wege stehe. Der Botschafter hat ungefähr geantwortet, er halte es für das beste, wenn die Flottenfrage überhaupt aus der Frage der politischen Beziehungen herausbleibe: er mische sich prinzipiell nicht in Flottenfragen, aber er könne nur sagen, daß die letzte Zeit gezeigt habe, daß ein gutes Verhältnis zwischen Deutschland und England trotz der Flotte möglich sei. Übrigens habe der Reichskanzler ja erklärt, daß man die Frage in wohlwollende Erwägung ziehen könne. Er, der Botschafter, glaube aber nicht, daß das deutsche Volk, dem seine Flotte eine nationale Sache sei, sich auf eine Flottenbeschränkung einlasse.

Übrigens entwickelt der Botschafter in seinem Bericht an den Reichskanzler die Ansicht, daß Churchills Einfluß auf die äußere Politik nicht groß sei. Die machen allein Asquith und Grey. Da Churchill aber eitel und populär sei, empfehle es sich, ihn mit seinem Holidayvorschlag, wenn man ihn auch nicht annehme, nicht zu blamieren. Churchill habe anscheinend ein tiefes Mißtrauen in unsere auswärtige Politik, das etwas zu mildern ihm, dem Botschafter, anscheinend gelungen sei (! !), denn Churchill habe schließlich gesagt, er hoffe, der Botschafter habe bereits erkannt, daß mit den Engländern ganz gut auszukommen sei. (Oder so was Ähnliches.) —

Die Lage wird wieder optimistischer angesehen, da man glaubt annehmen zu können, daß England zu einer Teilnahme an einer Landung zu haben sein wird (morgen Entscheidung), und daß Österreich dann evtl. n o ch acht Tage wartet — und Frankreich mitmacht.

Derselbe für dasselbe.

1. Mai 1913.

Über Verlauf der heutigen Botschafterkonferenz habe ich vertraulich folgendes erfahren:

Positives Resultat wieder gleich null. Schuld E n g l a n d. Alle anderen Mächte, selbst Frankreich, würden für Besetzung von Küstenplätzen, Ausschiffung von Truppen, zu haben gewesen sein. Grey war absolut dagegen. Als Grund nimmt man in diplomatischen Kreisen Angst der Regierung vor der öffentlichen Meinung an. Asquith soll befürchten, daß, wenn es nach einer solchen Ausschiffung zu blutigen Zusammenstößen käme und das Blut einer englischen Blaujacke vergossen werde, die jetzige Regierung in England ausgespielt habe. Dies ist aber nur Vermutung: einen Grund hat England für seine Stellungnahme nicht angegeben: Grey hat nur den Standpunkt vertreten, daß die Zeit für aktive Zwangsmaßregeln gegen Montenegro noch nicht gekommen sei; er konnte diesen Standpunkt damit motivieren, daß der montenegrinische Minister Popovitsch angefragt hat, ob Montenegro im Falle der Räumung Skutaris auf Kompensation rechnen könne, woraus hervorgehe, daß König Nikolaus selbst daran denke, Skutari aufzugeben. Es wird daher nun nochmals von Montenegro die sofortige Räumung Skutaris verlangt werden unter Anbietung ökonomischer, nicht territorialer Vorteile. Über die Art der ökonomischen Vorteile soll bereits Übereinstimmung erzielt sein. G e g e n s e l b s t ä n d i g e s H a n d e l n Ö s t e r r e i c h s sprach sich Grey sehr ablehnend aus; es werde in England allgemein gemißbilligt werden. Der österreichische Botschafter nahm dazu keine Stellung, sondern kann nur die englische Ansicht an seine Regierung weitergeben. Im Falle der Nichtbefolgung des Wunsches der Mächte wird Montenegro mit dem Verlust jeder Art von Kompensation gedroht...

Der russische Botschafter hat vor selbständiger österreichischer Aktion gewarnt und nochmalige energische „Ermahnung" Montenegros versprochen. Noch energischer, als es das bereits getan hat, kann Rußland aber kaum mehr mahnen.

Die Unsicherheit ist daher dieselbe wie vor der heutigen Konferenz. Die nächste Zusammenkunft soll am Montag stattfinden. Bis dahin hofft man, eine Antwort von König Nikolaus zu haben.

Derselbe für dasselbe.

London, 4. Juni 1913.

Nach dem gestrigen Diner in der Admiralität zur Feier des Geburtstages des Königs sprach mich Churchill an und gab seiner Freude Ausdruck, daß Vizeadmiral Sir John Jellicoe in Berlin von dem Staatssekretär empfangen worden und mit „the best impressions" von Berlin zurückgekehrt sei. Churchill fuhr in seiner jedenfalls vorher durchdachten und auch durch überlegende Pausen unterbrochenen Unterhaltung fort, daß er nunmehr konkrete Vorschläge bez. seines Naval Holiday ausarbeiten wolle und daß er hoffe, falls seine Kollegen im Kabinett ihm zustimmten, im Herbst d. J. mit diesen Vorschlägen hervorzutreten. Auf meine Frage, wie sich denn die anderen Seemächte zu dieser Frage stellten, die für unsere keineswegs einseitig auf die englische Marine zugeschnittene, sondern von dem ganz allgemeinen Gesichtspunkt unserer eigenen Bedürfnisse zu beurteilende Flottenpolitik von Einfluß seien, erwiderte Churchill, daß natürlich auch die anderen Seemächte beitreten müßten. Wie sich das machen werde, wisse er noch nicht. Er sei aber überzeugt, daß, wenn wir — Deutschland und England — zu einem Übereinkommen gelangten, die anderen folgen würden. Zudem könnten wir auf „unsere beiderseitigen Freunde" einen Einfluß ausüben, dem sich diese schwerlich widersetzen könnten. Ich habe Churchill meine Zweifel ausgedrückt, z. B. Rußland zu einer Einschränkung oder gar zur Aufgabe seiner Flottenpläne zu bewegen, und ihm ferner entgegnet, daß es für uns äußerst schwierig sei, unter Zugrundelegung des Flottengesetzes eine praktikable Form für einen Holiday zu finden. Das Flottengesetz sei da; es sei keine variable Größe, wie die von Jahr zu Jahr bestimmten englischen Marinebudgets; es sei ein auf Jahre hinaus wirksamer und bereits in Rechnung gestellter nationalökonomischer Faktor im Erwerbsleben unserer Schiffsbauindustrie, die nicht wie die englische leicht Ersatz an fremden Lieferungen fände. Eine Änderung sei nur durch Gesetz möglich; verschöbe sich die Situation danach abermals, so bringe das wiederum eine Gesetzesänderung mit sich und die ganze zurzeit sich glücklicherweise mehr und mehr beruhigende Flottenrivalität der öffentlichen Meinungen und der Publizistik beider Länder, die die politischen Beziehungen durch die Stimmung der beiden Völker beeinflusse, käme nie zu Ende. Schließlich komme eine durchaus der Konzilianz zugeneigte Stellungnahme unsererseits schon dadurch zum Ausdruck, daß wir vorläufig den Bau eines materiell bereits bewilligten Schiffes nicht fixiert hätten. Wenn er dieses Faktum ganz unparteiisch betrachte, so sei das eigentlich ein sehr viel positiverer und tatsächlicherer Holidayvorschlag als der seine, der nur nicht in Worte umgesetzt worden sei, weil seine endgültige Verwirklichung von Umständen abhänge, deren Formulierung den Vorschlag mit soviel Vorbehalten umgeben würde, daß er ebenso wertlos würde wie z. B. seine (Churchills) Vorschläge bez. seines Holidays. Auf diese unsere Anregung habe er gar nicht reagiert. Churchill entgegnete darauf, die nationalökonomische Frage sei für England schließlich dieselbe wie für uns. Denn wenn wir zwei Schiffe „off= knockten" (abstreichen), so werde England vier Schiffe abstreichen. Er habe sich die Sache auch von unserem Standpunkte aus genau überlegt und halte ihre Durchführung für möglich. Jedenfalls lohne es nach seiner Ansicht den Versuch; werde sein Vorschlag von uns nicht angenommen, so werde er das keineswegs übelnehmen. Versuchen wolle er es; das liege nach seiner Ansicht im Interesse beider Völker. Die Flottenrivalität werde dadurch keineswegs beseitigt.

Es folgten danach, wie das Churchills Art ist, teilweise etwas phantastische Betrachtungen über die Holidayjahre, wobei mir an der gestreiften Tapete des Empfangszimmers die fetten und die mageren Jahre klargemacht wurden. Dazu kamen reellere Argumente wie das forzierte Veralten noch vor kurzem sehr guter Schiffe durch das In=die=Höhe=treiben der Typen. Wenn wir beide ein Jahr lang nichts bauten, werde nichts verschoben und verloren; es behielten dann eben ältere Schiffe länger ihren Wert. Die neuen Schiffe würden viel zu kostspielig. In der modernen Kriegsführung könne ein Torpedo oder eine Mine ein Schiff von drei Millionen auf Monate wertlos machen. In früheren Zeiten sei ein Linienschiff nur durch ein stärkeres oder besser fechtendes Linienschiff zu schlagen gewesen. Heutzutage könne in Nacht und Nebel ein tüchtiger Destroyer= kommandant oder am hellen Tage ein geschickter U=Bootsführer das stärkste Schiff außer Gefecht setzen.

Ich brachte das Gespräch auf die Panzerkreuzerfrage, worauf Chur= chill antwortete, das teuerste Schiff müsse logischerweise auch das stärkste sein. Das sei beim modernen Panzerkreuzer nicht mehr der Fall. Die letzten Knoten kosteten zu viel; aus diesen Gründen baue man in England vorläufig keine Panzerkreuzer mehr; endlich aufgegeben seien die Panzerkreuzer aber nicht; man müsse die weitere Entwicklung der Frage abwarten.

Zum Schluß versprach mir auf meine Bitte Churchill, die Holidayfrage seinerzeit mit mir zu besprechen und seine Vorschläge durch mich an den Staatssekretär geben zu wollen. Ich habe, um die bekannten jeder Konzession zugeneigten Influenzen auf beiden Seiten des Kanals solange wie möglich fernzuhalten, vorsichtig zum Ausdruck gebracht, daß die Angelegenheit nach meiner Ansicht vorläufig besser eine ganz interne und private Behandlung zwischen den beiden Marineministerien erfahre.

Ich bitte Euer Hochwohlgeboren mich für die möglicherweise bevorstehenden weiteren Diskussionen mit Churchill mit einer möglichst erschöpfenden Zusammenfassung der Ansichten des Staatssekretärs auszurüsten; für mündliche Besprechungen und In=

ſtruktionen werde ich wohl in Kiel Gelegenheit haben. Auch wäre mir intereſſant zu erfahren, was zwiſchen Seiner Exzellenz und dem Admiral Jellicoe verhandelt worden
iſt, da Churchill ſo tat, als ob die günſtigen „Eindrücke" Jellicoes in Berlin ihn zur
energiſcheren Inangriffnahme ſeines Planes ermuntert hätten. Jellicoe ſelbſt ſagte mir
auf meine Frage, was er denn m i t d e m K a i ſ e r an der Hand der „großen Mappe",
mit der ihn ein eifriger Berichterſtatter in Potsdam erſpäht habe, verhandelt habe: der
Kaiſer habe ihm viel und faſt ausſchließlich von der Entwicklung Tſingtaus erzählt.
Die „Mappe" ſei das Album geweſen, das Seine Majeſtät ihm geſchenkt habe.

Ich bitte ferner um Anweiſung, ob unter den gegenwärtigen Verhältniſſen der Inhalt meiner Beſprechung mit Churchill zur Berichterſtattung geeignet iſt, hauptſächlich
um an den von dem Bericht durchlaufenen Stellen unſere Gegenargumente gegen den
Holidayvorſchlag erneut einzuprägen.

Der Botſchafter hat a u f V e r a n l a ſ ſ u n g d e s A u s w ä r t i g e n A m t s einen
Bericht abgelaſſen, in dem er von einem Beſuch des Kaiſers in Cowes in dieſem Herbſt
a b r ä t; er hält die Frage damit für erledigt. Übrigens hat nicht der König, ſondern die
Königin von England dem Kaiſer gegenüber die Aufforderung, nach Cowes zu kommen,
ausgeſprochen; der Kaiſer war, wie ich aus guter Quelle weiß, „delighted".

Antwort des Kapitäns Hopman an Marineattaché Kapitän von Müller.

B e r l i n, 11. Juni 1913.

Ihr Brief über das Geſpräch mit Churchill hat hier ſehr intereſſiert, aber
gerade keine Freude erweckt. Denn die Tatſache, daß dieſer zum Herbſt wieder
mit ſeinem Holidayvorſchlage hervortreten will, kommt jetzt nicht gerade gelegen. So ſehr alle Gründe der Vernunft gegen dieſen Vorſchlag ſprechen und
dementſprechend ſich auch faſt die geſamte deutſche und engliſche Preſſe bisher
geäußert hat, ſo iſt doch zu befürchten, daß die Wehrvorlagen mit ihren gewaltigen Anforderungen an den deutſchen Steuerzahler und das wohl bald perfekt
werdende Abkommen mit England über Zentralafrika ſowie das allgemeine
Verlangen nach einem d a u e r n d e n V e r ſ t ä n d n i s m i t E n g l a n d Churchills
Plänen den Boden ebnen werden. Im Reichstag iſt nach Anſicht des Staatsſekretärs die Stimmung ſchon jetzt nicht ſo ungünſtig dafür. Die Rüſtungs-
müdigkeit, die die Wehrvorlage bringen muß, wird weiter in dieſer Richtung
wirken und von der Wilhelmſtraße ſicherlich in ihrem Sinne ausgenutzt werden.
Alſo Churchill hatte gar nicht ſo unrecht, wenn er ſagte, er habe ſich die Sache
auch von unſerem Standpunkte aus überlegt und halte die Durchführung für
möglich. Er hat eine feine Naſe für den Wind, der augenblicklich bei uns weht,
und nutzt ihn geſchickt aus. Weitere Argumente als diejenigen, die Sie ihm in
eingehender, ihn aber nicht überzeugender Weiſe ſchon ausgeführt haben, werden
daher bei ihm kaum noch verfangen. Im Gegenteil, ſie werden ihm eher das
Gefühl beibringen, daß wir, d. h. der Staatsſekretär und die hinter ihm ſtehenden Kreiſe, das Hervorbringen des Holidayvorſchlages unter allen Umſtänden

zu verhindern suchen, weil wir fürchten, daß er unserer Regierung (Wilhelm=
straße) und dem Reichstag nicht ungelegen kommen werde. Es ist daher nach
Ansicht des Staatssekretärs besser, wenn Sie bei etwaigen weiteren Verhand=
lungen mit Churchill die Gründe, die vom rein m a r i n e politischen Standpunkt
aus gegen seinen Vorschlag sprechen, wie Schiffbauindustrie, Flottengesetz usw.,
nicht in den Vordergrund stellen, sondern so tun, als wenn wir von unserem
Marinestandpunkt aus nicht grundsätzlich unzugänglich wären, dabei aber gleich=
zeitig darauf hinweisen, daß die englische und deutsche Presse sich doch sehr
ablehnend, ja teilweise sogar höhnisch geäußert habe und daß er, Churchill,
nach seiner Luxusflottenrede und anderen uns Deutschen gesagten Liebenswürdig=
keiten kaum erwarten könne, daß man in Deutschland seinem Vorschlag großes
Vertrauen entgegenbringt. Jedenfalls sei es wahrscheinlich, daß in der Presse
beider Länder wieder ein großer Flottenrummel losginge, der in die augenblick=
liche Situation gar nicht passe und leicht in das Gegenteil von dem ausschlagen
könne, was er beabsichtige. Daher sei es ratsam, nur sehr vorsichtig und behut=
sam an die Frage heranzugehen. Jetzt wo die gesamte politische Lage doch noch
recht ungeklärt sei und sich Länder wie Rußland, Italien usw. mit Rücksicht auf
die Balkanlage mit anderen Fragen zu beschäftigen hätten und an alles andere
dächten wie an Beschränkung ihrer Flottenrüstung, sei doch wohl kaum schon
der Zeitpunkt dafür gegeben. Kein Mensch werde Verständnis dafür haben,
sondern irgendeine selbstsüchtige Absicht Englands dahinter vermuten.

Im allgemeinen wird es sich daher empfehlen, die Sache so dilatorisch wie
möglich und weniger als Marine= denn als r e i n p o l i t i s c h e Frage zu behan=
deln. Deshalb ist es wohl auch ratsam, daß Sie Ihren Botschafter insofern zur
Hilfe holen, als dieser Sir E. Grey gelegentlich darauf anspricht und mit dem
Gespenst des Flottenrummels darauf hinweist, daß Churchill der zarten Pflanze
der deutsch=englischen Détente jetzt mit seinem Holidayvorschlag nur schaden
könne.

Die Absicht Churchills, sich zunächst auf Rücksprache mit Ihnen persönlich
zu beschränken und so seine Vorschläge unmittelbar an den Staatssekretär ge=
langen zu lassen, hat etwas Bedenkliches und verbirgt hinter der Maske des
harmlosen Biedermannes vielleicht doch den alten Fuchs, der nur erreichen will,
daß er das Odium der Ablehnung seines von vornherein nicht ernstgemeinten
Vorschlages auf den Staatssekretär abwälzen kann. Es dürfte daher ratsam
sein, wenn Sie sich ihm gegenüber möglichst reserviert verhalten.

Der Staatssekretär empfiehlt Ihnen auch, über das Gespräch kurz zu be=
richten, d. h. etwa nur die Tatsache, daß Churchill Ihnen erzählt habe, er wolle
im Herbst wieder mit seinem Holidayvorschlage kommen, und daß Sie ihn auf
die Schwierigkeit der Durchführung, besonders die der Stellungnahme der üb=

rigen Seemächte, hingewiesen hätten. Churchill habe darauf erwidert, man werde wohl auf unsere beiderseitigen Freunde einen Einfluß ausüben können, dem diese sich schwerlich widersetzen könnten. Auch die anderen Bedenken, die von der Presse beider Länder gegen seinen Vorschlag erhoben worden seien, halte er nicht für erheblich. Sie hätten aus der Unterhaltung die Überzeugung gewonnen, daß es Churchill in der Hauptsache darauf ankomme, den gesetzmäßigen Aus=bau unserer Flotte zu verzögern oder zu verhindern, weil er doch wohl eingesehen habe, daß es England auf die Dauer nicht möglich sein werde, uns gegenüber die gewünschte Überlegenheit[1] zu erhalten.

Die ganze Angelegenheit bekommt durch die Ablehnung der kanadischen Schiffe und die dadurch zu erwartenden Maßnahmen ein etwas anderes Gesicht. Bauen die Engländer an ihrer Stelle drei Schiffe mehr, so muß der Holidayvorschlag als ein solcher Hohn klingen, daß ihn selbst Churchill kaum bringen wird. Es ist aber auch möglich, und das befürchtet der Staatssekretär, daß Churchill jetzt keinen Ersatz dafür fordert und im Hinweis auf diesen Akt der Vertrauens= und Friedensseligkeit Englands dann seinen Holidayvorschlag losläßt. Damit wird er bei uns viele betören und zu seinen Anhängern machen und gleichzeitig erreichen, daß eine Ablehnung unsererseits uns vor der Welt als den bösen Friedensstörer hinstellt. Hoffentlich kommt er nicht auf diesen Gedanken.

„The best impressions", die Sir John Jellicoe von Berlin mitgebracht hat, können nur darauf beruhen, daß er allgemein liebenswürdig aufgenommen worden ist. Der Staatssekretär hat, abgesehen von der Frage des Offizierersatzes (Osborne), nichts über Marineangelegenheiten mit ihm geredet, auch Seine Ma=jestät hat sich über derartige Fragen nicht ausgelassen.

Zu den Verständigungshoffnungen, welche für unsre England=Politiker im Jahr 1913 sich verdichteten, ist nachfolgende ältere briefliche Mitteilung des Direktors der deutschen Bank, Herrn von Gwinner, aus Sils, vom 22. August 1909, von Interesse:

Daß Euere Exzellenz nicht mehr an einen Präventivkrieg Englands gegen uns glauben, war mir hoch erfreulich. Nach meinen eigenen Eindrücken hat nichts so sehr auf die englische Stimmung gewirkt als Zeppelins Erfolge. Das mag kindisch sein, aber in England kommt, mehr als bei uns, viel, wenn nicht das meiste, auf die Volksstimmung an.

Euere Exzellenz haben wohl schwerlich Zeit gefunden, meinen Aufsatz über die Bagdadbahn im „Nineteenth Century" zu lesen; er trägt Früchte: Die „Times of India" schlägt eine Verständigung mit Deutschland auf der Basis

---

1) *D. h. den Two Power + 10% Standard.*

vor, daß die Kontrolle der Bagbadbahn vom Perſiſchen Meerbuſen bis Bagbad
unter engliſche Kontrolle geſtellt werde. Hierzu könnten wir die Hand bieten,
und auch das Auswärtige Amt hätte nichts einwenden. Deutſchlands Macht
reicht nicht weit genug, um allein bis zum Perſiſchen Meerbuſen vorzudringen.
Das mag bedauerlich ſein, es iſt aber eine Tatſache, mit der wir uns abfinden
müſſen.

Am 16. September 1913 gingen mir folgende Mitteilungen über den
Stand der deutſch=engliſchen Verhandlungen zu, die in der Nach=
richtenabteilung des Reichsmarineamts zuſammengeſtellt worden waren.

1. Die Verhandlungen haben, je länger ſie geführt wurden, einen um ſo
freundlicheren Charakter genommen. Beide Kontrahenten haben ſich überzeugt,
daß ſich in einem freundſchaftlichen Zuſammengehen am beſten die über die
Abtretung gewiſſer kolonialer Gebiete, über Grenzfragen und Bahnbauten
ſchwebenden Verhandlungen zu gegenſeitigem Nutzen zu Ende bringen ließen.
England iſt zu größtem Entgegenkommen bereit, nachdem es in der zurücklie=
genden Zeit ſich von der Loyalität und Ehrlichkeit Bethmannſcher Politik habe
überzeugen können.

2. Urſprünglich erſtreckten ſich die Abſichten unſerer Regierung vornehmlich
auf das von Weſt nach Oſt durchgehende zentralafrikaniſche Reich (Broſchüre:
„Deutſchlands Weltpolitik und kein Krieg“), dieſen Lieblingsgedanken Kider=
lens. Daneben wurde die Gewinnung portugieſiſcher Kolonien — Angola, San
Thomé — ins Auge gefaßt und vorſichtig eingeleitet (Erwerb von Aktien durch
deutſche Bankgruppen). Der Widerſtand der portugieſiſchen Volksvertretung,
wahrſcheinlich auch eine im erſten Teile der Balkanwirren eingetretene Zurück=
haltung Englands Deutſchland gegenüber ließen letzteren Gedanken ſchwinden.

3. Als neuerdings die Beſprechungen mit England wieder mehr in Fluß kamen,
wurde von ſeiner Seite dieſer Gedanke hervorgeholt und in der Richtung propagiert,
Deutſchland und England ſollten ſich in die portugieſiſchen Kolonien teilen.

4. Wilhelmſtraße griff freudig zu und ließ wohl nicht minder gern das zen=
tralafrikaniſche Reich fallen, an deſſen Realiſierung man in abſehbarer Zeit
ohnedies nicht denken konnte und das da und dort, nicht ganz mit Unrecht,
Kopfſchütteln begegnete.

5. Die Verhandlungen, deren teilweiſe Publikation nunmehr zu Mitte Ok=
tober geplant iſt, erſtrecken ſich auf folgende Objekte:

A. Afrikaniſcher Kolonialbeſitz.

a) England wird Deutſchland behilflich ſein zum Erwerb der ſüdlichen, an
den Norden von Südweſtafrika grenzenden Hälfte der portugieſiſchen Kolonie

Angola. Deutschland ist damit einverstanden, daß England die nördliche Hälfte erwirbt.

b) Ebenso wird England Deutschland zur Gewinnung der nördlichen Hälfte von **Mozambique** behilflich sein, von dem es selbst die südliche fruchtbarere Hälfte mit Einschluß des Nyassa=Sees unter Zustimmung Deutschlands erwirbt.

B. Kap=Kairo=Bahn.

Deutschland gibt seinen Widerstand gegen die Durchführung der Kap=Kairo=Bahn auf. (Einfügung des noch fehlenden Mittelstückes.) Über die damit verbundene Abschnürung Deutsch=Ostafrikas setzt man sich hinweg (vergl. halboffi= ziöse Bemerkung der „Kölnischen Zeitung"). „Das Berauschende an dieser Bahn sei ja nicht wirtschaftlicher Nutzen, sondern nur Namen und Länge, die die englischen imperialistischen Gelüste befriedigen. Die Bahn sei schon zu weit nach Westen abgeschwenkt und deshalb, wie auch wegen der achtmaligen Um= ladung (Bahn und Seen) nur für ganz hochwertige Produkte rentabel."

C. Kleinasien — Bagdad=Bahn.

a) England erkennt Deutschlands Vormachtstellung in gewissen Teilen Klein= asiens (Alexandrette und Hinterland) an und in den von der Bagdadbahn be= rührten Gebieten. Es ist einverstanden, daß die Bahn von Deutschland allein zu Ende geführt wird bis Basra.

b) England ist einverstanden mit dem Ausbau des Hafens von Basra und der Vertiefung des Schatt el Arab auf neun Meter. Hierbei soll sich England mit 40 % beteiligen.

c) Koweit wird nur einem Tiefgang von sechs Metern zugänglich bleiben. Eine Verbindungsbahn Koweit—Basra zu bauen behält England sich vor.

6. Die auch nur annähernde Richtigkeit vorstehender Darlegungen vorausgesetzt, liegt die Frage nahe, was denn das Gegengeschenk für solch plötzliche Überhäufung mit Freundlichkeiten sei.

7. Der Wilhelmstraße Nahestehende antworten:

a) Ein Gegengeschenk gibt es nicht, ist auch nicht nötig. England hat erkannt, daß es wieder freie Hand in der Welt gewinnen muß, dies aber nur kann, wenn es sich mit Deutschland auf friedlichen Fuß stellt, was auch eine Voraussetzung zum Erwerb wei= teren kolonialen Besitzes für England sei, den es sonst anderen (Frankreich — Ma= rokko, Italien — Tripolis) überlassen müsse.

b) England kann sich so zu Deutschland stellen, nachdem es sich von der Loyalität seiner Politik hat überzeugen dürfen.

8. Andere aber wittern Verdacht gegen die Danaos dona ferentes ...

Der Marineattaché in London für das Reichsmarineamt.

25. September 1913.

Ich glaube nicht, daß das deutsch-englische Abkommen jetzt veröffentlicht wird, d. h. wie Sie meinten, Mitte Oktober. Man hat die Absicht, soweit die hiesige Botschaft unterrichtet ist, das Abkommen über Afrika und das über Kleinasien zusammen zu veröffentlichen — schon des Eindrucks halber, aber auch aus anderen Gründen — und das Bagdad-Basra-usw.-Abkommen ist vor Anfang 1914 kaum fertig. Übrigens soll uns Angola bis hinauf an den Kongo, also die ganze Küste, „zufallen", während England nur im Innern ein kleines Stück an das ihm schon gehörende Land anschließt. Im Mozambique kommen wir nicht ganz bis an den Zambesi heran. Summa Summarum ist dieses Afrikaabkommen für uns aber günstig — ebenso wie es auch das klein-asiatische sein wird — ein Zeichen, daß man sich hier „vollgefressen" vorkommt und daher generös ist. Auch haben Leute wie Grey, Haldane, Harcourt usw. das Bestreben, Deutschland durch konziliante Haltung in einer England nicht vital berührenden Frage zu überzeugen, daß man unser Kolonialbedürfnis voll-auf würdige und uns, da man sich selbst saturiert fühlt, nicht im Wege stehen will.

Ich bin nur gespannt, was die Portugiesen für ein Gesicht machen, wenn das bisher sehr streng geheim behandelte Abkommen herauskommt und sie erfahren, daß gewissermaßen der Rock, den sie tragen, bereits verteilt ist. —

Auch in Frankreich wird sich einiges Erstaunen zeigen; die verschiedenen kleineren Konzessionen am Ostufer des Mittelmeeres und am Schwarzen Meer und die syrischen Bahnen werden kaum ausreichend sein, um das Gefühl des „Schlecht-weggekommen-seins" zu überwinden, und England wird seine Ententegenossen wohl an seine Hilfe in der Marokkofrage erinnern müssen, um den gröbsten Beschimpfungen entgegenzutreten, die die gallische Presse loslassen wird.

Ich habe nun allerlei geschrieben, ohne Ihnen bisher das zu sagen, was ich im besonderen mitteilen wollte. Ich hatte die Absicht, kurz die gegenwärtige innerpoli-tische Lage Großbritanniens zu skizzieren, weil es nicht möglich ist, aus den Zeitungen sich hiervon ein richtiges Bild zu konstruieren. Denn die überwiegende Mehrheit sowohl der Londoner wie der Provinzblätter ist unionistisch — oppositionell — eine nicht recht zu erklärende Erscheinung, denn z. B. der Wahlkreis London ist mit Majorität oder mindestens zur Hälfte liberal. Schottland, die Hochburg des Liberalismus, hat kein ein-ziges liberales Blatt. Teilweise ist die Ursache dieses „Phänomenons" in der sehr weitgehenden Herrschaft des Großkapitals in der Presse, zumal der Londoner, zu suchen. Die Eigentümer der immer noch auf Gelderwerb angelegten großen Zeitungskonzerne sind an den Fingern einer Hand herzuzählen — und sind, da sie im Besitz von Geld und Macht sind, konservativ. Es kommen noch andere Gründe hinzu für die enorme Überlegenheit der konservativen Presse, zu deren Erörterung hier aber der Raum fehlt. — Da nun diese überwiegende Parteipresse die innere Lage stets so schildert, wie sie sich denkt und wünscht, daß sie sein sollte — nicht aber so, wie sie ist — so kann man sich aus Zeitungen allein kein zutreffendes Urteil über die Stellung und Festigkeit der Regierung bilden, denn man gewinnt z. B. den Eindruck (nach der Presse), daß die gegenwärtige Regierung mit dem Homerulerummel einem völligen Zusammenbruch entgegenginge.

Das ist keineswegs der Fall. Vielmehr wird das Ministerium Asquith ruhig im Amte bleiben und in dem Kampf um Homerule zu einem Kompromiß zu kommen trachten, der den Ulsterprovinzen eine gewisse Selbständigkeit unter dem (bei Einfüh= rung der Homerule) die Regierung Irlands übernehmenden irischen Parlament konze= diert. Die Nationalisten (Iren) sind damit einverstanden. — Die Konservativen sind dagegen; nicht alle aus Überzeugung, denn die Zahl derer, die überzeugt sind, daß die irische Frage auf irgendeine Art geregelt werden muß, ist auch im unionisti= schen Lager groß. Bonar Law, der Führer, ist z. B. auf Wunsch des Königs zum Kom= promiß bereit. — Aber Carson und seine Anhänger widersetzen sich aufs äußerste und führen die allmählich lächerlich werdende Theaterszene in Ulster mit Bewaffnung des Volkes, Einsetzung aktiver Generale als Ulsterhelden, eigenem Parlament usw. fort, — nur weil sie wissen, daß es nie ernst werden wird und daß sich, ohne großen Radau, die ganze Sache im Sande verliefe. Denn in England regt sich schon niemand mehr über die Ulsterkampagne auf.

Die Lage ist nun so, daß die Konservativen einerseits wegen innerer Spaltungen (im eigenen Lager) nicht auf den Kompromißvorschlag eingehen, andererseits es aber auch nicht auf Neuwahlen ankommen lassen können. Denn weder Iren noch Arbeiter werden je mit den Unionisten stimmen — ihr Weizen blüht unter liberalem Regiment — und mit ihrer Hilfe würde nach Neuwahlen das liberale Kabinett noch immer mit einer (wenn auch schwächeren) Mehrheit zurückkehren. So wird also wohl der Kompromißvor= schlag des Kabinetts, den die Mehrzahl der Bevölkerung billigt, abgelehnt werden (von den Konservativen), die Regierung wird ihn durchsetzen und so abermals an Boden gewin= nen. Sie wird die ganze Homerulekampagne ebensogut oder noch besser überstehen als die Insurancehetze. Jedenfalls denkt das Kabinett nicht daran, die Zügel niederzulegen; und die Konservativen können nicht daran denken, sie aufzunehmen. Man kann also bis auf weiteres mit dem liberalen Kabinett weiterrechnen.

Das russische Geschwader ist in Portland besonders freundlich auf= genommen, von den Marine= und Munizipalbehörden mit großer Aufmerksam= keit behandelt und auch von der Bevölkerung warm begrüßt worden. Ich weiß dies nicht nur vom russischen, sondern auch vom österreichischen und italieni= schen Marineattaché, die Portland zurzeit der Anwesenheit der baltischen Flotte besucht haben. Ich schreibe Ihnen das, weil ich weiß, daß Kühlmann an das Auswärtige Amt berichtet hat, der Empfang des russischen Geschwaders sei „kühl“ gewesen. Kühlmann hat mir das selbst gesagt und meint damit, daß gegen sein Erwarten keine offizielle Begrüßung durch die Admiralität oder gar Churchill selbst stattgefunden habe. Dazu lag aber gar keine Veranlassung vor. Eine „kühle“ Behandlung Rußlands von englischer Seite ist ein frommer Wunsch unserer Diplomaten, die daher mit allen Mitteln diese Kühle zu finden streben. Der Wunsch ist dabei der Vater ihrer Beobachtungen, worin sie der englischen Presse gleichen.

In demselben Sinne wird die Detachierung einer Division des zweiten Ge=
schwaders und dritten Kreuzergeschwaders im Mittelmeer und der westindischen
Gruppe als ein Zeichen freundschaftlicherer Gefühle gegen uns aufgefaßt. Daß
es auf der einen Seite nichts weiter als das Aufgeben einer auf die Dauer
fehlerhaften, weil Englands Prestige vermindernden Flottenpolitik ist, die uns
doch nicht zur Aufgabe unserer Flottenpläne hat zwingen können, — anderer=
seits ein vorzügliches Agitationsmittel für erhöhte Estimates 1913/14 liefert,
wird dabei natürlich übersehen...

Am 18. Oktober 1913 sprach der Erste Lord der Admiralität in Manchester
über die Flottenfrage. Die Beziehungen Englands zu Deutschland hätten sich
sehr gebessert, ohne daß England seine Freundschaften zu anderen Ländern
verloren hätte; augenblicklich sollte daher für England eine freundschaftliche
Erörterung der Frage des Feiertags in den Flottenrüstungen nicht
ungünstig sein. Er sage zu den großen deutschen Nachbarn: Wenn ihr den
Bau eurer nächsten zwei großen Schiffe um zwölf Monate aufschiebt, wür=
den wir den Beginn des Baues unsrer vier Schiffe in absolut gutem Glauben
für die gleiche Frist aufschieben. Die andern Staaten sollten sich diesem Vor=
gehen anschließen.

**Telegramm des Geschäftsträgers in London an das Auswärtige Amt
(mit Randbemerkungen des Kaisers).**

20. Oktober 1913.

Mr. Winston Churchills Rede über Flottenfeiertag wird hier in politischen
Kreisen vielfach kommentiert. Die überwiegende Meinung geht dahin, daß die
Äußerung in erster Linie als innerpolitisches Manöver [a] zur Beruhigung radi=
kalen Flügels der liberalen Partei bestimmt ist. Vom Standpunkt deutsch=eng=
lischer Beziehungen aus dürfte freundliche, aber bestimmte und klare Ablehnung
unsererseits [b] ratsam erscheinen, ebenso wie in deutscher Presse Unterbleiben per=
sönlicher Angriffe auf englischen Marineminister und Anzweiflung seiner bona
fides [c] bei dem Vorschlag. Berichte heute ausführlich.   Kühlmann.

a) *Verbitte mir, daß Meine Flotte und Meine Marine für solche Zwecke dienstbar gemacht werden.*
b) *Erfolgt selbstverständlich!*
c) *Sie ist nicht vorhanden, kann also nicht angezweifelt werden.*

Der Marineattaché in London für das Reichsmarineamt.

London, 2. November 1913.

Ich habe Jellicoe seit einigen Wochen nicht gesehen. Er ist gegenwärtig zu
Inspektionsreisen viel außerhalb der Stadt.

Über das bevorstehende Kolonialabkommen ist sehr zum Ärger des Auswärtigen Amts allerlei in die Presse durchgesickert. Uns kann das m. E. nur recht sein. Kühlmann empfindet diese Indiskretionen unangenehm, weil die hiesige Presse, deren Hauptpersonen (z. B. Spender, Westminster Gazette) schon lange genau unterrichtet sind, solange absolut dichtgehalten habe, wogegen unsere Zeitungen unerfreulich abstächen. England habe viel weniger Grund, die Sache geheim zu halten, als wir, und tue es nur in unserem Interesse. — Verursacht ist die Mißstimmung des Auswärtigen Amts über die Indiskretionen vor allem dadurch, daß man eine Verminderung des großen Eindrucks befürchtet, den man von der Veröffentlichung dieses „bedeutungsvollen Erfolges" unserer Diplomatie" erwartet. Unsere Diplomatie hofft, daß die öffentliche Meinung Deutschlands durch diese „Tat" endlich aus ihrer (von der Marine und den Alldeutschen) gegen England verhetzten Stimmung befreit und zu einer Verständigungspolitik geneigt gemacht werde — d. h. daß der Einfluß der Marine (durch das Medium des Staatssekretärs) auf die Allerhöchste Person und das Volk und seine Vertreter gebrochen und die Konzessionspolitik des Auswärtigen Amts England gegenüber als die fruchtbringendere endgültig die Oberhand gewinnen werde.

Eine Flottenverständigung direkt mit den anderen Verständigungsverhandlungen zu verquicken, wagt man noch nicht. Ist aber der erste Erfolg, der große Eindruck erst da, so wird unsere nach weiteren (rein äußerlichen) Erfolgen dürstende Diplomatie auf Anregungen zu einem Flottenabkommen sicher einzugehen bestrebt sein. Solche Anregungen werden von englischer Seite — möglicherweise auf direkte Veranlassung von seiten dieser oder jener Persönlichkeit unseres Auswärtigen Amts — mit Bestimmtheit wiederkehren. Es genügt dazu eine private Äußerung irgendeiner Person der hiesigen Vertretung einem „Foreign Office man" gegenüber.

Es wird dann daran zu erinnern sein, daß Lichnowsky in seiner Stellungnahme zum Attachébericht 461 vom 20. Juni 1913 sich gegen jedes sogenannte Flottenabkommen ausgesprochen hat, mit der Begründung, daß er ein solches Abkommen nicht als Grundlage ungestörter politischer Zusammenarbeit betrachte, weil verschiedene Auslegungen möglich seien und daraus dann leicht Verdächtigungen usw. entständen. Es kam mir seinerzeit bei Abfassung des genannten Berichts, dessen Weitergabe, wie ich erwartet hatte, beim Botschafter auf Schwierigkeiten stieß und zu längeren Auseinandersetzungen zwischen ihm und mir führte, hauptsächlich darauf an, eine schriftliche Äußerung des Botschafters gegen ein Flottenabkommen zu elizitieren. Diese Äußerung hat nicht ganz die in den mündlichen Besprechungen vorgeschlagene Form erhalten, denn Lichnowsky hat genug diplomatische Schulung, um sich nie festzulegen, sondern immer ein Hintertürchen offen zu halten. Er sagte deshalb in seiner Stellungnahme: „vorsichtige Zurückhaltung", nicht „höfliche Ablehnung" englischen Vorschlägen zu einer Flottenverständigung gegenüber.

Je mehr nun über das bevorstehende Kolonialabkommen durchsickert, — zumal im Sinne des Leitartikels der „Kieler Neueſten Nachrichten" vom 1. No= vember „Zentralafrikaniſche Hoffnungen" — deſto mehr wird die öffentliche Meinung darauf vorbereitet ſein, den beſchränkten Wert des kolonialen Han= delsgeſchäftes in billigen Zukunftsmöglichkeiten zu erkennen und zu durchſchauen, daß es ſich einerſeits noch nicht um poſitive Reſultate, ſondern Anrechte han= belt, und daß andererſeits die Stimmung Englands zur Abtretung ſolcher „Anrechte" an uns nur durch Entwicklung unſerer Flotte gefügig geworden iſt; daß alſo die Marine der Diplomatie den Weg zu dieſem Erfolge bereitet und geebnet hat. Ich hoffe deshalb im Intereſſe einer nüchternen Be= urteilung des Vertrages, daß der Arningſche Artikel[1] weitere Beſprechungen des Gegenſtandes zur Folge haben wird, die den „großen Erfolg" in den Augen des Publikums auf das richtige Maß zurückführen.

Man überlegt (wenigſtens tut dies Kühlmann), ob es nicht nützlich wäre, angeſichts der immer wieder auftauchenden Gerüchte, die Veröffentlichung der Verhandlungen (in großen Zügen) zu beſchleunigen.

Der Botſchafter, der zurzeit in Berlin iſt, will Mitte November für zirka drei Wochen (ohne ſeine Frau) nach London kommen und dann wieder auf ſeine Beſitzun= gen verſchwinden. Er hat zur Erbitterung Kühlmanns die Eigenſchaft des Grand= ſeigneurs, alle Detailarbeit mit ängſtlicher Vorſicht zu vermeiden und dann zum Schluß jeden Erfolg mit nachläſſiger Gebärde einzuſtreichen, ohne „danke" zu ſagen. Kühl= mann iſt der Meinung, daß auch der Erfolg des Kolonialabkommens (das Kühlmann als ſeine und Marſchalls Arbeit betrachtet) ganz auf Lichnowskys fürſtliches Konto gehen werde, und hielt deshalb die Möglichkeit, daß Lichnowsky noch Nachfolger des Reichskanzlers werde — die in einigen Zeitungen beſprochen werde — keineswegs für fernliegend.

Der Untergang zweier deutſcher Marineluftſchiffe im September und Oktober 1913 gab Admiral Jellicoe Anlaß zu einem perſönlichen Brief= wechſel mit mir, dem herzliche Untertöne nicht fehlten.[2] Der Derluſt eines engliſchen Unterſeebootes im Januar 1914 ließ mich dieſen Briefwechſel wie folgt fortſetzen.

Dear Admiral Jellicoe,　　　　　　　Berlin, 31. Januar 1914.

The sad accident of your submarine "A 7" has aroused the deepest sym-pathy in the whole German Navy. Seeing this effect among our naval offi-cers and the sympathy tendered from the British Navy at the loss of our airships, I have been again impressed by the natural brotherhood of sailors who have to fight in daily life the dangers of elements and therefore ought

---

1) In den „Kieler Neueſten Nachrichten".
2) Vgl. die Fakſimile=Beilage zu dieſem Band.

to be inspired by a natural feeling of community. Since the accident of our submarine "U 3" we have studied seriously the questions tending to lessen the dangers of submarine sea fare, fortunately we have been able to introduce many valuable improvements. On account of our compulsory service I have from the beginning been anxious about the problem of safety with the submarines; this has been one of the reasons why I have been waiting rather long — comparing with other navies — before taking their building seriously in hand.

Inlying you find composed some details of construction, provided in our submarines as safety measures.[1] They are given in German, because we are not quite sure of the meaning of the english technical terms.

Of course I do not know, if they are of any use for you, very probably you have taken similar precautions on your boats or even better. I only send them to you in order to give expression to my feeling of comradeship with which I have the honour to be with compliments to Lady Jellicoe

Yours very sincerely

A. v. Tirpitz.

Überſetzung.

Lieber Admiral Jellicoe!   Berlin, den 31. Januar 1914.

Der traurige Unfall Ihres U-Bootes „A 7" hat in der geſamten deutſchen Marine das tiefſte Mitgefühl erregt. Angeſichts dieſer Wirkung unter unſeren Marineoffizieren und des Mitgefühls, das die engliſche Marine uns beim Verluſt unſerer Luftſchiffe bewieſen hat, iſt mir wiederum die natürliche Brüderſchaft der Seeleute zum Bewußtſein gekommen, die im täglichen Leben die Gefahren der Elemente zu beſtehen haben und deswegen von einem natürlichen Gefühl der Gemeinſchaft beſeelt ſein ſollten. Seit dem Unfall unſeres U-Bootes „U 3" haben wir die Fragen, welche auf die Verminderung der Gefahren der Unterſeefahrt abzielen, ernſthaft ſtudiert, und glücklicherweiſe haben wir viele wertvolle Verbeſſerungen einzuführen vermocht. Mit Rückſicht auf unſere allgemeine Wehrpflicht bin ich von Anfang an um die Frage der Sicherheit bei den U-Booten beſorgt geweſen; das iſt einer der Gründe, warum ich im Vergleich zu anderen Marinen ziemlich lange gewartet habe, bevor ich ihren Bau ernſthaft in die Hand nahm.

Einliegend finden Sie einige Bauangaben zuſammengeſtellt, die als Sicherheits-maßnahmen in unſeren U-Booten vorgeſehen ſind. Sie ſind in deutſcher Sprache gemacht, weil wir nicht ganz ſicher ſind, welches die engliſchen techniſchen Ausdrücke dafür ſind.

Selbſtverſtändlich weiß ich nicht, ob ſie für Sie von irgendwelchem Nutzen ſind, ſehr wahrſcheinlich haben Sie in Ihren Booten ähnliche Vorſichtsmaßregeln oder gar beſſere getroffen. Ich ſende ſie Ihnen nur, um meinem Gefühl der Kameradſchaft Ausdruck zu geben, womit ich die Ehre habe, mit Empfehlungen an Lady Jellicoe, zu ſein

Ihr aufrichtigſt ergebener

A. v. Tirpitz.

---

1) Ich machte hiermit eine Reihe wertvoller Verbeſſerungen, welche die Sicherheit unſerer U-Boote erhöhten, der britiſchen Admiralität zugänglich.

Bericht des Marineattachés in London, Erich von Müller
(mit Randbemerkungen des Kaisers).

London, 30. März 1914.

Die Marinedebatte des Parlaments über die Estimates 1914/15, die infolge der Homerulekrisis noch nicht abgeschlossen worden ist — es soll nach Ostern noch ein Tag dafür freigegeben werden — hat schon in ihrem bisherigen Verlauf in Verbindung mit einer politischen und strategischen Erörterung der Mittelmeerfrage das weite Feld der britischen Flottenpolitik und ihrer zukünftigen Entwicklung in ausgiebiger Weise behandelt.

Die Etatsrede des Ersten Lords.

Die Länge der Rede, mit der der Erste Lord der Admiralität seine Estimates für 1914/15 eingeführt hat — er redete zweieinhalb Stunden lang — entsprach der Größe des verlangten Budgets.

In dem ausgedehnten ersten Teil der Ansprache wird mit Hilfe vieler recht willkürlicher Zahlen die Unvermeidlichkeit des großen Anschwellens der Marinebudgets seit 1911/12, dem letzten Jahr der Amtsführung McKennas als Erster Lord, auseinandergesetzt, um zu beweisen, daß Churchill nur für einen geringen Teil der Steigerung der Ausgaben verantwortlich sei. Eine so breitgetretene Motivierung wurde für nötig gehalten, um die „antiarmament"-Gruppe unter den Anhängern und Stützen der gegenwärtigen Regierung zu besänftigen.[1]

Die Kosten der Indiensthaltung sind nach Churchill in den drei Jahren seit 1911/12 um 125 Millionen Mark gewachsen infolge der Personalvermehrung, der Lohnsteigerung, der Ölfeuerung und der Einführung der Luftschiffahrt. Für letzteres werfen die neuen Estimates allein 18 Millionen Mark aus. Personalvermehrung und Steigerung der Gehälter und Löhne sind nach Churchill allein verantwortlich für eine M e h r - a u s g a b e von etwa 42 Millionen Mark in drei Jahren, also durchschnittlich 14 Millionen pro Jahr. Diese Steigerungsrate muß naturgemäß in Zukunft wachsen und wird schließlich eine Grenze erreichen müssen.

Personalersparnis wo immer möglich durch Verwendung von Ölheizung und in der Zukunft durch Einführung von Motoren als Schiffsmaschinen, ferner durch ausgedehnte Verwendung von maschineller statt menschlicher Kraft an Bord und in den Werften, ist das Mittel, mit dessen Hilfe das Heranrücken an diese Grenze möglichst lange hinausgeschoben werden kann. Personalersparnis ist daher der H a u p t g r u n d für die Energie, mit der die Admiralität Neuerungen wie die Ölheizung aufnimmt und einzuführen trachtet.

Im ganzen haben die Zahlen, mit denen Churchill seine Hörerschaft erdrückt hat, nur einen bedingten Wert, denn sie sind willkürlich auf ganz bestimmte parlamentarische Wirkungen zurechtgestutzt.

Die Proportion: acht englische Geschwader zu fünf deutschen und ihre Auslegung durch Churchill.

Als Maßstab für die englischen Indiensthaltungen gab Churchill die

---

1) *Wie es scheint, war McKenna selbst ein sachkundiger Gegner der kostspieligen Propaganda seines Nachfolgers Churchill geworden, deren Notwendigkeit er bestritt und die er ebenso wie Lloyd George für übertrieben hielt.*

Fortschritte der anderen Seemächte, insbesondere die der „zweitstärksten See=
macht" an. England erstrebe die Aufstellung von acht Linienschiffsgeschwadern
in derselben Zeit, in der Deutschland fünf Geschwader formiere. Schlachtkreuzer
rechneten dabei auf beiden Seiten extra — eine in ihrer Wiederholung wichtige
Bestätigung der deutschen Auffassung — sonstige Kreuzer und Flottillen würden
in „angemessenem Verhältnis" unterhalten. Schiffe auf außerheimi=
schen Stationen kämen natürlich nicht für diese Berechnungen
in Betracht, die nur die Heimatflotten Englands und Deutschlands be=
träfen. Der Umfang der festgelegten Stärken (für die Heimat) sei billig und
maßvoll und er freue sich zu sehen, daß Großadmiral von Tirpitz Gelegenheit
genommen habe, dies festzustellen. Erst neulich habe auch der Großadmiral ge=
sagt, daß „keine der beiden Nationen die Flottenorganisation vollendet habe,
die sie anstrebe. Deutschland brauche 41 Linienschiffe für seine fünf Geschwader,
England 65 Linienschiffe für seine acht Geschwader."

Die Tatsache, daß die Entwicklung der deutschen Flottenorganisation nicht
so schnell vor sich gehe, wie er angenommen habe,[a] indem, anschei=
nend wegen Personalschwierigkeiten, mit der Auffüllung des dritten deutschen
Geschwaders eine zeitliche Kürzung des zweiten um drei Schiffe eintrete, be=
nutzte Churchill, um damit eine angeblich entsprechend verlangsamte
Vollendung der englischen Organisation in abhängige Verbindung zu bringen.
Churchill deutete die Wirksamkeit des früher (März 1913) von ihm festge=
stellten „stillschweigenden Übereinkommens" an, indem er behauptete, er habe
infolge der von ihm nicht erwarteten zeitlichen „Kürzung unserer Flotten=
organisation um drei Schiffe" die Auffüllung des vierten (Gibraltar) Ge=
schwaders hinausgeschoben, das im kommenden Jahr auf vier Schiffen stehen=
bleiben werde. Um die Anspielung noch deutlicher zu machen, fügte der Erste
Lord hinzu: „Jede Verzögerung, ob zufällig oder absichtlich, in der
Vollendung der enormen Organisation auf Seiten der nächststärksten See=
macht wird von uns berücksichtigt werden, indem wir unsere eigene Organisation
nur nach Bedarf in dem notwendigen Verhältnis vorwärtstreiben."

Churchill gibt damit zunächst ein mißverständliches Bild von der Fortent=
wicklung unserer Flotte.[b]

Es gibt zurzeit bei uns weder einen zufälligen noch einen beabsichtigten Auf=
schub.[c] Es könnte nur angesichts der Anstrengungen Churchills eine absicht=
liche Beschleunigung geben zur Erhaltung des „notwendigen Verhältnisses"
nach unserem Bedarf.[d]

a) *Albern! Absicht!*
b) *Absichtlich.*
c) *Richtig.*
d) *Ja!*

Die Bestimmungen der Novelle 1912 verteilen zur Vermeidung sprunghafter Ver=
mehrungen ein stetiges Wachstum des Personals auf die Jahre 1912 bis 1920, in
denen die Novelle zu erfüllen ist. Die Schaffung neuen Personals — beson=
ders der Chargen — kostet mehr Zeit als der Bau neuer Schiffe. In=
folgedessen muß die Vermehrung der Indiensthaltungen und die Auffüllung der Orga=
nisation der Flotte langsamer vor sich gehen, als das Material es gestatten würde.

Aus der bis zum Jahre 1920 geregelten Mannschaftsvermehrung der Novelle 1912
geht das Tempo unseres organisatorischen Ausbaus — nur darum handelt es sich hier
— bereits hervor, und es kann nicht angenommen werden, daß dies dem wachsamen
Auge der englischen Admiralität entgangen wäre.

Die Annahme eines Mannschafts m a n g e l s bei uns ist daher ein angesichts der
eigenen Schwierigkeiten gern geglaubter Trugschluß. Denn Besatzungsschwierigkeiten
im englischen Sinne bestehen für uns nicht. Sie sind für uns in der Hauptsache
eine Frage der Vorausberechnung und der Bewilligung des Personalbedarfs.

Da Churchill ferner seit Publikation des Voranschlages zum deutschen Marineetat
im November des letzten Jahres über die Stärke unserer Indiensthaltungen des Etats=
jahres 1914/15 nicht im unklaren sein konnte, muß sein „Irrtum" hinsichtlich des
Entwicklungstempos unserer Organisation als gesucht und auf einen bestimmten Zweck
berechnet erscheinen.

Dieser Zweck ist die Verhüllung seiner wahren Ziele hinsichtlich der Propor=
tion 8 : 5.

Diese auf beiden Seiten so oft zitierte Proportion hat sich in der öffentlichen
Meinung eingebürgert und Churchill kann sein Streben, die Grundlage für
eine Änderung zu schaffen, nicht gut offen zugeben. Er betont deshalb abermals
die Gültigkeit der Proportion 8 : 5.

Tatsächlich aber benutzt er die Lücke in unserem Bautempo und unser lang=
sames Fortschreiten im Auffüllen der aktiven Verbände, um durch möglichste
Beschleunigung seiner Neubauten und ihrer Indienststellung einen Vor=
sprung zu gewinnen, der ihm bis Ende 1915 die Aufstellung eines neuen Ge=
schwaders von modernen Linienschiffen ermöglichen soll. Da dieses fünfte
aktive Geschwader im Frieden im Mittelmeer stationiert sein soll, kommt
es nach Churchills Rechenweise für die Proportion der deutschen und englischen
Heimatverbände nicht zu Betracht, denn die Mittelmeerverbände fallen in seinem
Flottenschema unter die Rubrik „world wide needs"* und „zählen nicht"
gegen Deutschland.

Die Bildung dieses fünften aktiven (Mittelmeer) Geschwaders ist es, die
die Auffüllung des vierten Heimatgeschwaders auf acht Schiffe materiell und
personell verzögert.

Churchill stellt diese Verzögerung indessen als eine Folge, fast eine wohl=
meinende Berücksichtigung der „zufälligen oder absichtlichen Verzögerung" des

---

*) Erfordernisse (für die Herrschaft) in der weiten Welt.

deutschen Flottenausbaus hin* — auf Grund jener „stillschweigenden Über=
einstimmung" hinsichtlich der Proportion unserer beiderseitigen schwimmenden
Organisationen.

Wie er dabei seine Striche zur Abgrenzung der heimischen und der außer=
heimischen Verbände zieht, bleibt wohlweislich dunkel. Das vierte (Gibraltar)
Geschwader ist ein heimisches Geschwader; das zu bildende fünfte (Malta) Ge=
schwader wird „außerheimisch".

Nach Füllung seiner außerheimischen Geschwaderrubrik ist der Erste Lord dann
im weiteren Verlauf seiner Rede in der Lage, die Proportion der Schiffs=
zahlen innerhalb der beiderseitigen Heimatorganisationen, wenn vollendet,
mit 65 und 41 Linienschiffen seinerseits wiederum „anzunehmen", und die
Deckung, die dieses Verhältnis England gebe, als nicht übertrieben, aber ange=
messen zu bezeichnen, wobei die zweite englische Flotte mit 16 Schiffen und
voller aktiver Mobilmachungs=Bemannung als „makeweight"* besonders
hervorgehoben wird, dem wir nichts entgegenzustellen hätten.

Dazu kommt, daß nach Bildung des fünften (Mittelmeer) Geschwaders im
Jahre 1915 die jetzt dort stationierten Schlachtkreuzer der Invincibleklasse in
die Zahl der heimischen Schlachtkreuzer eingereiht werden, die dadurch auf neun
steigen wird. Für die nächsten Jahre kann Churchill deshalb unsere Auffassung,
daß die Schlachtkreuzer außerhalb dieser Proportion bleiben, annehmen.

Man wird von unserem Standpunkt aus ein Mittelmeer=Linienschiffsgeschwa=
der angesichts der politischen, geographischen und seestrategischen Momente nicht
in dem Maße als „außerheimisch" betrachten können, daß man es aus einer
Berechnung unserer Verhältnisstärke England gegenüber ganz herausläßt, es
wie Churchill „nicht zählt". Man wird vielmehr feststellen müssen, daß Churchill
mit Hilfe seines fünften aktiven (Mittelmeer) Geschwaders das organi=
satorische Verhältnis 8:5 verläßt und es in 9:5 verwandelt.

Was würde Churchill sagen, wenn wir auch ein „außerheimisches" Mittel=
meergeschwader von Großlinienschiffen oder Panzerkreuzern aufstellten[b] und
es reziprozier als nicht gegen England gerichtet zählten? Oder ein baltisches
Geschwader gegen die russische Flotte, das durch Stationsbegrenzung nach
Churchillschem Muster auf die Ostsee beschränkt würde?

Dasselbe Streben nach Steigerung der englischen Vergleichsziffer wird sich
später bei Betrachtung seiner Baustandards zeigen.

Die Empfindung, daß das Verfahren Churchills angreifbar ist, haben auch
englische Kreise. Wie der „Economist" in einem heftigen Angriff auf Churchills

---

a) *Quatsch!*
b) *Das sollten wir auch ruhig tun.*

---

*) Zugabe.

Proportionen sagt: „It can be proved that in the matter of battleships the British strength is far in excess of the 8 to 5 standard."*

Die Baustandards Churchills.

Die verschiedenen Baustandards Churchills — der 60%=Standard an Capital Ships im Vergleich zum deutschen Bautempo vor der Novelle 1912 — der two keels to one standard zu den deutschen Vermehrungsbauten der Novelle, der 100%= Standard an Kreuzern, die „anderen" und die „angemessenen" Standards — sind durch allerlei Verklausulierungen, durch wechselnden Ein= und Ausschluß der „Lord Nelsons" und der kolonialen Schiffe, durch Baubeschleunigungen und durch sonstige Kunststücke ihres Erfinders ein wenig durcheinander gekommen. Angesichts der sterilen Polemik mit Statistiken, in der auf der einen Seite der „Economist" behauptet, daß dieses Jahr überhaupt keine Neubauten nötig seien, während die „National Review" den Standpunkt vertritt, daß nicht weniger als 16 neue Dreadnoughts gebaut werden müßten, wenn der Erste Lord seine „Versprechen" erfüllen wolle, sagt Churchill jetzt: „Programmes supersede standards and actual figures are better than percentages." **

Churchills Bauprogramm von 1912 bis 1917 mit 4, 5, 4, 4, 4, 4 Neubauten ist bekannt. Es ist nur noch formell gültig; denn Churchill hat bereits die Grundlage für eine Vermehrung gelegt. Er hat dies nicht durch eine Erhöhung des Jahresbauziffern getan, sondern durch „Vorziehen" der Neubauten aus dem Ende in den Anfang des Rechnungsjahres und durch Beschleunigung ihrer Ausführung. Er glaubt dadurch und durch das Etikett „Ersatzkanadier", das er einem Teil der beschleunigten Bauten aufheftet, zu vermeiden, daß Deutschland in seinem Verfahren einen Grund zu Gegenmaßnahmen sehen könnte. a

Zur Durchführung dieser Flottenvermehrung wurde zunächst koloniale Hilfe erwartet. Da diese Hilfe sich jedoch auf die Schenkung der „Malaya" und die Abgabe der „New Zealand" beschränkte, während die kanadische naval aid bill durchfiel, mußte Churchill sehen, wie er mit den Mitteln des Mutterlandes seinem Ziel näher kommen konnte.

Er hat drei Schiffe des Etats 1913/14 etwa acht Monate eher auf Stapel gelegt, als bisher üblich war und ihre Bauzeit verkürzt. b Er setzt diese Beschleunigung im Etat 1914/15 fort, diesmal nur mit zwei Schiffen, weil die Regierungswerften, die die anderen Schiffe der beiden Etats bauen, bereits an der Schnelligkeitsgrenze ihrer Bauleistung angekommen sind.

Wie verhalten sich danach die „actual figures", die besser sind als „percentages"?

Die beschleunigten drei Schiffe des Jahres 1913/14 werden zwischen Mitte und Ende 1915 dienstbereit sein. England wird somit zu diesem Zeitpunkt über 30 Großlinienschiffe, mit Lord Nelson und Agamemnon über 32 verfügen.

Deutschland wird im Sommer 1915 programmäßig 17 Großlinienschiffe

a) *Wir müßten unsere auch vorziehen.*
b) *Wir bauen zu langsam.*

---

*) Es kann dargetan werden, daß in bezug auf Schlachtschiffe die britische Stärke weit über das Verhältnis 8 : 5 hinausgeht.
**) Programme machen Verhältnisziffern überflüssig und wirkliche Zahlen sind besser als Prozente.

fertig haben, denen England zur Wahrung der Proportion 16 : 10 in der Heimat 26 seiner Linienschiffe gegenüberstellen muß. Der Überschuß des englischen Bestandes an Großlinienschiffen — nämlich vier Dreadnoughts und zwei Lord Nelsons — steht Churchill daher zur Auffüllung eines fünften aktiven Geschwaders zur Verfügung.

Auf Grund dieser Rechnung konnte der Erste Lord dem Parlament in Aussicht stellen, daß er Ende 1915 die Mittelmeerstation mit einem Linienschiffsgeschwader von acht Schiffen besetzen werde, von denen vier „Dreadnoughts" und zwei „Lord Nelsons" sein würden. Außerdem würden vier große Kreuzer (Panzerkreuzer aus der Vordreadnoughtperiode), vier kleine Kreuzer der Städteklasse und 16 Zerstörer dort stationiert sein. Die für das Mittelmeer vorgesehenen U-Boote hat Churchill nicht erwähnt.

Wie sich vom Spätjahr 1915 ab die „actual figures" und das Stärkeverhältnis an Capital Ships und an Großlinienschiffen voraussichtlich entwickeln werden, zeigen nachstehende Tabellen. Dabei sind die beiden Lord Nelsons, Malaya und New-Zealand eingerechnet, und es ist angenommen, daß die durchgängige Baubeschleunigung auch mit dem Programm 1915/16 fortgesetzt werden wird. Im Interesse einer gleichmäßigen Beschäftigung der Werften wird sich dies von selbst ergeben. Sollte in der Zwischenzeit die konservative Partei ans Ruder kommen, so ist die Weiterverfolgung der Beschleunigungspolitik das mindeste, was man angesichts des oft verkündeten Standpunktes dieser Partei zur Flottenfrage wird erwarten müssen.

Capital Ships (Linienschiffe und Panzerkreuzer):

Jahr	Deutschland	England	Überschuß Englands
1915 (Ende)	23	41	78%
1916 (Ende)	26	47	80%
1917 (Ende)	28	51	82%

Großlinienschiffe allein:

Jahr	Deutschland	England	Überschuß Englands
1915 (Ende)	17	32	90%
1916 (Ende)	19	38	100%
1917 (Ende)	20	42	110%

Diesen „actual figures" entsprechend, die die Proportion 16 : 10 weit übertreffen, verhalten sich auch die diesjährigen beiderseitigen Personaletats etwa wie 19 : 10 und die Gesamtetatssummen etwa wie 22 : 10.

Trotzdem arbeitet Churchill mit seinem 60%-Standard weiter, indem er behauptet, er brauche im diesjährigen Etat nur zwei Schiffe statt der drei im Vorjahr zu beschleunigen „as we are in a better position this year than we were last year. As the total number of our ships increases within the limits of the 60% standard — I am not going beyond that.[a] — So do the numbers available for whole

a) *You have transgressed the limit far!*

world service. Although the proportion r e m a i n s t h e s a m e, a larger number can be spared."ᵃ*

Daß dies unrichtig ist, dürfte mit den vorstehenden Tabellen nachgewiesen sein. Churchill ist nicht „in a better position with in the limits of the 60% s t a n d a r d", sondern weil er beträchtlich über diesen Standard hinaus= geht.ᵇ

Die Mittelmeerstellung Englands.

Das Mittelmeer ist beginnend im Jahre 1900 und in zunehmendem Maße seit 1905 infolge der Zusammenziehung der englischen Flotte gegen Deutschland in der Nordsee entblößt worden. Wegen der letztjährigen Ereignisse im nahen Orient mußten aus politischen Gründen zeitweise starke Gruppen der Nordsee= flotte im Mittelmeer detachiert werden.

Die Admiralität gründet hierauf und auf das Wachstum der Marinen unserer Alliierten ihre Forderung, daß das Mittelmeer wieder b a u e r n d stark besetzt werden müsse, ohne daß in den heimischen Gewässern der „margin of security" gegen Deutschland aufgegeben werde.

Ein Teil der öffentlichen Meinung Englands unterstützt diese Forderung. Churchill benutzt sie, um die Proportion 8 : 5 zu verlassen und die Navy League und eine Reihe von angesehenen Marineschriftstellern wie Archibald Hurd grün= den auf sie ihre starke Agitation zur Vermehrung der englischen Flotte selbst über das von Churchill vorgesehene Maß hinaus.

Im Parlament wurde die strategische und politische Mittelmeerfrage zum Gegen= stand einer I n t e r p e l l a t i o n an den Minister der auswärtigen Angelegenheiten gemacht. Dabei wurde das Mittelmeer als die Hauptstraße des Reiches bezeichnet, an deren Seiten seit zwei Jahren dauernder Kriegszustand herrsche und eine Verschiebung im Besitz= und Machtbestand der Anlieger teils drohe, teils eingetreten sei. Insbeson= dere der Bestand des türkischen Reiches sei für die strategische Stellung Englands auf seiner Hauptweltstraße von ausschlaggebender Bedeutung. Verschwinde dieses Reich, werde die Grenze Europas nach Persien, nach dem Sinai, nach Tripolis vorgeschoben, so könne das englische Weltreich nicht dauern. Zur Durchführung einer starken Poli= tik sei eine starke Flotte nötig — nicht nur in den heimischen Gewässern, sondern an Ort und Stelle.

S i r E d w a r d G r e y antwortete auf diese Interpellation, soweit das seestrate= gische Gebiet berührt worden war, nur kurz und sehr allgemein, weil die Diskussion der Flottenstellung im Mittelmeer in die Marinedebatte gehöre. Er könne nur sagen, daß von Ende 1915 ab eine beträchtliche Flotte im Mittelmeer sein werde. Im übrigen könne man nicht überall einen übertriebenen Flottenstandard unterhalten. Vielmehr

a) *Falsch!*
b) *Ja.*

---

*) Weil wir in einer besseren Lage sind als im letzten Jahre Denn die Gesamtzahl unserer Schiffe wächst innerhalb der Grenzen des 60%=Verhältnisses — ich gehe darüber nicht hinaus —, ebenso die Anzahl, die für den Weite=Welt=Dienst verfügbar ist. Obwohl das Verhältnis das= selbe bleibt, kann eine größere Zahl entbehrt werden.

müsse die Stärke sich nach den „Kombinationen" richten, die man möglicherweise gegen sich habe. Es sei ferner unrichtig, wenn man es als absolute und unbeschränkte Wahrheit hinstelle, daß die Flottenstärke von der auswärtigen Politik abhänge. Das Umgekehrte sei ebensosehr der Fall. Die auswärtige Politik müsse sich in hohem Maße nach der Flottenstärke richten.

Habe man eine Flotte, die stärker sei als die aller anderen europäischen Staaten zusammen, so sei die Politik einfach.[a] Sei man nicht in dieser Lage, so müsse die Politik dafür sorgen,[b] daß man nicht zu irgendeinem Zeitpunkt eine Kombination von Flotten gegen sich habe, denen man nicht gewachsen sei.[c] Das Haus könne von der Regierung erwarten, daß sie nicht einer Lage zutreibe, wo eine mögliche Kombination von Mächten stärker sei als Englands eigene Flotte. —

Die strategische Wichtigkeit der Mittelmeerstellung Englands Deutschland gegenüber wird meistens weit übertrieben. Sie ist eine zu Flottenagitationszwecken aufrechterhaltene Fiktion.

Im Fall eines deutsch-englischen Konfliktes liegt das Hauptkriegstheater im Norden.

Das Mittelmeer und seine Verbindung mit England wird zunächst unberührt bleiben. Dort stationierte englische Linienschiffe haben ununterbrochene Funkentelegraphieverbindung mit der Admiralität und können und werden innerhalb von etwa fünf bis acht Tagen in die Heimat gezogen werden. Ihr Weg ist frei.

Der für England sehr wichtige, aber keine Lebensfrage darstellende Handelsweg aus dem Schwarzen Meer und dem Suezkanal durch das Mittelmeer ist unter den supponierten Umständen — auch wenn unsere Mittelmeerdivision nicht zurückgezogen worden ist[d] — durch ein kräftiges Kreuzergeschwader zu decken. Die englischen mediteranen Besitzungen sind ohne Flottendeckung sicher.

Will man, wie dies von englischer Seite oft geschieht, für den angenommenen Konfliktsfall die gegenwärtige Mächtegruppierung Europas berücksichtigen und die Flotten unserer Verbündeten einrechnen, so müßte man bei dem nahen Zusammenarbeiten der englischen und der französischen Admiralität auch die französische Flotte mitzählen und dann diese Kräfte als sich neutralisierend betrachten. Mit einer uneingeschränkten Mitwirkung der Seestreitkräfte unserer Verbündeten gegen England rechnet nur der britische Flottenagitator.

Auch vom Gesichtspunkt der gegenwärtigen Mächtekonstellation aus betrachtet ist deshalb für England die Stärke seiner Mittelmeerstellung strategisch nicht so wichtig, wie sie immerfort hingestellt wird. Sie ist in dieser Form vielmehr lediglich ein oberflächlicher Vorwand, um im Frieden eine Vermehrung der Gesamtflottenstärke Englands zu begründen, die im Kriege gesammelt in der Nordsee gegen die deutsche Flotte zum Ansatz kommen würde.

Der beabsichtigten Vermehrung der maritimen Machtmittel Englands im Mittelmeer liegen tatsächlich noch andere politisch-strategische Erwägungen zugrunde, die ganz allgemein unter der Deckmarke: „Verstärkung des politischen Einflusses und des Prestiges an Ort und Stelle" zusammengefaßt werden.

a) *Allerdings.*
b) *Sehr gut.*
c) *Möchten sich meine Politiker das ad Notam nehmen.*
d) *Wird sie nicht!*

Diese Erwägungen entspringen der Befürchtung, daß sich im östlichen Mittel=
meerbecken und seinem Hinterland weitere Veränderungen vorbereiten könnten,
deren Behandlung angesichts ihrer Tragweite für England die Aufbietung des
vollen auf Seemacht gestützten politischen Einflusses erfordern würde. Die Ur=
sache dieser Befürchtung sind nicht so sehr Deutschland und seine Verbündeten,
sondern, wie die Mittelmeerinterpellation zeigt, die Ententefreunde Englands,
Frankreich und vornehmlich Rußland.

Im Gegensatz zu diesen beiden Mächten würde die Mittelmeerstellung Eng=
lands auch zu einem strategischen Faktor von erster Bedeutung werden, denn im
Falle eines Konfliktes läge das Hauptkriegstheater im Mittelmeer selbst.

Die Anstrengungen Englands nach einer starken Mittelmeerflotte sind der
Ausdruck seines Strebens, die Unabhängigkeit seiner auswärtigen Politik —
zunächst im Mittelmeer, später vielleicht auch im fernen Osten — im alten Um=
fang wieder herzustellen. Dazu mußte in erster Linie die paralysierende Wirkung
der deutschen Flotte allmählich aufgehoben werden, die für einige Zeit zum
Nachteil des Ansehens Englands alle verfügbaren Kräfte auf sich gezogen hat;
andererseits müssen die Abmachungen, die während dieser Zeit der völligen Bin=
dung aller Kräfte in der Nordsee mit Frankreich über die Mittelmeerstellung
eingegangen worden sind, langsam außer Kraft gesetzt werden.

Churchill drückte dies aus in den sehr sorgfältig redigierten Sätzen:

"In July 1912 four months after my March statement, the Cabinet having
made a new and searching examination of the Mediterranean problem, decided
that a British battle squadron should be maintained in that sea, and that we
could not afford to leave our interests there indefinitely to the care of powerful cruisers, or battlecruiser squadrons and flottillas (d. h. Frankreichs), Out-
side the sphere of pure strategy and belonging to the domain of State policy,
the other principal reason was that we should remain the independent guar-
dians of our own important and long-established interests in the Mediterranean,
and should not incur any exceptional obligations in any direction.
The force of such a consideration must be freely admitted. Full effect may
be given to it by the Admiralty providing the necessary margin of safety in
the Mediterranean in the decisive and vital period."*

*) Übersetzung: Im Juli 1912, vier Monate nach meiner März=Erklärung, entschied das
Kabinett, nachdem es eine neue und eingehende Untersuchung der Mittelmeerfrage angestellt
hatte, daß ein englisches Linienschiffsgeschwader in jenem Meere in Dienst gehalten werden
solle und daß wir es uns nicht leisten könnten, unsere dortigen Interessen auf unbestimmte Zeit
der Sorge mächtiger Kreuzer oder Schlachtkreuzergeschwader und Flottillen (d. h. Frankreichs)
zu überlassen. Abgesehen vom Bereich der reinen Strategie und ins Gebiet der Staatspolitik
fallend, war der andere Hauptgrund der, daß wir die unabhängigen Hüter unserer eigenen
wichtigen und lange bestehenden Interessen im Mittelmeer bleiben und keinerlei außergewöhnliche
Verpflichtungen in irgendeiner Richtung auf uns nehmen sollten. Das Zwingende einer solchen
Überlegung muß offen zugegeben werden. Völlig in die Tat umsetzen läßt sie sich vielleicht dadurch,
daß die Admiralität in dem entscheidenden und lebenswichtigen Zeitraum für den nötigen Sicher=
heitsüberschuß im Mittelmeer sorgt.

Die Möglichkeit, diejenige Überlegenheit an Seemacht wieder zu erlangen, die eine unabhängige Politik gestatten wird, hat — indirekt — der Rückgang unseres Bautempos im Jahre 1912 geliefert.[a] Im selben Jahre setzen die Bemühungen Englands (Churchills) ein, die Chancen zur Erlangung eines Kraft überschusses über den margin of security* gegen Deutschland eilig auszunutzen.

Erst richteten sich Churchills Blicke nach den Kolonien. Wären seine Anstrengungen in dieser Richtung in vollem Umfang erfolgreich gewesen, so wäre die Möglichkeit da gewesen, einer englischen Reichsflotte wieder den „two power standard" zu geben und zur Politik der „splendid isolation" zurückzukehren.

Das Versagen Kanadas und jetzt eigentlich auch der anderen Dominionen hat Churchill dann in der Hauptsache auf die Mittel des englischen Steuerzahlers angewiesen, und die Wirkung seiner Vermehrungsflottenpolitik auf das Mittelmeer beschränkt. Die Schaffung des Überschusses über Deutschland hat sich dadurch etwas verzögert; Ende 1915 wird aber trotzdem der erste Erfolg erreicht.

Dieser Überschuß wird jederzeit auch gegen Deutschland verfügbar sein.

Mit anderen Worten: Unser gegenwärtiges Tempo der Flottenvermehrung ist nicht genügend, um uns die Gesamtstärkeproportion zu der größten Seemacht zu gewährleisten, die die Grundlage des Flottengesetzes ist. Bis 1917 kann England unser Tempo mehr als verdoppeln und sich dadurch einen Überschuß sichern.

Einem ununterbrochenen Dreiertempo gegenüber wäre dies nicht möglich. Denn wie die englischen Bauprogramme zeigen, ist ein 4,5 bis 4,7 Bautempo selbst unter Einrechnung der Kolonialschiffe (Malaya und Neuseeland) und der gegenwärtigen Baubeschleunigung das Maximum, das England im Durchschnitt auf die Dauer hat leisten können.

Die möglichst baldige Etablierung des gesetzmäßigen Dreiertempos durch Bau des dritten Schiffes der Novelle 1912 dürfte angesichts dieser Verhältnisse als notwendig anzuerkennen sein.[b]

Churchill und die Flottenpolitik der Dominionen.

Churchill stellt in seiner Rede die Suggestivbehauptung auf, daß gute Aussichten vorhanden seien, daß „the unfortunate deadlock",** der in Kanada über die Flottenfrage eingetreten sei, bald vorübergehen werde, und daß Kanada auf irgendeine Weise an seiner eigenen Verteidigung und der des Reichs teilnehmen werde. Kanada sollte wenigstens für seine eigene Verteidigung sorgen. Wenn es an die Vereinigten Staaten angegliedert wäre, würde es zur Unterhaltung der Marine der Vereinigten Staaten beitragen. Wenn es unabhängig wäre, würde es ohne Zweifel mindestens dasselbe für seine Flotte tun, wie die stärksten Staaten Südamerikas; jetzt verlasse es sich ganz auf

---

a) *Ja.*
b) *Richtig, absolut nötig!*

---

*) Sicherheitsüberschuß.
**) Die unglückselige Stockung.

den armen englischen Steuerzahler, der viel weniger wohlhabend sei als der Durch=
schnittskanadier.

Über die Lage Australiens und Neuseelands und über die Flottenpolitik, die diese
Dominionen verfolgen sollten, sagte der Erste Lord kurz zusammengefaßt:

Die Sicherheit Australiens und Neuseelands sei durch die Seemacht Englands in der
Heimat und durch das im Einverständnis mit den überseeischen Dominionen bis 1921
verlängerte Bündnis mit Japan garantiert. Die Seemacht Englands in der Heimat
schütze die pazifischen Tochterstaaten vor europäischen Eroberern ebensowohl wie
gegen jede „gegenwärtige" Gefahr von seiten Japans. Gleichzeitig schütze die eng=
lische Überlegenheit zur See auch Japan, solange es durch ein Bündnis mit England
verknüpft sei. Die Zunahme der europäischen Interessen in China und das Wachstum
der europäischen Flotten werde Japan, das eine ähnliche Seerüstung nicht bestreiten
könne, dazu führen, daß es sich mehr und mehr auf den Schutz verlasse, den ihm die
britische Suprematie so leicht gewähren könne.[a]

Großbritannien sei durch das Bündnis mit Japan nicht nur verpflichtet zu verhin=
dern, daß eine europäische „Armada" in das chinesische Meer entsendet werde und
dort das maritime „Gleichgewicht" ändere, sondern es sei auch gebunden, in jenen
Gewässern eine stärkere Flottenmacht zu unterhalten, als irgendeine andere europäische
Macht.[b] Damit sei gegen jede Gefahr, die sich für Japan aus dem Wachsen der
europäischen Geschwader des fernen Ostens entwickeln könnte, Vorsorge getroffen.

Die Admiralität habe das Abkommen mit den Dominionen vom Jahre 1909 m e h r
a l s e r f ü l l t, zwar nicht in denselben E i n h e i t e n, wie sie Australien geschaffen
habe, da die neuen Schlachtkreuzer zu Hause gehalten würden, aber im ganzen ge=
nommen in einer verbesserten Form.

Die Dominionen könnten sich für die nächsten zehn bis zwölf Jahre nicht selbst
schützen. Die b i s h e r i g e Politik Neuseelands sei von diesem Gesichtspunkt aus als
„tiefe Weisheit" (profound wisdom) zu schätzen.

Churchill verweilte dann noch längere Zeit mit höchst lobenden Worten bei der
b i s h e r i g e n Politik Neuseelands — der direkten Beisteuer mit Geld und einem
Schiff —, durch die diese Dominion in gleicher Weise der eigenen wie der allgemeinen
Sicherheit des Reiches gedient habe. „Keine in militärischen Fragen unerfahrene
Gemeinschaft habe je größere politische und strategische Einsicht gezeigt."

Da Neuseeland, unzufrieden mit der Art wie die Admiralität seine b i s h e r i g e
Flottenpolitik ausgenutzt hat, eben im Begriffe ist, davon ab= und zur australischen
Methode der Schaffung einer eigenen Marine überzugehen, wird die starke Lobeserhe=
bung durch den Ersten Lord verständlich; sie hat aber nichts genützt.

Churchill geht dann zu einer allgemeinen Betrachtung der strategischen Prinzipien
über, die für das Zusammenwirken des Mutterlandes und der Dominionen in der
Reichsverteidigung maßgebend sein müßten. Seine Verurteilung von getrennten Kolo=
nialmarinen, die zerstreut in kolonialen Gewässern ständen, enthielt eine deutliche
Mißbilligung der australischen Marinepolitik und gipfelte in der abermaligen Anprei=
sung eines „Reichsgeschwaders"[c] als der besten Vereinigung gesunder militärischer
Prinzipien und koloniallokaler Aspirationen. Die Dominionen sollten Stützpunkte und
Werften nebst einer örtlichen Küstenverteidigung durch Zerstörer, U=Boote und See=

<hr>

a) *Wird sich dafür schön bedanken.*
b) *Bisher nicht der Fall.*
c) *In der Nordsee.*

befestigungen einrichten und die nötigen kleinen Kreuzer unterhalten, die den Handel im Kriegsfalle schützen und mit dem Reichsgeschwader zusammen operieren könnten — „wenn es käme" — fügte Churchill vorsichtig hinzu. Das Reichsgeschwader solle aus Großkampfschiffen bestehen, die die Dominionen entweder schon besäßen (Australien und Neuseeland) oder beschafften (Kanada).

So werde einerseits eine lokale Kolonialmarine geschaffen, die das Interesse an der Marine und die Geneigtheit zur Aufbringung der Unterhaltungskosten in den Dominionen rege erhalte, während andererseits durch Abgabe der Großkampfschiffe an das Reichsgeschwader ein wirklich starker und effektiver Verband geschaffen werde, der sich schnell auf der Welt herumbewegen könne, wo er gebraucht werde.

Das sei die richtige Politik, die er vertreten müsse und nach der die zukünftige Entwicklung hinstreben werde.

Ohne Zweifel ist diese von Churchill gepredigte Reichsflottenpolitik an sich die richtige. Sie berücksichtigt aber die Stimmung der Dominionen nicht genügend, die an ihrer eigenen Lage mehr als an der Englands in Europa interessiert sind und die an die Gefährdung des britischen Weltreiches durch die deutsche Flotte, die ihnen früher mit Erfolg als „bogy" vorgehalten wurde, nicht mehr glauben.

Seit dem Verblassen der „deutschen Gefahr" und dem Eintritt der amerikanisch-japanischen Schwierigkeiten sehen Australien und Neuseeland ihre Flottenfrage nur im Lichte einer künftigen japanischen Gefahr.

Die Aufnahme der Rede Churchills war daher in den pazifischen Dominionen keine günstige. Die kritischen Äußerungen der Regierungsvertreter Australiens und Neu-seelands laufen darauf hinaus, „daß zwar die pazifischen Dominionen mit Japan in Frieden leben wollten, daß sie aber ihre Weißen-Politik, die japanische Ansiedelungen untersage, aufrechterhalten müßten. In dem Bündnis Englands mit Japan könnten sie daher keinen Schutz für ihre Sicherheit erblicken" (der australische Premierminister). „Das Mutterland suche anscheinend bei den Dominionen eine sehr viel größere Flottenunterstützung für die heimischen Gewässer als bisher. Weder Churchills Vorschläge bezüglich des Reichsgeschwaders, noch seine Ansicht über die Abgabe von Kolonial-schiffen an die heimische Flotte werde die Billigung Australiens finden" (der australische Verteidigungsminister). „Wenn Churchill glaube, daß Australien und Neusee-land sich von Japan beschützen lassen wollten, so sei er im Irrtum. Das anglo-japa-nische Bündnis schütze Australien und Neuseeland keineswegs. Die beste Politik der Dominionen werde sein, ihre eigenen Schiffe zu bauen. Die neuseeländische Regierung beabsichtige deshalb das Parlament um Bewilligung von acht Millionen Mark für den Bau eines Kreuzers der Bristolklasse anzugehen" (der Premierminister von Neuseeland).

Die Dominionen sind außerdem enttäuscht, weil nach ihrer Ansicht die Admiralität ihr Versprechen vom Jahre 1909, zwei Gruppen von modernen Schiffen im fernen Osten aufzustellen, nicht erfüllt habe. Das Reichsgeschwader sei ein „stillborn pro-posal".*

Es ist zu erwarten, daß nun Australien und Neuseeland einer zukünftigen Zusammen-arbeit im pazifischen Ozean nähertreten werden, der sich später möglicherweise auch Kanada anschließt.

_____

*) Totgeborener Vorschlag.

Die Berufung einer Reichskonferenz in London ist angesichts der Lage der gegen=
wärtigen englischen Regierung unwahrscheinlich.

In Kanada hat Churchills Rede nur zur Verschärfung der bitteren Kontroverse bei=
getragen, die sich über die Flottenfrage erhoben hat. Die konservative Meinung „does
not relish being told in so kindergarten a fashion precisely why it is their duty to
bear a share in the naval defence". * Die Liberalen schöpfen insbesondere aus den Be=
merkungen des Ersten Lords über die pazifische Politik und aus den Kommentaren
der australischen und neuseeländischen Regierungen neuen Stoff, um ihre Agitation
für eine kanadische Marine unter eigener Verwaltung zu stärken und den Borden=
schen Vorschlag abzulehnen. Die Lage ist trotz Churchills gegenteiliger Behauptung
um nichts gebessert.

Südafrika nimmt keine Stellung zu den Vorschlägen Churchills und wird zu einer
größeren Teilnahme an der Reichsverteidigung noch lange nicht in der Lage sein.

Mag die Aufstellung eines Reichsgeschwaders vielleicht später doch noch zu=
stande kommen, angesichts der Selbständigkeitsbestrebungen der Dominionen
braucht mit seiner Verstärkung der englischen Gesamtflotte als einem g e g e n
D e u t s c h l a n d verfügbaren Machtzuwachs kaum gerechnet werden.

Das Reichsverteidigungsproblem ist noch ebensoweit von einer gemeinsamen
und einheitlichen Lösung entfernt, wie nach der Konferenz vom Jahre 1909 und
es hat nicht den Anschein, als ob sich die auf näheren Zusammenschluß wirken=
den Tendenzen verstärkten; im Gegenteil.

Die Typen der vier Großkampfschiffe des Etats 1914/15.

Von den vier „Capital Ships" des Programms 1914/15 werden drei der Royal
Sovereign=Klasse angehören und mit den fünf Vorgängern des Programms 1913/14
zusammen ein homogenes Geschwader von acht Schiffen bilden. Das vierte Schiff
wird vom Queen Elizabeth=Typ sein, von dem dann sechs Schiffe (einschließlich Ma=
laya) vorhanden sein werden. Daraus geht hervor, daß dieser Typus nicht als Linien=
schiff angesehen, sondern als Panzerkreuzer gerechnet wird. Wo diese Klasse später in
die Flottenorganisation eingestellt wird, läßt sich noch nicht absehen. Möglicherweise
wird zunächst in Anbetracht der großen Geschwindigkeit und des Aktionsradius dieser
Schiffe eines der „äußeren" Heimatgeschwader — das Gibraltar= oder Maltageschwa=
der — aus ihnen formiert werden, bevor später der Übergang in die P a n z e r k r e u z e r =
geschwader stattfindet.

Beim Lesen der langen prahlerischen Ausführungen des Ersten Lords über die Ka=
liberfrage drängt sich unwillkürlich die Frage auf: Wenn tatsächlich die 13,5=
(34,3 cm) Kanone so vorzüglich ist und wenn tatsächlich die Panzerung moderner
Schiffe sich zur Geschoßleistung verhält wie eine Eierschale zur Kraft eines Hammers,
warum mußte dann zum 15"= (38 cm) Kaliber übergegangen werden?

Es ist aus vielen Veröffentlichungen bekannt, „that even the best type of 12-inch
has a „whip" at the muzzle, a defect from which the 13,5 is free, and the 15-inch
s t i l l m o r e free".** Also wäre das 13,5= (34,3 cm) Kaliber doch nicht g a n z

---

*) Findet keinen Geschmack daran, in einer so kindergartenhaften Weise genau darüber belehrt zu
werden, warum es ihre Pflicht ist, einen Anteil an der Seeverteidigung zu übernehmen.

**) Daß sogar der beste Typus des 12=Zöllers eine „Wippe" an der Mündung hat, ein Fehler,
von dem der 13,5=Zöller frei ist, und der 15=Zöller n o c h m e h r.

frei von der Mündungsabnutzung? Man wird annehmen können, daß die englische Ka=
liberſteigerung erſtens auf die Abſicht Deutſchlands zum 38 cm überzugehen, und zwei=
tens auf die Notwendigkeit größerer Treffgenauigkeit zurückzuführen iſt, bei vermin=
derter Anfangsgeſchwindigkeit, um die Präziſionsleiſtung der Rohre zu verlängern.

**Die veränderte Behandlung der deutſchen Flotte in Chur=
chills Rede.**

Churchill hat, abweichend von ſeiner früheren Gepflogenheit, in der dies=
jährigen Etatsrede feindliche Betrachtungen über die deutſche Flotte vermieden.
Wo er auf die deutſche Flotte und auf die Stärkebeziehungen zwiſchen ihr und
der engliſchen Marine Bezug nahm, geſchah dies in ruhigem Tone; ſeinen
Holidayvorſchlag hat er nicht mehr erwähnt.

Die Urſachen dieſer Wandlung ſind verſchiedener Art. Zunächſt würden flot=
tenagitatoriſche Brandreden nicht in die Geſamtlage paſſen und unvorteilhaft
abſtechen von der ſachlichen, alle Aufregung der öffentlichen Meinung vermeiden=
den Behandlung, die die Flottenfrage in Deutſchland von amtlicher Seite ſtets
und infolgedeſſen auch in der Öffentlichkeit und in der Reichstagsdebatte er=
fahren hat.

Ferner empfinden die Leiter der engliſchen Flottenpolitik infolge unſerer In=
terimsperiode langſameren Fortſchrittes im Flottenausbau eine Erleichterung,
die ſie ausnutzen wollen, ohne darüber mehr als unbedingt nötig zu reden.
Churchill vermeidet daher alles, was zu einer Änderung des gegenwärtigen Zu=
ſtandes führen könnte. Er geht dabei ſoweit, daß er ſeinen Maßnahmen zur
Überbietung ſeines bisherigen Programms, die letzten Endes immer gegen die
deutſche Flotte gerichtet bleiben, eine möglichſt wenig aggreſſive Form gegen
Deutſchland gibt, ſie verkleidet.

Churchill hat erkannt, daß er durch „plain speaking" * früherer Obſervanz
immer nur das Gegenteil von der erhofften Einſchüchterung erreicht hat.

Auf der anderen Seite iſt die Churchillſche Alternative der Holidayphraſe als
ſolche erkannt worden. Auch in England glaubt niemand mehr, daß der Vor=
ſchlag wirklich ernſt gemeint geweſen wäre. England, der „Weltrüſtungslie=
ferant", der die größeren und kleineren Seemächte, beginnend bei Rußland,
Italien und Japan bis hinunter zur Türkei, zu Griechenland und den ſüdameri=
kaniſchen Republiken mit Schiffen und Kriegsmaterial verſorgt, hat an einer
internationalen Rüſtungseinſchränkung kein Intereſſe.

Der feſte Wille des deutſchen Volkes nach der ſeinem Bedarf entſprechenden
Flottenſtärke, der ſich in der letzten Marinedebatte des Reichstages erneut ge=
zeigt hat, hat ſeine Wirkung nach außen nicht verfehlt.

Wie der Berliner Korreſpondent des „Daily Telegraph" in einer Betrach=

---

*) Deutlich reden.

27*

tung über die diesjährige deutsche Marinedebatte schrieb, hat die Stellungnahme
des deutschen Volkes zu seiner Flotte im Laufe der beiden letzten Jahrzehnte
eine vollkommene Wandlung durchgemacht — zu der zu guter Letzt Churchill,
während seiner verhältnismäßig kurzen Amtszeit als Erster Lord das Seine bei=
getragen hat —. „Während im Anfang der Flottenbewegung — vor 25 Jahren
— die Flotte von der Armee als überflüssige Stiefschwester mit Eifersucht, vom
Volke mit Indifferenz, Mißtrauen oder offener Abneigung betrachtet wurde als
ein Grund zu Steuervermehrungen, als eine Veranlassung zu Verwicklungen
mit der einzigen Macht, die Deutschland schädigen könnte, ohne selbst in Reich=
weite zu sein, sei dies alles heute „past and done with" * Die Flotte sei eben=
so populär wie die Armee; die erhöhten Steuern würden schnell zur Gewohnheit
und zur ungefühlten Bürde. Die Hauptsache aber sei die heute allgemein ge=
wordene Überzeugung, die so offen und frei von den Volksvertretern ausge=
sprochen worden sei, daß das Flottengesetz die beste Rechtfertigung durch den
Erfolg erfahren habe; daß das Risiko, das man selbst für die stärkste Seemacht
durch das Flottengesetz habe schaffen wollen, nicht nur vorhanden sei, sondern
bereits angefangen habe, politisch Früchte zu bringen. — Es sei ganz offenbar,
daß, wenn der Staatssekretär des Reichsmarineamts die Zustimmung der Re=
gierung erhalte zur Vermehrung der Bauprogramme von 1915 und 1917
um je ein „additional Capital Ship", er keinen Grund habe, Widerstand im
Reichstage zu befürchten."[a] —

Der Korrespondent des „Daily Telegraph" hat damit richtig erkannt und an=
gedeutet, daß die möglichst baldige Etablierung des g e s e t z m ä ß i g e n D r e i e r =
t e m p o s den englischen Anstrengungen gegenüber von uns erstrebt werden
müsse. Er hat übersehen, daß eines der dazu nötigen „additional Capital
Ship" bereits bewilligt[b] und im Flottengesetz enthalten ist und daß nur die An=
ordnung zum Bau dieses Schiffes nötig ist, um das Dreiertempo früher zu er=
reichen.

Eine möglichst schnelle Vermehrung unserer I n d i e n s t h a l t u n g e n in den
heimischen Verbänden innerhalb der vorgezeichneten Grenzen wird sich ange=
sichts der indirekten Steigerung der steten Bereitschaft Englands durch ein
neues Geschwader ferner als notwendig erweisen. In der Ankündigung einer
Verstärkung unserer A u s l a n d s f l o t t e durch den Staatssekretär des Reichs=
marineamts im Reichstage wollten einige hiesige Blätter den vorausgeworfenen
Schatten einer neuen deutschen Flottenvermehrung erkennen. Auch Churchill

---

a) *Der rechnet also auch schon mit dem Dreiertempo, also Dreiertempo soll er haben.*
b) *Nun dann möge es gebaut werden.*

---

*) Vorbei und abgetan.

scheint etwas Derartiges vermutet zu haben. Ich habe Gelegenheit gehabt, diese Vermutungen zu zerstreuen.

Verstärkungen unserer Auslandsflotte — selbst wenn sie sich auf die For= mierung eines Verbandes, etwa eines „fliegenden Geschwaders" erstreck= ten — würden auf die Stärkebeziehungen zwischen der englischen und deutschen Flotte keinen Einfluß haben;ᵃ denn sie wären reziproziter als „nicht gegen Eng= land zählend" anzusehen, dem englischen Sprichwort gemäß: It is a poor rule, that does not work both ways.*

Ganz hervorragend gut geschrieben! Mit geradezu staatsmännischem Blick!

a) Aber wir brauchen es zur Entlastung der Heimatverbände, die stets zergliedert werden. Von den 18¹ kleinen Kreuzern, die nach dem Gesetz der Flotte zustehen und zur Aufklärung nötig sind, sind acht zu Schulzwecken vom Reichsmarineamt nach und nach mit Beschlag belegt, darunter zwei Panzerkreuzer, die ursprünglich für Auslandszwecke bestimmt waren. Von den zehn übrig= gebliebenen kleinen Kreuzern sind drei zum Auslandsdienst notgedrungen detachiert worden. Bleiben sieben zum Dienst; davon zeitweilig zwei in Reparatur, verbleiben der deutschen Flotte sage und schreibe fünf ganze kleine Kreuzer teilweise zur Aufklärung übrig. Das ist ein skandalöser Zustand, der die Front berechtigt, schwere Klagen zu führen. Es hätte das Reichsmarineamt die Pflicht gehabt, allmählich die acht für Schulzwecke ausgefallenen Kreuzer in der Flotte wieder zu ersetzen und einen besonderen Schuletat zu kreieren, der die Indienststellung der Flotte von solchen Abgaben entlastet; besonders hinsichtlich der Mannschaften. Jetzt habe ich, um der auswärtigen Not zu steuern, eine Novelle für Erhöhung der Indiensthaltung von Auslandskreuzern befohlen, damit auf diese Weise die Flotte ihre drei detachierten Kreuzer wiederbekommt, die jetzt im Ausland nicht zu missen sind. Mittelmeerdivision, die vier Schiffe haben sollte und nur noch zwei hat. So geht es nun einem England gegenüber nicht weiter. Nicht gute Artikel, sondern Schiffe können uns nur da helfen.   Wilhelm.

Die Äußerungen Seiner Majestät des Kaisers zu vorstehendem Bericht veranlaßten mich zu folgenden Ausführungen, die ich am 30. April 1914 an den Marinekabinettschef richtete.

...Ich möchte mit ein paar Worten auf die Bemerkungen Seiner Majestät zu dem Bericht von E. von Müller vom 30. März d. J. kommen. Seine Majestät macht darin dem Reichsmarineamt bzw. mir den Vorwurf der Mannschaftsnot in der Marine, den Vorwurf der mangelnden Kreuzer bei der Flotte und bezeichnet es als versäumte Pflicht, daß diesen Nöten nicht beizeiten gesteuert worden wäre. Ich möchte ganz davon ab= sehen, daß die Flotte gemäß Flottengesetz nicht jetzt, sondern erst 1920 fertig sein soll und kann, daß ferner Größe der Schiffe, Besatzungsetats, Kosten in ganz un= geheuerer Weise seit der Dreadnought=Periode gestiegen sind. Ich beschränke mich viel= mehr auf mein Verhalten in diesen schwierigen Dingen. Seine Majestät erinnern sich wohl nicht mehr, daß seit dem Abgang des Fürsten Bülow 1909 die Marineverwal= tung den ganzen Widerstand des Reichskanzlers, des Auswärtigen Amts und des Reichsschatzamts bei jedem Schritt der Ausgestaltung der Flotte auszuhalten gehabt hat. Bei den Herbstvorträgen von 1909 und 1910 hat mich Seine Majestät auf meine Bitte um Unterstützung gegen die Herabdrückung unseres Etats — wie ich glaube nach Anhörung des Reichskanzlers — darauf hingewiesen: „Die Marineverwaltung

---

1) Es waren nicht 18 kleine Kreuzer, sondern 40.
*) Etwa: „Was dem einen recht ist, ist dem andern billig".

müßte sich nach der Decke strecken." Als im Herbst 1911 die große Gelegenheit da war, die rasche und gründliche Ausführung des Flottengesetzes und die inzwischen notwendigen Bedürfnisse der Marine zu stabilieren, hat es — wie Seiner Majestät wohl auch noch erinnerlich sein wird — an mir und dem Marineamt nicht gelegen, daß die unvergleichliche Stunde nicht zureichend ausgenutzt worden ist. Ebenso wie die 1911/12 noch durchgesetzte Novelle nicht zum Kriege, sondern im Gegenteil zur Annäherung an England geführt hat, so würde dies noch in höherem Maße der Fall gewesen sein, wenn der ursprüngliche Entwurf nebst neuer Geldbedarfsberechnung durchgesetzt worden wäre, da die Abstriche, gerade für den englischen Charakter, gegen uns wirken mußten und wie Furcht ausgelegt werden konnten. Der Churchillsche Bluff hätte dann ebenfalls nicht stattfinden können. Im Herbst 1912/13 bei der großen Armeevorlage war auch (wenn auch eine schlechte) Gelegenheit, das Versäumte nachzuholen, und Seine Majestät hatten das gewünscht. Ich bin darauf zum Reichskanzler gegangen und habe ihm den positiven Vorschlag gemacht, gelegentlich der großen Armeevorlage, das im Jahre vorher bei der Marinenovelle Gestrichene an Schiffen und Geld nachzuholen. Ich habe dann durch Kabinettsschreiben vom 6. Januar 1913 den Befehl Seiner Majestät erhalten, von einem Vorgehen seitens der Marine Abstand zu nehmen.

Ich glaube, was die Vergangenheit anbetrifft, so sprechen die von mir hier kurz angeführten Tatsachen von selbst und wird aus ihnen ein Vorwurf gegen die Marineverwaltung kaum zu entnehmen sein.

Gegenüber den Ausführungen Seiner Majestät möchte ich doch noch mit einigen Worten auf die Gesamtsituation unserer Marine eingehen, wie sie mir zurzeit erscheint.

Das von mir von Anfang an konsequent und zäh verfolgte Ziel war das Dreiertempo. Damit „mußten" wir England gegenüber die erforderliche Seegeltung erringen. Zwei Umstände haben uns in den letzten Jahren leider zurückgeworfen; erstens das — ohne mein Verschulden — von 1912—1917 zugelassene Zweiertempo und zweitens die Ausnützung dieser Lücke im Bautempo durch den außerordentlich rührigen englischen Marineminister Churchill, der die englische Flotte — das muß ihm sein Feind lassen — während seiner Amtsführung auf eine außerordentliche Höhe gebracht hat. — Was sollen oder können wir nun tun, um den englischen Vorsprung wieder einzuholen? Zwei Möglichkeiten sind da. Entweder Erweiterung des vorhandenen Rahmens oder aber Ausbau und innere Konsolidierung des vorhandenen Rahmens. Ersteres ist in erster Reihe eine politische Frage. Mit dem jetzigen Reichskanzler wäre sie keinesfalls zu lösen. Es würde für ihn auch eine Kabinettsfrage bilden. Will Seine Majestät trotzdem diesen Weg beschreiten, so gibt es wieder zwei Möglichkeiten: Schaffung zweier aktiver Geschwaderverbände aus Schlachtkreuzern und als Folge davon Teilung der kleinen Kreuzer in zwei Typen, sowie höherer Ausbau des vierten und fünften Reservegeschwaders gegenüber dem jetzigen Plan.

Diese Möglichkeiten auszusprechen, paßt zurzeit nicht in die politische Ge=
samtsituation hinein. (Mein Amtsnachfolger wird dies Ziel vielleicht ins Auge
faßen.) Zurzeit aber ist ein offenkundiges Vorgehen in dieser Richtung kaum
möglich. Wir müßen also bis auf weiteres den anderen Weg beschreiten: Aus=
bau und innere Konsolidierung des vorhandenen Rahmens. Es ist dabei wohl
auch nicht zu verkennen, daß diese Aufgabe eine zwingende Notwendigkeit schon
ihrer selbst wegen ist, um die vielen Lücken zu stopfen, die eine so rapide Ent=
wicklung, wie wir sie durchgemacht haben, notwendig laßen mußte. Wir
dürfen uns aber über die Größe dieser Aufgabe keinen Illusionen hingeben.
Um die Marine des jetzigen Flottengesetzes einschl. Torpedoboote, U=Boote und
Luftflotte in voller Leistungsfähigkeit und voller Gesundheit den modernen An=
forderungen entsprechend aufzustellen, sind noch mindestens sechs bis acht
Jahre und 150—200 Millionen neue Steuern erforderlich. Seine Majestät
wird den großen historischen Verdiensten, die er sich um die Schaffung Seiner
Marine bereits erworben hat, noch den unentbehrlichen Schlußstein hinzufügen,
wenn Seine Majestät unverrückbar an der bisherigen planmäßigen und syste=
matischen Entwicklung festhält und für die Bereitstellung der erforderlichen
Geldmittel sorgt. Die praktischen Konsequenzen werden Seine Majestät schon
für den Etat 1914/1915 ziehen können und müssen.

Der lediglich durch das Vorhandensein unserer Flotte auf Eng=
land erzeugte Druck — Gefährdung seiner Weltmachtstellung — ist es,
der besser als alles andere den Frieden sichert und uns vor schweren Ver=
wicklungen zwischen Dreibund und Tripleentente bewahrt.[1] Nach meiner An=
sicht ist die englische Politik des Reichskanzlers insofern inkonsequent, als er
gegen die heutige politische Bedeutung der Flotte die Augen verschließt und nur
Geld für die Armee verwenden will. Aber darin stimme ich dem Reichskanzler
durchaus bei, daß die Anforderung des noch ausstehenden dritten Schiffes für
das Jahr 1915 zugleich mit einer großen Personalvermehrung, einer er=
heblichen Erweiterung der Indiensthaltungen und einer Mehrforderung von
ungefähr 50 Millionen Steuern gegen den Etat 1914 ein großer politischer
Fehler sein würde. Vorteile und Nachteile stehen bei einem einzelnen Schiff
nicht im richtigen Verhältnis zueinander. Churchill würde gerade durch die
Anforderung des dritten Schiffes die brennend gesuchte Möglichkeit erhalten,
einen neuen Scare zu veranstalten, um auf diese Weise seinen großen Etat im
nächsten Jahre durchzubringen.

---

1) *Selbstverständlich nur unter der Voraussetzung, daß die von Deutschland 1912/13
eingeschlagene Serbenpolitik folgerichtig fortgesetzt wurde, ohne durch Unachtsamkeit
und Schwäche gegen Wien alles zu gefährden.*

Der Marineattaché in London für das Reichsmarineamt.

London, 25. Mai 1914.

Ich habe bei einer kürzlich bei einem Diner des Botschafters eintretenden Begegnung mit Churchill Gelegenheit gehabt festzustellen, daß die Admiralität nichts von den in meinem Brief an Euer Hochwohlgeboren vom 20. d. M. erwähnten Gerüchten über eine angeblich von Deutschland beabsichtigte „Novelle" weiß. Die an das hiesige Foreign Office gelangten Nachrichten hierüber scheinen daher aus diplomatischen Kreisen der englischen Botschaft in Berlin zu stammen, nicht von Henderson.[1] Churchill sagte bei dieser Unterhaltung, er hoffe mit seinem diesjährigen Marinebudget über den Berg zu sein und von jetzt ab beträchtliche Verminderungen des Etats eintreten lassen zu können. Bauten wir nun wieder mehr, so würde das allerdings eine sehr ernste Sache sein. Das stimmt insofern, als es höchst unwahrscheinlich ist, daß er oder ein Nachfolger in seinem Amte abermals ein so großes Budget bewilligt erhalten würde, ohne wieder einen „Naval Scare" zu inszenieren. Auch würde so ein „Scare" lange nicht mehr so ziehen wie im Jahre 1909, denn wenn, wie Euer Hochwohlgeboren neulich schrieben, „der Bogen bei uns schon beinahe überspannt ist", so ist dasselbe auch hier der Fall. Bleibt die liberale Regierung am Ruder, so muß sie ihr Budget im nächsten Jahre einschränken, wenn sie nicht zahlreiche begüterte Gönner verlieren will, kommt ein konservatives Kabinett an die Reihe, so hat es für alle nichtsozialen Vorlagen mit dem geschlossenen Widerstand der Koalitionsparteien zu rechnen. Dasselbe würde für etwaige Tarifreformpläne gelten, wenn die konservative Partei es riskieren sollte, sie trotz aller widrigen Erfahrungen in ihr Arbeits= und Wahlprogramm wieder aufzunehmen.

Über die gegenwärtige Lage und die Absichten der Regierung ist meinem zuletzt hierüber gegebenen Bericht nichts hinzuzufügen. Die Lage des Kabinetts ist keine erfreuliche, zumal inzwischen zwei Nachwahlen verloren worden sind; die Parlamentsmajorität ist aber noch eine so große und feste, daß ohne zwingende äußere Einwirkungen — Ausbruch offener Revolte in Irland oder in Ulster — nicht mit Auflösung und Neuwahlen im Herbst oder Spätsommer zu rechnen ist. Für den äußersten Fall bereitet sich die Regierung finanziell bereits vor. Man könnte darin ein Zeichen der Schwäche und ein böses Omen sehen, muß andererseits aber bedenken, daß solche Stärkungen der Parteifonds in England alljährlich stattfinden und daß sie stets mehrere Monate vor Neujahr, wo dann in den Ernennungen neuer Peers, den Ordensverleihungen usw. die Regierung ihre Erkenntlichkeit zeigt, vorgenommen werden.

Über seinen Kieler Besuch erwies sich Churchill als etwas verschnupft und mitteilungsunlustig. Er hat mir nicht gesagt, daß er bestimmt nicht käme. Er wäre wohl gerne aufgefordert worden. Hoffentlich tut Seine Majestät das nicht.

---

1) *Englischer Marineattaché in Berlin.*

Er äußerte sich im übrigen sehr bewundernd über unsere Organisation und ihren Erschaffer, den Staatssekretär. Wo immer er sich in sie vertieft habe, habe er gefunden, daß sie besser sei als die englische. Besonders bewundere er die Organisation und Instandhaltung unserer Flotillen, die sehr effektiv und dabei ökonomisch sei. Er führe diese für unsere ganze Flotte geltende mit „Economy" gepaarte „Efficiency" darauf zurück, daß der Staatssekretär 20 Jahre lang die Leitung des Amtes in der Hand gehabt und Zeit zur konsequenten und schrittweisen Durchführung seiner Ideen gehabt habe. Er trachte unsere Flottillenorganisation nachzumachen. Er wies ferner noch einmal auf die Probemobilmachung der englischen Flotte im Juli hin, die sich ganz im Kanal abspielen werde und hoffentlich kein Aufsehen und keine Beunruhigung bei uns hervorrufen werde. Der König werde nach Versammlung der Schiffe in Spithead drei Tage (18.—20. Juli) bei der Flotte verbringen.

Der Chef der nach Kiel kommenden Linienschiffsdivision, Admiral Warrender, bringt seine Frau mit, die wahrscheinlich auf dem Dampfer der Hamburg—Amerika-Linie wohnen wird. Auch Goodenough will seine Frau mitnehmen. Beide sehen ihrer Reise mit Vergnügen entgegen. Warrender hat vergangenes Jahr französische Häfen besucht und wird geneigt sein, Vergleiche anzustellen. Hoffentlich begleitet unsere Presse den englischen Besuch nicht mit überschwenglichen Artikeln, zu denen keine Veranlassung vorliegt. Es würde das beste sein, wenn sie die Ereignisse ohne besondere Kommentare lediglich registrierte. Die Engländer wollen hauptsächlich der unmittelbaren Beobachtung wegen den Kontakt mit unserer Flotte wieder aufnehmen, und ihre Leute durch Abwechslung etwas amüsieren. Für uns dürften in diesem Kontakt geringere Vorteile liegen als für sie.

Notiz des Marinekabinettschefs betreffend Nichtkommens Churchills.

Laut Ballins Brief über das Nichtkommen Churchills zur Kieler Woche ist noch als Grund anzugeben, daß seine (Churchills) Anmeldung besondere Verhandlungen notwendig gemacht haben würde, die seiner Ansicht nach deutscherseits jetzt nicht gewünscht werden. Sollte ein solcher Wunsch sich später einmal ergeben, so würde er gern zur persönlichen Konferenz mit Exzellenz von Tirpitz sich einfinden.

Der Marineattachés in London an das Reichsmarineamt.

9. Juni 1914.

Der hiesige Botschafter kommt zur Kieler Woche ebenfalls nach Kiel, und zwar etwa am 25. Juni. Seine Majestät hat, wie ich (aus englischer Quelle, Battenberg) höre, die Admiralität in corpore eingeladen. Die Admiralität könne aber in jener Zeit nicht fort. Nur Jellicoe kommt privatim. Der Botschafter wird als Gast Ballins, des Freundes aller Botschafter und aller Ausländer, auf der „Viktoria Luise" wohnen.

Der Bericht über die Möglichkeit des Abschlusses einer russisch-englischen Marinekonvention hat mir beim Botschafter viel Mühe gemacht. Er hat sich nach langem Palaver entschlossen, ihn — mit einem Kommentar — gehen zu lassen. Er will hinzufügen, daß er das Bestehen aller solcher Abmachungen für sehr unwahrscheinlich halte, daß der Artikel von Long keine Bedeutung habe usw. Das Auswärtige Amt hat selbst an die hiesige Botschaft geschrieben, „daß es keiner näheren Ausführung bedürfe, welche Konsequenzen es für unser politisches Verhältnis zu England und für die Beurteilung der englischen Politik haben müßte, falls die Konvention sich bewahrheiten sollte. Es müsse befremdlich erscheinen, daß die Nachricht bisher noch kein Dementi gefunden habe."

Ich bin persönlich der Ansicht, daß an dem Gerücht etwas daran ist, wenn es auch vielleicht kein festes Abkommen, sondern Besprechungen und eine ganz allgemein zu nehmende Solidarität sind, auf die die Gerüchte Bezug nehmen.

Vielleicht hat die Sache das eine erfreuliche Resultat, daß die Engländer in Kiel nicht allzu begeistert empfangen, sondern mit Zurückhaltung begrüßt werden. Ich bin persönlich von englischer Tätigkeit zur festeren Schließung des kontinentalen Ringes um Deutschland überzeugt. Mit einem so gefesselten Deutschland kann man dann ruhig platonische Verhandlungen über portugiesische Kolonien in Zentralafrika und die Bagdadbahn führen.

Die Ölsache der englischen Regierung in Persien deutet auf eine Verständigung und weitere Annäherung mit Rußland.

Die Vermutung des Attachés traf zu: es „war allerdings etwas daran" an dem Gerücht einer englisch-russischen Marinekonvention. Sie ist, wie wir wissen, seit 1912 von Poincaré betrieben worden, als ein Gegenstück zu den beiden andern Marinekonventionen, die Poincaré abgeschlossen hat, der französisch-russischen vom 16. Juli 1912 und der englisch-französischen vom September 1912. Dieses System hatte militärisch so gut wie keinen Wert und konnte uns vom Standpunkt der Marineverwaltung aus in unsern eigenen Aussichten oder Maßnahmen nicht beeinflussen. Das System der Marinekonventionen hatte aber einen nicht unerheblichen diplomatischen Wert als Mittel, England fester mit dem Zweibund zu verknüpfen. Es kam der französischen Politik darauf an, schon im Frieden gewisse Vorkehrungen zu treffen, die für England eine Bindung enthielten, daß es im Krieg nicht neutral bleiben konnte; dazu dienten die Marinekonventionen. Wenn England im Jahre 1912 glaubte, seine Mittelmeerflotte für einige Jahre in die Nordsee verlegen zu müssen, bis es über eine neu zu bauende Mittelmeerflotte verfüge, und wenn gleichzeitig die Franzosen ihre Flotte aus der Nordsee nahmen und ins Mittelmeer verlegten, so wollten die Franzosen durch ihre Geste vor allem eines erreichen, sie wollten den Engländern im Fall eines Krieges sagen können: „Wir haben, um für Euch die Wacht im Mittelmeer zu übernehmen, unsere Nordseeküsten entblößt, nun kommt und helft uns mit euerer Nordseeflotte gegen die Deutschen!" Aus den Erinnerungen Churchills geht hervor, daß die Admiralität diese „moralische" Fesselung in Wirklichkeit als unbequem empfand; Grey aber scheint sie gerade gewünscht zu haben, um für den Fall des Krieges seiner öffentlichen Meinung gegenüber einen „anständigen" Grund zu haben.

Da nun aber der von Poincaré ins Auge gefaßte Krieg aller Wahrscheinlichkeit nach über einer slawischen Frage ausbrach, so bemühte sich Poincaré darum, den Zaren und das Foreign Office auch für eine russisch-englische Marinekonvention zu gewinnen, die militärisch noch weniger Bedeutung hatte als die englisch-französische und fast als militärische Spielerei bezeichnet werden kann. Ein Zusammenwirken der britischen und der russischen Marine kam überhaupt nicht in Frage, solange es eine starke deutsche Flotte gab. Der Inhalt der Konvention lief auf die fabelhafte Landung in Pommern hinaus, die uns nur sehr erwünscht hätte sein können und bekanntlich im Krieg auch gar nicht versucht worden ist. Der eigentliche Zweck bei der Konvention scheint eben darin bestanden zu haben, die Engländer (als Vorbereitung auf die pommersche Landung) schon vor Ausbruch eines Krieges, bei drohender Kriegsgefahr, zur Absendung von Transportschiffen nach Rußland zu veranlassen. Taten die Engländer dies, so waren sie stark engagiert, an dem Krieg teilzunehmen; der Zar konnte dann sicherer auf sie zählen und unbesorgter auftreten, wenn es zu einer Krisis kam, aus der ein Krieg entstehen konnte.

Diesen Poincaréschen Gedanken aus dem Jahre 1912 nahm der Zar gerne an, der Anfang 1914 sich von dem Wunsch einnehmen ließ, irgendwie müsse man mit den Engländern zu einem gegenständlicheren Übereinkommen gelangen als es die Entente von 1907 darstellte. Der Zar mißtraute grundsätzlich den Engländern; es mußte etwas geschehen, um ihm Mut zu machen. Bei dem Besuch des englischen Königs und Greys in Paris im April 1914 regten deshalb Poincaré und Doumergue die englisch-russische Marinekonvention an und fanden bei Grey ein bereites Ohr. Zum formellen Abschluß ist es bis zum Kriegsausbruch nicht mehr gekommen. Obwohl die Konvention noch nicht unterzeichnet war, glaubte, wie die Zeitungen meldeten, der englische Botschafter Buchanan bei dem Besuch der englischen Flotte in Kronstadt Ende Juni 1914 auf die Marinekonvention einen Toast ausbringen zu sollen. Übrigens würde Sir Edward Grey diese Konvention in jedem

Fall vor dem Parlament und vor dem deutschen Botschafter ebenso behan=
delt haben, wie es mit den englisch=französischen Militär= und Marinekon=
ventionen geschehen ist. Den Beweis dafür liefert die Meldung des Bot=
schafters Lichnowsky vom 24. Juni 1914. Darin berichtet er dem Kanzler:
„Es bestünden, so sagte mir Sir Edward, keine nicht veröffentlichten Ab=
machungen zwischen Großbritannien und den Verbandsgenossen". Daß sich
Lichnowsky nicht verhört hat, bestätigt der Bericht Benckendorffs an Sasonow
vom 25. Juni, worin der russische Botschafter wiedergibt, was ihm Grey
selbst darüber erzählte, wie er den deutschen Botschafter angelogen hatte:
„Betreffs der Konventionen versicherte Sir Edward dem deutschen Botschafter,
daß zwischen England einerseits und Frankreich und Rußland andererseits
keinerlei Bündnis und keinerlei Militär= oder Marinekonvention be=
stünde". Greys Moral bei diesem „formellen Dementi" beleuchte ich mit dem
Bericht Iswolskis an Sasonow vom 18. März 1914, worin es heißt: „Gegen=
wärtig sind die englisch=französischen Beziehungen durch zwei Urkunden be=
stimmt, eine Militär= und Marinekonvention und eine politische
Konvention". Am 29. April meldet Sasonow, daß die englischen und französi=
schen Staatsmänner einig darüber seien, daß „der zwischen diesen beiden
Mächten bestehende Akkord nur formell noch modifiziert werden müßte".

Was nun Rußland betraf, so hatte Poincaré, wie Iswolski schreibt, im
Auge, zwischen England und Rußland einen Vertrag zustande zu bringen,
der dem Briefwechsel Grey=Cambon vom 22. November 1912 entsprach,
d. h. also, der Zar sollte die schriftliche Versicherung von Grey erhalten, daß
„er im Fall eines unprovozierten Angriffs durch eine dritte Macht oder im
Fall eines Ereignisses, das den Frieden bedroht, England an
seiner Seite finden werde". Indes war es noch nicht so weit, daß man das
britische Kabinett zu solchen formellen politischen Bindungen bewegen
konnte; man mußte mit der harmloseren Marinekonvention den Anfang
machen. Die englische Politik kann sich nicht damit herausreden, daß diese
Konvention nur die Bedeutung einer militärischen Vorsichtsmaßregel habe.
Als solche wäre sie für jeden Fachmann komisch; nicht Militärs, sondern Poli=
tiker sind auf sie verfallen, und ihr einziger Zweck kann der gewesen sein,
dem Zaren das Gefühl des Rückhalts zu geben und ihn zu einem festeren Auf=
treten gegenüber den Mittelmächten zu veranlassen.

Wir bekamen in Deutschland Wind von diesen Verhandlungen. Für die
Ideologen, die unser tatsächlich gebessertes Verhältnis zu England gern auf
eine veränderte „Gesinnung" der Leiter der englischen Politik zurück=
führen wollten, war es eine bittere Enttäuschung, mutmaßen zu müssen,
daß Sir Edward Grey im gleichen Augenblick, da er mit uns über Frieden,

Freundschaft und Kolonien redete, die Einkreisungspolitik unter dem Drän=
gen Poincarés fortsetzte. Bei kühler Auffassung der englischen Politik ver=
schwindet aber der scheinbare Widerspruch. England dachte ja gar nicht
daran, die Entente fahren zu lassen, im Gegenteil, es knüpfte sie um so fester,
je stärker wir wurden. Aber gleichzeitig war Grey auch, weil er den Krieg
nicht herbeizuführen wünschte, für tunlichsten Ausgleich mit uns und Mil=
derung der Gegensätze zwischen unsern Ländern. Dieses Entgegenkommen
glich dann Grey durch das verstärkte diplomatische Gewicht der Entente aus;
er glaubte wohl, Frankreich und Rußland im gleichen Augenblick etwas geben
zu müssen, da er sich uns mehr näherte.

Als Grey von Lichnowsky auf diese Gerüchte angesprochen wurde und
ihm die oben erwähnte „Aufklärung" gab, schrieb der russische Botschafter
am 29. Juni 1914 an Sasonow, die Verhandlungen über die Marinekonven=
tion schritten langsam vorwärts, namentlich wegen der begangenen Indis=
kretionen. Die Erregung in Berlin darüber sei erheblich gewesen, und viel=
leicht wünsche Sir Edward, daß diese Erregung sich erst beruhige, bevor er
weitergehe. Es sei auch in der Tat für ihn nicht leicht, zu gleicher Zeit zu
leugnen und zu verhandeln, eine Rolle, die er sowohl Deutschland
wie einem beträchtlichen Teil seiner eigenen Partei wie der englischen Presse
gegenüber einnehmen müßte. Aus diesem schönen Geständnis, das wie
wenige die Politik des eigenartigen englischen Staatsmannes beleuchtet,
schließe ich, daß es auch Sir Edward Grey angenehmer war, nicht lügen zu
müssen.

Trotz alledem war die Annäherung zwischen uns und England nicht gering
zu achten. Ich möchte diese Annäherung zuletzt noch einmal mit den Aus=
sprüchen eines Zeugen belegen, von dem mich im übrigen vieles trennt.
Churchill schrieb um Weihnachten 1913 in einem nicht für die Öffentlichkeit
bestimmten Brief: "I believe the foundations of peace among the Great
Powers have been strengthened"* (gegenüber 1911). Aber es darf auch nicht
vergessen werden, was Churchill — es war im Jahr der Balkankrisen — hin=
zufügt: "The causes which might lead to a general war have not been remo-
ved and often remind us of their presence".** Diese Anlässe konnten nach
Lage der Dinge nur im Osten entstehen und betrafen keine vital zu nennen=
den deutschen Interessen. Unsere Politik mußte also vor allem darauf achten,
daß aus den Balkanfragen keine große Krisis entstünde; sie durfte nicht
Poincaré und Paschitsch Handhaben bieten, den friedlichen Zaren und den

---

*) Ich glaube, die Grundlagen des Friedens zwischen den Großmächten sind verstärkt worden.
**) Die Ursachen, die zu einem allgemeinen Krieg führen könnten, sind nicht beseitigt und
gemahnen uns oft ihrer Gegenwart.

zögernden Grey mitzureißen. Wenn diese Regel befolgt und wenn an der bewährten deutsch=englischen Zusammenarbeit zur Dämpfung von Balkan= krisen streng festgehalten wurde, so blieb die weitere Festigung der Entente im Gebiet der bloßen Vorbereitungen, die stets existierten und denen wir durch entsprechende Gegenvorbereitungen entgegenarbeiten konnten, ohne daß eine Kriegsgefahr entstand. Nach einigen Jahren, während derer die französische Politik notwendig von der Überspannung ihrer Kräfte durch die dreijährige Dienstzeit zurücksinken mußte, sah das europäische Bild dann wohl mit Sicherheit um so beruhigter aus, je mehr wir Zeit hatten, die Flotte fertigzustellen und vor allem auch, alte Versäumnisse nachholend, mit der allgemeinen Wehrpflicht und der Modernisierung der Armeeausrüstung Ernst zu machen. Nicht an der Friedensliebe Sir Edward Greys, sondern an der Geschicklichkeit Deutschlands, keine Balkankrisen zu gefährlicher Größe aufwachsen zu lassen, lag es, ob wir über den letzten Abschnitt der „Gefahren= zone" glücklich hinüberkommen sollten.

Anhang I

„Ein Denkzettel für Tirpitz“.

Zwischenspiel in Dokumenten.[1]

1.

Am 3. Dezember 1910, beim Empfang der Mannschaften des atlantischen Geschwaders der Vereinigten Staaten in der Guildhall zu London, erwiderte Commander Sims auf eine Ansprache des Lord Mayors, es sei seine persönliche Meinung, daß, wenn je die Zeit käme, wo das britische Reich von einem äußeren Feinde bedroht werde, es auf jeden Mann, jeden Dollar und jeden Blutstropfen seiner Stammesverwandten jenseits des Ozeans rechnen könne.

Commander Sims wurde wegen dieser Rede von dem amerikanischen Staatssekretär der Marine am 17. Dezember 1910 zur Rechenschaft gezogen.

2.

Der deutsche Botschafter in Washington an den Reichskanzler.

Washington, 20. Februar 1911.

Der amerikanische Marinesekretär v. Lengerke-Meyer, mit dem ich besonders freundschaftliche Beziehungen unterhalte, teilte mir in strengstem Vertrauen und indem er betonte, daß er keineswegs offiziell, sondern als Freund spreche, folgendes mit:

Er habe von einem amtlichen Bericht des amerikanischen Botschafters in Berlin Kenntnis erhalten, in welchem dieser über eine Unterredung mit dem Herrn Staatssekretär des Reichsmarineamts Meldung erstattete. Herr von Tirpitz habe sich sehr verstimmt über die viel erörterte Rede des Commander Sims ausgesprochen. Auf den Einwand des Botschafters, daß eine solche Entgleisung eines Tischredners völlig bedeutungslos sei, habe Herr von Tirpitz erwidert, daß er diese Auffassung nicht gelten lassen könne, da der amerikanische Botschafter Mr. Whitelaw Reid bei dem betreffenden Bankett in der Guildhall zugegen gewesen sei und den Commander Sims nicht rektifiziert habe. Der Botschafter habe daraufhin gesagt, daß ein Teil der amerikanischen Flotte gewiß in diesem Jahre deutsche Häfen besuchen werde und doch wohl auf eine freundliche Aufnahme rechnen könne. Letztere habe Admiral von Tirpitz nicht als so sicher hingestellt.

Trotz obliger Äußerung des Herrn Staatssekretärs des Reichsmarineamts will sich Herr v. Lengerke-Meyer nicht in seiner Absicht beirren lassen, mindestens ein Geschwader mit den Kadetten im kommenden Sommer nach Kiel zu senden. Er sagt mir, ich

---

1) *Soll eine notwendige Ergänzung zu der kürzlich erfolgten Veröffentlichung des Kiderlenschen Nachlasses bringen.*

würde amtlich weiteres hierüber durch das Staatsdepartement erfahren. Übrigens habe
Herr von Tirpitz sich insofern geirrt, als der Botschafter Whitelaw Reid nicht an dem
erwähnten Guildhall=Bankett teilgenommen habe. Diesen treffe daher keine Schuld.

Bernstorff.

3.

Der Staatssekretär des Auswärtigen Amts von Kiderlen=Wächter
an Fräulein Hedwig Kypke.[1]

So kann unsereiner natürlich keine auswärtige Politik machen! — Wenn immer
wieder unberufene Würdenträger unverantwortlich dazwischenpfuschen, so wie jetzt wieder
einmal der Staatssekretär von Tirpitz, der mit dem amerikanischen Botschafter politische
Gespräche führt, über die dieser an den amerikanischen Präsidenten berichtet, der wieder
seinerseits unseren Botschafter drüben stellt. So kann es nicht weitergehen. Ich habe
einen D e n k z e t t e l f ü r T i r p i t z durchgesetzt, aber Bethmann hat ihn viel zu milde
abgestimmt! Jetzt lautet er so:

4.

Der Reichskanzler an den Staatssekretär des Reichsmarineamts.

Berlin, den 9. März 1911.

Aus dem abschriftlich hier zur ganz vertraulichen Kenntnisnahme ergebenst beige=
fügten Bericht des Kaiserlichen Botschafters in Washington vom 20. v. M. habe ich ent=
nommen, daß Äußerungen, welche Euere Exzellenz dem hiesigen amerikanischen Bot=
schafter gegenüber gemacht haben, in Herrn Hill den Eindruck erweckt haben, als ob
die bekannte Bankettrede des Kommander Sims von Einfluß auf unsere Beziehungen
zu den Vereinigten Staaten sei und auf den Empfang amerikanischer Kriegsschiffe bei
einem Besuche in Deutschland zurückwirken würde. Da dieser Vorfall, wie ich mir zu
bemerken gestatten darf, für uns diplomatisch erledigt ist, würde sich aus ihm nichts
für den Empfang der amerikanischen Flotte ableiten lassen. Die Natur eines solchen
Empfanges würde auch nur im Einklange mit unserer Gesamtpolitik nach zuvor ein=
zuholender Entscheidung Seiner Majestät bestimmt werden können.

Aus diesem Anlaß darf ich der Erwägung Euerer Exzellenz ergebenst anheimstellen,
ob es sich nicht empfehlen möchte, in Unterredungen mit den hier akkreditierten frem=
den Vertretern tunlichst keine Fragen zu erörtern, welche in dieser oder ähnlicher Weise
unsere auswärtige Politik berühren, da daraus zu leicht Mißverständnisse entstehen
können. Falls Euere Exzellenz in bestimmten Fällen aber politische Gespräche mit frem=
den Vertretern nicht vermeiden zu können glauben, würde ich zu Dank verpflichtet sein,
wenn Euere Exzellenz sich vorher die Gewißheit verschaffen wollten, daß Ihre Äuße=
rungen nicht über den Rahmen der von mir geleiteten auswärtigen Politik des Reiches
hinübergreifen.

Bethmann Hollweg.

5.

*Ich erklärte dem Chef des Marinekabinetts, meinen A b s c h i e d einreichen zu wollen,
wenn der Reichskanzler nicht den in seinem Schreiben enthaltenen Vorwurf zurück=
nehme, da ich ihn als ungerechtfertigt empfinden müsse nach dem wirklichen Hergang,
den ich Admiral von Müller wie folgt darlegte:*

„Ich muß vorausschicken, daß ich mit dem amerikanischen Botschafter Herrn Hill
von der Amerikareise des Prinzen Heinrich her persönlich sehr gut bekannt bin.

---

1) *Seine Lebensgefährtin.*

Die Rede des Commander Sims bildete zur Zeit meiner Unterhaltung mit Hill naturgemäß das Tagesgespräch. Von mir war unmöglich zu verlangen, die Rede schön zu finden (vgl. auch die Vorgänge mit Dewey, Hobson, Coghlan usw.).

Ich habe mich in der schonendsten Weise geäußert, etwa: Ich bedauerte diese Reden besonders deshalb, weil zwischen der deutschen und amerikanischen Marine in den letzten Jahren so freundliche Beziehungen entstanden seien.

Von der Anwesenheit des amerikanischen Botschafters bzw. des Geschwaderchefs bei diesen Festen habe ich wohl auch gesprochen und Herrn Hill war dieser Umstand, den wir beide nach den vorliegenden Zeitungsnachrichten als richtig annehmen mußten, offensichtlich unangenehm.

Sobald Herr Hill von der alsbaldigen Entsendung amerikanischer Schiffe nach Deutschland sprach, habe ich mich, gerade weil es sich dabei um eine politische Frage handelte, zurückgehalten und habe vielleicht keine positive Antwort gegeben. Daß der Empfang amerikanischer Schiffe bei ihrem etwaigen Besuch in deutschen Häfen an sich dem internationalen maritimen Gebrauch entsprechend durchaus höflich sein würde, erscheint mir so selbstverständlich, daß ich sicherlich nichts anderes geäußert habe, um so weniger, als ich ja, wie dem Herrn Reichskanzler bekannt sein dürfte, von jeher starker Anhänger eines guten Einvernehmens mit den Amerikanern gewesen bin.

Wenn der amerikanische Botschafter meiner Zurückhaltung eine nicht zutreffende Auslegung gegeben hat, so ist das nicht meine Schuld.

Im übrigen betonte der Botschafter im Laufe des Gesprächs ausdrücklich, daß er nur als „old friend" mit mir spräche, ebenso wie auch ich vorher hervorgehoben hatte, daß ich nur als Seeoffizier spräche.

Wie Herr Hill in unserem Gespräch eine Unterlage für einen derartigen amtlichen politischen Bericht finden konnte, verstehe ich um so weniger, als während des ganzen Gesprächs lediglich von den Beziehungen der beiderseitigen Marinen und Offizierkorps die Rede gewesen ist und nie darüber hinaus auf das allgemeine politische Gebiet gegangen wurde.

Aus vorstehendem Sachverhalt geht hervor, wie sehr es mich verletzen muß, daß mir der Herr Reichskanzler ein in seinem letzten Absatz so scharf gehaltenes Schreiben zugehen läßt, ohne mich vorher auch nur zur Sache gehört zu haben."

6.

Der Chef des Marinekabinetts an den Staatssekretär des Reichsmarineamts.

Euerer Exzellenz   Berlin, 15. März 1911.

          beehre ich mich gehorsamst zu melden, daß der Herr Reichskanzler bei der soeben stattgehabten Besprechung über sein Schreiben vom 9. März die Absicht eines Vorwurfes durchaus in Abrede stellte. Seine Exzellenz hat nur auf die möglichen und in dem vorliegenden Falle tatsächlich eingetretenen Folgen selbst privater Gespräche mit politischen Persönlichkeiten aufmerksam machen wollen. Er wird hierüber Euerer Exzellenz noch direkte Aufklärung geben.

Euer Exzellenz gehorsamster   v. Müller.

28 Tirpitz, Dokumente.

7.

Der Reichskanzler an den Staatssekretär des Reichsmarineamts.

Sehr verehrter Herr von Tirpitz!   Berlin, 15. März 1911.

Durch den Admiral von Müller höre ich soeben, daß Euere Exzellenz meinem Schreiben in der Angelegenheit des Botschafters Hill eine Deutung gegeben haben, die meinen Absichten unmittelbar zuwiderläuft. Ich bedaure dies auf das lebhafteste ebenso wie jegliches Mißverständnis, das sich zwischen die dem Reiche unentbehrliche Arbeit Euerer Exzellenz und mich drängen könnte. Euere Exzellenz würden mich zu ganz besonderem Danke verpflichten, wenn Sie mir Gelegenheit geben wollten, Ihnen dies mündlich zu wiederholen, und wenn Sie mich zu diesem Zwecke mit Ihrem Besuch beehren wollten. Ich würde morgen Donnerstag vormittag frei sein und mich, falls Ihnen dies konvenieren sollte, um 12 Uhr zu Ihrer Verfügung halten.

In aufrichtigster Verehrung bin ich Euerer Exzellenz ergebenster

Bethmann Hollweg.

8.

Der Staatssekretär des Reichsmarineamts an den Reichskanzler.

Euer Exzellenz   Berlin, 15. März 1911.

danke ich für Ihr Schreiben vom heutigen Tage, welches ich soeben erhalten habe. Ich werde mir gestatten, Euer Exzellenz morgen mittag 12 Uhr aufzusuchen.

Mit der vorzüglichsten Hochachtung verbleibe ich Euer Exzellenz gehorsamster

v. Tirpitz.

9.

Unterredung mit dem Reichskanzler am 16. März 1911.

(Gleichzeitige Aufzeichnung.)

Der Reichskanzler empfing mich mit den Worten, er habe von Admiral v. Müller gehört, daß mich das Schreiben vom 9. März verletzt hätte; eine solche Absicht hätte ihm vollständig fern gelegen und er bedaure, daß dies die Wirkung gewesen sei.

Ich: Ich hätte nach Empfang des Schreibens sofort die Empfindung gehabt, daß dadurch meine Stellung unhaltbar geworden sei. Drei mir näherstehenden älteren Offizieren hätte ich das Schreiben vorgelegt und die Herren hätten unabhängig voneinander dieselbe Ansicht gehabt.

Der Reichskanzler erklärte, daß er jetzt ganz offen sagen wolle, er bedaure den Schlußsatz. Dieser wäre besser nicht geschrieben worden. Ich hätte ja auch in dem ersten Teil des Schreibens nichts Verletzendes gefunden und er hätte eben absichtlich diese Form gewählt und mich nicht vorher gehört, um nicht den Eindruck zu erwecken, daß es sich hier gewissermaßen um eine Untersuchung der Sache handele.

Ich erwiderte, daß ich als Seeoffizier nach den Vorgängen, wo amerikanische Offiziere unsere Marine geradezu beleidigt hätten, Herrn Hill unmöglich sagen konnte, die Rede von Sims sei schön gewesen. Ich wäre zu einem anderen Ausspruch als

Offizier gar nicht berechtigt gewesen. Im übrigen wäre Herrn Hill ja bewußt, daß ich stets dringend bestrebt gewesen sei, die zwischen beiden Marinen seinerzeit entstandene Spannung nach jeder Richtung auszugleichen.

Der Reichskanzler meinte, es sei besonders der Umstand, daß die Schiffe nicht freundlich würden empfangen werden, die Veranlassung zu dem Vorgehen gewesen.

Ich erwiderte, die Frage der alsbaldigen Entsendung von Schiffen sei nicht von mir, sondern von Herrn Hill vorgebracht worden. Gerade weil es sich dabei um eine politische Sache gehandelt habe, hätte ich mich zurückgehalten, um die Antwort mich herumgedrückt. Ich fragte den Reichskanzler, was ich denn sonst hätte tun sollen, ob er denn glaube, daß es in seinem Sinn gelegen hätte, wenn ich auf diese Frage dem amerikanischen Botschafter mit besonderem Empressement meinen Dank für dies Angebot ausgesprochen hätte.

Der Reichskanzler mußte unumwunden zugeben, daß ich gar nicht anders hätte handeln können.

Ich sagte ferner: Es habe sich hier also nur um die Frage der Opportunität des alsbaldigen Besuchs gehandelt. Was die Frage des höflichen Empfangs anbetreffe, so sei das für jeden älteren Seeoffizier eine so selbstverständliche Sache, daß darüber überhaupt gar nicht zu reden wäre. Der Empfang und das Begegnen von Kriegsschiffen sei durch einen jahrhundertelangen Usus so fest geregelt auch in bezug auf gesellschaftliches Entgegenkommen, daß ein höflicher Empfang etwas Selbstverständliches wäre. Ob der Reichskanzler je von einem Kriegsschiff das Gegenteil gehört habe? Ich hätte z. B. in der Zeit des heißesten Allianzfiebers zwischen Frankreich und Rußland in Wladiwostok mit Franzosen und Russen zusammengelegen, und selbstverständlich wäre der gegenseitige gesellschaftliche und dienstliche Verkehr ein ausgesucht höflicher gewesen, wie dies dem Marinebrauch entspreche.

Der Reichskanzler gab dies unumwunden zu, bedauerte im allgemeinen das Schreiben und meinte, er habe auch verschiedentlich Gelegenheit gehabt zu beobachten, daß Herrn Hills Angaben der Zuverlässigkeit entbehrten, worauf ich ihm sagte, ich könne mir nicht vorstellen, daß Herr Hill über dies Gespräch einen amtlichen Bericht gemacht habe, ich sei vielmehr geneigt anzunehmen, daß in Washington irgendein Dreh' in die Sache gekommen wäre.

Ich sagte ihm ferner, mit Rücksicht auf die Offenheit, mit der er mir entgegengekommen sei, müsse ich hinzufügen, daß ich vom ersten Tage an, wo er Reichskanzler geworden sei, in der loyalsten Weise ihn unterstützt und mich in die politische Leitung nicht im mindesten hineingemischt hätte; das sei ja mitunter schwierig, da Seine Majestät mich häufig geradezu frage und ich dann antworten müsse und das Marinegebiet ja häufig das Politische streife. Ich hätte auch sonst in dem behördlichen Verkehr die größte Sorgsamkeit gerade nach dieser Richtung hin beobachtet, denn wir gäben nichts in die Presse oder sonstwohin, ohne vorher das Auswärtige Amt oder Herren des Auswärtigen Amts zu befragen, falls die Angelegenheiten das politische Gebiet berührten.

Der Reichskanzler mußte auch das durchaus anerkennen.

Ich sagte ihm dann, ich hätte mir das ganze Schreiben nur so vorstellen können,

28*

daß das Auswärtige Amt das Schreiben aufgesetzt und er unterschrieben hätte, ohne es näher zu kennen.

Der Reichskanzler sagte darauf, nein, er wäre auch beteiligt an dem Schreiben. (Ich persönlich habe dabei den Eindruck gehabt, daß gerade das Verletzende in dem Schreiben von dem Auswärtigen Amt, von Herrn von Kiderlen, herstammte.)

Schließlich fragte der Reichskanzler, ob ich nach den loyalen Erklärungen, die er gemacht habe, befriedigt sei und die Sache als erledigt ansehen wolle, worauf ich dies bejaht habe.

———

Anhang 2

Äußerungen von Regierungsvertretern in Deutschland und England
im Auszuge bzw. dem Sinne nach über
„die Beschleunigung des Ausbaus der deutschen Flotte."

(Zusammengestellt im Reichsmarineamt im April 1911.)

10. Dezember 1908.
(Plenarsitzung.)

Fürst v. Bülow: Unsere geographische Lage und das Maß unserer wirtschaftlichen und finanziellen Kräfte schließen es völlig aus, daß wir im Flottenbau über das nach unserm Schutzbedürfnis bestimmte und demgemäß gesetzlich festgelegte Maß hinausgehen.

16. März 1909.

(Unterhaus, Besprechung des Marineetats.)

Fertigstellung der Schiffe aus 1908, 1909 und 1910 um je 1 Jahr zu früh angegeben.

17 Schiffe erst Herbst 1913 fertig, Termin um 1½ Jahr zu früh angegeben.

13 Schiffe erst Herbst 1912 fertig, Termin um 1 Jahr 2 Monate zu früh angegeben.

McKenna: erwartet, daß schon Herbst 1910 (nicht erst im Februar 1911) die vier deutschen Schiffe des Programms 1908 fertig sein werden, rechnet damit, daß im Jahre 1911 dreizehn deutsche Schiffe fertig sein können, da für 1909-Schiffe die Sammlung von Material und die Herstellung der Armierungen schon Monate vorher begonnen habe, ferner damit, daß im Jahre 1912 soviel weitere fertig werden können, als noch im Etatsjahr 1909 oder im April 1910 in Auftrag gegeben werden.

Nimmt an, daß bei Baubeschleunigung Deutschland im April 1912 siebzehn Dreadnoughts und Invincibles haben würde, ohne Baubeschleunigung (vor April 1910) aber erst Herbst 1912.

Sagt eigene Ansicht, daß dreizehn deutsche Schiffe im August 1911, nicht aber schon im April 1911 fertiggestellt sein werden.

16. März 1909.

Termin um ½ bis 1½ Jahr zu früh angegeben.

Asquith: Nach sorgfältigen Berechnungen werde Deutschland März 1911 = 9 Dreadnoughts haben, Mai 1911 vielleicht 2 mehr, und bis November 1911 = 13, schätzt ferner April 1912 = 17.

Bestätigt dies durch Angabe: 17 Schiffe möglicherweise, 13 sicher.

Stellt fest, daß deutsche Regierung bestimmt erklärt habe, keine Beschleunigung ihres Programms eintreten lassen zu wollen, doch sei dies keine Bindung für die Zukunft, Deutschland könne ruhig seine Ansicht ändern.

Das deutsche Flottenprogramm sei aber Herbst 1908 überschritten worden, indem die vier 1909-Schiffe vorzeitig in Auftrag

Anmerkung: Die großen Schiffe in Deutschland haben vom 1. April des Bewilligungsjahres der I. Rate eine Bauzeit = 36 Monate und Probefahrten = 6 Monate; sie sind also tatsächlich fertig am 1. Oktober des vierten Baujahres.

gegeben und 1 oder 2 davon sogar auf Stapel gelegt seien, ferner sei
die Schnelligkeit des Bauens in Deutschland gegen früher gesteigert.

16. März 1909.
*Termin um 1 Jahr
2 Monate bis 1½ Jahr
zu früh angegeben.*

McKenna: 2 von den deutschen 1909=Schiffen werden April
1911, die beiden andern nicht vor Sommer (August 1911) fertig
sein.

16. März 1909.
*Termin um ½ Jahr
zu früh angegeben.*

Asquith: erklärt auf Anfrage für sicher, daß 13 deutsche
Dreadnoughts im April 1912 fertig sein werden.

17. März 1909.
(Budgetkommission)

*Admiral v. Tirpitz: Wiederholt letzten Satz der Bülow=
Erklärung, weist darauf hin, daß im Durchschnitt Schiffe die pro=
grammäßigen Bauzeiten innehalten, erklärt, daß Deutschland erst
im Herbst 1913 (nicht April 1912) nur 13 (nicht 17) Dreadnoughts
haben werde, die englische Annahme der deutschen Baubeschleuni=
gung sei nicht zutreffend.*

17. März 1909.
Richtig.

*Termin um 1 bis 1½
Jahr zu früh an=
gegeben.*

McNamara: Unter normalen Verhältnissen werde Deutsch=
land Herbst 1910 = 5 Dreadnoughts haben (9 nur, wenn Bau der
1908=Schiffe besonders beschleunigt werde, was er nicht glaube).
Möglich seien im April oder Mai 1911 = 11, November 1911 = 13.
Bei Baubeschleunigung der 1910=Schiffe, könnten 17 im April
1912, ohne Beschleunigung erst im Herbst 1912 fertig sein.

18. März 1909.
*Termin bis zu 1½
Jahr zu früh ange=
geben.*

McKenna: An deutschen Schiffen fertig:

nicht mehr als 9 im Februar 1911
voraussichtlich 11 im April 1911
13 wahrscheinlich nicht vor August 1911.

18. März 1909.
(Budgetkommission)

*Admiral v. Tirpitz: Wiederholt, daß erst im Herbst 1912
dreizehn (nicht 17) Schiffe fertig sein werden.
Erklärt Vorvergebung von zwei 1909=Schiffen als rein kauf=
männische Maßnahme, die vorvergebenen Schiffe kämen April 1912
zur Ablieferung, Probefahrten würden sich bis Herbst 1912 hin=
ziehen, die beiden anderen Schiffe würden noch etwas später fertig
werden.
Anmerkung: In die Presse ist nur Absatz 1 gelangt. Von
Absatz 2 hat aber englische Regierung Kenntnis bekommen, ins=
besondere durch amtliche Information vom 18. März 1909 (An=
gabe von Asquith 25. März 1909).*

25. März 1909.
(Auf Befragen.)

Asquith: Die Erklärung der deutschen Regierung über Nicht=
beschleunigung des Schiffbauprogramms und daß Deutschland erst
Ende 1912 dreizehn Dreadnoughts haben werde, sei am 10. 3. 1909
vom Staatssekretär der Auswärtigen Angelegenheiten mündlich ge=
geben. Am 18. 3. 1909 sei weitere Information gekommen, daß
2 Schiffe des 1909=Programms vorzeitig vergeben seien, ohne daß
dadurch die Schnelligkeit des Baus berührt werde. Admiral von
Tirpitz habe um dieselbe Zeit das Gleiche erklärt.

Bestreitet, daß die englische Regierung sich in der Annahme
einer Baubeschleunigung in Deutschland geirrt habe.

29. März 1909.
*(Unterhaus, Debatte
über Flottenpolitik.)*

Sir E. Grey: Wiederholt Erklärung der deutschen Regierung
und legt sie so aus, daß Deutschland zu Ende 1912 dreizehn Schiffe
bereit zur Indienststellung (zum Unterschied von Probefahrten) hat

Anmerkung: Um die englischen Angaben gerecht zu bewerten, darf von jetzt ab für die deutschen Schiffe nur noch die reine Bauzeit = 36 Monate berücksichtigt werden, d. h. als Termin der Fertigstellung bereits der 1. April des vierten Baujahres, da die englischen Angaben sich auf Fertigstellung ohne Probefahrten beziehen.

oder haben kann. Bestätigt die Information über die Vorvergebung von zwei 1909=Schiffen, die aber erst Oktober 1912 indienststellungs= bereit sein sollten. Die Erklärungen gäben die augenblickliche An= sicht der deutschen Regierung wieder, ohne bindend zu sein, und ließen einige Fragen offen, nämlich

a) daß die Schiffe wohl schon etwa 6 Monate vor dem Fertig= stellungstermin im Notfalle verwendungsbereit sein würden,

b) den Schiffstyp, der von den Kosten abhinge,

c) inwieweit die Armierungen ohne direkten Bauauftrag vorbe= reitet werden könnten,

d) welche Verhältnisse 1913 und 1914 vorliegen würden, da doch für die Ende 1912 in Bau befindlichen 10 deutschen Schiffe (aus 1910, 1911 und 1912) leicht eine Baubeschleu= nigung vorgenommen werden könnte.

Admiral von Tirpitz habe im Reichstage als Bauzeit der 4 Schiffe 1909 drei Jahre genannt, die im Herbst 1908 vorvergebenen bei= den Schiffe würden also mehr als drei Jahre brauchen, da der Bau vom offiziellen Bauauftrag drei Jahre dauern werde. Die von Admiral von Tirpitz zugegebenen Gründe für die Vorvergebung trügen den Stempel der Wahrscheinlichkeit (inherently probable).

Deutschland habe erklärt, es würde erst Ende 1912 dreizehn Schiffe bereit zur Indienststellung haben. Es stehe jedermann frei, nachdem er alle Möglichkeiten dargelegt habe, mit einer Sinnes= änderung Deutschlands zu rechnen, doch müsse die jetzige deutsche Erklärung als in gutem Glauben abgegeben betrachtet werden.

29. März 1909.

Richtig.

Um 1 Jahr zu früh angegeben.

29. März 1909.
(Auf Frage Balfours: der Minister habe am 18. März 1909 er= klärt, daß Deutschland im April 1911 = 11 Schiffe haben werde.)

29. März 1909.

Asquith: Seit dem letzten Jahre seien zwei neue Faktoren aufgetreten, nämlich die nicht widersprochene Beschleunigung des deutschen Programms und die enorme Steigerung der Leistungs= fähigkeit des deutschen Schiffbaus.

Im April 1912 werde Deutschland sicher 11 Dreadnoughts ha= ben; wenn nicht die Erklärungen dagegen seien, würde er sogar von 13 sprechen. Also bestimmt = 11, möglicherweise = 13, und bei gleicher Beschleunigung wie jetzt, denkbar = 17 als äußerstes.

Flottenpolitik dürfe nicht auf Absichtserklärungen aufgebaut werden.

McKenna: Die deutsche Regierung habe seitdem erklärt, daß sie erst Ende 1912 = 13 Schiffe in Dienst haben werde. Die von ihm am 18. 3. 1909 gegebenen Zahlen bezögen sich auf in Dienst gestellte Schiffe. Jetzt scheine es sicher, daß die (11) deutschen Schiffe im April 1911 noch nicht zu Probefahrten bereit sein wür= den.

(Anmerkung: Die Worte „in Dienst" sind jedenfalls hinzu= gesetzt.) Vgl. auch McKenna 16. 2. 1911.

Sir E. Grey: Im Rahmen der deutschen Erklärung sei es mög= lich, daß ohne bestimmten Bauauftrag Vorbereitungen für Armie= rung u. a. mehr getroffen würden.

440   Anhang 2

29. März 1909.

Fürst v. Bülow: Es ist eine unanfechtbare Tatsache, daß das Programm unseres Flottenbaus in voller Offenheit daliegt, daß wir nichts zu verheimlichen, nichts zu verstecken haben, und daß nicht beabsichtigt ist, die Durchführung des Bauprogramms über die gesetzlichen Fristen hinaus zu beschleunigen. Alle dem entgegenstehenden Gerüchte sind falsch.

Wir werden frühestens im Herbst des Jahres 1912, wie gesetzlich bestimmt, 13 neue große Schiffe, darunter 3 Panzerkreuzer, verwendungsbereit haben.

29. März 1909.

Admiral v. Tirpitz: Die im englischen Parlament ausgesprochene Ansicht, daß die Bauzeit des einzelnen Schiffes gegen früher erheblich beschleunigt sei — bis auf 30 oder gar 26 Monate — ist nicht zutreffend. Wir bauen nach wie vor unsere Schiffe in etwa 36 Monaten, auf den Kaiserlichen Werften in etwa 40 Monaten. Dazu treten dann noch Probefahrten von mehreren Monaten.

Ebensowenig trifft zu, daß die neuesten Schiffe zwecks einer schnelleren Fertigstellung früher vergeben worden sind, als es etatsmäßig zulässig ist.

Richtig ist nur folgendes: Folgt Erklärung der vorzeitigen Zusicherung (nicht einer kontraktlichen Vergebung) von 2 Schiffen im Herbst 1908. Lieferungsfrist sei vom 1. April 1909 ab noch 36 Monate. Eine schnellere Fertigstellung dieser beiden Schiffe sei weder gefordert, noch beabsichtigt. Die beiden andern Schiffe würden im Spätsommer 1909 ausgeschrieben, frühere Bereitstellung von Material sei unmöglich, da Zuschlagserteilung ungewiß.

Frühestens im Herbst 1912 (nicht im Februar 1912) würde Deutschland 10 Dreadnoughts und 3 Invincibles, also zusammen 13 große moderne Schiffe (nicht 17) verwendungsbereit haben.

26. Juli 1909.
(Unterhaus, Beratung des Marineetats.)

McKenna: Im Etatsjahr 1908/09 habe Deutschland auch ein Schiff des Programms 1909 auf Stapel gelegt. Das sei eine Beschleunigung gewesen, die im übrigen zugegeben sei und als deren einzig mögliche Erklärung der Wunsch der deutschen Regierung, das Schiff möglichst schnell fertig zu haben, dienen könne.

26. Juli 1909.
Richtig.
9 Monate zu früh angegeben.

McNamara: Im Juli 1912 würde Deutschland, soweit es sich übersehen lasse, 13 Dreadnoughts haben, möglicherweise auch 17.

26. Juli 1909.

McKenna: Hält jedes Wort seiner Erklärungen über Tatsachen vom März aufrecht, verneint, soweit er sich erinnern könne, daß Fürst von Bülow und Admiral von Tirpitz gesagt hätten, daß eine Beschleunigung des deutschen Programms nicht stattgefunden habe und nicht statthaben würde.

Von den im August 1907 auf Stapel gelegten Schiffen der Nassau=Klasse würde die Bauzeit betragen für Nassau = 2 Jahre 2 Monate, für die 3 anderen = 2 Jahre 5 Monate. Danach würden die 5 im Oktober 1908 bzw. Januar 1909 auf Stapel gelegten Schiffe voraussichtlich spätestens nach 2 Jahren 6 Monaten Bauzeit fertig sein.

Für 4 Schiffe aus 1908 richtig, 1 Schiff aus 1909 um 8 Monate zu früh angegeben.

(Anmerkung: das heiße also April bzw. August 1911.) Er könne sich nur nach Tatsachen richten.

14. März 1910.
(Unterhaus, Beratung
des Marineetats.)

*Termin um 10 Monate
zu früh angegeben.*

15. März 1910.
(Auf Befragen.)

15. März 1910.
(Auf Befragen.)
*Termin um je ½ bis
1 Jahr zu früh an-
gegeben.*

16. März 1910.
(Auf Befragen.)

14. Juli 1910.
(Auf Befragen.)

14. Juli 1910.
(Auf Befragen.)
*Baubeginn um 3 Mo-
nate zu früh angegeben.*

14. Juli 1910.
(Unterhaus, Beratung
des Marineetats, nach-
dem Dillon der Regie-
rung vorgeworfen hat,
daß die Kiellegung der
4 Eventualschiffe von
1909 durch nichts ge-
rechtfertigt gewesen sei,
und daß sie an dem
Wettrüsten Schuld
habe.)

McKenna: Er habe im vergangenen Jahre nur von dem gesprochen, was im Bereiche der Möglichkeit liege, nicht ein Wort
davon, was passieren müsse; er brauche deshalb kein Wort zurück
zu nehmen.

Da Nassau und Westfalen 2 Jahre und 2 Monate nach Erteilung des offiziellen Bauauftrags in Dienst gestellt seien, so würden die 4 Schiffe des Programms 1910 im Notfalle ebenfalls in
2 Jahren 2 Monaten vom 1. April 1910 ab in Dienst gestellt werden können.

McKenna: spricht die Vermutung aus, daß (für die im August 1907 auf Stapel gelegten deutschen Schiffe) die Daten des offiziellen Bauauftrags mit den Daten der Stapellegung übereinstimmen.

(Anmerkung: Zum Schluß der Fragen und Antworten stellt
der Fragesteller fest: Dann hat also keine Beschleunigung stattgefunden.)

McKenna: Bei der jetzigen Leistungsfähigkeit des Schiffbaus
in Deutschland könnten die 4 Schiffe des Programms 1910 im
Notfalle noch im Laufe des Jahres 1912 kriegsbereit sein, allerdings bei beschleunigtem Bau und unter Fortlassung der Probefahrten und Maschinenaufnahmen. In Summa würden es dann
17 Schiffe sein. Unter denselben Voraussetzungen werde Deutschland 1913 = 21 Schiffe verwendungsbereit haben.

McKenna: gibt die offiziellen Fertigstellungstermine für die
deutschen 1908-Schiffe und das erste 1909-Schiff richtig an, die
englische Regierung könne aber keine Information haben, die Erklärungen über das, was 1911 oder 1912 geschehen solle, bestätigen oder ihnen widersprechen würde.

McKenna: Er kenne keinen Fall von Bauverzögerung in
Deutschland, eine Baubeschleunigung habe aber stattgefunden, wenn
darunter die Inangriffnahme eines Neubaus verstanden würde, für
den erst im nächsten Etatsjahr Gelder bewilligt seien.

McKenna: gibt Bauzeit der „Oldenburg" bis zum Stapellauf am 30. 6. 1910 mit ca. 19 Monaten an (rechnet also mit Baubeginn ca. 1. 12. 1908), weil Bau im Herbst 1908 zugesichert sei.

Asquith: weist von neuem auf die Beschleunigung des deutschen Programms im Jahre 1908/09 und die wachsende Steigerung
der Schiffbauleistungsfähigkeit hin. Beharrt auf der buchstäblichen
Genauigkeit dessen, was er am 16. 3. 1909 über Baubeschleunigung gesagt habe. Habe damals nicht verfehlt, auch von der deutschen Regierungserklärung Notiz zu nehmen, wonach keine künftige Beschleunigung stattfinden solle.

(Anmerkung: Dieses „künftige" erscheint hier zum erstenmal.)

Die gesteigerte Schiffbauleistungsfähigkeit ginge aus der Kür=
zung der Bauzeit hervor, die für die 1906= und 1907=Schiffe zwi=
schen 2 Jahre 2 Monate und 2 Jahre 9 Monate betrage.

Richtig.

Er mache einen feinen Unterschied zwischen Tatsachen und Ver=
mutungen. Bis Ende August 1910 habe England 10, Deutschland
5 Dreadnoughts von Stapel und kriegsbereit. April 1910 schienen
4 neue Dreadnoughts in Deutschland in Auftrag gegeben zu sein
und es sei möglich, daß der Bau begonnen habe. Die Frage der
Kriegsbereitschaft sei wichtiger als die der Indienststellung. An

*Um 3 Monate zu früh
angegeben.*
Richtig.
*Termin um 3 bis 6 Mo=
nate zu früh angegeben.*

kriegsbereiten Schiffen habe Ende 1911 England 16, Deutschland
11. April 1912 England 16 + 4 Eventualschiffe = 20, Deutsch=
land 13. Frühjahr 1913 sicher, vielleicht schon Ende 1912 kämen
4 weitere deutsche Schiffe dazu (also in Sa. 17) und die 4 Schiffe
des Programms 1911 würden die Zahl 1913/14 auf 21 bringen.
England werde mit den 5 Schiffen des Programms 1910 im Früh=
jahr 1913 = 25 Schiffe haben.

(Anmerkung: Man kann hier nicht von großer Unrichtigkeit
sprechen, da die englischen Schiffe des Programms 1910 erst An=
fang 1911 in Bau genommen werden sollen.)

Wenn man zu den englischen Schiffen die 2 Kolonialschiffe
rechnet, müsse man auf der andern Seite die 1913 oder 1914 fertig
werdenden 4 italienischen Schiffe hinzuzählen, von den 1 oder 2
auf Stapel sein sollenden österreichischen Dreadnoughts wolle er
nicht reden.

*Um 1 Jahr zu früh an=
gegeben.*

Das englische Programm von 5 Schiffen für 1910 sei wirklich
nicht hoch, wenn den 25 englischen (+ 2 Kolonial=, aber am an=
dern Ende der Welt) Schiffen 21 deutsche Dreadnoughts vergleichs=
weise gegenüberständen.

14. Juli 1910.

Rückzug McKennas

McKenna: greift auf die Erklärung des Admirals von Tirpitz
zurück, daß Bauzeit der deutschen Schiffe 36 bzw. 40 Monate sei.
Diese Versicherung sei natürlich korrekt. Es käme aber nicht an auf
die Zeit zwischen Auftragserteilung und Fronteinstellung, sondern
auf Zeit zwischen Stapellegung und Kriegsbereitschaft. Letztere be=
ständen bereits bei Beginn der Probefahrten.
Legt die deutsche Erklärung, daß Ende 1912 nur 13 Schiffe fertig
seien, aus: 13 Schiffe in der Hochseeflotte, und nimmt Schuld auf
sich, daß diese Auslegung nicht früher gemacht sei.

20. Oktober 1910.
(Wahlrede in Lan=
therry.)
*Um 3 Monate zu früh
angegeben.*
20. Oktober 1910.
(Rede in North Cam=
perwell League.)
Richtig.

McKenna: Deutschland habe jetzt (Oktober 1910) 17 Dread=
noughts fertig oder im Bau, und nicht mehr als 17 könnten vor
Ende 1912 fertiggestellt sein.

McNamara: Früher habe die Regierung gesagt, daß unter ge=
wissen Voraussetzungen 1913 Deutschland 21 Dreadnoughts haben
werde. Jetzt sei es klar, daß es höchstens 17 haben könne.

2. Dezember 1910.
(Rede in Portsmouth über Londoner Deklaration.)
Richtig.

Sir E. Grey: April 1911 werde England 13, Deutschland 5 Dreadnoughts in Dienst haben, April 1913 England 25 gegenüber 17 deutschen in Dienst.

8. Februar 1911.
(Beantwortung von präzis formulierten Fragen des McRobert Harcourt.)
Rückzug McKennas.

Richtig.

McKenna: Die 4 deutschen Dreadnoughts des Programms 1908 seien noch nicht fertiggestellt (Angabe 16. 3. 1909: fertig Herbst 1910). Keins der vier 1909-Schiffe werde im Laufe 1911 fertig werden, nur die Oldenburg sei bisher von Stapel (Angabe 16. 3. 1909: 1911 = 13 deutsche fertig). Bezüglich der vier 1910-Schiffe sei zu erwarten, daß sie im Frühjahr 1913 von den Bauwerften abgeliefert würden (Angabe 16. 3. 1909: 17 fertig April oder Herbst 1912). Er erwarte nicht, daß im Kalenderjahre 1913 = 21 deutsche Dreadnoughts von den Bauwerften abgeliefert sein würden, nach Analogien von früher würde dies Frühjahr 1914 der Fall sein, amtliche Benachrichtigung seitens der deutschen Regierung habe er nicht. (Angabe Asquith 14. 7. 1910: 1913/14 insgesamt 21 Schiffe verwendungsbereit.) März 1909 seien nicht 13 deutsche Dreadnoughts in Bau gewesen, wenn darunter Bau der Schiffskörper verstanden würde (Angabe 16. 3. 1909: Sammlung von Material hat schon Monate vorher begonnen). Der Termin der tatsächlichen Inangriffnahme der Oldenburg vor dem 1. April 1909 sei der Admiralität nicht mitgeteilt worden (Angabe 14. 7. 1910: Er rechne mit 19 Monaten Bauzeit vor Stapellauf 30. 6. 1910), das Schiff werde voraussichtlich Frühjahr 1912 von Bauwerft abgeliefert werden (Angabe Asquith 14. 7. 1910: Ende 1911 = 11 Schiffe kriegsbereit).

14. Februar 1911.
(Plenarsitzung.)

Admiral v. Tirpitz: Es ist ein ganz wunderlicher Irrtum in England gewesen, anzunehmen, daß wir unsere Flotte über das Flottengesetz hinaus hätten beschleunigen wollen. Das ist vom Fürsten Bülow wie von mir seinerzeit öffentlich gesagt worden. Wie wäre auch eine Beschleunigung möglich, wenn der Reichstag nicht seine Zustimmung gibt; wir hätten ja sonst keinen Pfennig Geld dazu gehabt. Den Herren gegenüber ist ja eine solche Konstatierung gar nicht notwendig. Aber die Herren werden verstehen, daß es uns merkwürdig berührt hat, daß solche Behauptungen in England aufgetaucht sind. Ich möchte sagen, daß es von unserer Seite weder vorher noch nachher an Aufklärungen gefehlt hat.

16. Februar 1911.
(Beantwortung der Frage des Mr. Robertson, wann man entdeckt habe, daß die 1909 geäußerten Vermutungen über die deutsche Flotte falsch seien.)

McKenna: Seine Angaben vom 16. 3. 1909 gründeten sich darauf, daß, abgesehen von Bestellungen von Schiffsteilen, 2 Schiffe im Herbst 1908 im voraus zugesichert und der Kiel zu einem mindestens 2 Monate vor Mitte März gestreckt sei. Die Vermutung, daß damit auch eine schnellere Fertigstellung beabsichtigt sei, sei verstärkt worden durch die Anforderung von höheren ersten Raten für die 1908- und 1909-Schiffe. Jetzt wisse er, daß die frühere Zusicherung aus finanziellen und Arbeiterrücksichten erfolgt sei, daß die höheren Raten einen größeren Schiffstyp bedeuteten und daß Deutschland nicht beabsichtige, seine Schiffe vor dem

Rückzug McKennas.

Jahr der Schlußraten von den Werften abliefern zu lassen. Er habe am 29. 3. 1909 seine am 16. 3. 1909 ausgesprochenen Vermutungen öffentlich berichtigt, indem er gesagt habe: „Die deutsche Regierung hat seitdem erklärt, daß sie 13 Schiffe erst Ende 1912 fertig haben werde... Es erscheint sicher, daß die deutschen Schiffe vor diesem Datum nicht probefahrtsbereit sein werden." Selbstverständlich sei, daß man statt „Datum" „Jahr" lesen müsse.

(Anmerkung: Das stimmt nicht. In der Verbindung damals als Antwort auf Frage Balfours muß „Datum" auf April 1911 bezogen werden. Das war sicher auch beabsichtigt.)

20. Februar 1911.
(Beantwortung der Frage von Mr Boles, wer Schuld an den falschen Darstellungen über den deutschen Flottenbau habe.)

McKenna: Seine Angaben über Tatsachen seien völlig genau gewesen. Er übernehme die volle Verantwortung über die Schlüsse, die er daraus gezogen habe.

Verweist dann auf seine Antwort auf Mr. Robertsons Frage (s. vorstehend 16. 2. 1911) und erklärt, nach dem deutschen Marineetat sei für 1911 dasselbe Bautempo beabsichtigt, wie in den letzten 2 Jahren.

6. März 1911.
(Auf Befragen.)
Richtig.

McKenna: Nach seinen offiziellen Informationen, die nicht über Frühjahr 1913 hinausgingen, werde Deutschland dann 17 Schiffe fertig haben. Vorausgesetzt, daß Bauzeit für 1911-Schiffe bis zur Ablieferung wie für 1910-Schiffe auch 3 Jahre, werden Frühjahr 1914 = 21 Dreadnoughts da sein.

13. März 1911.
(Auf Befragen.)
Falsch.

McKenna: Die Novelle von 1906 habe die Zahl der großen Kreuzer des deutschen Flottengesetzes um 6 erhöht, die Novelle von 1908 die Zahl der Linienschiffe um 4. Der Effekt der beiden Novellen sei eine jährliche Steigerung der durchschnittlichen Ausgaben in den Jahren 1908 bis 1917 um je ca. £ 9 000 000.

(Anmerkung: Richtigstellung siehe unter McKenna 20. März 1911 und McNamara 27. März 1911.)

13. März 1911.
(Beantwortung der Resolution MacDonald: Rüstungsausgaben müssen verringert werden, sowie Abänderungsantrag King: Die Rüstungsausgaben werden bedauert und internationale Vereinbarungen über Beschränkungen willkommen geheißen, sowie Antwort auf Vorwurf Ponsonby, daß die Berechnungen von 1909 völlig falsch gewesen seien.)

McKenna: Die Steigerung der englischen Ausgaben sei auf die Novellen 1906 und 1908 zum deutschen Flottengesetz zurückzuführen, die die Ausgaben gegenüber dem Gesetz von 1900 etwa verdoppelt hätten.

Richtig. Nach den offiziellen Informationen, die er für richtig halte, würden 17 deutsche Schiffe nicht vor dem Frühjahr 1913 abgeliefert werden.

Die am 16. 3. 1909 von ihm vorgebrachten Tatsachen seien alle richtig gewesen, nur seine Schlüsse falsch. Er habe im deutschen Marineetat für 1909 gesehen, daß die erste und zweite Rate der 1908=Schiffe etwa ebenso hoch sei, wie die drei ersten Raten der 1906= und 1907=Schiffe. Dies habe entweder ein schnelleres Bauen oder einen größeren Typ bedeuten können. Er habe sich für erstere Folgerung entschieden, da zwei Schiffe bereits Herbst 1908 vor= zeitig zugesichert, Material gesammelt und ein Schiff auf Stapel gelegt war. Am 29. 3. 1909 habe er dann die offiziellen deutschen Angaben gegeben, also seine Erklärung vom 16. 3. 1909 berich= tigt, und habe seitdem niemals etwas gegenteiliges gesagt.

(Anmerkung: aber verschwiegen bzw. durchblicken lassen!)

Im Juli 1909 habe er ja die offiziellen Daten wiederholen können, hätte aber dann den größeren Typ der deutschen Schiffe erklären müssen. Da habe er lieber die bewilligten 4 Eventualschiffe im Bauprogramm. (Anmerkung: Das zur Erläuterung ge= *Richtig.* gebene Rechenexempel läßt 2 Colossus weg, die im Juli 1909 auf Stapel gelegt wurden.) Im Frühjahr 1914 werde Deutschland 21 Dreadnoughts von den Werften abgeliefert bekommen, in Eng= land würden dann 30 fertig sein.

(Anmerkung: Dies stimmt, da englische 1911=Schiffe erst Dezember 1911 bzw. Januar 1912 in Bau genommen.)

13. März 1911. Sir E. Grey: Die Ausführungen von 1909 hätten mit dem vor= liegenden Etat nichts zu tun. Der müsse daraufhin beurteilt wer= den, wie die Situation in 2 Jahren sein werde. McKenna habe er= klärt 30 : 21 Schiffen.

McKenna habe von der Hochwassermarke der Ausgaben ge= sprochen. Das sei richtig, wenn die geplanten Flottenprogramme der fremden Staaten so blieben.

England habe mit seinem 1909=Etat nicht den Anlaß zu er= höhten Ausgaben gegeben. Die letzte Novelle zum deutschen Flot= tengesetz sei schon vorher gewesen. Die englische Zurückhaltung 1907 und 1908 habe nicht zu einer Verminderung der Ausgaben geführt. Er möchte anstatt des Ausdrucks: „Einschränkung der Rü= stungen" vorschlagen „gegenseitige Verminderung der Ausgaben".

Deutschland bestehe darauf, daß es sein Flottengesetz durchführe. Das bedeute eine deutsche Flotte von 33 capital=Schiffen neben den Prae=Dreadnoughts. Er sei für einen Nachrichtenaustausch durch die Marineattachés.

(Anmerkung: siehe auch unter McKenna 20. 3. 1911 und unter McNamara 27. 3. 1911.)

16. März 1911.
(Beratung des Marineetats. Im Anschluß an McKennas Rede beantragte Mr. Roberts eine Resolution, daß die wachsenden Marineausgaben durch Ereignisse im Auslande nicht gerechtfertigt seien, und weist an der Hand von Erklärungen der Regierungsvertreter ihre Unrichtigkeit nach.)

16. März 1911.
(Einwurf in Balfours Rede.)

16. März 1911.
(Bei Vorstoß des Mr. Harcourt, der der Regierung beabsichtigte Unrichtigkeiten vorwirft.)

16. März 1911.
(Nachdem Dillon der Regierung vorgeworfen, sie habe die deutschen Erklärungen mißachtet.)

20. März 1911.
(Beratung des Marineetats. Beantwortung der Frage von Beresford nach Unrichtigkeit in Ausführungen von Sir Grey).
Richtig.
Ist in gewissem Sinne richtig, da durch die gleichmäßige Tabelle B des Flottengesetzes 1908 6 Siegfried - Ersatz-Schiffe 1-2 Jahre früher gefordert sind, als 20 Jahre nach Bewilligung der 1. Rate, dagegen Ersatzschiffe für Brandenburg - Klasse erst später.

McKenna: Die durch den Etat 1911 geforderten 5 Schiffe brauchten erst Frühjahr 1914 bereit zur Indienststellung zu sein, also brauche die Stapellegung bei einer Bauzeit von 2 Jahren nicht vor Dezember 1911 oder Januar 1912 zu erfolgen. Dann werde England im Frühjahr 1914 = 30 Dreadnoughts, Linienschiffe + Kreuzer, haben. Jetzt seien 48 Prae=Dreadnoughts da (Anmerkung: Hier meint er nur Linienschiffe) und von diesen würden 1911 in Sa. 7 gestrichen werden. Wieviele 1913 und 1914 zu streichen wären, hänge davon ab, was die andern Marinen mit ihren älteren Schiffen machten.

(Anmerkung: Viel können das nicht sein, denn einige Tage später antwortete McKenna, daß am 1. April 1915 noch 38 englische Prae=Dreadnoughts vorhanden sein würden.

McKenna: Die Admiralität könne nicht der Ansicht zustimmen, daß im Jahre 1914 Englands gesamte Seemacht nur gleich sei den gesamten Seestreitkräften des Dreibunds.

McKenna: Die Erklärung des Admirals von Tirpitz vom 17. 3. 1909 habe er zunächst so aufgefaßt, daß mit den 13 Schiffen lediglich Linienschiffe gemeint seien, so daß mit den 4 Kreuzern 17 Schiffe herausgekommen seien. Sobald er aufgeklärt worden sei, habe er dies dem Hause mitgeteilt... Bei der vorzeitigen Vergebung der 1909=Schiffe habe er als einzigen Grund annehmen können, daß eine schnellere Fertigstellung beabsichtigt sei.

McNamara: Es sei jetzt der Regierung bekannt, daß die Tatsachen damals (1908/09) keine Baubeschleunigung bedeutet hätten. Die Schlußfolgerungen seien falsch, die Vermutung schlecht begründet gewesen.

McKenna: Die Ausführungen des Staatssekretärs des Auswärtigen seien scheinbar falsch berichtet worden. Er habe festgestellt, daß nach dem Flottengesetz Deutschland 1920 = 33 Dreadnoughts einschließlich Kreuzer haben werde, und außerdem seine Prae=Dreadnoughts. Er selbst habe Sir E. Grey diese Angaben unmittelbar vor dessen Rede gegeben.

Durch die Novelle 1908 sei eine Erhöhung der Gesamtzahl von deutschen Linienschiffen nicht eingetreten. Doch seien durch sie 4 kleine Linienschiffe von 4000 t durch 4 Linienschiffe von über 20 000 t ersetzt worden, ehe erstere an der Reihe seien, ausrangiert zu werden. Am Ende seien allerdings nur 4 Linienschiffe für 4 andere da, insofern sei seine Angabe unrichtig gewesen, aber nach dem Kern der Dinge sei es eine Vermehrung um 4 Schiffe von je über 20 000 t.

27. März 1911.
(Auf Befragen.)

Richtig.

Mc Namara: Wie auch schon von McKenna vor 3 Tagen geantwortet sei, sei durch deutsche Novelle 1908 die Flottenstärke nicht erhöht worden. Es seien lediglich 1908—1911 durch Vorziehen 4 Linienschiffe früher ersetzt worden.

Die von Sir E. Grey genannten 33 Schiffe umfaßten nur Dreadnought-Linienschiffe und Dreadnought-Kreuzer. Außerdem seien dann vorhanden 16 bzw. 9 Vor-Dreadnoughts. So sei die Feststellung zu verstehen.

30. März 1911.
(Plenarsitzung.)

v. Bethmann Hollweg: Wir haben diesem Gedanken (des englischen Ministers des Auswärtigen bezüglich Nachrichtenaustausch über die gegenseitigen Schiffsbauten) um so eher beitreten können, als unser Bauprogramm für die Flotte von Anfang herein offen vor aller Welt daliegt und wir haben uns deshalb bereit erklärt, uns hierüber mit England zu verständigen in der Hoffnung, daß dadurch die erwartete Beruhigung der öffentlichen Meinung in England eintreten werde.

Anhang 3

Umſchrift und Überſetzung der Fakſimilebeilage.

My dear Admiral von Tirpitz!   10. 9. 1913.

The Board of Admiralty has expressed to you, through our Naval Attaché in Berlin, the sympathy we feel for our comrades in the German Navy, on the occasion of the lamentable loss of the naval airship. I feel that I should like to add my own personal sympathy on this sad occasion. My friends in the German Navy are so numerous and I have received so much kindness from German Naval officers, including yourself, on so many occasions, that I hope you will allow me to express the sorrow with which I read of the disaster in this morning's newspapers. It is especially sad because of the splendid work which the airship has done, pioneer work which we have watched with the greatest admiration.

We have not yet heard details, but I trust that the loss of life is not so great as was at first reported. I know however full well that those who met their deaths would have done so with the greatest fortitude and in a similar manner to the gallant crew of the „Iltis" years ago.

    With most profound sympathy

believe me my dear Admiral

yours very sincerily

J. R. Jellicoe, Vice-Admiral.

Mein lieber Admiral von Tirpitz!   Den 10. September 1913.

Die Admiralität hat Ihnen durch unſeren Marineattaché in Berlin die Teilnahme ausgedrückt, die wir für unſere Kameraden in der deutſchen Marine anläßlich des beklagenswerten Verluſtes des Marine-Luftſchiffes empfinden. Ich habe das Bedürfnis, meine eigene perſönliche Teilnahme an dieſem traurigen Vorfall hinzuzufügen. Meine Freunde in der deutſchen Marine ſind ſo zahlreich, und mir ſind von deutſchen Seeoffizieren einſchließlich Ihrer ſelbſt bei ſo vielen Gelegenheiten ſoviel Freundlichkeiten erwieſen worden, daß ich hoffe, Sie werden mir erlauben, der Trauer Ausdruck zu geben, mit der ich in den heutigen Morgenzeitungen von dem Unglück leſe. Es iſt beſonders traurig wegen der hervorragenden Leiſtungen, welche das Luftſchiff vollbracht hat, Pionierleiſtungen, die wir mit der größten Bewunderung verfolgt haben.

My dear Admiral von Tirpitz

The Board
has Expressed to you, through our
attaché in Berlin, the sympathy
of our comrades with the German na__
occasion of the lamentable loss of __
air ship . I feel that I should
add my own personal sympathy
sad occasion. My friends in the
navy are so numerous and I have
so much kindness from German __
including yourself, on so many occa__
I hope you will allow me to express
with which I read of the disaster __

10 9 _ 13

Dear Mr Tirpitz

The Board of Admiralty
to you, through our Naval
Scholar, the sympathy we feel
with the German Navy on the
lamentable loss of this naval
feel that I should like to
personal sympathy in this

My friends in the German
marine and I have received
so from German naval officers,
&, on so many occasions, that
allow me to express the sorrow
& of this disaster in this morning's

newspapers. It is especially sad
of the splendid work which they are
doing, pioneer work which we have
with the greatest admiration

We have not yet heard details, but I
that loss of life is not so great as we
first reported. I know however full w
those who met their deaths would have
with the greatest fortitude and in a
manner to the gallant crew of the Sc
ago

With most profound sympathy

Believe me my dear Adm
yours very sincerely

JR Jellicoe

Vice Ad

years. It is especially sad because
splendid work which that airship has
pioneer work which we have watched
greatest admiration

the get heard details, but I trust that
of life is not so great as was at
first. I know however full well that
, met their deaths would have done so
greatest fortitude and in a similar
to the gallant crew of this disaster years

to profound sympathy
Believe me my dear admiral
yours very sincerely
J R Sellicoe
————————
Vice-Admiral

Einzelheiten haben wir noch nicht erfahren, aber ich hoffe zuversichtlich, daß der Verlust an Menschenleben nicht so groß ist, wie zuerst berichtet wurde. Ich weiß jedoch ganz bestimmt, daß diejenigen, die in den Tod gegangen sind, es mit der größten Tapferkeit getan haben und in ähnlicher Weise, wie die tapfere Besatzung des „Iltis" vor Jahren.

Mit dem tiefsten Mitgefühl

glauben Sie mir, mein lieber Admiral,

bin ich aufrichtigst der Ihrige,

J. R. Jellicoe, Vizeadmiral.

Register.

(1.) Flottengesetz vom 10. April 1898.

I. Schiffsbestand.

§ 1.

1. Der Schiffsbestand der deutschen Flotte wird, abgesehen von Torpedofahrzeugen, Schulschiffen, Spezialschiffen und Kanonenbooten, festgesetzt auf:

a) verwendungsbereit:

1 Flottenflaggschiff,
2 Geschwader zu je 8 Linienschiffen,
2 Divisionen zu je 4 Küstenpanzerschiffen,
6 große Kreuzer ⎫ als Aufklärungsschiffe
16 kleine Kreuzer ⎭ der heimischen Schlachtflotte;
3 große Kreuzer ⎫ für den
10 kleine Kreuzer ⎭ Auslandsdienst.

b) als Materialreserve:

2 Linienschiffe,
3 große Kreuzer,
4 kleine Kreuzer.

2. Von den am 1. April 1898 vorhandenen und im Bau befindlichen Schiffen kommen auf diesen Sollbestand in Anrechnung:

als Linienschiffe . .	12
als Küstenpanzerschiffe	8
als große Kreuzer	10
als kleine Kreuzer	13

3. Die Bereitstellung der Mittel für die zur Erreichung des Sollbestandes erforderlichen Neubauten unterliegt der jährlichen Festsetzung durch den Reichshaushaltsetat mit der Maßgabe, daß die Fertigstellung des gesetzlichen Schiffsbestandes, soweit die in § 7 dafür angegebenen Mittel ausreichen, bis zum Ablaufe des Rechnungsjahres 1903 durchgeführt werden kann.

§ 2.

Die Bereitstellung der Mittel für die erforderlichen Ersatzbauten unterliegt der jährlichen Festsetzung durch den Reichshaushaltsetat mit der Maßgabe, daß in der Regel Linienschiffe und Küstenpanzerschiffe nach 25 Jahren,

große Kreuzer nach 20 Jahren,

kleine Kreuzer nach 15 Jahren

ersetzt werden können.

Die Flo

(2.) Flottengese

I. Schi

Es soll bestehen:

1. die Schlachtflo
aus 2 Flottenflaggschiffen
4 Geschwadern zu je
8 großen Kreuzern u
24 kleinen Kreuzern a

2. die Auslandsfl
aus 3 großen Kreuzern un
10 kleinen Kreuzern;

3. die Materialre
aus 4 Linienschiffen,
3 großen Kreuzern u
4 kleinen Kreuzern.

Auf diesen Sollbestand
setzes die in der Anlage A
rechnung.

1) In Anlage A sind aufgef
und 29 kleine Kreuzer.

Nov

Einzige

Der . . . Schiffsbestand wi

1. bei der Auslands

2. bei der Material

1) Außerdem wird die Za
erhöht.

Ausgenommen bei Schi

Linienschiffe

Kreuzer

ttengeſetze

eß vom 14. Juni 1900.
ffsbeſtand.
§ 1.

tte:

'
8 Linienſchiffen,
nd
ls Aufklärungsſchiffen;
lotte:
ıd

ferve:

nd

kommen bei Erlaß dieſes Ge=
ı[1] aufgeführten Schiffe in An=

ührt 27 Linienſchiffe, 12 große Kreuzer

elle 1906.
r Paragraph.
rd vermehrt:
·flotte um 5 große Kreuzer
reſerve um 1 großen Kreuzer[1].

ħl der Torpedoboote von 96 auf 144

§ 2.

ffsverluſten ſollen erſetzt werden:
nach 25 Jahren
nach 20 Jahren.

Novelle 1912.
I. Schiffsbeſtand.
§ 1.

Es ſoll beſtehen:

1. die **Schlachtflotte:**

aus 1 Flottenflaggſchiff,
  5 Geſchwadern aus je 8 Linienſchiffen,
  12 großen Kreuzern und
  30 kleinen Kreuzern als Aufklärungsſchiffen;

2. die **Auslandsflotte:**

aus 8 großen Kreuzern und
  10 kleinen Kreuzern.

Erläuterung zu § 1 der Novelle von 1912.
Der gesetzmäßige Schiffsbestand wird durch die Novelle vermehrt um
3 Linienschiffe und 2 kleine Kreuzer

	Bisher	*Künftig*
Linienschiffe	*38*	*41*
Große Kreuzer	*20*	*20*
Kleine Kreuzer	*38*	*40*

Novelle 1908
erſetzt die alte Faſſung des § 2 des Flottengeſetzes von 1900 durch
den folgenden neuen

§ 2.
Ausgenommen bei Schiffsverluſten ſollen Linienſchiffe und
Kreuzer nach 20 Jahren erſetzt werden.

Schiffsbauplan
nach der Novelle von 1906

Jahr der ersten Rate	Flottengesetz und Novelle			Torpedoboots- divisionen
	Linien- schiffe	Große Kreuzer	Kleine Kreuzer	
1906	2	1	2	2
1907	2	1	2	2
1908	2	1	2	2
1909	2	1	2	2
1910	2	1	2	2
1911	1	2	2	2
1912	1	2	2	2
1913	1	1	2	2
1914	1	1	2	2
1915	1	1	2	2
1916	1	1	2	2
1917	2	—	?	2
	18 [1]	13 [2]	24 [3]	24

1) Darunter ein noch ausstehender Neubau des Flottengesetzes.
2) Darunter sechs Neubauten der Novelle.
3) Darunter ein noch ausstehender Neubau des Flottengesetzes.

Die Friſten laufen vom Jahre der Bewilligung der erſten Rate des zu erſetzenden Schiffes bis zur Bewilligung der erſten Rate des Erſatzſchiffes.

Zu einer Verlängerung der Erſatzfriſt bedarf es im Einzelfalle der Zuſtimmung des Bundesrats, zu einer Verkürzung derjenigen des Reichstags. Etwaige Bewilligungen von Erſatzbauten vor Ablauf der geſetzlichen Lebensdauer — höhere Gewalt, wie Untergang eines Schiffes, ausgeſchloſſen — ſind innerhalb einer mit dem Reichstage zu vereinbarenden Friſt durch Zurückſtellung anderer Erſatzbauten auszugleichen.

II. Indienſthaltungen.

§ 3.

Die Bereitſtellung der Mittel für die Indienſthaltungen der heimiſchen Schlachtflotte unterliegt der jährlichen Feſtſetzung durch den Reichshaushaltsetat mit der Maßgabe, daß im Dienſte gehalten werden können

a) zur Bildung von aktiven Formationen

9 Linienſchiffe,

2 große Kreuzer,

6 kleine Kreuzer;

b) als Stammſchiffe von Reſerveformationen:

4 Linienſchiffe,

4 Küſtenpanzerſchiffe,

2 große Kreuzer,

5 kleine Kreuzer;

c) zur Aktivierung einer Reſerveformation auf die Dauer von zwei Monaten:

2 Linienſchiffe oder Küſtenpanzerſchiffe.

III. Perſonalbeſtand.

§ 4.

An Deckoffizieren, Unteroffizieren und Gemeinen der Matroſendiviſionen, Werftdiviſionen und Torpedoabteilungen ſollen vorhanden ſein:

1. eineinhalbfache Beſatzungen für
   die im Ausland befindlichen Schiffe,
2. volle Beſatzungen für
   die zu aktiven Formationen der heimiſchen Schlachtflotte gehörigen Schiffe,

Die Friſten laufen vom [
erſten Rate des zu erſetzende[
gung der erſten Rate des Erſ[
Für den Zeitraum von 190[
bauten nach der Anlage B ge[

II. Indienſt[

§ [

Bezüglich der Indienſthaltu[
folgende Grundſätze:
1. Das erſte und zweite G[
   die aktive Sch[
   das dritte und vierte G[
   die Reſerve-S[
2. Von der aktiven Schlac[
   ſollen ſämtliche,
   von der Reſerve-Schlac[
   die Hälfte der Linienſchi[
   Dienſt gehalten werden;
3. Zu Manövern ſollen ei[
   liche Schiffe der Reſerve[
   in Dienſt geſtellt werder[

III. Perſon[

§ [

An Deckoffizieren, Unterof[
Matroſendiviſionen, Werftdi[
lungen ſollen vorhanden ſein:
1. volle Beſatzungen für b[
   gehörigen Schiffe,
   für die Hälfte der Tor[
   die Schulſchiffe und
   die Spezialſchiffe;

om Jahre der Bewilligung der
enden Schiffes bis zur Bewilli=
Erſatſchiffes.

1901—1917 werden die Erſatz=
B geregelt.

Die Friſten laufen vom Jahre der Bewilligung der erſten Rate
des zu erſetzenden Schiffes bis zur Bewilligung der erſten Rate
des Erſatzſchiffes.

Für den Zeitraum von 1908—1917 werden die Erſatzbauten
nach der Anlage B geregelt.

nſthaltungen.

§ 3.

haltung der Schlachtflotte gelten

te Geſchwader bilden
Schlachtflotte,
te Geſchwader
ve=Schlachtflotte;
chlachtflotte

hlachtflotte
enſchiffe und Kreuzer dauernd in
rden;
n einzelne, außer Dienſt befind=
erve=Schlachtflotte vorübergehend
erden.

II. Indienſthaltungen.

§ 3.

Bezüglich der Indienſthaltung der Schlachtflotte gelten
folgende Grundſätze:

1. 1 Flottenflaggſchiff,
   3 Linienſchiffsgeſchwader,
   8 große und 18 kleine Kreuzer
bilden die aktive Schlachtflotte,
   2 Linienſchiffsgeſchwader,
   4 große und 12 kleine Kreuzer
bilden die Reſerve=Schlachtflotte.

2. Von der aktiven Schlachtflotte
   ſollen ſämtliche,
   von der Reſerve=Schlachtflotte
   ein Viertel der Linienſchiffe und Kreuzer dauernd in
   Dienſt gehalten werden.

ſonalbeſtand.

§ 4.

teroffizieren und Gemeinen der
rftdiviſionen und Torpedoabtei=
ſein:
ür die zur aktiven Schlachtflotte

Torpedoboote,

s

III. Perſonalbeſtand.

§ 4.

An Deckoffizieren, Unteroffizieren und Gemeinen der
Matroſen=, Werft= und Torpedodiviſionen ſowie der Unter=
ſeebootsabteilungen ſollen vorhanden ſein:

1. volle Beſatzungen für die zur aktiven Schlachtflotte
   gehörigen Schiffe,
   für ſämtliche Torpedoboote und Unterſeeboote mit Aus=
   nahme der Materialreſerve dieſer beiden Bootsklaſſen,
   für die Schulſchiffe und die Spezialſchiffe;

Anlage B
(Plan der Ersatzbauten)
der Novelle von 1908

Gesamt-Schiffsbauplan
nach der Novelle von 1908

Ersatz-jahr	Linienschiffe	Große Kreuzer	Kleine Kreuzer
1908	3 (2)	— (1)	2
1909	3 (6)	—	2
1910	3 (1)	—	2
1911	2 (2)	—	2
1912	1 (2)	1	2
1913	1	1	2
1914	1 (1)	1	2
1915	1	1 (4)	2
1916	1 (1)	1 (2)	2
1917	1 (1)	1	1
	17 (16)	6 (7)	19

Bau-jahr	Linienschiffe	Große Kreuzer	Summe Capital Ships
1908	3	1	4
1909	3	1	4
1910	3	1	4
1911	3	1	4
1912	1	1	2
1913	1	1	2
1914	1	1	2
1915	1	1	2
1916	1	1	2
1917	1	1	2
	18[1]	10[2]	28

Die in Klammern beigefügten Zahlen lassen den tatsächlichen Ablauf der 20 jährigen Lebensdauer erkennen.

Von 1918 an werden jährlich ersatzpflichtig: zwei Linienschiffe und ein großer Kreuzer.

1) Darunter 1911 ein noch ausstehender Neubau des Flottengesetzes.
2) Darunter 1908—1911 vier noch ausstehende Neubauten der Novelle von 1906.

die Hälfte der Torpedofahrzeuge,
die Schulschiffe,
die Spezialschiffe;

3. Besatzungsstämme (Maschinenpersonal zwei Drittel, übriges Personal die Hälfte der vollen Besatzungen) für die zu Reserveformationen der heimischen Schlacht= flotte gehörigen Schiffe die zweite Hälfte der Torpedofahrzeuge;

4. der erforderliche Landbedarf;

5. ein Zuschlag von fünf Prozent vom Gesamtbedarfe.

§ 5.

Die nach Maßgabe dieser Grundsätze erforderlichen Etatsstärken der Matrosendivisionen, Werftdivisionen und Torpedoabteilungen unterliegen der jährlichen Festsetzung durch den Reichshaushalts= etat.

IV. Sonstige Ausgaben.

§ 6.

Alle fortdauernden und einmaligen Ausgaben des Ma= rineetats, hinsichtlich deren in diesem Gesetze keine Be= stimmungen getroffen sind, unterliegen der jährlichen Fest= setzung durch den Reichshaushaltsetat nach Maßgabe des Bedarfs.

V. Kosten.

§ 7.

Während der nächsten sechs Rechnungsjahre (1898—1903) ist der Reichstag nicht verpflichtet, für sämtliche einmaligen Aus= gaben des Marineetats mehr als 408 900 000 Mark, und zwar für Schiffsbauten und Armierungen mehr als 356 700 000 Mark und für die sonstigen einmaligen Ausgaben mehr als 52 200 000 Mark, sowie für die fortdauernden Ausgaben des Marineetats mehr als die durchschnittliche Steigerung von 4 900 000 Mark jährlich bereitzustellen.

Soweit sich in Gemäßheit dieser Bestimmung das Gesetz bis zum Ablaufe des Rechnungsjahres 1903 nicht durchführen läßt, wird die Ausführung bis über das Jahr 1903 hinaus verschoben.

§ 8.

Soweit die Summe der fortdauernden und einmaligen Aus= gaben der Marineverwaltung in einem Etatsjahre den Betrag von 11 525 494 Mark übersteigt, und die dem Reiche zufließenden eigenen Einnahmen zur Deckung des Mehrbedarfs nicht aus= reichen, darf der Mehrbetrag nicht durch Erhöhung oder Vermeh= rung der indirekten, den Massenverbrauch belastenden Reichs= steuern gedeckt werden.

2. Besatzungsstämme (Maschi übriges Personal die Hälft für die zur Reserve=Schlac sowie für die zweite Hälfte der Torp

3. eineinhalbfache Besatzungen findlichen Schiffe;

4. der erforderliche Landbeda

5. ein Zuschlag von 5 v. H.

IV. Kost

§ 5.

Die Bereitstellung der zur A erforderlichen Mittel unterlieg durch den Reichshaushalt.

§ 6,

Insoweit vom Rechnungsjahre 1 fortdauernden und einmaligen Aus der Marineverwaltung den Mehrt über die Summe von 53 708 000 der Fehlbetrag nicht in den sonstig Deckung findet, darf der letztere sid mehrung der indirekten, den Massen abgaben aufgebracht werden.

afchinenperfonal zwei Drittel,
)älfte der vollen Befaßungen)
chlachtflotte gehörigen Schiffe

Torpeboboote;
ngen für die im Auslande be=

)edarf;
H. zum Gefamtbedarf.

'often.
5.
r Ausführung diefes Gefeßes
egt der jährlichen Feftfeßung

6.
)re 1901 ab der Mehrbedarf an
Ausgaben des ordentlichen Stats
)rertrag der Reichsftempelabgaben
)00 Mark hinaus überfteigt und
tigen Einnahmen des Reiches feine
e nicht durch Erhöhung oder Ver=
affenverbrauch belaftenden Reichs=

2. Befaßungsftämme (Mafchinenperfonal ein Drittel,
übriges Perfonal ein Viertel der vollen Befaßungen)
für die zur Referve=Schlachtflotte gehörigen Schiffe.
Die übrigen Beftimmungen der Flottengefeße bleiben
unverändert.

Erläuterungen zur Novelle von 1912.

Zu § 3.

Von dem gesetzmäßigen Schiffsbestande sollen im Dienst sein:

	Linienschiffe		Große Kreuzer		Kleine Kreuzer	
	bisher	*künftig*	*bisher*	*künftig*	*bisher*	*künftig*
Bei der aktiven Schlachtflotte	17	25	4	8	12	18
Bei der Reserve- Schlachtflotte	9	4	2	1	6	3
zusammen	26	29	6	9	18	21

mithin künftig mehr im Dienst:
3 Linienschiffe, 3 große Kreuzer, 3 kleine Kreuzer.

Zu § 4.

1. Gemäß Denkschrift zum Etat 1906 sollen vorhanden sein:
im ganzen: 144 Torpedoboote[1]
davon verwendungsbereit: 99 mit vollen aktiven Besatzungen
als Materialreserve: 45 ohne Besatzungen.
Hieran wird durch die Novelle nichts geändert. § 4 des Flottengesetzes
von 1900 stellte bereit: 72 volle Besatzungen und 72 Stämme, ergibt zu-
sammen 116 volle Besatzungen.
Der Bedarf ist nur 99, das Flottengesetz fordert also 17 volle Be-
satzungen zu viel. Artikel III der Novelle bringt die Zahl der gesetzlich
bereitzustellenden Besatzungen in Übereinstimmung mit dem wirklichen
Bedarf, vermindert also das durch das Flottengesetz verlangte Torpedo-
personal um 17 Bootsbesatzungen.
2. Es ist in Aussicht genommen, in jedem Jahre 6 Unterseeboote
anzufordern. Dies ergibt bei zwölfjähriger Lebensdauer einen Sollbestand
von 72 Booten. Für 54 dieser Boote sind aktive Besatzungen veranschlagt.
18 bilden die Materialreserve ohne Besatzung.

1) Bei zwölfjähriger Lebensdauer sind jährlich zwölf Boote zu bauen.

Übersicht über Fertigstellung der Großkampfschiffe
(Capital Ships) nach dem Bauplan von 1908

Auf Stapel gelegt		Verwendungsbereit	
Im Jahre[1]	Zahl	Im Jahre[2]	Zahl
1906	2	1909	2
1907	2+1	1910	5
1908	3+1	1911	9
1909	3+1	1912	13
1910	3+1	1913	17
1911	3+1	1914	21
1912	1+1	1915	23
1913	1+1	1916	25
1914	1+1	1917	27
1915	1+1	1918	29
1916	1+1	1919	31
1917	1+1	1920	33
Summe	33	Summe	33

1) Datum des Baubeginns Sommer des betreffenden Jahres.
2) Bei normaler Bauzeit von 3½ Jahren (36 Monaten Bauzeit auf der Werft und bis zu 6 Monaten Probefahrten) ist
Fertigstellung im Herbst des betreffenden Jahres zu erwarten.

Schiffsbauplan nach der Novelle von 1912

Jahr	Linien-schiffe	Große Kreuzer	Kleine Kreuzer
1912	1	1	2
1913	2[1]	1	2
1914	1	1	2
1915	1	1	2
1916	2[1]	1	2
1917	1	1	2

1) Darunter ein Neubau der Novelle.
Das Baujahr für das dritte Linienschiff
und die zwei neuen kleinen Kreuzer bleibt
offen.